le Guide du routard

Directeur de collection et auteur
Philippe GLOAGUEN

Cofondateurs
Philippe GLOAGUEN et Michel DUVAL

Rédacteur en chef
Pierre JOSSE

Rédacteur en chef adjoint
Benoît LUCCHINI

Directrice de la coordination
Florence CHARMETANT

Directeur de routard.com
Yves COUPRIE

Rédaction
Olivier PAGE, Véronique de CHARDON,
Amanda KERAVEL, Isabelle AL SUBAIHI,
Anne-Caroline DUMAS, Carole BORDES,
Bénédicte BAZAILLE, André PONCELET,
Jérôme de GUBERNATIS, Marie BURIN des ROZIERS,
Thierry BROUARD, Géraldine LEMAUF-BEAUVOIS,
Anne POINSOT, Mathilde de BOISGROLLIER,
Gavin's CLEMENTE-RUÏZ, Fabrice de LESTANG
et Alain PALLIER

ALSACE, VOSGES

Hachette

Avis aux hôteliers et aux restaurateurs

Les enquêteurs du *Routard* travaillent dans le plus strict anonymat, afin de préserver leur indépendance et l'objectivité des guides. Aucune réduction, aucun avantage quelconque, aucune rétribution ne sont jamais demandés en contrepartie. La loi autorise les hôteliers et restaurateurs à porter plainte.

Hors-d'œuvre

Le *GDR*, ce n'est pas comme le bon vin, il vieillit mal. On ne veut pas pousser à la consommation, mais évitez de partir avec une édition ancienne. D'une année sur l'autre, les modifications atteignent et dépassent souvent les 40 %.

Spécial copinage

Le Bistrot d'André : 232, rue Saint-Charles, 75015 Paris. ☎ 01-45-57-89-14. M. : Balard. À l'angle de la rue Leblanc. Fermé le dimanche. L'un des seuls bistrots de l'époque Citroën encore debout, dans ce quartier en pleine évolution. Ici, les recettes d'autrefois sont remises à l'honneur. Une cuisine familiale, telle qu'on l'aime. Des prix d'avant-guerre pour un magret de canard poêlé sauce au miel, rognon de veau aux champignons, poisson du jour... Menu à 10,52 € (69 F) servi le midi en semaine uniquement. Menu-enfants à 6,86 € (45 F). À la carte, compter autour de 21,34 € (140 F). Kir offert à tous les amis du *Guide du routard*.

www.routard.com

NOUVEAU : les temps changent, après 4 ans de bons et loyaux services, le web du Routard laisse la place à ***routard.com,*** notre portail voyage. Tout pour préparer votre voyage en ligne, de A comme argent à Z comme Zanzibar : des fiches pratiques sur 130 destinations (y compris les régions françaises), nos tuyaux perso pour voyager, des cartes et des photos sur chaque pays, des infos météo et santé, la possibilité de réserver en ligne son visa, son vol sec, son séjour, son hébergement ou sa voiture. En prime, *routard mag* véritable magazine en ligne, propose interviews de voyageurs, reportages, carnets de routes, événements culturels, programmes télé, produits nomades, fêtes et infos du monde. Et bien sûr : des concours, des chats, des petites annonces, une boutique de produits voyages...

Pour que votre pub voyage autant que nos lecteurs,
contactez nos régies publicitaires :
fbrunel@hachette-livre.fr
veronique@routard.com

Le bon truc pour voyager malin ! Hertz vous propose deux remises exceptionnelles en France :
15 € (98 F) de réduction immédiate sur les Forfaits Week-ends et 30 € (196 F) sur les Forfaits Vacances standard Hertz.
Offre valable sur présentation de votre *Guide du routard* jusqu'au 31 décembre 2003 à l'agent de comptoir Hertz.
Comment bénéficier de cette offre ? Au moment de la réservation, merci d'indiquer votre **numéro Hertz CDP 967130** et de rappeler les remises citées ci-dessus.
Informations et réservations : ☎ **01-39-38-38-38 ou ● www.routard.com ●**

Le contenu des annonces publicitaires insérées dans ce guide n'engage en rien la responsabilité de l'éditeur.

© **HACHETTE LIVRE (Hachette Tourisme), 2002**
Tous droits de traduction, de reproduction
et d'adaptation réservés pour tous pays.
© **Cartographie** Hachette Tourisme.

TABLE DES MATIÈRES

L'ALSACE

COMMENT Y ALLER?

- PAR LA ROUTE 15
- EN TRAIN 16
- EN AVION 20

GÉNÉRALITÉS

- CARTE D'IDENTITÉ 24
- AVANT LE DÉPART 24
  - Adresses utiles • Auberges de jeunesse • Cartes de paiement • Carte internationale d'étudiant (carte ISIC) • Les chèques-vacances • Les monuments nationaux à la carte • Téléphone • Travail bénévole
- ALSACES DU MONDE 29
- BONNES FEUILLES 30
- LE CLUB VOSGIEN 30
- E... COMME ÉCOLOGIE 31
- GÉOGRAPHIE 32
- HABITAT 34
- HISTOIRE : QUELQUES DATES 35
- L'IDENTITÉ ALSACIENNE 37
- LE JAPON EN ALSACE : L'OR DU RHIN À L'HEURE DU RIZ . 39
- MERVEILLES DE GUEULE ... 40
- NOËL, UNE FÊTE BIEN ANCRÉE! 43
- PERSONNAGES 44
- PERSONNES HANDICAPÉES . 48
- RENDEZ À DIEU... 48
- LE RHIN, UN VIEUX PATRIARCHE MODERNISÉ 49
- LES SENTIERS DE LA GLOIRE . 50
- SITES INTERNET 51
- LA SOUPE AUX LANGUES ... 52
- LA TERRE ET LES HOMMES . 53
- VINS ET ALCOOLS 53

LE BAS-RHIN

- Adresses utiles
- STRASBOURG 58
  - L'abbatiale d'Eschau • Schiltigheim • Pfulgriesheim • Hangenbieten

La route des vins d'Alsace

- OBERNAI 102
- LE MONT SAINTE-ODILE 106
  - Heiligenstein • Ottrott • Boersch
- ROSHEIM 112

Le Guide du Routard sera toujours et partout avec vous, depuis votre mobile Orange, par le wap (Orange.fr > se divertir > loisirs et sorties) ou en composant le 711.

Le futur, vous l'aimez comment ?

TABLE DES MATIÈRES

- Rosenwiller
- BARR 115
- MITTELBERGHEIM 117
  - Andlau • Itterswiller • Epfig
- DAMBACH-LA-VILLE 121
  - Blienschwiller
- SCHERWILLER 123
  - La forteresse de l'Ortenbourg • Châtenois
- SÉLESTAT 125
- KINTZHEIM 133
- LE CHÂTEAU DU HAUT-KŒNIGSBOURG 134

Le grand Ried d'Alsace

- ERSTEIN 136
- RHINAU 138
- BENFELD 139
- EBERSMUNSTER 141
- MUTTERSHOLTZ 142
  - La maison de la Nature du Ried à Ehnwihr • La forêt de l'Ill • Marckolsheim

La vallée de la Bruche

- SCHIRMECK 146
  - La mine de Grandfontaine • Le musée de la 2CV au Framont • Le massif du Donon • Le hameau et le château de Salm • Le sentier des Passeurs
- LE CAMP DU STRUTHOF 149
  - La vallée de Natzwiller • Le musée des Traditions et du Patrimoine à Neuviller-la-Roche
- LE BAN-DE-LA-ROCHE 151
  - Fouday
- WALDERSBACH 152
  - Blancherupt • La vallée de Ranrupt • Le plateau du Hang • La scierie Haut Fer de Ranrupt

Le val de Villé

- VILLÉ 158
- ALBÉ 158
  - Le champ du Feu et Breitenbach • Le val de Villé : Thanvillé, Saint-Maurice, Saint-Pierre-Bois et Steige
- LE HOHWALD 159

Retour sur la route des vins

- MOLSHEIM 161
  - Mutzig • Wolxheim • Marlenheim • Niederhaslach • Oberhaslach • La route d'Oberhaslach à Wangenbourg • Wangenbourg-Engenthal • Wasselonne
- MARMOUTIER 168
- SAVERNE 169
  - Le jardin botanique du col de Saverne • Saint-Jean-de-Saverne • Le mont Saint-Michel • Le château du Haut-Barr

Le parc naturel régional des Vosges du Nord

- LA PETITE-PIERRE 176
  - Graufthal

Balade dans l'Alsace Bossue

- SARRE-UNION 179
  - La chapelle de Kirchberg • Petersbach

Retour sur le parc régional

- NEUWILLER-LÈS-SAVERNE .. 180
  - Dossenheim-Kochersberg
  - Weitterswiller • Vers le nord du parc : Erckartswiller
- WINGEN-SUR-MODER 182
  - La pierre des Douze Apôtres

Détour dans la partie lorraine du parc régional

- BITCHE 184
  - Le musée du Verre et du Cristal de Meisenthal • L'ouvrage de Simserhof • La cristallerie de Saint-Louis à Saint-Louis-lès-Bitche • Le moulin d'Eschwiller

TABLE DES MATIÈRES

Retour en Basse-Alsace

- LE CHÂTEAU DE LICHTENBERG 187
  - Offwiller
- BOUXWILLER 189
  - Le Batsberg • Kirrwiller
- NIEDERBRONN-LES-BAINS .. 192
  - Oberbronn • Pfaffenhoffen
- REICHSHOFFEN 195
- WOERTH 195
  - L'église de la Paix à Froeschwiller
- MERKWILLER-PECHELBRONN . 197
  - Le château de Fleckenstein
  - Obersteinbach

L'Outre-Forêt

- WISSEMBOURG 200
  - L'église d'Altenstadt • La route de Climbach
- LE FOUR À CHAUX 205
  - Schoenenbourg • Hatten
- CLEEBOURG 207
- HUNSPACH 208
- SEEBACH 209
  - Hoffen • Kuhlendorf • Hohwiller
- BETSCHDORF 211
- LA FORÊT DE HAGUENAU ... 213
  - Surbourg • Walbourg • Soufflenheim
- HAGUENAU 214
  - Le parc d'attractions de Fantasialand-Didi'land à Morsbronn-les-Bains

LE HAUT-RHIN

- INTRODUCTION 219
- COLMAR 220

La route des vins d'Alsace

De Sélestat à Colmar

- SAINT-HIPPOLYTE 243
- BERGHEIM 245
- THANNENKIRCH 246
- RIBEAUVILLÉ 248
- ILLHAEUSERN 254
- HUNAWIHR 255
- ZELLENBERG 258
- RIQUEWIHR 259
  - Le sentier viticole des grands crus : Bennwihr, Mittelwihr, Beblenheim
- KIENTZHEIM 266
  - Sigolsheim
- KAYSERSBERG 268
- AMMERSCHWIHR 272
- NIEDERMORSCHWIHR 273
- TURCKHEIM 274
  - Trois-Épis • Wintzenheim
  - Wettolsheim
- EGUISHEIM 280

De Colmar à Guebwiller

- HUSSEREN-LES-CHÂTEAUX . 282
- GUEBERSCHWIHR 283
  - Pfaffenheim • La chapelle Notre-Dame de Schauenberg
- ROUFFACH 284
  - Westhalten • Soultzmatt

Dans la montagne vosgienne

Le val d'Argent

- SAINTE-MARIE-AUX-MINES .. 288
  - Le musée de l'École à Échery
  - Saint-Pierre-sur-l'Hâte • La scierie musée Vincent à Sainte-Croix-aux-Mines • Aubure • La station de ski du col des Bagenelles
- LE VAL D'ORBEY ET LE PAYS WELCHE 294
  - Le Bonhomme • Lapoutroie • Orbey • La route d'Orbey à Labaroche : le col du Wettstein, le musée-mémorial et le champ de bataille du Linge • Labaroche
- LA ROUTE DES CRÊTES 299
  - Le col des Bagenelles • Le col du Bonhomme • Le col du

Calvaire • Le lac Blanc • Le lac Noir • Le col de la Schlucht • Le jardin d'altitude du Haut-Chitelet • Les Hautes-Chaumes • Le Hohneck • Le col du Rothenbachkopf • Le col du Herrenberg • Le col du Hahnenbrunnen • Le Markstein • Le Grand Ballon • Les ruines du château du Freundstein • Le champ de bataille du Vieil-Armand

La vallée de Munster

• Le fromage de Munster • Le repas marcaire
- MUNSTER 306
  • La maison Albert Schweitzer et le musée d'Art africain à Gunsbach • Soultzbach-les-Bains
- LA GRANDE VALLÉE 311
  • Muhlbach-sur-Munster • La vallée de la Wormsa • Les stations de ski : Le Gaschney, Le Schnepfenried
- LA PETITE VALLÉE 313
  • Le Hohrodberg • La station de ski du Tanet

Le Florival

- GUEBWILLER 315
  • Lautenbach • L'abbaye de Murbach
- SOULTZ 320
  • Le vallon du Rimbach

La vallée de la Thur

- THANN 322
  • Le musée du Textile et des Costumes de Haute-Alsace à Husseren-Wesserling • Le musée Serret à Saint-Amarin • Le lac de Kruth-Wildenstein • La route des Crêtes • La route des Vins d'Alsace • La route Joffre
- LA VALLÉE DE LA DOLLER .. 328
  • Masevaux • Sewen • Le lac de Sewen

Le sud de l'Alsace
- MULHOUSE 331
  • L'écomusée d'Alsace à Ungersheim

Le Sundgau
  • Adresses utiles
- ALTKIRCH 349
  • Froeningen • Hirtzbach
  • Grentzingen • Riespach
- FERRETTE 353
  • Le musée des Amoureux et du Patrimoine sundgauvien à Werentzhouse • Lucelle • La vallée de la Lucelle • Oltingue

Dans la plaine d'Alsace
- LA PETITE CAMARGUE 357
- NEUF-BRISACH 358
  • Le musée de l'Instrumentation optique et le Musée gallo-romain à Biesheim

LES VOSGES

COMMENT Y ALLER ?

- PAR LA ROUTE 362
- EN TRAIN DE PARIS 362
- EN AVION DE PARIS 362
- EN BATEAU 362
- COMMENT CIRCULER DANS LES VOSGES 362

GÉNÉRALITÉS

- CARTE D'IDENTITÉ 363
- ADRESSES UTILES 363
- LA BÊTE DES VOSGES 366
- BOISSONS 366

TABLE DES MATIÈRES

- CUISINE 367
- DICTONS VOSGIENS 367
- L'EAU (PURE) DES VOSGES . 368
- LA (BELLE) FORÊT VOSGIENNE 369
- HISTOIRE 370
- PERSONNAGES 372
- RANDONNÉES 375
- LA BELLE LÉGENDE DE SAINT NICOLAS 377
- SITES INTERNET 378
- LE SKI 378
- ÉPINAL 378
  - L'Écomusée vosgien de la brasserie de Ville-sur-Illon
- RAON-L'ÉTAPE 387
  - Les cristalleries de Baccarat
- LE LAC DE PIERRE-PERCÉE . 389
- SENONES 391
  - L'église abbatiale de Saint-Hydulphe à Moyenmoutier • Le lac de la Maix • Le col du Donon
- SAINT-DIÉ-DES-VOSGES 394
  - Le camp celtique de la Bure • Les jardins de Callunes à Ban-de-Sapt • Étival-Clairefontaine • Fraispertuis-City
- GÉRARDMER 402
  - Le lac de Longemer • Le lac de Retournemer • La roche du Diable • Le défilé de Straiture • La route des Crêtes • Le musée de la Moineaudière, Pierres du Monde et l'Aigue-Marine à Xonrupt-Longemer • L'expo Faune lorraine au Saut des Cuves • La scierie du Lançoir à Ban-sur-Meurthe-Clefcy • Le jardin de Berchigranges à Granges-sur-Volognes
- LA CASCADE DE TENDON ... 417
- LA BRESSE 418
  - Le lac des Corbeaux • Le lac de Blanchemer • Le musée des Mille et une Racines à Cornimont
- VENTRON 424
  - L'ermitage du Frère Joseph
- BUSSANG 427
  - Les Hautes Mynes au Thillot
- SAINT-MAURICE-SUR-MOSELLE 431
- LE BALLON D'ALSACE 433
- REMIREMONT 434
- PLOMBIÈRES-LES-BAINS 437
- LE VAL-D'AJOL 440
- BAINS-LES-BAINS 441
  - Fontenoy-le-Château
- DARNEY 443
  - Hennezel • Vioménil • L'église Saint-Pierre de Relanges
- CHÂTILLON-SUR-SAÔNE 445
  - Les Thons • De Châtillon à Contrexéville : Isches ; Saint-Julien ; Aureil-Maison ; Lamarche ; Morizécourt ; Frain ; Martigny-les-Bains
- CONTREXÉVILLE 451
- VITTEL 454
- NEUFCHÂTEAU 458
  - Le circuit de Saint-Jacques-au-Mont • Châtenois
- LES RUINES ROMAINES DE GRAND 461
- DOMRÉMY-LA-PUCELLE 463
  - La basilique du Bois-Chenu
- MIRECOURT 466
  - L'église de Vomécourt-sur-Madon • Notre-Dame de Sion • Le château d'Haroué
- CHARMES 469
  - Chamagne • Vincey • Portieux • Châtel-sur-Moselle

- INDEX GÉNÉRAL 473
- OÙ TROUVER LES CARTES ET LES PLANS? 479

NOS NOUVEAUTÉS

PARIS LA NUIT (paru)

Après les années moroses, les nuits parisiennes se sont remis du rose aux joues, du rouge aux lèvres et ont oublié leurs bleus à l'âme. Tant mieux ! Dressons le bilan avant de rouler carrosse : DJs tournants, soirées mousse, bars tendance-tendance pour jeunesse hip-hop, mais aussi soirées-chansons pleines d'amitié où l'on réveille Fréhel, Bruant et Vian. Après les *afters,* en avant les *befores* pour danser au rythme des nouvelles D'Jettes à la mode. Branchados des bô-quartiers, pipoles-raï, jet-set et néo-mondains, qui n'hésitent pas à pousser la porte des vieux bistroquets d'avant-guerre pour redécouvrir les convivialités de comptoir des cafés-concerts d'autrefois. Voici un bouquet de bonnes adresses pour dîner tard, pour boire un verre dans un café dé à coudre, dépenser son énergie en trémoussant ses calories en rab, s'offrir un blanc-limé sur le premier zinc, ouvert sur la ligne du petit matin... Mooon Dieu que tu es chiiic ce sooiiir ! Nuits frivoles pour matins glauques, voici notre répertoire pour colorer le gris bitume... voire plus si affinités.

ARDÈCHE, DRÔME (paru)

Pas étonnant que les premiers hommes de la création aient choisi l'Ardèche comme refuge. Ils avaient bon goût ! Une nature comme à l'aube des temps, intacte et grandiose. Des gorges évidemment, à découvrir à pied, à cheval ou mieux, en canoë-kayak.
Grottes à pénétrer, avens à découvrir, musées aux richesses méconnues, une architecture qui fait le grand écart entre les frimas du Massif central et les cigales de la Provence. Enfin, pour mettre tout le monde d'accord, une bonne et franche soupe aux châtaignes.
Entre Alpes et Provence, la Drôme a probablement du mal à choisir. La Drôme, c'est avant tout des paysages sans tapage, harmonieux, sereins, des montagnes à taille humaine... À la lumière souvent trop dure et trop crue de la Provence, elle oppose une belle lumière adoucie, des cieux d'un bleu plus tendre. Voici des monts voluptueux, piémonts aux accents italiens comme en Tricastin et en Drôme provençale. Tout ce qui, au sud, se révèle parfois trop léché, se découvre ici encore intact ! Quant aux villes, elles sont raisonnables, délicieusement accueillantes.
Pour finir, l'Histoire, ici, avec un grand « H » : refuge pour les opprimés de tous temps, des protestants pourchassés aux juifs persécutés.

LES GUIDES DU ROUTARD
2002-2003

(dates de parution sur **www.routard.com**)

France

- Alpes
- Alsace, Vosges
- Aquitaine
- **Ardèche, Drôme**
- Auvergne, Limousin
- Banlieues de Paris
- Bourgogne, Franche-Comté
- Bretagne Nord
- Bretagne Sud
- Châteaux de la Loire
- Corse
- Côte d'Azur
- Hôtels et restos de France
- Junior à Paris et ses environs
- **Junior en France (printemps 2002)**
- Languedoc-Roussillon
- Lyon et ses environs
- Midi-Pyrénées
- Nord, Pas-de-Calais
- Normandie
- Paris
- Paris à vélo
- Paris balades
- Paris casse-croûte
- Paris exotique
- **Paris la nuit (nouveauté)**
- Pays basque (France, Espagne)
- Pays de la Loire
- Poitou-Charentes
- Provence
- Restos et bistrots de Paris
- Le Routard des amoureux à Paris
- Tables et chambres à la campagne
- Week-ends autour de Paris

Amériques

- **Argentine (nouveauté)**
- Brésil
- Californie et Seattle
- Canada Ouest et Ontario
- Cuba
- **Chili et Île de Pâques (nouveauté)**
- Équateur
- États-Unis, côte Est
- Floride, Louisiane
- Guadeloupe, Saint-Martin, Saint-Barth
- Martinique, Dominique, Sainte-Lucie
- Mexique, Belize, Guatemala
- New York
- Parcs nationaux de l'Ouest américain et Las Vegas
- Pérou, Bolivie
- Québec et Provinces maritimes
- Rép. dominicaine (Saint-Domingue)

Asie

- Birmanie
- **Chine**
- Inde du Nord
- Inde du Sud
- Indonésie
- Israël
- Istanbul
- Jordanie, Syrie, Yémen
- Laos, Cambodge
- Malaisie, Singapour
- Népal, Tibet
- Sri Lanka (Ceylan)
- Thaïlande
- Turquie
- Vietnam

Europe

- Allemagne
- Amsterdam
- Andalousie
- **Andorre, Catalogne**
- Angleterre, pays de Galles
- Athènes et les îles grecques
- Autriche
- Baléares
- Belgique
- **Croatie (mars 2002)**
- Écosse
- Espagne du Centre
- **Espagne du Nord-Ouest (Galice, Asturies, Cantabrie-mars 2002)**
- Finlande, Islande
- Grèce continentale
- Hongrie, Roumanie, Bulgarie
- Irlande
- Italie du Nord
- Italie du Sud, Rome
- Londres
- Norvège, Suède, Danemark
- Pologne, République tchèque, Slovaquie
- Portugal
- Prague
- Sicile
- Suisse
- Toscane, Ombrie
- Venise

Afrique

- Afrique noire
- Égypte
- Île Maurice, Rodrigues
- Kenya, Tanzanie et Zanzibar
- Madagascar
- Maroc
- Marrakech et ses environs
- Réunion
- Sénégal, Gambie
- Tunisie

et bien sûr...

- Le Guide de l'expatrié
- **Le Guide du chineur autour de Paris (printemps 2002)**
- **Le Guide du citoyen (printemps 2002)**
- Humanitaire
- Internet

NOS NOUVEAUTÉS

CHINE (paru)

Depuis Tintin et *Le Lotus Bleu,* on rêve de la Chine. Eh oui, de superbes images exotiques, une capacité d'évocation exceptionnelle. Mais attention, cette Chine-là a tout de même quelque peu évolué : ouverture économique, développement incroyable, montée en puissance du tourisme... Tout cela fait que le pays a plus changé en dix ans qu'en un siècle ! Aujourd'hui, avec la baisse des prix du transport et l'ouverture quasi totale du pays, y voyager librement et à la *routarde,* est carrément à la portée de tous. À nous donc, la Cité interdite de Pékin, le magique parc impérial de Chengde, la Grande Muraille, l'armée impériale en terre cuite de Xi'an, les paysages d'estampes de Guilin, Shanghai, la trépidante vitrine de cette Chine nouvelle, en pleine explosion capitaliste, et aussi Hong Kong, le grand port du Sud, Canton et la Rivière des Perles, sans oublier Macao, la ville des casinos et du jeu. Avec notre coup de cœur : le Yunnan, la grande province du Sud-Ouest... « Au sud des Nuages », une région montagneuse et sauvage, habitée par de nombreuses minorités ethniques, au mode de vie encore préservé.

Certes, toute la Chine ne tiendra pas dans un seul *Guide du routard,* mais un seul routard peut tenir à la Chine plus qu'à nul autre pays. En avant vers cet empire du Milieu, désormais accessible de tous bords et qui n'est pas, loin s'en faut, totalement entré dans la modernité.

La Chine se révélera encore capable de livrer nombre de scènes et atmosphères du temps des Seigneurs de guerre (ou peut-être même avant !). Cependant, elles se mériteront, il faudra seulement les chercher un peu plus. En tout cas, elles n'échapperont pas à ceux, celles qui sauront sortir des *Hutongs* battus ! Allez, un peu de yin dans la valoche, beaucoup de yang dans le sac à dos, et en route !

ANDORRE, CATALOGNE (paru)

Si la belle Andorre est surtout réputée pour son commerce détaxé et la multitude de ses boutiques, cela ne représente que 10 % de son territoire. Et le reste ? De beaux vestiges romans, des montagnes et des vallées, avec un climat idéal, doux en été et aux neiges abondantes en hiver. Un vrai paradis de la balade et du ski. Avant tout, l'Andorre, c'est l'ivresse des sommets. Un dépaysement qui mérite bien quelques jours, déjà en pays catalan, et pourtant différent.

La Catalogne, bourrée de charme, renferme un époustouflant éventail de trésors artistiques, alliant les délicieuses églises romanes aux plus grands noms de l'art moderne : Dalí, Picasso, Miró et Tápies, pour ne citer qu'eux. Et on les retrouve, bien sûr, dans la plus branchée des villes espagnoles, Barcelone, bouillonnante de sensations, d'odeurs et d'émotions. Aussi célèbre pour sa vie nocturne que pour ses palais extraordinaires cachés derrière les façades décrépies des immeubles, marqués par l'architecture incroyable de Gaudí, cette merveilleuse cité se parcourt à pied pour qui veut découvrir son charme propre. Et de la côte aux villages reculés, c'est avant tout cette culture, d'une richesse étonnante, qui a façonné l'identité catalane. Et les Catalans sont ravis de la partager avec ceux qui savent l'apprécier.

SPÉCIAL DÉFENSE DU CONSOMMATEUR

Un routard informé en vaut dix ! Pour éviter les arnaques en tout genre, il est bon de les connaître. Voici, par ordre alphabétique, un petit vade-mecum destiné à parer aux coûts et aux coups les plus redoutables (coup de bambou, coup de fusil et même... coup du sous-marin !).

Accueil : aucune loi n'oblige un hôtelier ou un restaurateur à recevoir aimablement ses clients. On imagine d'ailleurs assez mal une amende pour accueil désagréable. Là encore, chacun fait ce qu'il peut et reçoit comme il veut. Selon la conscience professionnelle, l'aptitude à rendre service et le caractère de chacun, l'accueil peut varier du meilleur au pire... Une simple obligation incombe aux hôteliers et aux restaurateurs : ils doivent renseigner correctement leurs clients, même par téléphone, sur les prix des chambres et des menus, sur le niveau de confort et le genre de cuisine proposé.

Affichage des prix : les hôtels et les restos sont tenus d'informer les clients de leurs prix, à l'aide d'une affichette, d'un panneau extérieur, ou de tout autre moyen. Ça, c'est l'article 28 de l'ordonnance du 1er décembre 1986 qui l'impose à la profession. Donc, vous ne pouvez contester des prix exorbitants que s'ils ne sont pas clairement affichés.

Arrhes ou acompte ? Au moment de réserver votre chambre (par téléphone ou par écrit), il n'est pas rare que l'hôtelier vous demande de verser à l'avance une certaine somme, celle-ci faisant office de garantie. Il est préférable de parler d'arrhes et non d'acompte. Légalement, aucune règle n'en précise le montant. Toutefois, ne versez que des arrhes raisonnables : 25 à 30 % du prix total, sachant qu'il s'agit d'un engagement définitif sur la réservation de la chambre. Cette somme ne pourra donc être remboursée en cas d'annulation de la réservation, sauf cas de force majeure (maladie ou accident) ou en accord avec l'hôtelier si l'annulation est faite dans des délais raisonnables. Si, au contraire, l'annulation est le fait de l'hôtelier, il doit vous rembourser le double des arrhes versées : l'article 1590 du Code civil le dit très nettement, et ce depuis 1804 !

Commande insuffisante : il arrive que certains restos refusent de servir une commande jugée insuffisante. Le garçon ou le patron fait la moue. Il affirme même qu'il perd de l'argent. Cependant, le restaurateur ne peut pas vous pousser à la consommation. C'est illégal.

Eau : une banale carafe d'eau du robinet est gratuite, à condition qu'elle accompagne un repas.

Hôtels : comme les restaurants, ils ont interdiction de pratiquer la subordination de vente. C'est-à-dire qu'ils ne peuvent pas vous obliger à réserver plusieurs nuits d'hôtel si vous n'en souhaitez qu'une. Dans le même ordre d'idée, on ne peut vous obliger à prendre votre petit déjeuner ou vos repas dans l'hôtel où vous dormez ; ce principe est illégal et constitue une subordination de prestation de service condamnable par une amende. L'hôtelier reste cependant libre de proposer la demi-pension ou la pension complète. Bien se renseigner avant de prendre la chambre dans les hôtels-restaurants. À savoir aussi, si vous dormez en compagnie de votre « moutard », il peut vous être demandé un supplément.

Menus : très souvent, les premiers menus (les moins chers) ne sont servis qu'en semaine et avant certaines heures (12 h 30 et 20 h 30 généralement). Cela doit être clairement indiqué sur le panneau extérieur : à vous de vérifier.

Sous-marin : après le coup de bambou et le coup de fusil, celui du sous-marin. Le procédé consiste à rendre la monnaie en plaçant dans la soucoupe (de bas en haut) : les pièces, l'addition puis les billets. Si l'on est pressé, on récupère les billets en oubliant les pièces cachées sous l'addition.

Vins : les cartes des vins ne sont pas toujours très claires. Exemple : vous commandez un bourgogne à 7,62 € (50 F) la bouteille. On vous la facture 15,24 € (100 F). En vérifiant sur la carte, vous découvrez qu'il s'agit d'une demi-bouteille. Mais c'était écrit en petits caractères illisibles.
La bouteille doit être obligatoirement débouchée devant le client, sinon il n'est pas sûr qu'il y ait adéquation entre le vin annoncé et le contenu de la bouteille.

LA CHARTE DU ROUTARD

À l'étranger, l'étranger c'est nous! Avec ce dicton en tête, les bonnes attitudes coulent de source.

– Les us et coutumes du pays
Respecter les coutumes ou croyances qui semblent parfois surprenantes. Certains comportements très simples, comme la discrétion et l'humilité, permettent souvent d'éviter les impairs. Observer les attitudes des autres pour s'y conformer est souvent suffisant. S'informer des traditions religieuses est toujours passionnant. Une tenue vestimentaire sans provocation, un sourire, quelques mots dans la langue locale sont autant de gestes simples qui permettent d'échanger et de créer une relation vraie. Tous ces petits gestes constituent déjà un pas vers l'autre. Et ce pas, c'est à nous visiteurs de le faire. Mots de passe : la tolérance et le droit à la différence.

– Visiteur/visité : un rapport de force déséquilibré
Le passé colonial ou le simple fossé économique peuvent entraîner parfois inconsciemment des tensions dues à l'argent. La différence de pouvoir d'achat est énorme entre gens du Nord et du Sud. Ne pas exhiber ostensiblement son argent. Éviter les grosses coupures, que beaucoup n'ont jamais eues entre les mains.

– Le tourisme sexuel
Il est inadmissible que des Occidentaux utilisent leurs moyens financiers pour profiter sexuellement de la pauvreté. De nouvelles lois permettent désormais de poursuivre et juger dans leur pays d'origine ceux qui se rendent coupables d'abus sexuels, notamment sur les mineurs des deux sexes. C'est à la conscience personnelle et au simple respect humain que nous faisons appel. Combattre de tels comportements est une démarche fondamentale. Boycottez les établissements favorisant ce genre de relations.

– Photo ou pas photo ?
Renseignez-vous sur le type de rapport que les habitants entretiennent avec la photo. Certains peuples considèrent que la photo vole l'âme. Alors, contentez-vous des paysages, ou bien créez un dialogue avant de demander l'autorisation. Ne tentez pas de passer outre. Dans les pays où la photo est la bienvenue, n'hésitez pas à prendre l'adresse de votre sujet et à lui envoyer vraiment la photo. Un objet magique : laissez-lui une photo Polaroïd.

– À chacun son costume
Vouloir comprendre un pays pour mieux l'apprécier est une démarche louable. En revanche, il est parfois bon de conserver une certaine distanciation (on n'a pas dit distance), en sachant rester à sa place. Il n'est pas nécessaire de porter un costume berbère pour montrer qu'on aime le pays. L'idée même de « singer » les locaux est mal perçue. De même, les tenues dénudées sont souvent gênantes.

– À chacun son rythme
Les voyageurs sont toujours trop pressés. Or, on ne peut ni tout voir, ni tout faire. Savoir accepter les imprévus, souvent plus riches en souvenirs que les périples trop bien huilés. Les meilleurs rapports humains naissent avec du temps et non de l'argent. Prendre le temps. Le temps de sourire, de parler, de communiquer, tout simplement. Voilà le secret d'un voyage réussi.

– Éviter les attitudes moralisatrices
Le routard « donneur de leçons » agace vite. Évitez de donner votre avis sur tout, à n'importe qui et n'importe quand. Observer, comparer, prendre le temps de s'informer avant de proférer des opinions à l'emporte-pièce. Et en profiter pour écouter, c'est une règle d'or.

– Le pittoresque frelaté
Dénoncer les entreprises touristiques qui traitent les peuples autochtones de manière dégradante ou humiliante et refuser les excursions qui jettent en pâture les populations locales à la curiosité malsaine. De même, ne pas encourager les spectacles touristiques préfabriqués qui dénaturent les cultures traditionnelles et pervertissent les habitants.

Nous tenons à remercier tout particulièrement Gérard Bouchu, François Chauvin, Grégory Dalex, Carole Fouque, Michelle Georget, Patrick de Panthou, Jean Omnes, Jean-Sébastien Petitdemange et Alexandra Sémon pour leur collaboration régulière.

Et pour cette chouette collection, plein d'amis nous ont aidés :

Caroline Achard
Didier Angelo
Barbara Batard
José-Marie Bel
Thierry Bessou
Cécile Bigeon
Philippe Bordet et Edwige Bellemain
Nathalie Boyer
Benoît Cacheux et Laure Beaufils
Guillaume de Calan
Danièle Canard
Florence Cavé
Raymond Chabaud
Jean-Paul Chantraine
Bénédicte Charmetant
Franck Chouteau
Geneviève Clastres
Maud Combier
Sandrine Copitch
Sandrine Couprie
Franck David
Laurent Debéthune
Agnès Debiage
Fiona Debrabander
Charlotte Degroote
Vianney Delourme
Tovi et Ahmet Diler
Evy Diot
Sophie Duval
Flora Etter
Hervé Eveillard
Didier Farsy
Flamine Favret
Pierre Fayet
Alain Fisch
Cédric Fisher
Dominique Gacoin
Cécile Gauneau
Adélie Genestar
David Giason
Adrien Gloaguen
Olivier Gomez et Sylvain Mazet
Isabelle Grégoire
Jean-Marc Guermont
Xavier Haudiquet
Claude Hervé-Bazin
Catherine Hidé

Bernard Houliat
Christian Inchauste
Catherine Jarrige
Lucien Jedwab
François Jouffa
Emmanuel Juste
Florent Lamontagne
Jacques Lanzmann
Vincent Launstorfer
Grégoire Lechat
Raymond et Carine Lehideux
Alexis Le Manissier
Jean-Claude et Florence Lemoine
Mickaela Lerch
Valérie Loth
Alexis le Manissier
Pierre Mendiharat
Anne-Marie Minvielle
Thomas Mirande
Xavier de Moulins
Jacques Muller
Yves Negro
Alain Nierga et Cécile Fischer
Michel Ogrinz et Emmanuel Goulin
Franck Olivier
Martine Partrat
Nathalie Pasquier
Jean-Valéry Patin
Odile Paugam et Didier Jehanno
Côme Perpère
Jean-Alexis Pougatch
Michel Puysségur
Jean-Luc Rigolet
Guillaume de Rocquemaurel
Ludovic Sabot
Jean-Luc et Antigone Schilling
Emmanuel Sheffer
Guillaume Soubrié
Régis Tettamanzi
Thu-Hoa-Bui
Christophe Trognon
Anne de la Varende
Isabelle Verfaillie
Charlotte Viart
Stéphanie Villart
Isabelle Vivarès
Solange Vivier

Direction : Cécile Boyer-Runge
Contrôle de gestion : Joséphine Veyres
Direction éditoriale : Catherine Marquet
Édition : Catherine Julhe, Peggy Dion, Matthieu Devaux, Stéphane Renard, Sophie Berger et Carine Girac
Préparation-lecture : Nicole Châtelier
Cartographie : Cyrille Suss
Fabrication : Gérard Piassale et Laurence Ledru
Direction des ventes : Francis Lang
Direction commerciale : Michel Goujon, Dominique Nouvel, Dana Lichiardopol et Lydie Firmin
Informatique éditoriale : Lionel Barth
Relations presse : Danielle Magne, Martine Levens et Maureen Browne
Régie publicitaire : Florence Brunel et Monique Marceau
Service publicitaire : Frédérique Larvor et Marguerite Musso

Remerciements

Pour ce guide nous remercions tout particulièrement Jacques Brunel, Jean-Sébastien Petitdemange et Tino Serra, ainsi que :

– L'équipe de l'office du tourisme de Gérardmer
– L'équipe de l'office du tourisme de Ribeauvillé
– Michel Bruneau, président des fermes-auberges
– Patricia Burdy
– Annie Dumoulin, directrice adjointe de l'office du tourisme de Strasbourg
– Pierre Egler, président de l'ADT
– Jean Eynius, de l'office du tourisme de La Bresse, et son équipe
– Pierre Ferrard, romancier
– Christian Fleith, chargé de promotion de l'office départemental du tourisme du Bas-Rhin
– l'office du tourisme du Grand Ried
– Patrice Geny, directeur de l'office du tourisme de Strasbourg
– Gabrielle Grammont et Patrick Petitjean
– Lauriane Gross, Éric Jacob et Patrick Tonon, de l'office du tourisme du val d'Argent
– Willy Hege, d'Altkirch
– Denise Heller, de l'office du tourisme de Colmar
– François Horcholle, du Relais départemental des Gîtes de France des Vosges
– Pierre Jochem, de l'Association départementale du tourisme du Haut-Rhin
– Jean Klinkert, directeur de l'association départementale du tourisme du Haut-Rhin et président du Club Vosgien, qui nous a beaucoup aidés en nous racontant avec passion et précision ses randonnées préférées dans le Haut-Rhin
– Franziska Klotz, journaliste à Colmar
– Christian Laemmel, de Radio Dreyeckland
– Raphaël Larroch et Catherine Voirin, du comité départemental du tourisme des Vosges
– Michel Maigret, des éditions Serpenoise
– Michel Mastrojanni, journaliste-écrivain
– Pascal Morel, de l'office du tourisme de Saint-Dié-des-Vosges
– Sabine Obrecht, de l'association départementale du tourisme du Haut-Rhin
– Anne-Catherine Ostertag, de l'office du tourisme de la haute-vallée de la Bruche
– Florence Pery, journaliste à *L'Est Agricole et Viticole*
– Sébastien Poirot, de l'office du tourisme de Senones
– Véronique Poisbeau, assistante marketing et communication du comité régional du tourisme (CRT) d'Alsace
– Patrick Rémy, journaliste à *Europe 1*
– Denis Ritzenthaler et Marie-Christine Salber, journalistes à *L'Alsace*
– Charles Roser, de Saverne
– Alain Schiede du musée de l'Automobile de Mulhouse
– Mariette Siefert, présidente du comité régional du tourisme (CRT) d'Alsace
– Paule Sterckx, guide professionnel à Colmar
– Claude Vautrin et Isabelle Strebler, de *La Liberté de l'Est*
– Anne Weissenburger pour ses connaissances et ses tuyaux sur la région de Barr

Et, pour leurs bons tuyaux, nos amis : Alice Bass, Christian Debenath, Astrid Lorber et ses parents si accueillants, et Jacqueline, de l'agence Tawa.

> Le *Guide du routard* remercie l'Association des Paralysés de France de l'aider à signaler les lieux accessibles aux personnes à mobilité réduite. Cette attention est déjà une victoire sur le handicap.

L'ALSACE

COMMENT Y ALLER ?

PAR LA ROUTE

Les autoroutes

Pour Strasbourg

➢ *De Paris et d'Île-de-France :* autoroute A4, qui traverse la Champagne, la Lorraine et le nord des Vosges en passant par Reims, Metz (bifurcation à Metz pour Nancy), avant de redescendre vers Strasbourg. Un trajet de 490 km pour 5 h de route (sans compter les arrêts).
➢ *Du nord de la France :* de Lille ou Calais, suivre l'autoroute A1 et A26 jusqu'à Reims, où elle rejoint l'autoroute A4 (Paris-Strasbourg). De Lille à Strasbourg : 526 km. Durée : 5 h (sans les arrêts).
➢ *De l'ouest de la France :* de Brest, Rennes ou Nantes, le chemin le plus court consiste à rejoindre Paris par l'autoroute A81 ou A11, puis, de Paris, suivre la A4 (voir plus haut). De Brest à Strasbourg : 1 080 km (une expédition !), soit au moins 11 h de voyage.

Pour Mulhouse

En venant du sud et du centre de la France, le mieux est d'entrer en Alsace à Mulhouse (Haut-Rhin). L'axe le plus facile et le plus rapide est le couloir rhodanien que l'on remonte de Nice, Marseille ou Montpellier, par l'autoroute du Soleil (A8) via Lyon jusqu'à l'échangeur de Beaune (ensuite A7, A6 et A31).
De Beaune à Mulhouse, prendre l'autoroute A36 via Besançon et Belfort.
De Nice à Mulhouse : 671 km, soit 7 h 30 de voyage minimum.

De Suisse

De Zurich à Bâle, autoroute N3. De Berne à Bâle, autoroute N2. Mais si vous avez le temps, prenez les petites routes du Sundgau, entre Delémont et Ferrette, c'est vraiment tranquille !

De Belgique

Amis belges de Bruxelles, pour vous il y a l'autoroute E411 jusqu'à Luxembourg puis Luxembourg-Metz et Metz-Strasbourg par l'autoroute A4.

Les petites routes

➢ *Pour Colmar et la route des Vins d'Alsace :* la plus belle façon d'y arriver consiste à traverser le département des Vosges (via Épinal, Saint-Dié ou Gérardmer), à grimper jusqu'aux cols (col du Bonhomme ou col de la Schlucht) et découvrir progressivement l'Alsace en descendant ces trois étages successifs, la forêt de montagne, le vignoble des collines, la plaine du Rhin enfin. Merveilleuse route que cette nationale 415 ou cette départementale 417. Mais on peut dénicher sur la carte maintes autres petites routes transversales, qui permettent, au départ de la route des Crêtes (à voir de toute façon !), de pénétrer dans de superbes petites vallées méconnues comme la vallée de Sainte-Marie-aux-Mines, accessible de Saint-Dié (Vosges), ou la vallée de la Lauch (Guebwiller), accessible du Markstein (route des Crêtes).

➢ *Pour Mulhouse :* en venant de Besançon et de Belfort, quitter l'autoroute pour traverser le Sundgau, petite région au sud de l'Alsace, aux paysages vallonnés et aux traditions très fortes. De Belfort, rejoindre Altkirch par la D419, Mulhouse n'est qu'à 20 km.

Ceux qui vont à Mulhouse par les Vosges en passant par Le Thillot ont tout intérêt à monter au ballon d'Alsace par le col du Ballon, d'où la vue est époustouflante – si c'est un jour sans brume, évidemment ! La descente du ballon d'Alsace vers Mulhouse par la vallée de la Doller reste l'un de nos morceaux préférés, notamment à l'automne, quand les couleurs des arbres explosent. La route de la vallée de la Thur (du col de Bussang à Thann) est intéressante aussi, mais elle est beaucoup plus fréquentée et les paysages sont plus industrialisés.

➢ *Pour Strasbourg :* plus difficile d'y accéder par de vraies petites routes tranquilles. Cela dit, on conseille aux habitants d'Île-de-France de passer par Nancy et Lunéville, puis de rejoindre Raon-l'Étape (Vosges). Pour ceux qui ont du temps pour flâner. Entre Raon-l'Étape et Schirmeck (Bas-Rhin), la petite D392A traverse les contreforts boisés des Vosges, grimpe au col du Donon (727 m), avant de redescendre vers Schirmeck et la plaine d'Alsace que l'on rejoint au niveau de Molsheim par la vallée de la Bruche. Même si vous passez à Molsheim au volant d'une 4L Renault, ayez une pensée émue pour les Bugatti, qui fabriquèrent dans leur usine de Molsheim, dans les années 1930, les plus belles voitures du monde !

De Suisse

Les plus jolis chemins pour aller en Alsace, en venant de Genève ou de Berne, sont les routes du Sundgau (sud du département du Haut-Rhin). De Solothurn (Soleure), gagner Delémont puis Bourrignon et la frontière franco-suisse située au village de Lucelle (adorable fond de vallée). Autre chemin de charme : de Delémont, rejoindre Laufen (sur la route 18, vers Bâle). À Laufen, prendre la direction de Moulin-Neuf et de Kiffis. Une petite merveille !

De Belgique

Entrer en Alsace par le nord-ouest du département du Bas-Rhin permet d'emprunter de petites routes tranquilles à travers le parc régional des Vosges du Nord, boisé et romantique. Notre itinéraire préféré : de Sarreguemines, gagner Bitche par la N62 puis rejoindre Niederbronn-les-Bains. De là, rallier Haguenau puis Strasbourg.

EN TRAIN

Au départ de Paris

Pour l'Alsace, départs de la gare de l'Est.
➢ *Paris-Strasbourg :* 13 allers-retours quotidiens en moyenne. Compter au moins 3 h 50 de trajet.

C'est ça votre petit coin tranquille pour les vacances ?

A ujourd'hui avec Hertz, découvrez la liberté d'une location de voiture à prix "routard".

H ertz vous offre **15 €** de réduction immédiate sur les forfaits Hertz Week-end standard et **30 €** sur les forfaits Hertz Vacances standard en France, sur simple présentation de ce guide.

A vec Hertz, à vous la liberté.

**Réservations au 01 39 38 38 38
en précisant le code CDP 967 130.**

Offre soumise à conditions,
valable jusqu'au 31/12/2003, non cumulable
avec toute autre remise ou promotion,
non remboursable.

L'ALSACE / COMMENT Y ALLER ?

➢ **Paris-Colmar :** 12 allers-retours quotidiens en moyenne, avec un changement à Strasbourg ou Mulhouse ; 4 h 50 de voyage.
➢ **Paris-Mulhouse :** 9 allers-retours quotidiens. Trajet le plus rapide : 4 h 15. 1 aller-retour de nuit quotidien.

Au départ de la province

➢ Vous pouvez rejoindre directement **Strasbourg** depuis Bruxelles (en 4 h 50), Lyon (en 5 h), Marseille (train de nuit)...
➢ Mais aussi liaisons directes depuis Lyon vers **Mulhouse** (en 4 h) et **Colmar** (en 4 h 30).

Pour préparer votre voyage

– **Billet à domicile :** commandez votre billet par téléphone, par Minitel ou par Internet, la SNCF vous l'envoie gratuitement à domicile. Ce service est accessible au moins 4 jours avant le départ (7 jours si vous résidez à l'étranger), en payant par carte bancaire (pour un montant supérieur à 1,52 €, soit 10 F).
– **Service Bagages à domicile :** la SNCF prend en charge vos bagages où vous le souhaitez et vous les livre là où vous allez, en 24 h porte à porte : ☎ 0825-845-845 (0,15 €/mn, soit 0,98 F). Délai à compter du jour de l'enlèvement à 17 h, hors samedi, dimanche et fêtes. Offre soumise à conditions.

Pour voyager au meilleur prix

La SNCF propose de nombreuses offres vous permettant d'obtenir jusqu'à 50 % de réduction.
– **Pour tous :** *Découverte J-8* et *J-30* (jusqu'à 50 % de réduction si vous réservez votre billet au minimum 8 ou 30 jours avant le départ), *Découverte Séjour* (25 % de réduction) pour un séjour comportant la nuit du samedi au dimanche, *Découverte à deux* pour un voyage à 2 et jusqu'à 9 personnes (25 % de réduction).
– **Pour les familles :** *Découverte Enfant +* (25 % de réduction), *Carte Enfant +* (de 25 à 50 % de réduction).
– **Pour les jeunes :** *Découverte 12-25* (25 % de réduction), *Carte 12-25* (de 25 à 50 % de réduction).
– **Pour les seniors :** *Découverte Senior* (25 % de réduction), *Carte Senior* (de 25 à 50 % de réduction).
Toutes ces offres sont soumises à conditions.

Pour vous informer sur ces offres et acheter vos billets

Vous pouvez utiliser soit :
– Ligne directe : ☎ 08-92-35-35-35 (0,34 €/mn, soit 2,23 F), tous les jours de 7 h à 22 h.
– Internet : ● www.voyages-sncf.com ●
– Minitel : 36-15, 36-16 ou 36-23, code SNCF (0,20 €/mn, soit 1,31 F).
– Et dans les gares, les boutiques SNCF et les agences de voyages agréées.

Voyagez avec 25 %*de réduction, sans formalité et en toute liberté.

DÉCOUVERTE -25%* POUR TOUS

Paris - Strasbourg
26,7 € (175,14 F)**

Paris - Mulhouse
32,5 € (213,19 F)**

Lyon - Strasbourg
28,8 € (188,92 F)**

Vous voyagez à deux ou avec un enfant de moins de 12 ans ?

Vous avez moins de 25 ans ou 60 ans et plus ?

Vous passez la nuit du samedi sur place ?

Il y a forcément une réduction qui vous correspond.

Alors laissez-vous gagner par vos envies de voyage !

voyages-sncf.com

* Offre soumise à condition. Renseignez-vous dans les gares, boutiques SNCF, agences de voyages agréées ou par Ligne Directe au 08 92 35 35 35 (0,34 €/min soit 2,21 F/min).
**Prix en vigueur au 01/01/02 pour un aller simple en train Corail avec tarif Découverte : 25 % de réduction pour les trajets commencés en période bleue de la semaine type. Susceptibles de modifications sans préavis.

À NOUS DE VOUS FAIRE PRÉFÉRER LE TRAIN.

Comment circuler dans la région Alsace ?

Le TER

Avec le TER, la SNCF et la Région Alsace vous proposent des trains et des cars desservant un grand nombre de points d'arrêts pour vous permettre de découvrir les principaux sites touristiques.

Les principales lignes du réseau TER Alsace

Le *TER 200*, premier TER en France circulant à 200 km/h, relie les villes de la plaine d'Alsace, de Strasbourg à Bâle, en passant par Sélestat, Colmar et Mulhouse, avec certains trains prolongés vers Saverne et Nancy. La desserte, cadencée, est de 17 allers-retours par jour, avec un train toutes les heures et toutes les demi-heures en pointe.
Le TER dessert également, au départ de Strasbourg, la vallée de la Bruche (Molsheim, Schirmeck, Saales), le Piémont des Vosges (Obernai), le Nord de l'Alsace (Saverne, Haguenau, Wissembourg, Sarreguemines). Les Vallées Vosgiennes sont desservies au départ de Colmar (vers Munster et Metzeral) et Mulhouse (vers Thann et Kruth). En été, des navettes par autocar sont organisées, en correspondance avec les TER, par les Parcs Naturels Régionaux des Vosges du Nord et du Ballon d'Alsace.

Des réductions TER pour tous

Le calendrier « voyageurs » de la SNCF ne s'applique pas en Alsace. Les tarifs nationaux (voir plus haut) sont donc valables tous les jours dans tous les trains.
De nombreuses réductions sont également proposées pour les couples, les familles, les mini-groupes.
Nouveauté : le *Pass Évasion*, valable les week-ends et jours fériés, vous permet de circuler librement toute une journée en Alsace (y compris Sarrebourg, Belfort et Bâle).
Deux formules existent :
– *une formule « individuelle »* : pour une ou deux personnes, éventuellement accompagnées d'un enfant de moins de 12 ans, 7,62 € (50 F) à l'intérieur d'un même département (Bas-Rhin ou Haut-Rhin), 12,20 € (80 F) pour toute l'Alsace ;
– *une formule « mini-groupe »* : pour 2 à 5 personnes, 15,24 € (100 F) à l'intérieur d'un même département (Bas-Rhin ou Haut-Rhin), 24,39 € (160 F) pour toute l'Alsace.

Pour tous renseignements

– Internet : • ter.sncf.fr •
– Ligne directe : ☎ 08-36-35-35-35 (0,34 €/mn, soit 2,21 F)
– Minitel : 36-15, code TER (0,15 €/mn, soit 1 F).

EN AVION

Pour Strasbourg

✈ **Aéroport de Strasbourg-Entzheim :** ☎ 03-88-64-67-67. Fax : 03-88-64-69-32.

Musées MUSÉE DE L'AUTOMOBILE MUSÉE DU CHEMIN DE FER
Zoo de Mulhouse Parc naturel régional des Ballons des Vosges
Ecomusée
Zoo de Bâle
Parc naturel régional des Vosges du Nord

CIRCULEZ : VOUS AVEZ TOUTE L'ALSACE À VOIR !

CONNAISSEZ-VOUS TOUTES LES FABULEUSES RICHESSES DONT REGORGE L'ALSACE ?

Alors c'est le moment de les découvrir !
La SNCF et la Région Alsace ont créé Pass Evasion, un forfait journalier qui vous permet de circuler en toute liberté du Sundgau aux Vosges du Nord... et ce, à des tarifs qui donnent vraiment envie de voyager !

Pass évasion

FORFAIT LIBRE CIRCULATION UN JOUR BAS RHIN OU HAUT RHIN 2 À 5 PERSONNES	FORFAIT LIBRE CIRCULATION UN JOUR TOUTE L'ALSACE 2 À 5 PERSONNES	FORFAIT LIBRE CIRCULATION UN JOUR BAS RHIN OU HAUT RHIN	FORFAIT LIBRE CIRCULATION UN JOUR TOUTE L'ALSACE
15€* POUR LE GROUPE	**24€*** POUR LE GROUPE	**7,5€*** PAR PERSONNE	**12€*** PAR PERSONNE

À NOUS DE VOUS FAIRE PRÉFÉRER LE TRAIN.

▲ AIR FRANCE

– *Paris :* 119, av. des Champs-Élysées, 75008. M. : George-V.
– *Renseignements et réservations :* ☎ 0820-820-820 (0,12 €/mn, soit 0,79 F) de 8 h à 21 h. Minitel : 36-15 ou 36-16, code AF (0,19 €/mn, soit 1,27 F). Et dans les agences de voyages. • www.airfrance.fr •

➢ Air France propose une douzaine de vols par jour au départ de Paris Orly et environ 6 vols par jour au départ de Roissy. Également des vols au départ de Bordeaux, Toulouse, Brest, Lille, Lyon, Marseille et Nantes.
Air France propose une gamme de tarifs très attractifs sous la marque *Tempo* accessibles à tous : *Tempo 1* (le plus souple), *Tempo 2, Tempo 3* et *Tempo 4* (le moins cher). La compagnie propose également le tarif *Tempo Jeunes* (pour les moins de 25 ans). Ces tarifs sont accessibles jusqu'au jour de départ en aller simple ou aller-retour, avec date de retour libre. Il est possible de modifier la réservation ou d'annuler jusqu'au jour de départ sans frais. Pour les moins de 25 ans, la carte de fidélité « Fréquence Jeune » est nominative, gratuite et valable sur l'ensemble des lignes nationales et internationales d'Air France. Cette carte permet d'accumuler des *Miles* et de bénéficier ainsi de billets gratuits. La carte « Fréquence Jeune » apporte également de nombreux avantages ou réductions chez les partenaires d'Air France.
Tous les mercredis dès 0 h, sur Minitel 36-15, code AF (0,2 €/mn, soit 1,29 F) ou sur Internet • www.airfrance.fr •, Air France propose les tarifs « Coup de cœur », une sélection de destinations en France métropolitaine et en Europe à des tarifs très bas pour les 7 jours à venir.
Pour les enchères sur Internet, Air France propose pour les clients disposant d'une adresse en France métropolitaine, tous les 15 jours, le jeudi de 12 h à 22 h plus de 100 billets mis aux enchères. Il s'agit de billets aller-retour, sur le réseau Métropole, moyen-courrier et long-courrier, au départ de France métropolitaine. Air France propose au gagnant un second billet sur un même vol au même tarif.

▲ AIR LITTORAL

➢ Relie Nice à Strasbourg avec 3 vols par jour en semaine, 1 vol le samedi et 2 vols le dimanche.
– *Renseignements et réservations :* ☎ 0803-834-834.

Pour Mulhouse

✈ *Aéroport de Bâle-Mulhouse-Freiburg :* ☎ 03-89-90-31-11.
➢ Vols directs de Paris et de Lyon par *Air France* (pour toutes infos, voir ci-dessus « Pour Strasbourg »).
On arrive à l'aéroport de Bâle-Mulhouse (Euroairport), situé à une trentaine de kilomètres de Mulhouse, à Saint-Louis, près de la frontière.

GÉNÉRALITÉS

Franchi les Vosges, le « Français » découvre, dans un parfum de brioche et de bois, une planète à part, sortie d'un conte de Noël. Sous les sapins durs, des villages ciselés, des vignes, des pignons gothiques, des cigognes, des colombages sous la neige, des *kougelhopfs* joufflus et des saucisses plantureuses... Au premier coup d'œil – et d'oreille, à cause du dialecte –, l'Alsace se révèle à lui comme « l'autre Germanie ». Pas celle de la pesanteur et des angoisses, mais la bonne, la charmante qui faisait rêver Nerval et Hugo : le Rhin de la Lorelei, les vignettes romantiques des vieux *burgs*, le *Douce Nuit* des chorales, les émois douillets des intérieurs bien tenus, la liturgie bon enfant des costumes à boutons dorés et de l'arbre de mai...

faire du ciel le plus bel endroit de la terre

AIR FRANCE

Tarifs Tempo. Envolez-vous à prix légers.
www.airfrance.com

Membre de SKYTEAM

Bien vite, pourtant, les clichés s'estompent. On découvre que cette terre chaleureuse n'a rien d'une province allemande : elle est née bien avant l'Allemagne. Elle a brillé durant sa longue histoire. Sa triade géographique – montagnes, coteaux, plaines, avec le Rhin pour autoroute – et morale – travail, bonne chère, autodérision –, ne doit rien à personne. L'Alsace, c'est quand on l'a trouvée qu'on la cherche le plus. Derrière les icônes de Hansi et l'or moelleux des « vendanges tardives » se profile une communauté inquiète mais soudée dans l'abondance, sans histoire et pourtant torturée par l'histoire, occupée à faire mousser le bonheur ici-bas comme dans l'autre monde... L'Alsace charme, émeut, impressionne. Pour le « Français », elle est une leçon d'optimisme, de courage et de solidarité. Comme une sorte de modèle...

CARTE D'IDENTITÉ

- **Superficie :** 8 200 km^2, soit 1,5 % de la métropole.
- **Préfecture régionale :** Strasbourg.
- **Sous-préfectures :** Colmar, Strasbourg.
- **Population :** 1 734 000 habitants.
- **Densité :** 209,4 hab./km^2.

AVANT LE DÉPART

Adresses utiles

■ **La Maison de l'Alsace :** 39, av. des Champs-Élysées, 75008 Paris. ☎ 01-53-83-10-10 et 01-42-56-15-94. Fax : 01-45-63-84-08. M. : Franklin-Roosevelt. Ouvert du lundi au vendredi de 9 h à 19 h et le samedi de 11 h à 17 h (sauf juillet et août). C'est quasiment l'ambassade d'Alsace à Paris. Elle propose tout. L'information touristique au travers d'un staff expérimenté et un riche matériel. Agence de voyages, réservation d'hôtels et gîtes ruraux, croisières, produits pour individuels, tourisme d'affaires, organisation de congrès et séminaires, etc. Représentation touristique du département des Vosges. Vidéothèque et photothèque. Librairie. Siège des associations *Alsaciens de Paris* et *Le Courrier d'Alsace*. Enfin, aurez-de-chaussée, un restaurant réputé.

🛈 **Comité régional du tourisme :** 6, av. de la Marseillaise, BP 219, 67005 Strasbourg. ☎ 03-88-25-01-66. Fax : 03-88-52-17-06. ● www.tourisme-alsace.com ●

🛈 **Comités départementaux du tourisme :** se reporter aux chapitres concernés.

■ **Gîtes de France :** pour commander des brochures, s'adresser au 59, rue Saint-Lazare, 75009 Paris. ☎ 01-49-70-75-75. Minitel : 36-15, code GITES DE FRANCE. ● www.gites-de-france.fr ● M. : Trinité. Les réservations sont à faire auprès des relais départementaux des Gîtes de France (indiqués dans ce guide en introduction de chaque département).

Auberges de jeunesse

La carte des AJ, valable dans 62 pays, permet de bénéficier des 6 000 auberges de jeunesse du réseau *Hostelling International,* réparties

dans le monde entier. Les périodes d'ouverture varient selon les pays et les AJ. À noter, la carte AJ est surtout intéressante en Europe, aux États-Unis, au Canada, au Moyen-Orient et en Extrême-Orient (Japon...).
Il n'y a pas de limite d'âge pour séjourner en AJ. Il faut simplement être adhérent.
La FUAJ (association à but non lucratif, eh oui, ça existe encore !) propose trois guides répertoriant les adresses des AJ : France, Europe et le reste du monde, gratuit pour le premier, payants pour les deux derniers.
La FUAJ offre à ses adhérents la possibilité de réserver depuis la France, grâce à son système IBN *(International Booking Network),* 6 nuits maximum et jusqu'à 6 mois à l'avance, dans certaines auberges de jeunesse situées en France, mais aussi à l'étranger (la FUAJ couvre près de 50 pays).
Gros avantage, les AJ étant souvent complètes, votre lit (en dortoir, pas de réservation en chambre individuelle) est réservé à la date souhaitée. Vous réglez le montant, plus des frais de réservation (environ 2,60 €, soit 17 F). L'intérêt, c'est que tout cela se passe avant le départ, en francs ou en euros ! Vous recevrez en échange un reçu de réservation que vous présenterez à l'AJ une fois sur place. Ce service permet aussi d'annuler et d'être remboursé. Le délai d'annulation varie d'une AJ à l'autre. Compter 5,03 € (33 F) pour les frais.

Pour adhérer à la FUAJ

On conseille d'acheter la carte en France car elle est moins chère qu'à l'étranger.

■ *Fédération unie des Auberges de jeunesse (FUAJ) :* 27, rue Pajol, 75018 Paris. ☎ 01-44-89-87-27. Fax : 01-44-89-87-10. ● www.fuaj.org ● M. : La Chapelle, Marx-Dormoy ou Gare-du-Nord (RER B et D).
■ *AJ D'Artagnan :* 80, rue Vitruve, 75020 Paris. ☎ 01-40-32-34-56. Fax : 01-40-32-34-55. ● paris.le-dartagnan@fuaj.org ● M. : Porte-de-Bagnolet.
– Et dans toutes les auberges de jeunesse, points d'information et de réservation FUAJ en France. ● www.fuaj.org ●

– *Sur place :* présenter une pièce d'identité et 10,67 € (70 F) pour la carte moins de 26 ans et 15,24 € (100 F) pour les plus de 26 ans.
– *Par correspondance :* envoyer une photocopie recto verso d'une pièce d'identité et un chèque correspondant au montant de l'adhésion (ajouter 0,76 €, soit 5 F, pour les frais de port de la FUAJ).
– La FUAJ propose aussi une **carte d'adhésion « Famille »**, valable pour une famille de deux adultes ayant un ou plusieurs enfants âgés de moins de 14 ans. Coût : 22,87 € (150 F). Fournir une copie du livret de famille.
– La carte donne également droit à des réductions sur les transports, les musées et les attractions touristiques de plus de 60 pays, mais ces avantages varient d'un pays à l'autre, ce qui n'empêche pas de la présenter à chaque occasion, ça peut toujours marcher.

En Belgique

Le tarif de la carte varie selon l'âge : entre 3 et 15 ans, 2,48 € (100 Fb) ; entre 16 et 25 ans, 8,68 € (350 Fb) ; au-delà de 25 ans, 11,77 € (475 Fb). La carte donne droit à une nuitée gratuite dans une des auberges de Wallonie ou à 100 Fb de réduction à Bruxelles ou en Flandre.
Renseignements et inscriptions :

- **À Bruxelles :** LAJ, rue de la Sablonnière, 28, 1000. ☎ 02-219-56-76. Fax : 02-219-14-51. • www.laj.be •
- **À Anvers :** Vlaamse Jeugdherbergcentrale (VJH), Van Stralenstraat, 40, Antwerpen B 2060. ☎ 03-232-72-18. Fax : 03-231-81-26. • www.vjh.be •
– On peut également se procurer la carte via le réseau des bornes *Servitel* de la CGER.

Les résidents flamands qui achètent une carte en Flandre obtiennent 300 Fb de réduction dans les auberges flamandes et 150 Fb en Wallonie. Le même principe existe pour les habitants wallons.

En Suisse

Le prix de la carte dépend de l'âge : 14,31 € (22 Fs) pour les moins de 18 ans, 21,46 € (33 Fs) pour les adultes et 28,62 € (44 Fs) pour une famille avec des enfants de moins de 18 ans.

- **Schweizer Jugendherbergen (SH;** *Service des membres des auberges de jeunesse suisses*) **:** Schasfhauserstr. 14, Postfach 161, 8042 Zurich. ☎ (1) 360-14-14. Fax : (1) 360-14-60. • bookingoffice@youthhostel.ch • www.youthhostel.ch •

Au Canada

Elle coûte 24,76 € (35 $Ca) pour une validité jusqu'à fin 2002 et 141,50 € (200 $Ca) à vie ; gratuit pour les enfants de moins de 18 ans qui accompagnent leurs parents ; pour les juniors voyageant seuls, compter 8,49 € (12 $Ca). Ajouter systématiquement les taxes.

- **Tourisme Jeunesse :** 4008 Saint-Denis, Montréal CP 1000, H1V-3R2. ☎ (514) 844-02-87.
- **Canadian Hostelling Association :** 205 Catherine Street, Bureau 400, Ottawa, Ontario, Canada K2P-1C3. ☎ (613) 237-78-84. Fax : (613) 237-78-68.

Cartes de paiement

– La carte *Eurocard MasterCard* permet à son détenteur et à sa famille (si elle l'accompagne) de bénéficier de l'assistance médicale rapatriement. En cas de problème, contacter immédiatement le ☎ 01-45-16-65-65. En cas de perte ou de vol (24 h/24) : ☎ 01-45-67-84-84 en France (PCV accepté) pour faire opposition. • www.mastercardfrance.com • Minitel : 36-15 ou 36-16, code EM (0,19 €/mn, soit 1,29 F), pour obtenir toutes les adresses de distributeurs par pays et villes dans le monde entier.
– Pour la carte *Visa*, en cas de vol composer le ☎ 08-36-69-08-80 (0,33 €/mn, soit 2,23 F), ou le numéro communiqué par votre banque.
– Pour la carte *American Express*, en cas de pépin : ☎ 01-47-77-72-00.

Carte internationale d'étudiant (carte ISIC)

Elle permet de bénéficier des avantages qu'offre le statut étudiant dans le pays où l'on se trouve. Cette carte ISIC donne droit à des réductions (transports, musées, logements, change...).

Pour l'obtenir en France

– Se présenter dans l'une des agences des organismes mentionnés ci-dessous.
– Fournir un certificat prouvant l'inscription régulière dans un centre d'études donnant droit au statut d'étudiant ou d'élève, ou sa carte du CROUS.
– Prévoir 9,15 € (60 F) et une photo.
On peut aussi l'obtenir par correspondance (sauf au CTS). Dans ce cas, il faut envoyer une photo, une photocopie de son justificatif étudiant, une enveloppe timbrée et un chèque de 9,15 € (60 F).

■ **OTU :** centrale de réservation, 119, rue Saint-Martin, 75004 Paris. ☎ 01-40-29-12-12.
■ **USIT :** 6, rue de Vaugirard, 75006 Paris. ☎ 01-42-34-56-90. Ouvert de 9 h 30 à 18 h 30.
■ **CTS :** 20, rue des Carmes, 75005 Paris. ☎ 01-43-25-00-76. Ouvert du lundi au vendredi de 10 h à 18 h 45 et le samedi de 10 h à 13 h 45.

En Belgique

La carte coûte environ 8,68 € (350 Fb) et s'obtient sur présentation de la carte d'identité, de la carte d'étudiant et d'une photo auprès de :

■ **CJB l'Autre Voyage :** chaussée d'Ixelles, 216, Bruxelles 1050. ☎ 02-640-97-85.
■ **Connections :** renseignements, ☎ 02-550-01-00.
■ **Université libre de Bruxelles** (service « Voyages ») **:** av. Paul-Héger, 22, CP 166, Bruxelles 1000. ☎ 02-650-37-72.

En Suisse

Dans toutes les agences SSR, sur présentation de la carte d'étudiant, d'une photo et de 9,83 € (15 Fs).

■ **SSR :** 3, rue Vignier, 1205 Genève. ☎ (22) 329-97-45.
■ **SSR :** 20, bd de Grancy, 1006 Lausanne. ☎ (21) 617-56-27.

Pour en savoir plus

Les sites internet vous fourniront un complément d'informations sur les avantages de la carte ISIC.
- www.isic.tm.fr •
- www.istc.org •

Les chèques-vacances

Simples et ingénieux, vous pouvez les utiliser dans un réseau de 130 000 professionnels du tourisme et des loisirs agréés pour régler hébergement, restos, transports, loisirs sportifs et culturels... sur votre lieu de villégiature ou dans votre ville.
Nominatifs, ils vous permettent d'optimiser votre budget vacances et loisirs grâce à la participation financière de votre employeur, CE, Amicale du personnel...

Désormais les chèques-vacances sont accessibles aux PME-PMI de moins de 50 salariés et sont édités sous forme de deux coupures de 10 et 20 € (avec leur contre-valeur francs jusqu'en 2002).
Renseignez-vous auprès des différents établissements recommandés par le *Guide du routard* pour savoir s'ils acceptent ce titre de paiement.
Avantage : les chèques-vacances donnent accès à de nombreuses réductions, promotions et vous assurent un accueil privilégié.
Renseignements : ☎ 0825-844-344 (0,14 €/mn, soit 0,98 F). • www.ancv.com • Minitel : 36-15, code ANCV. Ou dans le guide « Chèques-Vacances ».

Les monuments nationaux à la carte

Le Centre des monuments nationaux propose un laissez-passer nominatif, valable un an, pour plus de 100 monuments publics répartis dans toute la France (dont le château du Haut-Kœnigsbourg). Avantages : pas de file d'attente et gratuité des expos dans les monuments répertoriés. Coût : 42,68 € (280 F).
– L'achat s'effectue dans les lieux culturels concernés ou par correspondance au *Centre des monuments nationaux*, centre d'informations, 62, rue Saint-Antoine, 75186 Paris Cedex 04. ☎ 01-44-61-21-50.

Téléphone

Pour vous simplifier la vie dans tous vos déplacements, les **cartes France Télécom** vous permettent de téléphoner en France et depuis plus de 90 pays à partir de n'importe quel téléphone (d'une cabine téléphonique, de chez des amis, d'un restaurant, d'un hôtel...) sans souci de paiement immédiat. Les communications sont directement portées et détaillées sur votre facture téléphonique personnelle. Pour appeler, vous composez le numéro d'accès au service, le numéro de votre carte puis votre code confidentiel suivi du numéro de votre correspondant. Les **cartes France Télécom** sont sans abonnement et sans limite de validité. Plusieurs formules sont proposées. Par exemple, pour les routards qui voyagent souvent à l'étranger ; la **carte France Télécom Voyage** vous fait bénéficier en plus, de 15 à 25 % d'économie pour vos appels internationaux (France métropolitaine/étranger, étranger/étranger, étranger/France). Pour tout renseignement, composez le n° Vert : ☎ 0800-202-202 ; ou consultez le site Internet : • www.cartefrancetelecom.com •

Travail bénévole

■ *Concordia :* 1, rue de Metz, 75010 Paris. ☎ 01-45-23-00-23. Fax : 01-47-70-68-27. • concordia@wanadoo.fr • M. : Strasbourg-Saint-Denis. Travail bénévole. Logés, nourris. Chantiers très variés ; restauration du patrimoine, valorisation de l'environnement, travail d'animation... Places limitées. ATTENTION : voyage à la charge du participant et droit d'inscription obligatoire.

ALSACES DU MONDE

Quand on est en Alsace, on y reste. Sauf si l'on veut l'exporter. Voir les brasseries parisiennes : *Bofinger,* ou le groupe *Flo* de Jean-Claude Bucher... Cantonnés dans leur plaine-couloir, les Alsaciens, très tôt, ont suivi le Rhin pour vendre leurs vins à Cologne et à Mayence. Le frisson de l'aventure – cher Docteur Schweitzer ! – les enrôlera dans les armées de la Révolution. Kléber est mort en Égypte. Schoelcher étudia le sort des esclaves au Mexique. Binger explora la boucle du Niger. Par ailleurs, la misère avait fait émigrer les Alsaciens vers 1730.

Résultat : dans le monde, il existe quarante-trois Strasbourg ! Au Danemark, en Pologne, en Roumanie, en Australie... Quinze sont américains. Dans le Strasburg de l'Illinois, on trouvait des cow-boys. Dans celui du Missouri, des trappeurs. Au Texas, on trouve des « little » Alsace et un Querriville. Mais la grande vague suivit la défaite de 1870 : 59 000 Alsaciens émigrèrent, souvent des catholiques... Beaucoup iront dans les Colonies, la plupart en métropole. Aujourd'hui, même les cigognes ne migrent plus...

BONNES FEUILLES

C'est par un serment que la littérature inaugure son long flirt avec l'Alsace : au IXe siècle, deux fils de Charlemagne, Charles et Louis, se jurent alliance contre le troisième. Plus tard, les *Minnesänger* (troubadours) chanteront leurs dols d'amour à la cour impériale de Haguenau. C'est même un Alsacien, Gottfried de Strasbourg, qui donnera au monde la parabole de l'amour ultime : *Tristan et Isolde*.

Au Moyen Âge, Strasbourg est le rendez-vous des grosses têtes : Maître Eckhart, Albert le Grand, Jean Tauler, bref, la crème des théologiens et des mystiques. Au XVIe siècle, ils sont toujours là, mais beaucoup – Sturm, Martin Bucer, Geiler de Kaysersberg, Jean Fischart... – sont passés à la Réforme. Une chanson alsacienne de cette époque ne dit-elle pas que « les pensées sont libres » ? Même si au XVIIIe siècle, une relative liberté règne en Alsace et attire Voltaire, c'est en face, à Kehl, que Beaumarchais publie ses œuvres interdites en France.

La faculté de Strasbourg a de l'éclat. Anciens élèves : Metternich, Bonaparte, et Goethe lui-même. En fait, pas de romantique qui n'ait fourré ses guêtres en Alsace, qu'il soit français (Hugo – lire *Le Rhin* –, Musset, Lamartine, Vigny, Mérimée, Dumas, Nerval, Delacroix, Gautier, Balzac, Michelet, Taine, Stendhal...) ou germanique (Arnim, Brentano...). Devenue allemande, la ville inspirera plus tard Wagner, Liszt, Nietzsche et l'étudiant Georg Büchner, futur auteur de *Woyzeck*.

À nouveau française, elle est chantée par Claudel, décrite par Hemingway, Mac Orlan, Elias Canetti et Marek Halter. Simone de Beauvoir ira jusque dans les Vosges pour rencontrer le neveu d'Albert Schweitzer, un certain Jean-Paul Sartre...

LE CLUB VOSGIEN

Une belle aventure que celle du Club Vosgien ! Fédération depuis le 27 mai 1995, il compte 34 000 membres, répartis en 105 sections, entretient près de 16 000 km de sentiers balisés, gère 27 refuges et même un bel hôtel (celui du *Grand Ballon*), publie des cartes de randonnées très bien faites (en association avec l'Institut géographique national), des guides, une revue trimestrielle, construit des abris, élève des tours-belvédères, organise des excursions et des conférences : non, ce n'est pas là le bilan survitaminé d'une grosse multinationale de la Nature, mais plus simplement le résultat d'un long travail mené sur le terrain par la plus vieille association de tourisme pédestre en France (et la plus importante aujourd'hui).

Créé en 1872, deux années à peine après l'annexion de l'Alsace par l'Allemagne, le Club Vosgien réunissait au départ une bande de bénévoles passionnés par la montagne et la randonnée. Citadins à la recherche d'air pur et de nature, ils habitaient Mulhouse, Colmar et Strasbourg, et rêvaient de

grands espaces, de liberté, de loisirs simples et sains. Leur but était également pédagogique : découvrir et faire découvrir aux randonneurs les richesses (paysages, faune, flore...) du massif vosgien jusque-là fermé au grand public. Ils y parvinrent. Et en peu de temps.
Mais surtout, ces défricheurs méthodiques furent aussi les précurseurs avisés d'un nouveau style de vie. On peut le dire aujourd'hui : en ouvrant la montagne à tous par un ingénieux réseau de sentiers balisés (pour ne citer que cet aspect-là de son activité), le Club Vosgien a joué le rôle de défenseur de la qualité de la vie pour toute une partie de l'est de la France. Un bel exemple que d'autres régions pourraient méditer...
Plus qu'une simple association de loisirs, il est devenu au fil des ans une entreprise de protection et d'aménagement du massif vosgien. Il n'y a pas un sapin, pas un lac, pas un pré des Vosges qui puisse être touché par la main de l'homme sans que le Club Vosgien ne le sache. Le Club Vosgien, c'est un peu la « conscience des Vosges ».

■ *Fédération du Club Vosgien :* 16, rue Sainte-Hélène, 67000 Strasbourg. ☎ 03-88-32-57-96. Fax : 03-88-22-04-72. ● info@club-vosgien.com ● www.club-vosgien.com ● Très central, à 2 mn à pied de la place Kléber. Comptoir d'information et de vente ouvert au public de 9 h à 12 h et de 14 h à 18 h. Fermé le dimanche. Bon accueil. Renseignements par téléphone ou sur place. Vente des cartes Club Vosgien/IGN, de fascicules, du guide des fermes-auberges. Petit matériel de randonnée (boussoles, etc.).

– *Cartes de randonnées :* elles sont éditées par le Club Vosgien et l'IGN. Indispensables aux randonneurs, elles portent les balisages des sentiers, la mention des abris, des refuges, des fermes-auberges, etc. On peut les acheter dans toutes les bonnes librairies, en Alsace plus particulièrement. Il y a deux échelles : les cartes les plus détaillées sont au 1/25 000 (série Top 25), les autres sont au 1/50 000.

E... COMME ÉCOLOGIE

L'Alsace a l'image d'une région touchée par la vague écologiste plus tôt et plus profondément que la France de l'intérieur. S'il faut relativiser cette image (ailleurs il y eut quand même le Larzac, Malville, Flamanville, Plogoff, etc.), il est vrai que les bons résultats électoraux des écologistes alsaciens datent de la fin des années 1970. Antoine Waechter et Solange Fernex ont accédé à une notoriété nationale ; et *Ionix,* journal du mouvement antinucléaire, va fêter ses 25 ans.
Alsace-Nature est constituée dans les années 1960, dans la tradition des sociétés savantes naturalistes. Les grandes luttes fondatrices se déroulent dans la première moitié des années 1970 : contre les centrales nucléaires sur le Rhin à Fessenheim (Alsace) et Whyl (Bade-Wurtemberg), contre une usine à plomb à Marckholsheim (seule la centrale de Fessenheim se fera), à un moment où la société alsacienne entre en crise. L'irruption de la modernité, l'ouverture vers la France de l'intérieur et l'Europe entraînent une crise d'identité (feu l'Alsace des villages) et de représentation, et surtout une crise des formes d'encadrement de la société, notamment par les Églises.
L'écologie participe d'une mise en mouvement de la société beaucoup plus ample, notamment au niveau culturel. Elle conserve des traits spécifiquement alsaciens : la place des pasteurs et des prêtres, la dimension spirituelle, le rôle actif des clubs vosgiens et des chasseurs, la densité associative, la revendication culturelle, l'identification à un espace rhénan transfrontalier, la composante pacifiste (incarnée surtout par Solange Fernex). Mais, en confrontation avec les notables alsaciens, elle devra chercher des débouchés politiques dans des partis ou au travers de personnalités locales autonomes.

Sur le plan politique, l'Alsace est traditionnellement une terre démocrate-chrétienne depuis la fin de la guerre, avec le développement du MRP, très actif sous la IVe République ; ensuite, l'Alsace devient gaulliste avec l'arrivée en 1958 du Général (première au hit-parade, avec la Bretagne, pour les votes et les référendums en faveur du général de Gaulle). Écologistes et PS se développeront au même moment, et en forte concurrence (ce qui est en partie à l'origine des aspects « antigauche » des Verts alsaciens), comme forces politiques régionales, au tournant des années 1980, suivies quelques années plus tard par l'extrême droite. En l'absence du parti communiste, ce sont les écologistes qui occuperont l'espace protestataire et identitaire, et obtiendront des scores électoraux en conséquence.

À l'image de leur région, les écologistes alsaciens ont une spécificité propre, ni française ni allemande, ni simple juxtaposition des deux. Ils se sont développés en parallèle avec les *Grünen* (« Verts ») allemands, et en coopération lors des principales luttes. Mais plutôt que d'assumer cette proximité, ils s'en sont démarqués, Antoine Waechter se définissant même comme l'« anti-Grünen ». Ce refus d'assumer leur fonction politique réelle (radicalisation à gauche, substitut protestataire du parti communiste) a entraîné les écologistes alsaciens au milieu des années 1990 dans une profonde crise et un réel affaiblissement politique. Dommage !

GÉOGRAPHIE

« Mon père le Rhin, ma mère la plaine, mon frère le vignoble, ma sœur les Vosges »... si c'était un refrain à chanter, il résumerait de façon schématique mais assez juste la géographie de l'Alsace, cette région admirablement placée au cœur de l'économie européenne (75 % du pouvoir d'achat européen se concentre dans un rayon de 800 km autour de l'Alsace). Selon les points de vue, elle est tantôt au nord, tantôt au sud de l'Europe. Tout est relatif. La preuve, pour un Français, l'Alsace se trouve à l'est de la France, zone rude et fraîche habitée par des cousins germains des Germains justement, des cousins qui ne peuvent vivre que parmi leurs compatriotes français. Alors que pour un Allemand, l'Alsace c'est déjà le sud ensoleillé, la voie difficile mais certaine vers la Méditerranée, le chemin du froid vers le chaud, un beau morceau de latinité, le pays des vignobles généreux et dorés, bref : ici, on travaille comme des Germains, mais on s'amuse comme des Latins !

Tout a commencé, il y a bien longtemps, par un effondrement. Le fossé rhénan ouvert, le Rhin put s'y déverser, puis couler tranquillement vers la mer du Nord, et non plus vers la mer du Sud. Une plaine vit le jour, beaucoup plus large côté France que du côté allemand. On l'appelle le grand Ried. Dans cette platitude fertile et facile à l'homme, les grandes villes ont grandi (Strasbourg, Mulhouse, Colmar) non loin du Rhin, la plus formidable route liquide de l'Europe. Après la plaine (une étroite bande de terre d'une vingtaine de kilomètres environ), voici le deuxième étage fait de collines couvertes à l'infini par les champs de vigne, traversé du nord au sud par la longue et fascinante route des Vins d'Alsace.

C'est là, dans cet étage intermédiaire et béni des dieux, que les Alsaciens ont gravé leur identité, transformant sans cesse la nature par la viticulture. Montons encore, plus à l'ouest : voici les vignes qui disparaissent brutalement, cédant la place à de sombres forêts de sapins et d'épicéas, et plus haut encore, à des ballons chauves et dégarnis, les fameux ballons des Vosges. L'Alsace s'arrête là-haut, et passe le relais à la Lorraine, un autre monde, où les maisons ne sont pas peintes...

Étrange géographie, curieuse nature où presque rien n'est resté à l'état sauvage, où tout a été travaillé, transformé, amélioré par la main de l'homme, depuis toujours. Le Rhin ? L'axe industriel et commercial de l'Europe, le plus domestiqué des fleuves. La plaine d'Alsace ? Ce ne sont que fermes prospères, champs immenses de maïs et de tabac. Le vignoble ? Le moins natu-

L'ALSACE

rel des paysages, la plus humaine des géographies. Les Vosges enfin ? Oui, il y a de grandes forêts intactes (bien que menacées par les pluies acides venues de l'est) qui ne doivent leur sauvegarde qu'à la vigilance des Alsaciens (au Club Vosgien notamment). Même les Hautes-Chaumes – pâturages d'altitude pour les troupeaux – ne sont pas naturelles car, sans l'ardeur des moines défricheurs du Moyen Âge, ce serait encore de nos jours une jungle épaisse et noire de résineux.

Les micro-régions

– *L'Outre-Forêt :* quel nom magnifique ! Voici l'outre-mer des bois, labourée par le protestantisme, très marquée encore par les traditions. L'Outre-Forêt se situe au nord-est de l'Alsace, dans un coin de la carte entre Haguenau, Wissembourg et le Rhin.
– *Le Sundgau :* à l'extrême sud de l'Alsace, entre Mulhouse et la Suisse. L'Alsace tranquille des collines sans vignes et sans touristes. Une sorte de petite Autriche très helvète.
– *L'Alsace Bossue :* bossue à cause des nombreuses bosses du relief de cette petite région située à l'orée ouest du parc naturel des Vosges du Nord, entre Sarre-Union et Saverne.
– *Le Kochersberg :* au nord-ouest de Strasbourg. Souvent appelé « le grenier à blé de l'Alsace ». Champs de céréales, de tabac et de houblon dessinent un paysage original en damier, ponctué de vieux clochers-donjons.
– *Grand Ried :* la plaine baignée par le Rhin, entre Strasbourg et Colmar. Des marécages en voie de disparition mais farouchement défendus par les écologistes, s'étalent encore le long du Rhin et de l'Ill. Derniers lambeaux exotiques de l'antique forêt ennoyée du Bassin rhénan.
– *Le pays Welche :* autour du val d'Orbey, dans la région de Lapoutroie, au cœur des Vosges moyennes (Haut-Rhin). Le seul canton d'Alsace où l'on ne parla jamais le dialecte alsacien, mais exclusivement le français.
– *Le Florival :* autour de Guebwiller. Toute la richesse viticole de la vallée tient dans ce nom si fleuri. L'abbaye de Murbach a poussé dans ce merveilleux terreau.
– *Les vallées vosgiennes :* autant de vallées, autant de mondes différents. La *vallée de la Bruche,* couverte de conifères et célèbre par l'action du pasteur Oberlin, reste la plus ancienne voie de communication entre l'Alsace et la Lorraine, le monde rhénan et le monde français.
Plus au sud, véritable pénétrante de la plaine vers les crêtes, la *vallée de Munster* est le pays du célèbre fromage, et des innombrables fermes de transhumance transformées en auberges.
À l'ouest de Mulhouse, la *vallée de la Doller* permet d'accéder au ballon d'Alsace, à ne pas confondre avec le Grand Ballon accessible par la route des Crêtes au départ de Thann (vallée de la Thur). Autre belle vallée méconnue, le *val d'Argent,* autour de Sainte-Marie-aux-Mines.
– *Les lacs vosgiens :* ce sont les yeux bleus ou bleu-gris du massif vosgien. Il y en a 4 célèbres, petits paradis de la randonnée : le lac Blanc, le lac Noir, le lac des Truites et le lac Vert.
– *Le massif du Hohneck :* l'un des plus beaux sommets des Vosges, et qui offre une vue sublime.
– *Le Grand Ballon :* point culminant des Vosges, à 1 424 m.

HABITAT

La cathédrale de Strasbourg pourrait être à Nancy. Le château des Rohan, à Saverne, se voudrait Versailles. Exceptions qui confirment la règle contraire : les villes et les villages d'Alsace se situent résolument ailleurs. Les châteaux forts à créneaux biseautés ? Une gravure des Burgraves. Les villes ? Un décor des *Maîtres chanteurs*. Les maisons aux tons de pain d'épice? Elles n'attendent plus que Hansel et Gretel. Sans oublier la folie des géraniums (il existe des concours très disputés), qui vous transporte au Tyrol. Les maisons de plaine, aux toits interminables cuirassés de tuiles en « queue de castor », charpentent leurs torchis par d'étranges assemblages de poutres. Tout un monde, ces colombages : on y voit des danseurs se contorsionner, des arbres de vie...

L'Alsacien a décliné son souci du *heimlich* (le chez-soi douillet) suivant les terres et les climats. La plaine vit sous le régime du *Hof* (l'exploitation germanique, comprenant l'habitation, le verger, les granges, le jardin, les bêtes et les gens...), ample ferme en torchis (il arrivait qu'on la transporte) maintenue par des colombages, qui arc-boute son vaste porche sur la rue, dans un double mouvement d'ostentation et de repli (la porte est presque toujours hermétique). Insoupçonnable du dehors, une vaste cour intérieure joue les places publiques domestiques, avec ses hangars, granges, étables – et quelques pièces spécifiques comme le fumoir à viande, la distillerie, la cave à vin ou la cave à pommes de terre... Au rez-de-chaussée, la *Stub* concentre l'activité sociale. Cette salle commune, chauffée par un grand poêle en faïence ou en fonte (certains, les *Kunscht*, ont même des gradins où l'on peut dormir), est décorée de lambris ou de peintures murales, agrémentée de nombreux meubles (souvent intégrés aux boiseries). Sous l'horloge à cadran fleurie de la Forêt-Noire, on dort, on mange, on sèche le linge, on garde les fruits. Et on regarde la télé.

Cloîtrés dans leurs remparts, les villages viticoles, eux, sont des villes en miniature qui cultivent la prospérité depuis le XVIe siècle. Les blasons en grappe et serpette affichent fièrement la corporation du propriétaire-auteur des plus beaux bâtiments de la ville, comme la grande boucherie de Molsheim ou la halle aux grains d'Obernai. Les loggias, fenêtres à meneaux, portes sculptées dans le grès rose de Bouxwiller ou de Petersbach, l'enduit ocre ou blanc, proclament qu'on n'est pas chez un plouc, mais chez un notable – ou son demi-frère. Plus tard, les toits adopteront ce style Régence qui donne aux maisons cossues des allures de commodes Boulle.

Devant tant d'opulence débridée, la maison vosgienne joue les Cendrillon. Austère et trapue, adossée à un pan de roche, ses moellons recouverts d'enduit ont pour seul colifichet le linteau de la porte cochère. Le hêtre charpente, le chêne meuble. À part la grande salle où, l'hiver, les familles se réunissaient pour taper le carton, faire la ronde et d'autres distractions innocentes, les deux pièces maîtresses restent la distillerie et la fromagerie, chauffée toute l'année par les premières phases de la fabrication du fromage.

HISTOIRE : QUELQUES DATES

– *90 000 à 40 000 av. J.-C.* : les Alsaciens chassent le rhinocéros.
– *1500 av. J.-C.* : allez, les Gaulois! Médiomatriques au nord, Sequanes au sud. Quand ils ne forgent pas les bijoux avec l'or roulé par le Rhin, ils se chamaillent : au futur mont Sainte-Odile, 10 km de mur en moellons protégeaient leurs sanctuaires.
– *58 av. J.-C.* : un géant suédois, le Suève Arioviste, traverse le Rhin avec une armée fleuve. Panique : on appelle César, qui le culbute au-delà du Rhin. Ils sont forts, ces Romains ! Nos Gaulois ne soutiendront pas Vercingétorix.
– *Ier-IIe siècles* : protégée par la province de Germanie Supérieure (Mayence...), la plaine d'Alsace se romanise. Les légions stationnent à Argentorate (Strasbourg), mais Brumath est la plus grosse ville. Prémonitoire : ses habitants sont des Germains.

L'ALSACE / GÉNÉRALITÉS

– **IIIe-IVe siècles :** dieux celtes à la mode comme Vosegus (Vosges) et le père Rhin, ami du commerce. Mais, sur l'autre rive du Rhin, les Germains salivent devant les vins d'Alsace. Invasions intermittentes.
– **Ve siècle :** en 407, un tourbillon de peuples (Vandales, Suèves...) emporte la Gaule ; Argentoratum préfère prendre un nom germain : Strateburg (la ville des routes). En 451, c'est le cyclone hun. Même la vigne ne repousse plus... L'Alsace échoit au plus brutal des peuples germains : les Alamans. Mais les cousins francs arrivent.
– **VIe-VIIIe siècles :** de la choucroute mérovingienne émerge le duché d'Alamanie, sur la rive droite du Rhin, le duché d'Alsace occupant la rive gauche. Éclosion d'abbayes (Murbach). Trois peuples cohabitent : Gallo-Romains, Francs, Alamans.
– **IXe-Xe siècles :** près de Colmar, Louis le Pieux, fils de Charlemagne, est déposé par ses trois bambins. Ils se partagent l'empire comme des chiffonniers. À Strasbourg, en 842, Charles et Louis s'allient contre Lothaire : mais c'est celui-ci qui fourre l'Alsace dans sa besace. Au moins, ici, il n'y a pas de Normands. Mais avec les Hongrois, on ne perd pas au change : ce sont des cousins des Huns. Vers 950, tel Zorro, l'empereur Otton tabasse tout le monde et impose la paix. Comme Alexandre, on l'appelle « le Grand ».
– **XIe-XIIe siècles :** à côté des évêques, promus princes d'empire, les puissants se partagent l'Alsace. Du nord au sud : Hohenstaufen, Eguisheim, Habsbourg. Châteaux pour tout le monde. Les Hohenstaufen décrochent le gros lot : la couronne impériale. Barberousse et Frédéric II résident à Haguenau.
– **XIIIe-XVe siècles :** à son aise dans le tissu lâche du Saint Empire germanique, l'Alsace s'affirme comme une cocagne. Avec le commerce (le vin d'Alsace est siroté dans tout l'empire), les villes émergent. Leurs murailles les émancipent. Les corporations les dirigent. Dix s'organisent en ligue, la Décapole. Dans l'une d'elles, Sélestat, « on comptait plus de savants que le cheval de Troie n'avait enfermé de guerriers ». De son côté, Strasbourg fait cavalier seul. Vers 1240, elle s'offre une cathédrale. On s'y cultive avec Albert le Grand (maître de Thomas d'Aquin) et Gottfried de Strasbourg (auteur d'un *Tristan*). On y imprime dès 1458.
– **XVIe siècle :** Strasbourg mène la Réforme en Alsace. Les cathos se rallient aux Habsbourg. Il y a du rififi dans l'air. Pourtant, le XVIe siècle est un siècle d'or. Ses mamelles : les grains et le vin. On sculpte, on bâtit, on peint. L'humanisme – symbolisé par la fabuleuse bibliothèque de Beatus Rhenanus (à Sélestat, dans le Bas-Rhin) – fait rayonner cette terre de tolérance.
– **XVIIe siècle :** guerre de Religion en version allemande, la guerre de Trente Ans ruine l'Alsace. Tous les troupiers d'Europe s'y succèdent. Pestes, famines... Et la France entre dans la danse.
– **1648 :** l'Autriche cède la Haute-Alsace à la France. Sous conditions : la Décapole conserve ses droits propres, réformés et catholiques sont traités à égalité. Les impériaux tentent un revenez-y. Turenne les bute.
– **XVIIe siècle :** la révocation de l'édit de Nantes ne toucha pas l'Alsace, protégée par les traités. Mais Louis XIV chouchoute les catholiques. Le *simultaneum* oblige villes et villages protestants comptant sept foyers catholiques à leur réserver le chœur de l'église. C'est resté... Pour repeupler la région on fait venir des hommes de partout, particulièrement de la Suisse, de l'Autriche et du pays de Bade.
– **XVIIIe siècle :** fortifiée par Vauban, l'Alsace résiste aux guerres. Elle est administrée à part. Avec Lambert, elle contribue au Siècle des lumières. Sous la férule de ses notables, Strasbourg reste pratiquement indépendante. Elle reçoit Goethe, Cagliostro, le jeune Bonaparte...
– **Révolution :** la tour de la cathédrale de Strasbourg faillit porter un bonnet phrygien. Francisation sur fond de guillotine : « Les citoyennes de Strasbourg sont invitées à quitter les modes allemandes, puisque leurs cœurs sont français. »

- **Empire :** les conquêtes de Napoléon et de ses généraux placent la province au cœur de l'Europe. Elle s'en souviendra...
- **1870-1914 :** mal défendue, l'Alsace succombe aux Prussiens qui l'annexent. 59 000 Alsaciens – surtout cathos – s'exilent pour rester français. Mais la bonne Administration allemande affaiblit les francophiles. Les Alsaciens se replient sur leur folklore.
- **1918-1940 :** les Français sont bien accueillis. Mais en 50 ans de germanisation, l'Alsace a pris conscience d'elle-même. Et l'État français veut centraliser. Malaise.
- **1940-1945 :** aux premiers jours de guerre, les riverains du Rhin sont évacués dans le Sud-Ouest. Beaucoup y sont restés. Et Hitler annexe l'Alsace et la Moselle et les nazifie. Camp de concentration au Struthof. Incorporation de force de 130 000 jeunes (les « Malgré-Nous ») dans l'armée.
- **Novembre 1944 :** Leclerc entre à Strasbourg.
- **1945 :** la « poche de Colmar » est nettoyée.
- **1949 :** Strasbourg, siège du Conseil de l'Europe.
- **Après-guerre :** avec Pflimlin, domination du MRP chrétien. Puis c'est la vague gaulliste...
- **1976 :** Fessenheim a sa centrale nucléaire. Début de l'irrésistible ascension écolo.
- **1989 :** élection de Catherine Trautmann (PS) à la mairie de Strasbourg. Première femme, en France, à la tête d'une ville de plus de 100 000 habitants.
- **1995 :** le tramway de Strasbourg, dont la modernisation alimentait les polémiques, fait peau neuve : ultra-moderne, silencieux, beau comme un rêve, il laisse tout le monde baba.
- **1997 :** Catherine Trautmann devient ministre de la Culture.
- **Décembre 1999 :** tempête sans précédent. Des forêts entières sont dévastées en quelques heures.
- **2000 :** Catherine Trautmann redevient maire de Strasbourg.
- **2001 :** Fabienne Keller lui succède.

L'IDENTITÉ ALSACIENNE

L'Alsace, centre de l'Europe ? C'est faux pour la géographie – le continent va de l'Islande à l'Oural –, de même pour l'Union européenne, à cause de l'admission prochaine des pays de l'Est. Pourtant, il faut qu'elle le soit. Le choix de Strasbourg comme siège du Conseil de l'Europe est une réponse aux Alsaciens troublés dans leur identité. L'Europe restaure la vraie vocation de ce carrefour rhénan, que le dernier siècle avait confiné dans un rôle de garde-frontière. C'est sûr, l'identité alsacienne s'est un peu résorbée dans le creuset français – à l'heure où les jeunes, sauf dans les campagnes, ne parlent plus le dialecte, le fameux bilinguisme, « atout de l'Alsace », reprend du poil de la bête dans le domaine de l'enseignement. Mais elle demeure la signature d'un pays qui, sans bouger d'un pouce, n'a cessé d'être ballotté par l'histoire. Et l'Alsace reste aujourd'hui la seule région de France métropolitaine si originale par rapport à l'identité nationale. Pour cette plaine calme et rayonnante, l'angoisse et la menace sont toujours venues de l'Est et de l'Ouest – de ces deux ours sombres, assoupis sur l'horizon, de ces deux œillères de la prospérité alsacienne que sont les Vosges et la Forêt-Noire...
En bas, à gauche sur la carte du Reich, l'Alsace offrait aux Allemands une île de latinité mêlant un climat doux, des délicatesses gourmandes, une certaine insouciance... En haut, à droite sur la carte de France, elle affiche une prospérité industrieuse, sous des cieux rigoureux. Quelle erreur pour le Français qui ne peut s'empêcher de voir en l'Alsacien une sorte d'Allemand – et celui-ci, qui le sait, aime en rajouter par jeu, sûr qu'il fera craquer son hôte en débouchant un gewurztraminer...

Quant à l'Allemand, il retrouve ici, dans une décontraction quasi méridionale, les villages-bijoux, les vieux pignons et les cathédrales que les bombes américaines et le béton de l'après-guerre ont effacés chez lui (même si les cathédrales d'Ulm, Cologne et Fribourg ont échappé miraculeusement à la destruction)... L'Alsacien le reçoit jovialement dans la langue de Goethe, mais peste s'il établit sa résidence secondaire dans les Vosges. Ce qui n'empêche pas cependant le Strasbourgeois de faire ses emplettes à Kehl, la ville badoise d'en face – au même titre que le Badois remplit son cabas à Strasbourg.

Les relations transfrontalières ne se limitent pas aux emplettes : des écoles franco-allemandes ont été ouvertes, les échanges universitaires se multiplient, la chaîne Arte bilingue concrétise le rapprochement des deux pays, et bien d'autres initiatives... On certifie que les horreurs nazies du passé ont vacciné l'Alsace contre une certaine Allemagne – malgré la subsistance d'un noyau de nostalgiques – et les beaux scores électoraux de l'extrême droite. Maintenant, on ne va pas se fâcher pour l'éternité avec de si proches parents. Si l'Alsace a de vrais rapports de cœur avec la France, il reste que, dans l'Europe pacifiée du début du XXIe siècle, 70 % des Alsaciens suivent la télé allemande. Les matchs sportifs, pour ne citer qu'eux, y sont commentés avec une sobriété plus conforme à leur goût...

Pour l'écrivain Jean Egen, ses compatriotes sont des « Germains qui ne peuvent vivre que parmi les Français ». Loin d'être le sanctuaire d'une ethnie, l'Alsace n'a cessé de brasser les immigrants – colons romains, Alamans, Francs, Suisses, Autrichiens, Rhénans, juifs, Français de l'intérieur, aujourd'hui Turcs et Yougoslaves... – pour en faire des Alsaciens pur jus, soudés à leur patrie par un amour quasi viscéral.

Ce qui n'empêche pas de bouger, au contraire : la région restant marquée par une double culture et traversée d'influences diverses, quand on est de l'Alsace, on est un peu de partout... en restant alsacien. Partout, dans le monde, l'exilé trouve quelque chose qui rappelle l'Alsace. Il faut entendre ce vieil homme, émigré en Israël, se remémorer les coteaux vignerons de son enfance comme « la plus belle des Jérusalem ». Voir le nombre de Strasburg fondés par les Alsaciens d'Amérique... Autant de tributs à une inextinguible nostalgie. Vraiment, cette province a su y faire. Par sa tolérance, son souci du *heimlich*... Par sa sagesse, amie du labeur. Rêveur gothique, l'Alsacien est d'abord un bosseur réaliste.

Dans les Vosges, il s'est contenté d'inventer l'écologie : il arpente ses forêts en randonneur volontariste, un peu comme outre-Rhin. Car il ne lui convient guère d'exploiter la nature sauvage. Abandonnant les hautes terres aux Lorrains, il n'en a gardé que les portions utiles à la vigne. C'est donc dans les coteaux – et dans la plaine – qu'on le voit déployer utilement son génie, panachant ses cultures dans un souci d'équilibre, bichonnant des lopins sans répit, décorant ses maisons avec amour et patience, mitonnant inlassablement ses plats de ménage, et méritant, enfin, le fameux mot de Louis XIV découvrant l'Alsace : « Quel beau jardin ! ». Comme nos images d'Épinal, les chansons alsaciennes sont peuplées d'excellents ouvriers et d'artisans méritants, animés d'une formidable jovialité. L'Alsacien ne prétend pas rivaliser en exubérance avec les autres Français : prudent, secret, il sait que ce qui brille n'est pas toujours d'or. Son registre est plus protestant : le travail amoureusement fait, la cohésion sociale, l'ouverture (Strasbourg fut la seule grande ville française à élire une femme au poste de maire), l'honnêteté... L'histoire lui a donné raison : l'Alsace est aujourd'hui la région au plus faible taux de chômage (même si le travail transfrontalier y est pour quelque chose) et au meilleur niveau de vie (voir la floraison des antennes paraboliques)...

Dans ce registre, elle a eu ses Léonard, ses Christophe Colomb... C'est, au XVIIIe siècle, le pasteur Oberlin qui invente une sorte de Sécurité sociale. Ce seront, plus tard, les industriels philanthropes de Mulhouse qui fonderont, en 1850, des cités ouvrières jugées exemplaires. En 1890, les médicaments et les frais d'hospitalisation étaient gratuits pour les assurés (grâce à Bismarck qui introduisit dans tout le territoire germanique des lois sociales très avancées pour l'Europe). Dans cette Alsace du Sud qui jouxte la Suisse, l'essor de la grande industrie protestante remonte à loin, et ses dynasties – les De Dietrich, les Schlumberger... – continuent de briller dans le capitalisme hexagonal.

L'autre secret de l'Alsace, c'est sa convivialité. En France, où l'individu est roi, le tissu social, déchiré, mal couturé, s'effiloche toujours plus. Ici, tout continue de l'irriguer. Facteur de conformisme, le sentiment de la communauté est aussi source de vie. La table est l'un de ses domaines de prédilection. L'Alsace est la seule région – à part Paris – où les amis se réunissent au restaurant – si possible dans les *stammtische* (tables réservées dans certaines *winstubs*) qui jouent un peu le rôle de clubs. Voyez encore les innombrables chorales, orphéons, sociétés de bienfaisance et d'entraide, syndicats... La vivacité de la vie religieuse et des fêtes traditionnelles : loin du mysticisme comme du nombrilisme nostalgique, elles offrent à la communauté une occasion de resserrer ses liens. Bonne opportunité pour l'Alsacien d'assumer sa double nature. Ce qu'illustre une chanson populaire, *Hans in Schnockcloch* : « Tout ce qu'il a, il n'en veut pas. Tout ce qu'il veut, il ne l'a pas. »

LE JAPON EN ALSACE : L'OR DU RHIN À L'HEURE DU RIZ

La plus européenne des régions françaises a découvert qu'elle avait des points communs, et de nombreuses affinités, avec la plus occidentalisée des puissances asiatiques : le Japon. Séduits en retour par les atouts économiques de l'Alsace, les investisseurs nippons y sont venus, ont vu, et ont cru. Résultat : avec huit usines en 1994 (il y en a près de 120 dans toute la France), soit 3 000 emplois, sans compter la sous-traitance, l'empire du Soleil-Levant a fait de l'Alsace la tête de pont de ses investissements en Europe.

Comment cette rencontre entre le pays de la choucroute et celui du surimi a-t-elle eu lieu ? Ce n'est pas un hasard. Tout a commencé en 1980, au terme d'un voyage d'études au Japon. André Klein, directeur du Comité d'action pour le progrès économique et social du Haut-Rhin, découvre la volonté japonaise d'implanter des usines en Europe (la délocalisation). Il mobilise alors les décideurs alsaciens autour d'une idée simple, et forte : l'économie alsacienne, bien que performante, est frappée aussi par la crise, mais elle a toutes les qualités requises pour plaire aux investisseurs nippons. En effet, la région est fort bien située – au cœur de l'Europe – et reliée à la mer du Nord par le Rhin. 75 % du pouvoir d'achat des 320 millions d'Européens se concentrent dans un rayon de 800 km autour de Strasbourg (soit, *grosso modo*, à une heure d'avion de cette ville). Ainsi, les deux plus grands marchés d'Europe, l'Allemagne et la France, s'articulent autour de cette région « bilingue ».

Autre atout : la main-d'œuvre alsacienne a beaucoup de qualités et peu de défauts. Son sérieux, son ardeur au travail et sa discipline ne peuvent que séduire les hommes d'affaires nippons, obsédés par l'excellence de leurs produits. Les Alsaciens eux-mêmes l'affirment : « Nous avons une tradition industrielle et l'habitude, contrairement à d'autres régions de France, de travailler avec les autres. » Le goût affirmé pour la recherche du consensus et cette façon très alsacienne de résoudre les conflits avant qu'ils n'éclatent : voilà encore un argument décisif qui pèsera lourd dans la balance. C'est un constat : en Alsace, les grèves sont moins nombreuses qu'en Allemagne ! Ça tombait bien, c'était l'époque où les Japonais commençaient à lorgner

vers l'Europe. Côté nippon, l'objectif était clair : fabriquer en Alsace des produits de haute technologie (mais à moindre coût qu'au Japon) afin de les vendre sur le marché européen sans avoir à « passer les murailles » des frontières de l'Union européenne, toujours susceptibles de se refermer.
Alors un bureau de l'Alsace au Japon ouvrit ses portes en 1982 à Tokyo, s'il vous plaît. Curieusement, les premiers échanges furent culturels et humains. L'économie vint plus tard. En Alsace comme au Japon, la richesse ce sont les hommes. Et un beau jour les Japonais découvrirent un ravissant village du vignoble alsacien dans un feuilleton à l'eau de rose, *Ciel bleu d'Alsace*, tourné en 13 épisodes par la chaîne de télévision Fuji. Du coup, Niedermorschwihr (Nideru en japonais) devint le village français et européen le plus connu du public japonais. De nombreux couples vinrent ensuite s'y marier à l'occidentale. Chic ! Une place de ce village fut même rebaptisée place Fuji-télévision.
Puis, en 1986, une vieille maison à colombages du XVIe siècle, une étable de Buschwiller et un hangar de Bettendorf furent entièrement démontés, transportés et reconstitués au musée Little Word, à Imuyama, entre Tokyo et Kyoto.
Enfin, on passa aux choses sérieuses, les usines ouvrirent leurs portes : Sony à Ribeauvillé, Ricoh à Wettolsheim, Yamaha à Saverne, Sharp à Soultz. Stratégie des sociétés nippones : investir près des centres névralgiques industriels mais travailler et produire à la campagne, autrement dit dans un environnement « paisible et harmonieux ». L'Alsace répondait donc exactement à ce qu'elles cherchaient. De plus, de nombreux cadres japonais se découvrirent des traits de caractère communs avec les Alsaciens, « sentimentaux introvertis » comme eux.
Pour permettre aux enfants de ces cadres japonais expatriés de suivre une scolarité normale, le lycée Seijo ouvrit ses portes dans l'ancien collège du Sacré-Cœur de Kientzheim loué par le Haut-Rhin, au beau milieu des champs de vigne. Il accueille près de 200 élèves de 12 à 18 ans, venus d'Alsace, d'Allemagne et de toute l'Europe, et même du Japon. Même si elles ne résident pas en Alsace, certaines familles fortunées y envoient leurs enfants rien que pour la qualité de l'enseignement dispensé.
Autre signe des temps : Sony possède même quelques arpents de vigne à Ribeauvillé sous le nom de « Clos Sony ». À quand la cuvée Matsushita et le riesling Mitsubishi ?

MERVEILLES DE GUEULE

Au pays des cigognes, on a le bec fin. Enfin un petit trait bien français ! L'Alsacien ne connaît rien de plus sympa que de ripailler en compagnie. Comme dit le proverbe local : « Manger et boire réunit le corps et l'âme... ». « L'Alsacien, remarquent Erckmann-Chatrian, s'attache gravement la serviette au menton ». C'est vrai : les cartes de restaurant dévoilent un univers à part entière : poussin de la Wantzenau, coq au riesling, tourte au munster (un régal !), carpe à la bière... Et encore, on ne vous dit rien des grands de chez Michelin (concurrent mais néanmoins ami). Au quotidien, les deux mamelles sont les *winstubs* et la table familiale. Les premières sont des bistrots à vin : il en existe beaucoup de fausses. La seconde reste inépuisable. Si quelques plats « pauvres » ont disparu, si la ménagère ne court plus le lundi chez le boulanger pour glisser dans son four le *baeckeoffe* – cocktail de trois viandes mijotées au vin avec des légumes – qu'elle retirait en revenant du lavoir, la table familiale reste solidement nourricière, chaleureuse – en raison du climat –, affectueuse même – les mijotages exigent de la patience –, bref, authentique. Elle s'appuie sur les potages – aux *noques* (quenelles), aux grenouilles, aux quenelles de moelle *(markknepfle)*... –, les charcuteries accompagnées de pommes de terre, les *spätzle* (nouilles rustiques façonnées avec de la farine, de la crème et des œufs, pochées et servies poêlées au beurre) et les *dampfnudeln* (sorte de beignets cuits à la vapeur d'eau), tarte ou gâteau à l'oignon. Sans oublier, le week-end, la *flammekueche,* fine pâte garnie de crème fraîche, de lardons et d'oignons – la pizza alsacienne. De surcroît, le calendrier renforce l'appétit. Comme pour les gâteaux, chaque fête a son plat : oie rôtie pour la Saint-Martin, soupe aux cerises à Noël...

Choucroute

C'est le *Sauerkraut,* le « chou aigre » des Allemands. Les Français l'ont adopté, mais... la choucroute serait grasse et indigeste – sans parler de son inadaptation au cyclisme ! Les Alsaciens la défendent âprement. Prédigérée par la fermentation, elle serait le velours de l'estomac. Survitaminée, elle guérit les diabétiques, apaise les maux de genoux (le chou et le genou, c'est bien connu...). La choucroute – comme les nouilles – serait venue de Chine. Les Allemands, grands mangeurs de chou, l'auraient adoptée pour conserver leur *Kraut* chéri. C'est vers le XVIe siècle qu'ils mirent au point la recette destinée à franchir le Rhin. Jusque vers 1900, chaque Alsacien eut à cœur de confectionner sa choucroute (tout comme il salait lui-même les haricots, les navets, la viande...). La recette ? La fermentation au sel, sans eau ni additif autre que des aromates. En deux à six semaines, les feuilles hachées, enfermées dans un baril de grès, prenaient forme dans la cave. Aujourd'hui, il y a 35 choucrouteries en Alsace : 30 000 tonnes de choucroute. Les puristes s'indignent : elles utilisent du chou hollandais au lieu du royal « quintal d'Alsace ». Mais ils ne redisent rien à la choucroute au poisson ou au confit, alors que la tradition prescrit les *knacks,* jambonneau, lard fumé, filet de porc *kassler,* jarret de veau ou quenelles de foie *(leberknepfle)*... Les Alsaciens, qui lui ont consacré, sous le slogan « l'Alsace c'est chou », une route de la Choucroute – son concert d'odeurs fades culmine au Saint des Saints de la vallée de l'Ehn –, ont tout exploré pour l'accommoder : crue avec du chou rouge et des crudités, ou même en quiche... Qu'elle soit mouillée ou non au riesling, une chose est sûre : la choucroute idéale est croquante, acide. Et meilleure en septembre... De quoi abjurer à jamais le tout-venant choucroutier de nos grandes surfaces, avec ses produits rougeâtres – trop de sel – ou mollassons – pas assez salés.

Charcuterie

En Alsace, il y a 150 ou 200 façons de manger du cochon froid. Les charcutiers sont des artistes. Mais pas les industriels... Pitié pour la saucisse de Strasbourg, la vraie – le *knack* –, déshonorée par les ersatz à hot-dogs. À la campagne, on sait aussi se régaler d'une bonne tartine de saucisse de foie *(leberwurst)*. Quant aux saucissons ! À la bière *(bierwurst),* ou pistachés, ou noirs *(schwarzwurst),* ou au sang *(blutwurst),* ou au jambon *(schinkenwurst),* ou encore géants, avec de grands morceaux de langue *(zungenwurst)* pris dans une farce noire : devant cette armée, Rabelais lui-même demanderait grâce. Ajoutez-y la ribambelle des galantines, des charcuteries fumées (palette, *schieffele,* bacon, gendarmes, filet de porc...), sans oublier la ronde des hures, où trône le fameux *presskopf* (« tête pressée »), vedette des *winstubs,* dégusté en vinaigrette.

Foie gras

Celui-là aussi est du cru : il fallait bien un bijou pour couronner la pyramide des charcuteries. Mais les Alsaciens, fous de pâtés en croûte, l'ont cuirassé de pâte. L'inventeur est un cuistot du XVIIIe siècle, Jean-Pierre Clauss. Son « pâté de foie gras en croûte » ayant mené Louis XVI au comble de la jouissance (pour le reste, il avait des problèmes d'érection), le maître queux put ouvrir boutique à Strasbourg. Le foie gras alsacien continue de briller dans la version de Colmar : malaxé et cuit au torchon...

Pain

« Donnez-nous notre pain de ce jour ». Sauf qu'en Alsace, chaque jour – ou presque – a son pain : au pavot, au cumin, aux noix, au seigle, au lard, au sésame, aux raisins, aux olives... On est déjà en Europe centrale. Notez que, par une bizarrerie de la tradition, le pain n'est jamais cuit la nuit du samedi. Si vous pique-niquez dans les Vosges un dimanche matin, fournissez-vous dans le département voisin.

Bretzel

Les historiens rattachent à un culte solaire ce biscuit croquant à base de pâte pochée à l'eau. Mais il a plus à voir avec la bière.

Gibier

Tous les ans, on épingle des Allemands venus faire des cartons à la lunette infrarouge : les Vosges sont une des régions les plus giboyeuses de France. Elles inspirent mille et une recettes : faisan à la choucroute, perdreau aux choux, chevreuil aux fruits, marcassin aux cerises, civet de lièvre aux *spätzle*...

Poisson

Imaginiez-vous l'Alsace poissonnière ? Même sans le saumon du Rhin, raréfié par la pollution, les rivières vosgiennes regorgent de truites – au bleu, aux amandes ou farcies –, et sont réputées pour leur brochet (au pinot rouge). Quant à la carpe frite, elle est si populaire dans le Sundgau que la région lui a dédié une route. Pour finir, dans le Ried, ne pas manquer la matelote, une succulente bouillabaisse de poissons de rivière.

Melfor

Condiment aromatisé au miel et à l'infusion de plantes, utilisé dans toutes les salades. Le compagnon indispensable pour les crudités et salades (présenté en petite bouteille).

Fromage

Un seul, mais qui les vaut tous : « Puissamment dialectique, il marie délices et pestilence. Odeur allemande, saveur française », écrit un Alsacien. Odeur de sainteté, dirons-nous : le munster est né à Munster (« le Monastère »). En Lorraine, il s'appelle Géromé (Gérardmer). Ce fromage à croûte rouge, affiné au moins deux semaines (et jusqu'à plusieurs mois), titrant 50 % de gras, a été galvaudé par l'industrie. Achetez-le « fermier », dans la haute vallée de Munster. De préférence l'été ou en automne, quand les vaches font bombance avec la flore des hautes chaumes. N'oubliez pas de déboucher un gewurztraminer. Le saupoudrage au cumin ? On adore, mais c'est hérétique... quoique connu pour ses vertus digestives non négligeables ! De même les oignons hachés.
Les Alsaciens l'aiment frais, non affiné : en *stesskäs* (arrosé de kirsch et surmonté de crème fouettée) ou en *bibelasskäs*. Le *bibelasskäs* est du fromage blanc que l'on déguste avec du munster et des pommes de terre chaudes (repas d'hiver des familles pauvres).

Kouglof

Le nom n'est pas celui d'un prince russe, mais une contraction de *kougelhopf*, « la boule ». Marie-Antoinette a patronné la diffusion de cette brioche à la levure de bière, décorée de fruits secs, orgueil des mères de famille alsaciennes. Existe aussi avec lard et noix, pour caler les dégustations de vins.

Gâteaux

À en rester baba ! Les intérieurs alsaciens sont une mine de tartes (myrtilles, rhubarbe, prunes, fromage blanc...), beignets (fleurs de sureau, acacia...), petits pains *(bredele)* farcis de mille friandises, soufflés, crêpes, macarons à l'anis... L'Autriche a suscité les *strudel*, les *krapfen* et le délicieux *bettelmann* (« mendiant »), un petit pain perdu aux fruits. Le pays de Bade a donné le gâteau de Forêt-Noire.
De plus, chaque fête y va de sa douceur : *osterfladen* (flan aux œufs) à Pâques, le *berawecka* tout l'hiver (petit pain aux poires lardé de fruits secs : une bombe calorique qui se mange à Noël). Il faut respirer, avant Noël, les parfums d'anis et d'épices qui imprègnent chaque maison d'Alsace pour la fabrication des *christstolle* (pain aux fruits en forme de baigneur) ou, en terre protestante, des pains d'épice à l'effigie de saint Nicolas.

NOËL, UNE FÊTE BIEN ANCRÉE !

– ***Le sapin de Noël est né en Alsace :*** avant de faire le tour du monde, le sapin de Noël naquit un jour en Alsace. Eh oui ! Il y eut même, avant, les « Jeux de paradis », genre de mystères joués devant les églises la veille de Noël. Le sapin avec des pommes accrochées aux branches figurait le pommier, l'arbre de la création. Quand les mystères cessèrent, le sapin ainsi décoré fut adopté dans les salles de réunion des corporations, se métamorphosant du coup en arbre de Noël. Aux pommes vinrent s'ajouter des hosties, symboles de la naissance du Christ, puis des friandises, des fleurs de papier, etc. Les comptes de la ville de Sélestat en 1521 mentionnent pour la première fois la tradition de couper des sapins pour la fête de Noël.
Progressivement, l'arbre de Noël entra dans la tradition familiale et s'affirma comme une fête pour les enfants. Des gâteaux *(bredele)* remplacèrent les hosties. Au XVIIIe siècle apparurent les bougies, puis au XIXe les boules (d'abord en verre). Elles remplacèrent une année les pommes, parce que la récolte avait été mauvaise. Le sapin de Noël s'exporta bien. D'abord en Allemagne, en Scandinavie, puis en France. De nombreux Alsaciens, fuyant l'annexion, le popularisèrent grandement dans l'Hexagone. Puis, il gagna l'Angleterre, le Nouveau Monde...
– ***Rituels et marchés de Noël :*** dès la fin novembre apparaît la couronne de l'Avent, fabriquée avec des branches de sapin, de houx, de laurier, entremêlées de rubans. Dessus, quatre bougies dont une qu'on allumera chaque dimanche. Chaque matin du 1er au 24 décembre, les enfants ouvrent une petite fenêtre de leur calendrier de l'Avent. Une petite image apparaît, parfois un petit chocolat. Fin novembre, on invoquait souvent saint André, censé trouver un mari aux jeunes filles. À partir du 6 novembre, saint Nicolas rend visite aux enfants pour leur demander s'ils ont été sages. Le 26 décembre, la Saint-Étienne est un jour férié en Alsace. C'est ce jour-là que servantes et valets de ferme finissaient leur contrat annuel.
Les 12 jours entre Noël et l'Épiphanie symbolisent les 12 mois de l'année à venir et assurent la transition entre l'ancienne et la nouvelle. L'Épiphanie survient le premier dimanche après le Nouvel An. Autrefois, les corporations désignaient leur roi lors de grandes festivités. Celui qui avait la chance de tomber sur la fève obtenait également le privilège de payer... les agapes ! Beaucoup préféraient l'avaler...

Mais c'est le marché de Noël qui symbolise le mieux la tradition en Alsace. Il existe depuis 500 ans et on en trouve plus d'une trentaine aujourd'hui. C'est une orgie de lumière, d'animation, de couleurs scintillantes, d'effluves chauds et odorants. Une petite fête magique avant la grande. On vient y faire emplette de son sapin, de guirlandes, friandises, pains d'épice, gâteaux de Noël, crèches et santons, jouets en bois, dans une joie et une bonne humeur extra. Dans les boulangeries, on trouve les *mennele,* petits bonshommes en brioche, les *bredele* (gâteaux secs à l'anis ou au beurre) et dans certains villages (comme Kaysersberg), le *berawecka.*

PERSONNAGES

– *Jacob Amman :* un oublié de l'histoire ! Il est le fondateur du mouvement amish, une minorité religieuse puritaine, austère mais pacifique, issue d'une scission au sein du courant anabaptiste (lequel était déjà une scission du protestantisme officiel !). Né en Suisse, dans une famille d'anabaptistes de l'Oberland bernois, Jacob Amman émigra en 1693 en Alsace, devint fermier (et tailleur) à Sainte-Marie-aux-Mines. Tel un « fondamentaliste chrétien », il préconisa un retour à la pureté originelle de la Bible, s'insurgea contre le laxisme anabaptiste, prêcha encore plus d'austérité et « une séparation du monde ». À peine éclos de son œuf, le courant amish fut aussitôt pourchassé et trouva refuge en Pennsylvanie : une incroyable randonnée au nom de la liberté de conscience, que l'on raconte plus en détail dans le chapitre consacré à Sainte-Marie-aux-Mines.

– *Hans Arp* (1887-1966) *:* homme de toutes les modes – dada, surréaliste, puis abstrait –, ce Strasbourgeois ironique et jubilatoire ne fut pas seulement l'un des plus grands sculpteurs du XXe siècle – avec des incursions dans la broderie, les papiers collés et les reliefs en bois peint –, c'était aussi un poète qui trouva dans les Vosges l'inspiration de ses derniers instants.

– *Bartholdi* (1834-1904) *:* le Colmarien Frédéric-Auguste Bartholdi reste l'Alsacien le plus célèbre aux États-Unis car il est le créateur (avec l'ingénieur Gustave Eiffel) de la fameuse statue de la Liberté, qui domine le port de New York, à la jonction de l'Hudson et de l'East River, depuis son inauguration en 1887. Grand voyageur passionné de dessin et de photo, il explora d'abord le Yémen (1856), d'où il rapporta les premiers clichés existant sur ce pays. Devenu sculpteur, il réalisa le *Lion de Belfort.* Après l'annexion de l'Alsace au Reich allemand en 1871, il jura de ne plus y revenir, et s'exila aux États-Unis (1876) où il assembla cette immense statue construite à Paris, *La Liberté éclairant le monde.* La maison natale de Bartholdi à Colmar abrite aujourd'hui le musée Bartholdi. Malgré son serment, l'artiste revint sur sa terre natale avant de mourir.

– *Marc Bloch* (1886-1944) *:* historien, fondateur, avec Lucien Febvre, de la revue et de l'école des *Annales* (la « Nouvelle Histoire »). Exécuté par les nazis. Il y a quatre ans, proposition fut faite de donner son nom à l'université des sciences humaines de Strasbourg (USHS). Hommage légitime à celui qui rénova complètement l'histoire et fut un modèle d'humanisme et de lutte contre l'intolérance. Malheureusement, des textes antisémites circulèrent qui faussèrent le vote et provoquèrent la suspension de la dénomination de l'université par le conseil d'administration. Finalement, le projet fut abandonné. Peut-être certains historiens en voulaient-ils aussi à Marc Bloch d'avoir destitué Fustel de Coulanges (symbole de l'« Ancienne Histoire »). En tout cas, les énarques ont, quant à eux, donné le nom de Marc Bloch à la promotion 1995-1996.

– *Le Bon Roi Dagobert* (début VIIe siècle-639) *:* la légende veut qu'il ait établi son palais à Marlenheim, juste sur la route des Vins. Pas étonnant qu'il ait mis sa culotte à l'envers...

PERSONNAGES

L'ALSACE (généralités)

– **Gustave Doré** (1832-1883) *:* le romantisme gothique de l'Alsace hante les planches de ce Strasbourgeois, vraie force de la nature qui, au XIXe siècle, s'illustra en illustrant Rabelais, Balzac, Dante, Cervantès et La Fontaine.
– **Alfred Dreyfus** (1859-1935) *:* au XIXe siècle, il est plutôt bien vu dans l'armée française d'être originaire d'Alsace. Patriote francophile, né à Mulhouse en 1859, le capitaine Dreyfus a quand même le tort d'être juif. Son côté alsacien prend, du coup, une fâcheuse consonance allemande. Accusé d'espionnage, expédié au bagne et réhabilité huit ans plus tard, Alfred Dreyfus ne comprit jamais comment il faillit conduire la France au bord de la guerre civile.
– **Erckmann-Chatrian** (1822-1899) *:* comme Roux-Combaluzier ou Gault-Millau, ce nom de plume très populaire du XIXe siècle avait deux têtes. Émile Erckmann, étudiant, et Alexandre Chatrian (1826-1890), maître d'études, tous deux originaires de Phalsbourg, écrivaient à deux mains. *L'Ami Fritz* (ce n'est pas un Fritz, mais un Alsacien) et l'*Histoire d'un conscrit* ont, en leur temps, dynamité le box-office.
– **Edwige Feuillère** (1907-1998) *:* sa famille avait quitté Mulhouse après 1870. La plastique d'Edwige fit un malheur à l'écran, dans *L'Aigle à deux têtes, Le Blé en herbe...* Ses préférences allaient à la scène. Ça se comprend, quand on joue avec Jouvet, Pierre Brasseur, von Stroheim...
– **Pierre Fresnay** (1897-1975) *:* né Pierre Laudenbach, de parents alsaciens émigrés en Bretagne, il doit le nom de Fresnay à une baie du Morbihan où il passait ses vacances. Première métamorphose de sa vie d'acteur. Pierre Fresnay fut le docteur Schweitzer d'*Il est minuit...*, le capitaine de *La Grande Illusion* (tourné au château du Haut-Kœnigsbourg !), et même Marius... Raimu enragea de voir un « Halzacien » choisi pour ce rôle. Mais après quinze jours à Marseille, Fresnay maîtrisait l'« asseng ». Son seul handicap (surtout dans les scènes d'amour) fut qu'il n'était pas grand : restaient les talonnettes...
– **Galonnés divers...** *:* les Alsaciens ont toujours eu un faible pour l'uniforme. Au vert-gris allemand, ils préféraient les pantalons rouges des pioupious. Ou, à défaut, les boutons en cuivre de la tenue du postier ou alors, les tenues chamarrées des armées napoléoniennes (où l'on compte jusqu'à 60 généraux alsaciens !)...
– **Jean-Baptiste Kléber** (1753-1800) *:* un des grands de la Révolution. Ce Strasbourgeois flamboyant gagne au feu ses galons de général. Durant la campagne d'Égypte, il culbute les Mamelouks à Héliopolis. Mais un intégriste – déjà ! – le poignarde...
– **François-Joseph Lefebvre** (1775-1820) *:* gouverneur militaire de Paris en 1799, ce général né à Rouffach appuya Napoléon le 18 Brumaire. En 1804, il emporte Dantzig. Connu pour sa femme, Madame Sans-Gêne.
– **Madame Sans-Gêne** *:* née à Goldbach-Altenbach, elle y a été blanchisseuse. Catherine Hubscher ne l'oublie pas, même si son mari, Lefebvre, est fait maréchal. La Cour « plaisantait ses gestes brusques et ses façons grenadières ». Elle adorait dire des gros mots aux duchesses. Joséphine s'en amusait. Napoléon hésitait à la gronder : « Elle me dirait mon fait comme aux autres ».
– **Pierre Kœnig** (1898-1970) *:* en 1942, le puits libyen de Bir-Hakeim essuya une pluie de bombes aussi drue qu'à Stalingrad. Dans cette fournaise, quelques Français, commandés par un Alsacien de souche, originaire d'Altkirch : Pierre Kœnig. Ainsi le « Vieux Lapin » (*sic*) résista-t-il au « Renard du désert » (Rommel).
– **John Joseph Pershing** (1860-1948) *:* le général qui, en 1917-1918, commanda les troupes américaines en France (avant de donner son nom à des missiles nucléaires !) était d'ascendance alsacienne.
– **Goethe** (1749-1832) *:* Goethe, ce n'est pas seulement Weimar. À 21 ans, il fait le potache à Strasbourg. Il flashe surtout sur la cathédrale, où il voit

l'exemple le plus achevé du « génie allemand » ! Ce chaud lapin prend le temps de draguer la fille d'un pasteur. Cela fait, il plante les études et la chérie.

– **Gutenberg** (1400-1468) : personne ne prononce le nom complet, Johannes Genfleisch zum Guten Berg. Comme Colomb, Monsieur « Bonne Montagne » fut marqué par la poisse. Né à Mayence, il doit s'exiler. Strasbourg, la cité rivale, le reçoit. Et avec lui, l'imprimerie : 25 caractères en plomb et une presse... Mais ces « fantaisies » le mettent sur la paille. Saisi, il retourne à Mayence. Il commence à publier là-bas. Les créanciers allemands ne sont pas plus tendres. Ils saisissent la presse et publient... à leur compte, la fameuse bible en latin de 42 lignes. En 1480, douze ans après la mort de Gutenberg, Strasbourg est capitale de l'imprimerie.

– **Hansi** (1873-1951) : des touristes allemands bardés de piolets, des Prussiens à lunettes voleurs de pendules, *Mon village* ou *L'Histoire d'Alsace racontée aux enfants,* les albums de Hansi sont des revolvers braqués sur l'occupant. Avant 1914, ils répandent en France le cliché d'une Alsace orpheline. De quoi conduire les Français au casse-pipe... Fils du bibliothécaire de la ville de Colmar, Hansi – alias l'aquarelliste Jean-Jacques Waltz – reçut la palme du martyre sous la forme d'un an de prison, décrétée par la Haute-Cour de Leipzig. Bon point pour sa légende : il s'évada. Ce militantisme trouva sa récompense : Hansi devint conservateur du prestigieux musée d'Unterlinden, à Colmar. Voir le *musée Hansi* à Riquewihr.

– **Alfred Kastler** (1902-1984) : ce natif de Guebwiller réussit, en 1950, l'inversion des électrons dans l'atome. Intérêt ? La technique du laser en découle. Kastler fut l'un des trois Alsaciens distingués par le prix Nobel. Quelle autre petite région peut en dire autant ? Autre éminent savant alsacien récompensé, Jean-Marie Lehn de Rosheim, qui obtint le Nobel de chimie.

– **Jean-Claude Killy** (né en 1943) : savoyard d'adoption, alsacien par son père (originaire de Sélestat), et aussi par la station de son enfance : Val d'Isère fut surtout créée par des Alsaciens...

– **Marianne** : l'épouse du Colmarien Jean-François Reubell (1747-1807), chef occulte du Directoire, s'appelait Marie-Anne. Barras choisit son prénom pour baptiser Madame la République.

– **Joseph Meister** : un vilain chien enragé mordit ce mitron aux jambes. Inquiète, sa maman le conduisit à Paris chez un grand savant, monsieur Pasteur. Le petit Joseph devint ainsi le premier humain vacciné contre la rage. Que faire de sa vie ainsi sauvée ? Il entra à l'institut Pasteur où il mourut en 1940, comme concierge !

– **Germain Muller** : il fonda après 1945 le célèbre cabaret *Barabli,* aujourd'hui disparu. Des générations entières d'Alsaciens se sont retrouvées dans ses pièces et ses revues, interprétées par sa troupe en dialecte alsacien. Toutes traitaient, avec un humour ravageur, de la condition de l'Alsace et des Alsaciens ballottés entre leurs deux cultures. Le nom même de « Barabli » vient de la prononciation avec l'accent alsacien du mot « parapluie » : en 1945, il s'agissait de faire le tri, parmi les prisonniers de guerre, entre les « vrais » Allemands et ceux qui portaient l'uniforme de la Wehrmacht mais qui étaient en fait des « Malgré-Nous ». Une partie de la sélection reposait sur des critères linguistiques : on montrait un parapluie au prisonnier et on lui demandait comment il appelait le pépin : l'Allemand utilisait le mot allemand « Schirm », alors que l'Alsacien citait le mot français mais écorché par son accent alsacien : « barabli »...

– **Jean-Frédéric Oberlin** (1740-1826) : le bon pasteur de la vallée de la Bruche n'était pas un contemplatif. Pour aider ses paroissiens, cet ecclésiastique bien dans le goût de son siècle (le XVIIIe) perfectionna leur savoir-faire aux chapitres culture et industrie textile, instaura les premières écoles maternelles, favorisa la création de routes, propagea la langue française, créa une caisse d'amortissement... L'inspirateur des industriels philanthropes de Mulhouse. Plus loin, ce guide lui rend légitimement hommage ! (voir au chapitre « Waldersbach »).

PERSONNAGES

- **Le cardinal de Rohan** : comme les Trois Mousquetaires, ils étaient quatre. Rassurez-vous, ils ne se succédèrent pas de père en fils... Il y eut un Rohan-Soubise, puis un Rohan-Vendatour, enfin deux Rohan-Guéméné (comme l'andouille, la famille était originaire de Bretagne). Le plus célèbre de ces princes-évêques fut Louis (1734-1803), que l'histoire (et Dumas) a retenu sous le sobriquet de « cardinal Collier ». En voulant offrir à Marie-Antoinette une rivière de diamants, ce fastueux patapouf déclencha LE scandale du règne de Louis XVI.
- **Rouget de Lisle** (1760-1836) : en 1792, le maire de Strasbourg met au défi un des jeunes officiers qui fréquentent son salon de produire un chant révolutionnaire pour l'Armée du Rhin. Rouget de Lisle passe la nuit à son piano et compose... *La Strasbourgeoise*. Repris par les volontaires de Marseille, « Allons-z-enfants » devient *La Marseillaise*. Il eut pour mécène un certain de Dietrich, la même dynastie que les machines à laver.
- **Saint Nicolas** (VIe siècle) : bien que plus lorrain qu'alsacien, saint Nicolas est largement fêté en Alsace. Le Père Noël de l'Europe centrale débuta sa carrière comme évêque en Asie Mineure. Dans *La Légende dorée*, Jacques de Voragine raconte qu'il sauva trois chevaliers d'une injuste décapitation. Une autre légende fait d'eux des enfants : un boucher les aurait transformés en petit-salé. C'est pourquoi Nicolas patronne la fête des enfants et de la gourmandise. Mais comme les parents ne sont pas gâteux, ils lui ont adjoint un alter ego redoutable : le Père Fouettard, armé de verges, qui vient punir les petits dissipés... (pour plus de détails, voir au chapitre « Vosges » !).
- **Sainte Odile** (≈ 660-≈ 720) : quand on naît fille et aveugle, mieux vaut ne pas avoir pour père un duc qui désire un héritier mâle (et bien portant). Odile est pourtant devenue la patronne de l'Alsace. Le duc voulait la tuer. Dieu lui rend la vue. Papa est bien obligé de bâtir un couvent : le mont Sainte-Odile.
- **Victor Schœlcher** (1804-1893) : né d'un père alsacien (de Fessenheim), il a été nourri des principes de la Révolution. Promu aux Colonies après la révolution de 1848, cet ami d'Arago fait abolir l'esclavage le 18 avril. Aux Antilles, bien sûr, il a sa rue dans chaque village. Un bourg de Martinique s'appelle Schœlcher. Comme Hugo, l'autre grand Victor, il a passé le Second Empire en exil. Il luttera pour l'émancipation des femmes et l'abolition de la peine de mort. Ses cendres sont au Panthéon : en 1981, elles ont eu droit à la rose présidentielle. Un geste bien mérité.
- **Albert Schweitzer** (1875-1965) : pour s'enfouir dans la forêt vierge quand on est né dans un des plus beaux villages d'Alsace, Kaysersberg, il faut avoir la foi. Le grand Albert, prix Nobel de la paix, était aussi docteur en philo et en théologie. Il se fixe vers 1913 au Gabon, pays phare des missions protestantes. Père de l'aide au tiers monde, le « grand docteur blanc » donnait des concerts d'orgue pour agrandir son hôpital. Sa maison d'enfance à Gunsbach près de Munster abrite un musée qui lui est consacré.
- **Roger Siffert** : très représentatif du mouvement culturel alsacien des années 1970 qui réunit écrivains, chanteurs (comme René Egles), poètes (comme Jean-Paul Klee), éditeurs, enseignants, etc. Roger Siffert, chanteur dans la tradition « chanson satirique et politique », avait été influencé par Germain Muller, un des plus grands chansonniers alsaciens. Aujourd'hui, il anime un restaurant-théâtre à Strasbourg *(La Choucrouterie)* et part en tournée chaque année en été. Il symbolise toujours une sensibilité de gauche et écolo.
- **Tomi Ungerer** (né en 1931) : « J'ai été élevé dans le monde antigermanique de Hansi, et je me suis rendu compte que c'était un salaud qui enseignait la haine aux enfants. » De son compatriote et précurseur, le dessinateur colmarien Tomi Ungerer n'a hérité que la « ligne claire ». Pour le reste, ce révolté cynique a enrôlé son immense talent dans tous les combats de son temps – notamment contre la guerre du Vietnam. Aux États-Unis, ça n'a pas vraiment passé. N'empêche, c'est là-bas qu'il est le plus connu... La

France attend on ne sait quoi pour traduire tous les innombrables albums du Daumier d'Alsace. L'un d'eux, déjà publié, *L'Alsace en torts et de travers,* est à lui seul tout un programme. Morceau choisi ? Une autruche, le cou plongé dans un *kougelhopf*, porte en légende : « Alsacien ne voit rien, n'entend rien, mange bien ». Dur !

– **Louise Weiss** (1893-1983) *:* alsacienne par sa mère, cette pacifiste convaincue travailla après 1918 avec Aristide Briand et milita dans l'entre-deux-guerres pour le vote des femmes. Après de nombreux voyages outre-mer, cette militante exemplaire fut élue en 1979 au Parlement européen – dont elle devint la doyenne. Son buste – et son musée – sont à Saverne.

– ... Et encore (sans ordre alphabétique) : l'explorateur du Niger **Louis-Gustave Binger**, l'aviateur **Pierre Clostermann**, le **maréchal Kellermann** (vainqueur de Valmy), **Philippe Kieffer** (chef des commandos français du D-Day), l'acteur **Jean-Marc Barr, Pierre Richard Wilm,** gueule d'amour des Français dans les années 1930, **Jacques Sturm,** le « commandeur » de l'humanisme alsacien, **Beatus Rhenanus,** humaniste aussi, pote d'Érasme, **Martin Bucer,** le papa spirituel de Calvin, **Antoine Waechter,** écolo tendance « Khmer vert », **Jacques Peirotes,** ancien maire de Strasbourg après 1914-1918 (précurseur du socialisme municipal avant Catherine Trautmann), **Pierre Pflimlin,** ancien maire de Strasbourg. C'était lui le patron du MRP, *Le Canard Enchaîné* le surnommait « petite prune ». Faute classique : on le présente comme le dernier président du Conseil de la IVᵉ République, alors qu'en fait, historiquement et juridiquement, le dernier président du Conseil a été Charles de Gaulle (qui a ensuite changé la Constitution pour devenir président de la Vᵉ République).

PERSONNES HANDICAPÉES

Cher lecteur, nous indiquons désormais par le logo 💃 les établissements qui possèdent un accès ou des chambres pouvant accueillir des personnes handicapées. Certaines adresses sont parfaitement équipées selon les critères les plus modernes ; d'autres, plus simples, plus anciennes aussi, sans répondre aux normes les plus récentes, favorisent leur accueil, facilitent l'accès aux chambres ou au resto. Évidemment, les handicaps étant très divers, des lieux accessibles à certaines personnes ne le seront pas pour d'autres. Appelez toujours auparavant pour savoir si l'équipement de l'hôtel ou du resto est compatible avec votre niveau de mobilité.

Malgré les combats menés par les nombreuses associations, l'intégration des handicapés à la vie de tous les jours est encore balbutiante en France. Il tient à chacun de nous de faire changer les choses. Nous sommes tous concernés par cette prise de conscience nécessaire.

RENDEZ À DIEU...

De Léger à Albert de Grand, en passant par Amand et Pirmin (avec un P), l'Alsace est un pays de petits saints. Et, bien que tout se perde, Madame, plutôt confit en dévotions. Dévotions au pluriel, car il y a trois religions. En gros, les protestants sont au nord, les catholiques au sud. Ceux qui sont au milieu font comme ils peuvent... On cite Sainte-Marie-aux-Mines, pour moitié catholique et francophone, pour l'autre protestante et alsaco. Mais chaque village dispose ses quartiers par religion.

Selon les valses de l'histoire, chacun a reçu des coups. Pour la guerre de Trente Ans, Suédois et Habsbourg se sont réparti les rôles : je te martyrise les cathos, tu me bastonnes les protestants... Si Louis XIV favorisa les amis du pape, le Reich pouvait compter sur les fidèles de Luther. Pour les juifs, c'était plus clair : pas de protecteur... Mais, sauf frénésie persécutrice, les chamailleries n'allaient pas loin. Longtemps, chaque communauté assista

aux célébrations de l'autre. On voyait – et on voit encore – les élèves chrétiens des lycées « privés » d'examens le samedi, pour respecter le shabbat des juifs... En fin de compte, le *Simultaneum* vexatoire introduit par Louis XIV a rapproché tout le monde.
Plus sain, le Concordat conclu en 1801 entre Napoléon et Pie VII : les prélats sont rétribués par l'État. La France l'a supprimé en 1905, lors de la séparation de l'Église et de l'État. Mais comme l'Alsace, à l'époque, était aux mains des vilains Allemands, le Concordat y est resté... Curés, pasteurs et rabbins sont donc rémunérés par l'État. Idem leurs lieux de culte, sauf ceux bâtis après 1919 – c'est-à-dire sous le « régime français » –, et qui sont en fait nombreux... Pas de jaloux ? Les curés se disent plus mal payés que les pasteurs. En fait, ça dépend des communes. On dit que le salaire d'un évêque vaut celui d'un préfet. La diversité des cultes est-elle soluble dans l'œcuménisme ? Cohabitation n'est pas confusion. Villes et villages continuent de séparer les quartiers catholiques et protestants. La bonne société de Strasbourg et de Mulhouse reste protestante, celle de Colmar catholique...

LE RHIN, UN VIEUX PATRIARCHE MODERNISÉ

Carte d'identité

Long de 1 350 km, c'est le 29e fleuve du monde, derrière le Danube (2 850 km) mais devant la Loire (1 010 km), le Rhône (810 km) et la petite Seine (780 km). Curieusement, le cours franco-allemand, donc alsacien, du Rhin ne représente que 180 km de sa longueur totale. Le Rhin prend sa source dans le massif du Saint-Gothard en Suisse et se jette dans la mer du Nord, en Hollande, où il éclate en plusieurs bras. Le port de Rotterdam se trouve sur l'un d'eux.

Rhin littéraire et romantique

« Fleuve-Protée, ceinture des empires, frontière des ambitions, frein des conquérants, sergent de l'énorme caducée qu'étend sur l'Europe le dieu Commerce ; grâce et parure du globe, longue chevelure verte des Alpes qui traîne jusque dans l'océa. »
Personne mieux que Victor Hugo n'a parlé en termes aussi lyriques et justes de ce fleuve européen, qui fait tellement partie des « meubles » du Vieux Continent que l'on a un peu oublié aujourd'hui. Mais voilà, le Rhin de Victor Hugo date de 1838, c'était avant la révolution industrielle. « Oui mon ami, c'est un noble fleuve, féodal, républicain, impérial, digne d'être à la fois français et allemand. »

« Vater Rhein » (le père Rhin) et sa fabrique de légendes

Ses eaux ont sans doute porté plus de légendes que de marchandises. Parmi celles-ci, la plus connue, *L'Or du Rhin*, inspira la légende des *Niebelungen* et, au XIXe siècle, la tétralogie de Richard Wagner. L'origine de cette fabuleuse histoire se perd dans la nuit des temps. Bien sûr, il y eut des ribambelles d'orpailleurs sur les rives du fleuve au fil de son histoire. Les premiers furent probablement les Romains. En 1850 encore, on comptait près de 500 chercheurs d'or le long de son cours alsacien. Mais certains prétendent que *L'Or du Rhin* serait une histoire vraie, celle d'un fabuleux trésor de guerre ayant appartenu à Attila, chef des Huns, et qui fut enterré quelque part sur les rives du fleuve lors du reflux des hordes barbares au Ve siècle de l'ère chrétienne.

Un sauvage devenu civilisé (trop ?)

Rectifié, régularisé, canalisé, le fleuve romantique et vagabond d'hier est devenu aujourd'hui une artère modernisée, une autoroute fluviale, l'axe essentiel de l'économie de l'UE. Les premiers grands travaux commencèrent en 1842. Pour corriger son cours naturel, on coupa de nombreux méandres, on combla des bras, on éleva des digues par crainte des crues. Puis on régularisa et on aménagea le cours du monstre sacré. Dès le début du XXe siècle, un chenal navigable de basses eaux permettait aux bateaux de remonter sans difficulté jusqu'à Strasbourg. Puis, entre 1930 et 1950, on aménagea le tronçon Strasbourg-Bâle. Dernière étape de ces grands travaux, la canalisation du Rhin fut l'opération la plus coûteuse réalisée par la France afin d'exploiter la force hydraulique du fleuve. La construction du Grand Canal d'Alsace, commencée en 1928, dura jusqu'au début des années 1960. Aujourd'hui, sur les 180 km de son cours alsacien, le Rhin est ponctué par neuf centrales hydroélectriques (de Kembs près de Mulhouse à Iffezheim, en aval de Strasbourg) et une centrale nucléaire (Fessenheim). Chaque barrage est automatiquement doublé d'une écluse.

Pour éviter que les frais de construction ne soient supportés que par la France, une convention franco-allemande signée en 1969 prévoit un financement à parts égales des ouvrages non énergétiques (barrages, endiguements, écluses) en aval de Strasbourg. Dans certains cas, l'usine hydroélectrique appartient à la France, et l'écluse à l'Allemagne. Dans d'autres, c'est le contraire. Bel exemple de coopération franco-allemande sur un fleuve devenu maintenant trait d'union entre les deux pays. Ainsi deux centrales franco-allemandes se partagent équitablement la puissance électrique produite. Ajoutez à cela moult usines et industries, et vous comprendrez pourquoi le Rhin n'est plus aussi romantique qu'à l'époque de Victor Hugo.

Dépolluez-moi

Aucun pêcheur en vue, nul baigneur depuis belle lurette, et cela à cause de la pollution du fleuve. Rejets industriels et urbains, accidents et pollutions diffuses font désormais partie de la vie du *Vater Rhein*. Le pauvre ! Un souvenir : la catastrophe écologique de 1986. Suite à l'incendie d'un entrepôt industriel à Bâle, un jus mortel de produits chimiques hautement toxiques se déversa dans le Rhin. Résultat : sur des dizaines de kilomètres en aval de Bâle, le brave fleuve fut déclaré écologiquement mort ! Après ce drame, le programme de dépollution, qui dormait dans les tiroirs, a heureusement été relancé.

Pour une balade sur le Rhin de Strasbourg à Rotterdam, reportez-vous à la rubrique « Transports urbains » à Strasbourg.

LES SENTIERS DE LA GLOIRE

Tombes-jardinets, croix surmontées d'un petit toit... Le village des morts est aussi fleuri, aussi manucuré que celui des vivants. Comme quoi il est bon de casser sa pipe en Alsace. Car les disparus en terre étrangère sont fêtés plus discretos. En Allemagne, en France, les monuments aux morts ont quelque chose d'héroïque. En Alsace, des noms, une femme triste, une brève inscription : « À nos morts » suffisent. Car à qui d'autre sont-ils, ces morts ? Ni la France ni l'Allemagne n'en veulent.

Aujourd'hui, les Alsaciens sont ravis que leurs deux voisins vivent en paix. Trop longtemps, ils ont été les enfants de divorcés fous qui s'arrachaient le père et la mère. Ils ont changé cinq fois d'uniforme en un peu plus d'un siècle. Dès qu'ils se battaient, ils perdaient la guerre... pour la terminer à chaque fois dans le camp du vainqueur. Même schéma que la France fêtant, à quelques années d'intervalle, Pétain et de Gaulle. En Alsace, justement, l'adhésion au gaullisme fut à la mesure du désir d'expiation : énorme !

Dans cette configuration, les « Malgré-Nous » faisaient désordre. Ces incorporés de force résument le drame alsacien. En 1942, Hitler n'avait fait qu'annexer – de fait – l'Alsace et la Moselle. Les cinq cents Alsaciens enrôlés dans l'armée étaient tous volontaires : Hitler se méfiait de ces drôles d'Aryens. Mais dès août 1942, les canons réclament de la chair. On incorpore les Alsaciens par tranche d'âge : en 1944, des gamins de 16 ans. Les insoumis, les déserteurs sont exécutés. Et voilà nos 135 000 Alsacos (et Lorrains) fonçant en train vers le front de l'Est. 40 000 ne reviendront pas. Les autres pansent toujours leur traumatisme.

SITES INTERNET

- *www.visit-alsace.com* • Site très ludique avec moult rubriques : de l'économie à la chronique gastronomique en passant par l'historique, sans oublier un parcours des vins initiatique : hic !
- *www.tourisme68.asso.fr* • Pour découvrir la Haute-Alsace, son patrimoine, ses différentes manifestations, ses infos et aussi sa gastronomie, oh oui !
- *www.cigogne.net* • Ceci n'est pas un site sur les cigognes !... quoique ! Ne sont-elles pas le symbole de l'Alsace ? Justement, on y parle d'elle, de cette région, un peu, beaucoup... Il y a plein de thèmes et de liens. À découvrir : le village du pain d'épice ! Tout un programme !
- *www.alsace.net* • Site sur tout ce qui est alsacien : les liens, les médias, les annuaires, les produits, les nouveautés du mois.
- *www.cr-alsace.fr* • Sympathique site avec plus de 50 adresses utiles répertoriées, un point d'actualité avec le journal de la région et une rubrique touristique. Le tout animé et en couleur !
- *www.tourism-alsace.com* • Ah, l'Alsace ! Sa nature, sa culture, son art de vivre, sa gastronomie surtout (qui a dit gourmand ?). Une petite visite guidée pour vous balader agréablement ! Même un lien sur le thème de Noël, car en Alsace, c'est quelque chose : très amusant, avec des recettes, des jeux, les fameux marchés, et les sept pays de Noël à découvrir.
- *www.zeemotor.com/alsace* • Un annuaire des sites Internet sur l'Alsace. Plein, plein de liens sur tout ce que vous voulez savoir !
- *www.strasbourg.com* • Comment ne pas parler de la capitale économique, culturelle et européenne de l'Alsace ? Le site officiel pour connaître son parlement, son histoire, sa culture et bien sûr sa « Petite France ».
- *www.cc-kaysersberg.fr* • Présentation de la vallée du Kaysersberg et ses coins sympas.
- *www.webmunster.com* • Tout sur la vallée de Munster. Vous avez dit Munster, le fromage ou la ville ? Pourquoi pas les deux !
- *www.alsacewebstub.com* • Le news magazine régional sur Strasbourg et l'Alsace : toute l'actualité sur le Web.
- *www.alsapresse.com* • Site d'un journal typiquement alsacien : les éditions locales, des nouvelles du jour, régionales et internationales au passage.
- *www.vinsalsace.com* • Le serveur officiel du vignoble et des vins d'Alsace, pour vous abreuver de grands crus jusqu'à plus soif sans lever le verre.
- *www.beerstreet.com* • Il y a les vins en Alsace, mais aussi de la bière, (l'Allemagne n'est pas loin). Tout en s'amusant avec la visite virtuelle d'une brasserie, on apprend la fabrication de ce mousseux breuvage !

LA SOUPE AUX LANGUES

Nombre d'Alsaciens ont changé trois fois de nationalité (en 1918, 1940, 1945). Voilà pourquoi Margaret Thatcher et la majorité des Britanniques – qui n'ont jamais été envahis – ne peuvent comprendre pourquoi les Alsaciens tiennent tellement à faire l'Europe. Beaucoup d'entre eux durent germaniser leur nom en 1940. Un exemple parmi d'autres : dans les toilettes, la mention « tirez » inscrite sur la poignée de la chasse d'eau a dû se transformer en « ziehen ». Hitler les envoyait sur le front russe, car, coincés là-bas entre Adolf et Joseph, les pauvres gars risquaient beaucoup moins de déserter. Staline n'a jamais rendu tous les prisonniers allemands et assimilés, et certains d'entre eux ont péri dans les mines de sel ou les goulags beaucoup plus tard.

Les franchouillards ont mal aux oreilles : en Alsace, on parle encore l'alsacien. Ce dialecte doué de littérature – les *Minnesänger,* au Moyen Âge – a la carrure d'une langue. Né par fusion des idiomes alaman et franc (les deux peuples fondateurs : Hitler prétendait les Alsaciens alamans ; les francophiles, au contraire, n'y voyaient que des Francs !), il cousine avec l'alémanique suisse. Si Louis XIV s'en accommoda, les Jacobins – centralisme oblige – l'ont combattu. Napoléon s'en fichait : « Qu'importe s'ils parlent l'allemand, disait-il de ses généraux, pourvu qu'ils sabrent à la française ». Les Alsaciens se réjouiront-ils, après 1870, des retrouvailles avec l'allemand ? Non, ils se démarquent en revigorant le dialecte. La nazification tentera la table rase. On proscrit les prénoms français.

En 1945, retour de bâton : le dialecte sent trop son « Fritz »... Comme pour se faire « pardonner », les Alsaciens le délaissent. La télé et les journaux aplanissent. C'est un miracle qu'on le parle encore. C'est le cas dans le Nord, chez les plus de 30 ans – mais en Alsace Bossue, on trouve même des enfants dialectophones ! Question : si tout le monde comprend le français, à quelles occasions parle-t-on le dialecte ? Réponse inconnue. Il arrive même qu'on s'emmêle dans les langues : une phrase commencée en dialecte est conclue en français. Il y a aussi la fonction paravent. Secret, l'Alsacien se réfugie derrière le dialecte en présence de Français, mais parle le français devant les Allemands. Quand il n'avale pas sa langue, pour plus de sûreté !

Après 1968, les intellos ont tenté une réanimation. Artificielle ? Les chanteurs, poètes et comédiens qui pilotaient ce renouveau parlent aujourd'hui le français à leurs enfants... Le dialecte a ses publications, ses émissions (menacées), son théâtre. Mais on ne lutte pas avec l'histoire. Voyez le gaélique en Irlande.

Entre 1870 et 1914, le dialecte était une arme contre l'occupant. Aujourd'hui, il véhicule une affectivité... Et demain ? Après tout, les langues mortes ne manquent pas en Alsace : le manouche, le judéo-alsacien... Et le welsche, cet idiome roman que parlaient jusqu'au milieu du siècle dernier trois cantons des Vosges, autour de Ranrupt. On le disait aussi ancien que le français. Et plutôt caractéristique. Un exemple ? « Je l'ai eu vu », pour « Je l'ai vu ». Aujourd'hui, le dialecte alsacien est différent selon qu'on le parle dans le Bas-Rhin ou dans le Haut-Rhin ; par exemple, la « fête » se dit *messti* à Strasbourg et *kilbe* à Mulhouse.

Et n'oublions pas l'allemand. Pour des raisons historiques et économiques évidentes, de nombreux Alsaciens parlent la langue de Goethe. Certains noms s'emploient indifféremment dans les deux langues. Ainsi, beaucoup de « place de la République » (souvent la place centrale de l'agglomération) s'appelaient du temps allemand première édition (1871-1918) « Kaiserplate » (place de l'Empereur). Faites le test dans certains petits patelins de l'Alsace rurale en demandant en alsacien la « Kaiserplate » : on vous enverra vers la « place de la République ».

LA TERRE ET LES HOMMES

Française? Allemande? Ouvrez un atlas... L'Alsace, c'est le tronçon méridional du grand couloir rhénan. En amont, Fribourg et Bâle. En aval, Karlsruhe, Mannheim, Mayence. Puis Cologne, Düsseldorf, la Ruhr, Rotterdam : la colonne vertébrale industrielle de l'Europe du Nord. Bonne élève de la France, l'Alsace fait un peu cancre dans le train de la prospérité rhénane. Avec 1 500 000 habitants, elle est deux fois plus dense que la Lorraine – mais bien moins que le Land allemand d'en face, le Bade-Wurtemberg. Et ne parlons pas du canton de Bâle ! L'Alsace a des excuses : un limon qui fait tout pousser. Même si sa surface n'occupe que 40 % des deux départements, la culture, en Alsace, est l'une des choses les mieux partagées. Trop même : la taille des exploitations est parfois microscopique : chacun se doit d'avoir un éventail complet de prés, vignes, champs... D'abord la vigne : 4,2 % de toutes les cultures. Très bon rapport, surtout depuis la montée en qualité des vins. Partie de la plaine, elle tient désormais toute la ligne des coteaux. On ne s'étonnera pas de voir cultiver partout le chou et le houblon. À cause des bestiaux (la moitié des ressources agricoles), la montée du maïs et des céréales refoule la polyculture équilibrée de papa – orge, avoine, pommes de terre, etc. – dans les zones plus traditionnelles, comme l'Alsace Bossue. Et puis, l'argent vient parfois en creusant. L'Alsace a eu du pétrole. Elle a encore pas mal de potasse (pour les engrais). Avec la centrale nucléaire de Fessenheim, elle s'offre même le luxe d'électrifier (en partie) le Bade-Wurtemberg. En marge des trésors du terroir, il existe aussi une industrie qui n'est pas manchote. Ça a commencé dans les Vosges : le bois alimentait les verreries et les forges, les rivières actionnaient les filatures. Puis l'activité a gagné la plaine. Bien avant Peugeot, le textile a enrichi Mulhouse. Colmar propulse sa réussite sur des roulements américains (Timken) et des pelleteuses allemandes (Liebherr). L'automobile s'est installée à Strasbourg, et la pétrochimie sur le Rhin. Malgré l'inévitable glissement vers le tertiaire, l'industrie a encore de beaux jours. Le capital étranger a un faible pour l'Alsace, région carrefour où règnent, à des tarifs moindres qu'outre-Rhin, un consensus social analogue et le même amour du travail bien fait. Sur les dix premières firmes exportatrices d'Alsace, huit sont étrangères. Les Allemands, premiers servis : Daimler-Benz au nord, Siemens à Haguenau... Les Japonais, ensuite. La région, d'ailleurs, exporte aussi ses hommes. Comme ils sont 70 % à regarder la télé allemande, les Alsaciens traversent chaque jour la frontière en masse pour bosser à Bâle, Fribourg ou Karlsruhe.
À l'inverse, c'est pour s'aérer les poumons que les Allemands escaladent les Vosges. Boulot contre oxygène, bonne bouffe et maison de campagne : ça vous rappelle quelque chose ? Quoi qu'il en soit, le repli sur ses traditions d'une région complexée sur son identité, la montée des préoccupations écologistes, l'éloignement et la toute-puissance de Paris ont produit ce paradoxe : l'Alsace, « centre de l'Europe » et « vitrine » française, n'a ni TGV, ni autoroute...

VINS ET ALCOOLS

Vins

Par paresse, on imaginait l'univers du pinard butant sur la ligne bleue des Vosges. Tant pis pour le merveilleux tokay de Hongrie, les rouges de Roumanie, de Bulgarie et de Crimée... Oubliées, les extases de Schubert avec les blancs fruités de Basse-Autriche. Négligée, la vocation viticole du Sud de l'Allemagne, les grands vins de Sarre et de Moselle, les crus de Forêt-Noire et les nectars du Rhin qui, de Spire à Karlsruhe, ont inspiré l'une des routes des Vins les plus fréquentées au monde... Prétexte : ces vins réclament plus les tonnelles des guinguettes que le cristal des grandes tables. Les Alsaciens ont démenti ces préjugés...

Même dominante (blanc), mêmes cépages (peu ou prou), l'Alsace, membre du Saint Empire germanique, y inscrivait tout naturellement son vignoble. Pourtant, l'ensoleillement des coteaux vosgiens, la diversité des sols (calcaires, argiles, sables, granits...) et la relative sécheresse du climat l'ont distinguée tôt. Ses vins prospéraient sous les Mérovingiens. Au Moyen Âge, les riches abbayes et les évêques bien dotés les poussèrent si bien qu'ils partirent abreuver, via Mayence et Cologne (deux concurrentes en viticulture pourtant!), les quatre coins de la Germanie, Scandinavie comprise! Vers 1400, Colmar voyait transiter chaque année près de 50000 hectolitres. Semi-indépendants, réglementés par les corporations, les villages viticoles brillaient d'une prospérité dont chacun, aujourd'hui encore, peut constater les traces. Et puis, ce fut la guerre... Les guerres. Du XVII° siècle au début du XIX°, le vignoble retourna à la préhistoire, celle des vins allemands de grande consommation et de piètre qualité. La renaissance débuta vers 1900. Elle prit corps après 1918, avec une réduction drastique des surfaces encépagées. Enfin, l'après-guerre hissa la réputation des vins d'Alsace aux sommets que nous connaissons. Sous une forme unique en France.

Sans ignorer les savants dosages de cépages qui font l'orgueil des crus français (chardonnay-pinot noir pour le champagne, ou merlot-cabernet pour le bordeaux rouge), l'Alsace les réserve aux vins de qualité courante, sous l'appellation edelzwicker. À l'instar de la Californie ou de l'Afrique du Sud, où l'on boit, par exemple, le cabernet-sauvignon de M. Untel, elle privilégie le cépage unique. Étonnamment, l'Alsace est la seule région vinicole française où les vins portent le nom du cépage qui les compose. Il y en a sept autorisés. Quarté gagnant : le *riesling* (sec, fin, élégant : le chouchou des Alsaciens qui l'aiment sur les fruits de mer et la choucroute), le *muscat* (léger, fruité, croquant, parfait sur les légumes), le *tokay* (rebaptisé pinot gris, pour éviter la confusion avec son homologue hongrois : corsé, capiteux, un brin moelleux) et le *gewurztraminer* (excessivement parfumé et corsé, parfait sur le munster). Mais les « petits » cépages ont leur intérêt : le *pinot blanc* (souple, fruité, accompagne les charcuteries) s'arroge 20 % du vignoble, le *pinot noir* sert aux vins rouges, le *chasselas* est bien facile à boire. Quant au *sylvaner*, « vin de soif » qui incarna longtemps l'Alsace, le laxisme qu'il avait favorisé le fit par réaction chasser de ses meilleurs terroirs. Aujourd'hui, un quarteron de producteurs nostalgiques – et scrupuleux – se fait fort de rendre toute sa noblesse à ce vin « tendu comme un fil entre sec et gras ». À quand l'admission en « grand cru » ?

Ces grands crus, l'appellation ne les groupe pas en quelconques côtes-de-colmar ou coulée-de-strasbourg... Le sol variant d'une colline à l'autre, chacun d'eux fait valoir sa spécificité. On a donc conféré l'auréole grand cru à chaque coteau censé la mériter. Pas moins de cinquante, du nord au sud, et en majorité dans le Haut-Rhin. Les vins ainsi classés n'ont droit qu'à quatre cépages – riesling, pinot gris, muscat, gewurztraminer –, à raison de 70 hl à l'hectare (pas de quoi mourir de soif!). Malgré la réputation de quelques noms – le schlossberg (Kaysersberg), le brand (Turckheim), le rangen (Thann) –, c'est avant tout le producteur qui fait la différence...

Alors, suivez la route des Vins : ça gouleye, ça donne de la jambe, ça fait couler le bonheur... et ça zigzague! Pas étonnant que pour l'alcoolisme en France, les Alsaciens figurent dans le peloton de tête : ils y ont plus d'excuses que les Bretons. Le million d'hectolitres de vins produit chaque année fait d'ailleurs vivre une population nombreuse. Aux côtés des 7000 viticulteurs, chacun maître d'un éventail de lopins minuscules où chaque cépage, s'il se peut, est représenté (c'est le côté « de tout un peu », très apprécié par les paysans d'ici), une nuée de négociants, de coopératives et autres transformateurs traitent le raisin que les propriétaires, faute de moyens, n'auraient pu vinifier.

Les vins moelleux sont une autre spécialité alsacienne, sans doute inscrite dans le goût local (les voisins allemands, eux aussi, aiment les blancs

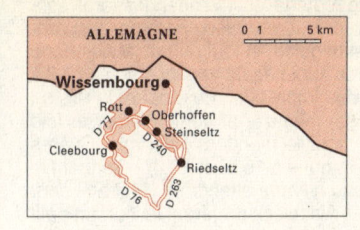

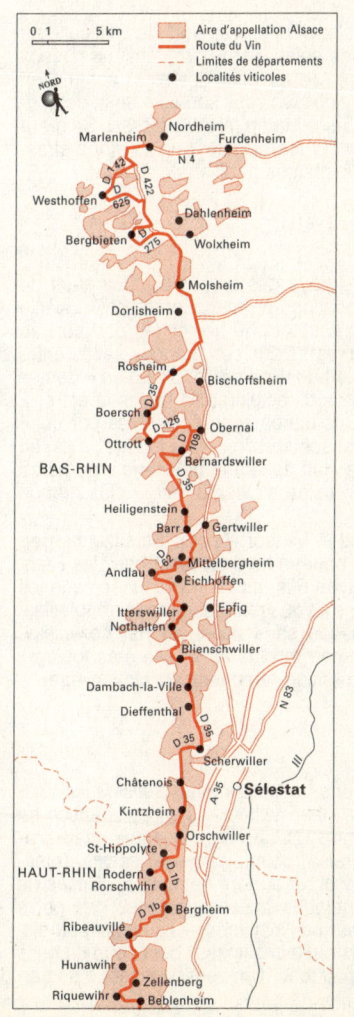

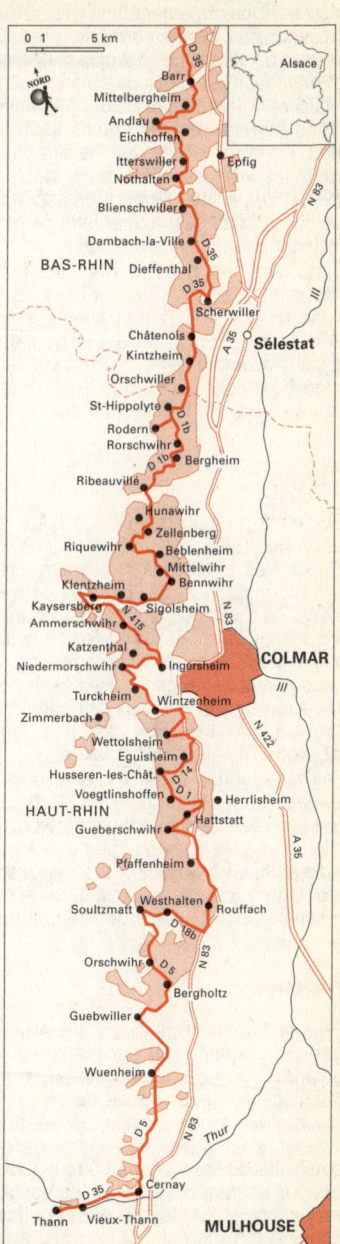

ALSACE : LA ROUTE DES VINS

L'ALSACE (généralités)

Carte 1 : Wissembourg et environs

ALLEMAGNE
- Wissembourg
- Rott
- Oberhoffen
- Cleebourg
- Steinseltz
- Riedseltz

Routes : D 77, D 240, D 76, D 263

Légende
- Aire d'appellation Alsace
- Route du Vin
- Limites de départements
- Localités viticoles

Carte 2 : Bas-Rhin (nord)

BAS-RHIN

- Marlenheim
- Nordheim
- Furdenheim
- Westhoffen
- Dahlenheim
- Bergbieten
- Wolxheim
- Molsheim
- Dorlisheim
- Rosheim
- Bischoffsheim
- Boersch
- Obernai
- Ottrott
- Bernardswiller
- Heiligenstein
- Barr
- Gertwiller
- Andlau
- Mittelbergheim
- Eichhoffen
- Ittersviller
- Epfig
- Nothalten
- Blienschwiller
- Dambach-la-Ville
- Dieffenthal
- Scherwiller
- Châtenois
- Kintzheim
- Orschwiller
- Sélestat

HAUT-RHIN
- St-Hippolyte
- Rodern
- Rorschwihr
- Bergheim
- Ribeauvillé
- Hunawihr
- Zellenberg
- Riquewihr
- Beblenheim

Carte 3 : Route des vins complète

- Barr
- Mittelbergheim
- Andlau
- Eichhoffen
- Ittersviller
- Epfig
- Nothalten
- Blienschwiller
- Dambach-la-Ville
- Dieffenthal
- Scherwiller
- Sélestat
- Châtenois
- Kintzheim
- Orschwiller
- St-Hippolyte
- Rodern
- Rorschwihr
- Bergheim
- Ribeauvillé
- Hunawihr
- Zellenberg
- Riquewihr
- Beblenheim
- Mittelwihr
- Klentzheim
- Bennwihr
- Kaysersberg
- Sigolsheim
- Ammerschwihr
- Katzenthal
- Niedermorschwihr
- Ingersheim
- COLMAR
- Turckheim
- Wintzenheim
- Zimmerbach
- Wettolsheim
- Eguisheim
- Husseren-les-Châteaux
- Voegtlinshoffen
- Herrlisheim
- Hattstatt
- Gueberschwihr
- Pfaffenheim
- Westhalten
- Soultzmatt
- Rouffach
- Orschwihr
- Bergholtz
- Guebwiller
- Wuenheim
- Cernay
- Vieux-Thann
- Thann
- MULHOUSE

BAS-RHIN / HAUT-RHIN

suaves). Une réglementation très sévère protège les « vendanges tardives » provenant de raisins surmûris, presque confits sur pied. Retarder les vendanges est risqué : trop de pluie, une petite gelée, et tout pourrit. Mais quand ça marche, c'est mieux que bien : fruit très sucré égale haut degré (de 12,9 à 14,3°) et moelleux plein arôme. Inoubliable impression de croquer le raisin : on ne regrette pas les grands sauternes, même – et surtout – sur le foie gras. Comme on peut les vendre cher, tout le monde s'y est mis. Chères aussi, les « sélections de grains nobles », qui – à 15,1° et 16,4° – tiennent le dessus du panier. Les ascètes aspirant au nirvana attendront vingt ans pour les boire. Champagne pour fêter ça ? Les Alsaciens préfèrent le leur, un petit crémant pas mauvais du tout.

C'est que rien n'arrête l'ingéniosité alsacienne. On voit des viticulteurs attendre l'hiver pour récolter leurs raisins gelés, produisant ainsi un curieux « vin de glace ». D'autres les laissent sécher pour obtenir – comme en Arbois – un « vin de paille » au goût de noix. On vous souhaite enfin de goûter, en novembre, le vin nouveau de la Saint-Martin *(Neier Siasser)*. Ce breuvage trouble et sucré, que versent à flots les pichets des *winstubs* strasbourgeoises, est un rescapé des plus lointaines traditions d'Alsace.

Bières

Comment peut-on boire de la bière au pays des bons vins ? En étant du Nord, de préférence protestant. Les vocations ne manquent pas. Au siècle dernier, les brasseries strasbourgeoises tiraient 60 hectolitres par jour, au rythme des *schimmeln* (chopes de 5 litres). Dans ces grandes salles enfumées, on rêvasse toujours en hochant la tête. En France, plus d'un « demi » sur deux vient d'Alsace. Avec 12 millions d'hectolitres, la province est première productrice et consommatrice. Ces bières sont regroupées par quelques géants, étrangers – Heineken possède Mützig... – ou locaux : c'est en 1664 (on croyait le savoir) que Jérôme Hatt acheta la brasserie d'où naîtra Kronenbourg, l'ami des casernes : son usine d'Obernai est la plus grande d'Europe (7 millions d'hectolitres).

Les alsaciennes aimées des Alsaciens – Météor, Ancre, Schutzenberger, Fischer (qui s'était traduite en Pêcheur pour se faire mousser chez les Français)... – sont des blondes légères de type Pils, moins houblonnées que les allemandes, et bues non pasteurisées, s'il vous plaît, en grandes bouteilles. Aujourd'hui, l'éventail s'ouvre : ale, rousses, sans alcool, au malt de whisky, etc. Quant à la bière de Noël, plus épicée et plus riche, elle était toujours réservée pour les fêtes de Noël, une tradition remontant au Moyen Âge.

Alcools

Pour réchauffer leurs hivers, les Alsaciens (et les Lorrains) distillent les Vosges. En commençant par les coteaux : les meilleures cerises à kirsch se balancent au-dessus de Strasbourg et de Ribeauvillé. Récentes, mais craquantes : les eaux-de-vie de mûre, fraise, coing, cannelle, cassis, reine-claude (quetsche), myrtille, pêche, abricot, et surtout framboise... Celles de Villé sont fameuses. À l'ombre de quelques maisons géantes, les petits bouilleurs de cru – ce peut être le facteur ou l'instituteur – continuent de distiller les vergers privés. Mais les Vosges ont leurs limites : beaucoup de fruits sont importés. Et alors, si deux gouttes au fond d'un verre suffisent à en parfumer la maison ?

Cher et rare : les eaux-de-vie de sorbier, d'alisier, d'acacia, de gratte-cul, de menthe, de tilleul, de baies de houx (ça ne pique pas), et même de truffes ! Où vont-ils s'arrêter ?

Avertissement

Au 17 février 2002, nous n'aurons plus en poche que de la monnaie et des billets à l'effigie de l'euro pour payer des marchandises et des services libellés en euros. Pour permettre aux nombreux hésitants (et on les comprend !) de se familiariser avec des valeurs inhabituelles qui exigent une certaine gymnastique mentale, nous avons décidé pour la présente édition d'indiquer tous les prix dans la nouvelle devise et pour une période transitoire son équivalent en FF. Au moment de mettre sous presse, un grand nombre de nos adresses n'auront pas encore converti leurs prix à la nouvelle donne. La tendance étant à arrondir les chiffres, nous nous excusons par avance auprès de nos lecteurs si les prix annoncés varient de quelques % par rapport à la conversion arithmétique.

LE BAS-RHIN

Ça commence par une légitime interrogation. Où que c'est le Bas-Rhin ? C'est le département qui est au-dessus du Haut-Rhin. Ah bon, pas en dessous ? Vous avez du mal à suivre ! Ce n'est pourtant pas compliqué : c'est juste une histoire d'altitude. Mais dans la partie Haut-Rhin, plus loin, c'est fort bien expliqué et on ne va pas tenter de faire mieux... Dans le Bas-Rhin donc, on trouve d'abord Strasbourg, la capitale de l'Alsace, symbole de cette Alsace blessée, que le général Leclerc avait juré de délivrer. Ville dynamique et romantique tout à la fois. Autour, les premiers villages d'opérette et, au sud-ouest, les champs où l'on cultive le *Kraut*, le célèbre chou. Au sud, le Ried, réserve naturelle humide, Astérix-des-Eaux se battant contre la tyrannie montante du maïs.

À Marlenheim, sur les premiers contreforts des Vosges, débutent les premiers villages de la lumineuse route des Vins. On les croirait sortis de contes pour enfants, illustrés par Disney. Nichés dans des vallons au climat privilégié, vignobles opportunément placés sur les pentes les plus ensoleillées, ils prennent le soir des teintes or. Nos coups de cœur : Rosheim, Bœrsch, Heiligenstein, Mittelbergheim, Dambach-la-Ville, Scherwiller, Obernai, etc. Toute la mythologie des colombages sur une façade bien léchée et fleurie. Toute la séduction du village manucuré. Décor idéal pour un imaginaire fleur bleue assumé. Avec un break littéraire à la merveilleuse bibliothèque humaniste de Sélestat. On y trouverait assez d'incunables à empiler pour partir à l'assaut de la forteresse du Haut-Kœnigsbourg (qui, malgré son nom, est bien située dans le Bas-Rhin). D'ailleurs, malgré les apparences, nulle jalousie ou rivalité avec le Haut-Rhin (en bas du Bas-Rhin puisqu'on vous le dit !). Vous constaterez qu'au-delà de ce nid d'aigle-frontière, les villages prolongent harmonieusement la chaîne du charme et de la joliesse.

Au nord du département s'étendent les vieux pays aux noms chantants : Alsace Bossue, Outre-Forêt, pays de Hanau. Pour les mettre d'accord, le parc naturel régional des Vosges, qui accorde ses faveurs à chacun et leur permet de se partager le titre prestigieux accordé par l'Unesco de... Réserve mondiale de la biosphère. Si avec ça le Bas-Rhin ne se hausse pas du col ! Justement, de cols, il en est question dans la vallée de la Bruche, notre vallée découverte, une Alsace très différente. Ici, la mythologie cède un peu la place à une autre qualité d'accueil, une autre architecture, d'autres aspects insolites de la culture alsacienne. Et puis, on y découvre surtout le Ban-de-la-Roche et son pasteur Oberlin, un des trésors du Bas-Rhin, un voyage dans l'émotion pure...

Adresses utiles

🛈 *Agence de développement touristique du Bas-Rhin :* 9, rue du Dôme, BP 53, 67061 Strasbourg Cedex. ☎ 03-88-15-45-80 (infos) et 03-88-15-45-88 (administration). Fax : 03-88-75-67-64. • alsace-tourism@sdv.fr • www.tourisme67.com •

■ *Relais départemental des Gîtes de France du Bas-Rhin :* 7, pl. des Meuniers, 67000 Strasbourg. ☎ 03-88-75-56-50. Fax : 03-88-23-00-97. • www.gites67.fr • Service de réservation « Loisirs et Tourisme Vert en Alsace ».

STRASBOURG (67000) 264 100 hab.

« C'est une ville qui met l'âme en mouvement. »

Goethe.

Capitale économique et culturelle de l'Alsace et capitale européenne depuis 1949 avec le Conseil de l'Europe, puis le siège du Parlement européen officiellement acquis à Strasbourg depuis le sommet des Douze à Édimbourg en 1992, la belle Alsacienne profite de ces honneurs. Car c'est une sacrée manne que l'arrivée de ces institutions, riche de riches élus et de leurs collaborateurs (du moins ces « eurocrates » ont-ils un bon pouvoir d'achat). Ainsi, dans certains secteurs, les prix de l'immobilier rivalisent aujourd'hui avec ceux des beaux quartiers parisiens ou niçois. Et ainsi trouve-t-on un peu partout en ville de bonnes tables pas toujours données mais fiables et qui ne redoutent pas trop la pénurie de clients.

Pour séduire, Strasbourg ne s'est pourtant pas jetée frénétiquement, comme Bruxelles, qui partage avec elle le titre de capitale européenne, dans les bras des promoteurs pour un lift bétonné mode XXIe siècle. Au contraire, on a la surprise de découvrir une ville adorable, profondément humaine, offrant un visage romantique absolument délicieux. Pas un hasard si son centre historique, une vraie grande île, a été classé par l'Unesco au patrimoine mondial de l'humanité.

N'allez cependant pas croire pour autant que c'est une ville figée dans l'histoire. Cité d'avant-garde, elle a su mettre, en son temps, une femme à sa tête, Catherine Trautmann – une innovation pour une ville de plus de 260 000 habitants. En 2001, c'est une autre femme, Fabienne Keller, qui lui a succédé.

Strasbourg est une ville qui a aussi démontré son dynamisme industriel et commercial. Enfin, elle a prouvé qu'elle sait gagner ses paris : le tramway tant décrié à ses débuts a été livré à l'heure, et tout le monde lui reconnaît aujourd'hui son confort et sa séduisante esthétique, nullement contradictoire avec les charmes du passé... Puis tout le vieux Strasbourg, largement piéton, est vraiment sympa, et un excellent service de location de vélos permet de s'y balader à l'heure ou à la journée à moindres frais. Bref, outre son riche patrimoine architectural, vous découvrirez une ville à l'exceptionnelle qualité de vie !

UN PEU D'HISTOIRE

D'emblée, les Romains découvrent au site des qualités stratégiques. Ils construisent un camp, *Argentorate*, qui gagne rapidement en importance. En 451, inévitablement sur le chemin d'Attila, l'herbe met un certain temps à

LE BAS-RHIN

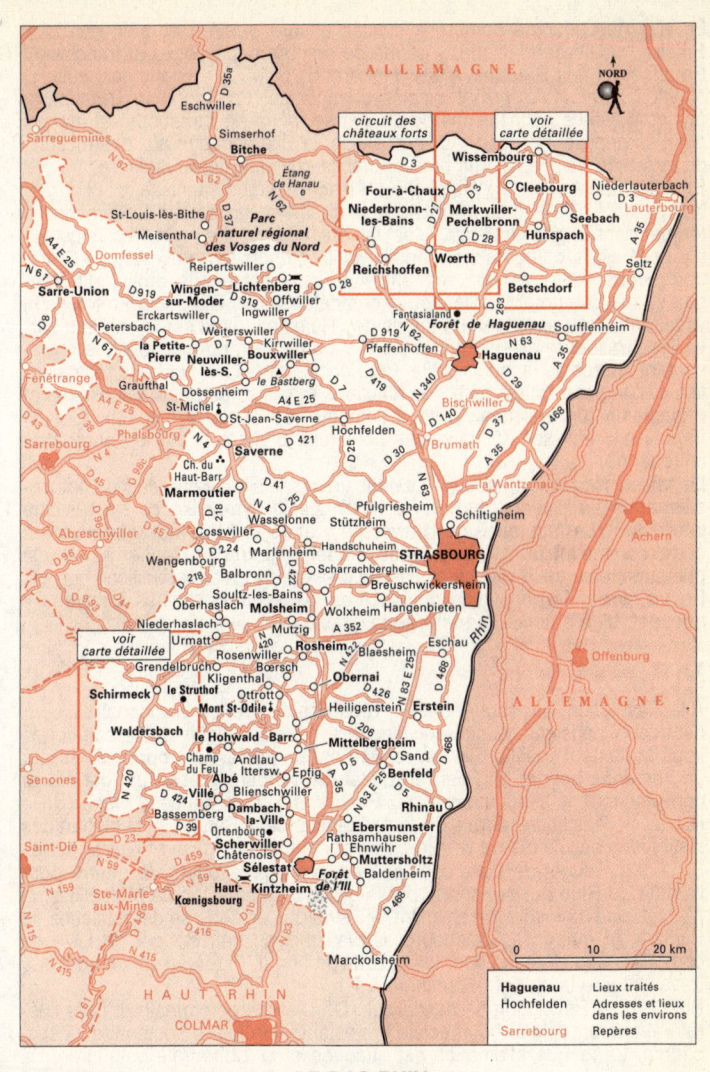

LE BAS-RHIN

y repousser avant qu'une nouvelle ville, *Strateburgum* (« ville forte des routes »), ne voie le jour. Rapidement, elle s'affirme comme le carrefour des civilisations rhénanes. En 842, elle est entre autres le lieu du célèbre serment de Strasbourg – serment de fidélité – entre Charles et Louis, fils de Louis le Débonnaire. Ce texte, visant à régler les problèmes de partage de l'empire de Charlemagne, est le premier écrit en langue romane et germanique qui nous soit connu.

Strasbourg fut ensuite l'une des premières villes à se débarrasser de la tutelle des évêques, la bourgeoisie commerçante s'affirmant comme le vrai pouvoir. Prospérité grandissante. Début de la construction de la cathédrale.

La ville qui, pour de nombreux siècles encore, restera au sein du Saint Empire romain germanique, y gagne de nombreux privilèges et franchises. En adhérant à la Réforme, elle y gagnera, de plus, en rayonnement culturel et intellectuel. XVe et XVIe siècles connaissent un âge d'or. Gutenberg, fuyant Mayence pour raisons politiques, se réfugie à Strasbourg et met au point sa géniale invention. Au XVIIe siècle, la ville échappe aux destructions de la guerre de Trente Ans par une habile politique de neutralité.

En 1648, au traité de Westphalie, l'Alsace devient française, sauf Strasbourg. Isolée politiquement et économiquement, la ville ne tardera pas à tomber dans le giron français. C'est fait en 1681. Et elle y gagne plus qu'elle n'y perd. Si la cathédrale revient au culte catholique, en revanche Strasbourg conserve sa religion, son université, ses institutions, droits, etc. Vauban se hâte de doter la ville d'ouvrages défensifs, et Strasbourg retrouve la vocation qu'elle possédait du temps des Romains : l'œil sur l'Est ! Pour surveiller Strasbourg elle-même, Louis XIV nomme un prêteur royal, le représentant auprès de la municipalité. Pour accélérer la lutte contre le protestantisme, il impose l'alternance des fonctions municipales entre catholiques et protestants (un vrai démocrate, c't'homme là !). En outre, « l'immigration française » est bien sûr favorisée pour faire pièce à la vieille bourgeoisie luthérienne.

La fusion réussit. Strasbourg devient un modèle de coproduction franco-allemande au niveau culturel. Le XVIIIe siècle symbolise ce syncrétisme intellectuel. La réputation de l'université y attire Goethe (qui y trouvera en outre, comme toujours, l'occasion de tomber amoureux) et Metternich. Sur le plan architectural, la ville se couvre de prestigieux palais et édifices publics. En un siècle, la population double. Les idées du siècle des Lumières y trouvent, bien entendu, un terreau favorable.

La Révolution française

À la Révolution, Strasbourg devient républicaine. Des révolutionnaires, pour beaucoup parisiens, suggèrent d'abattre l'unique flèche de la cathédrale sous prétexte d'égalité. Elle est sauvée par un fidèle qui propose d'y hisser un immense bonnet phrygien en métal. Son argumentation est géniale et convaincante : « Il faut montrer aux Prussiens où commence la France de la liberté ! ». Puis la cathédrale devient le temple de la Raison, et la plupart des institutions séculaires de la ville disparaissent. Reste l'Œuvre Notre-Dame.

En 1792, Rouget de Lisle compose en une nuit le chant de guerre pour l'armée du Rhin qui deviendra, par la grâce d'un bataillon de Marseillais, la Marseillaise (revoir l'admirable film de Renoir). L'épisode se déroula chez de Dietrich, le maire de Strasbourg. Il avait mis au défi Rouget de Lisle de composer une chanson pour les soldats de l'An II. Piqué au vif, ce dernier y travailla toute la nuit et la présenta à 7 h.

En 1792, la Révolution se radicalisait. De Dietrich personnalisait l'aile libérale et tolérante de la bourgeoisie protestante. Un maire doctrinaire lui succédera. La langue allemande est attaquée et la cathédrale détériorée. La proximité du front provoque le décret (qui aujourd'hui fait sourire) « ordonnant de déchausser tous les aristocrates pour chausser dix mille hommes nu-pieds dans l'armée »...

Le XIXe siècle

Avec Napoléon, Strasbourg retrouve opulence et prospérité grâce au blocus continental et à sa position centrale dans la stratégie de conquête européenne de l'empereur. Le français a remplacé l'allemand dans les actes de la vie publique. L'université retrouve tout son lustre du XVIIIe siècle. Pasteur y enseignera à la faculté de pharmacie. Strasbourg accueille aussi les réfugiés politiques : Georg Büchner y écrit Woyzeck.

Mais l'unification de l'Allemagne est en train de s'effectuer et les rumeurs de conflit s'amplifient. Napoléon III déclare la guerre à la Prusse pour stopper son extension. En réalité, c'est Bismarck qui a organisé une provocation (dans laquelle les Français sont tombés), car il avait besoin de cette guerre pour parachever sa construction de l'Empire allemand. Finalement, la Prusse y gagne... l'Alsace et un pan de la Lorraine. Strasbourg assiégée subit de violents bombardements. Ses remparts ne la protègent plus. La ville, qui avait échappé aux terribles destructions de la guerre de Trente Ans et des sièges de 1814-1815, perd des centaines de maisons, dont l'inestimable bibliothèque et ses milliers de manuscrits, ravagés par les flammes. Lors de l'annexion de l'Alsace à l'Allemagne, beaucoup de Strasbourgeois se réfugient en France. Le nouveau conseil municipal de 1871 francophile est dissous et la ville administrée directement par le Reich. Pourtant, la germanisation de Strasbourg ne s'effectue pas à marche forcée. Administration plutôt cool. En 1886, Strasbourg retrouve un conseil municipal et un maire, Otto Back, celui-là même qui dirigeait auparavant la cité. Il lance de grands travaux d'urbanisme sous la direction de l'architecte Conrath, ancien élève de Haussmann. Remparts abattus, création de la « ville allemande » de l'autre côté de la place Broglie (aujourd'hui place de la République et quartier alentour). Les Alsaciens n'y ont habité qu'après 1918. Nouvelle gare en 1883, larges boulevards. Alsaciens de souche et Allemands importés vivent côte à côte dans une harmonie relative mais sans intimité. Avant même la France, la scolarité est rendue obligatoire.
La ville connaît une réelle expansion économique. Certaines de ses industries existent d'ailleurs toujours (Grands Moulins, Forges, etc.). Jusqu'en 1914, maintien d'une agitation culturelle francophile. La veille de la guerre, raidissement de l'Administration allemande. La guerre elle-même ne touche pas Strasbourg.

La période 1918-1944

Comme à Berlin, Vienne, Budapest, révolte ouvrière en 1918 à la fin des combats. Le drapeau rouge flotte quelque temps. Entrée triomphale de troupes françaises fin novembre. Pourtant, rapidement, les gouvernements français, très naturellement jacobins, vont commettre bourde sur bourde : réimposition de la langue française à marche forcée, tentative de suppression des lois concordataires, hyper-centralisation administrative, application dogmatique de toutes les lois de la République. Les Alsaciens qui ont, par endroits, connu une situation politique et sociale en avance sur la France, ne veulent légitimement pas tout perdre. Ces maladresses favorisent la montée des idées autonomistes. Avec même un début de guerre scolaire.
En 1939-1940, pendant la drôle de guerre (la vraie !), Strasbourg est évacuée, et beaucoup de ses habitants sont envoyés dans le Périgord. Il ne reste sur place que quelques centaines de fonctionnaires. C'est probablement à cela que la ville doit de ne pas avoir été bombardée lors de l'offensive de juin 1940 et de n'avoir pas subi le sort de Rouen et de tant d'autres villes. Après l'arrivée des nazis, au contraire de 1871, Strasbourg subit une germanisation forcenée.

RTL STRASBOURG 105.7 FM

En août et septembre 1944, violents bombardements... américains. Des bombes destinées aux industries de la banlieue tombent sur la cathédrale, mais le niveau de destruction reste raisonnable. La vieille ville n'est pas touchée dans sa structure.

À Koufra, en Libye, le général Leclerc avait juré de libérer Strasbourg et d'y faire flotter le drapeau français. Le 23 novembre 1944, les chars de la 2e DB, fonçant de Saverne, réalisent sa promesse. À signaler que ce sont principalement des tirailleurs algériens, goumiers et tabors marocains qui composaient les troupes de libération à Strasbourg (au cas où certains l'auraient oublié !). Quelques jours d'émotion quand même lorsque, en janvier 1945, la Wehrmacht menace à nouveau la ville.

Strasbourg, capitale des institutions européennes...

En 1949, du fait de sa situation géographique et de son histoire, symbole de la réconciliation, Strasbourg est choisie comme siège du Conseil de l'Europe par les dix États fondateurs. Le ministre anglais Bevin explique son choix par cette phrase : « Cette grande cité avait été le témoin de la stupidité du genre humain, essayant de régler les affaires par la guerre ».

Un an plus tard, Strasbourg accueille la cour des Droits de l'homme. Puis, en 1952, la Communauté européenne du Charbon et de l'Acier ; en 1969, l'Institut des Droits de l'homme ; en 1972, le Centre européen de la Jeunesse. En 1979, le Parlement européen est élu pour la première fois au suffrage universel. Le maintien de ce dernier à Strasbourg est aujourd'hui définitif (une douzaine de séances annuelles garanties). Mais le lobby bruxellois possède encore quelques irréductibles !

Strasbourg, berceau du situationnisme !

Enfin, après cet amoncellement austère d'institutions politiques, sourions au souvenir de l'apparition, il y a plus de trente ans, du célèbre manifeste dont notre déontologie légendaire nous pousse à livrer le titre complet : « De la misère en milieu étudiant, considérée sous ses aspects économique, politique, psychologique, sexuel et notamment intellectuel, et de quelques moyens pour y remédier », ouf...

En ce mois d'octobre 1966, bien avant le prémonitoire « La France s'ennuie » de Pierre Viansson-Ponté dans *Le Monde,* devait s'effectuer la rentrée universitaire, comme à l'habitude de façon assez solennelle. Or, que découvrent ces braves professeurs en toge, lors de cette cérémonie traditionnellement ronronnante ?... Un manifeste dont voici un extrait significatif : « L'étudiant se maintient à tous les niveaux dans une minorité prolongée, irresponsable et docile. Il se prépare à être un élément positif et conservateur dans le fonctionnement du système marchand. Suivant la logique de l'enfant soumis, il participe à toutes les valeurs et mystifications du système. Il est l'enfant rangé et reconnaissant des deux systèmes les plus puissants de l'autorité sociale, la famille et l'État ».

On comprend mieux pourquoi ce fut l'un des textes fondateurs de Mai 1968 ! La brochure était éditée par l'AFGES (Association Fédérative Générale des Étudiants de Strasbourg), section locale de l'UNEF. C'est vrai qu'à la surprise générale, aux élections syndicales universitaires précédentes, une liste dirigée par les situationnistes l'avait emporté. Ce manifeste, qui s'achevait sur l'immortel slogan « Vivre sans temps mort et jouir sans entrave ! », s'inscrivait à l'évidence dans la continuité du courant surréaliste et appliquait à la politique quelques-uns de ses principes.

Persuadés d'ailleurs que la politique était un spectacle (tiens, tiens !), les situationnistes prétendaient fermement « vouloir remplacer le doute par l'affirmation ludique ». Ils appliquèrent ce principe à la lettre, en ce même mois d'octobre 1966, à la faculté de lettres, en arrosant de tomates un prof de psychologie sociale qui dissertait sur la sémiologie des objets. À ce titre, il était évidemment tout désigné par les « situs » comme un ennemi, en tant qu'idéologue d'une société de consommation qui n'allait pas tarder à transformer des étudiants en futurs petits cadres. Heureuse époque !

Les quartiers de la ville

– **Le centre historique :** cerné par l'Ill et son canal, c'est une grande île (pardon, on dit une ellipse insulaire !) au charme fascinant, où il fait bon trekker à pied jour et nuit. On y trouve bien entendu la merveilleuse cathédrale. L'office du tourisme a fort opportunément édité une remarquable brochure : *Balades strasbourgeoises*, avec des itinéraires architecturaux et historiques allant du Moyen Âge à nos jours.

– **Le quartier de la Krutenau :** au sud de la grande île. Vieux quartier ouvrier et populaire qui, il y a encore une vingtaine d'années, menaçait ruine. Longtemps, le coin des pêcheurs et des bateliers et... ex-quartier chaud de la ville (on disait aussi le « quartier haut-les-mains »). Les petites entreprises chassées progressivement et l'extension de l'influence de l'université ont bouleversé la sociologie de la Krutenau. Le quartier s'est engagé dans un important programme de rénovation. Résultat mitigé comme toujours : certains immeubles ont été bien sûr restaurés, d'autres ont été démolis, et leurs remplaçants exhalent plutôt un charme genre Lafarge. Si proche du centre, un tel quartier ne put qu'attirer promoteurs et autres spéculateurs, plus soucieux de réaliser de bonnes affaires financières que de considérations sociales et esthétiques. Yuppies et NPBU (« nouvelle petite bourgeoisie urbaine », concept déposé à la Propriété industrielle), l'ont largement investi, et les vieux du quartier vous diront que leur village y a perdu beaucoup de son âme.

■ **Adresses utiles**
- 🛈 Offices du tourisme
- ✉ Postes
- 🚉 Gare SNCF
- 🚌 Gare routière

🛏 **Où dormir ?**
- 10 Auberge de jeunesse René-Cassin
- 11 Auberge de jeunesse du Parc du Rhin
- 12 Hôtel-couvent du Franciscain
- 13 Hôtel Schutzenbock
- 14 Hôtel de Bruxelles
- 15 Hôtel de l'Ill
- 16 Hôtel Patricia
- 17 Hôtel La Cruche d'Or
- 18 Hôtel Maison Rouge
- 19 Hôtel Gutenberg
- 20 Le Relais Mercure
- 21 Hôtel Saint-Christophe Kyriad
- 22 Le Grand Hôtel
- 23 Hôtel Pax
- 25 Hôtel Cathédrale
- 27 Hôtel Beaucour

🍽 **Où manger ?**
- 40 Flam's
- 41 Crêperie La Korrygane
- 42 La Plouzinette
- 43 Le Saint-Sépulcre
- 44 Winstub Strissel
- 45 S'Thomas Stuebel
- 47 Le Festin de Lucullus
- 48 Au Pont Corbeau
- 49 Stephanstuebel
- 50 Rio's
- 51 Au Pigeon
- 52 Zum Sternstebele
- 54 Winstub Munsterstuevel
- 55 Chez Yvonne
- 56 Zimmer-Sengel
- 57 Café P'tit Max
- 59 Pâtisserie Chez Riss
- 70 Le Kashmir
- 80 La Taverne du Sommelier
- 81 Restaurant de la Victoire
- 82 Winstub Le Hanneton
- 83 La Coccinelle
- 85 La Choucrouterie
- 87 Le Pont aux Chats
- 90 La Faluche
- 91 Zum Wynhaenel

🍷 **Où sortir ? Où boire un verre ?**
- 100 Les Trois Brasseurs
- 101 Le Perroquet Bleu
- 103 Bar de l'Opéra
- 104 La Java
- 105 Café des Anges
- 106 La Salamandre
- 107 Rock City
- 110 Perestroïka
- 111 La Laiterie
- 113 Le Feeling

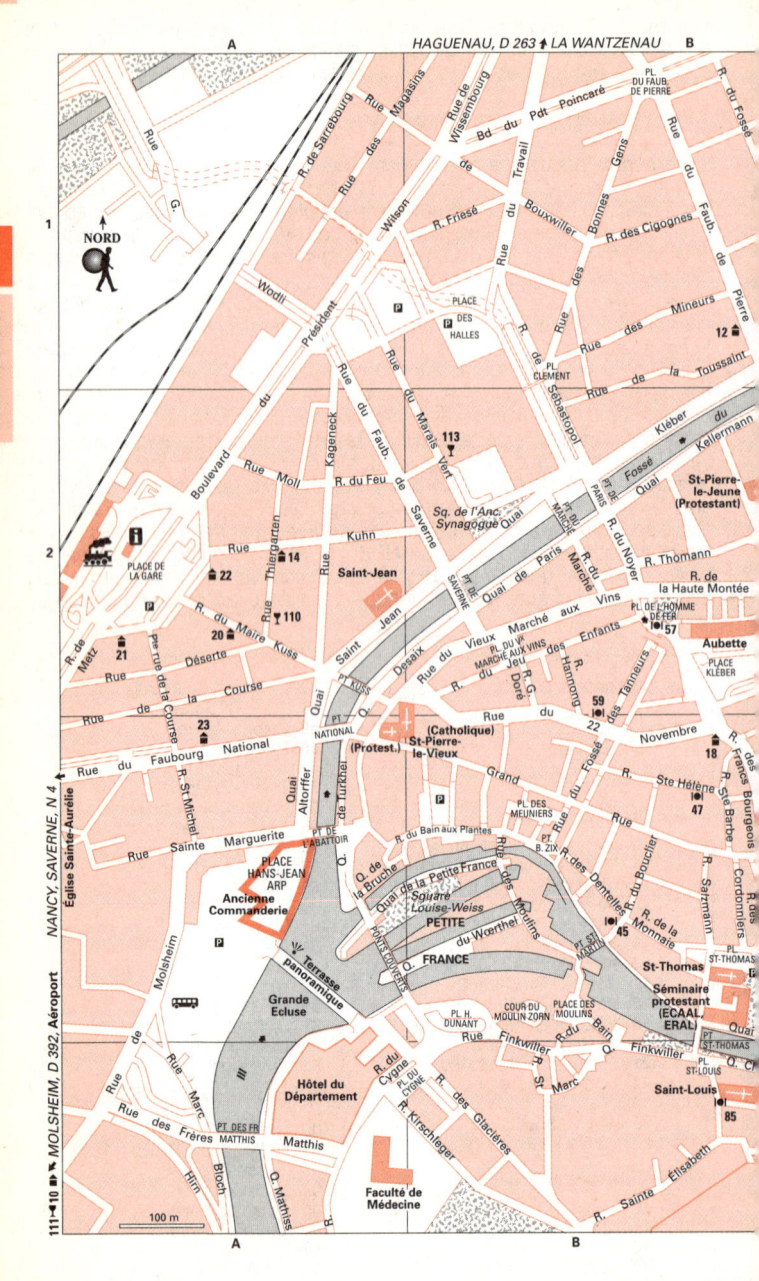

STRASBOURG

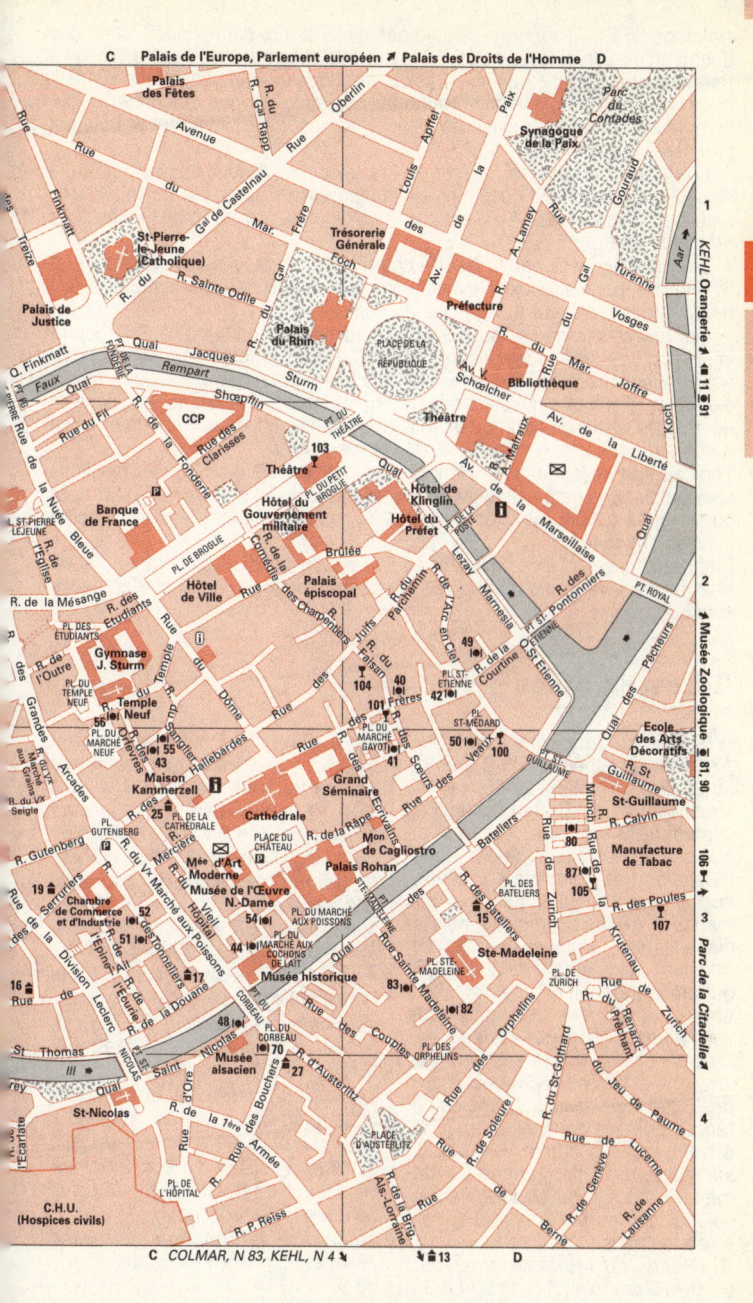

STRASBOURG

Nous, on dira qu'il subsiste çà et là des pans de rue qui résistent, avec une bonne animation et leurs cafés, restos et population de quartier traditionnels (retraités, immigrés, étudiants, artistes, margeos de tout poil). Nous les indiquons plus loin avec quelques chouettes adresses où vous rencontrerez toujours la bonne vieille convivialité alsacienne, d'autres qui vibrent et bougent pas mal !

– *Le quartier allemand :* à l'est de la vieille ville. Autour de la place de la République, largement décrite plus loin. Intéressant sur le plan architectural, mais peu animé la nuit. Ce n'est pas là qu'on vous enverra batifoler les soirs de pleine lune...

– *Le quartier de la gare :* pas de charme en soi, mais pas encore normalisé. Vivant, populaire, c'est le moins branché. Hôtels pas chers, restos turcs, bars margeos. Le tout à deux pas du centre-ville.

– *Les autres quartiers :* pour ceux qui passent plus de temps à Strasbourg, intéressant d'y traîner un peu ses baskets. Pour l'atmosphère, loin du brouhaha touristique et surtout pour certains coins présentant quelques beaux exemples d'édifices haussmanniens ou Art nouveau. Notamment dans le quartier du palais de l'Europe et, plus haut, dans celui de la Robertsau, qui a gardé structures et ambiance de village résidentiel.

Tout au sud, le quartier de Neudorf, quartier populaire avec ses pavillons alsaciens et une petite minorité turque, et ses restos à prix d'avant-guerre. Et puis ne pas oublier les cités ouvrières : nous les traitons dans un chapitre spécial plus loin.

Enfin, très excentrées à l'ouest et au sud-ouest, les HLM de la Menau et de Neuhof, où vivent pas mal de laissés-pour-compte de la relative opulence strasbourgeoise.

Adresses utiles

🛈 *Office du tourisme* (plan C3) : 17, pl. de la Cathédrale. ☎ 03-88-52-28-28. Fax : 03-88-52-28-29. ● www.strasbourg.com ● Ouvert du lundi au samedi de 9 h à 18 h. Fermé le dimanche et les jours fériés. Documentation très complète sur la ville, accueil pro et chaleureux. Ne pas manquer d'y faire emplette de l'indispensable *Balades strasbourgeoises,* vendu autour de 3 € (20 F), qui présente six itinéraires architecturaux par périodes historiques (que vous pourrez mélanger à votre aise). Visites guidées (de Strasbourg, des environs et des musées) pour individuels et groupes. Visites-conférences guidées de la ville : en juillet et août, tous les jours à 10 h 30 et le samedi à 15 h (programme sur demande) ; hors juillet et août, se renseigner sur les horaires, qui varient selon les mois.

🛈 *Offices du tourisme annexes :* pl. de la Gare *(plan A2).* ☎ 03-88-32-51-49. Ouvert de 9 h à 12 h 30 et de 13 h 45 à 18 h (en juillet et août, de 9 h à 19 h). Deux autres points d'information *(hors plan)* : à l'aéroport (ouvert tous les jours de 8 h 30 à 17 h, ☎ 03-88-64-50-15) ; et au pont de l'Europe (de 9 h à 12 h 30 et de 13 h 30 à 17 h, ☎ 03-88-61-39-23).

🛈 *Comité régional du tourisme d'Alsace* (plan D2) : 6, av. de La Marseillaise, BP 219, 67005. ☎ 03-88-25-01-66. Fax : 03-88-52-17-06. ● www.tourisme-alsace.com ● Toute la doc sur toute l'Alsace.

✉ *Poste principale* (plan D2) : 5, av. de La Marseillaise. ☎ 03-88-52-35-20.

✉ *Autres postes :* pl. de la Cathédrale *(plan C3),* rue du 22-Novembre *(plan B3)* et pl. de la Gare *(plan A2).*

■ *Club Vosgien :* 16, rue Sainte-Hélène. ☎ 03-88-32-57-96. Voir plus haut les « Généralités ».

■ *Centre information jeunesse Alsace :* 7, rue des Écrivains. ☎ 03-88-37-33-33.

■ *Air France :* 15, rue des Francs-Bourgeois. ☎ 0820-820-820.

STRASBOURG / TRANSPORTS URBAINS

- *Gare SNCF (plan A2)* : renseignements, ☎ 08-92-35-35-35. (0,33 €/mn, soit 2,21 F).
- *Gare routière* : plan A3.
- *Aéroport de Strasbourg* : à Entzheim, 67960. À une quinzaine de kilomètres. ☎ 03-88-64-67-67.
- ■ *Réseau interurbain CTS :* ☎ 03-88-77-70-11.
- ■ *Objets trouvés :* ☎ 03-88-60-96-96 (mairie).
- ■ *Consulat de Belgique :* 41, allée de la Robertsau. ☎ 03-88-76-61-15.
- ■ *Consulat de Suisse :* 11, bd Président-Edwards, 67083 Strasbourg Cedex. ☎ 03-88-35-00-70.

Le « Strasbourg Pass »

L'office du tourisme propose un passeport touristique individuel pour la visite de la ville comprenant : une entrée pour un musée de votre choix, une montée sur la plate-forme de la cathédrale, une promenade en bateau, la mise à disposition d'un vélo pour une journée, le spectacle de l'horloge astronomique à la cathédrale. Plus une réduction de 50 % sur une visite guidée de la ville à pied, sur une promenade en mini-train (avant 12 h), sur une entrée dans un deuxième musée, sur la visite du Naviscope et sur le tarif de la visite audio-guidée. Validité : 3 jours. Prix : 9,15 € (60 F).

Les marchés

– *Marchés traditionnels du matin :* place Kléber, les mercredis et vendredis. Boulevard de la Marne, les mardis et samedis. Rue Sain-Gothard, le mercredi. Et place de la Gare, les lundis et jeudis.
– *Brocante et marché aux puces :* place du Vieil-Hôpital (près de la cathédrale), les mercredis et samedis.
– *Marché aux livres :* place Gutenberg (ça va de soi !), les mardis, mercredis et samedis. Excellent choix et prix particulièrement intéressants.
– *Marché des producteurs :* place du Marché-aux-Poissons, le samedi.
– *Marché de Noël (Christkindelsmärik) :* place Broglie et place de la Cathédrale. Du dernier week-end de novembre jusqu'à la fin décembre. Une tradition de plus de cinq siècles.

Transports urbains

Le tram

Deux lignes existent désormais. L'une va de Hautepierre à Illkirch, l'autre de Hœnheim-gare à Elsan (un tronçon va jusqu'à Esplanade-Campus universitaire). Tous les jours, de 4 h 30 à 0 h 30 avec une fréquence de 5 mn en moyenne. Son fuselage aérodynamique, ses grandes baies vitrées appartiennent désormais au paysage strasbourgeois. À certains endroits, les rails sont dissimulés par du gazon. Les piétons ont retrouvé le moral, et, grâce aux marches d'accès très basses, les personnes âgées aussi.

La voiture

Un conseil, utilisez la formule « Parkings Relais-Tram ». Pour 2,29 ou 2,74 € (15 ou 18 F), vous stationnez un jour maximum, et chaque occupant de la voiture dispose d'un ticket aller-retour tram-bus. De 7 h à 20 h du lundi au samedi, 1 400 places sur trois sites : place de *l'Étoile,* la *Rotonde* à Cronenbourg et *Baggersee.* En dehors des horaires d'ouverture, les parkings sont gratuits. Vous prenez votre ticket de tram aux distributeurs dans les stations.

Le bus

Bon réseau ville-banlieue avec la *Compagnie des Transports Strasbourgeois (CTS)*. Informations avec *Allobus*, ☎ 03-88-77-70-70. Ticket *Tourpass*, qui permet de voyager un nombre de fois illimité sur les réseaux de bus et de tram pendant un journée; tarif : 3 € (20 F). À noter aussi, le *Family-Pass* permettant, pour 3,81 € (25 F), à une famille (2 à 5 personnes, un parent et un enfant minimum : ce n'est donc pas valable pour un couple) de prendre le bus et le tram à volonté pendant une journée. En vente dans les agences place Kléber, à la gare et à la station Baggersee.

Le vélo

Strasbourg, comme l'Alsace, est en pointe pour la promotion du vélo en ville. Couloirs bien matérialisés, lignes nouvelles, et des points de location de vélos (voir ci-dessous, *Vélocation*) tout autour du centre ancien : une excellente solution pour se balader à Strasbourg à bon prix. À ce jour, 300 km de pistes cyclables et 15 % d'usagers (le plus fort taux pour la France). Priorité de la communauté urbaine qui a mis en place une « charte pour le vélo » et qui, en plus d'augmenter le réseau de pistes, veut surtout revaloriser l'image des usagers du vélo ! Plan des pistes cyclables en vente dans les offices du tourisme.

■ **Vélocation :** location de vélos tous les jours. Demi-journée : 3,05 € (20 F). Journée : 4,57 € (30 F). Demi-tarif pour les moins de 14 ans accompagnés. Remorque enfant : 2,30 € (15 F). Diverses possibilités d'abonnement. Quatre sites : rue des Bouchers, bd de Metz, rue du Maire-Kuss et 217, route de Schirmeck. Renseignements : ☎ 03-88-43-64-30.

■ **Véloparc :** parking pour vélos. Mêmes sites que les *Vélocation*. Journée : 0,76 € (5 F). Abonnement à l'année : 30,49 € (200 F).

Le bateau

Jolie balade sur l'Ill, de la Petite France (barrage Vauban) au palais de l'Europe. ☎ et fax : 03-88-84-13-13. Trajet en 1 h 10. De fin mars à fin octobre, de 9 h 30 à 21 h toutes les demi-heures; le reste de l'année, à 10 h 30, 13 h, 14 h 30 et 16 h (départs supplémentaires en cas d'affluence, notamment en décembre; donc, horaires à vérifier!). Du 1er mai à fin septembre, flânerie nocturne à 21 h 30 et 22 h; balade également sur le Rhin.

Les taxis

À Strasbourg, ce n'est guère dans les habitudes d'attraper les taxis au vol, vous risqueriez d'attendre quelque temps. Il est conseillé d'appeler plutôt. ☎ 03-88-36-13-13 ou 03-88-22-19-19.

À pied

Comme toujours, le pied!

Où dormir ?

Attention, il y a douze sessions du Parlement européen par an, ce qui n'est pas sans influence sur la fréquentation de l'hôtellerie locale. Des sessions qui se déroulent généralement du lundi au jeudi. Dans ces périodes-là, il est donc très difficile de se loger en ville. Pensez à réserver votre hôtel longtemps à l'avance si vous ne voulez pas être obligé d'aller dormir à 30 km à la ronde. Mais parfois, même s'il leur reste de la place, les hôtels doivent garder une réserve et ne peuvent vous confirmer une réservation. Ça nous est arrivé. Il fallait se pointer vers 18 h et alors on nous octroyait une place si cela était possible. Galère.

Camping

△ *Camping de La Montagne Verte :* 2, rue Robert-Forrer (entrée : rue du Schnokeloch). ☎ 03-88-30-25-46. Fax : 03-88-27-10-15. ⚒ À 3 km du centre. Si vous arrivez par l'autoroute, sortie n° 4 (Montagne Verte). Du centre de Strasbourg, bus n°s 3 et 23, arrêt « Nid de Cigogne » ; puis 5 mn de marche. Ouvert de mi-mars à fin octobre et en décembre. Emplacement pour 2 personnes : 10,06 € (66 F). A été récemment rénové.

De bon marché à prix moyens

🛌 *Auberge de jeunesse René-Cassin (hors plan par A4, 10) :* 9, rue de l'Auberge-de-Jeunesse, La Montagne Verte. ☎ 03-88-30-26-46. Fax : 03-88-30-35-16. ⚒ Au sud-ouest de Strasbourg. Accès : bus n°s 3 et 23, direction Lingolsheim ; arrêt : Auberge-de-Jeunesse. Fermé en janvier. Il est conseillé de réserver. Compter 10,67 € (70 F) la nuit en chambre de 5 à 6 personnes, petit déjeuner compris, 15,24 € (100 F) par personne en chambre double et 22,87 € (150 F) la chambre individuelle ; location de draps. Déjeuner, dîner autour de 7,62 € (50 F). N'accepte pas les cartes de paiement. Une centaine de lits. Possibilité de planter la tente. Cuisine équipée à disposition. Bar-cafétéria ouvert le soir.

🛌 *Auberge de jeunesse du Parc du Rhin (hors plan par D1, 11) :* rue des Cavaliers. ☎ 03-88-45-54-20. Fax : 03-88-45-54-21. • strasbourg.parc-du-rhin@fuaj.org • ⚒ À l'est de la ville. Accès : près de la frontière, en direction de Kehl. De la gare, tramway jusqu'à l'arrêt « Place Homme-de-Fer », puis bus n° 2 direction « Pont du Rhin ». Accueil fermé entre 12 h 30 et 13 h 30 et 19 h 30 et 20 h 30. Fermé de fin décembre au Jour de l'An. Nuitée à 11,43 € (75 F) par personne en chambre de 3 ou 4, petit déjeuner compris. Demi-pension : 20,43 € (134 F). Auberge de 201 lits et plusieurs chambres adaptées aux handicapés.

🛌 *Hôtel Schutzenbock (hors plan par D4, 13) :* 81, av. Jean-Jaurès, Neudorf. ☎ et fax : 03-88-34-04-19. À 2 km du centre-ville. Accès : Neudorf est une proche banlieue au sud-est de Strasbourg ; pour vous y rendre, partez de la place de l'Étoile où se trouve le centre administratif de la ville. Fermé le samedi midi, le dimanche, ainsi que les trois premières semaines d'août. Chambres doubles à partir de 24,39 € (160 F). Demi-pension à 28,20 € (185 F). Menus de 7,47 € (49 F) le midi seulement, à 22,87 € (150 F). Une bonne adresse pas chère, conviviale et propre, et un accueil gentil de la patronne. Quelques chambres situées sur l'arrière donnent sur les jardins. Cuisine simple à tendance régionale.

🛌 *Hôtel de Bruxelles (plan A2, 14) :* 13, rue Kuhn. ☎ 03-88-32-45-31. Fax : 03-88-32-06-22. Dans le quartier de la gare. Selon le confort, chambres doubles de 26 à 42 € (170,55 à 275,52 F). Petit établissement correct, propre et gentil. L'aménagement n'est peut-être pas du meilleur goût (surcharge de tissus et de moquette de couleurs variées), mais on est peinard et la literie est bonne. 10 % de réduction sur le prix de la chambre avec douche ou bains sur présentation du *Guide du routard* de l'année.

🛌 *Hôtel de l'Ill (plan D3, 15) :* 8, rue des Bateliers, Krutenau. ☎ 03-88-36-20-01. Fax : 03-88-35-30-03. À deux pas des quais de l'Ill. Fermé les derniers jours de décembre et la

1re semaine de janvier. Chambres doubles aux environs de 40 € (262 F) avec lavabo ou douche, de 47,26 à 62,51 € (310 à 410 F) avec douche ou bains et w.-c. Réservation conseillée, car c'est une bonne adresse à prix sages. Cet hôtel, tenu avec le sourire par la famille Ehrhardt, est situé dans une rue calme. Chambres pas bien grandes mais agréables et propres. Celles de l'ancien bâtiment ont été récemment refaites. Le petit déjeuner se prend dans une pièce dominée par un coucou. Excellente initiative, des chambres non-fumeurs. En sus, une terrasse à l'étage pour se prélasser au soleil (de 11 h à 17 h). Une de nos bonnes adresses strasbourgeoises. Sur présentation du Guide du routard de l'année, un petit déjeuner est offert pour un séjour de deux nuits consécutives en juillet et août.

▲ **Hôtel Patricia** (plan C3, **16**) : 10, rue du Puits. ☎ 03-88-32-14-60. Fax : 03-88-32-36-47. • www.hotel-patricia.fr.st • Accueil fermé à 20 h. Compter de 27,44 à 35,06 € (180 à 230 F) la double avec lavabo, de 35,06 à 42,68 € (230 à 280 F) avec douche ou bains et w.-c. Dans une vieille bâtisse du XVIe siècle, au calme d'une petite rue centrale mais retirée, un établissement bien agréable car très propre, aux chambres larges, récemment rénovées, et où la TV est bannie. Le tabac aussi. Enfin, un lieu tranquille et sain ! Et pas cher ! Accueil doux et relax. 10 % de réduction sur le prix de la chambre du 1er janvier au 15 mars sur présentation du Guide du routard de l'année.

Prix moyens

▲ **Hôtel La Cruche d'Or** (plan C3, **17**) : 6, rue des Tonneliers. ☎ 03-88-32-11-23. Fax : 03-88-21-94-78. À deux pas de la cathédrale. Fermé la 1re quinzaine d'août et pendant les vacances scolaires de février. Selon confort (douche ou bains), de 48,79 à 53,36 € (320 à 350 F) la double. Menu à 7,17 € (47 F) le midi en semaine (en principe) ; autres menus de 21,34 à 27,44 € (140 à 180 F). Petit hôtel d'une quinzaine de chambres un peu ternes (tons gris) mais propres et confortables, d'un bon rapport qualité-prix. Accueil inégal. Restaurant au cadre boisé ou terrasse accueillante sur rue piétonne en été. Au menu : tarte à l'oignon, choucroute garnie et sorbet au marc de gewurztraminer. À la carte, grillades en tout genre. Kir offert à nos lecteurs sur présentation du Guide du routard de l'année.

▲ **Hôtel-couvent du Franciscain** (plan B1, **12**) : 18, rue du Faubourg-de-Pierre. ☎ 03-88-32-93-93. Fax : 03-88-75-68-46. • www.hotel-franciscain.com • ♿ Pratique : un parking clos (payant). À 10 mn à pied de la cathédrale. Fermé de Noël au Nouvel An. Chambres doubles avec douche ou bains à 56,41 € (370 F). Dans le prolongement de la rue de la Nuée-Bleue, au nord du centre, dans le quartier de la place des Halles. Un 2 étoiles de bonne capacité, assez central et rénové avec soin. Accueil aimable. Remise de 10 % sur le prix de la chambre à nos lecteurs en janvier, février et mars, sur présentation du Guide du routard de l'année.

▲ **Hôtel Gutenberg** (plan C3, **19**) : 31, rue des Serruriers. ☎ 03-88-32-17-15. Fax : 03-88-75-76-67. À deux pas de la cathédrale. Fermé la 1re quinzaine de janvier. Doubles entre 53,06 et 84,01 € (348 et 551 F) avec douche ou bains et w.-c. Une maison datant du XVIIIe siècle, où l'ancien et le moderne sont judicieusement combinés. Bon niveau de confort (l'équivalent d'un 3 étoiles, bien qu'il n'en ait que deux). Le dada du patron, ce sont les gravures militaires de la période napoléonienne (son arrière-grand-père était officier dans la Grande Armée), et il en a accroché à chaque étage. Une passion pour l'Empire que l'on retrouve dans la décoration des chambres, mais sans ostentation car dosée savamment avec le vieux mobilier de la maison, que le propriétaire

STRASBOURG / OÙ DORMIR ?

avait eu l'intelligence de conserver. Les chambres du 5e étage, dont trois avec mezzanine, offrent une vue de caractère sur les toits (vue similaire au 4e). Bon accueil.

📧 **Le Relais Mercure** (plan A2, 20) : 3, rue du Maire-Kuss. ☎ 03-88-32-80-80. Fax : 03-88-23-05-39. • www.mercure.com • 🍴 Chambres doubles de 67,85 à 95,29 € (480 à 625 F) selon la saison et le confort. Bel édifice de brique du XIXe siècle, au charme un poil victorien. Entièrement rénové, il propose des chambres plaisantes, confortables, climatisées et insonorisées. Décoration de bon ton. Pour les romantiques, au 4e étage, poutres apparentes et mansardes avec joli ameublement. Un rapport qualité-prix particulièrement bon ! Remise de 10 % sur le prix de la chambre sur présentation du *Guide du routard* de l'année, sauf en mai, juin, septembre et octobre.

📧 **Hôtel Saint-Christophe Kyriad** (plan A2, 21) : 2, pl. de la Gare. ☎ 03-88-22-30-30. Fax : 03-88-32-17-11. • www.strasbourg.net • 🍴 Chambres simples à 57,94 € (380 F), doubles de 65,55 à 73,18 € (430 à 480 F). Bien entretenu et dirigé avec compétence, cet hôtel, qui porte le nom du saint protecteur des voyageurs, est recommandé à l'homme d'affaires comme au vacancier. Ici, on veille sur votre confort. Les chambres ont été récemment rénovées. Celles sur la place sont désormais dotées d'un bon double-vitrage. 10 % de réduction sur le prix de la chambre en juillet et août sur présentation du *Guide du routard* de l'année.

📧 **Hôtel Pax** (plan A3, 23) : 24-26, rue du Faubourg-National. ☎ 03-88-32-14-54. Fax : 03-88-32-01-16. • www.paxhotel.com • Fermé entre Noël et le Jour de l'An. Chambres doubles à partir de 67 € (439 F) avec douche ou bains et w.-c. Celles rénovées sont nettement mieux. Parking payant. Jadis ancien hôtel protestant répondant au nom de *La Croix Bleue*, le *Pax* est un hôtel de grande capacité : 106 chambres, assez différentes les unes des autres, de bonne taille et propres, mais tout de même un peu chères car somme toute banales. Si vous êtes végétariens, le *Pax* vous conviendra parfaitement car l'hôtel a inscrit à la carte de son restaurant un menu végétarien. Apéritif maison offert à nos lecteurs sur présentation du *Guide du routard* de l'année.

De plus chic à très chic

📧 **Hôtel Cathédrale** (plan C3, 25) : 12-13, pl. de la Cathédrale, BP 72, 67061 Strasbourg Cedex. ☎ et fax : 03-88-22-12-12. • www.hotel-cathedrale.fr • Chambres très confortables et insonorisées de 64,03 à 129,59 € (420 à 850 F) selon le confort et la vue. Également un duplex et une suite. Leur slogan « chambre avec vue », référence à Florence et au beau film de James Ivory, n'est pas fortuit. Ici, on joue sur l'élégance et le charme. Accueil doux et courtois. Chambres donnant sur la cathédrale et la maison Kammerzell évidemment fort recherchées. Décoration intérieure aux couleurs douces, rose, saumon, jaune pâle, avec large utilisation des bois clairs. Salon + TV, salle de lecture et bar très smart (excellents cocktails). Au petit déjeuner, beau buffet (en sus). Petit déjeuner offert sur présentation du *Guide du routard* de l'année.

📧 **Hôtel Maison Rouge** (plan B3, 18) : 4, rue des Francs-Bourgeois. ☎ 03-88-32-08-60. Fax : 03-88-22-43-73. • www.maison-rouge.com • Doubles avec douche ou bains de 84 à 109 € (551 à 715 F). Un hôtel de très bon standing, à la déco personnalisée (doux tons pastel, tissus choisis) et disposant de tout le confort actuel (minibar, TV câblée, etc.). Les chambres sont régulièrement rafraîchies. Une qualité d'hébergement qu'on ne s'attend pas forcément à trouver derrière cette façade rouge pétant. Et pourtant ! Accueil très pro. 10 % de réduction sur le prix de la chambre le week-end ainsi qu'en juillet et août, sur présentation du *Guide du routard* de l'année.

L'ALSACE / LE BAS-RHIN

STRASBOURG

▲ **Le Grand Hôtel** (plan A2, **22**) : 12, pl. de la Gare. ☎ 03-88-52-84-84. Fax : 03-88-52-84-00. • www.le-grand-hotel.com • De 66,32 à 80,04 € (435 à 525 F). Parking payant : 6,10 € (40 F). Place de la Gare, on remarque d'emblée ce grand bâtiment de béton des années 1950, d'un style rappelant l'architecture soviétique. Austérité des lignes, ampleur des volumes... Dans le hall, c'est édifiant : vaste salon haut de plafond, d'où s'élance un superbe ascenseur de verre (un prototype, modèle unique, des années 1950 également), qui vous conduit dans les étages aux larges couloirs. Tout a été refait, dans le goût contemporain. Chambres de bon confort, 3 étoiles vraiment, certaines avec air conditionné. Service dans le même ton. Pas d'erreur donc, ce *Grand Hôtel* est bien digne de porter pareil nom. Apéritif maison offert sur présentation du *Routard* de l'année.

▲ **Hôtel Beaucour** (plan C4, **27**) : 5, rue des Bouchers. ☎ 03-88-76-72-00. Fax : 03-88-76-72-60. • www.hotel-beaucour.com • ⚒ De 83,85 € (550 F) la chambre simple à 118,91 € (780 F) la double avec bains et balnéo ; petit déjeuner à 9,91 € (65 F). Parking payant : 6,86 € (45 F) pour 24 h. Dans cinq corps de bâtiment à colombages classés du XVIIIe siècle. Le charme et le confort réunis pour un séjour heureux dans un lieu unique, à 5 mn à pied de la cathédrale. C'est une sorte d'îlot préservé, peut-être un peu trop retapé pour faire authentique, mais qui malgré tout garde un certain charme. Qu'elles soient de style mansardé, alsacien ou italien, aucune chambre ne nous a déplu. Une bonne adresse dans sa catégorie.

Où manger ?

Voir aussi, dans « Où dormir ? », les hôtels qui font resto.

Dans le vieux centre (l'île !)

Bon marché

I●I **Flam's** (plan D2, **40**) : 29, rue des Frères. ☎ 03-88-36-36-90. Derrière la cathédrale. A rouvert récemment, suite à des travaux. Ouvert toute la semaine midi et soir. Le midi, menu à 6,86 € (45 F) : *Flam's* au choix + un dessert ; autres menus à 11,59 et 15,09 € (76 et 99 F). Il y a un cas *Flam's* : pas de cadre transcendant, la bouffe est assez quelconque, tout ça fait très cafétéria, mais c'est copieux et pas cher, et, allez savoir pourquoi, toujours très fréquenté. Bref, une institution. Alors, allez vous brûler à ce *Flam's* et consumez-vous à petit prix. Autre adresse au 1, rue de l'Épine. ☎ 03-88-75-77-44. Apéritif offert à tout lecteur muni du *Routard* de l'année.

I●I **Crêperie La Korrygane** (plan D3, **41**) : 12, pl. du Marché-Gayot. ☎ 03-88-37-07-34. ⚒ Ouvert midi et soir jusqu'à minuit. Menus de 12,04 à 22,72 € (79 à 149 F). Pourquoi pas une bonne galette bretonne jambon-fromage ou avec un œuf, en vidant une ou deux bolées de cidre pétillant ? Ça change de la tarte flambée en vigueur sur tout le territoire alsacien et c'est sympa. Les tartes flambées ont beau être souvent délicieuses, il faut savoir varier les plaisirs. *La Korrygane* propose aussi quelques plats végétariens, et des pizzas. En prime, une place pleine de charme et souvent très animée.

I●I **La Plouzinette** (plan D2, **42**) : 5, pl. Saint-Étienne. ☎ 03-88-35-47-06. ⚒ Ouvert jusqu'à 23 h 30. Fermé le dimanche, le lundi midi et de fin juillet à début août. Est-ce un hasard, une autre place qu'on aime beaucoup. Et puis ce coin de Bretagne est chaleureux et toujours plein d'étudiants (au point que le week-end, nous conseillons de réserver !). Toutes les crêpes classiques, plus une bonne sélection de quiches et spécialités flambées. *Last but not least,* les vraies bières bretonnes Telenndu et Cervoise en 75 cl, sans oublier le *chouchen*. Bon accueil. Café offert sur présentation du *Guide du routard* de l'année.

I●I *Café P'tit Max (plan B2, 57)* : 4, pl. de l'Homme-de-Fer. ☎ 03-88-23-05-00. Ouvert tous les jours de 11 h 30 à 1 h. Menus de 11,43 à 19,67 € (75 à 129 F). Cadre classico-moderne, un peu tape-à-l'œil, petits boxes que certains diraient étriqués, d'autres intimes. On est assuré de toujours y trouver une cuisine sans génie mais régulière. Une adresse connue et appréciée pour son ouverture tardive, et son carpaccio de bœuf à volonté. Apéritif maison offert sur présentation du *Guide du routard* de l'année.

Prix moyens

I●I *S'Thomas Stuebel (plan B3, 45)* : 5, rue du Bouclier. ☎ 03-88-22-34-82. Fermé les dimanches et lundis. Congés annuels la dernière semaine de décembre, pendant les vacances scolaires de Pâques et 15 jours en août. Menu à 7,78 € (51 F) le midi seulement ; sinon, carte uniquement : compter environ 20 € (132 F). Une *winstub* de poche (plus chaleureuse ça n'existe pas) où sont servies copieusement les spécialités régionales. Belle choucroute pas trop cher payé, rognons de veau à la crème et *bibelasskäss* (fromage blanc et pommes sautées). Accueil très souriant, ambiance décontractée, mais pas beaucoup de place, réservation conseillée.

I●I *Le Saint-Sépulcre (plan C3, 43)* : 15, rue des Orfèvres. ☎ 03-88-32-39-97. Fermé le dimanche, le lundi et la 1re quinzaine d'août. Compter environ 19,82 € (130 F) le repas. Cette *winstub* au cadre chaleureux (comme il sied à toute vraie *winstub*), dans une rue piétonne de la ville, est l'une des plus connues de Strasbourg. Sans doute grâce à l'accueil aimable et familier de ces dames, ou du patron. Véritable comédien, celui-ci fige parfois les clients sur le pas de la porte : « C'est pourquoi ? », hurle-t-il. Juste pour rire ! Et ça peut continuer sur ce ton en salle, et alors on comprend qu'on a affaire à un personnage, une figure à l'humour bien particulier. Solide cuisine alsacienne : langue de porc confite, pommes de terre en salade, fabuleux jambon en croûte tranché devant le client, et choucroute bien sûr. Tables d'hôte, petits verres de bistrot, vins en carafe, nappes à carreaux, petits rideaux, plancher ciré, poêle à bois au milieu de la pièce. Bref, tous les ingrédients du bonheur.

I●I *Winstub Strissel (plan C3, 44)* : 5, pl. de la Grande-Boucherie. ☎ 03-88-32-14-73. Tout près de la cathédrale. Service jusqu'à 23 h. Fermé les dimanches et lundis sauf à Pâques, à la Pentecôte et avant Noël, ainsi qu'une semaine en février et tout le mois de juillet. Menus de 10,06 à 19,82 € (66 à 130 F). Cette maison fondée en 1385 abrite une taverne depuis le XVIe siècle. Située dans un quartier hyper-touristique, elle ne déçoit pourtant pas. La famille Schrodi, à la barre depuis 1920, continue à dispenser une solide cuisine alsacienne indépendamment des époques et des modes. Choucroute spéciale *Strissel*, filet de sandre sur choucroute (encore !), choucroute à la choucroute... non, on plaisante. Chouette tarte aux pommes à l'alsacienne et beau choix de vins (au verre ou en quart si l'on veut). Bonne cuisine régionale donc, chaleureux décor et serveuses virevoltant dans leur petit tablier blanc. Beaucoup d'animation.

I●I *Au Pigeon (plan C3, 51)* : 23, rue des Tonneliers. ☎ 03-88-32-31-30. Fermé le dimanche soir, le lundi et le mardi soir ; congés annuels 15 jours en janvier, 15 jours en avril et de mi-juillet à début août. Premier menu à 12,96 € (85 F) le midi ; autres menus à 16,01 et 21,34 € (105 et 140 F). Une *winstub* historique, installée depuis des lustres dans l'une des plus anciennes demeures de la ville, bel immeuble à colombages et encorbellement du XVIe siècle. Voir, au-dessus de la porte d'entrée, le pigeon sculpté dans la frise de bois. La salle est plus classique, sage et bourgeoise, boisée aussi, pour une cuisine de *winstub* sans surprise : *baeckeoffe*, choucroute, jarret de porc, etc. À partir d'une note de 15,24 € (100 F) par personne, café offert sur présentation du *GDR* de l'année.

|●| **Le Festin de Lucullus** *(plan B3, 47)* : 18, rue Sainte-Hélène. ☎ 03-88-22-40-78. Fermé les dimanches et lundis (sauf les 2e et 3e dimanches midi en décembre), ainsi que du 11 août au 2 septembre. Menu le midi en semaine à 11,43 € (75 F) ; compter 33 € (216 F) à la carte. Quatre ans chez Michel Guérard, ça forme le caractère et... la cuisine. Les bonnes idées apprises à Eugénie-les-Bains se retrouvent dans l'assiette à Strasbourg. Herbes fraîches, assaisonnements, cuissons, tout est parfaitement maîtrisé, et l'on savoure une fine et inventive cuisine de saison. L'accueil vif et souriant, le service sur le même tempo, ainsi que des prix relativement raisonnables incitent également à revenir. Seul bémol, la déco peut-être un peu trop sage, de cette salle tout en longueur. Un bon gastro tout de même.

|●| **Au Pont Corbeau** *(plan C3, 48)* : 21, quai Saint-Nicolas. ☎ 03-88-35-60-68. À deux pas de la cathédrale. Fermé le samedi et le dimanche midi, et en août. Menu à 10,98 € (72 F) le midi en semaine ; à la carte, compter en moyenne 23 € (151 F) pour un repas complet. Voilà une maison ayant quelques qualités qui méritent d'être signalées. Tout d'abord l'accueil du patron, souriant ; ensuite, on y trouve une cuisine de *winstub* généreuse ; enfin, c'est une des rares adresses ouvertes le dimanche soir en plein centre-ville. Puis le jambonneau grillé pommes sautées (le must de la maison), la salade de viande crudités et pommes sautées, les beignets de cervelle de veau sauce rémoulade pommes vapeur et salade, etc., chantent les louanges de l'Alsace éternelle. Et ça, voyez-vous, ça n'a pas de prix !

|●| **Stephanstuebel** *(plan D2, 49)* : 3, rue de la Courtine. ☎ 03-88-36-70-50. Pas loin de la place Saint-Étienne. Service jusqu'à 22 h 30. Fermé le dimanche, la dernière semaine de décembre et les quinze premiers jours d'août. Réservation recommandée. Menu à 8,38 € (55 F) le midi en semaine ; compter 21 € (138 F) à la carte. Discrète petite *winstub*, chaleureuse et intime. Décor classique, atmosphère typique, recoins, boiseries peintes... Le chef ne manque pas d'humour, ni sa cuisine de consistance : gratin de pommes de terre au munster, joue de porc en civet *spätzle*, jambonneau grillé... Apéritif maison offert sur présentation du *GDR* de l'année.

|●| **Rio's** *(plan D3, 50)* : 17, rue des Veaux. ☎ 03-88-36-98-28. Ouvert le soir à partir de 19 h 30 (réservations jusqu'à 21 h 30). Fermé le dimanche, ainsi qu'en août et décembre. Sur réservation de préférence. Compter environ 21 € (138 F) à la carte. Le resto brésilien de Strasbourg. « Si tu vas au *Rio's*, tu prendras sûrement un coup de chaud » (surtout si vous abusez de la *cachaça*), chantent ceux qui connaissent la maison. Ambiance tropicale et cuisine carioca avec au programme l'inévitable *feijoada* (le plat national). Café ou digestif offert sur présentation du *GDR* de l'année.

Plus chic

|●| **Zum Sternstebele** *(plan C3, 52)* : chez Armand, 17, rue des Tonneliers. ☎ 03-88-21-01-01. Dans le quartier de la cathédrale. Ouvert midi et soir jusqu'à 22 h. Fermé les dimanches et lundis, ainsi que la 2e quinzaine de février et la 2e quinzaine de septembre. Menus de 13 à 32,77 € (85 à 215 F). On aime d'emblée cet élégant décor de bois et cette atmosphère de discrète décontraction. Il faut aller à la rencontre des petits plats où se mêlent avec saveur tradition et modernité,

avec parfois des élans créateurs étonnants dans les sauces, les goûts. Carte qui évolue au gré des saisons : filet de sandre aux ravioles de queues d'écrevisses, *baeckeoffe*... À ne pas manquer, la spécialité du samedi midi, la choucroute traditionnelle. Le tout accompagné d'une belle carte des vins. Café offert sur présentation du *Guide du routard* de l'année.

I●I **Winstub Munsterstuevel** *(plan C3, 54)* : 8, pl. du Marché-aux-Cochons-de-Lait. ☎ 03-88-32-17-63. Fermé le dimanche et le lundi ; congés annuels début mars et de fin août à début septembre. Compter 26 € (171 F). Bon vivant et professionnel sérieux, Patrick Klipfel possède un fan club gourmand qui vient chez lui les yeux fermés. Aidé de sa femme Marlène, il s'active à le satisfaire avec une réussite certaine. Bien sûr, chez ce gastronome, les prix sont un poil plus élevés que dans une *winstub* traditionnelle, mais bon, tant que la qualité est là, personne ne s'en plaindra. Pied de porc entier désossé « maison » en *baeckeoffe*, farci aux trois viandes, joue de porc sur choucroute et pommes de terre en robe des champs, choucroute... sont quelques exemples des plats généreux figurant à la carte. Belle sélection de vins et d'alcools. Terrasse sur la place, prise d'assaut dès que le soleil pointe le bout de son nez.

I●I **Chez Yvonne** *(plan C3, 55)* : 10, rue du Sanglier. ☎ 03-88-32-84-15. Fermé le dimanche, le lundi midi et les jours fériés ; congés annuels du 13 juillet au 15 août et pendant la période de Noël. Compter environ 30 € (197 F). Cartes de paiement refusées. LA *winstub* strasbourgeoise. Yvonne Haller est la star incontestée du petit monde des *winstubs*. Hommes politiques, artistes de passage en ville s'attablent chez elle en toute simplicité. D'ailleurs, Jacques Chirac, qui est plutôt fine gueule et bon buveur de bière (hips!), y vient parfois. *Fleischschnecke*, caille farcie, tarte à la choucroute sont de qualité. Imposante *stammtisch*, la table d'habitués, une tradition ! Une bonne adresse donc, mais où les prix ont un peu pris la grosse tête.

I●I **Zimmer-Sengel** *(plan C2, 56)* : 8, rue du Temple-Neuf. ☎ 03-88-32-35-01. Compter autour de 46 € (302 F) pour un repas complet. Un des gastros et des rendez-vous chic de la ville, où il est pourtant possible de dîner à moindres frais tout en observant les mœurs de la bourgeoisie locale, en été seulement. Pour cela, il suffit de rester en terrasse, ce qui n'est pas plus mal (décor intérieur plus formel) et de commander une grande assiette : pâtes fraîches aux copeaux de foie gras, panaché de poisson au bouillon de citronnelle, etc., en buvant un demi de Météor ou un verre de pinot noir ou blanc. Ou, pourquoi pas, un verre d'eau ! Si vous êtes en fonds, offrez-vous un dessert (pain perdu aux épices et cerises par exemple). Vous aurez alors le double plaisir de bien manger et de vibrer à l'unisson des riches Strasbourgeois, quel pied !

Dans le quartier de la Krutenau et Finkwiller

Bon marché

I●I **Le Kashmir** *(plan C3, 70)* : 2, rue des Bouchers. ☎ 03-88-25-18-08. Fermé le lundi. Menu à 8,38 € (55 F) le midi ; autres menus à 17,53 et 19,82 € (115 et 130 F). Spécialités indiennes et pakistanaises dans ce petit resto tout en longueur, modeste mais climatisé, où l'accueil est d'une amabilité exquise. À peine êtes-vous installé qu'on vous sert l'apéro de bienvenue, même si vous ne prenez que le petit menu. Fine et assez copieuse cuisine indienne donc, à prix démocratiques. Une cantine très fréquentée le midi.

I●I **Restaurant de la Victoire** *(hors plan par D3, 81)* : 2, bd de la Victoire et 24, quai des Pêcheurs. ☎ 03-88-35-39-35. Situé à l'angle du quai des Pêcheurs. Service jusqu'à 1 h. Fermé le samedi soir, le dimanche et 3 semaines en août. Repas complet autour de 15 € (98 F). C'est toujours plein : arrivez tôt ou réservez ! Cette brasserie ne paie pas de mine mais, passé la porte, on entre dans une imposante salle où l'ambiance est garantie. L'un des rendez-vous intellectuels de la ville, l'université n'est pas loin. Tous les lundis de 18 h à 20 h s'y tient une *stammtisch* de philosophie.

Winstub Le Hanneton *(plan D3,* ***82****) :* 5, rue Sainte-Madeleine. ☎ 03-88-36-93-76. Ouvert jusqu'à 23 h. Fermé le lundi toute la journée et le mardi midi ; congés annuels 15 jours début novembre et 15 jours début juin. Menus de 15,24 à 22,87 € (100 à 150 F). Loin des hordes de touristes mais encore assez central, ce *Hanneton* dispose d'un cadre intimiste agréable et le bon M. Denis y accueille ses clients avec bonhomie. Excellente tartiflette au munster et *baeckeoffe* d'un moelleux exquis. Et des prix raisonnables. Bref, une bien bonne *winstub*, aimable et discrète. Apéritif maison offert sur présentation du *Guide du routard* de l'année.

La Taverne du Sommelier *(plan D3,* ***80****) :* ruelle de la Bruche (donne rue de Zurich). ☎ 03-88-24-14-10. Fermé le week-end. Plat du jour à 7,32 € (48 F) le midi ; à la carte, compter 18 € (118 F). L'extrêmement étroite ruelle de la Bruche s'élargit un peu au niveau de la *Taverne du Sommelier,* sans doute pour la laisser respirer un peu : elle l'a bien mérité, elle qui reçoit chaleureusement ses habitués, et leur propose, dans un cadre de *winstub* typique, croustillant de tête de veau, filet de thon grillé ou escalopes de foie gras poêlées... Une cuisine bien tournée, qui s'écarte un peu des classiques régionaux tout en mettant le terroir à l'honneur, assez finement du reste. Bons petits vins au verre. Service nature et souriant.

Prix moyens

La Coccinelle *(plan D3,* ***83****) :* 22, rue Sainte-Madeleine. ☎ 03-88-36-19-27. Fermé le samedi midi et le dimanche, ainsi que de mi-juillet à mi-août. Premier plat à 7,32 € (48 F) ; compter environ 17 € (112 F) à la carte. Une *winstub* traditionnelle où deux sœurs, l'une en salle, l'autre en cuisine, jouent les coccinelles pour une clientèle d'habitués. Le plat du jour remplit la salle chaque midi ; le soir, c'est un peu plus calme. Au programme, des spécialités régionales, avec, uniquement le samedi soir en hiver et sur commande, le *baeckeoffe,* un grand classique alsacien. Accueil et service souriants. Porte-bonheur « Coccinelle » offert à nos lecteurs sur présentation du *Guide du routard* de l'année.

La Choucrouterie *(plan B4,* ***85****) :* 20, rue Saint-Louis. ☎ 03-88-36-52-87. ♿ Traverser l'Ill en face du séminaire protestant ; le restaurant est à 15 m de l'église Saint-Louis. Fermé le dimanche, une semaine début janvier et trois semaines en août. Menus de 15,24 € (choucroute et tarte aux fruits) à 27,75 € (100 à 182 F). Vous vous souvenez de Roger Siffer, le chanteur folk alsacien, le « Alan Stivell de l'Est » ? C'est aujourd'hui un restaurateur heureux, ce qui ne l'empêche pas de pousser de temps à autre la chansonnette dans son restaurant-théâtre, seul ou parfois accompagné de quelques bons amis de passage en ville (Maxime Le Forestier...). Son restaurant, qui est un ancien relais de poste du XVIIIe siècle, fut auparavant le siège de la dernière choucrouterie de Strasbourg. La gaieté, l'humour (dîners-spectacles... mais

attention, parfois en alsacien!), la musique (belle collection d'instruments de musique) et l'érotisme (regardez bien les gravures accrochées ici et là) sont de la partie. Et la cuisine dans tout ça? Elle rythme le temps qui passe et coupe les discussions quand c'est nécessaire. Bien entendu, la choucroute est de la revue (7 sortes), mais aussi les rissoles de munster sur salade et quantité d'autres plats. Café offert à nos lecteurs sur présentation du *Guide du routard* de l'année.

Plus chic

|●| *Le Pont aux Chats (plan D3, 87)* : 42, rue de la Krutenau. ☎ 03-88-24-08-77. Ouvert midi et soir jusqu'à 22 h 30. Fermé le samedi midi et le lundi midi, ainsi que le dimanche. Menu à 14,48 € (95 F), servi uniquement le midi ; à la carte, compter environ 30 € (197 F). Dans une maison du XVIIIe siècle qui fut le siège de la brasserie Hatt, ce petit restaurant tire son nom d'une placette située à 50 m. La décoration intérieure, dégageant une douce intimité, a pris pour thème ce gentil animal de compagnie. Dès les grosses chaleurs, sa cour-terrasse devient le soir un des points de ralliement du quartier. Cuisine assez fine, de présentation soignée, et service attentionné. Verre de muscat d'Alsace offert à nos lecteurs sur présentation du *GDR* de l'année.

Dans le quartier de l'Université

|●| *La Faluche (hors plan par D3, 90)* : 6, pl. Saint-Nicolas-aux-Ondes. ☎ 03-88-36-70-52. Ouvert midi et soir jusqu'à 23 h. Fermé le dimanche et 15 jours en août. Plat du jour à 6,40 € (42 F) et carte bon marché. Petit resto sans esbroufe, où les étudiants trouvent un menu pas cher et correct de façon constante.
|●| *Zum Wynhaenel (hors plan par D1, 91)* : 24, rue Sleidan. ☎ 03-88-61-84-22. Pour y aller, prenez la direction du palais de l'Europe; à la place Sébastien-Brant, ne vous engagez pas dans l'allée de la Robertsau vers le palais, mais prenez l'avenue de la Forêt-Noire; empruntez ensuite la rue de Reims, puis enfin la rue Sleidan. Fermé le lundi soir, le dimanche et les deux premières semaines d'août. Compter 23 € (151 F) pour un repas complet (entrée, plat, dessert). Installé dans une belle bâtisse Art nouveau. Dans cette typique *winstub* à la décoration intérieure typiquement alsacienne (regardez bien les chaises), on déguste des plats... typiquement alsaciens, bien sûr! Fromage blanc et pommes sautées, saucisse de Strasbourg, palette fumée raifort, salade de pommes de terre, jambonneau, choucroute, etc. Café offert sur présentation du *GDR* de l'année.

Où dormir? Où manger dans les environs?

🛏 *Chambres d'hôte Éliane et Alfred Diemer* : la *ferme Martzloff*, 51, rue Principale, 67112 Breuschwickersheim. ☎ 03-88-96-02-89. Fax : 03-88-96-56-87. Sur la D45, à 12 km à l'ouest de Strasbourg. Chambres à 36,59 € (240 F) la nuit, petit déjeuner compris. Sympa pour ceux qui veulent dormir en chambres d'hôte à 10 mn de Strasbourg. Ferme ancienne, près de la mairie. Bon accueil et chambres très correctes. Piscine. Louent également un gîte rural à la semaine.
|●| *Bürestubel* : 8, rue de Lampertheim, 67370 Pfulgriesheim. ☎ 03-88-20-01-92. À 13 km au nord-ouest de Strasbourg, par la D31. Ouvert du mercredi au dimanche. Fermé le lundi et le mardi, 3 semaines début janvier et la dernière semaine de juillet. Réservation recommandée le week-end. Menus à partir de 12,96 € (85 F). Restaurant très populaire dans la région. Ancienne ferme à colombages. Salle à manger du bas jo-

liment décorée à l'ancienne. D'autres salles à l'étage très grandes, plutôt pour joyeuses bandes, groupes, mariages, etc. Spécialités alsaciennes : tartes flambées, poussin rôti, choucroute, quenelles de pommes de terre aux oignons confits et « plats rendez-vous » (le mercredi est par exemple le jour du pot-au-feu, le vendredi celui du filet de sandre, etc.), et les légumes d'accompagnement proviennent en grande partie du grand jardin des proprios. Aux beaux jours, on mange en terrasse. Café offert à nos lecteurs sur présentation du Guide du routard de l'année.

IOI *Restaurant À L'Aigle :* 22, rue Principale, 67370 Pfulgriesheim. ☎ 03-88-20-17-80. Parking privé. Ouvert le soir, à partir de 18 h. Fermé le dimanche et le lundi, deux semaines en juillet ainsi que de fin décembre à mi-janvier. Prix moyen d'un repas à la carte : 14 € (92 F). Dans un charmant petit village, une ancienne ferme familiale transformée par Marthe et André Roth en auberge de campagne. L'accueil est chaleureux, et les trois salles (dont une climatisée), aux tables joliment nappées (d'authentiques nappes de Muttersholtz) et aux chaises alsaciennes sont envahies de Strasbourgeois venus prendre l'air et goûter aux plats revigorants de la maison – tourte chaude à la pomme de terre, au lard et au vin blanc, jambonneau braisé à la bière brune... – ainsi qu'à la tarte flambée au feu de bois. Beaux et bons desserts. Par beau temps, le jardin d'été fait régulièrement le plein.

IOI *Auberge À l'Espérance :* 5, rue Principale, 67117 Handschuheim. ☎ 03-88-69-00-52. Par la N4 en direction de Marlenheim, à 13 km à l'ouest de Strasbourg. Parking. Fermé le lundi, le mardi, ainsi que 15 jours en janvier. Service le soir uniquement. À la carte, compter environ 18 € (118 F), selon les appétits. La maison, à colombages, est accueillante. On grimpe quelques marches, et l'on s'installe dans l'une des deux salles. L'adresse est très prisée des amateurs de *flammekueche :* il est vrai qu'elle est faite à l'ancienne, avec un vrai feu de bois, ce qui lui donne son parfum et sa légèreté. Également un bon jambon à l'os cuit au foin. Familles entières, tablées de copains, l'ambiance est chaude. De beaux vins sont proposés sans chauvinisme alsacien.

IOI *Le Marronnier :* 18, route de Saverne, 67370 Stützheim. ☎ 03-88-69-84-30. À 11 km au nord-ouest de Strasbourg, sur la D41. Ouvert du lundi au samedi uniquement le soir jusqu'à 23 h, ainsi que le dimanche midi et soir. Réservation conseillée. Menus à partir de 19,05 € (120 F). Décor chaleureux. Salle au premier, mais on préfère la petite du fond, aux murs lambrissés et plafond peint. Cuisine alsacienne classique : palette fumée, *riepele, fleisch kiechele,* choucroute maison, *baeckeoffe,* pommes de terre farcies, onglet de veau aux morilles. Spécialité de tarte flambée.

Plus chic

IOI *Restaurant Schadt, Chez Philippe :* 8, pl. de l'Église, 67113 Blaesheim. ☎ 03-88-68-86-00. De Strasbourg, autoroute A35, sortie 9, direction Obernai. Ouvert midi et soir jusqu'à 21 h 30. Fermé le dimanche soir et le jeudi toute la journée. Menus de 22,87 à 42,68 € (150 à 280 F). Dans cette grande et solide bâtisse de pierre, découvrez l'un des restaurateurs les plus originaux et attachants qui soient, par ailleurs maître d'œuvre de la plus grande choucroute du monde (inscrite au *Guinness Record Book*). Salle à manger confortable, où l'on festoie sous une curieuse fresque aux accents daliesques de Christian Geiger. Plats du jour sur une grande ardoise. Choucroute traditionnelle, beau poisson, foie gras en brioche, délicieux desserts. Pas donné certes, mais rudement bon. À la fin du repas, demandez à Philippe de vous faire visiter, au 1er étage, la *Hexestub,* décorée par son ami Tomi Ungerer (si vous avez plus de 16 ans, bien sûr!). Café offert sur présentation du *Guide du routard* de l'année.

Où manger une bonne pâtisserie ?

|●| **Chez Riss** (plan B2-3, **59**) : 35, rue du 22-Novembre. ☎ 03-88-32-29-33. Fermé le lundi. Parmi les nombreux pâtissiers-chocolatiers-salons de thé strasbourgeois, difficile de choisir. Celui-ci propose de parfaites gourmandises, au chocolat notamment (hmm, les truffes au whisky !), et dispose, à l'étage, d'un espace intime où poser ses fesses. Des dames y ont leurs habitudes, et l'on pourra, si l'on est un monsieur distingué, les gratifier d'un sourire courtois... À l'assaut ! Le chocolat, à ce qu'on dit, excite les neurones et le reste.

Où sortir ? Où boire un verre ?

« Alsace, province lourde, bourgeoise, assise, lente, propre, peinte jusqu'aux pattes des cigognes dans des couleurs vives aux contours nets et où chaque bruit disait une heure et pas l'autre. Et qui dort avec les poules... ». Qu'on est loin de cette Alsace d'avant-guerre décrite par Bernard Pouchèle dans son superbe *La Flamande* (éd. Denoël). Sans posséder les nuits de Barcelone ou de l'East Village à New York, Strasbourg peut quand même être fière de sa vie nocturne (nos cernes peuvent en témoigner).
Ça bouge dans tous les quartiers, et c'est suffisamment éclectique pour satisfaire les plus difficiles des exégètes noctambules. Plus que jamais, vous constaterez que Strasbourg est une ville étudiante, une ville jeune...

Dans le centre

▼ **Les Trois Brasseurs** (plan D3, **100**) : 22, rue des Veaux. ☎ 03-88-36-12-13. Ouvert tous les jours de 11 h 30 à 1 h (resto non-stop). Premier menu à 8,54 € (56 F) le midi en semaine. Une des *bierstubs* les plus populaires auprès des jeunes. En effet, la formule plaît. D'abord réactivation, 130 ans après sa fermeture, d'une micro-brasserie sur le site de la *Brasserie de l'Espérance*. Résultat : une bière fraîche (très fraîche), 100 % malt et houblon, qui n'a pas besoin d'être pasteurisée et conserve toute sa *flavour* première. Grand comptoir au milieu et recoins où alternent néons meurtriers et zones tamisées, où s'agitent bruyamment les gamins. Aux beaux jours, terrasse. Grand choix de bières artisanales, vous vous en doutiez. Pour accompagner ces bières « brut de brasserie », une petite carte (saucisses-frites, choucroute, tartes flambées, etc.) à prix corrects. Au sous-sol, *La Cave des Brasseurs* : ça bouge vraiment aussi. Les vendredis et samedis de 21 h à 1 h, piano-bar, concerts gratuits de rock, blues, jazz (sauf en juillet et août). Remise de 10 % sur l'addition sur présentation du *Guide du routard* de l'année.

▼ **Le Perroquet Bleu** (plan D2, **101**) : 13, rue des Sœurs (pl. du Marché-Gayot). ☎ 03-88-24-22-00. Ouvert de 10 h à 4 h. Fermé à Noël. Pour les vrais oiseaux de nuit. Bien sombre. Musique extra. Prix raisonnables.

▼ **Bar de l'Opéra** (plan C2, **103**) : sur le côté de l'édifice, pl. Broglie. ☎ 03-88-75-48-26. Ouvert de 11 h à 3 h (4 h le week-end) ; à partir de 14 h le dimanche et les jours fériés. Fermé en août. Les Strasbourgeois, toutes classes confondues, aiment y aller. Atmosphère évoluant au fil des heures. Petite restauration pas chère à toute heure.

▼ **La Java** (plan D2, **104**) : 6, rue du Faisan. ☎ 03-88-36-34-88. Ouvert tous les jours de 22 h à 3 h. Vous connaissez l'expression populaire « faire la java » ? Non ? Alors, faites un tour dans ce café bondé d'étudiants, et vous comprendrez tout de suite !

Dans le quartier de la Krutenau

▼ **Café des Anges** (plan D3, 105) : 42, rue de la Krutenau. ☎ 03-88-37-12-67. Fermé le dimanche et le lundi. Ouvert de 21 h à 4 h. Cadre assez dépouillé, style high-tech délavé. Plusieurs tendances musicales : les rythmes de salsa, par exemple, résonnent dans le caveau, au sous-sol. L'une des plus riches programmations qu'on connaisse. Plein de découvertes à faire. Parfois de la musique manouche. Des moments étonnants !

▼ **La Salamandre** (hors plan par D3, 106) : 3, rue Paul-Janet. ☎ 03-88-25-79-42. À deux pas de la place de Zurich. Bar ouvert de 21 h à 1 h 30 (entrée libre). Fermé en août. Concerts de 7,62 à 18,29 € (50 à 120 F), suivant notoriété. En dehors des concerts, soirées à thème : 3 à 5 € (20 à 33 F) l'entrée. Téléphoner pour connaître la programmation. Notre boîte préférée. Cadre vraiment plaisant : grandes salles, atmosphère chaleureuse, tons colorés. Fameux concerts. Sont déjà venus dans cette salle Kent, Calvin Russel, les Stranglers, Chris Isaak, Nina Hagen, Paul Young, le regretté Philippe Léotard et tant d'autres.

▼ **Rock City** (plan D3, 107) : 24, rue des Poules. ☎ 03-88-36-54-76. ⚓ Pas loin de *La Salamandre*. Ouvert de 11 h à 1 h 30 ; puis il rouvre en after le week-end, de 4 h à 7 h du matin. On aime bien aussi ce bar rock aux horaires baroques. Grande salle décorée sur le thème du rock et bande son sans reproche (ça va de soi !). Bons sandwichs pour les faims de nuit et petite restauration le midi.

Dans le quartier de la gare

▼ **Perestroïka** (plan A2, 110) : 4, rue Thiergarten. ☎ 03-88-32-71-88. Ouvert jusqu'à 4 h. Populaire en diable dans le coin. Décor et iconographie post-communistes. Calme dans la journée, d'animé à destroy la nuit.

▼ **La Laiterie** (hors plan par A4, 111) : 15, rue du Hohwald. ☎ 03-88-23-72-37. • www.artefact.org • Bar ouvert dès 20 h et après les concerts. Fermé de juillet à la mi-septembre. Comme son nom l'indique, une ancienne laiterie aménagée en espace culturel. Plusieurs salles consacrées aux musiques nouvelles, avec une programmation délibérément éclectique : rock, jazz bien sûr, mais aussi tous ses avatars, de la *world music* au funk, rap, en passant par le tribal punko-franchouillard type « Pigalle », l'acid-jazz, etc. Concerts pratiquement tous les soirs, gratuits ou payants. Bon lieu de rencontres.

▼ **Le Feeling** (plan B2, 113) : 19, rue du Marais-Vert. ☎ 03-88-22-05-58. À côté du centre Halles. Du mardi au samedi, de 22 h à 4 h. Entrée avec consommation à 7,62 € (50 F). Bar-discothèque à tendance rock, blues et pop pour nostalgiques des 70's et des 80's. Nombreuses soirées à thème (latino, gothique, etc.). Entrée avec consommation à 4,57 € (30 F) sur présentation du *Guide du routard* de l'année.

Au sud de la ville

– **Pôle Sud :** 1, rue de Bourgogne, BP 63. ☎ 03-88-39-23-40. ⚓ Ouvert du lundi au vendredi de 8 h à 22 h 30 et le samedi de 8 h à 17 h 30. Pas de spectacle en juillet et août. Le grand centre culturel du sud de la ville. Solide programmation : jazz, danse contemporaine, spectacles pour les jeunes.

À voir

En règle générale, les musées de Strasbourg sont fermés le mardi (deux exceptions : le musée de l'Œuvre Notre-Dame et le musée d'Art moderne et contemporain qui, eux, ferment le lundi) et les jours fériés.

★ *La cathédrale Notre-Dame* (plan C3)

Ouvert de 7 h à 11 h 30 et de 12 h 40 à 19 h. Pas de visite pendant les offices (dimanche matin et jours fériés notamment, mais aussi mariages, baptêmes, etc.). Démonstration de l'horloge astronomique à 12 h 30 ; entrée payante (pas cher). Montée à la plate-forme (hardi petit ! 332 marches) : ouvert à 9 h (8 h 30 en juillet-août), et selon saison fermeture entre 16 h 30 l'hiver et 19 h l'été.
Concerts d'orgue accompagnés de chants, hautbois ou trompette avec mise en lumière de l'édifice de mai à octobre à 21 h. Durée : 35 mn.
Bon, les mots hésitent, trébuchent, tergiversent pour décrire un tel chef-d'œuvre. Pas facile d'éviter l'emphase. À l'inverse, éviter aussi de trop retenir l'émotion. Bien, on fonce...

Un peu d'histoire

À l'emplacement de la cathédrale, il y aurait eu d'abord un temple romain. Puis d'autres églises (dont l'une construite par Clovis), mais on n'en a pas la preuve. En revanche, en 1015 fut commencée une première vaste cathédrale qui connut de nombreux déboires et incendies. En 1176, sa reconstruction fut décidée dans ce noble grès rose des Vosges du Nord. Elle commença par le chœur et le transept en style roman tardif. Nef achevée en 1275.
La façade : le gros de l'œuvre (la façade et la flèche) demanda un siècle et demi. Façade dont l'architecture s'inspira tout d'abord de Notre-Dame de Paris et de Reims (avec leurs deux tours). Plusieurs architectes, bien entendu, se succédèrent. Le plus célèbre fut Erwin de Steinbach, qui travailla sur le rez-de-chaussée et aurait conçu la monumentale rose. Son génie fut aussi d'avoir imaginé de décaler les sculptures, arches, colonnettes et autres ornementations à 30 cm de la façade, ce qui donne cet aspect unique au monde de légèreté, de grès rose ciselé dans l'espace. Son fils Jean lui succéda.
En 1365, achèvement des deux tours carrées, à 66 m. Nul ne saura qui a eu l'idée incongrue de combler le vide entre elles (soi-disant pour y installer les cloches et, peut-être, une petite flèche centrale !). L'édification de l'octogone et de la flèche commença au début du XVe siècle et prit une quarantaine d'années (1439). Jusqu'au XIXe siècle, elle fut, avec ses 142 m, la plus haute de la chrétienté (avant d'être dépassée par Ulm, Cologne et Rouen).
Chef-d'œuvre de légèreté, grâce à des dizaines de tourelles ajourées qui la tirent vers le ciel. Elle a fasciné nombre d'écrivains. À commencer par Goethe qui voulait s'éprouver au vertige. Elias Canetti adorait l'ascension de la cathédrale : « Elle se reproduisait journellement, pas un jour je n'y renonçais ». Question maintenant qui brûle immanquablement les lèvres des lecteurs : « Mais pourquoi donc une seule flèche, pourquoi n'a-t-on jamais tenté d'en construire une deuxième » ? Les architectes y songèrent, mais renoncèrent vite, à cause de l'instabilité du sol trop marécageux. On se souvient que les fondations reposaient sur une épaisse couche de lœss, consolidée par des pieux en chêne, et qu'elles supportaient déjà avec peine la première tour. D'ailleurs, de 1906 à 1926, on dut injecter des centaines de tonnes de béton sous l'édifice pour renforcer les fondations.
Avec le triomphe de la Réforme, elle devint cathédrale protestante. Ce n'est qu'en 1681 qu'elle redevint catholique.
Par la suite, peu d'adjonctions : le bas-côté extérieur du sud-est au XVIIIe siècle et la nouvelle tour néo-romane du transept en 1878.

La visite extérieure

La façade principale

Une fois de plus, c'est banal on sait bien, mais les mots nous manquent pour la décrire. C'est tout simplement ÉPOUSTOUFLANT!

Admirable sentiment d'élévation et de verticalité, rendu par ce festival d'arcatures, colonnettes, gables, aiguilles, pinacles, projetés en avant du mur. Attardons-nous maintenant sur les portails. Bien sûr, ils subirent de plein fouet les excès de la Révolution. De nombreuses statues furent brisées. D'autres, attaquées par la pollution, ont été remplacées (originaux au musée de l'Œuvre).

– *Portail de droite :* les sculptures les plus anciennes de la façade. Célèbre pour sa parabole des Vierges folles et des Vierges sages. À gauche, le prince séducteur, drôle, décontracté, offre sa pomme. Mais, ne pas s'y fier, dans son dos grimpent d'affreux crapauds et serpents, symboles du vice. Parabole claire : ne pas se fier à n'importe qui. Waouh! On jurerait qu'à sa gauche une des Vierges folles s'apprête à tomber la robe. Pas étonnant qu'Elias Canetti en tombât amoureux. Dans *Jeux de regard,* il raconte : « Les figures du portail m'attiraient, les prophètes et surtout les Vierges folles. Les Vierges folles qui me les rendaient si séduisantes ». Sur les socles, s'amuser à détailler les signes du zodiaque alternant avec les travaux des mois. De l'autre côté du porche, les Vierges sages, quant à elles, s'apprêtent à accueillir le Christ.

– *Portail du centre :* le décor le plus foisonnant. Du rab de détails. Une vraie bande dessinée. S'attarder sur le tympan divisé en quatre parties, les trois premières du XIIIe siècle. Bande du bas : l'entrée du Christ à Jérusalem, la Cène, l'arrestation du Christ, etc. Au-dessus, le Christ portant la croix, crucifixion. Troisième bande : la pendaison de Judas, Adam et Ève sortant du purgatoire, Marie Madeleine, l'incrédulité de Thomas. Tout en haut, l'Ascension, sculpture du XIXe siècle après excès révolutionnaires. De part et d'autre du tympan, sous les dais, les prophètes. À l'opposé, des Vierges (au style naïf, un peu enjoué) : ici, le coup de burin est rude et expressif. Dominant le porche, la magnifique rose de 14 m de diamètre.

– *Portail de gauche :* représentation des Vertus terrassant les Vices. Curieux, les douze femmes semblent enfoncer leurs lances plutôt mollement. Ça manque de conviction, tout ça!

La façade sud, place du Château

Plus particulièrement le portail du transept sud. Sur une construction encore romane, on ajouta les tympans à l'époque du gothique. Celui de gauche, de 1230, évoque la *Dormition de la Vierge*. Visages dont le pathétique se révèle finement rendu, délicatesse des voiles et draperies. Détail curieux : Christ au milieu, avec une statuette dans les bras (figurant l'âme?). À droite, le *Couronnement de la Vierge*. S'attarder sur les statues encadrant les portes. Celle du milieu figure Salomon. De belle facture, mais refaite au XIXe siècle. En dessous, scène tragique des mères s'arrachant le bébé. Ce Salomon est-il là pour trancher entre les deux femmes ou pour juger plutôt l'Église et la Synagogue de part et d'autre? Symbolisent-elles d'un côté le Nouveau Testament, de l'autre l'Ancien, ou l'allégorie va-t-elle plus loin? À gauche, l'Église (avec la croix) triomphante, sûre d'elle, avec un brin de hauteur. À droite, la Synagogue (avec les Tables de la Loi), tête baissée (humble ou humiliée?), lance brisée, couronne perdue, yeux bandés (n'a pas su reconnaître le Christ? Aveugle devant sa faute?). Si la statuaire religieuse avait au Moyen Âge un rôle didactique, n'y a-t-il pas lieu de mieux comprendre là une des origines des préjugés contre les juifs, préludant à l'antisémitisme du XIXe siècle ?

La façade nord

Remarquable portail Saint-Laurent, datant de la fin du XVe siècle. C'est le sommet du gothique sculpté tardif. Balustrade et baldaquin ciselés dans la pierre. Sous les dais, statues de la Vierge et des Rois Mages. À droite, saint Laurent (drapés superbes) avec plusieurs autres saints. Sous le baldaquin, on le voit griller à petit feu.

L'intérieur de la cathédrale

— La construction de la *nef* (au XIIIe siècle) représenta un record de rapidité (une quarantaine d'années). Les grandes cathédrales de l'époque (Reims, Saint-Denis, Paris, Troyes) servirent de modèle. Belle ampleur, mais sentiment d'élévation moins puissant qu'à Amiens et ailleurs, car son plan épouse les contraintes de l'ancienne basilique romane, qui était très large. Plan vertical régulier : grandes arcades surmontées d'un triforium et fenêtres hautes de mêmes dimensions que les arcades.
— *L'abside du chœur*, à partir de laquelle s'effectua la reconstruction de l'édifice, présente encore une influence romane. Fresques d'imitation byzantine du XIXe siècle. Un gag : le vitrail central du chœur fut le seul qui ne fut pas démonté lors de la dernière guerre car, réalisé au siècle dernier, il ne présentait pas le même intérêt que les autres. Il fut détruit par la seule bombe américaine qui tomba sur le chœur ! En dessous, la *crypte* romane, seul vestige de l'ancienne cathédrale, avec son plan (visite guidée). De part et d'autre du chœur, deux retables du XVIe siècle provenant d'autres églises d'Alsace.
— *À gauche du chœur*, au milieu du transept, noter le massif pilier de soutien de 1190. On sent que les architectes n'avaient pas trop confiance en eux. Fonts baptismaux du XVe siècle de style gothique tardif. Chapelle Saint-Jean-Baptiste, avec le tombeau de l'évêque Conrad de Lichtenberg (1300) et, surtout, l'*Épitaphe du chanoine de Busnang* (1463), œuvre magistrale de Nicolas Gerhaert de Leyde, considéré comme l'un des plus grands sculpteurs de l'époque. En face, insolite *Mont des Oliviers* (appelé aussi le jardin de Gethsémani), du XVe siècle. D'abord destiné au cimetière de l'église Saint-Thomas, il fut transféré ici au XVIIe siècle. Il se lit à deux niveaux : au premier plan, attitudes assez figées. Une certaine quiétude se dégage. Le Christ prie, les apôtres dorment. Derrière, en revanche, c'est le mouvement. Le long de la barrière, les soldats se bousculent âprement (noter les uniformes et vêtements de l'époque, les expressions populaires, voire frustes).
— *Bras droit du transept :* on y trouve l'un des chefs-d'œuvre de la cathédrale et de la statuaire du XIIIe siècle : le *pilier des Anges.* Très nette influence de Chartres. L'architecte a résolu ici ses problèmes de portée, et le pilier se fait (au contraire du transept gauche) léger, voire aérien. Pourtant, moins d'une quarantaine d'années les séparent. Pilier octogonal où alternent statues sous dais, représentant le *Jugement dernier.* Douze ans de travail, dit-on ! Dans la partie inférieure, les Évangélistes et leurs attributs. Au niveau intermédiaire, les anges sonneurs de trompe. En haut, le Christ, avec les ressuscités à ses pieds (curieusement, ni élus, ni condamnés, ni enfer, ce n'est pas la pédagogie de la peur). Restes de polychromie.
— *L'horloge astronomique,* autre chef-d'œuvre de la Renaissance (1547). Celui qui posséda de tous les temps le plus de groupies. Fusion harmo-

nieuse des techniques, des arts et des sciences. Mathématiciens et horlogers suisses travaillèrent de concert. Le buffet fut peint par Tobias Stimmer et subsiste encore aujourd'hui. De 1788 à 1838, l'horloge ne fonctionna pas. Jean-Baptiste Schwilgué, qui travailla longtemps à Sélestat, la remit alors en route, y intégrant de nouveaux mécanismes. Sa réalisation fut l'œuvre de la maison Ungerer qui, il y a encore peu de temps, avait la charge de son entretien. Les éléments les plus intéressants sont, bien sûr, les petits personnages allégoriques animés. Notamment, les « âges de la vie ». Tous les quarts d'heure, un ange frappe un coup, tandis qu'un des quatre âges de la vie (l'enfant, l'adolescent, l'adulte, le vieillard) frappe l'autre. Toutes les heures, la Mort sonne, un ange retourne son sablier. L'heure la plus courue est midi (mais attention, sonnée en fait à 12 h 30). Grand défilé en haut de l'horloge. Les apôtres passent devant le Christ qui les bénit un par un tandis qu'un coq chante. À la fin, le Christ bénit l'assistance.

– *La chaire et l'orgue :* magnifique chaire de 1485, sculptée, de style flamboyant, pour le grand prédicateur Geiler de Kaysersberg. Pour quelqu'un qui prêcha plus de 40 ans avec succès, elle est effectivement à la hauteur de sa notoriété. Admirable travail de dentelle de pierre où s'intègrent pas moins d'une cinquantaine de statuettes. Curieux petit chien à gauche. Peut-être une référence au fait qu'il déconseillait aux fidèles de venir à l'église avec des animaux ! Une autre version soutient que c'est le sien, dormant scandaleusement pendant ses sermons. Quant à l'orgue, dit en « nid d'hirondelle », il présente l'un des plus beaux buffets d'Alsace. Accroché à la nef, en bois sculpté polychrome, il date de 1385. La clé pendante présente un Samson chevauchant un lion. Sur les côtés, statue d'un *Rohraffe* (un de ces marchands de rue, braillards et vindicatifs) et un héraut de la ville. Au Moyen Âge, un employé de la cathédrale dissimulé dans la tribune de l'orgue s'amusait à la Pentecôte à critiquer à voix haute le prédicateur. Ça plaisait beaucoup aux fidèles. Une autre curiosité : au pied du dernier pilier, un petit personnage sculpté qui semble porter courageusement les milliers de tonnes de la nef...

– *Les vitraux :* bien entendu, d'une conception monumentale en accord avec l'architecture de la cathédrale. 70 baies, 4 500 panneaux. Le plus riche ensemble de France, juste derrière Chartres. Extraordinaire destin que celui de ces grandes verrières. Démontées à l'approche de la guerre et stockées (sauf celle du chœur). En août et novembre 1944, elles furent déménagées en Allemagne et cachées dans une mine de sel. Lors des derniers combats, à l'approche des Américains, les Allemands se préparèrent à tout faire sauter. À la dernière minute, le système d'explosion fut désamorcé. Tout était pêle-mêle, il fallut plus de 10 ans pour reconstituer les verrières et les remettre en place. Celles du transept dateraient partiellement de la basilique romane (fin du XIIe siècle) et auraient été remontées lors de la construction de la cathédrale. Dans le transept gauche, s'attarder plus particulièrement sur le vitrail gothique de Salomon et de la reine de Saba, ainsi que sur celui de Salomon et David (deux panneaux au bas, de 1230). En revanche, les deux saints et la Vierge au-dessus sont de 1175 environ. Le graphisme est serré. Dans les plis, on sent encore une influence byzantine.

Dans le bras sud du transept (celui de l'horloge), toujours, on notera l'immense saint Christophe et les deux roses.

– Dans le *bas-côté nord* (à gauche donc, en regardant le chœur), verrières des empereurs et princes du Saint Empire germanique (fin du XIIe siècle, et surtout XIIIe siècle). Ils sont tous là jusqu'à Frédéric Ier Barberousse. Une curiosité : dans les fenêtres hautes de la nef, à gauche, tous les hommes (prophètes, saints, martyrs) ; en face, les femmes.

– Cinquième verrière, dans le *bas-côté sud* (à droite, quand on est face au chœur), scènes de la vie de la Vierge et du Christ. Véritable BD du XIVe siècle à l'usage des pauvres.

Dans le bas-côté sud, voir encore la *chapelle Sainte-Catherine*. Édifiée par

un évêque au XIVe siècle pour recevoir son tombeau. Longues verrières de 1340 (en bas, quelques apôtres, Marie Madeleine et Marthe), dans une alternance magique de fonds rouges et bleus.
En face, bas-côté nord, *chapelle Saint-Laurent*. Vitraux provenant d'une église disparue au XIXe siècle.

Les alentours de la cathédrale

★ *La place de la Cathédrale (plan C3) :* on y notera, plus particulièrement en hiver bien sûr, la persistance d'un fort vent frais, froid ou glacial (suivant la saison), tournant autour de la cathédrale. Ce phénomène ne se percevant dans la ville que là, il faut bien se rabattre, en l'absence d'explication rationnelle, sur quelque légende locale. La plus populaire met en scène le diable qui, ayant été refoulé de la cathédrale, tournerait sans cesse avec l'espoir d'y pénétrer un jour. C'est sa queue, s'agitant en tous sens, qui provoquerait ce « courant d'air ». Ça doit être vrai... Demandez leur avis aux commerçants du fameux marché de Noël qui se tient sur la place, chaque mois de décembre.

★ Tout le monde, même les frigorifiés, auront de toute façon, au n° 16, remarqué la **maison Kammerzell.** Magnifique demeure, témoignage précieux de l'architecture urbaine pendant la Renaissance. Elle présente une admirable façade à colombages de bois sculpté, surmontée d'un pignon pointu. Certaines fenêtres dites en « cul de bouteille » sont d'origine. Le rez-de-chaussée à arcade de pierre date de 1465. Les étages furent édifiés par un riche négociant, à la fin du XVIe siècle. L'ornementation des colombages évoque les signes du zodiaque, les Vertus, des personnages de l'Ancien Testament, les cinq sens, les âges de l'homme, etc. (assez touffu, avoir du temps pour les détailler !).

★ À l'entrée de la rue Mercière, au n° 8, la **pharmacie du Cerf** qui serait la plus ancienne de France (1268). Goethe venait y discuter avec son pote le pharmacien et draguer les jeunes employées. Belles voûtes gothiques.

– Place du Château, au sud de la cathédrale, s'élèvent le *palais Rohan* (et ses musées) et, à côté, un des trésors de Strasbourg, le *musée de l'Œuvre Notre-Dame* (infos et description ci-dessous). Collé à la cathédrale, au fond, le *lycée Fustel-de-Coulanges* (ancien collège des Jésuites au XVIIIe siècle), dont les turbulents pensionnaires animent sympathiquement la vieille ville.

– À quelques enjambées de la cathédrale a été mis au jour, en avril 1996, un bâtiment qui daterait des années 1299-1300. Deux archéologues y ont découvert des peintures murales profanes dans un remarquable état de conservation. Ces œuvres donnent à penser que le bâtiment appartenait alors à la famille ministérielle des Ripelin-Zorn, l'une des familles les plus puissantes de la ville aux XIIe et XIVe siècles.

★ **Le musée de l'Œuvre Notre-Dame** *(plan C3) :* 3, pl. du Château. ☎ 03-88-52-50-00. Ouvert de 10 h à 18 h. Fermé le lundi. Entrée : 3,05 € (20 F) ; lors des expositions : 4,57 € (30 F) ; gratuit le 1er dimanche de chaque mois. Dépliant avec plan très complet à la caisse.
C'est le grand musée des arts du Moyen Âge à la Renaissance. Idéalement accueilli par des édifices contemporains de cette époque. On notera, sur la place, l'élégante façade à pignon Renaissance (1579). Les corps de bâtiment sont reliés par des galeries et un splendide escalier à vis. Emouvant : c'était aussi le siège de la corporation des tailleurs de pierre et maçons qui œuvrèrent sur la cathédrale. Une réjouissante continuité artistique, donc. Bien sûr, impossible de décrire toutes ses richesses. En voici les points forts.
– **Sculpture romane en Alsace** : reconstitution d'une partie du cloître de l'abbaye d'Eschau. Linteau de 1050, première sculpture connue en Alsace. Belles cuves baptismales. Coffres anciens. Plus ancien vitrail figuratif de

France. Vitraux de l'église Saint-Thomas (déposés parce qu'ils faisaient de l'ombre au tombeau du maréchal de Saxe).

– *Cour intérieure* avec consoles gothiques et accès à la salle de la loge des tailleurs de pierre, restée quasiment en l'état. Originaux du portail Saint-Laurent. Noter l'élégant plafond voûté.

– *Grande salle* : elle abrite les originaux des statues de la cathédrale. Du portail sud, *L'Église* (une belle femme au visage épanoui) et *La Synagogue*, représentant une autre belle femme, aux yeux masqués celle-là. Normal, puisque les juifs n'ont pas encore compris d'où renaît la vérité. L'antisémitisme est vieux comme Hérode ! Également, les superbes Vierges folles et sages et les vestiges du jubé.

– *Jardinet gothique :* accès au fond de la grande salle, à droite (si la porte est fermée, demander à la gardienne). Ouvert d'avril à septembre. Intéressante reconstitution d'un jardin médiéval, à partir de textes et illustrations de l'époque. Petit ruisselet zigzagant. Neuf carrés où poussent plantes médicinales, aromatiques et d'agrément (63 en tout !). Composition charmante avec les ravissantes demeures sur rue. Celle donnant directement sur le jardin est du XVIIe siècle. Elle provient d'un autre quartier et fut remontée ici. Quelques demeures servaient funéraires. Peut-être méditerez-vous cette phrase d'un théologien du XIIe siècle : « Le jardin, c'est l'âme où sont cultivés les plantes des vertus et les germes des désirs spirituels... ».

– Au retour du jardinet, *petite salle* avec un gisant du XIVe siècle. À côté, au pied de l'escalier, céramiques du Moyen Âge et de la Renaissance. Suite de la visite par l'escalier jusqu'au 2e étage. Dans la petite cour, quelques pierres tombales juives très anciennes.

– *Vitraux alsaciens* des XIVe et XVe siècles, notamment les œuvres de Peter Hemmel d'Andlau qui domina cet art de 1447 à 1505. Son influence dépassa largement les limites de l'Alsace. Finesse du détail dans son *David* et grande modernité du *Adam au Paradis*.

– *Peinture et sculpture du XIVe au XVIe siècle :* le XVe siècle, c'est le siècle d'or de l'art alsacien. Superbe cadre (boiseries provenant d'une maison du XVe siècle). Tapisseries remarquables : *Les Légendes de sainte Attale et sainte Odile* (1450). Statuettes dorées provenant d'un retable. *Circoncision* où l'Enfant Jésus est vraiment vilain. Reliefs de la chartreuse de Strasbourg (1470). Superbe nativité : remarquer le curieux traitement réservé au petit peuple. Les manants sont relégués derrière une haie tressée, l'air très fruste et évidemment... plus petits que les nobles.

– *Salle 25,* découvrez l'une des merveilles du musée : **Sainte Madeleine et Sainte Catherine,** de Conrad Witz (1444). Ce peintre bâlois d'origine souabe est considéré comme le plus grand représentant de la peinture allemande avant Dürer. Attardons-nous sur cette œuvre. Superbe rendu des étoffes des robes, qui occupent ici près de la moitié de la toile. Espace et perspective bien équilibrés. Écarquillons les mirettes et détaillons la scène de rue offerte par la porte ouverte. Quelques promeneurs. Un seigneur tout de rouge vêtu se reflète dans une petite flaque d'eau...

Sculptures de Nicolas Gerhaert de Leyde, originaire de Hollande mais qui exerça son talent à Strasbourg. Deux œuvres majeures : *Tête d'homme au turban* et, surtout, *Buste d'homme accoudé*. Cette dernière démontre une admirable maturité dans le trait, dans l'expression de la vie intérieure (perplexité rendue ici par les plis de la joue). Pittoresque série de bustes d'hommes accoudés.

– Salle suivante, magnifique retable de saint Sébastien de 1520, avant d'emprunter le bel escalier à vis jusqu'à l'étage inférieur.

– Les dernières salles proposent également leur poids d'œuvres remarquables. À commencer par les natures mortes de Sébastien Stoskopff, véritable virtuose de la technique picturale et de la nature morte. Admirer la maîtrise des reflets et des jeux d'ombre dans la *Corbeille de verres*. Ensuite

œuvres de Hans Baldung Grien, peintre humaniste, très grand portraitiste, qui travailla avec Dürer.
Splendide salle boisée et marquetée de style Renaissance des administrateurs de l'Œuvre Notre-Dame. Au fond, le cabinet de travail du receveur et la chambre forte des archives.
Pour finir, riche collection d'armoires alsaciennes, fleuron de l'art strasbourgeois des XVIIe et XVIIIe siècles. Notamment les armoires dites « à colonnes torses ». Le décor des meubles reproduit souvent, à échelle réduite, celui des façades des palais Renaissance. Les dessins d'architecture de la cathédrale sur parchemin, très fragiles, ne sont plus exposés que de temps en temps.

★ *Le palais Rohan* (plan C3)

2, pl. du Château. ☎ 03-88-52-50-00 (musées). Ouvert de 10 h à 18 h. Fermé le mardi, le 1er janvier, le Vendredi saint, les 1er mai, 1er novembre et 25 décembre. Entrée : 3,05 € (20 F) ; gratuit le 1er dimanche de chaque mois.

Un peu d'histoire

Palais construit à partir de 1731, à l'initiative du cardinal Armand Gaston de Rohan-Soubise, évêque de Strasbourg. Plans de Robert de Cotte, premier architecte du roi. Ils reprenaient le concept des hôtels particuliers parisiens entre cour d'honneur et jardin (ici la terrasse sur l'Ill). Séduisante architecture visant à asseoir l'autorité ecclésiastique catholique, à impressionner les élites locales et à servir de propagande au génie architectural français. Ça a marché puisque le style Rohan s'exporta en Prusse et en Suède. Imposante façade sur l'Ill avec sa colonnade corinthienne centrale, surmontée d'un fronton armorié. On y donnait de grandes fêtes. Pour l'une d'elles, on alla jusqu'à recouvrir tous les immeubles de l'autre côté de l'Ill d'un gigantesque trompe-l'œil figurant en perspective parc et jardins.
Beaucoup de prestigieux locataires : Louis XV, Marie-Antoinette, Napoléon Ier, qui avait reçu le palais en cadeau de la part de la ville. À propos de Marie-Antoinette, rappelez-vous le fameux « épisode du collier de la reine ». Louis de Rohan veut entrer dans les bonnes grâces de la reine qui ne l'aime pas. Une intrigante, Mme de la Motte, suggère de lui offrir un somptueux collier que le roi lui refuse. Rohan s'endette énormément mais n'arrive pas pour autant à payer les bijoutiers et orfèvres qui ont fabriqué le collier. De plus, ce dernier est volé par Mme de la Motte. Énorme scandale qui rejaillit sur la reine elle-même (alors qu'il semble, pour une fois, qu'elle n'y soit pour rien !).
Aujourd'hui, le palais Rohan abrite trois musées (prévoir du temps). Mêmes horaires que le château. Entrée au fond de la cour d'honneur, à gauche. Bonne visite !

Le musée des Arts décoratifs

Comprend les grands appartements, au rez-de-chaussée. Très représentatifs du bon goût français au XVIIIe siècle (décor, mobilier, objets d'art).
– Début de la visite par la *salle du Synode.* Grandes vasques de marbre avec parure de bronze. Puis le *salon des Évêques.* Dans les panneaux, les Vertus civiques qui remplacèrent les portraits en pied des évêques de Strasbourg (brûlés en 1793).
– *Chambre du Roi* au riche décor. C'est là que dormit Louis XV en 1744. Marie-Antoinette y passa sa première nuit en France. Belles tapisseries du début du XVIIe siècle d'après des cartons de Rubens.
– *Salon d'assemblée :* lambris d'origine. Cabinet Louis XIV avec incrustations de pierres dures (fleurs et oiseaux).

– *Bibliothèque :* là aussi d'origine, ainsi que le parquet. La *chapelle* lui succède. Énormes portraits de Louis XIV et Louis XV.
– *Ancienne aile des Écuries :* elle abrite une remarquable collection de faïences, en particulier celles de la famille Hannong, les seules qui furent produites à Strasbourg et dans la région (et d'ailleurs pendant peu de temps, une soixantaine d'années au XVIIIe siècle). Terrines en forme de coq de bruyère, bécasse, pigeon, choux, etc. Décor de table en trompe l'œil.
– *Salle consacrée à l'horlogerie :* on y trouve l'ancien calendrier de l'horloge astronomique de la cathédrale. Somptueuses pièces d'orfèvrerie, argenterie et vermeil. Tables de poinçon d'orfèvre. Fameux « bouillon d'accouchée », qu'on offrait dans les familles bourgeoises ou nobles, et grand nécessaire de toilette en vermeil du XVIIIe siècle.
– *Petits appartements du prince-évêque :* ne pas manquer les ravissantes gravures qui célèbrent la venue de Louis XV en 1744. Au passage, le seul cabinet d'aisance du palais. Chambre de Napoléon (ex-cabinet de l'évêque) avec son lit, salon de l'Empereur (ex-chambre à coucher de l'évêque), etc.
Le musée expose également une sélection de jeux et jouets mécaniques, collection ayant appartenu à Tomi Ungerer et qu'il légua à la ville.

Le musée des Beaux-Arts

Au 2e étage du palais. Intéressant panorama de la peinture du Moyen Âge au XIXe siècle.
– *Peinture italienne :* parmi les plus belles pièces, une crucifixion de Giotto et *l'Adoration des bergers* de Carlo Crivelli. Adorables *Vierge à l'Enfant* de Lorenzo Di Credi, Piero Di Cosimo, Botticelli. Magnifique Véronèse, *La Mort de Procris.* Noter la lumière extra sur le visage de l'homme et sur la robe. *Portrait de jeune femme* de Raphaël (ou de son plus grand disciple) avec un visage d'une finesse inouïe et un superbe travail sur les cheveux. Excellent rendu de la lumière sur le très ténébriste *Judith et la servante* également. Dans *La Vierge* du Greco, appelée aussi *Mater Dolorosa,* on peut sentir déjà poindre ce style qui rendra le peintre célèbre. Très classique *Richelieu* de Philippe de Champaigne. *Portrait de Dame* de Van Dyck. Étrange *Christ triomphant* de Rubens avec anges intéressants mais Christ décevant (peint par un élève?). Dans la *Fuite en Égypte* du Lorrain (Claude Gellée), fascinante lumière (s'agissant du Lorrain, presque une tautologie!). Deux toiles de l'atelier de Zurbarán.
– *XVIIIe siècle italien et français* bien représenté avec Guardi, Tiepolo *(Vierge apparaissant à saint Laurent),* Canaletto, Boucher, Watteau, Greuze, Nicolas de Largillière. De ce dernier, la *Belle Strasbourgeoise* (de 1703), l'une de ses œuvres maîtresses.
– *XVIIe siècle hollandais* avec Gabriel Metsu, Pieter de Hoogh, Wourvermann *(Passage du gué),* Jan Van Goyen. Pour le XVIIe siècle français, un étonnant *Oiseaux* (sauf un, cherchez l'erreur!).
– *Riches XVe et XVIe siècles flamands :* notamment avec ce triptyque admirable du Maître des Demi-Figures (qui, pourtant, ne faisait point les choses à moitié!). Grande délicatesse des traits, paysages exquis derrière. *Vierge à la cuiller* de Gérard David. Pittoresque *Création du Monde* de Bocksberg, et *Les Fiancés,* une des œuvres majeures de Lucas de Leyde.
– Pour finir, le *XIXe siècle français* avec Delacroix, Chassériau, Corot *(L'Étang de Ville-d'Avray),* J.-J. Henner, Courbet, etc.

Le Musée archéologique

Au sous-sol du palais Rohan (1 200 m^2). D'importantes collections d'archéologie régionale illustrent plusieurs millénaires de l'histoire antique de l'Alsace, des origines lointaines de la préhistoire (- 600 000 ans av. J.-C.

STRASBOURG / À VOIR

jusqu'à l'aube du Moyen Âge (800 ap. J.-C.). Vous pourrez y découvrir, entre autres :
– la vie quotidienne des chasseurs de mammouths du paléolithique, puis des premiers agriculteurs du néolithique (outils en pierre, en os, céramiques, bijoux en coquillages) ;
– les riches sépultures de la protohistoire (âges du bronze et du fer) et les sites de l'Alsace celtique, en particulier le char funéraire reconstitué d'un prince celte, ainsi que des armes et des bijoux en bronze et en fer ;
– la vie en Alsace à l'époque gallo-romaine, lorsque Strasbourg-Argentorate était un camp légionnaire sur le Rhin, à travers sculptures religieuses (Donon, temple de Mithra) et funéraires (stèles de légionnaires de la 2e et de la 8e légions), verreries (dont un très rare verre gravé du IVe siècle), céramiques, innombrables petits objets de la vie quotidienne, monnaies, maquettes, et même une reconstitution d'une maison romaine avec ses fresques et sa mosaïque ;
– la civilisation mérovingienne, connue surtout en Alsace grâce aux armes, bijoux précieux (dont la tombe de la princesse de Hochfelden), céramiques décorées, verreries retrouvées dans les nombreuses nécropoles des VIe et VIIIe siècles ap. J.-C.

★ **Le musée d'Art moderne et contemporain de Strasbourg (MAMCS;** plan A3) : 1, pl. Hans-Jean-Arp (parking Sainte-Marguerite). ☎ 03-88-23-31-31. Ouvert de 11 h à 19 h (de 12 h à 22 h le jeudi). Fermé le lundi. Entrée : 4,57 € (30 F) ; gratuit pour les moins de 15 ans ; gratuit pour tous le 1er dimanche de chaque mois. Le musée d'Art moderne occupe un imposant bâtiment de verre et de granit rose réalisé par Adrien Fainsilber. Fort de son espace (environ 5 000 m^2 de salles d'exposition), il propose une collection plus exhaustive de l'art moderne et contemporain de 1870 à nos jours, enrichie par d'importants dépôts de particuliers mais aussi du musée d'Orsay, du centre Georges Pompidou ainsi que du Fonds national d'Art contemporain.
Au rez-de-chaussée, les œuvres de 1860 aux années 1950, retraçant l'émergence de la modernité (avec, entre autres, Kandinsky, Arp, Gauguin, Manet, Bonnard...). À noter, l'impressionnant *Christ quittant le prétoire* de Gustave Doré, de 6 m de haut sur 9 m de large. À l'étage, la collection contemporaine est exposée dans quatre salles. Essentiellement européenne, on notera la présence d'œuvres de Picasso, Germaine Richier, Schönebeck et Baselitz, ainsi qu'une installation de Nam June Paik. Pas énormément de tableaux, mais des œuvres très bien choisies et représentatives du travail de chaque artiste. Expositions temporaires régulières.

|●| ♉ Enfin, faites un tour à *L'Art Café*, situé sur la terrasse. Fermé le lundi. Il offre une belle vue sur le quartier de la Petite France et propose une petite restauration (ah, la salade Klimt !), assez chère.

★ **Le Musée historique** (plan C3) : 3, pl. de la Grande-Boucherie. ☎ 03-88-52-50-00. En cours de réaménagement ; devrait rouvrir courant 2002. Installé dans l'ancienne grande boucherie, bel édifice du XVIe siècle. L'histoire politique, militaire, économique de Strasbourg.

★ **Le Musée alsacien** (plan C3) : 23-25, quai Saint-Nicolas. ☎ 03-88-52-50-01. Ouvert de 10 h à 18 h. Fermé le mardi, le 1er janvier, le Vendredi saint, les 1er mai, 1er et 11 novembre, et 25 décembre. Entrée : 3,05 € (20 F) ; gratuit le 1er dimanche de chaque mois.
Créé au début du XXe siècle par des artistes et personnalités de la région pour défendre la culture régionale et faire face aux tentatives de germanisation par les Allemands. Abrité dans des demeures du XVIIe siècle, pleines de charme. Remarquable musée d'Art et Traditions populaires. Pittoresque par-

cours où l'on traverse de belles cours à galerie de bois sculpté. Prévoir du temps, vu l'ampleur et la richesse des collections. Hors de question de tout énumérer ici. En voici cependant les principaux points d'intérêt.

1er étage

– Les grands moments de la vie. Naissance : chaise d'accouchement, berceau de baptême sculpté, collection de souhaits de baptême (républicain avec un bonnet phrygien), couronnes de mariées (jusque dans les années 1920, les mariées étaient en noir), stèles funéraires en bois sculpté.
– *Intérieur bourgeois* du XVIIe siècle, particulièrement cossu et confortable. Belles armoires style Renaissance, poêles en faïence, cuisine traditionnelle, poterie de Soufflenheim et d'ailleurs.
– *Objets domestiques :* moules à gâteau, encriers en terre cuite peinte, bénitiers. Petite section jouets, maisons de poupée. Amusante salle des conscrits : de 1818 à 1870, on tirait au sort pour le service militaire (on en prenait dès 7 ans !). Pittoresques coutumes.
– Reconstitution d'une *stub* paysanne catholique : le coin chambre, le coin du père avec un petit casier contenant la Bible (et le... schnaps) et le coin du Bon Dieu avec la croix. Poêle en fonte décorée. Les femmes sur les chaises, les hommes sur le banc.

2e étage

– Costumes traditionnels, *stub* protestante du nord de l'Alsace. Noter les lits à ciel dont on fermait les rideaux le soir. Insolites « dégorgeoirs à farine » en forme de masques prophylactiques pour éloigner les mauvais esprits.
– *Salles religieuses :* très intéressantes traditions concernant les trois confessions autrefois présentes dans la région. Peintures votives. Ex-voto soit pour demander une grâce, soit pour remercier. Amusant art naïf (voir le type écrasé par une charrette de choucroute et qui en réchappa). Peintures sous verre, estampes protestantes, objets protecteurs, scapulaires, médaillons.
Patrimoine culturel juif : livre et matériel de circoncision, objets cultuels, « prière » pour Napoléon III peinte en français et en hébreu, amulettes de protection pour les femmes en couches, images et objets religieux pour la maison et les cimetières (Rosenwiller, Jungholtz).
– *Salles d'artisanat :* étain, cuivre, verre. Atelier de fleurs artificielles. Souvenirs de la société des mineurs de Sainte-Marie-aux-Mines. Ravissantes armoires peintes, « coffrets de courtoisie » offerts aux fiancées, etc.
En conclusion, prodigieux musée, à la hauteur de la richesse du patrimoine culturel alsacien.

Petite balade dans l'île

Nous vous convions à une poétique balade dans ce vieux Strasbourg qui a miraculeusement traversé les siècles. Nous la balisons des plus belles églises, séduisantes demeures anciennes, ruelles romantiques... Oh ! pas toutes. On les compte par centaines et vous les retrouverez dans *Balades strabourgeoises* (disponible à l'office du tourisme).
Et puis, ce n'est peut-être pas nécessaire de mettre systématiquement une date, un nom sur les choses. Se laisser aller, le nez au vent, mélanger les styles, les matières, les couleurs. Se laisser imprégner de cette authenticité, accumuler, brouiller ses émotions !

★ **La place du Marché-aux-Cochons-de-Lait** *(plan C3) :* cette pittoresque place, où l'on pointait son groin pour effectuer ses achats de porcelets, présente à peu près le même visage qu'autrefois. Belles demeures dont, au n° 1, la seule en ville à galeries extérieures. Construite en 1617 sur un rez-de-chaussée en pierre bien plus ancien. Sur le toit, une girouette en forme de chaussure, en souvenir d'une paire de bottes achetée ici même en 1414 par les dames de la ville à l'empereur Sigismond (arrivé à Strasbourg fourbu et crotté après un long voyage dans la neige). Au n° 8, maison de 1562. Élégantes fenêtres reposant sur des consoles à volutes.

Rue du Maroquin, maisons d'artisans aux n°s 27 et 29 avec fenêtres sculptées et belle maison bourgeoise au n° 4 (celle partie prenante du musée de l'Œuvre). Belle série aux n°s 7, 9 et 11. Cette dernière avec décor peint.

★ **La maison de Cagliostro** *(plan D3) :* 12, rue de la Râpe. Date de 1747. Portail rococo. Le célèbre comte de Cagliostro y vécut de 1780 à 1783. On se rappelle qu'il s'était acoquiné avec le cardinal de Rohan pour fabriquer de l'or et qu'il fut impliqué dans l'affaire du collier de la Reine.

Au n° 10, maison du XVIe siècle. À côté, au n° 8, rue des Écrivains, ancien hôtel des Dames Nobles d'Andlau. Élégante bâtisse de style Régence. Au n° 6, Gustave Doré y habita enfant.

– Vous êtes à deux pas de la **place du Marché-Gayot** (l'une de nos préférées). Créée en 1769 par abattage de vieilles maisons. Pas de voitures, donc. Accès par d'étroites ruelles. Terrasses animées les soirs d'été. Toute proche, la *rue des Veaux* n'est que la traduction très approximative de *Kalb* en « veau », alors que c'était le nom d'un gros proprio qui habitait au n° 3, au XIVe siècle. Demeures intéressantes aux n°s 4, 6, 8 et 20.

★ **La place Saint-Étienne** *(plan D2) :* bourdonne souvent des rumeurs du *FEC* tout proche (le célèbre ex-*Foyer des Étudiants Catholiques,* rendez-vous incontournable de l'intelligentsia alsacienne). Possède pas mal de charme, grâce notamment aux maisons à « l'Arc-en-ciel » aux n°s 11 et 12. Très jolie façade à colombages fin XVIe, de style Renaissance. Au n° 17, ancienne résidence de Philippe-Dietrich Böcklin von Böcklinsau (ouf !). Édifiée en 1598. Façade large avec pignon Renaissance et deux oriels. Dans la cour, tourelle d'escalier (aujourd'hui, le bâtiment abrite le *FEC*, avec son restaurant universitaire). Au n° 5, maison bourgeoise classique. Façade orange, agrémentée de pans de bois richement sculptés.

– Au n° 8, *rue des Pucelles,* l'hôtel de Montgomery, demeure fortifiée du XIVe siècle. *Impasse de la Bière* (qui donne rue des Frères), maisons médiévales du XVe siècle.

★ **La rue des Juifs** *(plan C-D2) :* ancien axe est-ouest du camp romain. C'est dans ce quartier que vivait la communauté juive. Mais en 1349, suite à une épidémie de peste où elle fut soupçonnée d'avoir empoisonné les puits, elle fut chassée de la ville jusqu'en 1789. Dès lors, elle n'eut plus le droit d'y séjourner la nuit. Peu de vestiges de sa présence, si ce n'est un bain rituel (le *miqvé*) datant des années 1200 (il se visite sur demande, se renseigner auprès de la mairie : ☎ 03-88-60-90-90).

– Prolongée par la *rue des Hallebardes.* Au n° 31, maison bourgeoise avec un oriel de 1574 et console à voûte d'ogives. D'autres aux n°s 22 (de 1528) et 5 (de 1654). Au 24, *rue des Orfèvres,* découvrez la cour de Bleihof, fort joliment rénovée.

★ **Le quartier XVIIIe siècle :** après 1681, la présence française s'affirme non seulement politiquement et militairement, mais aussi au point de vue architectural. Ça bâtit à tout va, et le style XVIIIe va devenir hégémonique sur une grande partie de la vieille ville. *Rue du Dôme (plan C2),* à l'angle de l'impasse du Tiroir, bel exemple de rococo strasbourgeois. Demeure de l'orfèvre Frédéric Spach. Beaucoup de têtes sculptées. En face, au n° 17, la maison du négociant Claude Sare (de 1753). Au n° 10, l'hôtel Livio (de 1789). Style néo-classique dans toute sa rigueur. En face, au n° 7, la demeure du maître maçon Joseph Gallay (de 1745). C'est lui qui sélectionna les pierres et matériaux pour le palais Rohan.

L'ALSACE / LE BAS-RHIN

★ **La rue Brûlée** *(plan C2)* : peut-être parce que, à deux pas, la rue de la Comédie rappelle qu'un théâtre s'y élevait et qu'il brûla plusieurs fois. Plus sûrement parce qu'il s'y déroula un pogrom de juifs qu'on rendait responsables de la peste. Rue bordée d'élégants édifices du XVIIIe siècle (la plupart côté jardin).
Au n° 2, l'ancien hôtel de Marmoutier (de 1747). Maison de ville de l'abbaye de Marmoutier de style rococo. Au n° 9, le dos de l'hôtel de ville. Au n° 13, hôtel du gouverneur militaire, de style Régence (1754). Au n° 16, hôtel de l'Évêché (1724), côté jardin (entrée principale rue du Parchemin). Enfin, au n° 19, hôtel de la Préfecture (1730), de styles Régence et rococo. Noter le fort beau portail côté jardin et l'élégante façade côté quai. Statue du préfet Adrien Lezay-Marnésia, administrateur éclairé qui créa la première École normale à Strasbourg, en 1811.

★ **La place de Broglie** *(plan C2)* : ancien marché aux chevaux et, jusqu'au XVIe siècle, aire de tournoi pour les chevaliers. Aménagée en 1740 par le maréchal de Broglie, alors commandant militaire de la place. À propos, ne dites pas « Breuil » pour faire bien, ici c'est « Brogli ». Au milieu, le monument au général Leclerc (avec le serment de Koufra), qu'on eût aimé plus inspiré par le style de la place.
Au n° 1, immeuble style Art nouveau (1900). Au n° 12, maison Mogg et Capaun (1745) avec porche rocaille. En face, l'imposante façade de la mairie. Construite en 1731 comme hôtel particulier dans un style Régence classique. À côté, l'hôtel du gouverneur militaire. Au bout de la place, l'opéra municipal (de 1805).
Dans un angle de la place, face à l'opéra, restes de l'ancien grenier à grains municipal de 1441. Initialement, il allait jusqu'au canal et abritait le blé de réserve en cas de famine. Aujourd'hui, entrepôt pour les décors du théâtre. Quai Schoepflin (et rue des Clarisses), la tour de dépôt d'artillerie, l'un des plus anciens édifices de Strasbourg (1200).
Au n° 25, *rue de la Nuée-Bleue,* l'ancien hôtel d'Andlau de 1731. Façade classique Régence avec oriel Renaissance.

★ **L'église Saint-Pierre-le-Jeune** *(plan B-C2)* : sur la place du même nom. ☎ 03-88-22-02-40. De Pâques à la Toussaint, ouvert tous les jours sauf le lundi, de 10 h à 12 h et de 13 h (13 h 30 le samedi et 14 h 30 le dimanche) à 18 h ; en octobre, de 10 h à 12 h et de 13 h à 17 h ; le reste de l'année, visites guidées sur demande. Église luthérienne. Fondée au VIIe siècle. Ancienne collégiale. De la période romane subsiste une partie du cloître et la base du clocher-porche. Globalement, l'église actuelle date du XIVe siècle. Un vrai chevet « de cathédrale ». Porche ornementé. Festival de clochers, clochetons, tourelles et pinacles. En 1681, Louis XIV, ce gros mesquin, rendit le chœur aux catholiques et fit construire un mur pour diviser la nef en deux. Ce n'est qu'en 1893 que les cathos partirent fonder leur Saint-Pierre-le-Jeune à eux *(plan C1).*
À voir : le beau jubé du XVIe siècle surmonté d'un orgue du XVIIIe siècle, et la fresque de Navicella d'après Giotto sur le mur occidental.

★ **La place Kléber** *(plan B2)* : la place la plus connue de Strasbourg. Au XVIIIe siècle, le grand architecte Blondel entama la réalisation d'une prestigieuse place d'armes. Le projet ne fut pas mené à terme. Subsiste aujourd'hui l'Aubette, ce long édifice de style néoclassique construit en 1765, reconstruit après incendie lors du siège de 1870, avec adjonctions multiples (médaillons et noms de musiciens, etc.). Au milieu, la statue de Kléber posée en 1840. Ses cendres sont dans un caveau en dessous. Quelques demeures intéressantes autour, notamment, au n° 30, la maison de l'orfèvre Imlin (de 1748), un des meilleurs exemples de rococo strasbourgeois. La place fut longtemps victime d'un trafic automobile insensé et de la pollution. Aujourd'hui, avec le réaménagement lié à la création du tram, elle est redevenue piétonne, pour le plaisir de tous. Seul sujet d'étonnement : les lampadaires dont on dit qu'ils symbolisent les cigognes... Ah bon ! Nous, on les

trouve franchement de mauvais goût et en désaccord avec le cadre classique de la place. Les goûts et les couleurs...
À l'entrée sud de la place Kléber, au n° 33, *rue des Grandes-Arcades*, anciens magasins construits en métal et verre, avec éléments Art nouveau (de 1899).
À deux pas, la *place de l'Homme-de-Fer*. Au n° 2, immeuble de 1750, mélangeant harmonieusement styles Régence et rococo. On y voit l'homme de fer, reproduction d'un hallebardier, ancienne enseigne d'armurier. Là aussi, la place a hérité, avec l'avènement du tram, d'un nouvel aménagement (quand même contesté par certains).

★ **La collection Tomi Ungerer** *(plan B2)* : 4, rue de la Haute-Montée. ☎ 03-88-32-31-54. Ouvert du jeudi sur rendez-vous, de 10 h à 12 h et de 14 h à 18 h. Fermé en août. Entrée libre. Pour ceux et celles qui sont intéressés par l'œuvre d'un des plus grands dessinateurs et caricaturistes qui soient. Dans les pages « Généralités » au début du guide (rubrique « Personnages »), vous trouverez plus de détails sur sa vie. Possibilité de consulter quelques milliers d'œuvres originales (dessins, affiches et sculptures), ouvrages divers, articles, archives, etc. Téléphoner au préalable pour dire dans quel domaine vous souhaitez orienter votre recherche ou effectuer votre consultation.

★ **La place Gutenberg** *(plan C3)* : retour vers le quartier de la cathédrale pour l'un des anciens centres économiques et politiques de la ville. Ex-place du Marché-aux-Herbes. Au n° 10, la *chambre de commerce (Neue Bau)* de 1585. Considérée comme le plus bel exemple d'architecture Renaissance en ville. Façade monumentale où l'on retrouve les trois ordres qui se superposent. À l'intérieur, de belles voûtes gothiques. Noter également l'imposant toit percé de nombreuses lucarnes avec frontons à volutes.
Au centre de la place, la *statue de Gutenberg*, œuvre de David d'Angers. Érigée en 1840 pour le quatrième centenaire de l'invention de l'imprimerie. Le génial inventeur (avec bien sûr une presse à côté) tient dans ses mains une feuille où est écrit : « Et la lumière fut ». Mais le plus intéressant, ce sont les bas-reliefs de bronze qui l'entourent. Ils représentent, grâce aux écrivains, penseurs et philosophes les plus connus de l'époque, les applications bienheureuses de l'imprimerie pour la diffusion de la pensée sur les quatre continents. David d'Angers mentionna Bossuet et Luther, mais devant le mécontentement des protestants et des catholiques, il les remplaça par Érasme et Montesquieu. On s'amusera aussi du vide auquel le pauvre sculpteur dut être confronté, s'agissant de l'Afrique. Évidemment pas de prix Nobel nigérian ou de grand poète sénégalais à se mettre sous la dent à l'époque. Aussi retrouvons-nous, sur la plaque Afrique, Condorcet et l'abbé Grégoire (!), ainsi que Thomas Clarion et Wilberforce, que personne ne connaît !

★ **La rue des Tonneliers** *(plan C3)* : au n° 23, s'attarder sur la maison dite « Au Pigeon », de 1580. Beaux colombages au riche décor. Au n° 52, *rue du Vieux-Marché-aux-Poissons,* jolie maison Renaissance. C'est là que naquit Jean Arp. À côté, à l'angle de la rue Mercière, d'autres nobles maisons bourgeoises de la même époque, avec colombages sculptés inspirés de la maison Kammerzell. Au n° 36, Goethe séjourna un an.
Tout le quartier regorge de superbes édifices, impossible de tout décrire. Voici les plus significatifs : au n° 22, *rue des Serruriers,* maison de 1546 avec oriel d'angle. Au n° 17, maison dite de l'Ange (début XVIIIe siècle). Au n° 20, synthèse réussie des styles rococo et Régence. Au n° 29, l'« Ancien Poêle du Miroir », siège de la corporation des marchands de 1749. Mascarons au 1er étage, représentant les quatre saisons et continents. À l'intérieur, salle de concert. Mozart y joua en 1778. Au n° 31, maison du négociant Janin (1749). Façade rococo. Au n° 3, *rue de l'Épine,* bel hôtel particulier avec portail ornementé, au n° 9, intéressant portail de l'hôtel Schubart du XVIIIe siècle, au

n° 11, maison bourgeoise avec toit brisé à la Mansart. Au n° 18, *rue Gutenberg,* maison du XVIII° siècle. Fenêtres au 1ᵉʳ étage ornées de têtes évoquant les quatre continents. L'Amérique à droite (avec sa plume d'Indien), l'Afrique le deuxième, aux traits négroïdes, l'Asie avec le turban. Au-dessus, les saisons. Au n° 20, bel oriel sur consoles sculptées. Au n° 16, splendide portail. Au n° 19, *rue de l'Ail,* maison « Aux Trois Lièvres » (1735), avec portail baroque.

★ **L'Ancienne Douane** *(plan C3) :* rue du Vieux-Marché-aux-Poissons et rue de la Douane. Le quartier était le centre de la vie commerciale jusqu'au XIX° siècle (avec les activités portuaires). Date de 1358. Entrepôt pour les marchandises en transit, taxées au passage. Reconstruit après les bombardements de la dernière guerre. Haut pignon crénelé. Une partie du bâtiment abrite des expos temporaires.
En face, trois belles demeures : au n° 3, rue de la Douane, la maison Lauth du XVI° siècle, avec deux oriels, et un pignon à architecture sophistiquée à volutes, au n° 9, du XVIII° siècle, ainsi qu'au n° 13. Vous pourriez être tenté de passer sur l'autre rive. Patience, on ira ! Pour le moment, la Petite France nous attend !

★ **L'église Saint-Thomas** *(plan B3) :* pl. Saint-Thomas (et rue Martin-Luther). Ouvert toute l'année ; du lundi au samedi de 10 h à 12 h et de 14 h à 18 h (17 h de décembre à mars) et le dimanche de 14 h à 18 h (17 h de décembre à mars) ; le dimanche matin est réservé à l'office. Construite à partir du XII° siècle, succédant à quelques ouvrages romans, c'est une église-halle (nef et bas-côté de la même hauteur). Extérieurement, aspect massif. Cathédrale luthérienne dès 1524.
Elle contient le mausolée du maréchal de Saxe, œuvre majeure de Pigalle. Le vainqueur de Fontenoy, en mourant, fit pleurer toute la France. Louis XV décida de l'honorer de façon grandiose. Mais pas à Paris, à Strasbourg, car c'était quand même un parpaillot. Monument particulièrement grandiloquent. De Saxe marche d'un pas assuré vers une pyramide, symbole de l'immortalité, tandis que la France tente de repousser la Mort. À côté, les drapeaux brisés des vaincus. Hercule, symbole de la force, se désole... Diderot aima et félicita Pigalle. En revanche, Gérard de Nerval ironisa : « Le héros, fièrement cambré dans son armure, produit exactement l'effet du Commandeur de Don Juan. On est tenté de l'inviter à souper ! ». À noter que les vitraux médiévaux ont été enlevés pour mieux faire entrer la lumière dessus (ils sont au musée de l'Œuvre).
L'église abrite d'autres tombeaux : sarcophage d'Adeloch, dalle funéraire de Nicolas Rœder, monument à C. G. Koch, qui défendit les droits des protestants d'Alsace, etc. Orgues du célèbre Jean-André Silbermann sur lesquelles jouèrent Mozart (qui en vanta l'excellente sonorité) et Albert Schweitzer. Sur les 2264 tuyaux, il y en a encore 854 d'origine. Émouvant, non ? Avec un peu de chance, vous tomberez sur une répétition. C'est alors un beau moment...

★ **La Grand-Rue** *(plan A-B3) :* quelques intéressants bâtiments au hasard de vos pérégrinations. Au n° 126, domicile de Rouget de Lisle en 1792. Hôtel particulier de style rococo avec ferronnerie. Au n° 120, hôtel du XVI° siècle avec oriel. Ravissante ferronnerie du balcon ondoyant. Dans la cour, tourelle d'escalier à vis. Au n° 101, hôtel Renaissance avec pignon à volutes. Au n° 79, hôtel de 1766 aux belles ferronneries. Tout en haut, intéressante corniche. Au n° 88, maison d'angle du XVIII° siècle avec lion sur consoles.

★ **La rue des Dentelles** *(plan B3) :* au n° 10, belle demeure de tanneur à colombages sculptés et cartouche daté (1575). Au n° 9, ancien hôtel de Rathsamhausen (1587) avec escaliers à vis.

★ **La Petite France** *(plan B3) :* le quartier le plus célèbre de Strasbourg, et à juste titre. Ancien quartier des tanneurs, pêcheurs et meuniers, qui a échappé bizarrement aux vicissitudes de l'histoire et, en partie, aux appétits voraces des promoteurs. On y retrouve toute la mythologie des beaux coins : vieilles demeures de charme se mirant dans les eaux d'une petite Venise de l'Est, écluses, saules pleureurs, cygnes, recoins secrets, etc. Éminemment touristique, ça va de soi, mais choisissez d'y errer le matin de très bonne heure ou la nuit. Les matins y sont particulièrement lumineux et les nuits romantiques à souhait. La dénomination « Petite France » possède d'ailleurs une insolite origine. Elle provient du « mal français » que les soldats de François Ier avaient rapporté des campagnes d'Italie et qu'ils faisaient soigner à la commanderie Saint-Jean. Est-ce par mesure de rétorsion que la syphilis était plutôt appelée en France « mal de Naples » ?

★ **La rue du Bain-aux-Plantes** *(plan B3)* : la diapo incontournable ! Longtemps le quartier des tanneurs. Demeures Renaissance à colombages et encorbellements. Maisons de tanneurs qui se caractérisent par un toit (supplémentaire) en escalier, largement ouvert (longue lucarne) pour le séchage des peaux. Au n° 42, maison dite des Tanneurs de 1572. À côté, au n° 40, oriel sur rue et galerie sur l'Ill. Au n° 27, la maison Henri-Haderer de 1591. À côté, au n° 25, la maison dite de Lohkäs. Elle rappelle que le tanin récupéré après séchage des peaux était transformé en combustible bon marché, appelé « lohkäs ».
Une curiosité : au 4, *rue des Cheveux*, une jolie bâtisse rococo avec blason du XVIIIe siècle. Elle fut démontée suite à une opération immobilière dans un autre quartier et remontée ici. À vous de découvrir les autres, rue des Moulins, le long des quais et des ruelles finissant dans l'eau.

★ **Les Ponts-Couverts** *(plan A3)* : autre diapo célèbre. Ces trois tours du XIIIe siècle, vestiges des anciennes fortifications, semblent continuer à monter la garde à l'entrée de Strasbourg. Des passerelles en bois recouvertes d'une large toiture sont à l'origine du nom. En 1863, des ponts en pierre les remplacèrent. Les tours servirent d'hôpital et de prison. Plus loin, une quatrième tour, quai de Turckheim, était appelée « tour du Bourreau ».

★ **Le barrage Vauban** *(plan A3)* : appelé aussi « grande écluse ». Long bâtiment jeté sur toute la largeur de l'Ill. Édifié en 1690 sur des plans de Vauban. En cas d'attaque, il permettait, en fermant les vannes, d'inonder l'arrière-pays et de le rendre impraticable. Terrasse panoramique d'où l'on possède la plus belle vue sur la Petite France. Accès tous les jours de 9 h à 19 h (20 h de mi-mars à mi-octobre).
Derrière le barrage s'élève l'architecture moderne du nouvel hôtel du Département. Non, n'attendez pas de nous qu'on fasse quelque réflexion. La lassitude s'empare de nous...
À gauche du barrage, les vestiges de l'ancienne *commanderie des Chevaliers de Saint-Jean de Jérusalem* du XVIe siècle, siège de l'ENA.

★ **L'église Saint-Pierre-le-Vieux** *(plan A-B2-3)* : place du même nom et rue du 22-Novembre. ☎ 03-88-32-72-83. Composée de deux édifices perpendiculaires. Une première église construite du XIIe au XVe siècle et qui devint protestante au moment de la Réforme. Louis XIV (encore lui !) attribua le chœur aux cathos après la prise de Strasbourg. Au XIXe siècle, une nouvelle église de style néo-gothique fut construite à côté et consacrée au culte catholique.
À l'intérieur de l'église protestante (pas souvent ouverte, se renseigner), beau jubé du XVe siècle. Dans l'église catholique, panneaux peints du XVe siècle dans le chœur et les transepts.

★ **La Grand-Rue** *(suite)* : superbes demeures aux n°s 4, 6 et 8. Sur cette dernière, de 1672, poutrage sculpté. Masques sur les colonnes des encadrements de fenêtres. Aux n°s 36 et 38, maisons à encorbellement.

Les quartiers Sud *(Krutenau, Finkwiller)*

Le quartier baigné par l'Ill au sud de la vieille ville. La Krutenau fut jadis habitée par les pêcheurs et les bateliers. À côté, Finkwiller l'était plus par les maraîchers. Parcouru par des canaux transformés en rues au XIXe siècle. Victime aujourd'hui de l'inévitable spéculation immobilière. De-ci de-là, quelques coins encore villageois. Pas trop touristique cependant. Une atmosphère et quelques clins d'œil architecturaux, surtout Art déco et XIXe finissant.

★ **Le quai Saint-Nicolas** *(plan C3-4)* : bordé de belles demeures Renaissance et XVIIIe siècle. Appelé jadis le « quai des seigneurs », car de nombreux nobles y demeuraient. Au n° 24, maison dite « Au Sanglier », de 1528. Oriel avec console Renaissance. Fait partie du Musée alsacien. Au n° 23, édifice de 1603 (aujourd'hui, Musée alsacien). Au n° 22, immeuble « Jugendstil », sage de 1907. Au n° 20, ancienne maison Dietrich. Rez-de-chaussée du XVIe siècle. Colombages et oriel du XVIIIe siècle richement ornés (tête sur le côté). Le propriétaire était Dominique de Dietrich, créateur de la célèbre fonderie. Au n° 16, maison de 1575 ayant appartenu à un tailleur (armoirie au-dessus du portail) et, au n° 13, élégant immeuble avec pignon à créneaux. Au n° 8, noble petit palais (1737, de style Régence) et, au n° 7, ancien hôtel Franck (1759), façade ciselée (mélange des styles Régence, rococo et baroque) avec un grand balcon.

★ **L'ancien hôtel du Dragon** *(plan B-C4)* : 3, quai Ch.-Frey. Édifice de style néo-Renaissance germanique tardive, construit en 1891. Façade abondamment sculptée. C'est de l'impérial plutôt costaud. On n'hésita cependant pas à détruire un bel hôtel du XVIe siècle, où dormit Louis XIV en 1681, pour édifier cette école. Tous les moyens, semble-t-il, étaient bons pour accélérer la germanisation et affirmer aussi le nouveau pouvoir allemand sur le plan architectural. Remords tardif ou cynisme délibéré : ce cartouche sur l'angle de la façade avec une représentation de l'hôtel détruit. À deux pas, l'église Saint-Nicolas, construite au XVe siècle. Albert Schweitzer en fut le pasteur.

★ **La place de l'Hôpital** *(plan C4)* : haute tour du XIIIe siècle (porte de l'hôpital). Au n° 1, chapelle Saint-Erhard du XVe siècle qui servit de salle d'anatomie à l'hôpital au XVIIIe siècle. Aujourd'hui, revenue au culte protestant. Tout le bâtiment de l'hôpital civil date de 1717. Large toiture traditionnelle avec nombreuses lucarnes et gargouilles Renaissance.

★ **Le pont du Corbeau** *(plan C3)* : s'appelait aussi le pont des Supplices. Lieu d'exécution par noyade des infanticides, parricides et femmes adultères (y'a comme une disparité dans les fautes!). Cousus dans des sacs, ils étaient balancés par-dessus le pont. Les condamnés à des peines moins graves (vols, blasphèmes, etc.) étaient plus simplement enfermés dans des cages en fer et plongés quelques instants dans les eaux nauséabondes, chargées des immondices de la grande boucherie voisine.

★ **La cour du Corbeau** *(plan C3)* : 1, quai des Bateliers. Dans la cour, ensemble architectural unique en bois sculpté. Galeries, tourelles d'escalier, fenêtres plombées. À droite, vieux puits médiéval. Beaucoup de charme, tout ça! Hostellerie du Corbeau qui fonctionna de 1528 jusqu'au milieu du XIXe siècle, et que les généraux suédois de la guerre de Trente Ans, Turenne, Jean Casimir (roi de Pologne), Frédéric II de Prusse (qui voyageait sous un faux nom), l'empereur Joseph II, Jean-Jacques Rousseau, Alexandre Dumas, Gérard de Nerval et tant d'autres honorèrent de leur présence.

D'autres belles demeures quai des Bateliers. Promenade délicieuse dans les ruelles du quartier : rue Sainte-Madeleine, rue des Couples (au n° 9, bel hôtel rococo), jusqu'à l'adorable place des Orphelins. En chemin, nombre de cours pittoresques et population de quartier pas encore totalement virée.

Derrière l'église Sainte-Madeleine, vestiges du rempart de ville au XIIIe siècle.

★ **La rue de la Krutenau et la rue de Zurich** *(plan D3) :* persistance d'une certaine vie de quartier. Vieilles boutiques, cafés ouvriers et immigrés, p'tits restos sympas. La rue de Zurich, ancien canal recouvert, rappelle la solidarité des Zurichois venus secourir Strasbourg en 1870.
Au n° 7 de la Krutenau, la masse imposante de la manufacture des tabacs (1849), témoignant de l'importance de cette industrie en Alsace. À l'entrée du quai des Pêcheurs, église Saint-Guillaume de 1300 (et clocher du XVIIe siècle). Voir les beaux vitraux du XVe siècle. Intéressants tombeaux et tombes armoriés. Au n° 1, rue de l'Académie, l'école municipale des Arts décoratifs de 1892. Façades décorées de céramiques dans un style annonçant l'Art nouveau. À côté, boulevard de la Victoire, les bains municipaux. L'une des plus fascinantes manifestations du Jugendstil à Strasbourg. Décor intérieur quasiment inchangé.
De l'autre côté, à l'angle du boulevard de la Victoire et du quai de Maître-Dietrich, l'ancien siège des assurances Germania. Intéressante grosse bâtisse de 1885 de style néo-Renaissance germanique du Nord (aujourd'hui cité et resto U, et rebaptisée Gallia).

La ville allemande

Pour l'Empire allemand, vainqueur en 1870, il importe d'asseoir politiquement son pouvoir sur l'Alsace et de fournir à ce Reichsland d'Alsace-Lorraine une capitale digne de la gloire impériale. Il convient donc avant tout de déplacer le centre de gravité de Strasbourg, de s'éloigner du vieux centre-ville. Pour cela, on appellera un architecte post-haussmannien de renom, U.G. Conrath.
Sur 400 ha, il va s'ingénier, au nord-est de la vieille île, à tracer une ville aérée et fonctionnelle, avec des rues larges, régulières, et des places elliptiques conçues comme échangeurs pour la circulation. Avec une priorité pour les espaces verts, les arbres, leur harmonisation avec le bâti. Prestige oblige, ce secteur sera bien sûr réservé aux bâtiments officiels. À commencer par le plus prestigieux d'entre eux... le palais impérial.
Aujourd'hui, il n'y a quasiment plus d'antagonisme architectural et politique à l'égard de la « ville allemande ». Elle se révèle au contraire fort bien intégrée au tissu urbain strasbourgeois. Pour une visite en profondeur, nous vous ramenons à l'excellente brochure *Balades strasbourgeoises*.

★ **La place de la République** *(plan D1) :* collant symboliquement à la vieille ville, elle se voulait le véritable centre politique et administratif de la ville (ancienne place de l'Empereur). Face au palais du Rhin, les anciens ministères d'Alsace-Lorraine. Au n° 4, la Trésorerie générale, bâtiment construit en 1892 en néo-baroque monumental. Au n° 5, les services de la préfecture, édifiée en 1906. Même genre que son hystérique voisin.

– **Le palais impérial** *(plan C-D1) :* aujourd'hui *palais du Rhin*, il domine la place de la République. Construit en 1883 pour servir de résidence au Kaiser lors de ses séjours en Alsace. Grosse bâtisse, bien digne de l'époque (chez nous, en France, y'avait un Abadie qui sévissait déjà). L'architecte pensait bien sûr à la monumentalité baroque berlinoise, alliée au style néo-Renaissance italienne (avec les bossages, clin d'œil au palais Pitti à Florence). Façade surmontée d'un dôme avec au centre un grand balcon à colonnades corinthiennes. Fronton lourdement sculpté avec, bien sûr, l'aigle impérial. Jardins devant, bien agréables.
– Au centre de la place de la République, le **monument aux morts** de toutes les guerres. Mère tenant dans ses bras ses deux fils qui se combattirent mutuellement, symbole de la réconciliation définitive de la France et de l'Allemagne. Belle perspective jusqu'à l'université.

– **La bibliothèque nationale et universitaire** (plan D1) : 6, pl. de la République. ☎ 03-88-25-28-00. Elle succéda à celle qui termina tragiquement dans les flammes de la guerre de 1870. L'émotion fut si grande dans le monde qu'il y eut un appel international pour la reconstruire et que les collections ne tardèrent pas à être en partie reconstituées. Aujourd'hui, c'est la deuxième plus importante collection de France avec plus de 3 millions de volumes, des milliers de manuscrits et d'incunables. Reconstruite en 1889 dans un style néo-classique. Façades ornées des effigies des plus grands écrivains, philosophes, théologiens allemands et européens, plus quelques allégories de la photographie, lithographie, gravure, imprimerie, etc.

★ **Le Théâtre national de Strasbourg** (plan D2) : 1, av. de la Marseillaise. ☎ 03-88-24-88-00. Après deux années de travaux et un lifting complet de l'intérieur, le TNS a réintégré le superbe édifice classé, édifié en 1888 dans un style néo-classique et Renaissance, avec toit à l'italienne. Ce fut d'abord l'ancien palais de la Diète d'Alsace-Lorraine. Le metteur en scène Stéphane Braunschweig a pris la direction du TNS en juillet 2000 et a depuis installé une troupe de comédiens permanents. Créations, accueil de spectacles français et étrangers sont au programme du TNS qui abrite par ailleurs une École supérieure d'Art dramatique formant comédiens, metteurs en scène, dramaturges, scénographes et régisseurs.

★ Pour les amoureux de l'*architecture XIXe et début XXe,* déambuler dans le quadrilatère compris entre la rue du Maréchal-Joffre, l'avenue de la Liberté, le quai Koch, l'avenue de La Marseillaise, le quai Lezay-Marnésia. Il révèle son pesant de demeures néo-gothiques, néo-romantiques, néo-Renaissance, néo-baroques, néo-chose et toutes les variantes de l'éclectisme historicisant. Entre autres, le lycée international des Pontonniers (rue des Pontonniers), l'ancien Bezirksprâsidium (quai Koch), la direction régionale des Douanes (avenue de la Liberté) et toutes les villas.

★ **L'église Saint-Paul** (hors plan par D2) : pl. du Général-Eisenhower. Au confluent de l'Ill et de l'Aar. Site fort intelligemment choisi, on ne pouvait rêver meilleur emplacement, et remarquable architecture néo-gothique, inspirée d'une église XIIIe siècle. Construite en 1889. Jusqu'en 1918, église de la garnison protestante.

★ **La synagogue de la Paix** (plan D1) : av. de la Paix (parc du Contades). Elle fut édifiée en 1958 en remplacement de celle incendiée par les nazis en 1940. Douze colonnes intérieures et extérieures évoquent les douze tribus d'Israël. L'un des trois rideaux de l'arche, orné de deux lions de Juda supportant la couronne de la Torah, est l'œuvre de Jean Lurçat.

★ Derrière le palais du Rhin, autre promenade architecturale fin XIXe siècle. Notamment, rue du Maréchal-Foch. La Oberrealschule, au n° 30, et l'ancien siège des assurances Union, au n° 43. Ne pas manquer au n° 22, rue du Général-de-Castelnau, le plus bel immeuble Art nouveau (Jugendstil) de Strasbourg. Sur la lancée, voir au n° 10, rue du Général-Rapp, la jolie maison « égyptienne » alliant Art nouveau et orientalisme.

★ **Le Palais universitaire** (Allgemeines Kollegiengebäude ; hors plan par D2) : pl. de l'Université. Architecture moins lourdingue que la moyenne. Peut-être à cause de ses 125 m de façade qui s'étirent et de son style Renaissance italienne. L'une des premières réalisations que les Allemands aient entreprises à leur « retour » en 1940 fut de repeindre le Palais universitaire qui ne l'avait jamais été depuis son édification en 1879. Nostalgique. Au moment de l'annexion, il fut la vitrine des sciences allemandes avec pas moins de 36 statues de savants et érudits comme Luther, Kant, Kepler, etc. Derrière s'étendent l'immense parc et le jardin botanique. Visite guidée du jardin le dimanche à 15 h. Devant le palais, la statue de Goethe étudiant à Strasbourg en 1770.

★ **Le planétarium de Strasbourg** *(hors plan par D2)* : au fond du jardin botanique, en bordure de la rue de l'Observatoire. ☎ 03-88-21-20-40. Ouvert du lundi au vendredi de 9 h à 12 h et de 14 h à 17 h, et le dimanche de 14 h à 18 h. Fermé le samedi toute la journée et le dimanche matin. Entrée : 5,34 € (35 F) ; supplément pour les spectacles. « Cinéma » cosmique présentant des thèmes astronomiques. Dans la *Crypte aux étoiles* sont présentées des expositions à thème. Des spectacles pour enfants sont également proposés.

★ **L'allée de la Robertsau** *(hors plan par D1)* : elle mène au palais de l'Europe. Pour les amateurs, bordée elle aussi de villas et immeubles de rapports intéressants. Notamment aux nos 20, 39, 52 (riche décor néo-rococo). Au n° 56, bel immeuble de rapport Jugendstil avec bas-reliefs, mosaïque, fer forgé. Puis au n° 64, et surtout au n° 76, où vous découvrirez une belle villa à l'italienne avec un original décor végétal. S'il vous reste des jambes, attaquer les rues alentour. À voir : n° 4, place Brant ; n° 10, quai Rouget-de-Lisle ; n° 4, rue Erckmann-Chatrian ; nos 9 et 10, rue Schiller, et n° 6, rue Stoeber.

Le quartier des institutions européennes (hors plan par D1)

★ **Le parc de l'Orangerie :** av. de l'Europe et av. du Président-Edwards. ☎ 03-88-61-62-88. Premier parc à la française, créé en 1692 par Le Nôtre. En 1804, une donation de l'État français à la ville permit la construction d'une orangerie dans laquelle l'impératrice Joséphine aimait à venir lors de ses visites à Strasbourg. Aménagement à l'anglaise du parc en 1836 et doublement de la superficie en 1895 à l'occasion d'une grande exposition. Création d'un lac avec rochers, d'une grotte, etc. À cette occasion, on remonta le Bürehiesel, belle maison à colombages de 1607 et provenant de Molsheim (il abrite aujourd'hui un restaurant haut de gamme). Le parc est bien sûr un lieu de promenade populaire des familles, avec canotage, jeux d'enfants, petit zoo avec singes et cigognes.

★ **Le palais de l'Europe :** av. de l'Europe. Ouvert toute l'année du lundi au vendredi sauf les jours fériés. Siège permanent du Conseil de l'Europe. Inauguré par le président Valéry Giscard d'Estaing en 1977. Architecture moderne (ça va de soi !) qu'on trouve un peu lourde, mais vous vous moquez de nos considérations esthétiques et vous avez bien raison. En revanche, à l'intérieur, l'hémicycle est coiffé d'une audacieuse coupole soutenue par 12 faisceaux de bois jaillissant en éventail de derrière la tribune de la présidence. On retrouve ces lignes bondissantes dans le grand hall d'entrée. Quelques chiffres : plus de 1 300 bureaux, nombre de salles de commission et le plus grand hémicycle d'Europe.

★ **Le Parlement européen, bâtiment Louise-Weiss :** allée du Printemps. ☎ 03-88-17-20-07. • www.europarl.eu.int • Visite uniquement sur réservation et gratuite. Mis en service en 1999. Immense façade de verre que domine une tour de 60 m. Sessions parlementaires d'une semaine une fois par mois environ. Durant la visite du bâtiment, informations sur le parlement : rôle, composition, etc.

Un peu d'histoire : le *Conseil de l'Europe* fut fondé en 1949. Organisation intergouvernementale, il regroupe 41 « démocraties pluralistes » (dont 17 États d'Europe centrale et orientale). Ce nombre devrait d'ailleurs augmenter. Il réunit 291 parlementaires. Ses objectifs : défendre les Droits de l'homme, favoriser l'identité culturelle européenne, aider au retour de la démocratie dans les pays post-communistes.

Quant au Parlement européen, qui s'est installé progressivement à Strasbourg (première élection des députés du parlement en 1979), il permet la participation directe des citoyens à la construction européenne. Ses

626 députés sont élus au suffrage universel tous les 5 ans. Ils votent les lois de l'Union européenne, qui réunit pour l'heure 15 États membres.

★ **Le palais des Droits de l'homme :** élégante architecture de Richard Rogers. C'est le siège de la Commission européenne des Droits de l'homme. Même en Europe, elle n'est pas inactive puisque la France a été épinglée plusieurs fois, notamment sur les droits des immigrés et les libertés. La Grande-Bretagne, quant à elle, fut condamnée pour traitements humiliants et dégradants à l'encontre des prisonniers politiques irlandais ! On aime bien la façade, le long de l'Ill. Esthétique légère, plaisante. Hélas, il ne se visite pas.

À voir encore

★ **Le Musée zoologique de l'université et de la ville de Strasbourg** (hors plan par D2) : 29, bd de la Victoire. ☎ 03-88-35-85-18. Ouvert de 10 h à 12 h et de 13 h 30 à 18 h ; le dimanche, de 10 h à 17 h. Fermé le mardi et le 1er janvier. Entrée : 2,28 € (15 F) ; réductions ; gratuit pour les moins de 15 ans.
Intéressant musée présentant un large panorama de la vie animale (mondiale et régionale), à travers dioramas, reconstitution de milieux naturels, des régions polaires, d'Afrique (lac Tanganyika), et d'Alsace bien sûr ! Accent mis sur les espèces disparues ou menacées. Riches collections d'insectes et d'oiseaux naturalisés. Insolite cabinet d'un célèbre professeur d'histoire naturelle du XVIIIe siècle. Bibliothèque nature pour adultes et enfants. Expos temporaires.

★ **Le haras national de Strasbourg** (plan B4) : 1, rue Sainte-Élisabeth. ☎ 03-88-36-10-13. Ouvert du lundi au samedi de 9 h à 11 h 30 et de 14 h à 16 h 30. Fermé le dimanche. Entrée libre et gratuite. Au cœur de la cité, dans un ancien hôtel particulier des XVIIe et XVIIIe siècles. Attention, les étalons ne sont là que de mi-juillet à début mars ; le reste de l'année, quelques juments quand même.

Petit itinéraire de l'architecture sociale

À la fin du XIXe siècle et dans la première moitié du XXe, l'architecture sociale revêt une certaine importance. Elle est le pur produit du paternalisme des patrons chrétiens, humanistes ou philanthropes, désireux d'offrir un habitat bon marché et correct à leurs ouvriers. Ensembles monumentaux ou cités-jardins, cet urbanisme fut longtemps ignoré, voire méprisé. On le redécouvre aujourd'hui et l'on s'aperçoit, avec étonnement, qu'il apporte une dimension chaleureuse que n'offrent plus les ensembles immobiliers d'aujourd'hui, et que son esthétique était également souvent beaucoup plus séduisante, voire originale. En outre, bien réparties autour de la ville, pas trop éloignées du centre, ces cités ouvrières évitèrent à la ville les douloureux problèmes des « banlieues maudites ». Elles font définitivement partie du patrimoine des villes. Le célèbre Karl Marx Hof de Vienne figure désormais dans les circuits touristiques. Strasbourg fut un bon terreau pour l'architecture sociale dont voici les plus beaux fleurons.

★ **La cité-jardin Ungemach :** entre la rue Lauth et le terrain d'exposition. Léon Ungemach, patron d'une usine de conserves, créa une fondation « destinée à aider les jeunes ménages en bonne santé, désireux d'avoir des enfants et de les élever dans de bonnes conditions d'hygiène et de moralité ». En 1923 fut donc créée cette cité-jardin de 140 pavillons. Les rues portent des noms de fleurs. Aujourd'hui, les clauses d'admission sont toujours respectées (jeunes couples ayant au moins trois enfants).

★ **La cité-jardin du Stockfeld :** réalisée en 1910. C'est la première en Europe continentale (mais il y en avait déjà en Angleterre, où d'ailleurs elles naquirent). De style néo-romantique fort agréable à vivre, suivie en 1911 par la cité-jardin du quartier des XV (plus chic). À la Robertsau s'éleva la cité des Chasseurs en 1934.

★ **Les cités ouvrières :** parmi les plus importantes, la cité Spach, à l'est du jardin botanique entre les rues Edel et de Flandre. Élevée en 1889, grâce au legs d'un secrétaire général de la Ville de Strasbourg. La plus ancienne fut construite en 1884, rues de Wasselonne et de Mutzig (derrière la porte Blanche), grâce à la générosité testamentaire d'une brave dame qui destinait ces logements gratuits aux familles dignes d'intérêt.
Pour les accros du logement social, voir aussi la cité Siegfried à Neudorf (façades au joli décor) et la cité Risler. Une des dernières date des années 1950 : la cité Rotterdam, pour laquelle Le Corbusier concourut (mais il ne fut pas choisi !).

★ **Le parc du château de Pourtalès :** 161, rue Mélanie, dans le quartier de la Robertsau. Grand parc verdoyant parsemé de sculptures contemporaines, où aiment à se retrouver les familles ! Salon de thé avec agréable terrasse l'été.

Culture, fêtes et manifestations

Toute la vie culturelle strasbourgeoise dans *Strasbourg Actualités,* une brochure hebdo fort complète, éditée par le service Animation de la ville. ☎ 03-88-60-90-90 (poste 3-77-13).
– **Théâtre national de Strasbourg :** 1, av. de la Marseillaise. Renseignements : ☎ 03-88-24-88-00. Locations : ☎ 03-88-24-88-24. On ne présente plus ce prestigieux théâtre, longtemps dirigé par Jean-Pierre Vincent et Jacques Lassale.
– **Percussions de Strasbourg :** 15, pl. André-Maurois. ☎ 03-88-26-07-09. Une des plus étonnantes institutions musicales de la ville. Formé en 1962, c'est le premier ensemble de percussions créé en France. Il regroupe six percussionnistes, ne jouant que des pièces écrites pour l'ensemble. Se produisent partout dans le monde, et de temps en temps à Strasbourg et dans la région.
– **Concerts de l'orchestre philharmonique de Strasbourg :** au Palais de la musique et des congrès. ☎ 03-88-15-09-00.
– **Opéra du Rhin** (théâtre municipal) *:* 19, pl. Broglie. ☎ 03-88-75-48-01.
– **Festival international de Musique :** en juin. Renseignements : ☎ 03-88-32-43-10. Musique classique.
– **Festival de Musique tsigane :** ☎ 03-88-79-12-12. En juillet, dans le parc de la Citadelle et ailleurs en ville de façon improvisée.
– **Musica :** festival des Musiques d'Aujourd'hui. Mi-septembre, début octobre. ☎ 03-88-23-46-46. Une des dernières grandes manifestations musicales en France avec de nombreuses créations mondiales.
– **Jazz d'Or :** en novembre. Ça swingue et ça « jamme » à mort pendant le Jazz d'Or. ☎ 03-88-37-17-79.
– **Marché de Noël :** de fin novembre à fin décembre. Méga-foire. La manifestation traditionnelle strasbourgeoise la plus typique et la plus connue. Attention, foule énorme et s'y prendre longtemps à l'avance pour l'hébergement.
– **Carrefour européen Antiquité et Art :** mi-janvier, au Parc des expositions du Wacken.

➤ DANS LES ENVIRONS DE STRASBOURG

★ *La visite des brasseries :* pour toutes ces visites, prendre rendez-vous. Il y a d'abord la bonne vieille *Kro,* 68, route d'Oberthausbergen, à Obernai. ☎ 03-88-27-41-59. Pour les *addicts,* « la bière qui fait aimer la bière », *Heineken,* 10, rue Saint-Charles, à Schiltigheim, ☎ 03-88-19-58-00. Unité de production massive ultramoderne. À Schiltigheim toujours, *Fischer* (☎ 03-88-33-82-00) est un peu moins importante, et *Schutzenberger,* 8, rue de la Patrie, ☎ 03-88-18-61-00, est (comparativement) presque artisanale. Enfin, pour *Météor,* la bière d'Alsace, se rendre au 6, rue du Général-Lebocq, à Hochfelden (à 30 km de Strasbourg). ☎ 03-88-02-22-22.

★ *L'abbatiale d'Eschau :* au sud, à 5 km d'Illkirch-Graffenstaden. Construite à partir de 996, l'église abbatiale Saint-Trophime est l'un des plus beaux édifices d'art roman du Bas-Rhin. Abside en cul-de-four ornée à l'extérieur d'arcatures aveugles et de pilastres. L'ensemble est cependant peut-être trop restauré. Dans le transept gauche, ravissante statue polychrome de sainte Sophie et de ses trois filles : *Foi, Espérance* et *Charité.* Habillée comme au XVe siècle, d'une grâce infinie. Châsse en grès avec reliques de la même époque. Le campanile roman, en revanche, est récent. En face de l'abbatiale, très beau jardin monastique avec des plantes médicinales et aromatiques (350 à 400 espèces). Ces plantes étaient déjà connues et cultivées par les moines en 996, lors de la fondation de l'abbatiale. Visite guidée du jardin sur rendez-vous en téléphonant à la mairie. ☎ 03-88-64-03-76.

★ *Schiltigheim (67300) :* à 4 km au nord. Petite cité industrielle dynamique. Capitale de la bière. La première brasserie s'y installa en 1396. Aujourd'hui, on y brasse la *Schutzenberger,* la *Fischer* et la *Heineken* (la brasserie de cette dernière se visite, voir plus haut). Agréable centre rénové (place de la Liberté, rue Principale). Fête de la Bière mi-août.

★ *Pfulgriesheim (67370) :* à 13 km au nord-ouest par la D25. Village d'agriculteurs au cœur du Kochersberg. Dans la rue principale, plusieurs fermes traditionnelles des XVIIe et XVIIIe siècles, qui n'ont quasiment pas changé. Pas mal de charme. Étonnant, à quelques encablures de Strasbourg. Ça tombe bien, on y trouve deux bons restos ! (Voir plus haut « Où dormir ? Où manger dans les environs ? »).

★ *Hangenbieten (67980) :* à 10 km à l'ouest. Là aussi, bel échantillonnage de fermes anciennes, ainsi que plus au sud, à *Geispolsheim* et *Hindisheim* (une quarantaine sont datées).

LA ROUTE DES VINS D'ALSACE

D'Obernai à Kintzheim. La région de Molsheim à Marlenheim est traitée après le Hohwald.

OBERNAI (67210) 10 500 hab.

Prendre l'autoroute A35 direction Colmar ; sortie Obernai/Barr. À une trentaine de kilomètres à peine de Strasbourg, déjà l'Alsace profonde. Pas d'illusions, cependant, ça se sait. Ville éminemment touristique, la plus visitée du Bas-Rhin après Strasbourg. Mieux vaut donc y aller tôt, car dès le milieu de la matinée les cars déversent en centre-ville des flots de touristes. La ville est capable cependant d'offrir le plus souvent un visage avenant et pas trop

OBERNAI 103

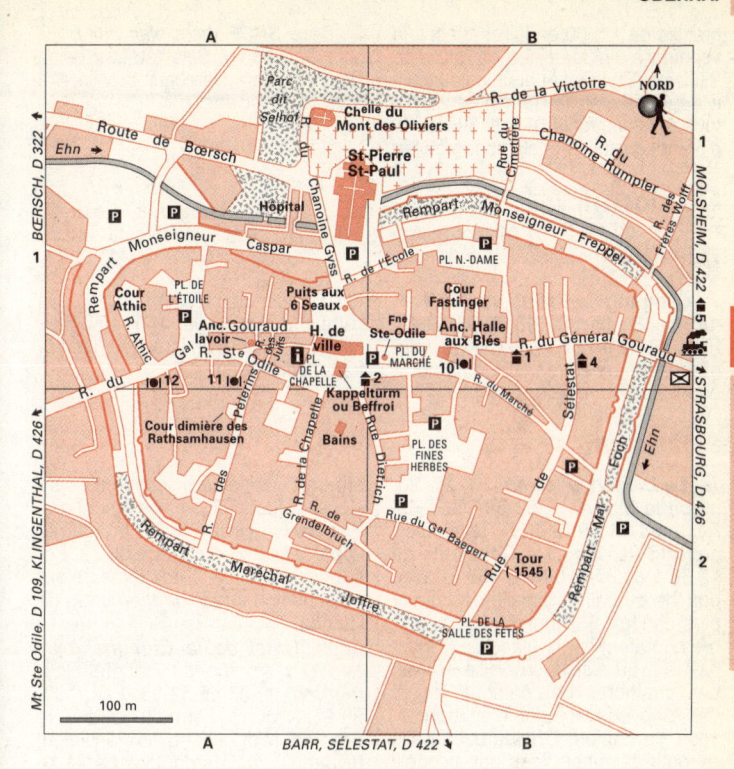

OBERNAI

- **Adresses utiles**
  - 🛈 Office du tourisme
  - 🚂 Gare SNCF
- **Où dormir ?**
  - 1 Hôtel de la Cigogne
  - 2 La Diligence
  - 4 Hôtel du Gouverneur
  - 5 Les Jardins d'Aldaric
- **Où manger ?**
  - 10 Restaurant Les Remparts
  - 11 Winstub La Dîme
  - 12 L'Agneau d'Or

commercial. En plus de l'agriculture et de la vigne prospères, l'existence d'un tissu industriel actif mais discret lui donne probablement ce côté opulent de bourgade en bonne santé. Le voisinage des brasseries Kronenbourg, qui y sont en effet installées, n'a pas l'air de déranger grand monde, au contraire !

Adresses utiles

🛈 *Office du tourisme* (plan A1) : pl. du Beffroi. ☎ 03-88-95-64-13. Fax : 03-88-49-90-84. • www.mairie-obernai.fr • De Pâques à la fête des vendanges, ouvert tous les jours de 9 h à 12 h et de 14 h à 18 h ; hors saison, du lundi au samedi de 9 h à 12 h et de 14 h à 17 h. Visite guidée gratuite de 1 h 30 en juillet et août, le vendredi à 9 h 30 ; départ de l'office du tourisme. En juillet et août toujours, visite guidée gratuite du sentier viticole tous les mercredis à 9 h 30, suivie d'une dégustation également gratuite.

■ *Gare SNCF* (hors plan par B1) : pour Strasbourg, Sélestat, Molsheim, Rosheim, Barr, Dambach-la-Ville, 4 à 5 trains quotidiens.

Où dormir ?

Camping

▲ *Camping Le Vallon de l'Ehn :* 1, rue de Berlin. ☎ 03-88-95-38-48. Fax : 03-88-48-31-47. • www.mairie-obernai.fr • À 15 mn à pied au nord-ouest du centre-ville. Compter 13 € (85 F) pour deux, tout compris. Un camping récent de 150 emplacements, avec aire de jeux pour les enfants, épicerie.

Prix moyens

🛏 *La Diligence* (plan A-B1, 2) : 23, pl. de la Mairie. ☎ 03-88-95-55-69. Fax : 03-88-95-42-46. • hotel.la.diligence@wanadoo.fr • Chambres de 42,68 à 69,37 € (280 à 455 F) avec douche ou bains. Difficile de trouver plus central. Bon nombre de chambres donnent sur la place de l'Hôtel-de-Ville, qui est le cœur de la ville. Les chambres ont presque toutes été rénovées et sont d'un bon niveau de confort. Chaleureuse salle de petit déjeuner. Très bon accueil. 10 % de réduction sur le prix de la chambre, hors petit déjeuner, à partir de 3 nuits consécutives, sur présentation du *Guide du routard* de l'année.

🛏 *Hôtel du Gouverneur* (plan B1, 4) : 13, rue de Sélestat. ☎ 03-88-95-63-72. Fax : 03-88-49-01-04. Fermé du 1er janvier au 25 mars et du 20 octobre au 31 décembre 2002. Chambres doubles de 39,63 à 56,41 € (260 à 370 F) avec douche et w.-c. C'est l'ancien hôtel du commandant de ville, édifié en 1566, grand bâtiment avec cour intérieure, dont un côté s'appuie sur les remparts de la ville. Galerie et escalier à balustre Louis XV. Chambres toutes refaites en sobre style moderne, claires et propres, certaines vraiment spacieuses (pour 3 ou 4 personnes). Pas de TV, pour plus de tranquillité et parce que y'en a marre du JT. Petit déjeuner offert à nos lecteurs sur présentation du *Guide du routard* de l'année.

🛏 I●I *Hôtel de la Cigogne* (plan B1, 1) : 49, rue du Général-Gouraud. ☎ 03-88-95-52-35. Fax : 03-88-95-01-80. ♿ Fermé le jeudi et le vendredi midi, ainsi qu'en janvier et février. Chambres doubles de 41,16 à 50,31 € (270 à 330 F) ; chambres pour 3 et 5 personnes également. Menus de 10,36 à 30,49 € (68 à 200 F). Bonne vieille maison du centre-ville, tenue par la même famille depuis de nombreuses générations. L'encorbellement, les pans de bois, les chambres rustiques (mais pas bien grandes), la salle à manger aux chaises typiques, toute la mythologie de l'Alsace est là. Un peu sombre et fouillis tout de même. Resto avec les classiques : choucroute royale arrosée au crémant d'Alsace, *baeckeoffe,* gibier en saison. Remise de 10 % sur le prix de la chambre sur présentation du *Guide du routard* de l'année, et bon accueil avec ça.

Plus chic

🛏 *Les Jardins d'Aldaric* (hors plan par B1, 5) : 19, rue du Maréchal-Kœnig. ☎ 03-88-47-64-47. Fax : 03-88-49-91-80. • www.alsanet.com/adalric • ♿ Pour ceux qui sont motorisés, car un peu excentré.

Du centre, prendre la direction Strasbourg ; passé le passage à niveau, on parvient à un rond-point ; toujours prendre la direction Strasbourg ; c'est ensuite à droite. Doubles avec douche ou bains de 70,13 à 129,59 € (460 à 850 F) en haute saison. Hôtel récent de style « moderne plaisant », avec parc ombragé et piscine. Chambres claires et colorées. Petit déjeuner - buffet. Piscine et court de tennis. Cet hôtel calme est le siège du Club Porsche ; n'oubliez pas la vôtre ! Apéritif maison offert sur présentation du *Guide du routard* de l'année.

Où manger ?

|●| Ne pas oublier le **resto de l'hôtel de la Cigogne**, décrit dans la rubrique « Où dormir ? ».

|●| **Restaurant Les Remparts** *(plan B1, 10)* : 3, rue du Marché. ☎ 03-88-95-15-52. Situé près des remparts Foch encerclant le quartier historique. Fermé les lundis soir et mardis, sauf en juillet et août. Menu du jour à 6,86 € (45 F) le midi en semaine ; autres menus à 14,94 et 16,47 € (98 et 108 F). Petit restaurant, tout en longueur, dans une vieille maison à colombages du XVIIe siècle. En haute saison, souvent bondé, même avec la terrasse. Nourriture très classique.

|●| **Winstub La Dîme** *(plan A1, 11)* : 5, rue des Pèlerins. ☎ 03-88-95-54-02. Fermé deux semaines en mars et deux semaines en octobre-novembre. Menus entre 11,43 et 16,77 € (75 et 110 F). La maison doit son nom à un bâtiment voisin où tous les vignerons de la commune d'Obernai venaient verser le dixième de leur récolte à l'État. Une des institutions d'Obernai. Toute la ville défile dans la salle à manger, et l'alsacien est sur toutes les langues. Plats et salades sont généralement copieux. Belle terrasse sur rue tranquille et bière pression bien tirée.

|●| **L'Agneau d'Or** *(plan A1, 12)* : 99, rue du Général-Gouraud. ☎ 03-88-95-28-22. Fermé le dimanche soir et le lundi ; congés annuels 3 semaines en janvier, la 2e quinzaine de mars et la 2e quinzaine de novembre. Premier menu à 10,52 € (69 F) le midi en semaine ; autres menus à 22,87 et 32,01 € (150 et 210 F). Une authentique *winstub*. Cadre chaleureux : plafond peint, coucou suisse, gravures, assiettes décorées. Le patron règne en maître : attentif avec la clientèle et familier avec les habitués. Plats de terroir goûteux et abondants. À la carte : carré de cochon de lait, pied de porc farci, agneau des Alpes. Attention, l'addition grimpe vite avec le vin.

À voir. À faire

Enserrée dans ses anciens remparts, Obernai se prête bien sûr merveilleusement à la marche. Impossible de décrire toutes les belles demeures qui jalonnent la ville. À vous de les découvrir !

★ **La place du Marché** *(plan B1)* : le cœur de la ville, qui a conservé son ordonnancement médiéval. Bordée par la halle aux blés de 1554, reconnaissable à ses arcades de pierre et à son haut toit percé de lucarnes. Fontaine Sainte-Odile. Beau puits Renaissance à six seaux.

★ **L'hôtel de ville** *(plan A1)* : présente toujours un corps de bâtiment gothique et Renaissance de 1523, avec une belle balustrade flamboyante sur consoles à têtes sculptées. Oriel richement ornementé. Impressionnant beffroi *(Kappelturm)* de plus de 60 m, vestige d'une église du XIIIe siècle et qui hérita au XVIIe siècle d'une galerie à échauguettes.

★ **Les anciens remparts** : le rempart Foch *(plan B2)*, la portion la mieux conservée, se trouve à la hauteur de la synagogue (parallèle à la rue de Sélestat). Tours rondes semi-circulaires.

★ *L'église Saint-Pierre-Saint-Paul (plan A-B1) :* construite au XIXe siècle en néo-gothique. Voir, à l'intérieur, l'autel du Saint-Sépulcre polychrome flamboyant du début du XVIe siècle.

★ Une **petite balade** au départ de la place de l'Étoile avec un ensemble de belles demeures (certaines avec toit polychrome). Dans le coin, *cour Athic* (accès par la rue Athic), *ancien lavoir* public (rue Sainte-Odile), *cour dîmière de l'impasse de Rothau*. Remonter la rue des Pèlerins. Au n° 8, *cour dîmière des Rathsamhausen* avec une belle bâtisse du XIIIe siècle à baies romanes. Rue de Sélestat, intéressantes maisons de vignerons. Au n° 7, *cour Niedermunster*. À l'angle de la rue du Général-Gouraud, béguinage à pignon crénelé. Au n° 68, rue du Général-Gouraud, *cour Fastinger* avec galeries du XVIIe siècle et puits.

Fêtes

– *Fête d'été :* le 3e week-end de juillet. Fête folklorique en l'honneur de Hans Em Schnokeloch, personnage légendaire qui n'était jamais content (un peu comme Grincheux).
– *Fête des Vendanges :* le 3e week-end d'octobre. Ambiance *winstub* sous chapiteau, fontaine à vin, élection de la reine des vendanges...

➤ *DANS LES ENVIRONS D'OBERNAI*

★ *Entre Obernai et le mont Sainte-Odile*, d'autres villages de la route des Vins à ne pas manquer : Saint-Nabor, Ottrott, Boersch, Rosheim, Rozenwiller, Heiligenstein.

LE MONT SAINTE-ODILE

À 763 m, la première « montagne » des Vosges. Promontoire couvert de forêt et chapeauté au sommet d'abruptes falaises de grès rose. Pas étonnant qu'elle ait attiré Celtes, puis Romains (pour des raisons stratégiques), ordres religieux (parce qu'ils ont toujours su choisir avec goût leurs sites), puis plus d'un million de touristes par an (parce qu'ils connaissent forcément les bons coins !)...

➤ Pour y aller de Strasbourg et Obernai : bus le dimanche, de Pâques à octobre ; en semaine également du 1er juillet au 31 août.

UN PEU D'HISTOIRE

Au VIIe siècle, le duc d'Alsace y construit un premier couvent de femmes. Sa fille Odile en devient l'abbesse. À sa mort, en 720, réputée pour sa grande charité, considérée comme une sainte, elle fait l'objet d'un grand culte populaire. L'abbaye prospère, mais en 1546, suite à un violent incendie, les religieuses abandonnent le site. L'évêque de Strasbourg charge alors des moines prémontrés de reconstruire le monastère. Le tombeau de sainte Odile devient lieu de pèlerinage. À la Révolution, les moines sont chassés, les bâtiments vendus. En 1853, l'évêque de Strasbourg organise une grande collecte dans toute l'Alsace et rachète le monastère pour en faire un lieu de pèlerinage et de séjour. Restauré dans la première moitié du XXe siècle, il abrite toujours une poignée de religieuses qui assurent l'accueil des pèlerins.

Où dormir ? Où manger ?

🛏 🍽 **Hostellerie du Mont Sainte-Odile :** tout en haut, quelle chance vous avez ! ☎ 03-88-95-80-53. Fax : 03-88-95-82-96. 🍴 Fermé du 7 au 20 janvier, ainsi que du 20 novembre au 3 décembre. Chambres doubles à 25,92 € (170 F) avec lavabo, 32,01 € (210 F) avec douche, 41,16 € (270 F) avec douche et w.-c. Menu à 11,43 € (75 F) le midi en semaine. Vu l'affluence et les prix relativement modérés, il est très recommandé de réserver (par courrier avec arrhes). Possibilité de demi-pension. Tarif groupes. Ouvert à tous (personne ne vous obligera à aller à la messe !). Environ 140 chambres austères mais bien tenues. Parfait pour une « récollection » (une retraite, quoi !). Bon accueil, nul n'en sera surpris ! Pour se restaurer, grande cafétéria avec self et salon de thé.

La visite de l'abbaye

☎ 03-88-95-80-53. Le site est ouvert toute l'année, de 8 h à 21 h. Les chambres d'hôte sont fermées du 7 au 20 janvier et du 20 novembre au 3 décembre.
- *La grande cour :* sitôt franchi le bâtiment d'entrée, on pénètre dans la grande cour aux tilleuls bicentenaires. À gauche, l'hôtellerie et la réception. Au fond, la salle des pèlerins et l'église.
- *L'église :* reconstruite au XVIIe siècle après la guerre de Trente Ans sur des éléments de l'église du XIIe siècle. Aspect trapu et harmonieux tout à la fois. Intérieur divisé en trois nefs égales par des colonnes toscanes. Belle boiserie du chœur. Stalles de style Renaissance. Noter les confessionnaux sculptés du début du XVIIIe siècle, les plus beaux d'Alsace, dit-on. Remarquable chemin de croix en marqueterie également.
- Par la cour du cloître, son ravissant jardin avec la statue de sainte Odile (patronne de l'Alsace), on parvient aux **chapelles** (accès également par une porte de l'église). D'abord, la *chapelle de la Croix,* du XIIe siècle, la partie la plus ancienne du mont. Voûte basse soutenue par une colonne centrale avec chapiteau sculpté. Curieusement, deux personnages tirent la langue. Ça a presque l'aspect d'une crypte romane. Sarcophage d'Aldaric en grès rouge avec une alvéole pour la tête.
- *La chapelle Sainte-Odile,* avec chœur ogival : dans un coin, le tombeau abritant le sarcophage de calcaire de la sainte (datant du VIIIe siècle). Tout autour, jolis lambris de chêne du XVIIIe siècle et peintures retraçant des séquences de sa vie. Puis on accède au cloître fermé et à la grande terrasse.
- *La grande terrasse :* d'abord, remarquable panorama alentour. Par beau temps s'étendent loin la plaine d'Alsace, la Forêt-Noire à l'est et les Vosges à l'ouest. Un copain méticuleux et patient a compté plus de 150 villages. Table d'orientation. Au milieu, cadran solaire du XVIIe siècle. *Chapelle des Larmes* où venait prier sainte Odile (pour son père qui, pensait-elle, était au purgatoire, d'où les larmes !). *Ancien cimetière* avec neuf tombes, creusées dans le roc, disposées en éventail. La *chapelle des Anges,* qui s'accroche au rocher, date des XIe-XIIe siècles. Décor intérieur en mosaïque.
Retour conseillé par le chemin de ronde de la grande terrasse, avec super belle vue sur les Vosges.
- **Pèlerinages :** le 1er dimanche de juillet, l'Assomption, la fête de la Vierge et le 13 décembre.

À faire. À voir encore

➤ Le mont Sainte-Odile est le point de départ d'intéressantes **balades pédestres.** Entre autres, *Ottrott* par le sentier des Pèlerins (1 h 15), *Hagelschloss* en direct (1 h), sentier des Pèlerins, route romaine (25 mn), mur païen, circuit nord par *Hagelschloss* (1 h 15) et nombreux autres circuits.

➤ **Les étranges rochers du mont Sainte-Odile :** 9 km, 3 h aller et retour sans les arrêts. Du parking du mont Sainte-Odile. Balisage : chevalet jaune. Topoguide : *Les plus belles balades autour de Strasbourg* (éd. du Pélican). Carte IGN/Club Vosgien au 1/25 000 3716 ET.
Une balade loin des foules, marquée par les légendes. Un sentier pour druides et Romains.
À la sortie du couvent du mont Sainte-Odile, descendre les quelques marches sur la gauche et longer la falaise sur la droite.
Un chemin de croix en céramique de Soufflenheim mène à un sentier balisé d'un chevalet jaune par le Club Vosgien. Il monte sur la crête où l'on retrouve les gros blocs du mur païen. Bientôt le rocher du Beckenfels (rocher de la Cuvette) montre son sommet creusé par l'exploitation d'une carrière. Si l'on est très paresseux, il faut compter 20 mn aller et retour pour « voir le mur païen ». L'itinéraire continue en entrant à l'intérieur du mur au niveau du rocher du Panorama qui porte bien son nom. Remarquer la plaque de bronze de Kurt Mundel, membre de l'illustre Club Vosgien et auteur du premier guide sur les Vosges. Un ancêtre du *Routard,* quoi ! Le promontoire du Maennelstein et sa table d'orientation méritent une photo, même par temps brumeux. Parfois la mer de nuages qui envahit la vallée est bordée par l'ombre des sapins sombres. Une véritable magie chinoise. Un anneau de fer scellé dans le roc évoque la légende de l'arche de Noé, surnageant sur la plaine d'Alsace inondée... Les rochers qui suivent sur le sentier sont tout aussi mystérieux : le Schaftstein, ou « roche des exécutions », et le Wachstein, ou « roche du guet ».
Poursuivant l'itinéraire, passer en silence devant les dizaines de petites croix de bois accrochées à un grillage. C'est le site du terrible accident de l'A320 qui s'est écrasé en 1992. Trois monolithes en marquent le souvenir. Poursuivre vers le nord en direction de l'entassement rocheux de la grotte des Druides, descendre le long du mur païen. Traverser la route, puis continuer vers la porte de Barr, près d'une ancienne voie romaine. Non loin, des tombes mérovingiennes ont été découvertes au XIXe siècle. L'itinéraire rejoint alors le mont et le parking de départ par la porte romaine Fritz Eyer.

★ **Le mur païen :** c'est l'une des énigmes archéologiques les plus puissantes d'Europe. Autour du mont Sainte-Odile court un rempart de pierre d'une dizaine de kilomètres de long, disposé en trois boucles. Les experts ne sont pas d'accord sur sa datation. Certains avancent le Xe siècle avant J.-C., d'autres le IVe siècle. Mais plus nombreux sont ceux qui penchent pour des origines celtes, aux alentours du IIe siècle avant J.-C. Sur son utilité, là aussi, les avis divergent. Immense parc à bestiaux au IVe siècle (la main-d'œuvre existait à l'époque pour mettre en place un tel barbelé), place fortifiée au IIe siècle en prévision d'invasions menaçantes, etc. Ce qui frappe les historiens, c'est le manque de points d'eau dans le périmètre fortifié. Comment alors faire subsister plusieurs milliers d'assiégés ?
On évalue qu'il fallut environ 300 000 blocs de pierre de 150 kg pour édifier le mur. De nombreuses carrières jalonnant l'ouvrage montrent qu'il ne fallut pas aller bien loin chercher les matériaux (traces de sciage souvent bien visibles). Technique classique consistant à entailler suffisamment la pierre, à y introduire des coins de bois, qu'on arrosait de façon à les faire gonfler et à provoquer l'éclatement de la roche. Ces pierres étaient entassées sur 4 à 5 m de haut sur 1,80 m de large. Un ingénieux système de tenons et mor-

taises permettait de solidariser les pierres entre elles. Le mur fut en partie restauré par les Romains au IIIe siècle après J.-C., en prévision des invasions barbares. Vestiges de morceaux de voies romaines. Au Xe siècle, quelques éléments du rempart, les plus proches du sommet, furent à leur tour renforcés à l'approche des attaques magyares. Après, le mur fut définitivement abandonné et servit de carrière pour les châteaux alentour. Aujourd'hui, sous sa mousse, le mur païen n'a pas fini d'intriguer.
– Possibilité de le découvrir en randonnant. Le tour complet nécessite environ 5 h, mais on peut n'en faire que des portions. Des raccourcis ramènent toujours au couvent. Pas de difficultés majeures et dépaysement, voire exotisme garantis avec de mystérieux sous-bois, des roches aux formes étranges, des grottes, des arbres tordus, etc. Quelques « sites forts » : le rocher d'Oberkirch, le rocher Saint-Nicolas, celui du Beckenfelsen. Sentiers bien balisés par le Club Vosgien. Bien sûr, acheter une carte précise de la randonnée.

➤ *AUTOUR DU MONT SAINTE-ODILE*

★ *HEILIGENSTEIN* (67140)

Joli village de la route des Vins. Possède la particularité d'exploiter un cépage original, le klevener, sorte de traminer rapporté du nord de l'Italie, en 1742, par le maire de l'époque. Hôtel de ville du XIXe siècle à clocheton. Fontaine de 1558 dont l'auge est un sarcophage mérovingien. À l'angle de la rue de l'Ours, belle demeure à colombages du XVIe siècle, appelée maison aux nids d'hirondelles.
Dans les environs proches, nombreuses occasions de randonnées balisées dans la forêt. Prendre la direction de l'*auberge de Moenkalb*. Superbe point de vue sur le village.

Où dormir ? Où manger ?

🏠 |●| *Relais du Klevener :* 51, rue Principale. ☎ 03-88-08-05-98. Fax : 03-88-08-40-83. Dans le bourg. On y accède par la D35, direction Ottrott. Fermé le lundi, le mardi midi, ainsi que du 1er janvier au 15 février. Selon confort (lavabo, douche ou bains), doubles de 45,73 à 53,36 € (300 à 350 F). Au restaurant, menus de 14,48 à 29,73 € (95 à 195 F). Chambres simples, sans grand charme mais bien tenues et pas très chères. L'hôtel domine les vignobles et l'on peut admirer le Rhin et nos voisins allemands. Bien sûr, demander une chambre avec vue. Brasserie et restaurant : à la carte, foie gras maison, poisson... Terrasse pour prendre un verre de... klevener, par exemple. Apéritif maison offert à nos lecteurs sur présentation du *Guide du routard* de l'année.

🏠 *Chambres d'hôte chez Charles Boch :* 6, rue Principale. ☎ 03-88-08-41-26. Fax : 03-88-08-58-25. Fermé la dernière semaine d'août. Chambres doubles à 39,63 € (260 F), petit déjeuner compris. Ce bon vigneron, qui fait un excellent klevener, propose plusieurs chambres dans sa maison donnant sur le vignoble. Elles sont confortables, de style rustique comme souvent en Alsace, et équipées de salles d'eau assez vastes. Le *breakfast* alsacien copieux comprend trois variétés de pain, fromages, jambon et *kouglof*. Chez sa maman, au n° 5, il y a aussi 5 chambres 3 épis, et la salle de petit déjeuner style tonnelle est ouverte sur le jardin. Parking privé. L'endroit rêvé pour qui se pique d'œnologie !

|●| *Au Raisin d'Or :* chez M. et Mme Kinnbacher. ☎ 03-88-08-95-23. Fermé les mardis et mercredis, ainsi que deux semaines en février et autant en novembre. Menus compris entre 15,40 et 22,72 € (101

et 149 F). Sympathique affaire de famille à la cuisine aussi souriante que l'accueil, à deux pas de la mairie. Sandre au riesling, écrevisses aux nouilles, quenelles de veau aux morilles, escargots... L'assiette est bien garnie, ça fait plaisir. Il y a même des plats « petits appétits », comme ça au moins, tout le monde est à l'aise.

★ *OTTROTT* (67530)

Prospère village viticole réputé pour sa production de pinot noir, le fameux vin rouge alsacien. Bien sûr, touristique. Maisons de vignerons traditionnelles. Bourg étendu et divisé en Ottrott-le-Haut et Ottrott-le-Bas. Chapelle Saint-Nicolas avec porche du XIIe siècle et Vierge polychrome du XIIe siècle.

Adresses utiles

■ *Syndicat d'initiative :* 46, rue Principale. ☎ 03-88-95-83-84. Fax : 03-88-95-90-59. Ouvert du 1er juillet au 30 septembre du lundi au samedi de 10 h à 12 h et de 14 h 30 à 19 h, et les dimanches et jours fériés uniquement le matin.

■ *Mairie :* ☎ 03-88-95-87-07. Fax : 03-88-9582-11. Ouvert toute l'année du lundi au vendredi de 8 h à 10 h et de 14 h à 18 h (17 h le vendredi).

Où dormir ? Où manger ?

■ *Chambres d'hôte famille Maurer :* 11, rue d'Obernai-Roedel. ☎ 03-88-95-80-12. Fermé en janvier et février. De 41,16 à 47,26 € (270 à 310 F) pour deux, petit déjeuner compris. Cartes de paiement refusées. Grande cour de ferme fleurie. Le maïs sèche sur les portes, le tas de bois attend les premiers frimas. Chambres coquettes et accueil charmant.

Plus chic

■ |●| *Hôtel Winstub L'Ami Fritz :* 8, rue des Châteaux, à Ottrott-le-Haut. ☎ 03-88-95-80-81. Fax : 03-88-95-84-85. • www.amifritz.com • Fermé le mercredi, deux semaines en janvier et une semaine en février. Doubles de 57,94 à 85,38 € (380 à 560 F). Menus de 19,05 à 54,89 € (125 à 360 F). Dans un coin sympa. De tous les établissements du village, c'est le moins touristique. La maison a fière allure (elle date du XVIIe siècle) et l'intérieur ne déçoit pas. Très belles chambres joliment décorées, où il fait bon ronfler. Celles sur rue sont climatisées. Également une annexe à 600 m, *Le Chant des Oiseaux,* un peu moins chère mais un peu moins confortable. Salle à manger plaisante de style rustico-cossu, service efficace et attentionné. Patrick Fritz, heureux en sa maison, concocte une cuisine régionaliste maligne et fraîche : *strudel* de boudin noir, choucroute au canard ou royale, tripes gratinées et braisées au sylvaner... Café offert sur présentation du *Guide du routard* de l'année.

Où dormir ? Où manger dans le coin ?

■ |●| *Hôtel-restaurant du Cygne :* 23, route du Mont-Sainte-Odile, 67530 Klingenthal. ☎ 03-88-95-82-94. On y accède par la D426. Fermé le mardi soir et le mercredi toute la journée ; congés annuels de fin juin à mi-juillet et 15 jours en hiver. Chambres doubles de 21,34 à 28,96 € (140 à 190 F). Demi-pension : 28,96 € (190 F). Premier menu à 8,38 € (55 F) le midi en semaine ; autres menus de 14,03 à 17,84 € (92 à 117 F). Petite étape très bien située sur la route du mont Sainte-Odile. Ambiance traditionnelle. Des chambres simples et propres. Au resto, toute la saveur d'une cuisine familiale ! Plats copieux. Succulentes tartes aux fruits élaborées dans la boulangerie-pâtisserie familiale qui se trouve à côté du restaurant. 10 % de réduction sur le prix de la chambre de novembre à mars sur présentation du *Guide du routard* de l'année.

|●| *Auberge de la Forge :* 43, rue du Mont-Sainte-Odile, 67530 Klingenthal. ☎ 03-88-95-97-77. Fermé le lundi, et vers la mi-juin. Menu à 13,72 € (90 F). Il y a quatre restaurants dans le village, mais il faut absolument s'attabler dans cette bonne auberge, la tarte flambée est exceptionnelle. Café offert sur présentation du *Guide du routard* de l'année.

À voir

★ *L'aquarium d'Ottrott-Parc-Aquarium Les Naïades :* 30, route de Klingenthal. ☎ 03-88-95-90-32. Fax : 03-88-95-99-65. Ouvert tous les jours de 9 h 30 à 18 h 30. Entrée : 6,55 € (43 F).
Installé dans une ancienne usine de filature du XIXe siècle, l'aquarium est organisé autour du thème du « cycle de l'eau ». Le public part à la découverte des eaux souterraines, des eaux calmes, des eaux stagnantes, des eaux saumâtres, des eaux salées des mers et océans. Le voyage vous entraîne à travers l'aventure d'une goutte d'eau (de son évaporation à son retour à la mer) mais aussi à la découverte de la faune et de la flore aquatique des différents continents. Espèces aquatiques connues – tortues de Floride, requins, crocodiles et autres piranhas – ou plus étonnantes – poissons aveugles des grottes du Mexique, poissons vaches, poissons marcheurs, castors du Chili, anguilles électriques –, tous barbotent dans de vastes bassins parmi une flore qui respecte l'équilibre biologique. Adultes et enfants font une rencontre inhabituelle au milieu de 3 000 poissons exotiques, 120 espèces et un volume total des bassins en eau de 300 000 litres. Boutique, snack-resto également.

À voir dans le coin

★ *La Maison de la Manufacture :* 2, rue de l'École, 67530 **Klingenthal.** Ouvert uniquement le dimanche et les jours fériés de début mai à fin octobre, de 14 h à 18 h (possibilité de visite en semaine sur rendez-vous : ☎ 03-88-95-83-85). La manufacture d'armes, célèbre dans le monde entier pour ses sabres, épées, etc., est fermée depuis 30 ans ; mais, grâce à une association bénévole, « l'Association pour la sauvegarde du Klingenthal », qui a décidé de faire revivre sa riche histoire, on peut de nouveau pénétrer le mystère des armes blanches et de leur fabrication. Pour amateurs de cape et d'épée et d'épopée sabre au clair.

★ *BOERSCH* (67530)

L'un des villages préférés de Hansi, qui en parlait ainsi : « On dirait un jouet, une cité miniature réunissant en un espace restreint toutes les constructions caractéristiques du vignoble alsacien ». Longue rue unique reliant deux portes des anciens remparts du XIVe siècle, dont il reste des portions significatives, notamment rue du Fossé-des-Tours.

Venant d'Ottrott, porte Saint-Médard (Obertor, ou porte Haute). Vers Obernai-Rosheim, porte Basse (Niedertor). Adorable place de la Mairie avec un magnifique puits Renaissance à trois poulies. Mairie de la même époque avec tourelle et oriel d'angle. Prendre la rue du Rempart (au n° 15, maison typique), jusqu'à la tour du Rempart et son puits. Rue des Vosges, demeures intéressantes avec pierre ou poutre sculptée du XVIe siècle, notamment aux n°s 2, 3, 7, 13 et 28.

Adresse utile

Syndicat d'initiative : pl. de l'Hôtel-de-Ville. ☎ 03-88-95-82-43. Fax : 03- 88-95-84-64. Ouvert du lundi au vendredi de 8 h à 12 h et de 14 h à 18 h.

À faire

➢ *Le sentier viticole :* départ de la porte Basse. Durée : 1 h environ. Beaux points de vue sur la Forêt-Noire, le mont Sainte-Odile et le village.

À voir autour de Boersch

★ *La marqueterie Spindler :* 3, cour du Chapitre, 67530 **Saint-Léonard.** ☎ 03-88-95-80-17. À 1 km de Boersch par la D35. Galerie ouverte les vendredis et samedis de 9 h à 12 h et de 14 h à 18 h ; les autres jours de la semaine, téléphoner pour prendre rendez-vous.

Technique millénaire (350 av. J.-C.), la marqueterie a connu ses heures de gloire en Italie et finit par se manifester particulièrement à Florence au XVe siècle. En France, elle se développe au XVIIe siècle grâce à André-Charles Boulle et Jean-François Œben, subit une éclipse et redevient à la mode à la fin du XIXe et au début du XXe siècle par le biais de l'école de Nancy avec Émile Gallé et Majorelle.

Parallèlement au foyer nancéen mais dans un esprit différent, l'Alsacien Charles Spindler travaille à l'élaboration d'une nouvelle ligne de meubles marquetés, ainsi qu'à la création de tableaux de marqueterie d'une facture remarquable. Son fils Paul, grand voyageur et mystique, reprendra le flambeau en reproduisant en marqueterie des paysages africains ou polaires.

Aujourd'hui, Jean-Charles poursuit la tradition centenaire des scènes pittoresques de la campagne alsacienne tout en développant sa recherche sur la matière bois. Les œuvres admirables de cette famille d'artistes sont visibles dans moult *winstubs* d'Alsace ainsi que dans quelques autres lieux, comme l'église du mont Sainte-Odile (le *Chemin de croix* de Charles Spindler, désormais éclairé). Une visite intéressante.

ROSHEIM (67560) 4 550 hab.

Là aussi, Hansi a dû probablement écrire quelques lignes enthousiastes. C'est la grande sœur de Boersch, avec en plus l'une des plus ravissantes églises romanes d'Alsace. Là aussi, en suivant la rue principale, on franchit plusieurs portes de la ville. Jean-Marie Lehn, prix Nobel de chimie, est un enfant du pays.

ROSHEIM

Adresses et infos utiles

🅘 *Office du tourisme :* à la mairie. ☎ 03-88-50-75-38. Fax : 03-88-50-45-49. Ouvert en principe du lundi au vendredi de 9 h à 12 h et de 14 h à 18 h ; en été, ouvert également le samedi et le dimanche matin. Pendant la saison, visites gratuites de la ville.

🚌 *Bus CTS :* pour Strasbourg, Obernai, Boersch, Ottrott, le mont Sainte-Odile (uniquement à partir du dimanche de Pâques), Saint-Nabor. 6 liaisons hebdomadaires pour St-rasbourg.

🚆 *Gare SNCF :* ☎ 08-36-35-35-35 (0,34 €/mn, soit 2,21 F). Environ une dizaine de trains quotidiens pour Sélestat et Strasbourg (4 trains les dimanches et jours fériés).

Où dormir ? Où manger ?

Campings

⛺ *Aire naturelle de camping, Herr Lucienne :* 5, route de Boersch. ☎ 03-88-50-21-10. Fermé du 15 octobre au 1er avril. 5,49 € (36 F) pour deux. Électricité : 1,52 € (10 F). Douche chaude : 0,91 € (6 F).

⛺ *Camping Fackenthal :* route de Grendelbruch. ☎ 03-88-97-45-20. Fermé du 31 octobre au 1er avril, « selon le temps ». Compter 6 € (39 F) pour deux.

Prix moyens

🏨 |●| *Hostellerie du Rosenmeer :* 45, av. de la Gare. ☎ 03-88-50-43-29. Fax : 03-88-49-20-57. ● www.le.rosenmeer.com ● 🍽 pour le restaurant uniquement. Fermé le dimanche soir hors saison, le lundi et le mercredi soir toute l'année, ainsi que de mi-février à début mars et fin juillet. Chambres doubles entre 67,08 et 89,94 € (440 et 590 F) en haute saison, selon les commodités. Une grande variété de menus entre 17,99 et 62,81 € (118 et 412 F). Un hôtel moderne et confortable, dont le nom évoque un ruisseau qui serpente du château fort de Guirbaden jusqu'à Rosheim. Assez éloigné du centre du village cependant (voiture presque indispensable pour s'y rendre). *Rosenmeer* veut dire « mer de roses ». Charmant ! Chambres classiques et confortables. Au restaurant, nombreux menus et formules en veux-tu en voilà (menu formule jeune, dégustation...). Cuisine régionale classique, avec aussi (à la carte surtout) des propositions plus originales, et toujours bien tournées. Apéritif maison offert sur présentation du *Guide du routard* de l'année.

|●| *Rosenmeer Winstub :* 45, av. de la Gare. ☎ 03-88-50-43-29. 🍽 pour le restaurant. Sur la D35, à 5 km de Molsheim en direction d'Obernai. Fermé le dimanche et le lundi, ainsi que de mi-février à mi-mars. Juste à côté de l'hostellerie de luxe. On aime beaucoup cette *winstub* authentique et son cadre traditionnel : boiseries, lourdes tentures rouge fané, estampes folkloriques, parquet en bois. Au choix, à la carte : salade alsacienne, jambon chaud sauce raifort, hareng frais, munster pommes sautées sauce acidulée et verre de gewurztraminer... des petits plats accompagnés des vins de la maison bien sûr, car les Maetz ont leurs propres vignes.

Où manger dans les environs ?

|●| *Ferme-auberge Le Pâtre :* 67560 Grendelbruch. ☎ 03-88-97-55-71. À 10 km de Rosheim par la D604 et ensuite la D204. Ouvert le

LA ROUTE DES VINS D'ALSACE

samedi midi, le dimanche midi et le dimanche soir ; en juillet-août ouvert en plus le mardi midi, le mercredi midi et le jeudi midi. Menu en semaine à 12,20 € (80 F). Ambiance conviviale, cuisine au diapason avec des produits de la ferme comme l'agneau, le cabri et le fromage de chèvre. Après le repas, ne pas oublier d'aller visiter la bergerie.

À voir

★ *L'église Saint-Pierre-Saint-Paul :* chef-d'œuvre de l'art lombardo-rhénan. Construite au XIIe siècle dans un grès jaune qui prend des couleurs miel doré au soleil couchant. En revanche, le clocher du XIVe siècle est en grès rouge et de style gothique. Grande richesse de l'ornementation des façades. Sur le toit, deux sculptures. L'une, un ermite, symbolise la prière. L'autre, un personnage accroupi en train de mendier, évoque la charité (autre version : l'architecte de l'église demandant à être payé). Portail sud superbe, présentant une grande fantaisie dans le décor (feuilles d'acanthe, torsades, doubles spirales, etc.). Chapiteaux en forme de cônes renversés (comme la base des colonnes à l'intérieur). Chevet particulièrement harmonieux avec une élégante fenêtre centrale (ornée des symboles des quatre évangélistes). À l'intérieur, intéressants chapiteaux aux décors multiples : végétaux, motifs géométriques, etc. L'un d'entre eux présente des têtes humaines du même style que celles rencontrées sur les faces extérieures de l'église. Une curiosité : sur le mur du transept sud, noter les rainures. On dit que les soldats y aiguisaient leur épée. Plus probablement, ce sont les tisserands installés sur la place qui y affûtaient leurs navettes. En particulier pour fabriquer les robes de mariée. Cela donnait, de plus, un petit côté sacré à leur travail.

★ *La place de l'Hôtel-de-Ville :* mairie du XVIIIe siècle à l'élégante façade et, surtout, fort beau puits Renaissance qui subvint aux besoins de la population jusqu'en 1906. Au n° 63, rue du Général-de-Gaulle, belle demeure du XVIe siècle marquée des symboles du viticulteur et du tonnelier.

★ *L'église Saint-Étienne :* noble façade classique du XVIIIe siècle sur colonnes imposantes de grès rouge. Mais elle possède toujours son clocher d'origine romane.
À l'angle de la rue principale et de la rue de l'église, jolie maison à colombages. Sur le poteau d'angle (on dit ici poteau cornier), personnage sculpté et symbole du boulanger.

★ *La maison romane :* à la hauteur du n° 24 de la rue principale. Ce serait le plus ancien bâtiment civil d'Alsace. Construit au XIIe siècle, il présente un solide appareillage de pierre avec de minuscules ouvertures romanes.

➤ DANS LES ENVIRONS DE ROSHEIM

★ ROSENWILLER (67560)

À 3 km de Rosheim, croquignolet petit village viticole, un peu en dehors des sentiers battus.

À voir

★ *L'église à la Vierge :* intéressant mobilier intérieur. Fresques du XIVe siècle (mais très restaurées). Surtout deux remarquables verrières du XIVe siècle, aux couleurs éclatantes, peintes par des artistes de la cathédrale de Strasbourg. Vierge du XVe siècle sur autel Renaissance. Dans l'avant-chœur, noter les quatre statuettes de bois d'une grande finesse d'exécution. Très rare Saint-Sépulcre avec grille (on y gardait le saint sacrement pendant la Semaine sainte). Bas-côté droit, retable de Saint-Sébastien en bois sculpté de belle facture.

★ **Le cimetière juif :** à 1 km. Monter la grand-rue, puis à gauche à la lisière du village (c'est bien fléché !). Le plus ancien d'Alsace. Après avoir été chassés des grandes villes, les juifs durent se réfugier dans les campagnes et les bourgades les plus tolérantes. Rosheim fut l'une d'entre elles. En 1366, sur une terre inculte, est créé le cimetière de Rosenwiller. Aujourd'hui, on y trouve plus de 6 000 stèles. Jusqu'au XVIIIe siècle, elles ne pouvaient être qu'en bois.
Dans un paysage assez sauvage et serein tout à la fois, en marge de la forêt d'Eichwald, c'est une balade émouvante. Cependant, la plupart des stèles datent d'après la Révolution française car beaucoup furent détruites par les antisémites dans la tourmente de l'époque. Certaines arborent le symbole de l'astre solaire. Une grande partie du cimetière est encore envahie par les arbustes et la végétation. C'est la partie la plus romantique, bien sûr.

BARR (67140) 5 890 hab.

Petite capitale viticole du Bas-Rhin, ville commerçante et carrefour routier. Fut longtemps spécialisée dans le travail du cuir (tanneries, etc.). Aujourd'hui, joue la carte du tourisme avec un certain succès. Malgré les vicissitudes de la Seconde Guerre mondiale, possède encore un riche patrimoine de demeures anciennes.

Adresse et infos utiles

Office du tourisme : rue des Bouchers. ☎ 03-88-08-66-65. Fax : 03-88-08-66-51. ● www.pays-de-barr.com ● (ce site concerne en fait le pays de Barr et de Bernstein, soit une vingtaine de communes). De juillet à septembre, ouvert en semaine de 8 h 30 à 12 h 30 et de 13 h 30 à 19 h, et le week-end de 9 h (10 h le dimanche) à 12 h et de 14 h à 18 h ; le reste de l'année, du lundi au samedi de 8 h à 12 h et de 14 h à 18 h ; ouvert le dimanche pendant les expositions. Bon matériel touristique et plan de ville.

Gare ferroviaire : trains pour Strasbourg, Obernai, Sélestat, Rosheim, Molsheim, etc.

Où dormir ? Où manger ?

Hôtel Maison Rouge : 1, av. de la Gare. ☎ 03-88-08-90-40. Fax : 03-88-08-90-85. ● maisonrouge@wanadoo.fr ● Fermé le dimanche soir, le lundi, pendant les congés scolaires de février et la dernière semaine de juin. Chambres doubles à 45,73 € (300 F). Menu à 14,94 € (98 F). Suffisamment excentré pour ne pas être trop touristique, mais avec tout de même une placette sympathique et une rue piétonne face à l'établissement. Les chambres sont agréables, en particulier la chambre n° 15, spacieuse et avec une belle vue sur le vignoble. Grand choix de bières à la *bierstub*. Terrasse.

Hôtel Le Brochet : 9, pl. de l'Hôtel-de-Ville. ☎ 03-88-08-92-42. Fax : 03-88-08-48-15. ● www.brochet.com ● Chambres doubles à 42,68 € (280 F) avec douche, 51,84 € (340 F) avec bains. Demi-pension : 24,39 € (160 F) par personne. Très central. Chambres correctes. La n° 1 est parfaite pour 3 personnes. Certaines offrent une belle vue sur la place de l'Hôtel-de-Ville. Ce qui est particulièrement intéressant au moment des grandes fêtes de la ville (en juillet et en août). Parking privé gratuit derrière l'hôtel. Sur présentation du *Guide du routard* de l'année, 10 % de réduction sur le prix de la chambre en demi-pension de janvier à avril (sauf Pâques).

🏠 ***Chambres d'hôte chez Jean-Louis Bachert :*** 35, rue du Docteur-Sultzer. ☎ 03-88-08-95-89. Fax : 03-88-08-43-06. • ebachert@tpgnet.net • À 5 mn du centre-ville en direction d'Heiligenstein. Compter 49 € (321 F) la chambre double, petit déjeuner compris. Idéalement située sur une colline et entourée de vignes, la maison de ce vigneron vaut l'étape. L'accueil de Mme Bachert met tout de suite l'arrivant dans le bain, avec une dégustation des vins de la propriété : klevener, pinot noir, suivie d'une visite des lieux. 2 chambres dont l'une, boisée, offre une belle vue sur les vignes et les villages environnants (vous compterez 6 clochers en tout). Le petit déjeuner est servi sous la tonnelle, presque au pied des vignes.

Où acheter de bons produits ?

Il y avait encore 7 à 9 fabricants de pains d'épice au début du siècle dernier à Gertwiller, petit village viticole et tranquille (800 habitants) jouxtant Barr (à 2 km au nord-est). Aujourd'hui, il n'en reste que deux :

🍬 ***Fortwenger :*** 144, route de Strasbourg. ☎ 03-88-08-96-06. En été, ouvert de 8 h à 12 h et de 13 h 30 à 19 h (les dimanches et jours fériés, de 10 h à 12 h et de 14 h à 18 h) ; hors saison, de 8 h à 12 h et de 14 h à 18 h 30. Depuis 1700, date de sa fondation, cette bonne maison régale petits et grands avec son pain d'épice. Sa boutique de vente ressemble au palais de Dame Tartine. Elle est bourrée de sucreries et pleine de senteurs. Un piège pour les gourmands ! Visite gratuite et guidée des ateliers, avec une dégustation des produits maison.

🍬 ***Lips :*** 110, pl. de la Mairie. ☎ 03-88-08-93-52. De juillet à septembre, ouvert du lundi au vendredi de 14 h à 18 h, également le matin de 9 h à 12 h le mardi et le jeudi ; de mars à juin et de septembre à décembre, le dimanche de 14 h à 18 h. Entrée : 2,29 € (15 F). Artisan à l'ancienne dont les produits ont la saveur d'antan (en semaine, on peut assister à la fabrication du pain d'épice), M. Lips est aussi un passionné de l'histoire du pain d'épice, de la biscuiterie, de la chocolaterie, de l'art populaire alsacien et de la vie rurale d'autrefois. Au-dessus du fournil, dans l'ancienne grange dîmière datant de 1756, il a installé un musée sur une surface de 350 m². Ce *musée du Pain d'épice et des Douceurs d'autrefois* est le fruit de 30 ans de collection (commencée à l'âge de 16 ans). 8000 pièces sont exposées, dont une superbe collection de moules à chocolat et à *kouglof* (le plus ancien date du XVIIIe siècle). Des moules qui ne sont pas neutres, comme ceux à gâteaux, dont on se servait pour les fêtes familiales et religieuses et qui sont ornés d'animaux symboliques : l'écrevisse (signe de fécondité), le crapaud (animal censé exorciser la stérilité), ou encore le lièvre (symbole du retour du printemps). Intéressante aussi, la vitrine avec tout ce qui se rapporte à saint Nicolas (images, jouets...), et la *stub,* pièce principale d'une ferme alsacienne reconstituée.

À voir. À faire

★ ***La place de la Mairie :*** belle unité architecturale, ensemble de charme. Un vrai décor de théâtre avec sa fontaine, les vieilles demeures et les enseignes. Au milieu, l'hôtel de ville de style Renaissance construit en 1640.

Large toit pentu avec gracieux pignon à volutes et oriel. Jeter un œil côté cour pour l'escalier à double montée.

★ **Le musée de la Folie-Marco :** 30, rue du Docteur-Sultzer. ☎ 03-88-08-94-72. Du 1er juillet au 1er octobre, ouvert de 10 h à 12 h et de 14 h à 18 h (fermé le mardi); en juin, octobre et décembre, ouvert le week-end; le reste de l'année, sur rendez-vous auprès de l'office du tourisme. Entrée : 3,05 € (20 F); tarif réduit pour nos lecteurs sur présentation du *Guide du routard* de l'année : 2,29 € (15 F). Ancienne « folie » Louis XV construite par le bailli de la seigneurie de Barr. Elle présente un mobilier d'époque, de belles tapisseries, luxueuse vaisselle, étains, faïences de Hannong, etc. Petit musée du Bûcheron et de la Schlitte, ce traîneau pour transporter le bois, manié avec dextérité par les « schlitteurs » sur les pentes.

➢ **Petite balade en ville :** rue Neuve, à l'entrée, cour du Caveau des Tanneurs avec un escalier à vis. C'est l'une des rues ayant conservé le mieux son aspect et son tracé médiévaux. Petites cours intérieures, passages étroits. Au n° 16, courette et arche en grès marquée « 1625 ». À côté du n° 12, au-dessus d'une porte, armoiries de tanneur.
Au n° 22, rue des Cigognes, accès à une enfilade de cours intérieures pas encore restaurées. Seules les paraboles de TV nous ramènent au temps présent. Au n° 4, rue des Maréchaux, demeure de pharmacien de 1705 (bel exemple de continuité, 13 générations de pharmaciens se sont succédé !).

Fêtes et manifestations

– **Foire aux Vins :** mi-juillet.
– **Fête des Vendanges :** le 1er dimanche d'octobre.

MITTELBERGHEIM (67140) 620 hab.

Situé sur une colline. Compte parmi les cent plus jolis villages de France classés. Ensemble homogène de grosses maisons de vignerons typiques. Hôtel de ville du XVIe siècle, là aussi l'un des plus beaux d'Alsace. Grand escalier extérieur en pierre menant à un palier-loggia avec toit à bulbe. Impossible de décrire toutes les bâtisses dignes d'intérêt. Au n° 2, rue de la Montagne, belle maison avec tourelle du XVIe siècle. Dans la rue Principale, voir le n° 7 au pittoresque pignon, le n° 27, ancienne maison de la dîme, aux fenêtres à meneaux de grès rose. Beaucoup de pittoresques enseignes vigneronnes dans la rue Principale et alentour : Seltz, Wittmann, Rieffel, Boeckel, Gilg, etc.

Où manger ?

|●| **Au Raisin d'Or :** 1, rue Principale. ☎ 03-88-08-93-54. Au centre du village, pas loin de *Gilg*. Fermé le lundi soir et le mardi, ainsi que trois semaines en février et 10 jours en juillet. Menus de 17,99 à 33,54 € (118 à 220 F). Restauration correcte. Au menu : tarte à l'oignon, choucroute, gibier (en automne), munster et *kouglof* glacé. À toute heure, dégustation de vin et plats froids. Agréable terrasse dans la cour.

|●| **Am Lindeplatzel :** 71, rue Principale. ☎ 03-88-08-10-69. Fermé le lundi midi, le mercredi soir et le jeudi, pendant les vacances scolaires de février et 10 jours fin août. Menus de 19,51 à 35,06 € (128 à 230 F). La maison bourgeoise par excellence, où l'on vient pour ses repas de fête (le dimanche, il faut impérativement réserver). La salle, dont les baies donnent sur les cours du village, a belle allure et le service, jeune et souriant, fait preuve d'effi-

cacité sous la houlette de Mme Durot. Son mari, bourguignon d'origine, maîtrise parfaitement son art : foie gras de canard à la gelée, filet de bar « grillé en peau », suprême de pigeon et chou craquant... Y'a bon !

À voir

★ *Le moulin à huile :* 35, rue Principale. Datant du XVIIIe siècle, c'est un des rares moulins à huile d'Alsace à n'avoir subi aucune dégradation. Il s'agit d'un ensemble impressionnant (meules, pressoirs et fourneau à bois), dont le mécanisme était autrefois entraîné par un cheval de trait. Quelques travaux de restauration ont permis d'améliorer sa présentation, sans en fausser le caractère authentique. Des panneaux explicatifs sont également à la disposition des plus curieux.

★ Ne pas manquer, à la sortie nord du bourg, le point de vue sur le *territoire de Zotzenberg,* vaste cuvette couverte de vignes prenant des tons dorés au soleil couchant (panneaux explicatifs). En fond, le château d'Andlau. Point de départ de chouettes promenades dans le vignoble. Le terroir du Zotzenberg, un des grands crus alsaciens, est connu depuis 1364. Il produit des vins de longue garde, de grande finesse. Fut longtemps terre de sylvaner, avant de céder la place au gewurztraminer.

Fêtes

– *Fête de la Saint-Jean :* le 24 juin.
– *Fête du Vin :* le dernier week-end de juillet.

➤ *DANS LES ENVIRONS DE MITTELBERGHEIM*

★ **ANDLAU** (67140)

Là aussi, petit village de la route des Vins. Lové dans une douce vallée, le val d'Éléon. Célèbre pour son abbatiale. Assez touristique (mais est-il vraiment nécessaire de le préciser ?). S'est développé à partir d'une importante abbaye fondée au IXe siècle par sainte Richarde, femme de l'empereur Charles le Gros. La légende raconte que sainte Richarde, voyant une ourse enterrer son bébé mort, prit celui-ci contre son sein et le réchauffa pour le ramener à la vie. L'endroit fut choisi pour la construction de l'abbaye. Andlau abrite trois grands crus de riesling : le moenchberg, le kastelberg et le wiebelsberg.

Adresse utile

ℹ *Syndicat d'initiative :* pl. de la Mairie. ☎ 03-88-08-22-57. Ouvert de 14 h à 18 h. Fermé les jeudi, dimanche et jours fériés.

Où dormir ? Où manger ?

🏠 *Le Zinck Hôtel :* 13, rue de la Marne. ☎ 03-88-08-27-30. Fax : 03-88-08-42-50. ● zinck.hotel@wanadoo.fr ● ♿ Dans le bas du village. Chambres doubles de 54,89 à 91,48 € (360 à 600 F). Hôtel de charme installé dans un ancien moulin à eau restauré. 14 chambres à thème, toutes différentes donc, mais toujours confortables et de bon goût. Un designer s'est penché sur chacune d'elles, leur donnant un look parfait. La « Vigneron » à lit à baldaquin, la « Coloniale » et la « Baroque » nous ont bien plu. Même réussite décorative dans le hall d'accueil, où l'ancienne roue du moulin subsiste. Pas de restaurant, mais le propriétaire possède aussi, dans le village, Le Relais de la Poste (1, rue des Forgerons), winstub de bonne réputation (fermé les lundis et mardis).

|●| Au Bœuf Rouge : 6, rue du Docteur-Stoltz. ☎ 03-88-08-96-26. Fermé le mercredi soir, le jeudi, ainsi que 15 jours en janvier et de mi-juin à mi-juillet. Menus de 14,94 à 27,14 € (98 à 178 F). Côté winstub, compter environ 17 € (112 F) avec une entrée, un plat et un demi pression. La salle de restaurant, aux tables bien nappées, dégage de bonnes ondes, et l'ensemble respire l'authenticité. La salle de la winstub est plus petite et a moins de cachet. Bonne cuisine régionale dans l'ensemble, avec notamment une spécialité de tête de veau fort réussie : on vient ici rien que pour elle. Carte des vins représentative du vignoble alentour.

À voir

★ **L'abbatiale :** profondément remaniée au XVIII° siècle (nef et clocher), elle n'en garde pas moins, avant tout, son charme roman. Une superbe frise historiée (datant de 1130) de 30 m de long court à l'extérieur. Est considérée comme le premier bas-relief en Alsace. Raconte moult actions de héros mythologiques, mélangées à des scènes de la vie quotidienne. Elle mène naturellement les fidèles vers le portail, avec son porche avancé. Façade donnant une impression de puissance. Sur le tympan, Christ en majesté encadré de saint Pierre aux clés et de saint Paul au livre. De part et d'autre, l'arbre qui meurt (symbole du paradis disparu et du péché) et la vigne prospère avec une colombe (symbole de l'arbre de vie). Linteau racontant en cinq tableaux la Genèse. Noter les montants ornés d'entrelacs de rinceaux, avec de nombreux animaux. Les portraits sculptés sont probablement ceux des donateurs.
À l'intérieur, intéressant mobilier. Nef soutenue par des piliers à chapiteaux corinthiens et parcourue de tribunes à balustres. Chaire de 1715 de style baroque renaissant, portée par un puissant Samson. Superbes stalles du XV° siècle dans le chœur. Dans le transept gauche, accès à la crypte du XI° siècle, typique de l'art roman primitif. Derrière l'autel enfin, ne pas manquer cette ravissante Vierge en bois du XV° siècle.

★ Au fil de la balade en ville, on passe par la **place de la Mairie** aux demeures rénovées au XVIII° siècle. Fontaine Sainte-Richarde. Sur la gauche de la mairie, la « Maison Rouge », maison de style Renaissance. Au n° 17, rue Docteur-Stoltz, ravissante maison à colombages. Porte sur cour marquée « 1573 ».

★ Ne pas manquer le point de vue de la **colline de Brandhof** (direction Itterswiller). Au premier plan, l'église Saint-André et, au fond, Andlau, gentiment niché au creux du vallon. Au passage, si Saint-André est ouverte, fresque du XV° dans le clocher et autels latéraux du XVIII° siècle. Dans le cimetière, très vieilles tombes.

★ *ITTERSWILLER* (67140)

Charmant petit village fleuri cerné par les vignes, qui possède une intéressante église avec un clocher partiellement gothique. À noter, à l'intérieur, une belle peinture murale du XIII° siècle.

Où dormir ? Où manger ?

▲ |●| *Hôtel Arnold :* 98, route des Vins. ☎ 03-88-85-50-58. Fax : 03-88-85-55-54. • www.hotel-arnold.fr • ⚒ Restaurant fermé le dimanche soir et le lundi hors saison, le lundi seulement du 1er juin au 31 octobre. À partir de 71 € (466 F) la double avec douche et 105 € (689 F) avec bains. Premier menu à 21 € (138 F) en semaine ; autres menus de 26 à 60 € (171 à 394 F). Un ensemble qui se pose là. Tout à la fois hôtel, restaurant et boutique, *Arnold* joue la carte touristique à fond. Des deux bâtiments hôteliers, *La Réserve* est le plus chic. Les chambres, quoique légèrement plus petites, ont du charme à revendre et un petit balcon qui permet de jouir d'une vue remarquable sur le vignoble environnant. L'autre bâtiment a nettement moins de charme, mais une partie des chambres a aussi une jolie vue sur le vignoble. Au restaurant, plats traditionnels : *baeckeoffe* aux trois viandes, sandre rôti au pinot noir... Sur présentation du *Guide du routard* de l'année, apéritif maison et un petit déjeuner par personne et par nuit offerts, ainsi que 10 % de réduction sur le prix de la chambre du 1er janvier au 27 mars.

▲ *Chambres d'hôte René et Betty Hungerbuhler :* 101, route des Vins. ☎ 03-88-85-50-57. Compter 36,59 € (240 F) pour une chambre double, petit déjeuner compris. Parking privé. En face de l'annexe d'*Arnold*. Dès la porte franchie, le charme opère, grâce au joyeux décor de cruches et autres objets accrochés au plafond et à la collection de vieux outils. Une maison avec une évidente personnalité, à l'image des propriétaires. Les chambres confortables (trois en tout) ont elles aussi du caractère. Douche commune. Petit déjeuner typiquement alsacien préparé par Betty.

★ **EPFIG** (67680)

Grosse commune viticole. Sentier dans le vignoble sympa. Voir la chapelle Sainte-Marguerite, adorable oratoire de cimetière du XIe siècle. Plan roman cruciforme auquel on a adjoint au XIIe siècle une rare galerie-porche à colonnettes et chapiteaux cubiques. Une des petites chapelles latérales est gothique.

Où dormir ? Où manger ?

▲ |●| *Hôtel-restaurant Stumpf :* 4, rue des Écoles. ☎ 03-88-85-50-03. Fax : 03-88-57-80-72. Dans le centre-ville, pas loin de la place de la Mairie. Si vous êtes sur la N422, tournez au niveau des Trois-Roses et prenez la rue de l'Église. Fermé le lundi, ainsi que début février. Chambres variées, de 27,44 à 35,06 € (180 à 230 F) la double. Menus de 8,38 à 26,68 € (55 à 175 F). Une bonne grosse bâtisse abrite cet hôtel-resto un peu en dehors du temps. Chambres propres, certaines (dans l'annexe) à bonne grosse vieille literie de campagne (du genre escabeau pour y grimper, matelas rebondi et édredon à plumes). Dans la salle du bar, fresques patinées. À côté, salle à manger à la déco désuète. Fleurs fraîches venant en contrepoint de l'ocre quelque peu fané des murs. Patrons sympas (depuis 1889, longue tradition d'accueil). Copieuse cuisine familiale sans prétention. Hors saison, le soir, on mange de bonne heure. Plats traditionnels alsaciens. Un verre de vin blanc maison offert sur présentation du *Guide du routard* de l'année.

DAMBACH-LA-VILLE (67650) 1970 hab.

Un de nos coups de cœur. Petite cité fortifiée possédant le plus grand vignoble d'Alsace (surtout du riesling). Championne des récompenses pour les villages fleuris. Le 10 octobre 1444, la ville fut assiégée par le dauphin Louis, futur Louis XI, à la tête des troupes royales (appelées à l'époque Armagnacs ou Écorcheurs). Au moment de l'assaut, le dauphin reçut un carreau d'arbalète dans le genou. Pour se faire pardonner, l'évêque de Strasbourg lui offrit deux chevaux richement harnachés. Lors de la fameuse guerre des Paysans en 1525, l'un des leaders était de Dambach.
Le village doit sa vocation viticole à un ours. La légende rapporte qu'un petit garçon désobéissant, s'étant aventuré dans la forêt, vit un ours se régaler de drôles de grappes de baies sauvages. Au retour, il raconta son histoire aux gens du village, qui découvrirent alors les premiers ceps de vigne sauvage.

Adresse utile

Syndicat d'initiative : à la mairie, pl. du Marché. ☎ 03-88-92-61-00 et 03-88-92-41-05 (mairie). De mi-juin à mi-septembre, ouvert du lundi au samedi de 8 h 30 à 12 h et de 14 h à 18 h (16 h le samedi), fermé le dimanche et le lundi après-midi ; hors saison, ouvert du lundi au vendredi seulement, de 8 h à 12 h et de 13 h 30 à 17 h. En juillet et août, visites guidées gratuites de la ville le vendredi à 18 h, du sentier viticole le mardi à 18 h et de la distillerie locale le mercredi à 18 h. Toutes ces visites sont suivies d'une dégustation gratuite.

Où dormir ?

Hôtel Le Vignoble : 1, rue de l'Église. ☎ 03-88-92-43-75. Fax : 03-88-92-62-21. Juste à côté de l'église. Fermé le dimanche soir en basse saison. Congés annuels de la fin juin au début juillet et de Noël au 15 mars. Chambres doubles de 44,50 à 49,50 € (292 à 325 F) avec bains et w.-c. Ancienne grange à pignon du XVIIIe siècle, aménagée en hôtel aux chambres coquettes et confortables.

Chambres d'hôte Caveau Nartz : 12, pl. du Marché. ☎ 03-88-92-41-11. Au centre du bourg. Ouvert du 1er avril au 1er décembre, les samedis et dimanches, et tous les jours en juillet et août. De 38,11 à 45,73 € (250 à 300 F) la chambre double, petit déjeuner compris. Dans une belle maison du XVIIe siècle, propriété d'un viticulteur, 4 chambres tout confort et bien entretenues. Verre de muscat offert à nos lecteurs sur présentation du *Guide du routard* de l'année.

Où manger ?

À la Vignette : 8, pl. du Marché. ☎ 03-88-92-46-09. Fermé le mardi et le mercredi, ainsi que les trois premières semaines de janvier et une semaine fin juin. Compter environ 13 € (85 F). Agréable petite salle boisée aux tables nappées de bleu. À la carte, tartes flambées et grillades, jambonneau braisé et munster coiffé. Fondues. *Baeckeoffe* sur commande. Apéritif maison offert sur présentation du *Guide du routard* de l'année.

LA ROUTE DES VINS D'ALSACE

À voir. À faire

★ *La place du Marché :* en tout point charmante. N'a pas dû changer beaucoup en trois siècles (à part quelques poignées de porte). Adorable hôtel de ville de 1547 avec façade à créneaux. Sur sa droite, le restaurant *À la Couronne* est une pittoresque grosse demeure à encorbellement et haut toit sacrément pentu de la même époque. Sa façade un peu fatiguée donne une dose d'humanité et de naturel à l'ensemble (sinon, ça fait trop léché à la longue !). Au n° 12, ravissante maison Renaissance. D'autres belles demeures restaurées au XVIIIe. Fontaine Renaissance avec l'ours amateur de raisin, emblème de la ville.
Plus haut, l'église a dû être reconstruite au XIXe siècle après un grave incendie, mais ça ne dénote pas trop.

➤ *Petite balade dans les ruelles étroites et alentour :* au n° 55, rue Maréchal-Foch, belle maison à colombages de 1573, une des plus séduisantes. Construite par un certain Burrus, cousin du roi tombé amoureux de la ville. D'autres demeures pittoresques rue des Tonneliers, rue de la Dîme, rue de l'Église. Si vous avez le temps, agréable promenade autour des remparts. Dambach possède encore ses trois portes de ville quasiment intactes.

➤ Intéressant **sentier viticole** de 1 h 30 environ, bien balisé. Des panneaux de temps à autre présentent le travail des vignerons et les cépages (plus de quarante vignerons et deux grands crus sur la commune : le frankstein et le moenchberg). Au passage, la chapelle Saint-Sébastien, ancienne église d'un village disparu au XIIIe siècle. Tour-clocher roman. Si elle est ouverte, admirez sa nef gothique et, surtout, un bel autel baroque du XVIIe siècle. Vierge à l'Enfant du XVe. Derrière l'autel, vitrail de la même époque. Ossuaire où seraient déposés les restes des paysans tués lors de la révolte de 1525.
– Plus haut, les fières ruines du château de Bernstein, détruit lors de la guerre de Trente Ans (ils sont fous, ces Suédois !). Balade de 2 h aller et retour. Bien fléché !

➤ ***DANS LES ENVIRONS DE DAMBACH-LA-VILLE***

★ **BLIENSCHWILLER** (67650)

Croquignolet village aux ruelles paisibles, colombages sculptés, façades fleuries (ça devient lassant !). À noter : un curieux puits à spirale et une jolie fontaine de la Metzig du XVIe siècle. En juillet, fête du Vin, et en août, circuit découverte de la vigne.

Adresse utile

ℹ *Syndicat d'initiative :* à la mairie. ☎ 03-88-92-40-16. Attention aux horaires : ouvert uniquement le lundi de 16 h à 19 h et le jeudi de 8 h 15 à 11 h 15.

Où dormir ?

🏠 *Hôtel Winzenberg :* 58, route des Vins. ☎ 03-88-92-62-77. Fax : 03-88-42-45-22. • www.winzenberg.com • ♿ Chambres doubles de 41,01 à 46,95 € (269 à 308 F) avec douche ou bains (TV câblée). Chez les Dresch, le sens de la famille va de pair avec une réelle répartition des tâches. À la mère et à la fille, la gestion de l'hôtel ; au père et au fils, celle du vignoble. Ça marche comme sur des roulettes ! Si nous n'avons, hélas, pas eu le temps de goûter au vin, nous avons pu en revanche apprécier l'accueil de Mme Dresch et le confort des chambres. Joli mobilier alsacien, dessus-de-lit et rideaux aux couleurs chaudes et gaies. Parking clôturé à 100 m. Vignerons obligent, les Dresch vous proposeront une visite de leur cave ancestrale (1508), suivie d'une dégustation. À la bonne vôtre !

SCHERWILLER (67750) 2 650 hab.

Toujours sur la route des Vins pour l'un de nos villages préférés. Ici, l'attrait tient à la minuscule rivière qui le traverse et que suit la rue principale. Passerelles, anciens lavoirs et berges fleuries agrémentent l'ensemble. Nombreuses maisons de vignerons avec un porche de grès rose en arc de cercle. Adorable place de la Mairie. Au passage, vous verrez le syndicat d'initiative abrité dans un ravissant corps de garde de la fin du XVIIe siècle. Oriel d'angle à colombages sculptés.

UN PEU D'HISTOIRE

C'est à Scherwiller qu'eut lieu en 1525 l'ultime bataille des « rustauds » dans la guerre des Paysans. L'intérêt porté aux idées de la Réforme, ajouté au ras-le-bol des seigneurs et au désir de plus de justice et de liberté, poussèrent les vignerons de la région à se joindre avec enthousiasme à la révolte des paysans de Basse-Alsace. Cependant, la réaction des seigneurs fut brutale. Après une première victoire à Saverne sur les gueux, le duc de Lorraine marcha sur Sélestat pour écraser le reste de la rébellion. Le 25 mai 1525, les paysans livrèrent l'ultime bataille à Scherwiller. Mais mal équipés, mal armés, ils possédaient vraiment peu de chances face aux canons et aux cruels mercenaires du duc de Lorraine. Ils résistèrent pourtant huit heures avant de se faire massacrer. Leurs ossements furent par la suite transférés à l'ossuaire de l'église Saint-Sébastien à Dambach. Selon la tradition, c'est en souvenir de cette héroïque bataille que les paysans alsaciens se mirent à porter le dimanche un gilet rouge... sang !

Adresse utile

ℹ *Office du tourisme :* rue de la Mairie. ☎ 03-88-92-25-62. Ouvert de mi-juin à mi-septembre du lundi au vendredi de 9 h à 12 h et de 14 h à 18 h, et le samedi de 9 h à 12 h et de 14 h à 17 h.

Où dormir ?

Camping

⚑ *Aire de camping Palmer :* 11, rue Faviers. ☎ 03-88-92-94-57. Fax : 03-88-82-05-39. Compter aux alentours de 8 € (52 F) à deux. Douche à 1,52 € (10 F). Dans le bourg, bien indiqué. Un vigneron (qui ne l'est pas ici ?) a aménagé dans un sympathique terrain attenant à ses caves un petit camping. Confort modeste mais bien tenu. En prime, dégustation pinardière sur place.

Où manger ?

|●| Restaurant À La Couronne : 2, rue de la Mairie. ☎ 03-88-92-06-24. Congés annuels de fin juin à début juillet et de fin décembre à début janvier. Menus de 12,20 à 26,68 € (80 à 175 F). Une table de caractère, accueillante et champêtre, où il fait bon se prélasser en terrasse autour de plats généreux tels que les rognons blancs au riesling, la tête de veau vinaigrette pommes vapeur, la poêlée du bûcheron (pommes sautées, lard, œuf). Si vous avez encore un peu de place, essayez en dessert la tarte flambée à l'alcool de quetsches. Un bonheur ! Un kir maison est offert sur présentation du *Guide du routard* de l'année.

À faire

➤ **Le sentier viticole et touristique de Scherwiller :** balisé en jaune, petit circuit de 1 h (2 km) pour les moins courageux et de 2 h (6 km) pour les plus sportifs. Ce dernier vous fera traverser la route romaine (deux bornes milliaires restées intactes attestent la présence de cette voie), apercevoir le *château de l'Ortenbourg* construit vers 1258... et apprécier le vignoble (280 ha) sereinement, en respirant le bon air.

➤ ### DANS LES ENVIRONS DE SCHERWILLER

★ LA FORTERESSE DE L'ORTENBOURG

Se rendre jusqu'à l'hôtel *La Huhnelmuhle*. Parking. Puis belle balade de 3 km environ par un sentier assez abrupt. Au passage, château de Ramstein. Au-dessus, celui de l'Ortenbourg, l'une des ruines les plus impressionnantes de la région. Il ne fut pris que par les Suédois pendant la guerre de Trente Ans. Juché sur un étroit éperon, chef-d'œuvre de l'architecture militaire avec son mur-bouclier et son donjon pentagonal de 32 m de haut.

★ CHÂTENOIS (67730)

Aux portes de Sélestat, au carrefour de la route des Vins et de la route de la vallée de Sainte-Marie-aux-Mines, c'est une petite cité industrielle (textile, travail du bois) proposant un vieux centre intéressant. C'est aussi l'une des rares villes à avoir possédé deux enceintes : celle de la ville et celle du quartier du château.

Adresse utile

🅸 Office du tourisme : derrière la mairie. ☎ 03-88-82-75-00. Ouvert du lundi au vendredi de 9 h à 12 h et de 14 h à 18 h ; en juillet et août, ouvert également le samedi de 9 h à 12 h et de 14 h à 17 h.

À voir

★ **Le quartier du château :** c'est là que résidait l'évêque, dans son église-cimetière fortifiée. Il en reste la superbe porte des Sorcières du XIVe siècle avec sa partie supérieure à colombages sur un bel appareillage de pierre. Vestige d'un morceau de la muraille.

★ *L'église Saint-Georges :* édifiée en 1759, elle se repère de loin grâce à sa tour romane du XIIe siècle qui hérita, quatre siècles plus tard, d'un étage aux fenêtres géminées et, surtout, d'un curieux clocher à quatre pans avec de jolies échauguettes.

★ *Le vieux Châtenois :* le long de la rue principale, quelques belles demeures, comme l'hostellerie de l'Aigle (du XVIe siècle). Également une pittoresque maison ancienne juste avant l'hôtel Beysang. Hôtel de ville de 1493 avec un bel escalier à vis. Mignonne fontaine avec Vierge à l'Enfant.

SÉLESTAT (67600) 17 180 hab.

À la jonction des deux départements, entre Strasbourg et Colmar, Sélestat est une étape de votre flânerie alsacienne. Plus intime, bien sûr, que Strasbourg, moins touristique que Colmar, elle possède une personnalité vraiment propre. Zone industrielle discrète coexistant sans heurts avec la vieille ville. Et puis, il y a l'exceptionnelle bibliothèque humaniste.

UN PEU D'HISTOIRE

Au VIIIe siècle, Sélestat possède déjà une relative importance puisque Charlemagne y réveillonne le Noël 775. La ville connaît un certain rayonnement grâce à la venue des moines du célèbre monastère Sainte-Foy de Conques (en Rouergue). Avec pour résultat, en 1152, la construction de l'église Sainte-Foy de Sélestat. Frédéric II lui accorde le statut de ville libre impériale. D'autres ordres religieux s'y installent au XIIIe siècle et les monastères des environs y ont tous leur « maison de ville ». Dans le même temps, développement économique important car, depuis l'ouverture du col du Saint-Gothard par le couloir rhénan, Sélestat devient l'un des passages obligés du commerce entre l'Italie et les grandes cités du Nord. La ville s'entoure de remparts.

Sélestat connaît son âge d'or à la Renaissance (de 1441 à 1525) avec son école latine dont le rayonnement s'étend à toute l'Europe, en liaison avec les grands centres humanistes d'Italie et des Pays-Bas. Elle comptera en 1515 jusqu'à 1 000 élèves. Remarquables professeurs comme Louis Dringenberg et Jean Sapidus, propagateurs de l'humanisme rhénan et italien. De cette école jaillirent de brillants élèves comme l'historien Beatus Rhenanus, le diplomate Jacques Willinger ou Martin Bucer, théologien de la Réforme.

La Réforme eut cependant des effets très négatifs sur l'humanisme alsacien, et l'école latine connut un rapide déclin. D'autant plus qu'à la même époque (1525), l'Alsace était ravagée par la guerre des Paysans. Puis vinrent la peste, la famine, la guerre de Trente Ans...

Le rattachement de l'Alsace à la France en 1648 limite désormais Sélestat à un rôle défensif. Les murailles de 1217 sont rasées et remplacées par les fortifications de Vauban. Dans le même temps, victoire de la Contre-Réforme et retour des jésuites (qui seront plus tard expulsés par Louis XV). Le XVIIIe siècle se révèle plutôt favorable pour Sélestat, qui devient une ville de garnison commerçante et prospère. En revanche, le XIXe siècle témoigne de son déclin. Prisonnière des remparts, ne pouvant s'étendre géographiquement à cause de l'environnement inondable, elle subit de plus la concurrence redoutable de Colmar. En 1874, les remparts sont rasés par les occupants allemands. Le boulevard extérieur qui ceinture la ville marque aujourd'hui le tracé de la vieille ville.

Adresses et infos utiles

Office du tourisme (plan A1) : commanderie Saint-Jean, bd du Général-Leclerc. ☎ 03-88-58-87-20. Fax : 03-88-92-88-63. • www.selestat-tourisme.com • De janvier à avril, ouvert du lundi au samedi de 9 h 30 à 12 h 30 et de 14 h à 17 h ; en mai et juin, du lundi au vendredi de 9 h à 12 h 30 et de 14 h à 18 h, le samedi jusqu'à 17 h, et le dimanche de 9 h 30 à 15 h ; du 1er juillet au 14 septembre, du lundi au vendredi de 9 h 30 à 12 h 30 et de 13 h à 18 h 45, le samedi de 9 h 30 à 12 h 30 et de 14 h à 17 h, et le dimanche de 9 h 30 à 15 h ; du 15 septembre au 30 octobre, du lundi au samedi de 9 h à 12 h 30 et de 14 h à 18 h ; en novembre, du lundi au samedi de 9 h 30 à 12 h 30 et de 14 h à 17 h ; en décembre, mêmes horaires mais ouvert en plus les trois dimanches avant Noël, de 10 h à 16 h. L'un des offices du tourisme possédant le plus beau cadre qui soit. Pensez-vous, la commanderie Saint-Jean ! Excellent accueil, doc, plans de ville très complets, et staff particulièrement compétent. Profitez-en ! En juillet et août, sortie nature avec dégustation le mardi, sortie thématique le mercredi, sortie en canoë le vendredi en fin d'après-midi, visite de la ville à pied le vendredi en fin d'après-midi, etc. Les trois mercredis avant le Corso fleuri, visite des champs de dahlias. Location de vélos : 7,62 € (50 F) la demi-journée, 12,20 € (80 F) la journée, 53,36 € (350 F) la semaine.

Office de la culture : cour des Prélats, résidence d'Ebermunster, rue du Sel. ☎ 03-88-58-85-75. Fax : 03-88-82-99-39. • culture@selestat-ville.fr • Renseignements pour toutes les animations culturelles de la cité.

Gare ferroviaire (hors plan par A2) : trains pour Strasbourg, Colmar, Mulhouse et Bâle. Également pour Belfort et Lyon. Ligne locale pour Strasbourg, par Dambach-la-Ville, Barr, Rosheim, Molsheim, Obernai, etc. Ligne Strasbourg-Mulhouse par Benfeld, Ribeauvillé, Colmar. Ligne Sélestat-Molsheim.

Car : pour Saint-Dié, par Châtenois, Sainte-Marie-aux-Mines.

Où dormir ? Où manger ?

Camping

Camping municipal des Cigognes : rue de la 1re-DFL. ☎ 03-88-92-03-98. Ouvert du 1er mai au 15 octobre. Forfait 2 ou 3 personnes à 12,20 € (80 F) en juillet et août, 10,67 € (70 F) en basse saison (à partir d'un séjour de 14 jours, le tarif est divisé par deux hors saison). Campeur seul en toile de tente : 7,62 € (50 F). Petit camping fleuri dans une zone verte à proximité du centre-ville et des loisirs (tennis, piscine...). Tout le confort pour les campeurs qui veulent visiter la ville sans voiture.

De bon marché à prix moyens

Hôtel de l'Ill (plan B2, 1) : 13, rue des Bateliers. ☎ et fax : 03-88-92-91-09. Chambres doubles de 33,54 € (220 F) avec douche sur le palier, à 36,59 € (240 F) avec douche et w.-c. Jadis hospice pour dames, l'*hôtel de l'Ill* n'a rien d'extravagant, mais l'accueil est charmant et les prix doux. Ils varient selon l'équipement de la chambre. 10 % de réduction sur le prix de la chambre de novembre à mars et pe-

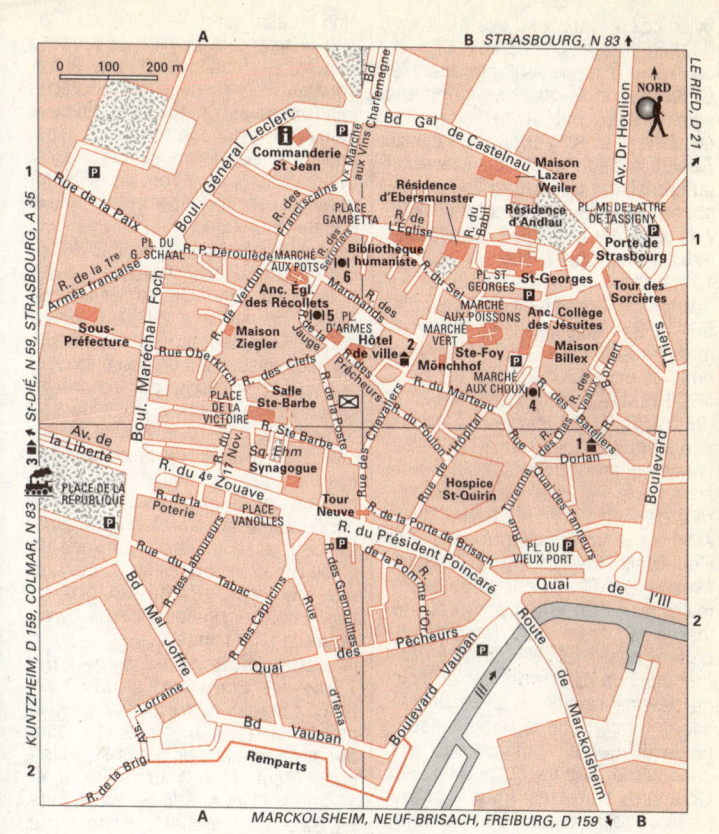

SÉLESTAT

Adresses utiles

- 🛈 Office du tourisme
- ✉ Poste
- 🚂 Gare ferroviaire

Où dormir ? Où manger ?

1. Hôtel de l'Ill
2. Auberge des Alliés
3. Hôtel Vaillant
4. Au Bon Pichet
5. La Vieille Tour
6. Jean-Frédéric Edel

tit déjeuner gratuit pour les enfants de moins de 6 ans sur présentation du *Guide du routard* de l'année.

Hôtel Vaillant *(hors plan par plan A2, 3)* : pl. de la République. ☎ 03-88-92-09-46. Fax : 03-88-82-95-01. • www.hotel-vaillant.com • À mi-chemin entre le centre-ville et la gare. Resto fermé le samedi midi, le dimanche soir, quinze jours pendant les vacances de février et une semaine à la fin de l'année. Doubles à 48,79 € (320 F) avec douche et w.-c., 59,46 € (390 F) avec bains. Menus à partir de 14,48 € (95 F). Grand hôtel moderne datant de 1967, qui plaira aux amateurs de style contemporain. La patronne, dont c'est la marotte, a joliment personnalisé les chambres avec un mobilier design aux tons vifs mais tout de même assez chaleureux. Chaque chambre a une véritable identité. Choisissez celle qui correspond à la vôtre! Petite salle de gym – remise en forme avec sauna et jacuzzi. Apéritif maison offert sur présentation du *Guide du routard* de l'année.

🏠 |●| *Auberge des Alliés (plan B1, 2)* : 39, rue des Chevaliers. ☎ 03-88-92-09-34. Fax : 03-88-92-12-88. Dans le centre, entre la tour des Chevaliers et les églises Sainte-Foy et Saint-Georges. Fermé le dimanche soir et le lundi. Chambres doubles de 50,30 à 54,88 € (330 à 360 F). Menus de 14,94 à 28,20 € (98 à 185 F). L'*Auberge des Alliés* a une longue histoire : en 1372, le bâtiment était déjà debout; boulangerie sous Louis-Philippe, c'est un restaurant depuis 1918. Au milieu de la salle trône un imposant poêle alsacien. Belle fresque de la place du Marché-aux-Choux datant de la première moitié du XIX® siècle. Vous remarquerez que les femmes ne portent pas la coiffe « à la Hansi » (popularisée par ce dernier au point de devenir l'image d'Épinal de l'Alsace). La carte de la *winstub* est typique du genre : jambonneau à la choucroute, sandre au riesling, etc. Chambres correctes. Pour le calme, préférer celles donnant sur l'arrière.

|●| *Au Bon Pichet (plan B1, 4)* : 10, pl. du Marché-aux-Choux. ☎ 03-88-82-96-65. Dans le centre. Fermé le dimanche toute la journée et le lundi soir; congés annuels de fin août à mi-septembre. Pour un repas complet à la carte, compter autour de 26 € (171 F). Sympathique *winstub* au cadre boisé, accueillant et chaleureux. Cuisine traditionnelle, plats copieux : choucroute et jambonneau bien sûr, mais aussi onglet à l'échalote avec galette de pommes de terre et salade. Des standards maison à arroser au choix d'une *Mutzig* pression ou d'un quart d'edelzwicker. Dès que le temps le permet, la terrasse déploie ses charmes. Il faut la fréquenter le soir pour en apprécier toute sa saveur. À 100 m de là, belle demeure historique où, en 1681, Louis XIV reçut l'hommage du magistrat de Strasbourg et où, en 1703, logèrent le Grand Dauphin et son fils, le duc de Bourgogne.

|●| *La Vieille Tour (plan A1, 5)* : 8, rue de la Jauge. ☎ 03-88-92-15-02. ♿ Fermé le dimanche soir et le lundi. Menus de 13,72 à 38,11 € (90 à 250 F). L'intérieur propret et pimpant, les fleurs disposées un peu partout et le décor boisé patiné par les ans incitent à prendre place. Rien de très surprenant, juste une cuisine mitonnée avec sérieux. Le premier menu (quiche lorraine, poulet au riesling nouilles au beurre et tarte du jour) donne la mesure de ce qui est servi. On peut aussi goûter à la salade de pissenlits blancs et petits lardons et aux noisettes de biche aux girolles. Café offert sur présentation du *Guide du routard* de l'année.

|●| *Jean-Frédéric Edel (plan A1, 6)* : 7, rue des Serruriers. ☎ 03-88-92-86-55. Fermé le dimanche soir, le mardi soir et le mercredi, 10 jours début mars et 3 semaines fin juillet-début août. Menus entre 29,73 et 105,96 € (198 et 695 F). La vedette de Sélestat. Un chef qui connaît la musique et va droit au but. Ses menus, intelligemment composés, sont de véritables exercices de style : poêlée de *fleischnecke* en salade de mâche sauce aigrelette, effeuillé de cabillaud aux senteurs de girofle et, pour finir, mousse au kirsch à l'alsacienne. Voilà une façon enjouée de réveiller le terroir! Sa réputation en ville est d'ailleurs telle que les cours de cuisine qu'il donne peu avant Noël font courir les dames de la cité. Toutes venant y chercher le petit plus qui magnifiera leur repas de fête de famille. Cour-terrasse en été.

Où dormir? Où manger dans les environs?

🏠 |●| *Hôtel-restaurant À l'Étoile* : 14, route de Baldenheim, 67600 Rathsamhausen. ☎ 03-88-92-35-79. Fax : 03-88-82-91-66. À 4 km à l'est de Sélestat par la D21, en direction de Muttersholtz. Fermé en février. Chambres doubles à 39,95 € (262 F) avec douche et w.-c. Demi-pension à 35,06 € (230 F). Menu à 6 € (39 F) le midi en semaine ; à la carte, compter environ 18 € (118 F). Un couple de jeunes a astucieusement modernisé cette vieille maison en lui adjoignant une extension avec hall-escalier lumineux en bois et verre. Agréables chambres. Dans la salle à manger, chaleureuse intimité le soir. Pour manger, petite carte, de laquelle on retiendra la bonne friture de filets de carpe. En été, terrasse fleurie et piscine. Un petit hôtel-resto bien sympathique.

I●I *Auberge À l'Illwald :* Le Schnellenbuhl, 67600 Sélestat. ☎ 03-88-85-35-40. Un lieu-dit à 7 km au sud-est de Sélestat par la D424 en direction de Fribourg. Fermé le mardi, le mercredi, de fin décembre à mi-janvier et de fin juin à mi-juillet. Formule en semaine à 8,38 € (55 F) ; autre menu à 27,44 € (180 F). Attention, le dimanche, menu unique. Chaleureuse auberge à caractère *winstub*, dont la généreuse cuisine va droit au cœur. Escargots à l'alsacienne, munster frit garni, rognons à l'ancienne, *spätzle*, choucroute garnie à l'alsacienne, tripes au riesling, matelote de poisson, pieds de porc panés et même daim de l'Illwald (en saison) valent le déplacement. Cerise sur le gâteau : la carte de vins d'Alsace qui rend tout guilleret. Mieux vaut réserver, au déjeuner comme au dîner.

À voir

★ *La commanderie Saint-Jean* (plan A1) *:* entre le boulevard du Général-Leclerc et la rue du Vieux-Marché-aux-Vins. Fondée au XIIIe siècle. La plupart des bâtiments sont des XVe et XVIe siècles, notamment la maison du Prieur, qui abrite la grande salle de l'office du tourisme (avec une partie expo). Remarquer la très belle voûte flamboyante, ainsi que l'escalier à vis de la tourelle.

★ *L'église Saint-Georges* (plan B1) *:* pl. Saint-Georges. Une des plus belles églises gothiques d'Alsace. C'est dans un sanctuaire antérieur que Charlemagne fêta Noël. Commencée au XIIIe siècle en style roman (dont subsiste sur le flanc un portail) et achevée en gothique flamboyant. Perspective extra de la place. Tour de 60 m, probablement jamais achevée, reposant sur un narthex au décor raffiné. Balustrades ajourées, rosaces, pinacles, pignon à arcatures, composent un ensemble exquis. Le soir, au coucher de soleil, ça s'embrase quasiment.
À l'intérieur, peu d'ouvertures ; on sent que l'architecte fut prisonnier du plan antérieur. À l'entrée, à droite, jolie rosace. S'attarder sur la chaire de 1619 de style Renaissance, miraculeusement épargnée par le vandalisme de la Révolution (qui fut gratiné à Sélestat). Dans le transept droit, fresque du XVe siècle (crucifixion). Dans le transept gauche, on en trouve une autre, avec une Vierge poignardée (métaphore à déchiffrer !). Beaux vitraux du chœur, en particulier, à gauche, une sainte Catherine du XVe siècle. À droite, saint Constantin et sainte Hélène de la même époque. Rouges éclatants.

★ *L'église Sainte-Foy* (plan B1) *:* pl. du Marché-Vert. Ouvert de 8 h à 18 h (19 h le samedi et 18 h 30 le dimanche). Quelle chance, à deux pas, l'une des plus séduisantes églises romanes d'Alsace (qui fait, pour la plus belle baroque, voir Ebersmunster à côté, sacrée Sélestat !). Architecture originale à trois tours (assez rare). Ensemble bien proportionné, harmonieux. Noter l'alternance de grès rouge et gris, d'un bel effet graphique. Tour et flèche en pierre de la croisée de transept, véritable chef-d'œuvre de l'art roman. Riche décor de baies géminées contrastant avec la sobriété de la flèche. Quant à la façade, un épigone d'Abadie (l'architecte le plus nul du XIXe siècle !) balayant le lifting jésuite, lui a redonné son aspect roman originel. Mais il l'a aussi sauvagement affublé d'un pignon bien inutile au milieu, ainsi que sur les deux clochers. Cependant, en se patinant avec le temps, ça se fond doucement dans l'ensemble (ouf, on commençait à croire qu'au *Routard,* ils devenaient un peu dogmatiques!). Là aussi, ravissante ornementation dans la partie supérieure avec ses petites arches ciselées en damier et le jeu des verticales et des arcatures aveugles du porche.

À l'intérieur, trois travées reposant sur des piliers alternants forts et faibles, avec chapiteaux à décor végétal. De l'ouragan architectural et décoratif jésuite ne subsiste que la chaire de 1753, mais quelle splendeur! Détailler les reliefs racontant la vie de saint François-Xavier. En dessous, les symboles des évangélistes. Près du baptistère, intéressant bas-relief roman du XIIe siècle (mais plus de têtes).

Crypte (entrée à droite du chœur), vestige de la chapelle antérieure à l'église.

★ **La bibliothèque humaniste** (plan B1) : 1, rue de la Bibliothèque. ☎ 03-88-58-07-20. Fax : 03-88-82-80-64. ● bib.humaniste@worldonline.fr ● Ouvert toute l'année; du lundi au samedi matin de 9 h à 12 h et de 14 h à 18 h, en juillet et août, ouvert en plus le week-end de 14 h à 17 h. Fermé le mardi toute l'année. Entrée : 3,05 € (20 F) ; réductions. Les visiteurs peuvent choisir de visiter avec l'audioguidage pour un supplément de 1,52 € (10 F). Abritée depuis 1889 par l'ancienne halle aux grains. On pèse nos mots, la bibliothèque humaniste est l'une des trois merveilles d'Alsace, avec la cathédrale de Strasbourg et le retable d'Issenheim à Colmar. Bien sûr, c'est aussi l'une des bibliothèques les plus riches au monde et, surtout, l'une des seules en Europe dont le fonds n'a jamais été dispersé. De plus, elle se révèle « accessible » mentalement, possédant une approche profondément humaine, à l'image finalement de cette ville accueillante. Le fonds se constitua par legs successifs des profs et anciens élèves, notamment, en 1547, la bibliothèque de Beatus Rhenanus, ami intime d'Érasme. Au total, 760 volumes constitués d'incunables, pièces rares, précieuses correspondances. Impossible d'énumérer toutes les richesses, d'autant que les œuvres présentées sont exposées par roulement. Demander à la caisse le petit guide par vitrine des présentations du moment.

Au-delà de la grille d'entrée s'ouvre une grande salle qui s'avère aussi être un petit musée. On y admire, notamment, des statues des XVIIe et XVIIIe siècles, une belle tête de Christ du XVIe siècle, un retable (qui servit de modèle à une carte de l'Unicef), un vitrail de la fin du XVe siècle, une sainte Anne trinitaire, un plan-relief évoquant Sélestat du temps des humanistes. Le buste de Jean Mentel, natif de Sélestat, considéré aussi comme l'un des inventeurs de l'imprimerie, annonce également la deuxième facette du lieu, celle d'un merveilleux *musée du Livre* dont on peut suivre la fascinante évolution, des premiers manuscrits aux bibles imprimées.

En plus des presses antiques, voici les principaux joyaux de la bibliothèque, présentés quasi en permanence :

– *Vitrine I :* le lectionnaire mérovingien du VIIe siècle (le livre le plus ancien existant en Alsace), une bible du XIIIe siècle, un manuscrit copié et illustré par un cordonnier de Sélestat en 1430. Ce fut un des premiers livres sur papier en langue populaire (l'allemand), traité d'architecture de Vitruve (Xe siècle).

– *Vitrine II :* histoire de l'imprimerie alsacienne des XVe et XVIe siècles.

– *Vitrine III :* consacrée à la vie et à l'œuvre de Beatus Rhenanus. Il travaillait aussi comme correcteur (et était payé en livres!). Émouvant de voir ses corrections en marge ainsi que dans ses cahiers d'écolier et d'étudiant. On y trouve aussi la *Logique d'Aristote,* publiée chez Henri Estienne (ex-libris manuscrit « J'appartiens à Beatus Rhenanus V et je ne change pas de maître »). Parfois, à côté du manuscrit corrigé, le livre imprimé (ici, avec une belle gravure de Jean Holbein. Histoire de l'Allemagne de 1531. Lettre d'anoblissement de Beatus Rhenanus par Charles Quint, etc.

– *Vitrine IV :* tous les humanistes de Sélestat, J. Wimpfeling, Martin Bucer, J. Spiegel, Jean Sapidus, Jacques Taurellus.
– *Vitrine V :* ne pas manquer la *Cosmographie de Saint Dié* (de 1507), où apparaît pour la première fois le mot « Amérique ». Nombreuses cartes anciennes. Curieuse carte de 1588 avec une représentation allégorique de l'Europe (à regarder sur le côté). La tête, c'est bien évidemment l'Espagne, puisqu'elle dominait à l'époque.
Clin d'œil à Hergé sur l'une des cartes mentionnant la Vandalia (proche de la Bordurie peut-être ?).
– Au hasard des vitrines encore : les œuvres complètes d'Érasme, publiées en 1536 après sa mort (neuf tomes présentés alternativement). Un chef-d'œuvre : une bible latine du XIIIe siècle sur velin (peau de veau mort-né). Texte remarquable sur deux colonnes, avec belles lettrines sur fond or ou argent. Et un incunable de Mentel (1462). Noter que les parties en rouge étaient ajoutées à la main. Nombreux ouvrages des grands imprimeurs de Strasbourg... Bon, on y a passé l'après-midi. On y retourne !

★ *FRAC (Fonds régional d'Art contemporain) :* 1, espace Gilbert-Estève. ☎ 03-88-58-87-55. Ouvert du mercredi au samedi de 14 h à 18 h et le dimanche de 11 h à 18 h. Accès gratuit. Un espace d'expositions temporaires exclusivement consacré à l'art contemporain (photos, dessins, sculptures, installations et architecture). Certaines œuvres de la collection sont ponctuellement hébergées dans des lieux très divers (hôpital, tribunal...), toujours dans l'idée de sensibiliser le public à la création contemporaine. Également des conférences. Le FRAC organise tous les deux ans la manifestation *Sélest'art* (voir plus loin « Manifestations »).

Balade dans la vieille ville

Là aussi, impossible d'en citer tous les points d'intérêt. Voici les plus significatifs pour baliser l'itinéraire.

★ *La résidence d'Ebersmunster (plan B1) :* rue de l'Église et rue du Sel. Achevée en 1541. C'est là que résidaient en ville les moines d'Ebersmunster... Ils donnaient peu dans la simplicité. Côté cour des Prélats, vaste grenier pentu (plus du tiers de la hauteur globale !). Ils y entassaient les revenus en nature de leurs terres dans la région (ah ! on comprend mieux). Jolie tourelle couverte de lierre avec escalier à vis. Côté rue de l'Église, entrée principale avec magnifique portail style Renaissance.

★ Rue Sainte-Foy, le **Mönchhof**, grenier d'abondance de 1536. Après la place du Marché-aux-Choux, **maison Billex,** remarquable exemple de demeure bourgeoise (1615) de style Renaissance (très tardive), avec oriel sur grosse console de grès rouge. Lieu historique également, puisque Louis XIV y passa la nuit du 14 octobre 1681 et qu'il y reçut la reddition des notables de Strasbourg.

★ *La tour des Sorcières :* rue de la Grande-Boucherie. Dernier vestige de la première enceinte (1216). Elle servit de prison aux sorcières du XVIIe siècle. Époque profondément misogyne, les femmes furent accusées d'avoir séduit le diable et d'être responsables de tous les malheurs de la ville. La moindre personne suspectée de sorcellerie passait en jugement. Près de 100 sorcières allèrent au bûcher entre 1629 et 1642. La porte de Strasbourg, en face, est également la dernière subsistant de l'enceinte de Vauban.

★ En avant vers un *vieux quartier* (ancien village rattaché à la ville) peu fréquenté par les touristes. Intelligemment réhabilité par la Municipalité, qui lui a conservé son caractère et son charme. Exemple assez rare d'une ville et de quartiers populaires qui n'ont pas été ravagés par la spéculation immobilière. Le tracé médiéval des rues est demeuré intact.

Au n° 8, rue Bornert, Beatus Rhenanus passa son enfance. Emprunter la rue des Canards jusqu'à la rue des Veaux. Étroite, bien rénovée, sans tape-à-l'œil, avec ses maisons basses et ses gosses des rues. Idem rue des Bateliers, rue des Oies. Pittoresques maisons médiévales à colombages et balcons à balustres. Beaucoup de petits signes, de clins d'œil architecturaux : élégants pignons pointus, encadrements de fenêtres sculptés, Vierges dans des niches, blasons au-dessus des portes. Arrivée dans l'ancien quartier des Tanneurs. Voir les n°s 1 et 7, quai des Tanneurs (de 1499), où se réunissait la corporation.

★ *La place du Vieux-Port* (plan B2) : là, on est en droit de s'interroger : « Où ké donc la mer ? » C'est simple, pour raison d'ensablement, le port fut déménagé au XVe siècle directement sur l'Ill qui coule plus bas. Reste une large place, une atmosphère sereine et quelques demeures qu'on devine intéressantes sous leur patine. Au n° 3, râpe de tanneur sculptée sur le linteau. À côté, une niche avec inscription. Au n° 8, quai de l'Ill, deux petites fenêtres gothiques. Entre les rues Sylo, Porte-de-Brisach, de l'Hôpital, on devine l'hospice Saint-Quirin, vaste ensemble des XIVe et XVe siècles, seul survivant des monastères de la ville. Hôpital jusqu'en 1965, aujourd'hui hospice pour personnes âgées. Cloître gothique et ancienne église de l'époque.

★ *La tour Neuve ou tour de l'Horloge* (plan A2) : une des portes de l'enceinte médiévale de 1280, qui a hérité de son toit au XVIIe siècle. À côté, rue de la Porte-de-Brisach (jusqu'à la rue de l'Hôpital), une curiosité : l'*arsenal Saint-Hilaire*, du XIIIe siècle, qui fut le lieu de stockage des armes, de la poudre et du plomb de la garnison. Aujourd'hui, malgré l'impression d'abandon, c'est encore un terrain militaire. Pas du tout restauré. Exemple typique de constructions anciennes (avec fenêtres à meneaux) dont on devine l'élégance architecturale sous la crasse et les rajouts.

★ À voir encore, la **synagogue** (plan A2 ; dans une impasse donnant sur la place Vannoles). Date du XIXe siècle. Gravement endommagée par les nazis.

Au n° 6, rue Sainte-Barbe, splendide portail Renaissance de l'ancien **hôtel Felz** (XVIIIe siècle).

Place de la Victoire s'élève la façade et le pignon crénelé caractéristique de l'**ancienne douane** du XVe siècle, devenue arsenal Sainte-Barbe par la suite. Escalier monumental du début du XXe siècle. Noter le volume important du grenier (aujourd'hui, c'est la salle des fêtes).

À deux pas, 18, rue de Verdun, s'élève la **maison Ziegler** (plan A1) de 1538, construite en style Renaissance pour l'architecte de la ville. Bel oriel. Dans la cour, tourelle avec escalier à vis. À côté, au n° 4, impasse Plobmann, demeure natale de Martin Bucer, grand leader de la Réforme. Rue des Franciscains, splendide hôtel de Chanlas.

★ Dernier « monument » : le **château d'eau**, l'un des plus élégants de la région. Construit en 1905 avec des réminiscences Art nouveau.

Marchés

– *Grand marché hebdomadaire :* le mardi matin. L'un des plus importants d'Alsace.
– *Marché des produits du terroir :* le samedi matin, square Ehm.
– *Marché de Noël :* 10 jours avant Noël.

Manifestations

– *Corso fleuri :* le 2e dimanche d'août. ☎ 03-88-58-85-75. Entrée : 6,10 € (40 F) ; gratuit pour les moins de 12 ans et pour ceux qui sont dans un hôtel

du centre. Grand défilé de chars fleuris nécessitant au moins 500 000 dahlias. Un spectacle qui attire une large foule.
– *Selest'Art :* de mi-septembre à début octobre, tous les deux ans (la prochaine édition est en 2003). Dates exactes à l'office du tourisme. Le grand rendez-vous de la jeune création contemporaine. Renseignements au service culturel : ☎ 03-88-58-85-75.

KINTZHEIM (67600) 1 510 hab.

À environ 6 km de Sélestat. Village viticole traditionnel de la route des Vins. À l'époque où il faisait partie du domaine impérial, Charlemagne aimait à y venir. Base de repli pour Sélestat ou camp de base pour le Haut-Kœnigsbourg. Dans la rue montante principale, les habituelles grosses demeures cossues à colombages et une fontaine de grès rouge. Le vignoble est bien sûr la principale richesse du village. Situé à Kintzheim et exploité par les vignerons d'Orschwiller, le grand cru classé du Praelatenberg. Avec le château en toile de fond, c'est l'un des plus beaux coteaux de la région.

Adresse utile

ℹ *Office du tourisme :* route de Sélestat, dans un bâtiment moderne au charme discutable. ☎ 03-88-82-09-90. Ouvert à partir de Pâques pendant les grands week-ends ; du 15 juin au 15 septembre, ouvert tous les jours de 10 h à 12 h et de 14 h à 19 h.

Où manger ?

I●I *Auberge Saint-Martin :* 80, rue de la Liberté. ☎ 03-88-82-04-78. Fermé les mardis et mercredis, ainsi que pour les fêtes de fin d'année, 15 jours en février et 10 jours fin juin. Premier menu à 12,73 € (83,50 F) le midi en semaine ; autres menus à 20,35 et 30,49 € (133,50 et 200 F). L'une des auberges les plus populaires de la région. Bonne réputation de sa tarte flambée le soir. Et puis, la panoplie des classiques dont le *baeckeoffe* et les quenelles de foie. Terrasse au beaux jours. Accueil et service irréguliers.

À voir

★ *La volerie des Aigles :* à Kintzheim, sur la route du Haut-Kœnigsbourg. ☎ 03-88-92-84-33. Fax : 03-88-82-11-05. • www.voleriedesaigles.com • Du 1er avril au 31 octobre, ouvert de 14 h à 16 h (en période estivale jusqu'à 17 h, et du 14 juillet au 20 août, ouverture supplémentaire en matinée, de 10 h à 11 h 15) ; pendant la 1re semaine de novembre, ouvert les mercredis, samedis et dimanches de 14 h à 16 h. Entrée : 7,62 € (50 F) pour les adultes ; réductions. Spectacles à 15 h (14 h 30 en mai et juin) et 16 h en semaine, à 17 h le week-end et les jours fériés. Du 14 juillet au 20 août, démonstrations à 11 h 15, 14 h 30, 15 h 45 et 17 h. Ces démonstrations ont lieu dans la cour du château : dressage et vol d'aigles, vautours, condors et autres. Assez spectaculaire ! Annulation pour cause de mauvais temps possible.

★ *La montagne des Singes :* au-dessus de la volerie des Aigles. ☎ 03-88-92-11-09. Fax : 03-88-82-30-02. • www.montagnedessinges.com • Ouvert

du 1er avril à fin octobre tous les jours et du 1er au 11 novembre les mercredis, samedis et dimanches ; en avril, octobre et novembre, de 10 h à 12 h et de 13 h à 17 h ; en mai, juin et septembre, de 10 h à 12 h et de 13 h à 18 h ; en juillet et août, en continu de 10 h à 18 h. Entrée : 6,86 € (45 F).
Sur une colline, plus de 200 singes de l'Atlas (singes Magot) qui ont pris goût au foie gras et au riesling, et qui n'hésitent pas à s'approcher pour prendre dans votre main le pop-corn distribué à l'entrée. En prime, belle vue sur le Haut-Kœnigsbourg et les environs.

★ **Le parc des Cigognes :** route de Sélestat, Kintzheim. ☎ 03-88-92-05-94. Fax : 03-88-82-10-61. • www.snelac.com • Du 1er avril au 30 septembre, ouvert de 10 h à 19 h ; en mars, octobre et novembre, ouvert les mercredis, samedis et dimanches s'il fait beau. Entrée : 6,86 € (45 F) ; réductions. Parc de loisirs avec moult cigognes, ainsi que de nombreux autres bestiaux (kangourous, daims, lamas, poissons tropicaux, etc.) et des jeux pour enfants (petit train, voitures électriques, poneys, etc.). Une nouvelle attraction : une simulation des climats de la planète.

LE CHÂTEAU DU HAUT-KŒNIGSBOURG (67600)

☎ 03-88-82-50-60. Fax : 03-88-82-50-61. • www.monum.fr •
L'un des musts du Bas-Rhin et l'un des sites les plus visités de France. Avec raison. Perché au sommet de son éperon, à près de 800 m d'altitude, il devient vite une vision obsédante pour qui sillonne la région. Château le plus important des Vosges, superbement restauré, il servit de cadre au film *La Grande Illusion,* le chef-d'œuvre de Jean Renoir. Par temps très clair, on y aperçoit, paraît-il, le mont Blanc. À vous de vérifier !

UN PEU D'HISTOIRE

Normal qu'une telle position en nid d'aigle ait éveillé de bonne heure quelque intérêt. Dès le XIIe siècle, on y repère un premier château. Détruit en 1462 pour cause d'utilisation comme PC par les chevaliers brigands. Reconstruit peu après par la famille Thierstein qui l'avait reçu en fief des Habsbourg. En 1633, les Suédois le prennent (pas seulement fous, mais très forts ces Suédois !) et l'incendient. Le château restera à l'état de ruines grandioses jusqu'au XIXe siècle. Acquis en 1865 par la Ville de Sélestat qui y bricole quelques trucs pour le consolider. Mais la charge financière d'une restauration totale se révèle bien trop lourde pour une petite ville.
En 1899, profitant du passage opportun de Guillaume II, la Municipalité, qui connaissait ses goûts pour le revival romantique des châteaux, l'offre à l'empereur. En assurant la reconstruction du Haut-Kœnigsbourg, celui-ci saisit l'occasion de réaffirmer de façon spectaculaire la germanité de l'Alsace. Au grand dam des tenants du maintien en l'état du château (archéologues alsaciens, bien sûr !). Travaux menés rondement. Une voie de chemin de fer est même installée pour le transport des matériaux d'un bout à l'autre du site. En 7 ans, tout est réglé. Que les lecteurs se rassurent. Il aurait pu en sortir un château mode Troubadour ou à la Walt Disney, sauce Viollet-le-Duc. Il n'en est rien. S'appuyant sur l'essentiel des anciennes structures (quand même significatives), l'architecte reconstitua brillamment l'ensemble sans romantisme excessif ni dérapage folklorique. Même si quelques libertés ont été prises, c'est complètement crédible et impressionnant. Dix ans après son inauguration, le Haut-Kœnigsbourg redevenait français. Merci Guillaume !

LE CHÂTEAU DU HAUT-KŒNIGSBOURG

Comment y aller?

Le château est situé sur la commune d'Orschwiller. Pas de bus.
➤ Pour s'y rendre en voiture : D159 de Sélestat et Kintzheim ou la D1-B1 de Saint-Hippolyte (bien indiqué).
➤ À pied : sentier balisé à partir d'Orschwiller (1 h 30 de grimpette à l'aller et 30 mn au retour).

La visite

De mai à septembre, ouvert de 9 h à 18 h (18 h 30 en juillet et août) ; d'octobre à avril, de 9 h à 12 h et de 13 h à 16 h 30 (17 h 30 en mars, avril et octobre) ; dernier billet vendu une demi-heure avant la fermeture. Fermé les 1er mai, 25 décembre et 1er janvier Entrée : 6,10 € (40 F) ; réductions ; gratuit pour les moins de 18 ans sauf en groupe scolaire ou péri-scolaire. Possibilité de visites guidées intéressantes. Des soirées médiévales sont organisées avec, au programme, visite guidée en costume d'époque, repas médiéval et spectacle. Compter tout de même 35 € (229,58 F).

- **L'entrée principale :** de là s'élève la grande façade d'origine (jusqu'aux petites fenêtres romanes murées). Sur la deuxième porte, armoiries impériales. Sur certains blocs de pierre, de curieux signes cabalistiques : ce sont les signatures des tailleurs de pierre.
- **Le portail de Lions :** accès derrière un pont-levis. Le portail date du XVe siècle, mais le linteau est du XIIe. En 1876, un touriste américain, J. Coopefert, a marqué son passage dans le grès rose. Puits de 62 m de profondeur qu'il fallut creuser dans la roche.
- **Le cellier :** transformé en salle d'accueil. Grande maquette du château.
- **La cour d'honneur :** galeries à balustrades de bois qui assuraient la circulation extérieure du logis seigneurial. Corbeaux et fenêtres d'origine. Le château de Valère à Sion inspira les fresques *Les Neuf Preux* (Arthur, Charlemagne, Godefroi de Bouillon, etc.). Ancienne cuisine médiévale. Foudre de 8 000 litres de 1670 avec devant sculpté.
- **La tour polygonale :** elle mène aux appartements. Blason de la famille Thierstein. Bel escalier à vis sur trois colonnettes.
- **La chambre de l'Impératrice :** chasublier roman et coffre gothique du XVe siècle.
- **La salle des Fêtes :** salle de prestige pour Guillaume II qui y venait une à deux fois par an. À propos, il ne dormit jamais dans le château. Globalement, décor assez kitsch. Aigle impérial au plafond. Tribune des musiciens avec armoiries des ancêtres de Guillaume II ; la deuxième à droite avec les lions normands rappelle son bouclier rappelle ses ascendances anglaises (sa grand-mère maternelle était la reine Victoria). Fresques intéressantes de Léo Schnug, notamment le premier siège du château (1462) avec de beaux effets de perspective.
- **La chambre Lorraine :** mobilier offert par la Société d'archéologie de Metz. Noter les stucs du plafond. Accès au niveau supérieur de la chapelle.
- **La chambre dite des Dames :** nous sommes dans l'oriel (que l'on distingue sur la façade, dès l'entrée du château). On y voit la première armoire créée (en fait, deux coffres superposés), ainsi qu'une autre à sept colonnes de style Renaissance (1594).
- **La chambre dite des Chevaliers :** un étage plus bas. Ravissante armoire à colonnes torsadées, abondamment sculptée. Bahut Renaissance de 1607 avec superbe travail de marqueterie. On repasse dans la chapelle.
- **La salle des trophées de chasse :** chaque bois de cerf est gravé d'une couronne et du W (de Wilhelm). Une anecdote : le Kaiser chassait à Schorfheide (une forêt près de Berlin), puis ce fut Goering, et enfin... Honecker !

SÉLESTAT (et ses environs)

– **La salle d'armes** : le plafond vient d'une maison strasbourgeoise. Armes authentiques, notamment les arbalètes de guerre (à 100 m, le carreau pouvait transpercer une armure). Un gag ! Le 2e concile de Latran l'avait interdite parce que arme... déloyale (mais pas contre les infidèles, cependant !). Beau poêle monté sur lions, de style autrichien, copie assez proche d'un poêle exceptionnel conservé au château de Salzbourg.

– **Le jardin suspendu** : après avoir franchi la fosse aux Ours, on parvient au jardin « reconstitué ». L'architecte eut la bonne idée de conserver les arbres sauvages qui avaient poussé. Par terre, les débris originaux du tympan de la porte (retrouvés lors des travaux). Pont-levis pour parvenir au grand bastion ouest. Blason sculpté.

– **Le grand bastion ouest** : est-il besoin de décrire le panorama ? Souvent le château se trouve au-dessus de la mer de nuages qui laisse apparaître la barre sombre de la Schwarzwald (ou « Frêt-Noire ») au loin. Dans le bastion sud, on voit bien le village de Thanenkirch et le massif de Taenchel (c'est là que fut relâché le fameux lynx des Vosges). C'est le long du grand mur, à gauche du grand sapin, au pied de la tour carrée, que Pierre Fresnay se fait tirer dessus dans *La Grande Illusion*. Expo de quelques pièces d'artillerie, du « perrier » au grand canon de sige (monté grâce au cabestan qui se trouve sous la toiture).

LE GRAND RIED D'ALSACE

À l'est de Sélestat s'étend le grand Ried d'Alsace. Entre Ill et Rhin, une région de type bocagère de forêts et des humides, souvent marécageuse. Ried signifie « jonc, roseau ». Les nappes phréatiques affleurent la terre. Au printemps, de nombreux champs sont inondés. Paradis des pêcheurs, ça va de soi, et à l'origine d'une des spécialités les plus savoureuses d'Alsace : la matelote (une bouillabaisse de poissons de rivière). Riches faune et flore, on s'en doutait. Royaume du courlis cendré, des vanneaux huppés, hérons et daims. Au milieu des orchidées, glaïeuls palustres, jacinthes sauvages et iris de Sibérie. Bien sûr, chaque année, le maïs gagne du terrain, la rentabilisation de l'agriculture (comme dans le Marais poitevin et ailleurs) et l'urbanisation menacent ce fragile écosystème.

ERSTEIN

(6' 50)   9800 hab.

Site dont on retrouve des traces depuis la préhistoire. Erstein était à l'origine un bourg essentiellement agricole qui tirait ses ressources de ses champs, ses rivières et ses forêts, et pouvait subsister en complète autarcie. Au XIXe siècle, la ville s'est vu dotée de différentes industries textiles et sucrières. Cette dernière est encore très présente puisque les Sucrières d'Erstein (unique sucrière française gérée par les producteurs eux-mêmes) drainent encore aujourd'hui l'ensemble de la production alsacienne de betteraves.

Cité agréable à 7 km du Rhin, qui connaît un développement harmonieux, elle est riche en souvenirs du passé, que le flâneur de passage saura apprécier à leur juste valeur. Bienvenue au pays d'Erstein, et que le Ried soit avec vous !

Adresse utile

🛈 *Office du tourisme :* 2, rue du Couvent. ☎ 03-88-98-14-33. • grandried.oterstein@wanadoo.fr • Hors saison, ouvert du lundi au vendredi de 8 h 30 à 12 h et de 14 h à 18 h 30 (18 h le vendredi) et le samedi de 10 h à 12 h 30 et de 13 h à 14 h 30, fermé le dimanche ; de mi-juin à mi-septembre, ouvert du lundi au vendredi de 8 h 30 à 12 h 30 et de 13 h 30 à 19 h, le samedi de 10 h à 12 h 30 et de 13 h à 15 h, et le dimanche de 10 h à 12 h 30 et de 13 h à 14 h 30. L'office propose des promenades en barque à fond plat sur les canaux alentour (superbe !). Location de vélos : 7,62 € (50 F) la journée, 30,49 € (200 F) la semaine.

Où dormir ? Où manger ?

🏠 I●I *Hôtel et Estaminet des Bords de l'Ill :* 1, rue du Mulhbach. ☎ 03-88-98-03-70. Fax : 03-88-98-09-49. ♿ Chambres doubles à 48,79 € (320 F) avec douche ou bains et w.-c. Menu à 6,86 € (45 F) le midi ; menu terroir à 13,72 € (90 F). Hôtel rénové dans un style franchement alsacien. Sa proximité des berges de l'Ill nous plaît bien, tout comme l'accueil, excellent. Le restaurant, qui fait face à l'hôtel, possède une terrasse au bord de l'eau fort plaisante. Cuisine sans prétention mettant en valeur les produits du terroir. Bons vins d'alsace et d'ailleurs. Remise de 10 % sur le prix de la chambre sur présentation du *Guide du routard* de l'année.

🏠 *Gîte rural de M. et Mme Heym :* 7a, rue de la Digue. ☎ 03-88-98-12-24. Studio (50 m²) à 213,45 € (1 400 F) la semaine en juillet et août, et duplex à 320,17 € (2 100 F). Dans l'ancienne maison de ses parents, M. Heym a aménagé au rez-de-chaussée un studio avec kitchenette où rien ne manque, et, au 1ᵉʳ étage, un duplex avec mezzanine parfait pour une famille. Possibilité de location à la nuitée hors saison. Touchante attention, lors de notre visite, en prévision de l'arrivée de futurs locataires il y avait une bouteille de sylvaner et un *kouglof* fait par Mme Heym posés sur la table en signe de bienvenue. Apéritif maison offert et réduction de 10 % sur le prix de la location sur présentation du *Guide du routard* de l'année.

I●I *Auberge du Ried :* 2, pl. de l'Hôtel-de-Ville. ☎ 03-88-98-01-78. ♿ Fermé le lundi. Premier menu à 7,62 € (50 F) le midi ; autres menus de 15,24 à 26,68 € (100 à 175 F). Cette maison traditionnelle et familiale implantée au cœur de la cité vaut d'abord pour son décor. Dans la grande salle trône un splendide poêle en faïence d'une taille impressionnante et, aux murs, d'authentiques marqueteries signées Spindler, dont la plus vieille date du début du XXᵉ siècle. La cuisine jouit ensuite d'une bonne réputation. Certains clients vantent, avec raison, l'excellence de la galette de pommes de terre et de la choucroute au confit de canard. Pour l'anecdote, sachez que sur le livre d'or figure la signature de Georges Marchais. Les nostalgiques du communisme à l'ancienne, adeptes de la culte de la personnalité, la contempleront avec émotion. Les autres souriront en se rappelant les saillies de Jojo dans les débats télévisés. Pour un menu, apéritif maison offert sur présentation du *Guide du routard* de l'année.

I●I *Auberge de La Tuilerie :* rue du Muguet, Erstein-Krafft (fléché). ☎ 03-88-98-08-02. À 2 km du centre-ville par la D948. Fermé le samedi midi, le lundi et le mardi, ainsi que 15 jours en mars et trois semaines en octobre. Menu du jour à 8,38 € (55 F) en semaine ; à la carte, compter entre 12 et 30 € (79 et 197 F). Tout à la fois restaurateur et éleveur de chevaux, Georges Montag est une personnalité locale. On vient chez lui en famille pour de longs déjeuners champêtres. Les parents papotent, attablés en terrasse, pendant que les enfants gambadent dans le champ situé devant l'auberge et profitent du bon air... Quand le temps est moyen, tout le monde se replie à l'intérieur, dont l'aspect est résolument rustique. À l'entrée de la salle, amusante maison des 7 nains et bibelots divers disposés ici et là. Les spécialités maison – faux-filet de poulain aux morilles, choucroute, poussin grillé et les inévitables tartes flambées – ne se compliquent pas la vie. On n'en demande pas plus.

Où manger de bonnes glaces ?

♦ *Glaces Oli :* 2, rue du Moulin. ☎ 03-88-98-07-35. Ouvert du mardi au vendredi de 8 h à 12 h et de 13 h 30 à 19 h, le samedi de 8 h à 18 h, les dimanches et jours fériés de 9 h à 16 h. Fermé le lundi. Si vous aimez les glaces à l'italienne, faites un tour chez *Oli*, et mettez-vous-en plein le cornet. Fraise, vanille, chocolat... choisissez votre parfum.

Où acheter de bons produits ?

♦ *La Ferme Bingert :* 14, rue des Bergers (devrait déménager courant 2002, se renseigner). ☎ 03-88-98-84-64. Ouvert du lundi au samedi de 8 h à 12 h. Grand gaillard chaleureux, M. Bingert est aussi un paysan courageux qui ne ménage pas sa peine. Asperges, coings, rhubarbe, oignons, pommes de terre, framboises et choux font l'admiration d'une clientèle qui vient de toute l'Alsace acheter ses produits (les plus grandes toques de la province sont ses clients). Dans sa ferme, il a aménagé un magasin où l'on trouve ses produits, à l'état pur ou transformés : jus de fruits, confitures, vinaigres, déclinaison de différentes choucroutes, plats cuisinés « fin prêts », plats végétariens. En projet pour 2003, la mise en place de visites, soit des plantations soit des ateliers (sur réservation), et d'une libre cueillette bio. Une dégustation ou un produit du terroir est offert sur présentation du *Guide du routard* de l'année.

Marché et fête

– *Fête du Sucre avec corso fleuri :* le dernier week-end du mois d'août.
– *Marché aux sucreries :* le 1er week-end de décembre. De quoi donner des caries à saint Nicolas.

RHINAU (67860) 2 370 hab.

Bourgade frontière un peu endormie, Rhinau tire son nom du Rhin. Sinistrée à 75 % lors de la Seconde Guerre mondiale, elle a été reconstruite dans un style moderne propre aux années 1950-1960. Restent quelques rares vieilles maisons et un beau chœur gothique du XVIe siècle dans l'église Saint-Michel (totalement détruite, cette église qui datait de 1519 a été reconstruite comme le reste). Un bac permet de franchir le Rhin dans les deux sens. Nombreux sont les Alsaciens qui l'empruntent pour se rendre à Rust, à 6 km, localité qui abrite Europapark, sorte de Disneyland teuton.
Rhinau a la particularité d'avoir des agriculteurs propriétaires de terrains (997 ha en tout) en Allemagne, grâce à un traité signé en 1542 qui fixait les limites territoriales de la ville. On peut les voir traverser le Rhin avec leur tracteur pour se rendre sur leurs terres. Le paysage autour de la ville est sauvage et authentique.

Adresses et infos utiles

ℹ Information tourisme : pavillon de l'ancienne douane. ☎ 03-88-74-68-96. Ouvert du lundi au samedi de 14 h à 18 h et le dimanche de 10 h à 12 h et de 14 h à 18 h ; hors saison, le jour du poisson (très bon album de Thomas Fersen) seulement, de 14 h à 17 h.

⛴ Bac de Rhinau : à côté du bureau d'information. Ce bac est gratuit, été comme hiver. Une traversée toutes les 30 mn ou en continu en cas d'affluence.

Où planter sa tente ou sa caravane ?

⛺ Camping Ferme des Tuileries : ☎ 03-88-74-60-45. Fax : 03-88-74-85-35. Indiqué dans toute la ville. Pour deux personnes, avec le véhicule, 9,15 € (60 F). Sans doute le plus sympa des campings de la région tant il propose de quoi vous occuper (piscine, tennis, minigolf, football...). Si vous avez des enfants, vous ne les verrez pas beaucoup ! Cadre verdoyant, sanitaires nickel, accueil plus que serviable. Ni chèque, ni carte bleue, ni chien : si vous avez le profil, allez-y.

BENFELD (67230) 4 960 hab.

Construit sur l'un des sites les plus anciens d'Alsace (des fouilles effectuées en 1990 ont abouti à la découverte de vestiges de maisons datant de l'époque du Rubané, 2 000 ans avant J.-C.), Benfeld s'étend transversalement dans la plaine d'Alsace entre la rivière Scheer (à l'ouest) et l'Ill (à l'est). C'est une ville débonnaire dont la richesse historique (maisons d'époque Renaissance, hôtel de ville de 1531), quoique discrète, vaut le plaisir de la découverte. Tout comme ses environs immédiats, Huttenheim et sa chapelle Notre-Dame du Grasweg de 1420, avec ses fresques médiévales et sa statue de la Vierge à l'Enfant, l'un des chefs-d'œuvre de la sculpture alsacienne.

Adresse utile

ℹ Office du tourisme : 10, pl. de la République. ☎ 03-88-74-04-02. Fax : 03-88-58-10-45. • grandried.otbenfeld@wanadoo.fr • www.grandried.free.fr • De mi-juin à mi-septembre, ouvert du lundi au vendredi de 9 h 30 à 12 h 30 et de 14 h à 18 h 30, et le samedi de 10 h à 12 h et de 14 h à 17 h ; hors saison, ouvert du lundi au vendredi de 9 h 30 à 12 h 30 et de 13 h 30 à 18 h (17 h le vendredi), fermé les samedis et dimanches. L'office organise une visite guidée de l'hôtel de ville, ainsi qu'un circuit accompagné dans le Ried.

Où dormir ? Où manger ?

🛏 Gîte touristique chez François Jehl : 41, fg du Rhin. ☎ 03-88-74-41-87. Compter 282,06 € (1 850 F) la semaine pour 4 personnes en juillet et août. Propriétaire du café À la Vignette, M. Jehl loue 2 gîtes dans une maison à colombages attenante mais indépendante. Ce n'est pas une halte de charme, plutôt du type « moderne » passe-partout, mais le confort est là, ainsi que toutes les commodités inhérentes à ce type de

L'ALSACE / LE BAS-RHIN

location à la semaine : lave-linge, cour, parking, barbecue et même le coin pétanque. Les propriétaires sont des gens serviables et adorables, et leur café constitue le lieu idéal pour une prise de contact avec les locaux. Une bouteille de vin d'Alsace et un *kouglof* offerts à nos lecteurs sur présentation du *Guide du routard* de l'année.

🏠 *Gîte touristique chez Daniel Kiene :* 9, rue du Docteur-Sieffermann. ☎ 03-88-74-48-00. Fax : 03-88-74-10-30. Compter 335,42 € (2 200 F) la semaine pour 4 personnes en juillet et août. Dans une vieille maison à colombages typiquement alsacienne et fleurie de partout, 2 chambres (une avec un lit de deux personnes, l'autre avec deux lits d'une personne) accueillantes, meublées de façon rustique et avec tout le confort. L'accueil est épatant, et la situation intéressante (au centre du bourg). Pas négligeable non plus, la superficie des lieux (80 m²), qui permet de ne pas se sentir les uns sur les autres. TV, cuisine avec four à micro-ondes, lave-vaisselle, lave-linge, salle de jeux, rien ne manque pour des vacances heureuses. Même pas la location de vélos (le proprio s'en occupe). En plus, à votre arrivée, et sur présentation du *Guide du routard* de l'année, un *kouglof* et une bouteille de vin vous seront offerts très gentiment.

|●| *Restaurant Au Petit Rempart :* 1, rue du Petit-Rempart. ☎ 03-88-74-42-26. Fermé le mardi soir et le mercredi, deux semaines en février et trois semaines en juillet-août. Menu du jour le midi à 7,93 € (52 F) ; autres menus de 17,53 à 38,11 € (115 à 250 F). L'accueil chaleureux du patron est l'un des atouts de ce restaurant. À la carte, dos de sandre au tokay-pinot gris, émincé de volaille aux mousserons et lardons, *spaetzle* maison aux épinards. Apéritif maison offert sur présentation de votre *Guide du routard* de l'année.

Où dormir ? Où manger dans les environs ?

🏠 |●| *Hostellerie La Charrue :* 4, rue du 1ᵉʳ-Décembre, 67230 Sand. ☎ 03-88-74-42-66. Fax : 03-88-74-12-02. • www.lacharrue.com • ♿ À 3 km au nord de Benfeld par la D829. Restaurant fermé le lundi, le mard midi et le samedi soir. Chambres doubles à 51,07 € (335 F). Menus de 18,29 à 28,96 € (120 à 190 F). Une bonne étape dans un village tranquille, avec quelques vieilles maisons pleines de charme et un antique lavoir. Chambres confortables et buffet alsacien au petit déjeuner. Au restaurant, menu terroir (salade aux croûtons de munster gratinés, choucroute garnie du Ried, ronde des sorbets) et soirée tarte flambée le dimanche. Café offert sur présentation du *Guide du routard* de l'année.

À voir

★ *L'hôtel de ville :* pl. de la République. Il s'impose d'office au regard par sa taille et la qualité de son architecture. C'est l'hôtel de ville dit « Laude » : il fut construit en 1531. Son jaquemart monté en 1619 (on a retrouvé les factures du sculpteur de Strasbourg qui avait fabriqué les automates en bois de chêne) est remarquable. Il présente deux cadrans surmontés d'un disque lunaire et entourés de deux personnages. Celui de droite, un chevalier, représente la Sagesse ; celui de gauche, la Mort, symbole de la Justice, tient dans sa main gauche une faux et dans sa main droite un sablier qui tourne quand sonnent les heures. Le chevalier frappe le premier coup des quarts sur le timbre. Dans la lucarne au-dessus, un homme en buste, le *Stubehansel*, soulève à chaque heure son sceptre et la bourse qu'il tient symbolisant la vanité du pouvoir et de l'argent (d'après certains, le sceptre représenterait le bâton de la Justice qui va s'abattre sur lui, et la bourse les deniers de la trahison). C'est le personnage le plus connu de l'histoire de Benfeld. La légende veut qu'il soit un bourgmestre ayant livré la ville aux Suédois pendant la guerre de Trente Ans, ou encore à d'autres pendant la guerre dite des Armagnacs (1444). Le *Stubehansel,* en remuant les lèvres, peut en fait symboliser la sentence énoncée à son encontre par la cité, à savoir la mort. Quelle histoire !

EBERSMUNSTER (67600) 510 hab.

Bout de plaine dominée par la plus belle église baroque du Bas-Rhin (aqueu, aqueu, on va y aller d'un pas rock). Située à 8 km au nord de Sélestat. Également petite capitale de la matelote !

Où manger ?

|●| ***Les Deux Clefs :*** 72, rue du Général-Leclerc. ☎ 03-88-85-71-55. On y accède par la N83, puis la D210. Fermé le lundi soir et le jeudi, ainsi que 10 jours en juillet et de fin décembre à fin janvier. Compter environ 28 € (184 F) pour un repas. Juste en face de l'église baroque, un petit havre chaleureux de la gastronomie régionale. Adorables Mme Baur et sa fille ! On se sent comme chez soi. Une banquette de bois court le long des murs, la vieille pendule avance de 10 mn, les cuivres brillent... et la « matelote » étincelle du plus vif éclat. Car c'est pour elle que vous viendrez, autant que pour la qualité de l'accueil. C'est la grande spécialité maison (avec de la friture) et elle se suffit à elle-même. Toujours trois ou quatre poissons de rivière dans une sauce blanche onctueuse et parfumée, accompagnés de savoureuses pâtes maison. Excellents desserts également, comme le mont aux amandes.

À voir

★ ***L'église abbatiale :*** ouvert tous les jours de 8 h à 18 h. L'abbaye fut fondée au VIIe siècle. La première abbatiale fut détruite lors de la guerre de Trente Ans (1632), reconstruite à la fin du XVIIe siècle puis modifiée considérablement au moment de la vogue du baroque allemand en 1720. C'est ainsi que nous avons cette insolite façade avec clochers à bulbe. L'intérieur se révèle d'une richesse époustouflante. On pense irrésistiblement aux grandes abbayes baroques autrichiennes comme Stams. Le décor (stucs, peintures et sculptures), bien que très riche, ne donne cependant jamais l'impression d'être surchargé. Modèle d'harmonie et d'équilibre. Ici, tout procède du mouvement, de la couleur, de la lumière pour créer une émotion qui rapprocherait de Dieu. Comme on est loin de la rigueur janséniste qui estimait que « qui donne aux sens ôte à Dieu » !... Somptueux mobilier dont voici les musts :

– ***le grand orgue :*** l'une des dernières œuvres d'André Silbermann. Albert Schweitzer *himself* aimait chatouiller ses touches quand il était de passage. Décor sculpté du buffet d'une grande sobriété. Il possède encore aujourd'hui sa tuyauterie et ses jeux d'origine. Fresque montrant sainte Cécile à l'orgue et anges musiciens.

– ***Les fresques des voûtes :*** impossible de les décrire toutes. Dans la première travée, martyre de saint Maurice. Les autres racontent la vie de saint Benoît. Dans la croisée du transept, l'Assomption de la Vierge, chef-d'œuvre du Tyrolien Joseph Mages à qui l'on doit aussi les fresques du chœur.

– *La chaire :* fascinant Samson supportant la chaire, dû au ciseau des frères Winterhalder, auteurs de l'autel de l'église Saint-Sébastien de Dambach et des devants d'autels de l'abbatiale.
– *Les stalles :* auteur inconnu ayant travaillé à la fin du XVIIe siècle dans l'esprit de la Renaissance. En revanche, les statuettes dans les niches des dossiers datent du XIXe siècle.
– *Le maître-autel :* chef-d'œuvre du sculpteur J.-L. Meyer de Sélestat. Surmonté d'une immense couronne. Du fond de l'église, noter l'effet de resserrement des piliers et autels latéraux permettant, par un phénomène d'optique, de mettre en valeur le maître-autel.
À noter aussi, le joli travail sur les confessionnaux et les bancs des fidèles.

Événement musical

– *Les Heures musicales d'Ebersmunster :* chaque année à partir du mois de mai, les « Amis de l'église abbatiale d'Ebersmunster » proposent une série de concerts remarquables dans l'enceinte de l'église. Les bénéfices des concerts sont affectés à la restauration de l'église et de son orgue Silbermann.

MUTTERSHOLTZ (67600) 1 750 hab.

Petit village tranquille respirant la sérénité, entouré d'une nature préservée.

Adresse utile

🅘 *Point Info Grand Ried :* 37, rue Langert. ☎ 03-88-85-10-48. • infos-grand-ried@wanadoo.fr •

Où dormir ? Où manger ?

🏠 ▐●▌ *Bar-restaurant À l'Ancienne Poste, Gîte Les Tulipes :* 37, rue Langert. ☎ 03-88-85-10-48. Fax : 03-88-85-17-02. • ancienne poste@wanadoo.fr • Fermé en février. 44,21 € (290 F) la nuitée. Location possible en week-end et à la semaine (pour 4 personnes). 2 gîtes de 4 à 6 personnes de 228,67 à 350,63 € (1 500 à 2 300 F). Dans une maison moderne presque attenante au bar, 4 chambres doubles avec cuisine, salle à manger, buanderie et jardin à disposition. On peut aussi vous prêter canoë, kayak, vélos ou VTT. Au restaurant, ouvert uniquement sur commande, quelques petits plats (salade de cervelas, jambonneau-salade de pommes de terre), des assiettes froides et, bien sûr, matelotes et tartes flambées. Jetez un coup d'œil au magnifique bar en bois à l'alsacienne. Apéritif maison offert sur présentation du *Guide du routard* de l'année.

Où dormir dans le coin ?

🏠 *Les Logis du Grand Ried :* 11, rue du Château, 67600 Baldenheim. ☎ 03-88-85-33-23. Fax : 03-88-85-39-49. À 2 km au sud. Chambres doubles avec salle de bains et w.-c. de 33,54 à 39,63 € (220 à 260 F), petit déjeuner compris ; tarif dégressif selon la durée du séjour. Une grande maison ostentatoire au milieu des serres horticoles. M. Bury a aménagé sa grange à outils typiquement alsacienne en 5 chambres d'hôte confortables et boisées. Accueil familial. Apéritif maison offert à nos lecteurs sur présentation du *Guide du routard* de l'année.

Où acheter de bons produits ?

◉ **Ferme Meyer :** au hameau d'Ehnwihr (67600 Muttersholtz), à 3 km à l'ouest par la D21. ☎ 03-88-85-12-42. L'unique fermier de la région à faire de la tomme « près du Ried », fromage entièrement à base de lait du Ried transformé sur place (voir aussi plus haut la *ferme Durr* à Rhinau). Dégustation et vente.

Artisanat

◉ **Tissage Gander :** 2, rue de l'Étang, fabrique 100 m plus loin. ☎ 03-88-85-15-32. Ouvert de 14 h à 17 h. Fermé le dimanche. L'unique tisserand d'un village où 30 % de la population active vivaient encore de ce métier à la fin du XIXᵉ siècle. Sur leurs métiers, Michel et Chantal Gander tissent le lin (pur ou blanchi) ou la soie et bien sûr le fameux *Kelsch* alsacien, dont le bleu et le rouge sont les couleurs traditionnelles et dont la réputation de qualité et de résistance est connue de tous. Élément essentiel de tout décor traditionnel, le *Kelsch* a un prix qu'aucun Alsacien ne refusera de payer. Quand on aime, on ne compte pas ! Dommage toutefois que l'accueil soit inégal.

◉ **Girouettes Bernard Stinner :** au hameau d'Ehnwihr. ☎ 03-88-85-16-65. Ouvert tous les jours de 14 h à 17 h. Du traditionnel coq aux scènes agraires en passant par des motifs inspirés du cinéma, Bernard Stinner peut tout faire. Mais attention, jamais en série, car cet artiste dont chaque œuvre (finie à la lime) nécessite une ou deux semaines de travail, déteste la répétition. Vous voulez un coq ? Parfait, mais, comme dans chaque basse-cour, votre coq girouette sera différent de celui que commandera votre frère ou votre cousin, plus petit, plus grand, plus gras, plus svelte... allez savoir ? On ressort d'une visite de son atelier conquis. Oh, madame la girouette, que vous êtes jolie !... Peut également vous fabriquer une enseigne sur demande. D'ailleurs, vous pourrez voir également quelques enseignes.

➤ ***DANS LES ENVIRONS DE MUTTERSHOLTZ***

À voir. À faire

★ *La maison de la Nature du Ried :* au hameau d'**Ehnwihr**, à 3 km à l'ouest par la D21. ☎ 03-88-85-11-30. Ouvert du lundi au vendredi de 8 h à 18 h ; en juillet et août, ouvert tous les jours. Audiovisuels, promenades en barque, sorties guidées pédagogiques s'adressant aux petits et grands pour découvrir le riche patrimoine du Ried et deux circuits-découverte au départ de la maison de la Nature avec panneaux explicatifs tout au long du trajet.

★ *La forêt de l'Ill (l'Illwald) :* quelques kilomètres à l'est de Sélestat. Réserve naturelle où vit le plus grand troupeau de daims sauvages de France. Sillonnée par plusieurs bras de l'Ill, c'est, en hiver et au printemps, une zone inondable de plusieurs centaines d'hectares. Chausser ses bottes pour parcourir cette formidable alliance de l'eau et des arbres.

> ***Promenade en barque sur l'Ill :*** Patrick Unterstock, dit « le batelier du Ried », fabrique lui-même ses barques à fond plat sur lesquelles il vous emmènera à la découverte d'une région attachante au gré de l'onde. Une visite aussi bien historique que naturaliste. Deux circuits par jour (un le matin et un l'après-midi), d'une durée d'environ 3 h 30, où vous découvrirez la faune et la flore de l'Ill, l'artisanat local d'antan et d'aujourd'hui et, selon que vous soyez du matin ou de l'après-midi, l'abbatiale d'Ébersmunster ou le château d'Ehnwihr. Réservation et rendez-vous à la maison de la Nature et dans les différents offices du tourisme concernés, avec présentation d'un diorama.

★ *MARCKOLSHEIM* (67390)

Une des villes martyres de la Seconde Guerre mondiale.

Adresse utile

Office du tourisme de Marckolsheim et environs : 13, rue du Maréchal-Foch. ☎ 03-88-92-56-98. ● grandried.otmarcko@wanadoo.fr ● www.grandried.free.fr ● En juillet et août, ouvert du lundi au vendredi de 9 h à 12 h et de 14 h à 18 h, et le samedi de 10 h à 12 h et de 16 h à 18 h 30 ; le reste de l'année, les mardis et mercredis de 8 h à 12 h et de 14 h à 18 h, et le vendredi de 14 h à 18 h.

À voir

★ ***Le mémorial-musée de la ligne Maginot :*** au sud de Marckolsheim. De mi-juin à mi-septembre, ouvert de 9 h à 12 h et de 14 h à 18 h ; de mi-mars à mi-juin et de mi-septembre à mi-novembre, ouvert les dimanches et jours fériés. La région connut d'âpres combats du 15 au 17 juin 1940. Visite de l'intérieur d'une casemate avec l'ensemble des équipements qui en faisaient une véritable ville souterraine : salles de ventilation et groupes électrogènes, chambres de tir, dortoirs, poste de commandement, etc. À l'extérieur, char Sherman, canon russe, divers armements.

LA VALLÉE DE LA BRUCHE

La Bruche jaillit dans le massif du Climont pour finir presque à Strasbourg. C'est l'une des plus longues vallées alsaciennes. Voie de communication depuis toujours : Romains, marchands de bestiaux du Moyen Âge se rendant dans les foires allemandes, envahisseurs de tout poil connaissaient bien cette large vallée s'ouvrant en Lorraine et allant mourir dans la plaine d'Alsace. La forêt y occupe une place prépondérante (70 % de la surface pour 25 % de la moyenne nationale). Pas étonnant qu'on y trouve la plus grande scierie de France. La frontière linguistique entre le français et le dialecte alsacien se situe quelque part vers Lutzelhouse, au nord de Schirmeck. En dessous, en effet, la vallée est quasiment francophone. Avec, de-ci, de-là, quelques rares vieillards parlant encore quelques bribes de welche, cette vieille langue romane qu'on utilisait encore couramment au début du siècle passé, dans certains villages de la Bruche et, plus au sud, dans la région de Sainte-Marie-aux-Mines.

Adorables petites vallées perpendiculaires ou parallèles à la haute vallée de la Bruche et qu'on rejoint par de petites routes paisibles à souhait. Ainsi, ne pas manquer celle du Ban-de-la-Roche, du château de Salm, de Ranrupt,

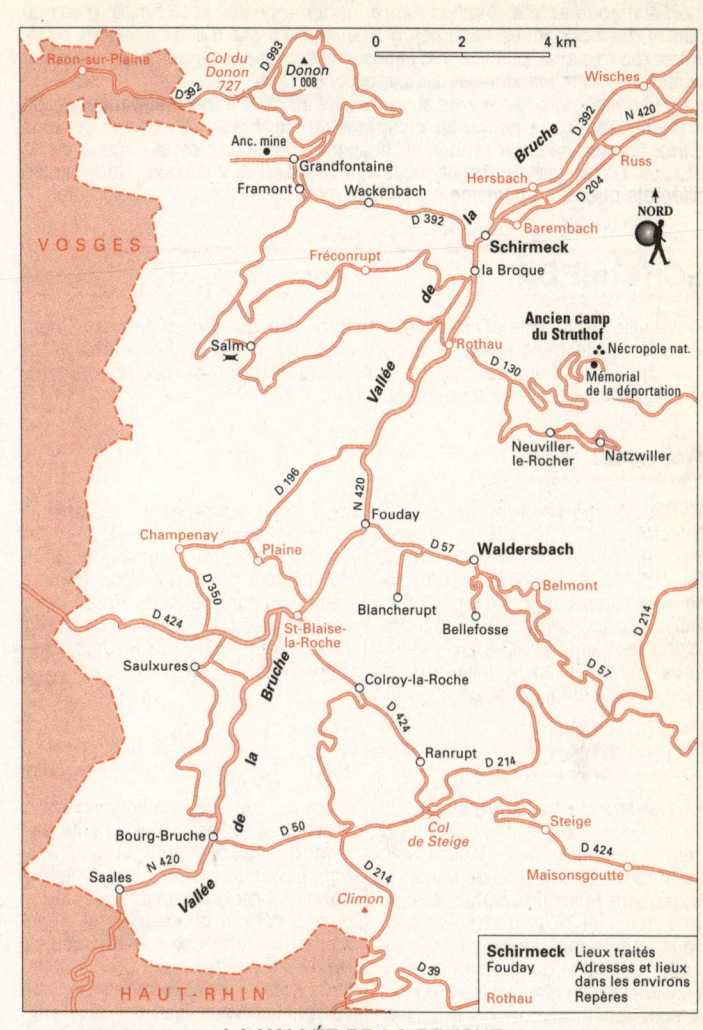

LA VALLÉE DE LA BRUCHE

vers le col de Steige et tant d'autres. Paysages tranquilles, ronds, rarement abrupts. Prés, bois, sous-bois, étangs alternent gentiment au rythme des randonneurs, changeant sans cesse la diapo, livrant des points de vue au charme sauvage et serein tout à la fois. Étonnez-vous qu'on y trouve encore blaireaux, chats sauvages, martres, hiboux, grands-ducs et – si vous en rencontrez un, jouez tout de suite au Loto... – grands tétras (coqs de bruyère). Gros efforts sur l'environnement. Ainsi, cette politique paysagère des autorités visant à reconstituer la physionomie des vallées comme elles étaient avant l'industrialisation. En outre, le Club Vosgien a vraiment bien fait les choses. Il vous a balisé des centaines de kilomètres de sentiers. Le groupement touristique Haute-Bruche (voir « Adresses utiles » à Schirmeck) édite même chaque année *Sentiers Plaisir,* un remarquable programme d'animation et de randonnées assurées gracieusement par d'enthousiastes bénévoles (parfois une petite participation est demandée, mais très modique). Quasiment tous les jours de fin juin à début septembre.

Le tout balisé de petits restos aux prix d'avant-guerre (peut-être même celle d'avant), de fermes-auberges, chambres d'hôte, hôtels de charme où vous aurez l'opportunité de goûter à l'hospitalité chaleureuse des gens de la Bruche. Dans une Alsace atypique qui échappe aux clichés. Notre vallée coup de cœur !

SCHIRMECK (67130) 2 230 hab.

Petite ville industrielle et commerçante tranquille, qui connut de beaux jours avec le textile mais possède encore quelques activités de métallurgie et d'électronique. Malheureusement, celle-ci est encore traversée par de nombreux camions qui perturbent sa quiétude.

Adresse utile

■ *Groupement touristique Haute-Bruche :* 147, Grand-Rue ; légèrement en retrait. ☎ 03-88-47-18-51. Fax : 03-88-97-09-59. Nouvelle adresse à partir du printemps 2002 : office du tourisme intercommunal, face à la mairie. ☎ 03-88-47-18-51. Vous voulez visiter la vallée, réserver un hébergement ou des activités ? Vous trouverez ici des animateurs compétents et passionnés, et un bon matériel touristique. Que vous faut-il de plus ? Vous pouvez vous y procurer le guide *Vallée de la Bruche,* décrivant les 50 plus belles randonnées, édité par le Club Vosgien. Très bien fait.

Où manger ?

I●I *Restaurant Au Sabayon :* 4, rue de la Gare. ☎ 03-88-97-04-35. Fermé le lundi et le dimanche soir, ainsi que la 1re semaine de février et la dernière quinzaine d'août. Menus entre 10,67 et 30,49 € (70 et 200 F). Sous cette enseigne gourmande se cache une table qui jouit de la meilleure réputation en ville. Nom oblige, le sabayon (transposition française de l'italien *zabaione*) figure bien sûr au nombre des desserts maison. Avant le sucré, priorité au salé. D'abord, peut-être, pour commencer, des os à moelle grillés à l'ancienne avec une petite salade ravigote, ou bien des champignons en brochettes grillés sur une petite salade de saison ; pour suivre, une bonne viande grillée (porc, volaille, agneau, bœuf) accompagnée de légumes du jour ou de frites et d'une sauce de votre choix (béarnaise, à l'échalote poêlée...) ; et pour le dessert, pas obligatoirement un sabayon, car vous n'aurez que l'embarras du choix. Carte des vins hétéroclite, où le bon côtoie le moins bon. Salle climatisée. Un café sera offert aux porteurs du *Guide du routard* de l'année.

Où dormir ? Où manger dans le coin ?

I●I *Auberge de la Schlitte :* 26, route de Fréconrupt, 67130 Labroque. ☎ 03-88-97-06-07. Accès par la N420. Fermé le lundi soir sauf en juillet et août, le mardi soir et le mercredi. Menu à 6,86 € (45 F) le midi en semaine ; à la carte, compter autour de 22 € (144 F) le repas. Nous les avions connus et encouragés autrefois, lorsqu'ils tenaient l'*hôtel du Rocher* de Dabo ; nous avons donc été ravis de retrouver Martine et Bernard Felten dans cette demeure. L'extérieur mi-chalet mi-saloon, largement fleuri, invite à entrer. Une bonne impression que confirme la salle pimpante avec ses baies vitrées largement ouvertes sur l'extérieur. À la carte, des choses simples mais qui cadrent bien avec la région, comme la planchette du schlitteur (jambon, lard, charcuteries, pâté, fromage, œuf au plat), le bœuf gros sel (crudités, pommes sautées, raifort) ou la braise de marcassin. Les vendredis soir, samedis soir, dimanches et jours fériés, la tarte flambée (en 5 versions) fait son cinéma. Accueil chaleureux. Apéritif maison offert sur présentation du *Guide du routard* de l'année.

▲ |●| *Gîte d'étape et auberge de Salm :* en pleine nature, ça va de soi. ☎ 03-88-97-22-33. De Schirmeck suivre la direction de la Claquette. Fermé le lundi et le mardi, ainsi que de mi-novembre à mi-janvier. Repas servi le midi seulement (hors saison, uniquement sur commande). Demi-pension : 23,63 € (155 F). Menu à 12,20 € (80 F). Gîte indépendant très simple mais bien tenu. Pas chauffé, ferme donc dès les premiers frimas. Allure intérieure de troquet villageois. Petits plats du terroir, et petite carte (en semaine seulement). Aux beaux jours, grosse table dehors pour se restaurer au soleil. Le gîte, un dortoir de 11 places, fonctionne comme un refuge (venir avec son sac de couchage). Accueil extrêmement gentil du maître des lieux. Environnement qui ravira tous les amateurs de grandes forêts.

▲ *Chambres d'hôte chez M. et Mme Claude Besnard :* 16, rue du Rain, 67130 Wackenbach. ☎ 03-88-97-11-08. De 27,44 € (180 F) la double avec lavabo à 32,77 € (215 F) avec douche et w.-c. Venant de Schirmeck, à l'église, tourner à droite. Coin calme. Chambres correctes dans une petite maison bien tenue, à l'orée de la forêt, avec un jardin. Pratique pour les joggeurs et randonneurs. De plus, les prix sont doux et l'accueil chaleureux. Sur le livre d'or, on peut lire ces mots : « Un petit nid de douceur et d'humanité ». C'est parfaitement exact.

À voir

★ *Le château :* ouvert de début juillet à début septembre le dimanche de 14 h 30 à 18 h 30. Entrée : 1,52 € (10 F) pour tous ceux qui ont plus de 16 ans. Date du XIIIe siècle. Fut en grande partie brûlé par les Suédois en 1633. Restauré il y a une vingtaine d'années, il abrite un intéressant petit *Musée régional.* Section ethnographique et vie quotidienne avec objets domestiques, outils, vêtements, etc. Témoignages et souvenirs des deux dernières guerres également.

➤ *DANS LES ENVIRONS DE SCHIRMECK*

★ *La mine de Grandfontaine :* à environ 5 km au nord-ouest de Schirmeck, sur la route du Donon. ☎ 03-88-97-20-09 (mairie). Ouvert les samedis et dimanches de 14 h à 18 h (tous les après-midi du 1er juillet au 15 septembre). Du 1er avril au 30 juin et du 1er septembre au 15 octobre, visite possible pour les groupes, mais uniquement sur rendez-vous. Les mines de fer étaient déjà exploitées au XIIIe siècle. Jusqu'à la Révolution, elles furent la propriété de la maison de Salm. La principale, la mine des Minières, fut abandonnée en 1866. Quelques petites reprises eurent lieu par la suite, mais sans retombées économiques significatives. En 1960, on tenta même des recherches pour le tungstène, mais le gisement était épuisé.

On visite plusieurs salles du XIXe siècle de la mine des Minières. Les plus anciennes sont désormais inondées. Vous verrez surtout la « chambre chaude » où l'on extrayait le sulfure de fer pour la fabrication de l'acide sulfurique. Petit sentier d'initiation géologique et minière.

★ **Le Musée de la 2CV : Le Framont.** ☎ 03-88-38-64-76. • perso.club-internet.fr/chbosch/index.htm • ✗ Route du Donon, entre Schirmeck et Grandfontaine. Ouvert tous les samedis de 14 h à 17 h. Gratos. Une halle dédiée à la « Deuche » dans ce qui fut le premier court de tennis couvert d'Alsace. Tenu par des passionnés chevronnés, on y trouve des pièces de rechange ainsi que les plus beaux ou originaux spécimens de cette automobile (amphibie, pompier...). À la fin de la visite, vous pourrez même verser votre petite larme en écoutant le son d'un moteur.

★ **Le massif du Donon :** accès par la D392 de Schirmeck ou la D993. Avec le Haut-Donon, point culminant des basses Vosges (1 009 m), à la frontière des quatre départements de la Moselle, de la Meurthe-et-Moselle, du Bas-Rhin et des Vosges. Ancien lieu de culte celtique. Quelques vestiges d'un sanctuaire gallo-romain dédié au dieu Mercure. Mais les pièces les plus belles sont aux Musées archéologiques de Strasbourg et d'Épinal. Sur le point le plus élevé du Donon, un pastiche de temple romain, édifié sous Napoléon III. Superbe panorama sur les Vosges, il va sans dire ! Table d'orientation. Du col du Donon (parking), environ 2 h 30 aller-retour par un chemin balisé (bien expliqué dans le *Guide des Vosges à pied* de DNA). Avis à ceux qui veulent fonder une famille : le Donon bénéficie d'un microclimat particulièrement littéraire. La preuve : Victor Hugo aurait été conçu sur ses pentes.

★ **Le hameau de Salm :** l'une de nos balades préférées. Ici, la nature se fait totalement hospitalière. Paysages d'une remarquable sérénité et propices, vous vous en doutez, aux randonnées les plus sympas. De la D392, prendre une petite route paisible, direction du Haut-Fourneau ; on arrive sur un vaste plateau. La région fut longtemps habitée par des mennonites qui vinrent au XVIIIe siècle de Suisse allemande. Ils émigrèrent aux États-Unis à la fin du XIXe siècle. En face d'une ancienne ferme de grès rose, un petit cimetière aux curieuses stèles rappelle leur souvenir (dans une propriété privée). Après le gîte d'étape, continuer tout droit sur quelques centaines de mètres. Sur la gauche, dans une clairière, un magnifique chêne de plus de 200 ans. Plus haut, sur une colline, aire de pique-nique des Trois-Planchers. Grand refuge avec cheminée pour les grillades (voir ci-dessus « Où dormir ? Où manger dans le coin ? »).

★ **Le château de Salm :** à 809 m, sur le mont dominant le plateau, on découvre les restes du célèbre château des comtes de Salm. Construit au XIIe siècle et probablement abandonné au XVIe siècle. Il fut le centre de la petite principauté (ou royaume de Salm) qui possédait les mines de fer de Grandfontaine. Aujourd'hui, il subsiste des pans de murs, une citerne voûtée et la base d'une tour demi-circulaire, envahie par la végétation.

➢ **Le sentier des Passeurs :** lorsque, en juin 1940, l'Alsace fut annexée, l'ancienne frontière de 1871 fut évidemment rétablie. Elle correspondait à la ligne actuelle, séparant le Bas-Rhin des Vosges. La région fut un haut lieu de passage pour les prisonniers en fuite et les réfractaires alsaciens. À la « frontière », borne où l'on distingue le « F » de France. Le « D » a été martelé en 1918. Un des principaux itinéraires reliait Salm à Moussey en Lorraine. Aujourd'hui, possibilité de suivre ce sentier des Passeurs. Durée : environ 4 h. Visite guidée par Hubert Ledig, ancien passeur lui-même, et d'autres guides. Renseignements au *Groupement touristique Haute-Bruche* : ☎ 03-88-47-18-51. Ne pas manquer d'en profiter pour grimper sur le mont de la Chatte-Pendue. De là, panorama circulaire tout à fait exceptionnel (balade décrite également dans le *Guide des Vosges à pied* de DNA).

LE CAMP DU STRUTHOF

Accès par la D130. À 8 km de Rothau. Bien signalé. Situé sur la commune de Natzwiller, ce fut un des camps de concentration nazis (avec le camp de Thil en Lorraine) implantés sur le territoire français. Le contraste entre la beauté, la sérénité de cette vallée et l'horreur qu'évoque le Struthof est saisissant. Qu'est-ce qui put bien décider Himmler, en 1940, à installer un camp d'extermination à cet endroit précis ? Il semble bien que ce fût d'abord la présence à Schirmerck d'un camp d'internement pour réfractaires et opposants alsaciens à la germanisation de l'Alsace ! Son isolement géographique aussi et, surtout, l'existence d'une carrière de granit à côté qui permettait de construire le camp. Ouvert le 12 mai 1941 avec l'arrivée des premiers convois de prisonniers allemands et autrichiens.

La construction du camp s'effectua dans des conditions très difficiles. Il fallut acheminer les pierres de la carrière par le rude hiver vosgien, puis construire les neuf plates-formes en étages à flanc de montagne. Exactement comme à Mathausen en Autriche, avec sa sinistre carrière, il fallait qu'un maximum de déportés succombent pendant la construction même. Ceux-ci étaient divisés en plusieurs catégories, identifiables à des triangles de couleur : rouge pour les politiques, vert pour les droits communs, noir pour les Tsiganes et les réfractaires au travail, rose pour les homosexuels, violet pour les membres des sectes religieuses. Les déportés juifs portaient l'étoile de David. Une catégorie à part portait un vêtement très distinctif : les *Nacht und Nebel* (Nuit et Brouillard), déportés désignés ouvertement à l'extermination. Leur uniforme était bariolé de croix et bandes rouges qu'on voyait de loin. Tout contact avec eux était interdit. Les premiers convois de Français NN arrivèrent les 15 juillet et 9 décembre 1943.

Prévu pour 1 500 détenus, le camp du Struthof finit par en héberger 7 000 à 8 000 jusqu'en septembre 1944, date de leur évacuation vers Dachau. Le nombre de déportés ayant transité par le camp du Struthof est très difficile à préciser et ne peut être donné qu'approximativement. Certaines personnes envoyées dans des commandos furent en effet immatriculées sans même passer par le camp. On estime que 44 000 détenus au moins y auraient séjourné.

Si les effroyables conditions de vie quotidienne (la faim, le froid, l'épuisement, la maladie) furent le lot commun de beaucoup de camps de la mort, il faut ajouter ici les expérimentations médicales. Sans entrer dans d'atroces détails, disons seulement qu'elles portèrent sur l'hérédité, sur la prévention et la thérapeutique des lésions dues à des gaz comme l'ypérite et sur des essais de vaccination contre le typhus. Enfin, juste avant l'évacuation du camp vers Dachau, 107 membres du réseau de résistance française Alliance y furent exécutés. Le 23 novembre 1944, des membres de la 7e armée américaine pénétraient dans le camp abandonné.

Alors, quand on se retrouve au-dessus du camp, les yeux sur cette vallée de larmes, c'est un moment particulièrement émouvant. Mais peut-on seulement parler d'émotion ? On serre également les poings de colère. Il faudrait y amener de force tous les négationnistes, tous les révisionnistes, tous les Faurisson, lepénistes et mégrétistes de tout poil, tous ceux qui falsifient l'histoire, tous ceux qui font de la haine de l'autre leur fonds de commerce électoral...

À voir

★ **Le Musée national de la Déportation :** ☎ 03-88-97-04-49. Du 1er mars au 30 juin, ouvert de 10 h à 12 h et de 14 h à 17 h 30 ; du 1er juillet au 31 août, de 10 h à 18 h ; du 1er septembre au 24 décembre, de 10 h à 12 h et de 14 h

à 17 h ; la vente des billets d'accès s'arrête une demi-heure le matin et une heure le soir avant la fermeture des caisses. Fermé du 24 décembre à fin février. Tarif : 1,52 € (10 F) ; gratuit pour les moins de 16 ans, qui gagneront une bonne leçon d'histoire, et pour ceux qui ont vécu cette horreur.
Le Struthof est l'un des rares camps ayant conservé sa structure originale quasi intacte. Grande porte d'entrée, miradors, double enceinte de barbelés. Deux bâtiments ont été conservés sur la première plate-forme, et l'un d'entre eux transformé en *musée de l'Histoire de la déportation*, avec de nombreux souvenirs et témoignages. Incendié le 23 mai 1976 par des nostalgiques du nazisme, ce bâtiment fut reconstruit d'après les plans d'origine. Devant, la sinistre potence du camp.
– Tout en bas, le bâtiment du four crématoire, la prison, la fosse aux cendres.
– *Le mémorial de la déportation :* inauguré par le général de Gaulle, le 23 juillet 1960. Longue spirale de béton de 40,50 m de haut. Recouvert d'un parement de pierre d'Hauteville (village de l'Ain), ce monument symbolise la flamme du crématoire, mais aussi la liberté qui s'élève.
– *La nécropole nationale :* autour du monument sont inhumés 1 120 déportés, résistants politiques rapatriés de divers camps d'Europe centrale.
– Avant d'arriver au camp, une route mène à gauche à un bâtiment qui servit occasionnellement de chambre à gaz, durant l'été 1943.
– *La carrière :* à 1 500 m au-dessus du camp. Difficile d'imaginer aujourd'hui en ce lieu paisible ce que le camp représenta comme souffrances. Devenu haut lieu de la mémoire, il ne peut se découvrir sans émotion.

Où dormir ? Où manger dans le coin ?

▲ *La Basse du Maçon :* sur la D130, à 4 km de Rothau. ☎ 03-88-97-81-69. ☆ Ouvert d'avril à octobre. Prix de l'emplacement pour deux : autour de 11 € (72 F). L'un des campings les plus chouettes de la région. Il est situé dans une clairière de 6 ha, entourée d'une belle forêt de sapins et de hêtres. Orienté plein sud, en terrasses, il bénéficie d'un bon ensoleillement. Blocs sanitaires en bon état avec eau chaude. Laverie. Tennis (payant). Possibilité de louer des gîtes vieillots mais peu chers (prix en fonction de la saison et de la capacité) toute l'année, du studio au logement pour 7 personnes. 10 % de réduction sur le prix du gîte sur présentation du *Guide du routard* de l'année.

🏠 |●| *Auberge Metzger :* 55, rue Principale, 67130 Natzwiller. ☎ 03-88-97-02-42. Fax : 03-88-97-93-59. ● www.hotel-aubergemetzger.com ● ☆ À 8 km au sud-est de Schirmeck par la N420, puis la D130. Fermé le dimanche soir et le lundi, sauf en juillet et août, ainsi que 3 semaines en janvier. Chambres de 46,50 à 55,64 € (305 à 365 F). Premier menu à 9,91 € (65 F) en semaine ; à la carte, compter autour de 23 € (151 F). Une bonne étape dans une vallée qui ne manque pas d'intérêt. Mme Metzger veille avec sérieux au confort de ses hôtes. Les chambres sont vastes tout autant que confortables (surtout celles qui ont été rénovées). Les prix restent, de plus, assez raisonnables. Au restaurant, menu terroir avec salade vosgienne, palette fumée sur choucroute et dessert du jour. Terrasse côté vallée aux beaux jours.

|●| *Ferme du Charapont :* 5, route de Rothau, 67130 Natzwiller. ☎ 03-88-97-98-46. Fax : 03-88-97-92-99. ☆ De mai à mi-septembre, ouvert tous les midis sauf le lundi ; de mi-septembre à mi-mai, ouvert le samedi et le dimanche midi ; réservation obligatoire pour le soir. Congés annuels de Noël à fin janvier. Plusieurs menus de 8,84 à 19,82 € (58 à 130 F). En fait, une ancienne usine textile transformée en ferme-auberge, où se pratique l'élevage des volailles. Oies, poulets, canards,

dindes finissent donc directement dans votre assiette. En optant pour l'un des menus, vous aurez droit, par exemple, à une tourte de canard sur crudités, suivie d'un filet de canard et d'un soufflé glacé au kirsch. Attention au prix du foie gras de canard maison. Apéritif maison offert à nos lecteurs sur présentation du *Guide du routard* de l'année.

➤ DANS LES ENVIRONS DU CAMP DU STRUTHOF

Pour se laver la tête de toute cette noirceur, continuer la D130. Les points de vue sur la **vallée de Natzwiller** et le plateau du champ du Messin sont remarquables.

À voir

★ *Le musée des Traditions et du Patrimoine :* 19, rue Principale, 67130 **Neuviller-la-Roche.** ☎ 03-88-97-87-56. Ouvert du 1er juin au 30 septembre les samedis et dimanches de 14 h à 18 h ; sinon, visite sur rendez-vous. Entrée : 2 € (13 F) ; enfants : 1 € (7 F). Dans une maison typique de la vallée de la Bruche, petit musée d'art et de traditions populaires, regroupant nombre d'objets familiers et domestiques, outils de métiers aujourd'hui disparus : métier à tisser, extracteur de miel, couteaux à navet ou à choucroute, établi de cordonnier, enclume du forgeron, etc.

LE BAN-DE-LA-ROCHE

Région bien particulière, y compris au sein de la Bruche. C'est l'ancien nom du comté qui regroupait les communes du coin. Vallée dégageant une impression d'intimité et à l'habitat très caractéristique. Malgré l'âpreté des sols et l'agriculture difficile, les habitants réussirent à vivre harmonieusement avec cette nature, grâce au petit élevage familial et à une cohésion sociale et culturelle exceptionnelle. En outre, pas mal de familles possédaient un métier à tisser à domicile et travaillaient à façon. *Last but not least,* le protestantisme, très fort en Bruche, et surtout dans le Ban-de-la-Roche, se révélait un facteur supplémentaire de cohésion. C'est ici que le pasteur Oberlin mit en pratique ses géniales idées (pédagogiques et économiques) tellement d'avant-garde pour l'époque.

Où dormir ? Où manger ?

🛏 |●| *Ferme-auberge du Ban-de-la-Roche :* 66, rue Principale, 67130 Bellefosse. ☎ 03-88-97-35-25. Fax : 03-88-97-37-87. De Fouday, prendre la D57 vers le champ du Feu ; à environ 3 km, prendre à droite et grimper jusqu'à la ferme-auberge. Ouvert tous les jours en juillet et août ; le reste de l'année, fermé le lundi et le mardi sauf réservation pour les groupes. Chambres doubles à 33,49 € (220 F) avec lavabo, petit déjeuner compris. Menus à partir de 13,72 € (90 F). Cet ancien hôtel reconverti en ferme-auberge propose 5 chambres et un dortoir. Cuisine régionale, goûteuse et servie copieusement, à base de produits de la ferme, auxquels s'ajoutent ceux des fermes environnantes. C'est toujours complet, et les mines semblent éternellement réjouies. Pas étonnant quand on connaît le sens de l'accueil et la passion des gens d'ici à faire vivre leur vallée. Atmosphère merveilleuse

LA VALLÉE DE LA BRUCHE
LE VAL DE VILLÉ

donc, pour la choucroute de navets (uniquement en hiver), le *baeckeoffe*, le lapin maison, le gibier en saison, les bons hors-d'œuvre. Le dimanche midi, deux autres menus exercent leur fatale attraction sur toute la région. Il est donc vivement conseillé de réserver. Café offert sur présentation du *Guide du routard* de l'année.

Plus chic

🛏 |●| *Hôtel-restaurant Julien* : sur la N420, 67130 Fouday. ☎ 03-88-97-30-09. Fax : 03-88-97-36-73. ● www.hoteljulien.com ● ♿ Fermé le mardi ainsi que la 1ʳᵉ quinzaine de janvier et une semaine en octobre. Chambres doubles de 48,79 à 97,57 € (320 à 640 F). Menu à 9,15 € (60 F) en semaine ; autres menus de 15,24 à 21,34 € (100 à 140 F). L'un des établissements les plus populaires de la Bruche. En bordure d'une route à grande circulation (beaucoup de camions qui roulent à vive allure). Preuve que c'est la qualité de l'accueil qui fait avant tout les réputations. Les chambres, heureusement, sont situées de l'autre côté du bâtiment et totalement insonorisées. Elles donnent sur la Bruche et les pentes verdoyantes du mont Saint-Jean. Cadre intérieur confortable, voire cossu. Bois, fleurs et plantes vertes partout. Chaleureuses salles à manger aux plafonds lambrissés pour une excellente cuisine régionale. À la carte, quelques spécialités comme le pied de porc farci ou le sandre au riesling. En novembre-décembre, menus cochonnailles. Les samedis soir et dimanches midi, c'est plein comme un œuf, quasi obligatoire de réserver. Sur présentation du *Guide du routard* de l'année, apéritif maison offert.

➤ *DANS LES ENVIRONS DU BAN-DE-LA-ROCHE*

★ *FOUDAY* (67130)

Village en marge de la N420. Voir le **temple protestant** (ouvert tous les jours), qui a conservé totalement sa physionomie intérieure depuis 1778. Atmosphère d'une charmante austérité. Tour datant du XIIᵉ siècle. Dans le cimetière, tombe de Jean-Frédéric Oberlin.

➢ Point de départ, à partir de la mairie, d'une belle balade balisée de 2 h autour du mont Saint-Jean : le **sentier Oberlin.** Accueil et renseignements : ☎ 03-88-47-18-51. En boucle, facile, en terrain dégagé, il permet d'apprécier cool la douceur des moyennes Vosges. En fin de parcours, petit itinéraire initiatique d'arbres et de plantes. Balade expliquée dans le *Guide des Vosges à pied* des DNA.

WALDERSBACH (67130) 140 hab.

Un de nos villages préférés. Dans un environnement ondoyant, paisible, au milieu de beaux arbres. Beaucoup de charme. Et puis effectivement, si « habité » !

LA FANTASTIQUE HISTOIRE DU PASTEUR OBERLIN

S'il est des hommes qui doivent rester dans l'histoire par l'importance de leur œuvre, c'est bien le cas de Jean-Frédéric Oberlin. Pourtant, hormis quelques cercles d'initiés, il est peu connu du commun des mortels. Né en 1740 à Strasbourg, Oberlin connaît une enfance heureuse dans une famille

WALDERSBACH

d'enseignants. Études studieuses de théologie, doctorat de philosophie (« du degré des forces vivantes et des forces mortes, d'après le système de Leibniz »).

Il aurait pu se réserver un ministère peinard dans un beau quartier, quand il reçut la visite du pasteur Jean-Georges Stouber. Celui-ci venait le prier de lui succéder à sa charge, au village de Waldersbach, l'un des plus pauvres de Basse-Alsace. Ce Stouber possédait déjà un long passé de réalisations : réforme de l'enseignement, création d'un alphabet méthodique et d'une bibliothèque ambulante (précurseur des bibliobus), qu'il faisait circuler dans les villages. Oberlin voit là un signe du destin et accepte la charge de pasteur de Waldersbach.

De 1767 à 1826, pendant près de 60 ans, il va accomplir, en plus de ses activités propres de pasteur, un travail pédagogique extraordinaire : construction d'une école par village, formation permanente des instits, évaluation du travail scolaire, scolarité jusqu'à 16 ans, aide aux familles pauvres pour acquérir des livres. Le plus révolutionnaire fut la formation des jeunes filles à l'éducation des enfants à partir de 4 ans. Réunis trois fois par semaine, les loupiots apprennent histoire, géo, histoire de la Bible, chansons, etc. Oberlin les appelle les « conductrices de la tendre enfance ». C'est l'ancêtre de la maternelle et du jardin d'enfants !

Mais Oberlin ne s'en tient pas qu'à la pédagogie. Fidèle au protestantisme qui s'intéresse à l'homme dans son intégralité, il se préoccupe aussi des problèmes de la population. Les moyens de communication terrestre étant désastreux, il prône de meilleures méthodes techniques pour ouvrir des routes. Il désenclave la vallée par l'élargissement de la route de Strasbourg (la bonne vieille N420 qui vous a amené ici). Les rendements agricoles étant faibles, il pousse à l'amélioration des sols, au drainage des prairies, à l'introduction de nouvelles semences, aux cultures d'essai, à la plantation de nouvelles espèces d'arbres fruitiers, à la systématisation de la greffe, etc. Des jeunes sont envoyés en apprentissage pour créer dans la vallée les métiers qui lui font cruellement défaut : charrons, maçons, menuisiers, forgerons, etc. Une pharmacie est installée au presbytère. Oberlin envoie aussi des jeunes filles à Strasbourg recevoir une formation de sages-femmes. En 1785 il crée, pour soulager les dettes des paysans, une caisse d'amortissement qui permet de prêter de petites sommes sans caution ni intérêt. Pendant le long hiver, il organise le travail du tissage à domicile.

Bon, arrêtons-là la longue liste des innovations de ce pasteur non conformiste. Il aurait, à coup sûr, sympathisé avec ce brave curé Meslier (qui était de la même époque). Oberlin, bien entendu, accueillit favorablement la Révolution. En 1815, l'empereur Alexandre de Russie, qui connaissait bien son œuvre, ordonna la protection du Ban-de-la-Roche contre tout dérapage de la guerre. L'œuvre du pasteur influença nombre de gens, notamment l'industriel Legrand, qui soutint le vote d'une loi interdisant le travail aux enfants de moins de 12 ans (votée le 12 mars 1841, mais aux moins... de 8 ans ! Heureuse époque... on plaisante). Jean-Frédéric Oberlin mourut le 30 mai 1826. On le disait « visionnaire du ciel et ouvrier de la terre ». Un jour, là-haut, il créera un club avec le bon docteur Schweitzer, Norman Bethune, mère Teresa, l'abbé Pierre...

À voir

★ **Le musée Oberlin :** 25, montée Oberlin. ☎ 03-88-97-30-27. Fax : 03-88-97-32-21. ✗ Ouvert de 14 h à 18 h. Fermé le mardi. Entrée payante ; réductions pour nos lecteurs sur présentation du *Guide du routard* de l'année. Laissez-vous raconter cette vie exceptionnelle par les bénévoles passionnés qui animent le musée. Quelques souvenirs significatifs dont l'alphabet méthodique de J.-G. Stouber, le curieux tableau de réconciliation, le décou-

page des ombres chinoises pour connaître le caractère des enfants, les jouets pédagogiques, l'herbier, éveil à la connaissance de l'autre et du monde (utile pour les bébés routards), etc. Seul, on évolue dans le musée en tirant des tiroirs et chacun à son rythme, on découvre l'œuvre du pasteur. Sûrement l'un des musées les plus ludiques qui soient ; il est si rare d'apprendre en s'amusant.
– La visite du musée pourra être complétée par celle de la *Maison des Enfants*, où la pédagogie de J.-F. Oberlin est présentée sous forme d'ateliers, et par celle des *jardins* : jardins de plantes médicinales, jardins des cartes et des planètes, verger conservatoire, potage expérimental...

★ *Le temple* : ouvert tous les jours. Là aussi, il n'a guère bougé depuis 1751. Tout est en place : le gros poêle antédiluvien, les bancs placés en carré, la tribune en bois, la grande sobriété du décor. Non, le pasteur Oberlin ne prêchera pas aujourd'hui, il est à Bruxelles pour plaider et obtenir des crédits de l'Union européenne.

➤ *DANS LES ENVIRONS DE WALDERSBACH*

★ *Blancherupt* (67130) : à côté, le plus petit village d'Alsace (22 habitants). Il n'y a rien, il ne s'y passe rien. On peut aimer ce rien comme Bernard Lavilliers l'a aimé au Sertão.

AU SUD DE LA VALLÉE DE LA BRUCHE

★ Belle *vallée latérale de Ranrupt* (la D424) menant vers le col de Steige, le champ du Feu, le Climont, le val de Villé. Beaucoup d'occasions de promenades, et de sympathiques fermes-auberges. Plus au sud, Saales, gros village-frontière entre France et Allemagne entre 1871 et 1918.

★ Pour les amateurs de campagne particulièrement sereine, balade sur le *plateau du Hang* (traversé par un GR). La Bruche y prend sa source et on y trouve une de nos auberges les plus sympas (voir ci-dessous « Où dormir ? Où manger dans la région ? »). Une particularité du coin : pas mal d'agriculteurs sont anabaptistes-mennonites (certains ici depuis le XVIIIe siècle). Ces protestants austères et durs à la tâche se sont toujours installés dans les régions difficiles. Génération après génération, ils ont mis en valeur les terres les plus ingrates. Aujourd'hui, nombreux sont ceux qui, partis d'Alsace, ont essaimé au Canada, en Pennsylvanie, au Belize, au Paraguay, etc.

Où dormir ? Où manger dans la région ?

⌂ |○| *Ferme-auberge du Nouveau Chemin* : chez Wilfred et Nadine Kreis, dans la clairière de Hang, 67420 Bourg-Bruche. ☎ et fax : 03-88-97-72-08. Sur la N420. Pour s'y rendre, partir de Bourg-Bruche ; bien indiqué. Ouvert de début mars au 25 octobre, du mercredi au dimanche midi. De préférence sur réservation. Chambres à 35,06 € (230 F). Menus à 11,43 et 14,48 € (75 et 95 F). À 550 m d'altitude, en pleine nature, avec un panorama à couper le souffle, petite ferme-auberge remarquablement située. Calme assuré. Menus composés de spécialités alsaciennes et de produits de la ferme : tartes flambées (le samedi soir), pâté en croûte, terrines maison, lapin, agneau et veau fermiers. Soirée raclette. Accueil chaleureux. Pour dormir, 2 chambres avec salle de bains, s'ils ont bien effectué les travaux prévus depuis notre récent passage. Gîte à louer aussi, simple, correct. Apéritif maison offert sur présentation de votre *Guide du routard* de l'année.

⌂ |○| *Hôtel-restaurant Belle Vue* : 36, rue Principale, 67420 Saulxures.

☎ 03-88-97-60-23. Fax : 03-88-47-23-71. • www.la-belle-vue.com ☃ ☖ pour le restaurant. Fermé le mardi et le mercredi toute la journée (sauf dîner et petit déjeuner pour l'hôtel), ainsi qu'en janvier, pendant les vacances scolaires de février et 15 jours en octobre. Chambres doubles de 64,03 à 99,09 € (420 à 650 F). Au resto, menus de 16,62 à 44,21 € (109 à 290 F). Au centre de ce petit village de la haute vallée de la Bruche, un sympathique hôtel familial. La partie hôtel a été rénovée en 2001. Chambres confortables. La cuisine est bonne, comme c'est souvent le cas dans le secteur. Les menus changent chaque semaine en fonction du marché. En plus, aux beaux jours, vous pourrez profiter d'un agréable jardin et d'un tennis.

|●| *Ferme-auberge Promont :* chez Marlyse et Corinne Schynoll, 37, Hauts-Prés, 67420 Ranrupt. ☎ 03-88-97-62-85. Accès : de Sélestat, D424 vers Villé ; au col de Steige (n'allez pas jusqu'à Ranrupt), prenez la D214 vers le col de la Charbonnière pendant 5 km, tournez à gauche au fléchage et faites 2 km sur un chemin de terre. Fermé le vendredi, les soirs de semaine et en décembre. Réservation obligatoire au moins 8 jours à l'avance. Menu unique à 12,20 € (80 F). Pas de chambres. Ici, on n'est pas au bout du monde mais presque... Perdue à 800 m d'altitude au milieu des prés et des forêts, cette ferme est la halte idéale pour les amoureux de la nature. Marlyse élève des vaches vosgiennes et fabrique des fromages (munster, tomme, fromage blanc...). Deux petites salles de 4 et 25 couverts, à l'ambiance familiale et chaleureuse. Parmi les spécialités de la patronne, notons la tourte à la viande, le pâté en croûte, le *kassler* (porc salé, fumé, persillé puis roulé avec pommes de terre à la crème, hmm !) et, en dessert, le savoureux fromage au kirsch. Ambiance intime et décontractée, une adresse qu'on aime beaucoup et un excellent rapport qualité-prix-convivialité.

Plus chic

🏠 |●| *Hostellerie de la Cheneaudière :* 67420 Colroy-la-Roche. ☎ 03-88-97-61-64. Fax : 03-88-47-21-73. • www.integra.fr/relaischateaux/cheneaudiere • Sur la D424, près de Ranrupt. Chambres doubles climatisées avec bains et w.-c. à 76,22 et 106,71 € (500 et 700 F), et bien plus. Menu 5 plats à 44,21 € (290 F), demi-bouteille de vin ou de champagne comprise. L'hôtel de luxe de la région *(Relais et Châteaux).* Pour lecteurs(trices) en voyage de noces. Délicieusement accroché à la colline, en pleine nature. Très belle piscine intérieure. Cuisine réputée. Le chef, Jean-Paul Bossée, a travaillé chez Taillevent, Senderens et au *Crocodile* à Strasbourg. Il concocte une cuisine très intelligente. Le tout servi dans une ravissante salle à manger en pin, au décor raffiné (la moquette a été dessinée par le patron et tissée en Autriche, si, si !).

Où faire son marché ?

🌺 *Marché des produits de montagne de la Haute-Bruche :* halles de l'hôtel de ville, 67420 Saales. Renseignements : ☎ 03-88-47-18-51. De mi-juin à mi-septembre, tous les vendredis de 15 h à 19 h. Un grand marché pittoresque où vous trouverez tout ce que les hommes des paysages alentour produisent. À manger, à voir, à boire, les couleurs et les senteurs du pays.

🌺 *Les confitures du Climont :* La Salcée, 67420 Ranrupt. ☎ 03-88-97-72-01. Du col de Steige, direction Saint-Dié. Ouvert de 9 h à 12 h et de 13 h à 18 h. Fermé le lundi. Fabrice Krencker est un passionné, un poète des confitures. D'ailleurs, ne revendique-t-il pas cette phrase de Georges Duhamel : « Comme le monde serait triste sans l'odeur des confitures ! » ? Véritable professeur

Tournesol des Vosges, il bricole de géniales machines pour tirer le maximum de ses fruits et baies sauvages. Bien sûr, possibilité de visiter son laboratoire. Les baies récoltées localement sont cuites au sucre dans de vénérables chaudrons de cuivre. Une trentaine de sortes de confitures ou gelées (dont de particulièrement originales). Nos préférées : le confit de fleurs de pissenlit, l'églantine (appelée aussi cynorhodon, bourre gratte-cul, gréki, rose-des-chiens, « chaupécu » en patois local... fin du quart d'heure gastro-ethno), la rhubarbe aux pruneaux, pommes au kirsch et raisins secs, sureau, aubépine, etc. Et, surtout, pour les connaisseurs et amateurs de saveurs insolites, cette succulente gelée de sorbes (du sorbier). Bien sûr, possibilité de déguster pour faire son choix. D'autres produits également proposés : miel, terrines diverses, eaux-de-vie.

– La Haute-Bruche et le val de Villé possèdent le plus grand nombre de bons producteurs des Vosges alsaciennes. Des yaourts du Climont aux pigeonneaux de chair du Ban-de-la-Roche, en passant par le munster de Steige.

À voir

★ *La Scierie Haut Fer de Ranrupt :* sur la D424 entre Colroy et Ranrupt. ☎ 03-88-47-24-77. Ouvert le dimanche de 14 h à 17 h ; en juillet et août, tous les jours de 15 h à 18 h. Entrée : 2,29 € (15 F) ; réductions. Construite en 1884 sur les miettes d'une scierie du XVIIIe siècle, la scierie s'est tue en 1992, rentabilité oblige. Aujourd'hui, elle renaît grâce à l'énergie de quelques passionnés. Un bon moyen de découvrir cette industrie locale et toute l'économie liée au bois.

LE VAL DE VILLÉ

Prolongement de la vallée de la Bruche, le val de Villé propose aussi de beaux paysages ouverts avec de nombreux petits villages où se maintiennent nombre de traditions rurales. Patrie du célèbre kirsch (pour visiter des distilleries, se renseigner à l'office du tourisme de Villé). Pour avoir une première idée d'ensemble, grimper au belvédère du Climont, vous ne serez pas déçu. Joseph Meister, un jeune boulanger mordu par un chien enragé, était de Steige (à quelques kilomètres de Villé). Il fut le premier patient traité par Pasteur avec son nouveau sérum antirabique.

Où dormir ? Où manger ?

🏠 *Hôtel Élisabeth :* 5, rue du Général-de-Gaulle, 67730 La Vancelle. ☎ 03-88-57-90-61. Fax : 03-88-57-91-51. À 5 km de la route Saint-Dié-des-Vosges-Sélestat (à la sortie du Val d'Argent). Fermé en janvier. Chambres doubles à 39,63 € (260 F) avec douche et w.-c. Petit hôtel tranquille au sud de Villé et pas loin du Haut-Kœnigsbourg. Chambres classiques de bon confort. 10 % de réduction sur le prix de la chambre aux porteurs du *Guide du routard* de l'année.

I●I *Ferme-auberge Irrkrüt :* chez Noëlle et Michel Nell, col de Fouchy, 67220 Villé. ☎ 03-88-57-09-29. De Sélestat, prendre la D424 ; ensuite la D39 vers Fouchy, puis monter au col ; la ferme est presque au sommet. En été, ouvert tous les jours sauf le lundi et le mardi ; au printemps, les jeudis, vendredis midi et samedis ; en automne, le dimanche

LE VAL DE VILLÉ

midi ; en hiver, le week-end. Sur réservation uniquement. Fermé de mi-novembre à fin janvier. Menus compris entre 13,42 et 22,56 € (88 et 148 F). À 600 m d'altitude, avec une superbe vue sur les forêts environnantes, dans une jolie ferme. 60 couverts installés dans deux petites salles rustiques, assez sombres mais agréables. Noëlle et Michel vous présentent leurs menus, principalement à partir des produits de l'exploitation : le « menu randonneur » avec terrine, tourte, salade et dessert ; un autre avec, notamment, l'assortiment de terrines et viandes fumées maison, la canette rôtie ou le civet d'agneau ; et le « gastronomique » avec foie gras de canard mi-cuit (sublime !), confit ou choucroute au canard et dessert. Petite carte avec des spécialités dont la tourte au munster. Ambiance un peu bohème, accueil jeune et décontracté. Dites que vous venez de notre part, un digestif vous sera offert.

≜ |●| Ferme-auberge du Grand Pré : chez Anne-Marie et Alexandre Bour, 13, rue Haute, 67220 Steige. ☎ 03-88-57-28-41. Fax : 03-88-57-28-78. De Sélestat, D424 vers Villé et continuer jusqu'à Steige, puis suivre le fléchage. Sur réservation de préférence. Fermé le mardi soir et le mercredi en juillet et août, du lundi au mercredi le reste de l'année. Chambres doubles à 28,11 € (250 F). Menus à 16,01 et 19,82 € (105 et 130 F) et « petits plats » faisant surtout office d'entrées, à partir de 6,10 € (40 F). À 450 m d'altitude, ferme traditionnelle toute bleue, avec des fresques extérieures naïves. Deux salles pour une capacité de 50 couverts et une terrasse en été, dans un style un peu ranch (normal, Alexandre est fou de chevaux). Ici, le canard est à l'honneur avec le foie gras poêlé aux pommes caramélisées, la tourte au canard, pommes de terre au munster chaud salade, le gratin de *spaetzle* au magret fumé... Pour faire glisser tout ça, un petit fromage frais au kirsch ou encore deux boules de glace artisanale semblent le bon choix. Accueil jeune, chaleureux et authentique. Une bonne table. Café offert à nos lecteurs sur présentation du *Guide du routard* de l'année.

VILLÉ (67220) 1 770 hab.

Au confluent des vallées de Steige et Urbeis, petite capitale régionale et lieu de naissance du grand aquarelliste René Kuder. Les Suédois ont été particulièrement destructeurs, peu de maisons antérieures au XVIIe siècle (mais le XVIIIe n'est pas si mal !). Église baroque avec fresques de Kuder.

Adresse utile

🄸 *Office du tourisme de Villé et ses vallées :* pl. du Marché. ☎ 03-88-57-11-69. Fax : 03-88-57-24-87. • cc-canton-de-ville.fr • www.tourisme@cc.canton-de-ville.fr • En saison, ouvert du lundi au samedi de 9 h à 19 h, et le dimanche de 10 h à 12 h ; hors saison, du lundi au samedi de 10 h à 12 h et de 15 h à 18 h. Visites guidées gratuites ou payantes. Départ à l'office du tourisme. Compter deux bonnes heures de visite.

Où planter sa tente ?

⋏ *Camping Le Giessen :* route de Villé, 67220 Bassemberg. ☎ 03-88-58-98-14. Fax : 03-88-57-02-33. Ouvert du 22 avril au 30 septembre. Compter 13 € (85 F) à deux en période de pointe. L'addition est salée mais c'est bien situé et on a accès gratuitement au centre aquatique. Propre et bien équipé. Les propriétaires ont récemment changé. Dites-nous si c'est toujours bien.

ALBÉ (67220) 470 hab.

Jolie bourgade au nord de Villé. Intéressante avec ses maisons de vignerons très caractéristiques. Perpendiculaires à la route, elles présentent un pignon à colombages avec galerie en bois, porte cochère et porte de l'étable. Habitation au premier étage. Certaines demeures possèdent un soupirail qu'on ferme à l'aide d'une grosse pierre plate.

À voir

★ *La Maison du Val de Villé :* 4, pl. du Tilleul. ☎ 03-88-57-08-42. Fax : 03-88-57-16-84. D'avril à octobre, ouvert tous les jours sauf le lundi, le samedi matin et le dimanche matin, de 10 h à 12 h et de 14 h 30 à 18 h 30 (les jours fériés de 14 h 30 à 18 h 30) ; de novembre à mars : hors vacances scolaires, ouvert les mercredis, samedis et dimanches de 14 h à 17 h ; pendant les vacances scolaires, tous les jours sauf le lundi, le samedi et le dimanche matin, de 10 h à 12 h et de 14 h à 17 h (jours fériés : ouvert de 14 h à 17 h) ; fermé à la Toussaint et à Noël. Visite audioguidée payante ; gratuit pour les enfants de moins de 12 ans. Outre une vieille maison traditionnelle du XVIII⁰ restaurée, ce lieu abrite un écomusée qui évoque la vie et les activités des hommes autrefois dans la vallée. Rien n'a été oublié : les métiers avec des démonstrations d'artisans locaux, l'école d'autrefois, la veillée... Une bonne entrée en matière avant de visiter l'héritage actuel.

➤ DANS LES ENVIRONS D'ALBÉ

★ LE CHAMP DU FEU

Accès à l'ouest par la D57 et la D214 (col de la Charbonnière). De Villé, par la D425. Au passage, **Breitenbach** (67220), village mignon.
Le champ du Feu, à 1 099 m, livre de sa tour un superbe panorama sur les Vosges du Nord et la plaine d'Alsace. Site de ski de fond fameux l'hiver. D'où vient le nom « champ du Feu » ? Deux hypothèses :
– la présence de feux follets sur les tourbières aurait donné naissance à une légende : des fées les allumaient pour indiquer aux voyageurs égarés la bonne route. « Champ des Fées » aurait ensuite été transformé en « champ do Fé » (en patois vosgien, *fé* signifie feu).
– Les habitants des régions entourant le massif appelaient le sommet *Vehfeld,* « champ du Bétail ». Les francophones ont traduit *feld* par champ mais ont gardé *Veh* dans le langage oral : Vehfeld est devenu alors « champ do Fé » (« champ du Feu ») en patois.

★ LE VAL DE VILLÉ

★ Voir le beau château de plaine à **Thanvillé** (67220), la distillerie de **Saint-Maurice** (67220), la plus vieille demeure du val de Villé, à **Saint-Pierre-Bois** (67220) – de 1571, oubliée par les Suédois ! –, les linteaux de porte XVIII⁰ siècle des maisons de **Steige** (67220).

LE HOHWALD (67140) 390 hab.

Il fut longtemps propriété des seigneurs de Villé et de l'évêché de Strasbourg. Après les ravages de la guerre de Trente Ans, on fit venir des colons de Suisse et d'Autriche pour défricher ces hautes terres. Leurs descendants sont toujours là. Une homérique bataille juridique débuta en 1780 entre Strasbourg et Barr pour la possession de la forêt. Elle dura presque un siècle, pendant lequel aucun arbre ne fut abattu. Strasbourg gagna le procès et il en résulte cette situation originale : Strasbourg possède près de 900 ha de forêts, presque autant que l'État, les 26 communes du périmètre et les propriétaires privés réunis !
Le Hohwald connut au XIXᵉ siècle une grande vogue touristique. Auberges gastronomiques et randonnées au grand air attirèrent les foules. En 1865 déjà, la bourgade était reliée à Barr par télégraphe et diligence. Anatole France, Sarah Bernhardt, le maréchal Joffre, la reine de Hollande aimaient venir y séjourner. Quelques gros hôtels témoignent de cette époque. Aujourd'hui, ça reste un tourisme familial l'été pour les randonnées (120 km de pistes balisées) et une station l'hiver pour le ski de fond.

L'ALSACE / LE BAS-RHIN

Adresse utile

🛈 *Office du tourisme :* square Kuntz. ☎ 03-88-08-33-92. Fax : 03-88-08-32-05. • ot.lehohwald@wanadoo.fr • multimedia.lehohwald.free.fr • Ouvert du lundi au vendredi de 9 h à 12 h et de 14 h à 17 h (18 h en été) et le samedi de 14 h à 17 h ; en juillet et août, ouvert le samedi de 10 h à 12 h et de 15 h à 17 h.

Où dormir ? Où manger ?

🛏 I●I *Chambres d'hôte (Marie-France Romain) :* Lilsbach, Le Hohwald, 67140 Barr. ☎ 03-88-08-31-74. Sur la D425 entre Andlau et Le Hohwald, 3 km avant d'arriver au village sur la gauche. Fermé du 20 au 26 décembre. Chambres individuelles à 22,87 € (150 F), doubles à partir de 30,49 € (200 F) ; pour trois, compter 41,16 € (270 F). Menu à 15,24 € (100 F), boisson comprise. Dans une petite maison un peu en bord de route (mais très peu fréquentée le soir), entourée de forêts où les amateurs pourront faire de superbes randonnées. 4 chambres simples, avec sanitaires communs. En 2002, en principe, une chambre disposera de douche et w.-c. Table d'hôte avec des spécialités régionales. Accueil authentique et agréable. Café ou digestif offert sur présentation du *Guide du routard* de l'année.

🛏 I●I *Auberge Relais du Sorbier (Bernadette Lieber) :* ☎ 03-88-08-33-38. Fax : 03-88-08-34-40. Sur la D425 entre Andlau et Le Hohwald ; 1,5 km avant le village sur la droite. Sur réservation de préférence. Fermé le lundi. Compter 35,06 € (230 F) pour deux, petit déjeuner compris. En camping, 2,74 € (18 F) par adulte. Repas du jour à 10,67 € (70 F) ; menu à 12,96 € (85 F). À 500 m d'altitude, petite auberge de 35 couverts où Bernadette vous propose un menu des spécialités régionales comme le jambonneau garni ou le *baeckeoffe* (sur commande 24 h à l'avance). Petite carte en plus avec tourte crudités, crêpe alsacienne salade (crêpe épaisse qui équivaut à trois crêpes bretonnes), planchette paysanne, jambonneau garni choucroute et pommes vapeur... 4 chambres avec douche privée et w.-c. communs, simples mais claires. Accueil jeunes avec un gîte de groupe. Il y a une cheminée pour faire des barbecues sous une terrasse couverte. Les cavaliers sont aussi les bienvenus (prairies à la disposition des chevaux). Accueil sympa. Apéritif offert à nos lecteurs sur présentation du *GDR* de l'année.

🛏 I●I *La Petite Auberge :* 6, rue Principale, 67140 Le Hohwald. ☎ 03-88-08-33-05. ⚒ Fermé le mardi soir et le mercredi, ainsi qu'en janvier et une semaine fin juin - début juillet. Menus de 12,96 à 22,87 € (85 à 150 F). Salle rustique et tables pimpantes pour des spécialités locales qui tiennent la forme (civet de biche, sanglier, choucroute, etc.). Service prompt et accueil épatant de Mme Hubrecht. Une chambre et un appartement sont disponibles à côté du restaurant. Dans un caveau mitoyen, tartes flambées les samedis et dimanches (tous les jours en saison).

I●I *Ferme Lindenhof :* 11, rue du Kreutzweg, 67140 Le Hohwald. ☎ 03-88-08-31-98. Fermé le mercredi après-midi et le jeudi, et entre Noël et le 1er janvier. Menus à 12,96 et 14,48 € (85 et 95 F) ; souvent 2 menus à 12,96 € (85 F) le dimanche. Une bonne cuisine familiale pas compliquée, faite avec les produits de la ferme et servie dans une salle aux fenêtres largement ouvertes sur les champs environnants. Menu avec pâté de campagne, rôti de veau de la ferme pommes rissolées, salade et dessert. À la carte, planchette fermière, omelette pommes rissolées salade, jambonneau pommes rissolées. Vente à emporter des produits de l'exploitation : munster, gruyère, fromage blanc et beurre.

RETOUR SUR LA ROUTE DES VINS

MOLSHEIM (67120) 9 500 hab.

Au débouché de la vallée de la Bruche, une petite cité bien plaisante et à l'intéressant patrimoine architectural. Molsheim résista au protestantisme et accueillit les ordres religieux de Strasbourg chassés par la Réforme. Il en reste de beaux ouvrages. De-ci, de-là, vestiges significatifs des remparts qui ont su préserver le charme du vieux centre. Patrie de la célèbre voiture Bugatti. Possède aussi un grand cru classé, le bruderthal.

LA BELLE HISTOIRE DE BUGATTI

À Molsheim, au XIXe siècle, était une manufacture de quincaillerie et d'armes à feu qui annonçait l'avenir industriel de la ville. En 1900, à l'Exposition internationale de Milan, Ettore Bugatti, technicien génial, se fait remarquer par le baron de Dietrich, grand industriel alsacien. Après quelques années passées à travailler chez lui, Bugatti se retrouve à Molsheim en 1909 à monter des voitures d'avant-garde qu'il a conçues lui-même. En 1912 sort de ses ateliers la célèbre Roland-Garros. Puis la Royale en 1926 et, dix ans plus tard, la première Bugatti à compresseurs. Avec sa mort, la fabrication des automobiles cesse, mais la firme est rachetée par le groupe Hispano et fabrique aujourd'hui des trains d'atterrissage. En projet, suite au rachat de la marque par un constructeur allemand populaire, reconstruire la voiture mythique dans ses ateliers d'origine. Pour le prestige !

Adresses utiles

❶ Office du tourisme : 19, pl. de l'Hôtel-de-Ville. ☎ 03-88-38-11-61. Fax : 03-88-49-80-40. Ouvert toute l'année du lundi au vendredi de 8 h à 12 h et de 14 h à 18 h ; du 1er octobre au 31 mai, ouvert également le samedi de 10 h à 12 h et de 14 h à 16 h ; du 1er juin au 30 septembre, ouvert le samedi de 9 h à 12 h et de 14 h à 18 h et le dimanche de 10 h à 12 h et de 14 h à 17 h. Pour connaître les horaires d'ouverture des jours fériés, téléphoner avant. Fermé le 1er mai, le 8 novembre et les 24, 25, 26 et 31 décembre. Pour les individuels, visites gratuites du vignoble, cave et dégustation ; départ le jeudi à 10 h. Visite guidée gratuite de la vieille ville et de l'église des Jésuites, le jeudi à 14 h 30.

🚆 Gare ferroviaire : ligne Épinal-Saint-Dié-Strasbourg. Nombreux trains quotidiens en direction ou en provenance de Strasbourg (toutes les 20 mn environ).

🚌 Bus SNCF : ligne Saverne-Molsheim. Du lundi au vendredi, un départ le matin, un autre en fin d'après-midi ; le samedi, un départ.

🚌 Réseau de bus du Conseil général : ligne Wasselonne-Molsheim. ☎ 03-88-76-67-67. Plusieurs liaisons quotidiennes, qui desservent notamment les communes de la route des Vins.

Où planter sa tente ?

⛺ Camping municipal de Molsheim : 6, rue des Sports. ☎ 03-88-49-82-45. ✽ Ouvert de début mai à fin septembre. Environ 9 € (59 F) à deux avec tente et voiture. Un vrai beau camping municipal en bordure de la Bruche. De grands emplacements séparés par des arbres, des sanitaires tout neufs, un accueil charmant, à proximité du centre et des aires d'activités sportives (accès à la piscine gratuit et centre équestre, kayak...). Un bonheur pour les campeurs !

Où manger ?

IOI *Caveau de la Metzig* : 1, pl. de l'Hôtel-de-Ville. ☎ 03-88-38-26-24. Ouvert midi et soir jusqu'à 23 h. Fermé les mardis soir et mercredis, ainsi qu'entre Noël et le Jour de l'An. Menu à 21,34 € (140 F) ; repas complet à la carte autour de 15,24 € (100 F). Un véritable monument historique, dont la date de fondation est inscrite sur l'enseigne. Extrêmement bien situé, il bénéficie évidemment d'un afflux de clientèle touristique de passage. L'immense salle voûtée d'ogives sur solides colonnes se révèle bien plaisante. Le service est dynamique et efficace, et la cuisine régionale honnête.

Où dormir ? Où manger dans les environs ?

IOI *Chambres d'hôte Le Biblenhof* : chez Alice et Joseph Schmitt, 67120 Soultz-les-Bains. ☎ 03-88-38-21-09. Fax : 03-88-48-81-99. À quelques kilomètres au nord de Molsheim (route de Wasselonne). Dans le village, D422 vers Irmstett puis fléchage. Fermé en février. Chambres entre 35,06 et 42,68 € (230 et 280 F) pour deux. Demi-pension à 32,01 € (210 F). Menu unique à 12,96 € (85 F). Dans une superbe et imposante ferme du XVIII° siècle, avec grande cour intérieure, Alice et Joseph ont installé 10 chambres avec douche et w.-c., 3 studios et 1 gîte rural. Petit déjeuner toujours très copieux (charcuterie, fromage) servi sur une table de ferme avec les autres convives. Intérieur rustique, magnifique escalier en bois pour accéder à certaines chambres. Repas en table d'hôte (uniquement le soir) : pot-au-feu, magret de canard, choucroute... Dommage que groupes et séminaires prennent tant d'expansion et qu'il y ait un peu trop de monde à certaines périodes. Accueil convivial et chaleureux. Sur présentation du *Guide du routard* de l'année, apéro offert, et remise de 10 % sur le prix de la chambre pour deux nuits au moins sauf en juillet et août.

À voir

★ *La Metzig* : pl. de l'Hôtel-de-Ville. C'est l'ancien siège de la corporation des bouchers. Superbe édifice à pignons Renaissance de 1554. Très large toit avec horloge surmontée d'une tourelle. Balcon flamboyant. Double escalier avec perron. Au centre de la place, belle fontaine du XVI° siècle.

★ *La porte des Forgerons* : élevée au XIV° siècle, c'était la porte principale de la ville médiévale. On y trouve la plus ancienne cloche d'Alsace (1412). Elle menait, par la rue de Strasbourg, à la Metzig.

★ *Le musée de la Chartreuse et la Fondation Bugatti* : 4, cour des Chartreux. ☎ 03-88-38-25-10. De mi-juin à mi-septembre, ouvert de 10 h à 12 h et de 14 h à 18 h (le week-end, de 14 h à 17 h) ; du 2 mai au 14 juin et du 16 septembre au 15 octobre, ouvert tous les jours de 14 h à 17 h. Fermé le mardi. Entrée : 2,43 € (16 F) ; enfants et tarifs réduits : 1,22 € (8 F). Musée d'archéologie, d'art et d'histoire, installé dans le prieuré de l'ancienne chartreuse. Toute l'histoire de la région, objets de la préhistoire et de l'époque gallo-romaine. Notamment les poteries dites en « céramique sigillée ». Puis période du Moyen Âge et des ordres religieux nombreux à Molsheim avant 1789. Également une section d'art et de traditions populaires. Vestiges de l'ancienne chartreuse. Reconstitution de deux cellules de moine.

La Fondation Bugatti restitue superbement l'histoire fascinante de l'aventure technique et humaine de la marque à travers l'exposition de spécimens splendides, de photos et objets du patrimoine familial.

★ *L'église Saint-Georges* : édifiée en 1615 par les jésuites qui, comme toujours, voyaient ample. Style gothique tardif. À l'extérieur, allure imposante, contreforts massifs. Curieux clocher à bulbes allant en se rétrécissant comme un minaret. Fines balustrades ajourées. Transept original avec gracieux pignon Renaissance et haute verrière gothique. À l'intérieur, nef aux lignes harmonieuses, élégance des croisées d'ogive. On l'a dit, la plus grande d'Alsace après Strasbourg. S'attarder sur les chapelles des transepts aux remarquables stucs et dorures. Dans celle de Saint-Ignace, fresques retraçant la vie du fondateur de l'ordre des jésuites, et dans celle de la Vierge, gisant polychrome d'un évêque du XIVe siècle. Belle chaire baroque. Nombreuses statues des XVIIe et XVIIIe siècles. À l'extérieur, adjacents à l'église, collège et université jésuites. Le monument est souvent fermé par crainte des dégradations, renseignez-vous donc à l'office du tourisme.

Balade dans la ville

Pour ceux qui ont le temps, voici un petit itinéraire dans la vieille ville (en partant de la Metzig).

➢ *Rue Jenner*, longue demeure à encorbellement. En face, maison du chapitre avec oriel et un vaste porche voûté, orné d'une coquille Saint-Jacques. Tourelles dans la cour. **Place du Marché**, hôtel des Impôts abrité dans l'ancien grenier des Comtes (du XVIIe siècle).
Descendre la **rue de Saverne**; au n° 14, ravissante demeure bourgeoise avec oriel d'angle et colombages sculptés. Angle rues de Saverne et Maréchal-Foch, autre maison ancienne. Angle **place de la Liberté** et rue des Tanneurs, maison avec emblème des Tanneurs (1533). **Rue de la Monnaie**, imposant édifice de l'ancien hôtel de la Monnaie (1573), aujourd'hui, salle des fêtes et d'expos. Retour à la **rue de Strasbourg**. Au n° 15, maison avec pignon Renaissance (1618).
➢ *Visites guidées et promenades en calèche :* un particulier organise des balades à thème sur Molsheim et le vignoble environnant. Assez cher, surtout si vous n'êtes pas nombreux. Renseignements auprès de MM. Kaes et Hoerter : ☎ 03-88-38-55-47.

➤ *DANS LES ENVIRONS DE MOLSHEIM*

★ *MUTZIG* (67190)

Gentille petite ville au nom fameux par une non moins fameuse bière (un musée de la Bière devrait voir le jour dans les années à venir). De l'enceinte médiévale subsiste la porte de Strasbourg du XIVe siècle. Pour la petite histoire, c'est là que naquit Chassepot (l'inventeur du fusil). Pour la petite histoire de la petite histoire, ce fusil qui armait l'armée impériale en 1870 était techniquement supérieur à celui des Allemands. Malheureusement, on manqua de balles à mettre dedans ! Arzo, la Franz éternelle...

🛈 *Renseignements touristiques :* à la mairie. ☎ 03-88-38-31-98.

À voir

★ Très intéressant *musée,* dans l'ancien château des princes-archevêques de Strasbourg : 39, rue du Château. ☎ 03-88-38-73-43. Ouvert du mercredi au samedi de 14 h à 17 h et le dimanche de 14 h à 18 h. Fermé le lundi et le mardi, ainsi que du 1er octobre au 30 avril. Belles collections d'armes blanches et d'armes à feu fabriquées à Klingenthal et à Mutzig, dont la célèbre chasse (manque de) pot!

★ À l'*hôtel de ville,* un automate tire la langue aux touristes (c'est pas bien, ça!). C'est en souvenir de la guillotine qui déambulait dans la ville sous la Révolution.

★ Non loin de là, à une quinzaine de kilomètres, ruines du **château de Guirbaden.** Assez imposantes.

★ Également à proximité de Mutzig, **Grendelbruch** (67190), où Hans Arp passa une jeunesse heureuse. Aujourd'hui, un des coins les plus prisés pour la randonnée l'été et le ski de fond l'hiver.

🛈 *Office du tourisme :* ☎ 03-88-97-47-50 (en été). Sinon, à la *mairie :* ☎ 03-88-97-40-79.

★ Les petits villages discrets de la route des Vins : **Bergbieten** (67310) et son célèbre grand cru altenberg. Rendre visite à *Mme Schmitt,* une petite vigneronne passionnée, amoureuse de son terroir et qui produit des petits vins harmonieux, fruités, élégants. Superbe altenberg! À **Balbronn** (67310), église et cimetière fortifiés. À **Traenheim** (67310), église avec tour romane sur nef du XVe siècle. *Simultaneum* (partage du culte entre protestants et catholiques) pratiqué jusqu'en 1913. Belles maisons de vignerons. Sentier viticole.

★ WOLXHEIM (67120)

Ne pas confondre avec Wolxheim-le-Canal, sans intérêt. Le canal de Wolxheim est beaucoup plus mignon : il dépose les canards au cœur du village, sur des petits prés entre les maisons. Colombages et toits moussus, grosses fermes endormies l'une contre l'autre, en ronde autour de l'église, parfum de feu de bois... Wolxheim est une carte postale jaunie mais intacte. À chaque porte cochère, un écriteau vous propose du vin : les coteaux qui dominent le bourg portent un grand cru (en riesling notamment), l'altenberg, qui aurait été le préféré de Napoléon. Son sentier viticole fléché domine les communes avoisinantes.

★ MARLENHEIM (67520)

Les Méroviengiens – dont le bon roi Dagobert – auraient eu un palais ici, histoire de profiter tout leur soûl du grand cru local, le steinklotz. À Marlenheim, l'extrémité de la route des Vins ne croisait pas encore la nationale Strasbourg-Saverne... Aujourd'hui, vu le bruit, il faut aimer. On aime les rues larges, les vieilles maisons à tourelles et pignons, la gracieuse mairie (ancienne résidence d'été du bourgmestre de Strasbourg), le château du XVIIIe siècle (actuellement maison de retraite), l'église manucurée, les vignes qui bordent les dernières maisons du bourg... Sur les 132 ha de ceps, un sentier viticole (d'où l'on aperçoit le mont Sainte-Odile), un chemin de croix coiffé d'une chapelle, et même un vignoble témoin expliquant le calendrier des travaux de la vigne. Représentation de *L'Ami Fritz* chaque 15 août.

Où dormir?

🛏 ***Chambres d'hôte :*** M. Goetz, 86, rue du Général-de-Gaulle (N14). ☎ 03-88-87-52-94. Chambres d'hôte ouvertes toute l'année; gîtes uniquement en juillet et août. Parking dans la cour. De 22,87 à 25,91 € (150 à 170 F) la nuit sans le petit déjeuner. Dans une grosse ferme active, hermétique au bruit, mais imprégnée des parfums ruraux traditionnels, une confortable chambrette fleurie (lit double, cuisine-séjour, salle d'eau, w.-c.), avec entrée indépendante. Salle de jeux (ping-pong). Plus une autre avec lit double et salle d'eau. Kitchenette à disposition des hôtes des chambres sur présentation du *Guide du routard* de l'année et digestif offert.

➤ À L'OUEST ET AU NORD DE MUTZIG-MOLSHEIM

★ *NIEDERHASLACH* (67280)

À une douzaine de kilomètres à l'ouest de Mutzig. À ne pas manquer pour l'ancienne *collégiale Saint-Florent*. Renseignements : ☎ 03-88-50-96-43. Ouvert toute l'année. Belle construction en grès rose du XIIIe siècle, rebâtie le siècle suivant pour cause d'incendie. Nef, œuvre du fils d'Erwin de Steinbach (qui succéda à son père sur la cathédrale de Strasbourg). Les Suédois (encore eux) la bombardèrent en 1633 (mais pas suffisamment pour une fois !). Élégante tour-porche avec tourelles. Sculptures du portail racontant la vie de saint Florent dont les reliques sont dans l'église. Belles sculptures dans les chapelles latérales, dont un Mont des Oliviers du XVe siècle. Les vitraux des XIIIe et XIVe siècles, aux couleurs éclatantes, constituent le véritable joyau de l'église.

★ À *Oberhaslach* (67280), chapelle baroque sur l'emplacement supposé de la cellule de l'ermite Florent. Ex-voto peints (saint Florent était sollicité pour la guérison des animaux).

➤ Belle *route d'Oberhaslach à Wangenbourg*. Nombreux sites en chemin. Ruines du *château de Ringelstein* détruit au XVe siècle. Plus haut, ruines de celui de *Hohenstein*. Belvédère pour la vue sur la vallée.
Arrivée au *château* et à la *cascade du Nideck*. Laisser son véhicule au parking. Sentier fléché. Compter un peu plus de 1 h aller-retour. Château supérieur, gros donjon du XIVe siècle, accroché au rocher. En dessous, tour carrée du XIIIe siècle. Tous deux furent détruits au XVIIe siècle. Environnement particulièrement romantique. Chemin menant à la cascade. Elle se jette spectaculairement d'une brèche dans la paroi en porphyre.

★ *WANGENBOURG-ENGENTHAL* (67710)

Petite station de villégiature dans « la petite Suisse d'Alsace », avec un important *château* du XIVe siècle qui appartint à l'abbaye d'Andlau. Accessible par une passerelle qui remplaça le pont-levis. À l'intérieur, imposant donjon pentagonal avec des murs épais de 2,50 m et hauts de 24 m. Panorama exceptionnel sur la région. En décembre, venez découvrir « les fenêtres de l'avent », une coutume suisse qui consiste à décorer une fenêtre de sa maison (elles sont illuminées tous les jours de 16 h à 21 h dans toute la commune de Wangenbourg-Engenthal à partir de début décembre). Sublime !

Où dormir ? Où manger dans la région ?

🏠 |●| *Chambres d'hôte-Relais équestre du Neufeld* : chez Marguerite et Marcel André, 67280 Oberhaslach. ☎ 03-88-50-91-48. Fax : 03-88-50-95-46. Accès : dans le village, prenez la D75 vers Balbronn pendant 1,5 km et, après avoir passé la maison forestière à gauche, prenez le 1er chemin en terre à droite. Fermé en janvier et février. Compter autour de 43 € (282 F) pour deux. Demi-pension à 38 € (249 F) par personne. Table d'hôte le soir uniquement : menu sur réservation à 18,29 € (120 F). Cartes de paiement refusées. En pleine nature, dans un ancien pavillon de chasse, 5 chambres d'hôte, dont 2 communicantes réservées aux familles, avec lavabo privé mais douche et w.-c. communs. Également une suite pour 5 à 6 personnes. Mobilier rustique, avec dans chaque chambre un poêle traditionnel en faïence, que les proprios allument systématiquement en hiver même s'il y a le chauffage central, pour la plus grande joie de leurs hôtes. Marcel mange avec ses clients, tandis que Marguerite est aux fourneaux. En période de chasse, civet de sanglier ou de biche et terrines de gibier. Piscine à disposition, ainsi que 30 chevaux pour les randonnées. Pour les nomades dans l'âme, il y a même une vraie roulotte de cirque tout équipée à louer. Bref, une adresse qu'on aime bien. Apéritif maison offert sur présentation du *Guide du routard* de l'année.

★ *WASSELONNE* (67310)

Ancienne place forte, jadis dominée par un château fort dont il reste encore quelques vestiges. La ville est un centre économique actif entre Strasbourg et Saverne.

Adresse utile

i *Office du tourisme de Wasselonne et son canton :* pl. de Général-Leclerc. ☎ 03-88-59-12-00. Fax : 03-88-04-23-57. ● tourisme.wasselonne@wanadoo.fr ● Ouvert du lundi au vendredi de 8 h 30 à 12 h et de 14 h à 18 h ; de mi-juin à mi-septembre, ouvert également le samedi. Toutes les informations de Wangenbourg à Scharrachbergheim en passant par Balbronn. Visites guidées en été le mercredi et hors saison selon la demande.

Où dormir ?

â *Chambres d'hôte S'Blümehiesel :* 14, rue du Lieutenant-de-Sazilly. ☎ et fax : 03-88-87-07-56. ● blumenhiesel@wanadoo.fr ● Chambres doubles à 38,11 € (250 F), petit déjeuner compris. À la semaine, gîte pour 4 personnes à 259,19 € (1 700 F) hors saison ; en juillet et août : 289,68 € (1 900 F). Un havre de paix tenu par des gens charmants. Michèle et Jean-Louis, amoureux de la nature et de leur région, vous indiqueront la meilleure manière d'en tirer parti. Leur maison en plein centre-ville est agréable, tranquille, fleurie et accueillante. Le matin, le petit déjeuner se prend sous la tonnelle dans un jardin extraordinaire. Jean-Louis fait lui-même ses confitures, qui sont délicieuses. Les chambres sont sympas et, généralement, les hôtes de passage s'y sentent bien. Attention, gîte non-fumeurs. Un pot de confiture maison est gentiment offert sur présentation du *Guide du routard* de l'année.

Où dormir ? Où manger dans les environs ?

Camping

⋏ *Camping Les Huttes :* 67710 Wangenbourg. ☎ 03-88-87-34-14. Fax : 03-88-87-32-23. Ouvert du 15 avril au 15 octobre. La nuit est à 6,10 € (40 F) pour deux, un record. Petit camping tout simple, fort sympathique par son accueil, et son cadre petite montagne. Le vieux bloc sanitaire immaculé rappellera d'heureux souvenirs aux vieux campeurs. Rien de fantastique mais du caractère, on aime. Sur présentation du *Guide du routard* de l'année, guide randonnée offert à nos lecteurs pour un séjour de 3 nuits minimum.

De bon marché à prix moyens

▲ **Chambres d'hôte Mme Maud Bochart :** hameau du Tire Lire, 67310 Cosswiller. ☎ 03-88-87-22-49. Fax : 03-88-87-29-46. À 3 km de Wasselonne par la D824. Fermé en juin, juillet, août, à Noël et en janvier. De 64,03 à 70,13 € (420 à 460 F) la double, petit déjeuner compris. Cartes de paiement refusées. Dans une confortable et ravissante maison bourgeoise datant du début du XXe siècle, avec un immense jardin, de belles chambres haut de gamme et un salon confortable. L'hôtesse est une dame charmante et cultivée. C'est un peu cher, mais franchement, c'est d'un goût exquis (digne d'*Art et Décoration*) et dans la région il n'y a pas mieux. Cosswiller est l'un des rares villages calvinistes d'Alsace.

I●I **Ferme-auberge de la Tire Lire (chant de l'alouette) :** hameau du Tire Lire, 67310 Cosswiller. ☎ 03-88-87-04-70. Fermé du 15 juin au 15 juillet. Il faut réserver en semaine. Compter 15,24 € (100 F) à la carte. Perdue dans la campagne, à deux pas de la forêt domaniale de la Mossig, cette ferme-auberge avec ses tables plantées sur l'herbe tendre vaut la halte. Les enfants seront ravis de pouvoir jouer dans l'herbe et de découvrir la basse-cour voisine pendant que vous profiterez relax de la bonne cuisine familiale. Les potages du jour sont goûteux, les terrines définitivement de campagne, et les rôtis de porc ou de veau cuisinés à l'ancienne, tout comme d'ailleurs les délicieuses tartes maison. Nous en gardons un excellent souvenir. Mais il est vrai que le soleil était au rendez-vous, ainsi que les gazouillis de moineaux chamailleurs.

▲ I●I **Restaurant Lauth et Fils :** 82, rue Principale, 67310 Scharrachbergheim. ☎ 03-88-50-66-05. Fax : 03-88-50-60-76. À 6 km au sud de Wasselonne par la D422 puis la D225. Fermé le lundi et le mardi midi, et de Noël au Nouvel An. Chambres doubles avec bains et w.-c. à 42,68 € (280 F), petit déjeuner compris. À la carte, compter 12 € (79 F). Jadis salle de bal, cet immense restaurant joue la carte du populaire et de l'ambiance décontractée. La tarte flambée impose sa loi et la mousse coule à flots. Le fils Lauth a installé une brasserie : quel bonheur que cette bière fraîchement brassée ! Ambiance taverne donc, et plats dans l'esprit : choucroute, pot-au-feu, *wadele* grillées à la fleur de bière, steak de poulain au porto... Les becs sucrés garderont un peu de place pour la tarte flambée aux pommes et le soufflé glacé au kirsch. Serveuses en tenue traditionnelle. Dans la partie du bâtiment située de l'autre côté de la cour, 2 chambres d'hôte sont disponibles. L'une d'elles (n° 104) est meublée dans le style alsacien avec un lit à baldaquin et un miroir au-dessus pour les coquins qui aiment s'admirer dans leurs œuvres ! La bière maison est offerte aux lecteurs sur présentation du *Guide du routard* de l'année.

I●I **Auberge de l'Elmersforst :** situé à la sortie du petit village de Balbronn, dans la forêt de Strasbourg, à 5 km au sud de Wasselonne. ☎ 03-88-50-38-31. De Wasselonne, prendre la D75 jusqu'à Balbronn et, de là, le chemin forestier entre cette ville et Oberhaslach en direction de la maison forestière. Fermé le lundi, le mardi, en janvier et le soir en général. Menu à 10,67 € (70 F). La petite maison dans la forêt où il fait bon s'arrêter après une longue balade dans les bois. Menu à base de plats de ménage d'un bon rapport qualité-prix.

Où acheter de bons produits ?

❀ **Distillerie Hagmeyer :** 119, rue Principale, 67310 Balbronn. ☎ 03-88-50-38-99. Fax : 03-88-50-59-30. À 7 km au sud de Wasselonne par la D75. Ouvert du lundi au vendredi de 9 h à 11 h 30 et de 13 h 30 à 19 h et le samedi jusqu'à 17 h 30. Fermé le dimanche. S'il n'y a personne, un panneau vous indique où les trouver. Agriculteurs depuis des lustres,

MOLSHEIM (et ses environs)

les Hagmeyer travaillent dur sur leur exploitation (13 ha de verger, 18 ha de vigne, 3 ha de fraises réputées dans toute la région et 25 ha de céréales). Comme bon nombre de fermiers, ils ont toujours distillé pour eux et ne vendent leur production que depuis 30 ans. C'est aujourd'hui l'une des rares distilleries artisanales qui fabriquent à partir de leur propre récolte de fruits. D'où de superbes eaux-de-vie (25 à 30 sortes), dont une poire Williams d'Alsace et une mirabelle remarquables ainsi qu'un bon marc de gewurztraminer. Deux eaux-de-vie à boire à 9° ou 11° comme un vin blanc (avec modération car, comme chacun le sait, l'abus d'alcool est dangereux pour la santé !). Visite de la distillerie ainsi que du verger (sur demande et groupes de moins de 10 personnes).

MARMOUTIER (67440) 2 470 hab.

Peu avant Saverne, en marge de la N4, une magnifique église abbatiale qui mérite le détour (ainsi qu'un petit musée du Pays). Fondée dès le VIe siècle par un disciple de saint Colomban, le célèbre moine irlandais. Abbaye très puissante au XIIe siècle. Ravagée pendant la guerre de Trente Ans. Redressement et travaux au XVIIIe. La Révolution fait disparaître définitivement le monastère.

Adresses utiles

ℹ Office du tourisme : 6, pl. du Général-de-Gaulle (devrait déménager, mais tout près, sur la même place, courant 2002). ☎ 03-88-71-46-84. Fax : 03-88-71-44-07. ● tourisme.marmoutier@wanadoo.fr ● Du 1er juin au 30 septembre, ouvert tous les jours de 10 h à 12 h 30 et de 14 h à 18 h ; du 1er octobre au 31 mai, ouvert du mardi au dimanche de 10 h à 12 h et de 14 h à 18 h. Fermé le dimanche en janvier et février.
✉ Poste : rue du Général-Leclerc.
🚌 Bus : ☎ 03-88-33-27-55 ou 08-92-35-35-35 (0,34 €/mn, soit 2,21 F). Wasselonne-Marmoutier-Saverne, 3 fois par jour.

À voir

★ **L'église abbatiale :** ☎ 03-88-71-46-84. Ouvert toute l'année, de 8 h à 19 h. Crypte archéologique payante. En juillet, août et septembre, visite guidée le mercredi à 17 h. Façade édifiée vers 1150. Réminiscences carolingiennes par son caractère massif. Une originalité : l'appareillage de pierre où alternent grès jaune et rouge. Porche à trois arcades. Noter les deux gros chapiteaux cubiques aux délicats motifs végétaux. D'ailleurs, l'austérité de la façade est largement tempérée par les monstres et animaux sculptés, les frises d'arceaux qui courent dessus et le long des pignons, ainsi que par les ravissants encadrements de fenêtre ciselés.
Nef gothique reconstruite au XIIIe siècle et chœur reconstruit au XVIIIe siècle dans un style néo-gothique qui s'harmonise bien avec le reste. Belle voûte à nervures en étoile. Magnifiques boiseries et stalles rococo « modéré » (on veut dire sans lourdeur). À part les quatre sièges de dignitaires avec leurs grandiloquents palmiers. Orgues d'André Silbermann de 1710 à la sonorité exceptionnelle.
Dans les transepts, monuments funéraires, beaux exemples de la Renaissance allemande tardive. Très abîmés à la Révolution (habituel acharnement sur les têtes et les blasons). Chaire en pierre de 1561. À gauche de la croisée de transept, jolie pietà du XVe siècle. Noter le travail particulier de

relief sur les motifs végétaux et les feuilles des chapiteaux. Sur les premiers à gauche, on distingue même des visages. Culots de retombées de voûtes, sur les bas-côtés, particulièrement pittoresques (personnages, atlantes, griffons).

Mais le vrai must, c'est la *crypte* aménagée en riche musée lapidaire. Entrée payante. Présentation et signalétique remarquables. Vestigesde l'église du temps de saint Maur (724) et de celles qui suivirent. Tombes, fondations, absidiole et reste de l'autel. Objets funéraires retrouvés (dont une coiffe en bandelette de fil doré). Très rare sarcophage en bois de chêne encore en l'état (an 800 environ). À l'époque, d'après les traditions ou légendes germaniques, un arbre était planté à la naissance de l'enfant, abattu à la mort de l'adulte. Sarcophage en calcaire (comme celui de sainte Odile au mont). Un autre de style roman réutilisé dans les fondations. Dallage en terre cuite indiquant précisément le niveau de l'église précédente.

★ *Le musée du Pays de Marmoutier :* 6, rue du Général-Leclerc (dans la voie de l'abbatiale). ☎ 03-88-71-46-84 (à l'office du tourisme). Ouvert du 1er mai au 31 octobre les dimanches et jours fériés de 10 h à 12 h et de 14 h à 18 h. Dons à l'initiative des visiteurs. En semaine, visites guidées pour groupe d'au moins 10 personnes sur rendez-vous pris à l'office du tourisme du pays de Marmoutier (3,05 €, soit 20 F). Abrité dans une pittoresque demeure à colombages de 1590. À l'intérieur, intéressantes collections d'art et de traditions populaires. Reconstitution d'une cuisine et d'une *stub,* moules à gâteau et beurre, mobilier traditionnel, métiers anciens (forgeron, tailleur de pierre, tonnelier, etc.). Souvenirs de la communauté juive (bain rituel, objets cultuels). Expositions temporaires de mai à octobre.

SAVERNE (67700) 11 500 hab.

Importante ville commerçante. Carrefour routier au débouché des voies franchissant le massif des Vosges. Au XVIIIe siècle, on disait : « Saverne est la clé de la province d'Alsace ». Vieux centre tout à fait plaisant, offrant malgré les vicissitudes des guerres nombre de témoignages d'un brillant passé.

UN PEU D'HISTOIRE

Implantation romaine inévitable vu l'emplacement stratégique, Saverne provient des *Tres Tabernæ* (trois postes) qui gardaient l'entrée des Vosges, sur la voie Metz-Strasbourg. La ville fait peu parler d'elle au Moyen Âge. C'est au XIIIe siècle que l'évêque de Strasbourg lui donne de l'importance en y installant son administration temporelle. La ville connaît son lot de malheurs : épidémies, mais surtout guerres et révoltes. Celle des « rustauds » (alliance paysans-vignerons) de 1525 notamment. Saverne est prise par les rustauds, Marmoutier pillée. Le duc de Lorraine en fait le siège. Lorsqu'ils se rendent contre la promesse d'avoir la vie sauve, c'est le massacre. Le château brûle. Lors de la guerre de Trente Ans, la ville subit à nouveau de nombreuses destructions. Elle respire quelque peu quand c'est Phalsbourg qui devient la place forte avec mission d'avoir à l'œil le Prussien. Au XVIIIe siècle, c'est le règne somptueux des cardinaux de Rohan. Après la Révolution, la ville s'endort jusqu'à l'arrivée du chemin de fer et la construction du canal de la Marne au Rhin.

En 1871, elle devient allemande et retrouve sa vocation de ville de garnison. C'est là que se passe la très significative « affaire de Saverne ». En 1913, l'Alsace, annexée à l'empire depuis plus de 40 ans, connaît un certain degré d'assimilation. À Saverne, un officier prussien, traitant un jour de voyous des jeunes recrues alsaciennes, y ajouta quelques brimades. C'est le scandale.

Les Savernois protestent mais l'officier, couvert par sa hiérarchie, en rajoute. L'affaire prenant de l'ampleur, des renforts de gendarmes sont envoyés. La presse répercute largement les faits. Dans une ville en état de siège, les Savernois, choqués, indignés, se rendent compte qu'ils seront toujours, aux yeux des Prussiens, des citoyens allemands de seconde zone. Du coup, ça recrée à nouveau chez eux un sentiment d'opposition à l'annexion, voire un regain de francophilie.

Le 22 novembre 1944, la ville est libérée par la 2e DB de Leclerc.

Adresses et infos utiles

Office du tourisme (plan B2) : 37, Grand-Rue. ☎ 03-88-91-80-47. Fax : 03-88-71-02-90. • www.ot-saverne.fr • Ouvert du lundi au samedi de 9 h à 12 h 30 et de 14 h à 19 h (18 h le samedi) ; du 1er mai au 31 octobre, ouvert également les dimanches et jours fériés de 10 h à 12 h 30 et de 14 h à 17 h (et fermeture à 19 h le samedi en juillet et août). Visites guidées payantes à la demande.

Poste (plan A-B1) : pl. de la Gare.

Gare SNCF (plan A1) : trains pour Strasbourg, Sarrebourg, Metz, Thionville, Nancy, Paris, Luxembourg. Train régional Strasbourg-Saverne-Sarrebourg.

Bus SNCF (plan A1) : ☎ 03-88-01-89-47. Pour Haguenau, Bouxwiller, Marmoutier, Molsheim.

Location de vélos et VTT : Cycles OHL, pl. Saint-Nicolas (plan B2). ☎ 03-88-91-17-13. Station Cycle, 9, rue du Griffon (plan A1-2). ☎ 03-88-02-04-98.

Où dormir ? Où manger ?

Camping

Camping de Saverne (hors plan par A2, 2) : 40, rue du Père-Libermann. ☎ et fax : 03-88-91-35-65. Ouvert du 1er avril au 30 septembre. Compter 7 € (46 F) pour deux personnes avec une tente. À l'écart de l'agitation (modérée) de la ville, de larges emplacements à l'ombre des bouleaux et des saules. Un bon repaire pour rayonner alentour.

Bon marché

Auberge de jeunesse du château des Rohan (plan B1, 1) : dans l'aile droite du superbe château des Rohan, au-dessus d'une école. ☎ 03-88-91-14-84. Fax : 03-88-71-15-97. • aj.saverne@wanadoo.fr • Accueil de 8 h à 10 h et de 17 h à 22 h. Fermé de fin décembre à fin janvier. Carte de la FUAJ obligatoire. Nuitée à 10,67 € (70 F) en dortoir, petit déjeuner compris ; draps : 2,74 € (18 F). Attention, pas de paiement par carte. L'intérieur n'est pas aussi charmant que l'extérieur, mais c'est plus que bien situé. 10 % sur le prix de la chambre à nos lecteurs sur présentation du Guide du routard de l'année.

Prix moyens

Hôtel Europe (plan A1, 3) : 7, rue de la Gare. ☎ 03-88-71-12-07. Fax : 03-88-71-11-43. • www.hotel-europe-fr.com • À 5 mn de la gare et du château de Rohan (centre-ville). Chambres doubles entre 54,88 et 75,46 € (360 et 495 F). Garages clos individuels payants. Sans aucun doute le meilleur hôtel de la ville. Bon confort, certaines chambres disposant même d'un bain hydromassant. L'atmosphère de bon ton, l'accueil aux petits oignons et l'excellence du petit déjeuner-buffet

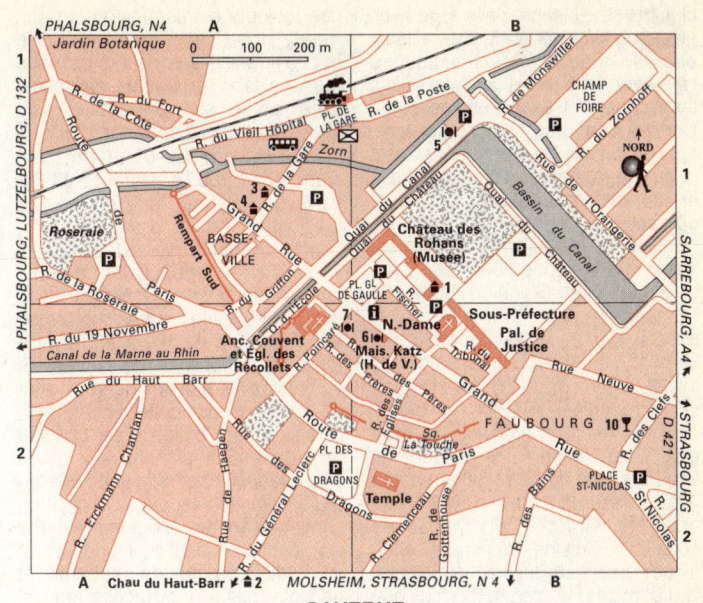

SAVERNE

- **Adresses utiles**
  - 🛈 Office du tourisme
  - ✉ Poste
  - 🚂 Gare SNCF
  - 🚌 Gare routière

- 🛏 🍴 **Où dormir ? Où manger ?**
  1 Auberge de jeunesse du château des Rohan
  2 Camping de Saverne
  3 Hôtel Europe
  4 Hôtel Chez Jean
  5 Caveau de l'Escale
  6 Taverne Katz
  7 Restaurant Le Staeffele

- 🍷 **Où boire un verre ?**
  10 Le Mic-Mac

assurent à l'*Europe* une clientèle fidèle parmi laquelle on compte un fort pourcentage d'habitués du Parlement européen de Strasbourg. Pour les familles, l'hôtel dispose aussi d'un appartement dans une maison attenante. Pour nos lecteurs, apéritif maison offert sur présentation du *Guide du routard* de l'année.

🛏 🍴 **Hôtel Chez Jean** (plan A1, 4) : 3, rue de la Gare. ☎ 03-88-91-10-19. Fax : 03-88-91-27-45. • www.chez-jean.com • À côté du précédent. Resto fermé le dimanche soir et le lundi sauf en juillet, août et septembre. Chambres doubles de 71,35 à 74,40 € (468 à 488 F). Menus en semaine à partir de 15,24 € (100 F). A été totalement rénové :

installation d'un sauna et d'un solarium. Atmosphère plus rustique, assez *old fashion*, comme on dit chez les Anglais. Chambres quelque peu anonymes mais fonctionnelles et de bonne facture. À vous de voir... Fait aussi restaurant : foie gras en brioche, choucroute aux poissons, etc. Apéritif maison offert à nos lecteurs sur présentation du *Guide du routard* de l'année.

🍴 **Taverne Katz** (plan B2, 6) : 80, Grand-Rue. ☎ 03-88-71-16-56. Non loin du château des Rohan. Menu à 15,24 € (100 F) le midi en semaine ; autres menus de 23,63 à 38,11 € (155 à 240 F). Cette demeure fut construite en 1605 pour le receveur général de l'évêché, Katz. L'une des plus belles d'Alsace. Belle salle avec placages en bois. Les spécialités : *baeckeoffe* de canard, choucroute à l'oie avec son cou d'oie farci. Plats traditionnels et excellents desserts. Comme dans bon nombre de *winstubs*, la cuisine ne varie guère, mais la qualité demeure constante. Suzie et Jos, malgré un succès qui ne se dément pas, gardent un sens de l'accueil certain. Terrasse donnant sur la rue piétonne. Café offert sur présentation du *Guide du routard* de l'année.

|●| *Caveau de l'Escale* (plan B1, 5) : 10, quai du Canal. ☎ 03-88-91-12-23. À deux pas du centre. Le quai est perpendiculaire à la rue principale. Fermé le mardi soir, le mercredi et le samedi midi, pendant les fêtes de fin d'année et fin juin-début juillet. Menus à 9,91 et 12,20 € (65 et 80 F). Grande salle voûtée en sous-sol. Cuisine régionale classique. Les papilles sont flattées, l'ouïe moins. Agaçant, la musique péruvienne en boucle ; ce ne sont pourtant pas les bons artistes qui manquent. De plus, l'accueil n'est pas toujours extraordinaire. Un bon repas, c'est là l'essentiel ! Une bonne adresse avec sa sympathique terrasse face au port de plaisance. Café offert sur présentation du *Guide du routard* de l'année.

|●| *Restaurant Le Staeffele* (plan A-B2, 7) : 1, rue Poincaré. ☎ 03-88-91-63-94. Fermé le mercredi, le jeudi midi et le dimanche soir ; congés annuels du 10 juillet au 1er août et de fin décembre à début janvier. Menu à 16,77 € (110 F) le midi en semaine ; autres menus de 24,39 à 43,45 € (160 à 285 F). LA table gastronomique de la ville. Si vous avez les moyens de vous offrir ce moment de plaisir gourmand, n'hésitez pas. Ballotine de caille et tartare de champignons aux olives en entrée, filet de veau avec pot-au-feu de légumes au foie d'oie et citron confit ou canette rôtie à la moutarde au pinot noir cannellonis fondants, et la crème caramel de rhubarbe et abricots rôtis aux pistaches font un repas heureux aux saveurs concentrées et aux idées longues. Cadre moins bouleversant.

Où manger dans les environs ?

|●| *Restaurant Clauss* : 154, montée du Tilleul, 67330 Dossenheim-sur-Zinzel. ☎ 03-88-70-00-81. À 9 km au nord de Saverne par la D6 en direction de Bouxwiller, puis la D14. Ouvert uniquement le vendredi, le samedi et le dimanche, le soir seulement (du mercredi au dimanche en juillet et août), ainsi que les jours fériés (le soir toujours). Tarte flambée à 5,49 € (36 F). Beaucoup de monde dans la cour accueillante de cette ancienne tuilerie, dont la tarte flambée est réputée aux alentours. C'est le cas aussi des grillades : filet de poulet, brochette de viande, magret de canard grillé. Un plat peut suffire, par exemple l'assiette du bûcheron (cervelas, lard grillé, œuf sur le plat et pommes sautées), propre à requinquer toute personne en hypoglycémie. Bonne ambiance. Pour faire passer le tout, le café est offert à nos lecteurs sur présentation du *GDR* de l'année.

Où boire un verre ? Où sortir ?

▼ *Le Mic-Mac* (plan B2, 10) : 11, rue des Clefs. En retrait. ☎ 03-88-91-61-61. Ouvert de 20 h (22 h en été) à 4 h. « Où sortir à Saverne ? », il fallait oser ; les jeunes foncent plutôt vers « strass ». Pourtant ici, des passionnés motivés tentent (et c'est difficile !) de créer un lieu de culture : des concerts dans tous les styles chaque semaine en attendant mieux. La salle est tout simplement sublime. Autrement, un petit bar pas cher avec son juke-box et ses habitué(e)s sympas. Un lieu à vivre.

À voir. À faire

★ **Le château des Rohan** *(plan B1)* : ☎ 03-88-91-06-28. De mi-juin à mi-septembre, ouvert tous les jours sauf le mardi, de 10 h à 12 h et de 14 h à 18 h ; de mi-septembre à fin novembre et de mars à mi-juin, tous les jours sauf le mardi, de 14 h à 17 h ; enfin, de début janvier à fin février, ouvert le dimanche seulement, de 14 h à 17 h. Entrée : compter 2,44 € (16 F) ; réductions ; gratuit pour les moins de 16 ans.

Plusieurs édifices précédèrent celui-ci. Au XVIIIe siècle, le dernier était particulièrement grandiose et les cardinaux de Rohan en avaient fait une sorte de Versailles alsacien qu'ils peaufinaient sans cesse. Louis XIV en 1681, Marie Leszczyńska, Louis XV et Goethe l'honorèrent de leur présence. En 1779, un incendie ravagea totalement la bâtisse. Louis de Rohan (celui-là même de l'affaire du collier de la reine) recommença sa construction dans un luxe effarant. Il fit édifier, côté canal, une façade somptueuse de 140 m de long en style néo-classique. Au centre, un péristyle soutenu par huit colonnes corinthiennes. Nul doute que le peuple, pressuré de taxes et d'impôts pour payer cette folie, s'en souvint au moment de la Révolution. Les travaux s'arrêtèrent en 1790. L'intérieur ne fut jamais achevé.

Pendant des dizaines d'années, il resta quasi inoccupé. Plusieurs destins lui furent imaginés : gare, prison, manufacture de tabac, etc. On envisageait même de le démolir lorsque Napoléon III décida de le transformer en résidence pour les veuves de fonctionnaires et officiers. L'avant-corps central, côté ville, date de cette époque. En 1871, il devint caserne de l'armée allemande. C'est en 1952 que la Ville le racheta pour y loger musées, centre culturel, école et l'AJ.

– **Le musée d'Archéologie :** au sous-sol. Mêmes horaires, mêmes jours que le château. Pour les expos temporaires, renseignements à l'office du tourisme. Collection lapidaire gallo-romaine, trouvailles effectuées dans les sommets vosgiens, monuments funéraires, stèles votives, objets domestiques, verres, monnaies, etc.

– **Le musée Louise-Weiss :** au 2e étage. Histoire de la ville, sculpture religieuse médiévale, très belle Nativité du XVe siècle, souvenirs divers du château, vestiges des châteaux environnants. Peintures du XVIIe au XXe siècle. Plus la donation Louise-Weiss. La grande journaliste féministe légua à la ville ses propres tableaux, divers dessins de Vlaminck, de Van Dongen, du mobilier, des céramiques, des sculptures et des objets rapportés de ses multiples voyages.

★ **L'église Notre-Dame** *(plan B2)* : tour-porche du XIIe siècle. Les deux derniers étages furent construits au XIVe siècle, en pleine expansion du gothique, mais l'architecte respecta l'harmonie de l'ensemble. À l'intérieur, très intéressante chapelle sépulcrale à gauche du chœur. Belle grille en fer forgé de 1778. À gauche, bas-relief (vestige de retable). C'est une Assomption dont la Vierge a disparu, mais noter comme le manteau de saint Jean semble encore comme aspiré vers le ciel. Visages des apôtres particulièrement expressifs, dus au ciseau de l'atelier du célèbre Nicolas de Haguenau (1486). La plupart des vitraux sont du XVe siècle. Au-dessus du bas-relief, verrière du milieu, on retrouve saint Jean-Baptiste et trois saintes. À côté, on a joyeusement mélangé des vitraux modernes avec une Crucifixion et une Visitation. Ensuite, vie du Christ, commençant par les Rameaux et finissant avec le couronnement d'épines (1498). Dans la baie centrale, Adoration des mages. À droite de celle-ci, Nativité. Présentation au Temple. Dépouillement d'habits, etc. Pour finir, tableaux du XVe avec pietà au milieu.

À gauche de la nef, fonts baptismaux de 1615. Dans le chœur, crucifix du XVe siècle. À droite, monument funéraire où un vent ludique fait flotter le vêtement du Christ. Dans le bas-côté droit, Déploration du Christ (à mi-corps) assez pathétique. À droite du chœur, vestiges de fresques et Vierge à l'Enfant de Nicolas de Haguenau. Enfin, chaire en pierre, œuvre de Hans Hammer (qui fit celle de la cathédrale de Strasbourg).

★ Derrière l'église, la **sous-préfecture** *(plan B2).* Le bâtiment fut construit en 1680 pour abriter la régence épiscopale. Joli portail Renaissance.

★ *L'église de la Nativité :* dans la zone piétonne du centre-ville. Ouvert tous les jours jusqu'à 23 h environ. Tour romane du XIIe siècle. Très beaux vitraux.

★ *La maison Katz (plan B2) :* 80, Grand-Rue. L'une des plus jolies demeures d'Alsace. Édifiée en 1605 pour Henri Katz, receveur général de l'évêché (ah, déjà les pots-de-vin à l'époque !), dans un style Renaissance allemande tardive. Colombages fantaisie, poutres abondamment sculptées de femmes dénudées, motifs végétaux, grappes de fruits, masques, etc. Elle devint par la suite boucherie, tonnellerie, avant d'abriter aujourd'hui un fameux restaurant.

★ *La Grand-Rue (plan A1-B2) :* elle suit le tracé de l'ancien axe de la ville romaine. Malgré les tribulations de l'histoire, elle conserve bien des petits clins d'œil architecturaux du passé. Tout au long, on y trouvait nombre d'auberges et artisans signalés dans la pierre. Au n° 76, maison à pignon de 1575 ; au n° 80, la maison Katz ; au n° 96, élégant pignon ; au n° 117, blason de 1687 ; au n° 129, maison au Cygne ; au n° 135, maison du Tonnelier (1774) ; au n° 137, oriel d'angle et vieille enseigne ; au n° 144, un cep de vigne...

– **Petite balade dans les ruelles alentour :** rue des Églises, au n° 6, ravissante demeure ornementée avec oriel d'angle (1564). En face du n° 10, imposant hôtel particulier (la *Caisse d'Épargne* aujourd'hui). Rue des Murs, au n° 24, hôtel avec bel oriel de pierre (le presbytère). Rue des Frères, d'autres maisons bourgeoises.

★ *Le couvent des Récollets (plan A2) :* rue Poincaré. Ouvert tous les jours de 8 h à 18 h. Pour son beau cloître flamboyant et son jardin de curé au milieu. Tout un côté orné de fresques du XVIIe siècle aux thèmes moraux : *Le Choix du vrai bien, Allégorie du Bon Combat,* plus Annonciation, Adoration des Bergers, etc. Dans l'église, grand retable du XVIIIe siècle, crucifix du XVe, orgues de 1763. Sous la tribune, monument funéraire avec Vierge percée de sept couteaux.

★ *La basse ville :* après le canal s'étend la basse ville. Le long du canal, grande portion de la muraille du XIVe siècle avec tour. Au n° 27, Grand-Rue, élégante maison de 1685, avec oriel sur console en grès rouge sculpté. L'*Hôtel du Bœuf Noir* possède également un oriel de la même époque.

★ À gauche de la N4, à la sortie de la ville (vers Nancy-Metz), **roseraie** dans un parc. ☎ 03-88-71-83-33. Du 1er juin au 30 septembre, ouvert de 9 h à 19 h avec entrée payante (2,29 €, soit 15 F), pour les plus de 16 ans ; le reste de l'année, entrée libre de 8 h à 12 h et de 13 h à 17 h sauf les week-ends et jours fériés. Plusieurs centaines de variétés sont présentées. C'est l'une des plus grandes roseraies de France ; elle contribue à faire de Saverne « la ville des Roses ».

🚲 *Itinéraires cyclables du district de la région de Saverne :* très bons circuits bien balisés permettant une découverte de Saverne et des communes environnantes dans leur richesse et leur diversité : circuits des châteaux, du Piémont, de l'Ackerland, de l'abbaye... Pédalez en douceur, il y a tant et tant de choses à voir.

Marché

– *Marché hebdomadaire :* le jeudi matin, place du Général-de-Gaulle. Braderie mi-septembre.

Fêtes

- *Carnaval :* le 1er samedi de mars.
- *Fête des Roses :* le 3e dimanche de juin.

➤ *DANS LES ENVIRONS DE SAVERNE*

À voir

★ **Le jardin botanique du col de Saverne :** à 3 km, sur la N4 direction Nancy-Metz. ☎ 03-88-91-31-09. Ouvert du 1er mai au 15 septembre du lundi au vendredi de 9 h à 17 h et les dimanches et jours fériés de 14 h à 18 h ; en juillet et août, ouvert tous les jours, même le samedi, jusqu'à 19 h. Entrée payante. Fondé en 1932 par un pharmacien-botaniste de Saverne, il réunit un arboretum, un alpinum (belles plantes de montagne), une tourbière où éclôt début juin une plante originale carnivore, la *Sarracenia*. Elle déguste tous les insectes pénétrant dans ses feuilles en forme de cornet. Grande sélection de fougères et d'orchidées. À la sortie, chemin menant au saut du Prince-Charles, avec un beau point de vue sur la plaine d'Alsace.

★ **Saint-Jean-de-Saverne** (67700) : à 4 km au nord de Saverne. De l'ancien couvent de bénédictines ne subsiste que l'église, édifiée au XIIe siècle ; sa tour-porche date du XVIIIe. Plan à trois nefs sans transept. Ne pas manquer d'aller apprécier l'élégance du chevet avec ses absidioles ornementées (lions, têtes, ours, etc.).
À l'intérieur, architecture d'une harmonieuse simplicité, rythmée par l'alternance des gros et petits piliers de la nef. Voûtes du plafond légèrement ogivales, hésitante amorce du style gothique, parmi les plus anciennes d'Alsace. Les contreforts extérieurs témoignent encore du manque de confiance des bâtisseurs à cette époque de transition. Dans la nef de droite, on découvre un beau tympan roman (avec l'agneau mystique) qui se trouvait auparavant sur le côté de l'église. Remarquables chapiteaux cubiques à l'entrée du chœur, avec fin décor végétal. Mobilier du XVIIIe siècle, comme la chaire de style rococo chargé, les autels latéraux, le buffet d'orgue, etc. Demander à voir les belles tapisseries du XVIe siècle.

★ **Le mont Saint-Michel :** à pied au départ de Saint-Jean-de-Saverne (du cimetière) ou en voiture (bien fléché). Une bonne manière de rejoindre La Petite-Pierre par les petites routes (vers la D122). En haut de la colline, petite chapelle. C'est un mont « inspiré », comme en Bretagne, où se déroulèrent des cérémonies de sorciers. Endroit particulièrement calme et poétique et offrant un chouette panorama sur les environs.

★ **Le château du Haut-Barr :** à 5 km au sud-ouest de Saverne. Prendre la D102, puis la D171. Édifié au XIIe siècle, agrandi au XVIe par un évêque chassé de Strasbourg lors de la Réforme, démantelé par les Français après la conquête de l'Alsace en 1648. Appelé « l'Œil de l'Alsace » pour la vue qu'il commande. Après le passage du portail Renaissance et d'une arche, jolie petite chapelle. Peu après, large moignon de tour pentagonale. Par un escalier, on accède à un point de vue encore plus ébouriffant. Par ciel particulièrement limpide, on peut distinguer la flèche de la cathédrale de Strasbourg.
En bas du château, chemin menant à une reconstitution du célèbre *télégraphe de Chappe* qui fonctionna de 1794 à 1852 de Paris à Strasbourg. Ouvert du 1er juin à fin septembre de 12 h à 18 h. Fermé le lundi. Petit musée du Télégraphe et de son inventeur.

Tout proche, pour *castle addicts*, **le Grand et le Petit Geroldseck.** Le grand s'aperçoit de loin avec son donjon de 22 m de haut.

LE PARC NATUREL RÉGIONAL DES VOSGES DU NORD

À cheval sur Alsace et Lorraine, compris dans le triangle Wissembourg-Saverne-Volmunster (1 200 km²), il regroupe 102 communes dont un tiers en Moselle, où il jouxte le parc naturel du Palatinat en Allemagne. Possédant 65 % de couverture forestière, il a été déclaré « Réserve mondiale de la biosphère » par l'Unesco. Le relief des Vosges du Nord, usé, érodé, laminé (stop, c'est trop, on va pleurer !) par les siècles et les éléments, présente un visage serein, d'une grande douceur. Vallées boisées, entrecoupées de prairies, étangs, et parsemées de sentiers de randonnée fort bien balisés par le Club Vosgien (ne pas oublier ses cartes !). Peu connu, il a peu de chances d'être arpenté par votre voisin de palier (encore qu'il y en ait des sympas !). On y trouve trois reliefs : le piémont alsacien, le plateau lorrain et le massif forestier. Quelques bébêtes protégées en vrac : la pipistrelle commune, la chouette chevêche, le faucon pèlerin, le chat sauvage *(Felis Silvestris),* la gélinotte des bois, la sérotine de Nilsson, la libellule quadrimaculée, le *Routardus Post-soixanthuitardus* (en voie de disparition)... Beaucoup de châteaux pour baliser les itinéraires.

Possibilité de randonnées pédestres ou à vélo sans bagages de 3 à 11 jours. Les hôteliers se chargent de porter vos affaires à l'étape suivante. Tous renseignements à la Maison du Parc (voir ci-dessous).

Adresse utile

ℹ ***Maison du Parc :*** au château de La Petite-Pierre. ☎ 03-88-01-49-59. Fax : 03-88-01-49-60. Ouvert tous les jours de 10 h à 12 h et de 14 h à 18 h. Fermé en janvier. Excellente doc sur la région. Propose un carnet qui recense les randonnées, disponible sur demande.

LA PETITE-PIERRE (67290) 615 hab.

Accrochée à son promontoire rocheux, ancienne petite place forte qui surveillait le plateau lorrain. Avec un château en étrave, autrefois complètement isolé de la ville par un pont-levis. Objet de convoitise, bien sûr, pris et repris pendant la guerre de Trente Ans. En 1814, La Petite-Pierre résista deux mois aux troupes cosaques. Cependant, lors de l'offensive prussienne de 1870, les troupes françaises évacuèrent la ville sans combattre. Depuis, ce sont les touristes qui l'ont prise d'assaut. Attention, station de villégiature haut de gamme. Heureusement, il y a un gîte d'étape et des chambres d'hôte.

Adresse et infos utiles

ℹ ***Office du tourisme du pays de La Petite-Pierre :*** 2 A, rue du Château. ☎ 03-88-70-42-30. Fax : 03-88-70-41-08. • tourisme.pays-lapetitepierre@wanadoo.fr • En juillet et août, ouvert tous les jours de 10 h à

12 h 30 et de 13 h 30 à 18 h 30 ; hors saison, ouvert du mardi au jeudi de 14 h à 17 h, les vendredis et samedis de 14 h à 18 h et le dimanche de 15 h à 18 h, fermé le lundi.

🚌 **Bus :** Petersbach-Ingwiller par La Petite-Pierre, le mercredi uniquement.

Où dormir ? Où manger ?

De bon marché à prix moyens

🛏 **Gîte d'étape :** 8, rue du Château. ☎ 03-88-01-47-00. Fax : 03-88-01-47-03. Clés et réservation à la mairie. 9,15 € (60 F) par personne ; supplément pour les draps. Une vingtaine de places dans une maison typique en plein centre, derrière l'école. Coin cuisine. Propre.

🛏 **Chambres d'hôte chez M. et Mme Brehm :** 32, rue Principale. ☎ 03-88-70-46-80. Dans le centre du village. Petit appartement plaisant, avec jardin, à louer à la semaine pour 228,69 € (1 500 F), ou 32,01 € (210 F) la nuit pour deux (quand il n'est pas loué à la semaine, bien sûr !). Bon accueil. Le mari est ébéniste et a donc fait une déco boisée moderne et imprégnée de la tradition locale. Apéritif maison offert sur présentation du *Guide du routard* de l'année.

🛏 Quatre autres **chambres d'hôte** dans le village. Téléphoner à l'office du tourisme.

Plus chic

🛏 I●I **Hôtel des Vosges :** 30, rue Principale. ☎ et fax : 03-88-70-45-05. ✗ Fermé le mardi, en février et une semaine fin juillet. Chambres confortables de 45,43 à 74,71 € (298 à 490 F) ; quelques suites luxueuses, plus chères. Menus à partir de 18,29 € (120 F). Malgré la grandeur de l'établissement, on est surpris par l'esprit et la diversité de la décoration. Il y a forcément une chambre à votre goût (moderne en bois, alsacien traditionnel...). Centre de remise en forme complet. Sous l'hôtel, une *winstub* traditionnelle. Carte de fidélité pour les routards qui aiment passer toujours au même endroit.

🛏 I●I **Hôtel-restaurant Au Lion d'Or :** 15, rue Principale. ☎ 03-88-01-47-57. Fax : 03-88-01-47-50. ● www.liondor.com ● ✗ Fermé en janvier et 10 jours fin juin-début juillet. Chambres doubles de 59,46 à 68,60 € (390 à 450 F). Menus entre 18,29 et 50,31 € (120 et 330 F). Tous les établissements de la ville sont à ranger dans la catégorie supérieure, et le *Lion d'Or* ne déroge pas à la règle : resto chic et cher. En terrasse aux beaux jours, carte brasserie avec des grillades cuites presque devant vous sur le gril de la maison. L'hôtel dispose de chambres de belle taille et confortables, presque toutes avec un mini-balcon. Un regret, le style *seventies* du mobilier qui tranche avec le décor naturel. Petit déjeuner-buffet un peu cher. Piscine couverte (avec bain bouillonnant) et sauna. Les autres activités, comme le tennis, sont payantes. Accueil courtois, vue imprenable sur la forêt.

Où dormir dans les environs ?

Camping

⛺ **Camping de Hinsbourg :** petit village sympa à 7 km au nord de La Petite-Pierre. ☎ 03-88-01-52-65 et 03-88-01-52-49. Ouvert de début avril à fin octobre. Pour Pâques, téléphoner. Compter environ 7 € (46 F) pour deux. C'est tellement champêtre et plaisant que dans le

Sud, ils n'auraient pas hésité à l'appeler « lou feignassou » : barbecue, boulodrome à portée de main, tennis, jeux pour enfants.

À voir

★ *Le château :* édifié au XIIe siècle. Citadelle de la ville dont le fossé fut creusé à même le roc. Les parties hautes datent pour l'essentiel du XVe siècle. Les fortifications furent modernisées par Vauban. La salle basse, dite du pilier, sert aujourd'hui de lieu d'expo sur l'histoire de La Petite-Pierre. Un énorme travail de restauration a été effectué pour que la place forte retrouve son aspect d'antan. Dans la cour, on trouve aussi de drôles de scuplItures dédiées à mère nature.
De la place du Château, accès à la citerne souterraine creusée au XVIe siècle.

★ *Le musée du Sceau alsacien :* rue du Château. ☎ 03-88-70-48-65. Du 1er juillet au 30 septembre, ouvert tous les jours sauf le lundi, de 10 h à 12 h et de 14 h à 18 h ; le reste de l'année, ouvert seulement les samedis et dimanches et sur réservation. Fermé en janvier. La visite est gratuite. Installé dans une ancienne chapelle. Intéressera nos lecteurs fanas de sigillographie et d'héraldisme. Un des très rares musées spécialisés dans le genre en France. Chronologie des sceaux des évêques de Strasbourg depuis 950 après J.-C., sceaux des empereurs en croisade, ceux de la franc-maçonnerie, etc. Reproduction d'une charte des libertés de la ville de Strasbourg. Insolite et authentique « lettre de défi » de 1448. Également une lettre de patente originale de Louis XIV.

★ *Le musée des Arts et Traditions populaires et du « Springerle » :* 11, rue des Remparts. ☎ 03-88-70-41-41. Visite libre et gratuite. Derrière le musée du Sceau alsacien. Mêmes horaires. Installé dans l'ancien magasin aux poudres du XVIe siècle. Intéressante présentation d'une tradition typiquement alsacienne : le *Springerle*, les moules à gâteau de Noël et massepains en Alsace, moules à saindoux, beurre, gaufres également. Classés par thème. Sujets et style souvent naïfs : scènes de la vie paysanne, métiers, costumes d'époque, animaux, la chasse, l'Ancien et le Nouveau Testament, etc.

★ *L'église :* édifiée en 1418. Chœur voûté en étoile. Fresques du XVe siècle redécouvertes sous un badigeon en 1864 (les évangélistes, le couronnement de la Vierge). Monument funéraire martelé à la Révolution (avec pas mal de conviction, il faut dire). L'église sert encore pour les deux cultes *(simultaneum)* depuis 1737. À droite de la porte d'entrée, deux intéressantes pierres tombales.

Randonnée pédestre

Pour plus de balades, l'office du tourisme fournit des plans fort pratiques et gratuits.

➤ *Les forêts de La Petite-Pierre :* 9 km, 3 h aller et retour sans les arrêts. Du parc animalier du Schwarzbach, sur la D7 à 2 km à l'est de La Petite-Pierre. Balisage : rectangle et losange bleus, croix rouge. Topoguide : *Balades à pied dans les Vosges* (éd. Nuée Bleue, DNA). Carte IGN/Club Vosgien au 1/25 000, 3714 ET.
Le château de Hunebourg et la grotte d'Amour sont les surprises de cette randonnée vosgienne qui sent bon le sapin. En prime, quelques magnifiques panoramas sur le parc naturel régional des Vosges du Nord.
Le rectangle bleu du GR 531 se situe à l'extrémité droite du deuxième par-

king du parc animalier où vit le cerf élaphe. À la maison forestière du Loosthal, le sentier botanique de La Petite-Pierre (environ 2 h 30) explique sur 30 panneaux le milieu forestier. Dépassant le Loosthal, descendre sur la gauche à travers la forêt. Le fond de la vallée mène à la maison forestière de Johannisthal. Un chemin goudronné à droite rejoint le sentier assez raide qui monte à flanc de colline, au château de Hunebourg. Ce haut lieu de la Seconde Guerre mondiale est devenu un centre de vacances. La propriété privée ne se visite pas, mais, de son portail, un panorama intéressant dévoile l'Alsace Bossue. Au pied de l'escalier, un sentier balisé d'un losange bleu continue sur la gauche vers la grotte d'Amour, équipée pour le pique-nique. Les couleurs du Club Vosgien (croix bleue, losange bleu, croix rouge) marquent un sentier sur la gauche. Continuer sur la vallée puis tout droit, en suivant le chevalet bleu qui indique la direction de La Petite-Pierre.
Monter dans la forêt en laissant à droite le sentier de Neuwiller-lès-Saverne. Un superbe paysage récompense vos efforts, avant d'atteindre une belle croix de pierre sculptée. Le chemin, toujours marqué d'un chevalet bleu, joue à cache-cache avec la route forestière avant de redescendre vers le parc animalier du Schwarzbach.

➤ *DANS LES ENVIRONS DE LA PETITE-PIERRE*

★ *GRAUFTHAL* (67320)

Quelques kilomètres au sud de La Petite-Pierre. Village dominé par une falaise de grès dans laquelle furent creusées, au XVIIIe siècle, quelques *maisons troglodytiques* ou plutôt de rocher, car installées dans des cavités déjà existantes. Elles furent habitées jusqu'en 1958.
Visite guidée sur réservation à l'office du tourisme de La Petite-Pierre (☎ 03-88-70-42-30) ou en téléphonant à Mme Eulert (☎ 03-88-70-15-62), la présidente de l'Association de sauvegarde des maisons troglodytiques.

BALADE DANS L'ALSACE BOSSUE

Regardez une carte routière : le Bas-Rhin possède une sorte de « coin » s'enfonçant profondément dans la Lorraine, un nez en quelque sorte. Ce qui fait dire que les Alsaciens aiment « fourrer leur nez dans les affaires lorraines » ! Autour de Sarre-Union, on appelle la région « l'Alsace Bossue ». Peut-être en raison de son relief légèrement bosselé. En tout cas, à Hinsingen, c'est déjà presque le plateau lorrain.

SARRE-UNION (67260) 3 400 hab.

Le poumon économique de la région. Contrairement à nombre de villes alsaciennes, c'est une création récente (1793), résultat de la fusion de deux villages situés de part et d'autre d'une petite rivière. Il subsiste du passé quelques maisons de style Renaissance et l'hôtel de ville de 1684.

Où manger dans le coin ?

I●I *La Grange du Paysan :* rue Principale, 67260 Hinsingen. ☎ 03-88-00-91-83. Aux marches de l'Alsace Bossue, à 500 m de la frontière lorraine. Fermé le lundi. Grande variété de menus de 10,37 à 24,39 € (68 à 160 F). Une petite institution locale. Cette grange, vu le volume, fut probablement celle d'un gros paysan. Décor rustique à souhait (ça va de soi). Excellent accueil. Service particulièrement efficace, ça virevolte partout. Cuisine paysanne servie généreusement et qui tient au corps. Les mines réjouies, voire rubicondes, attestent la qualité constante des mets : andouillettes gratinées au vin blanc, côtes de sanglier aux champignons, jambonneau au foin sauce poivrade, estomac de porc farci.

À voir

★ *Le musée de l'Alsace Bossue :* rue des Juifs. ☎ 03-88-00-11-30 (mairie). Ouvert du 1er juillet au 31 août tous les jours sauf le mardi, de 14 h à 18 h ; le reste de l'année, ouvert sur demande. Quelques vestiges archéologiques, mais ce qu'exprime bien cet intéressant petit musée, c'est l'histoire industrielle de la région. Notamment celle des chapeaux de paille et autres panamas dont l'Alsace Bossue fut, au début du XXe siècle, la plus grande productrice au monde. C'est aussi dans le coin, sur le domaine de la famille Schlumberger, proprio de la plus grande forêt privée de France, que fut inventé le gazogène à bois Imbert. Il s'agissait alors de transformer par « oxydation incomplète » (trop long à expliquer !) du bois en gaz, pour alimenter un moteur à explosion. Autre fleuron de l'époque, la corderie alsacienne Dommel.

★ *Le temple réformé :* rue des Églises. ☎ 03-88-00-36-15 (code Jésus ?). Ouvert en juillet et août, le samedi de 14 h à 16 h et le dimanche de 10 h à 12 h et de 14 h à 16 h. Bel exemple d'église protestante baroque du XVIIIe siècle construite par l'architecte Frédéric Joachim Stengel (qui réalisa une dizaine d'autres édifices dans la région et la Ludwigskirche à Sarrebruck). À l'intérieur, une expo permanente sur l'architecture religieuse en Alsace Bossue et la Ville-Neuve à Sarre-Union.

➤ *DANS LES ENVIRONS DE SARRE-UNION*

★ *La chapelle de Kirchberg :* toute blanche sur sa colline, dominant le village de Berg, elle se repère de loin grâce à son original clocher rond. Plusieurs églises de la région en possédaient un autrefois.

★ *Petersbach* (67290) : si les maisons ne frappent pas par leur originalité architecturale, en revanche elles présentent presque toutes, dans la rue principale, un intéressant linteau ouvragé. Chacun d'eux exprimant en quelque sorte la personnalité de la maison.

RETOUR SUR LE PARC RÉGIONAL

NEUWILLER-LÈS-SAVERNE (67330) 1 180 hab.

Village ayant possédé, il y a longtemps, une importante abbaye et qui fut un lieu de pèlerinage pour les reliques de saint Adelphe. Ne pas manquer la superbe église Saint-Pierre-Saint-Paul, l'une des plus pittoresques de la région. Autour, quelques belles demeures canoniales. Au cimetière communal, mausolée du maréchal Clarke.

À voir

★ *L'église Saint-Pierre-Saint-Paul :* ancienne église de l'abbaye bénédictine, l'une des plus composites qu'on connaisse. Jugez-en : elle possède deux chapelles superposées, un clocher roman recouvert d'une mitre du XIXe siècle, une nef gothique, une façade classique du XVIIIe. Le tout sur des soubassements probablement carolingiens. Malgré cela, elle compose un ensemble harmonieux et s'insère merveilleusement dans le village.

– *À l'extérieur*, on notera la façade au pur style néo-classique avec fronton triangulaire et, sur la tour, six grandes statues d'angelots. De part et d'autre du portail, saint Pierre et saint Paul. Sur le flanc, portail roman du XIIe siècle avec Christ en majesté sur le tympan. À sa droite, l'autre portail est encadré de statues de saint Pierre et saint Paul. Les petits dais annoncent le gothique. Sur l'autre flanc, joli portail avec trois arcs en plein cintre. Remarquable chevet en absides hautes et rondes.

– *À l'intérieur* : bas-côté droit, le tombeau reliquaire de saint Adelphe sur colonnes (pour que les pèlerins puissent passer en dessous). Fin ciselage de la châsse. Belle tribune d'orgue sculptée en arc de triomphe avec moult guirlandes de fleurs, instruments de musique, etc. Grand orgue de 1778. Bas-côté gauche, fonts baptismaux du XIIe siècle en pierre (symbolique du trépied à décrypter !). Élégante chaire en pierre sculptée de 1683.

Admirer, à gauche du chœur, la remarquable *Mise au tombeau* polychrome de 1474. Les trois saintes femmes et les trois soldats (curieusement) endormis en dessous sont en costumes d'époque. La blessure sur le flanc du Christ était destinée à recevoir les hosties pendant la Semaine sainte. Au-dessus, dans une niche, superbe Vierge déhanchée de 1310.

Dans le chœur, boiseries provenant d'une abbaye détruite à la Révolution. À droite du chœur, escalier menant à la chapelle basse du Xe siècle. Trois travées de quatre colonnes aux chapiteaux très primitifs. Quelques marches mènent au *confessio*, de l'époque carolingienne, caveau funéraire où l'on venait vénérer les reliques du saint.

Derrière le chœur, accès à la chapelle haute Saint-Sébastien, de même surface que la basse. Ici, les chapiteaux sont en revanche particulièrement travaillés (motifs orientaux, feuillages, dragons et griffons). Enfin, on peut y voir les magnifiques tapisseries (de 1500) contant la légende de saint Adelphe. Si l'église et la chapelle haute sont fermées, allez voir M. le curé ou téléphonez-lui : ☎ 03-88-70-00-51 ou 03-88-70-00-23.

★ *La collégiale Saint-Adelphe :* reconnaissable à sa sobre façade aux deux tourelles. Construite spécialement au XIIIe siècle pour recevoir les reliques du saint et y détourner le pèlerinage de l'abbaye (les moines trouvaient les pèlerins un peu bruyants). Au moment de la Réforme en 1562, ce fut la première église d'Alsace à pratiquer le *simultaneum*, le partage entre les cultes protestant et catholique. Elle perdit chœur et absidioles, effondrés, au XIXe siècle. Aujourd'hui, elle est revenue au culte protestant.

➤ DANS LES ENVIRONS DE NEUWILLER-LÈS-SAVERNE

★ DOSSENHEIM-KOCHERSBERG (67117)

C'est un ancien refuge fortifié. Les maisons sont en cercle étroit autour de leur église, constituant de fait ses remparts. Les paysans s'y réfugiaient pendant les troubles. Une des demeures a été transformée en centre d'interprétation. Ouvert du 1er avril au 30 octobre, les dimanches et jours fériés de 14 h à 18 h.

★ WEITTERSWILLER *(67340)*

Charmant village offrant en son église protestante de fortes belles fresques du XVe siècle. Sur la route de Bouxwiller, haute et pittoresque borne routière (au carrefour avec la D6).

➤ *VERS LE NORD DU PARC*

Petit itinéraire (D813) vers Wingen-sur-Moder, à travers de tranquilles villages et une très belle forêt.

★ ERCKARTSWILLER *(67290)*

Mignonne petite église à colombages du XIIIe siècle.

Où manger ?

|●| **Le Relais des Chasseurs** : 3, rue Pfaffeneck. ☎ 03-88-70-48-82. Fermé le mardi soir et le mercredi. Menu à 6,40 € (42 F) en semaine ; à la carte, compter entre 15 à 23 € (98 et 151 F). Une bonne cuisine alsacienne familiale. Les *nudelschnäcke* sont réputées jusque sur la station Mir. Du coup, tous les premiers vendredis du mois, les clients affluent et envahissent la véranda et la salle un peu kitsch. En d'autres temps, les habitués reprennent leurs quartiers pour déguster l'éventail des plats locaux. Le menu à 6,40 € (42 F), en semaine, est très copieux. Café offert aux routards sur présentation du *Guide du routard* de l'année.

➤ D'Erckartswiller, prendre la route forestière qui va vers Wimmenau, Wingen-sur-Moder. Nous sommes au cœur du parc. Une région possédant un pittoresque relief et de grandes variétés de terrains, rochers, routes encaissées dans de petits vallons et de nombreux sentiers de randonnée. Traversée par le GR 53.

WINGEN-SUR-MODER (67290) 1 500 HAB.

Ancienne station romaine sur la voie Bassonica qui reliait l'Italie aux Flandres. C'est ici qu'en 1921 s'implanta la célèbre cristallerie *Lalique*, reprenant une vieille tradition locale. On y réalisa le fameux service de table de la présidence de la République. Abandonnant le cristal taillé, Lalique se lança dans des formes de plus en plus audacieuses. On pourra alors parler de « bijoux en cristal », passés dans le langage courant. On dira : « C'est un Lalique ». Puissante renommée internationale, la majorité de la production étant exportée. Wingen abrite également l'orfèvrerie *Gulden,* spécialisée dans les beaux couverts.
Aujourd'hui, c'est aussi la petite capitale de la randonnée et du VTT, et un camp de base idéal pour rayonner alentour.

Adresses utiles

🛈 Syndicat d'initiative : à la mairie. ☎ 03-88-89-71-27. ● www.win gen-moder.com ● mairie.wingen-mo der@wanadoo.fr ●

WINGEN-SUR-MODER

■ *Location de vélos et VTT :* Bergmann, 7, rue de Zittersheim. ☎ 03-88-89-75-06. Ouvert de 8 h 30 à 12 h et de 13 h à 19 h ; le week-end, location sur réservation. Tarif : 15,24 € (100 F) par jour.
🚆 *Gare SNCF :* trains pour Strasbourg et Sarreguemines.

Où dormir ? Où manger dans la région ?

Camping

⊼ *Camping municipal :* route de Zittersheim. ☎ 03-88-89-71-27 et 03-88-89-83-55. Fax : 03-88-89-86-99. ● www.wingen-moder.com ● Situé entre le stade municipal et le collège. Ouvert de début mai à fin septembre. 9,70 € (64 F) pour deux. Durant la période scolaire, vous ne manquerez pas de vous faire réveiller par les garnements du collège mitoyen. Les emplacements sur trois niveaux de terrasse sont super. Question sanitaires, c'est moins bon. On aime quand même bien ce petit camping.

Prix moyens

🏠 |●| *Relais Nature :* 7, rue de Zittersheim. ☎ 03-88-89-80-07. Fax : 03-88-89-82-85. Chambres doubles à 35 € (230 F) ; petit déjeuner à 5,34 € (35 F). On aime beaucoup ce relais nature, situé au cœur du village. Linda et Jacky Bergmann y proposent 7 chambres agréables et lumineuses, avec tout le confort. Cadre frais et pimpant (murs blancs et bois de pin). Accueil chaleureux. Jacky, un passionné de la forêt des Vosges, est une vraie mine de renseignements sur les possibilités du coin (randonnées, balades à VTT, découverte de la faune locale, etc.). À la demande, il peut assurer l'accompagnement ! Bouquins et topoguides mis à la disposition des hôtes. Grande carte au mur. Location de vélos et VTT. Petite piscine dans un agréable jardin. Une de nos adresses préférées, c'est dit ! Pour les motards, Jacky est aussi concessionnaire et réparateur *Guzzi*.

🏠 |●| *Château du Hochberg :* à la sortie du village en direction de Rosteig. ☎ 03-88-89-71-56. Fax : 03-88-89-77-33. Fermé autour de janvier. Réservation toujours fortement conseillée. Chambres doubles à 41,16 € (270 F) ; 15,24 € (100 F) par personne en chambre de 6, 7 ou 8 lits ; petit déjeuner à 5,34 € (35 F). On peut aussi y faire un bon repas pour 11,43 € (75 F) ; sur réservation. Situé en lisière de forêt et entouré d'un parc de 1 ha, ce château de 1868 est un centre de vacances, de loisirs et de plein air qui accueille les voyageurs individuels à l'occasion (sauf en juillet et août car il est réservé par des colonies de vacances et affiche complet). Le bâtiment, le cadre... c'est tout simplement magnifique. Une sorte d'auberge de jeunesse de luxe. Propose des tas d'activités (sorties en forêt avec la participation de gardes forestiers de l'ONF, visites et dégustation de produits de la ferme, etc.).

|●| *Restaurant Porte des Vosges du Nord :* 24, rue Principale, 67290 Zittersheim. ☎ 03-88-89-73-48. À 4 km au sud-ouest de Wingen par la D135, direction La Petite-Pierre. Fermé le lundi soir et le mercredi. Plat du jour à 6,10 € (40 F). Belle petite auberge dans un village bien tranquille. Salle proprette pour une honnête cuisine traditionnelle. Le 1er jeudi du mois, spécialité de *schniderspätzle* sur réservation.

|●| *Restaurant Au Lion d'Or :* 27, rue Principale, 67290 Rosteig. ☎ 03-88-89-71-66. À 4 km de Wingen par la D333. Fermé le mardi soir et le mercredi, ainsi que de mi-août à mi-septembre et pendant les vacances scolaires de février. Plat du jour à partir de 6,86 € (45 F) ; menus de 12,20 à 24,39 € (80 à 160 F). Gentille petite affaire de famille. Agréable salle à manger. Spécialité de pot-au-feu. Sur présentation du *Guide du routard* de l'année, le café vous sera offert.

LE PARC NATUREL RÉGIONAL DES VOSGES DU NORD

DANS LES ENVIRONS DE WINGEN-SUR-MODER

À voir. À faire

★ *La pierre des Douze Apôtres :* à 5 km au nord de Wingen, sur la D12. Connue aussi sous le nom de menhir de Breitenstein. À la frontière du Bas-Rhin et de la Moselle. Au XVIIIe siècle, on y sculpta les figures des douze apôtres.

Randonnées autour de Wingen à VTT : principalement trois circuits. Cartes détaillées auprès du parc naturel des Vosges du Nord ou au *Relais Nature* : circuits du Cristal, de l'opération Nordwind et des Rochers remarquables (rocher de Zittersheim, de l'Ochsenstall, de l'Autel). Ils empruntent parfois des portions de routes forestières (où circulent fort peu de voitures), mais surtout de beaux chemins forestiers vraiment hors des sentiers battus (c'est le cas de le dire !).

DÉTOUR DANS LA PARTIE LORRAINE DU PARC RÉGIONAL

BITCHE (57230) 6 540 hab.

La forêt mystérieuse enveloppée d'un voile cotonneux laisse apparaître les murs épais d'une forteresse dominant une ville que seuls animent les militaires au petit matin. Une chance, l'endroit possède d'autres atouts ! Hêtres, chênes et pins sylvestres composent une grande partie de la forêt du pays de Bitche, qui s'étend dans le superbe parc naturel régional des Vosges du Nord. Le pic noir ou la chouette de Tengmalm peuplent cette forêt avec une faune riche qui profite du calme et des étendues inviolées.

UN PEU D'HISTOIRE

L'histoire de la ville ne commence qu'au XIe siècle. Les Lorrains du coin eurent la bonne idée d'ériger, sur un immense rocher, un château appelé Bitche. Tour à tour possession des ducs de Lorraine, des Suédois pendant la guerre de Trente Ans et des Français. Vauban vient exercer ses talents ici. L'ancien château est entièrement rasé et remplacé par une forteresse bastionnée faite de multiples souterrains. Le mur d'enceinte entoure les deux villages qui se trouvent au pied du château et l'ensemble prend le nom de Bitche en 1680. Dix-sept ans plus tard, les troupes françaises, obligées d'abandonner la place aux Lorrains, rasent la forteresse et démantèlent le mur d'enceinte.
L'ensemble sera reconstruit au XVIIIe siècle grâce à Stanislas Leszczyński, l'ex-roi de Pologne, à qui le duc de Lorraine avait cédé son duché. La forteresse de Bitche est considérée d'emblée comme un chef-d'œuvre inexpugnable de l'architecture militaire grâce à son réseau impressionnant de souterrains. Par deux fois, la preuve en sera faite. En 1793, les Prussiens ne pourront s'imposer à Bitche, pas plus qu'en 1870. La ville totalement encerclée résistera durant 230 jours. Le colonel Teyssier, commandant la place, ne devra se résoudre à se rendre que par la volonté des politiques.

Adresse utile

ℹ *Office du tourisme du pays de Bitche :* 4, rue du Glacis-du-Château. ☎ 03-87-06-16-16. Fax : 03-87-06-16-17. • office-tour@ville-bitche.fr • À côté de l'hôtel de ville. Ouvert toute l'année du lundi au vendredi de 9 h à 12 h 30 et de 13 h 30 à 18 h, et le samedi de 9 h à 12 h 30 et de 14 h à 17 h ; en saison, ouvert également le dimanche de 10 h à 12 h 30 et de 14 h à 17 h. Vous trouverez ici tous les renseignements officiels sur Bitche et ses militaires, de même que les nombreuses occasions de belles balades dans les forêts avoisinantes.

Où dormir ? Où manger ?

Bon marché

▲ |●| *Hôtel de la Gare :* 2, av. du Général-Trumelet-Faber. ☎ 03-87-96-00-14. Fermé du vendredi soir au lundi matin ; congés annuels 10 jours en août et du 22 décembre au 7 janvier. Chambres doubles à partir de 21,34 € (140 F) avec lavabo ; douches et w.-c. à l'étage. Menu unique à 7,93 € (52 F). Possibilité de demi-pension à 22,10 € (145 F). Le seul hôtel bon marché de la ville dans un cadre hautement historique : c'est là que le colonel Teyssier négocia ferme avec les Prussiens la reddition de la citadelle de Bitche après le siège de 1870. Confort simplissime, décor kitsch assuré, mais propreté irréprochable, ambiance bonne et amicale, alors : réservez ! Pour manger, mieux vaut ne pas être allergique aux plantes vertes et aux fleurs : la salle du restaurant en est remplie. Cuisine sans prétention, rustique.

De prix moyens à plus chic

▲ |●| *Auberge de Strasbourg :* 24, rue Teyssier. ☎ 03-87-96-00-44. Fax : 03-87-96-11-57. Fermé le dimanche soir et le lundi, ainsi que les deux premières semaines de janvier et les deux dernières semaines de septembre. Chambres doubles de 57,94 à 68,61 € (380 à 450 F). Prix moyen d'un repas à la carte autour de 38 € (249 F) ; menus de 19,82 à 57,94 € (130 à 380 F). Savez-vous ce qu'est un *kacheloffer* ? Rien à voir avec une spécialité mosellane ou alsacienne. Pour avoir la réponse, il faudra vous rendre dans cette belle auberge. Plafonds à caissons, intérieur rustique, tableaux naïfs aux murs. Cuisine aussi riche et recherchée que le décor. Finesse des épices, associations judicieuses, l'esprit de Brillat-Savarin (pas le fromage, l'homme) cité dans la carte est respecté. Quelques belles chambres calmes et confortables. PS : le *kacheloffer* est un superbe poêle à bois en faïence qui réchauffe la salle à manger les soirs d'hiver. Digestif maison offert sur présentation du *Guide du routard* de l'année.

À voir

★ *La citadelle :* ouvert du 1er mars au 15 novembre tous les jours de 10 h à 17 h (18 h en juillet et août). Durée de la visite : de 1 h 30 à 2 h. Entrée : 5,79 € (38 F) ; enfants et tarifs réduits : 3,57 € (23 F). Édifice étonnant de par sa situation et l'agencement de ses souterrains. Ils donnent une image exacte de l'importance de la place forte. Abris type casemate, hôpital, boulangerie, étable... une véritable ville taillée dans la roche à l'abri des bombes. Visite guidée avec système de casque à infrarouge, vidéo-projecteurs et

LE PARC NATUREL RÉGIONAL DES VOSGES DU NORD

même machines à odeurs. Il ne manque que Mickey ! Le siège de 1870, la Seconde Guerre mondiale ainsi que la vie quotidienne à l'intérieur du fort sont racontés de manière fort intéressante.

Au-dessus, deux *musées*. Le premier, installé dans l'ancienne chapelle, retrace l'histoire de Bitche depuis le néolithique. Au 1er étage, en point d'orgue, un plan-relief de 1794. Le deuxième musée se trouve dans la boulangerie du fort. Intéressante présentation de la vie à Bitche sous le Second Empire. Sans conteste, ça vaut le coup d'œil.

➤ *DANS LES ENVIRONS DE BITCHE*

★ *Le musée du Verre et du Cristal de Meisenthal (57960) :* pl. Robert-Schuman. ☎ 03-87-96-91-51 (ou à l'office du tourisme : ☎ 03-87-06-16-16). À 14 km au sud de Bitche. Ouvert de Pâques à la Toussaint tous les jours sauf le mardi, de 14 h à 18 h ; sur rendez-vous pour les groupes. Entrée : 4,57 € (30 F) ; enfants : 3,05 € (20 F). Au début du XVe siècle, des verriers venus de Bohême s'installent de façon rudimentaire dans une région propice à leur art. Au milieu des forêts (excellent combustible), ne manquant pas d'eau (indispensable pour le travail du verre), ils investissent Saint-Louis-lès-Bitche qui jouit aujourd'hui encore d'une renommée mondiale.

Le musée, installé dans l'ancienne cristallerie de Meisenthal fermée en 1969, permet d'apprendre la différence entre le verre et le cristal. Présentation des différentes étapes de la fabrication, du soufflage à la taille du cristal avec des ouvriers verriers. Expo des plus belles pièces, notamment celles de style Art nouveau.

★ *L'ouvrage de Simserhof :* à 4 km de Bitche par la D35 en direction de Sarreguemines, au lieu-dit le Légeret. Attention, l'ouvrage est fermé jusqu'au printemps 2002 pour rénovation. Ensuite, ouvert tous les jours. Visites organisées ; horaires variables selon la période de l'année ; renseignements : ☎ 03-87-96-29-95 (ou à l'office du tourisme : ☎ 03-87-06-16-16).

En 1926, le ministre de la Guerre, André Maginot, présente un projet de fortifications des frontières du nord-est de la France. Le but était triple : résister à toute attaque surprise, permettre au pays de se mobiliser en gagnant du temps et servir de base de départ à une contre-attaque pour bouter l'ennemi hors du pays. Maginot voulait une ligne infranchissable. Elle le fut, puisque les Allemands la contournèrent en 1939. Bien vu ! Cet ouvrage est le seul qui présente encore l'aspect de 1940. Les 800 hommes en poste disposaient de 6 tourelles et 16 canons desservis par un chemin de fer de plus de 2 km. Dans les blocs de casernement, un musée présente l'ensemble de la ligne Maginot. Quelques beaux spécimens d'artillerie utilisés durant les trois conflits franco-allemands.

★ *La cristallerie de Saint-Louis :* 57620 **Saint-Louis-lès-Bitche** ☎ 03-87-06-40-04. Fax : 03-87-06-81-37. À 12 km au sud de Bitche. Actuellement fermée pour rénovation.

★ *Le moulin d'Eschwiller :* à 10 km au nord de Bitche, direction Volmunster (57720). Renseignements : M. Perali, ☎ 03-87-96-74-16. Moulin : ☎ 03-87-96-77-39. De Pâques au 30 juin et du 1er septembre au 31 octobre, ouvert le samedi, le dimanche et les jours de fête de 14 h à 18 h ; du 30 juin au 31 août, tous les jours sauf le mardi, de 14 h à 18 h. Visite guidée toutes les heures. Durée : 40 mn. 2,29 € (15 F) de participation pour les adultes, 1,83 € (12 F) pour les enfants. Dans ce magnifique moulin entièrement restauré sont réunis les témoins du temps où la roue à aubes fournissait l'énergie nécessaire à la fabrication de la farine. Vous pourrez même y apprendre à reconnaître les différentes céréales.

Randonnée pédestre

➢ **Les pins noirs de Hanau :** circuit de 9 km ; 3 h aller et retour sans les arrêts. De l'étang de Hanau en Moselle, entre Bitche et Niederbronn-les-Bains. Balisage : trait et croix bleus. Topoguide : *Balades à pied dans les Vosges* (éd. Nuée Bleue, DNA). Carte IGN/Club Vosgien : 1/25 000, 3713 ET.

Laissez votre voiture près de l'hôtel *Beau Rivage*. L'étang de Hanau est réputé comme le plus beau des Vosges du Nord. Un paysage d'ombres chinoises avant de s'enfoncer dans la forêt. Les pins noirs de Hanau y sont justement renommés. Un balisage au trait vertical bleu indique le sentier de droite vers la colline de l'Erbsenberg. Un énorme arc rocheux et érodé par le vent, l'Erbsenfelsen, détache sa silhouette tourmentée sur fond vert. Les formes bizarres des grès roses se succèdent le long d'une petite route goudronnée que l'on suit sur la droite. Un nouveau balisage en croix bleues invite à tourner à droite vers l'étang de Liesbach. Le château de Rothenbourg et la lande de bruyères ajoutent à ce décor très vosgien. La montée vers le château du Falkenstein débute au niveau de la digue de Liesbach. À mi-pente, une aire de pique-nique permet le repos. Ouf ! car la montée est raide, avec une dénivelée de 130 m. La vision des ruines allège le pas dans les derniers mètres. Vous soufflerez en remarquant l'érosion alvéolaire de ces murailles qui dominent les monts germaniques du Palatinat. Le retour est identique jusqu'à l'étang de Liesbach d'où un sentier balisé d'une croix bleue monte à flanc de montagne vers le col du Kachler. De là, un sentier à droite redescend dans la vallée vers l'étang de Hanau.

RETOUR EN BASSE-ALSACE

LE CHÂTEAU DE LICHTENBERG (67340)

Situé dans le village de Lichtenberg. ☎ 03-88-89-98-72. L'un des plus beaux en Alsace. Un vrai de vrai, en haut d'une colline à plus de 400 m d'altitude.

UN PEU D'HISTOIRE

Construit au XIIIe siècle. La légende veut que Conrad de Lichtenberg, évêque de Strasbourg, précurseur des notables du XXe siècle dans le domaine des abus de biens, détourne des ouvriers œuvrant à la façade de la cathédrale pour les faire travailler à son château. Au XVIIe siècle, prise de la place par Louis XIV. Vauban et ses successeurs en renforceront les protections pour en faire l'un des points clés de leur système de défense des Vosges du Nord. Le château fut bombardé par les Wurtembergeois en 1870. La dernière offensive allemande de janvier 1945 est venue mourir à ses pieds. Et l'histoire continue : en 1997, un auditorium moderne en cuivre et bois est venu se greffer à l'édifice. Iconoclaste mais bien dans l'esprit « puzzle » du château. Mise en lumière artistique de Yann Kersalé.

Infos pratiques

En juin, juillet et août, ouvert le lundi de 13 h 30 à 18 h, du mardi au samedi de 10 h à 18 h et le dimanche de 10 h à 19 h ; en avril, mai, septembre et octobre, mêmes horaires mais coupure de 12 h à 13 h 30 ; en mars et novembre, tous les jours de 13 h à 16 h ; le reste de l'année, à la demande ; fermeture des caisses 30 mn avant. Entrée : 2,29 € (15 F) ; réductions. Compter 45 mn à 1 h de visite.

La visite

Plan fort bien réalisé offert aux visiteurs. Après avoir passé glacis, escarpes, contrescarpes, corps de garde, long couloir voûté avec anciens emplacements de herse, on parvient au château.
– À droite, élégant *logis seigneurial* Renaissance ruiné, mais dont on peut distinguer les restes d'un bel oriel, des fenêtres rondes et à meneaux d'origine.
– *L'arsenal* (ou salle des Chevaliers). Construit au XVIe siècle. Décor Renaissance du portail. Citerne sous l'escalier.
– À droite, la *chapelle*, du XVIe siècle. Belle voûte étoilée. Mausolée du comte Philippe V de Hanau-Lichtenberg, un des plus beaux mausolées en marbre Renaissance d'Alsace.
– Accès aux tours par un escalier monumental accessible aux chevaux. Pas de cheminées. Petites salles voûtées. L'une d'entre elles présente une porte avec tympan trilobé. D'en haut, panorama éblouissant, ça va de soi. Par temps lumineux, on aperçoit la flèche de la cathédrale de Strasbourg.

Où dormir ? Où manger dans le coin ?

▄ Deux petits hôtels familiaux simples, corrects, bon marché (41,16 €, soit 270 F, pour une chambre double), au pied du château : *Le Soleil* (2, pl. de l'Église ; ☎ 03-88-89-96-13) et, à côté, *Au Château* (4, pl. de l'Église ; ☎ 03-88-89-96-11).

▄ IOI *Chalet du Club Vosgien* : 2a, rue des Écoles, 67340 Reipertswiller. ☎ 03-88-89-98-87. Dans le village à côté de Lichtenberg. Ouvert toute l'année, sur réservation. Compter 8,38 € (55 F) par personne ; petit déjeuner à 3,84 € (25 F). Demi-pension à 21,34 € (140 F) par personne. Très bien, comme souvent avec le Club Vosgien, à l'orée de la forêt dans un cadre très chouette. Dans le vieux chalet en bois : 7 chambres de 4 personnes et 1 chambre à 2 lits. Cuisine.

▄ IOI *Hôtel La Couronne :* 13, rue de Wimmenau, 67340 Reipertswiller. ☎ 03-88-89-96-21. Fax : 03-88-89-98-22. Restaurant fermé le lundi et le mardi ; congés annuels mi-novembre et en février. Chambres doubles de 47,26 à 56,41 € (310 à 370 F). En semaine, menu à 7,32 € (48 F) ; à la carte, compter 30 € (197 F). Remis à neuf, belles chambres spacieuses et confortables. Quelques fautes de goût dans la décoration, mais rien d'alarmant. Côté jardin avec balconnet, une garantie de séjour agréable, le calme est au rendez-vous. Copieux petit déjeuner. Salle à manger donnant sur prés et étangs. Café offert sur présentation du *Guide du routard* de l'année.

▶ DANS LES ENVIRONS DU CHÂTEAU DE LICHTENBERG

★ *Offwiller* (67340) : pittoresque village dont la rue principale est bordée de solides fermes typiques. L'une d'entre elles, la *maison Offwiller*, du XVIIIe siècle, présente un habitat traditionnel avec le mobilier, les outils et objets domestiques. Ouvert l'été, le dimanche après-midi. Renseignements à la mairie : ☎ 03-88-89-31-31.
– On y pratique une curieuse coutume, le *Schwieweschlawe*, le dimanche soir suivant le Mardi gras. Cérémonie d'origine païenne rappelant les rites solaires et célébrant la venue du printemps. On lance dans la nuit des petits disques enflammés.

BOUXWILLER (67330) 3 730 hab.

Capitale pendant cinq siècles de l'un des plus importants comtés d'Europe, celui des Hanau-Lichtenberg. Jusqu'à la Révolution, véritable entité politique. Il connaît bien avant beaucoup d'autres une administration civile exemplaire : construction d'un hôpital en 1528, adhésion à la Réforme en 1645, création d'un collège en 1612, mise en place d'une organisation forestière du Consistoire. Résultat, la ville s'enrichit, se développe et se couvre de demeures bourgeoises cossues (on peut en admirer encore certaines). Au XIXe siècle, une mine de charbon fut même exploitée pendant 70 ans, générant des industries chimiques prospères.
Spécialités du coin : le bretzel, né ici, et les « charbons de Bouxwiller », chocolats évoquant l'industrie minière d'antan.

Adresses utiles

ⓘ *Informations touristiques :* à la mairie. ☎ 03-88-70-70-16.
ⓘ *Office du tourisme :* à Ingwiller. ☎ 03-88-89-23-45. Fax : 03-88-89-60-27. • tourisme@pays-de-hanau.com • www.tourisme.pays-de-hanau.com • Ouvert toute l'année du lundi au vendredi de 10 h à 12 h et de 14 h à 18 h, et le samedi de 10 h à 12 h ; du 15 mai au 15 septembre, ouvert également le samedi de 14 h à 17 h et le dimanche de 10 h à 12 h.
🚌 *Cars SNCF :* ☎ 03-88-01-89-47. Pour Haguenau, Neuwiller-lès-Saverne, Saverne.

Où dormir ? Où manger ?

🛏 |●| *La Cour du Tonnelier :* 84, Grand-Rue. ☎ 03-88-70-72-57. Fax : 03-88-70-95-74. À l'entrée de la ville en venant d'Ingwiller. Restaurant fermé le dimanche soir et le lundi, et du 20 décembre au 20 janvier. Chambres doubles de 45,73 à 51,84 € (300 à 340 F) avec douche. Menus de 8,38 à 33,54 € (55 à 220 F) ; compter 24 € (160 F) à la carte. Une maison bien tenue, où l'accueil est chaleureux et les chambres, sans être d'un grand luxe, sont confortables. Choisissez de préférence celles donnant sur les jardins, pour leur calme. Les prix sont raisonnables et les deux immenses chambres pour 4 personnes sont d'un rapport qualité-prix vraiment intéressant. Au restaurant, menu alsacien conseillé. On peut aussi se laisser tenter par une autre formule plus « cuisine bourgeoise ». Petite terrasse et piscine dans le jardin. Beaucoup d'habitués le midi. Café offert sur présentation du *Guide du routard* de l'année.

Où dormir ? Où manger dans les environs ?

🛏 *Chambres d'hôte Adam :* 6-8, rue Principale, 67270 Bossendorf. ☎ 03-88-91-58-61. Fax : 03-88-71-64-65. Chambres doubles à 38,11 € (250 F), petit déjeuner compris (tarifs dégressifs à partir de 2 nuits). Grosse ferme alsacienne à colombages, située en bordure d'une rue où passent beaucoup de camions, ce qui est un peu gênant (surveillez les enfants !). Situées au 1er étage, les chambres sont vastes et ont chacune la TV, ainsi qu'une salle d'eau. Une kitchenette aménagée commune aux chambres permet de faire son petit frichti. Parking dans la cour et laverie commune.

LE PARC NATUREL RÉGIONAL DES VOSGES DU NORD

|●| S'Basterger Stuewel : 25, rue Principale, 67330 Imbsheim. ☎ 03-88-70-73-85. À 4 km au sud-ouest de Bouxwiller par la D6. Fermé le lundi toute la journée et le mardi midi. Menus de 6,86 à 22,10 € (45 à 145 F). Solidement plantée au milieu du village, cette halte connue de tous offre un visage avenant. Ravissante façade, minuscule terrasse surélevée entourée de fleurs, etc., c'est presque trop beau pour être vrai. Mais ce n'est pas un mirage, et tartes flambées, pizzas et petits plats du pays (choucroute paysanne, civet de canard à l'ancienne, pommes de terre sautées salade, quenelles de pommes de terre salade verte...) ne déçoivent pas. Le dernier mercredi du mois, repas *Kesselfleisch*. Apéritif maison offert sur présentation du *Guide du routard* de l'année.

À voir

★ ***Le musée de la Ville et du Pays de Hanau :*** 2, pl. du Château. ☎ 03-88-70-70-16. Fax : 03-88-71-30-34. Du 2 mai au 30 septembre, ouvert du mardi au vendredi de 14 h à 18 h, le samedi de 14 h à 17 h et le dimanche de 14 h à 18 h ; du 1er octobre au 30 avril, ouvert du mardi au vendredi de 14 h à 18 h et les samedis et dimanches de 14 h à 17 h. Fermé le lundi. Entrée : 2,29 € (15 F) ; gratuit pour les moins de 16 ans. Possibilité de visites guidées du musée, de la ville et du sentier géologique sur simple demande. Le musée est installé au premier étage du bâtiment qui abritait autrefois la remise des carrosses au rez-de-chaussée et la cour des comptes du Comté de Hanau au premier étage. Cet édifice a été construit en 1702.
C'est un musée d'art et de traditions populaires, qui se propose de présenter divers objets domestiques qui vont de la vaisselle bourgeoise à la céramique traditionnelle de Betschdorf et Soufflenheim. Poteries, objets domestiques, photos des marchés d'antan, instruments de mesure, toises de marchands de tissus. Reconstitution d'une salle bourgeoise du XIXe siècle, d'une cuisine ancienne, costumes traditionnels, chambre à coucher avec alcôves et « lit à ciel polychrome » (1759). Curieuse trompette de porcher, broderies, enluminures de baptême ou de communion.
Le pays de Hanau est une région connue pour sa production de magnifiques meubles peints (polychromes et monochromes), à forte connotation symbolique, surtout liée au mariage, et le musée se devait d'en présenter de beaux exemples. Souvent offerts comme cadeaux aux jeunes époux dans les milieux pauvres (dès que la famille s'enrichissait, les meubles peints étaient souvent relégués au grenier, pour être remplacés par des « vrais » !).

★ ***Le Musée judéo-alsacien :*** Grand-Rue. ☎ 03-88-70-97-17. ● www.sdv.fr/judaisme ● De Pâques au 15 septembre, ouvert du mardi au vendredi de 9 h à 12 h et de 14 h à 17 h, et le dimanche de 14 h à 18 h seulement ; en dehors de ces dates, sur rendez-vous. Entrée : 6,10 € (40 F) pour les adultes ; tarif réduit pour nos lecteurs sur présentation du *Guide du routard* de l'année : 4,57 € (30 F). Compter une bonne heure de visite.
Vous êtes accueilli dans cette ancienne synagogue par une citation en alsacien : « Vivre et laisser vivre ». Cela donne le ton de cette belle mise en scène d'une culture : celle des juifs campagnards pauvres, mis en marge de la société économique, mais ayant développé et maintenu au cours des siècles un art de vivre original. Les objets exposés proviennent d'amateurs parfois maladroits qui ont façonné dans le bois, l'étain, la corne, etc., des objets domestiques ou de culte, ne pouvant acheter, faute de moyens, des objets manufacturés. Souvent ces objets racontent une histoire. Présentations originales et variées, de la reconstitution de scènes grandeur nature ou miniaturisées à l'utilisation de techniques nouvelles. Projections, vidéofilms. Un musée émouvant qui donne à réfléchir.

★ *La place du Château :* en plus de l'ancienne chancellerie, la place compte d'autres élégants édifices anciens. Seul le lycée du XIXe siècle détonne quelque peu dans ce bel équilibre architectural. La *poste* s'est lovée dans les anciennes écuries seigneuriales (1688). Au n° 2, l'ancienne cour des comptes et remise des carrosses (aujourd'hui, Sécu et impôts). Fermant la place, la longue halle aux grains *(Frucht Halle)* du XIVe siècle. À côté, la chapelle castrale.

Petite balade au fil des rues

★ *La rue de la Chancellerie :* ne pas manquer, sur l'arrière du Rathaus, la ravissante porte Renaissance. Plus loin, au n° 3, mignonne demeure avec une petite aile de 1591. Emprunter la rue des Seigneurs jusqu'à l'adorable place du Marché-aux-Grains et ses demeures du XVIIe siècle. Fort bien restaurées. Aucune faute de goût. La maison avec auvent abritait la balance publique. En revanche, rescapé d'une rénovation (parfois trop bien léchée), l'angle des rues des Tonneliers et de Rosegass. Romantique patine du temps, nobles rides sur ces façades fatiguées. Ça tranche...

★ Retour *rue des Seigneurs :* succession d'imposants et nobles édifices. Au n° 12, la maison Renaissance du conseiller de Cour (1608). Au n° 14, pharmacie de la Cour ; au n° 5, cour des Geyling d'Altheim (XVIe-XVIIe siècles). Le n° 8 porte la date de 1484.

★ Enfiler la *rue du 22-Novembre :* à l'angle de la rue des Juifs, l'un des ensembles les plus séduisants de la ville. Trois vénérables maisons imbriquées les unes dans les autres, angles dans tous les coins. L'histoire frappée d'alignement.

★ *Rue de l'Église,* le temple protestant, ancienne chapelle gothique du XIVe siècle, agrandie quand elle changea de culte. À l'intérieur, belle loge seigneuriale, décorée de stucs, chaire en pierre sculptée, orgues de Silbermann. Au n° 2, rue de l'Église, façade abondamment ornementée. Proprio au XVIIe siècle passionné de récits de voyages ? Étranges masques indiens. Sur la cornière d'angle, un conquistador. À l'angle de la rue du Canal, la plus jolie diapositive de la ville, avec l'oriel sur console en pierre, le pignon de l'hôtel Specht, les maisons à colombages, le clocher en fond.

★ *La Grand-Rue :* au n° 29, l'ancienne corporation des cordiers de 1667. Bel oriel orné de masques africains et encadrements de fenêtres ciselées. Plus haut, jolie façade peinte style Renaissance au-dessus d'un magasin de photos. Plus loin, à droite, la synagogue, aujourd'hui musée du Judaïsme alsacien.

➤ DANS LES ENVIRONS DE BOUXWILLER

★ LE BATSBERG

À 5 km, vers le sud-ouest. Un des lieux de promenade favoris des Bouxwillerois. Colline de 326 m de haut avec un sentier géologique balisé. Goethe aimait cet endroit et toutes ces histoires de sorcières qui y sont liées. Quelques jolis villages alentour à ne pas rater : Issenhausen, Buswiller, Schalkendorf, Zutzendorf. Plus au sud, à Hochfelden, possibilité de visiter la brasserie Météor.

★ *KIRRWILLER* (67330)

Village minuscule à quelques kilomètres à l'est de Bouxwiller, plus connu au Japon et en Tasmanie inférieure que nombre de grandes villes alsaciennes.

Comment se fait-ce ? La réponse : Pierre Meyer y a créé le music-hall de village le plus populaire d'Alsace et même de France (en fait, il n'a pas de mal, c'est aussi le seul de l'Hexagone !). Alors que les Folies-Bergère et autres lieux traditionnels s'essoufflent, quatre à cinq fois par semaine, 650 convives (plus que les habitants du village, les vaches et les fontaines réunis) viennent passer quelques heures d'amusement et de plaisir authentiques, dans une atmosphère bon enfant et de bonne humeur totale. Ça tient du gag ! Les vedettes viennent de Londres et New York désormais. Pierre Meyer a énormément investi dans la technique, le recrutement des girls, les décors. Il est bien payé en retour. Le succès est là. On en a pour son argent et, de plus, les prix se révèlent tout à fait abordables.

– **Music hall Adam-Meyer :** ☎ 03-88-70-71-81. Fax : 03-88-71-31-95. ● www.royal-palace.com ● ♿ Ouvert le mercredi, le jeudi et le dimanche à 12 h, le vendredi et le samedi à 20 h. Fermé du 10 juillet à fin août. Réserver au moins un mois au préalable. Le samedi, c'est toujours complet longtemps à l'avance.

NIEDERBRONN-LES-BAINS (67110) 4 400 hab.

Station thermale réputée, que fréquentaient déjà les Romains. Depuis quelques années, elle commercialise d'ailleurs une excellente eau minérale : la *Celtic*. On y trouve aussi le seul casino d'Alsace et une très intéressante maison de l'Archéologie. Amis lecteurs arthritiques, rhumatisants et hypertendus, pour vous permettre de perdre la boule (de casino), suivent, entre autres, quelques adresses.

Adresse utile

🛈 **Office du tourisme :** 6, pl. de l'Hôtel-de-Ville. ☎ 03-88-80-89-70. Fax : 03-88-80-37-01. ● office@niederbronn.com ● www.niederbronn.com ● En saison, ouvert du lundi au samedi de 9 h à 12 h et de 14 h à 18 h, et le dimanche de 10 h à 12 h et de 14 h 30 à 18 h ; hors saison, mêmes horaires, en semaine.

Où dormir ? Où manger ?

Camping

⛺ **Camping Heidenkoff :** rue de la Lisière. ☎ et fax : 03-88-09-08-46. ● clubvosgien@aol.com ● À 1 km du centre. Environ 9 € (59 F) pour deux. Pas loin du centre et pourtant au fond des bois. Camping en terrasses dans la forêt. Peu de loisirs offerts mais un calme olympien.

De bon marché à prix moyens

🛏 ⦿ **Hôtel Cully :** 33-37, rue de la République. ☎ 03-88-09-01-42. Fax : 03-88-09-05-80. ● www.hotel-cully.fr ● Situé près de la gare. Doubles autour de 51,84 € (340 F) avec douche ou bains. Demi-pension à 42,68 € (280 F). Menus à 9 et 15,24 € (59 et 100 F) ; compter 23 € (151 F) à la carte. Hôtel sobre et agréable. Les chambres sont assez inégales. Ce n'est pas une question de confort mais plutôt de décoration, certaines feraient pâlir Laura Ashley. Les plus fraîches sont les meilleures : celles

NIEDERBRONN-LES-BAINS

avec terrasse. Une tonnelle pour prendre un verre ou dîner tranquillement.

I●I Zuem Buerestuebel : 9, rue de la République. ☎ 03-88-80-84-26. Fermé le lundi et le mardi. Premier menu à 13,11 € (86 F) ; pour un repas complet (boisson comprise), compter 15,24 € (100 F). L'extérieur, très maison de pain d'épice, est à croquer (volets verts, rideaux à carreaux rouges, etc.), et l'intérieur, moulé dans le rustique campagnard, est une invite à s'attabler devant une bonne bière bien fraîche. Soif et faim allant de pair, n'hésitez pas à faire un sort aux petits plats proposés et à faire honneur à l'Alsace. De plus, l'envie de vous gâter se lit dans le sourire de l'accueil. Pas de retenue, donc. Café offert sur présentation du GDR de l'année.

I●I Restaurant Les Acacias : 35, rue des Acacias. ☎ 03-88-09-00-47. Pour s'y rendre, après le centre-ville, prendre la direction Bitche, à 300 m à droite (c'est indiqué). Fermé le vendredi, le samedi midi, le dimanche soir ainsi que la 1re semaine de septembre et de fin décembre à fin janvier. Menu à 11,43 € (75 F) le midi en semaine ; autres menus de 14,94 à 35,06 € (98 à 230 F) ; pour un repas à la carte, compter autour de 29 € (190 F). Cadre très classe, à la lisière de la forêt. Terrasse l'été. Service stylé. Du côté des spécialités du chef, croustillant de sandre, onglet de bœuf à la moelle. Cuisine traditionnelle avec une pincée de terroir. Jolie vue sur la vallée et son usine. Café offert sur présentation du *Guide du routard* de l'année.

Où dormir ? Où manger dans les environs ?

🏠 I●I Chez Gérard : 13, rue de la Gare, 67110 Gundershoffen. ☎ 03-88-72-91-20. Fax : 03-88-72-89-25. À 6 km au sud de Niederbronn par la D662. Fermé le lundi soir, le mardi et le mercredi soir, ainsi que de fin juillet à mi-août. Chambres doubles à 22,87 € (150 F). Plat du jour à 7,62 € (50 F) ; menus de 11,43 à 33,54 € (75 à 220 F). Comme quelques autres en Alsace, Gérard Hugel, restaurateur réputé, a accolé à son restaurant gastronomique une *winstub*. Le savoir-faire du chef permet de se régaler de quelques petits plats délicieux : *presskopf,* terrine de joue de bœuf au raifort, filet de biche aux airelles, foie d'oie poêlé aux rainettes jus de porto. Chaque jour, un plat et une entrée sont proposés. Détails importants : les salades viennent du jardin et les petits pains sont faits maison. Le tout à accompagner, bien sûr, de vin d'Alsace. Également 6 chambres simples, avec w.-c. à l'extérieur. Café offert sur présentation du GDR de l'année.

I●I Auberge de la Zinzel : 1 A, rue Principale, 67110 Gumbrechtshoffen. ☎ 03-88-72-80-27. À 10 km au sud de Niederbronn par la D662, puis la D242. Juste à la sortie du village. Fermé le lundi, le jeudi après-midi, ainsi que de début septembre à début octobre et de fin février à début mars. En semaine, plat du jour à 6,40 € (42 F), toujours accompagné d'une petite entrée ; menus de 15,24 à 21,34 € (100 à 140 F). En bordure de rivière, voilà une auberge toute simple pour un arrêt casse-croûte sans façon. À la carte, petits plats froids, omelettes et viande (servie avec frites et salade verte). Sur commande, spécialités alsaciennes : rosbif de cheval mariné, jambon braisé au vin et choucroute.

À voir

★ **La maison de l'Archéologie :** 44, av. Foch. ☎ 03-88-80-36-37. Du 1er mars au 31 octobre, ouvert tous les jours sauf le mardi, de 14 h à 18 h ; du 1er novembre à fin février, ouvert le dimanche de 14 h à 17 h. Entrée à 2,29 € (15 F) ; réductions. Riches collections d'archéologie locale, produits de campagne de fouilles dans tous les châteaux des Vosges du Nord. Reconstitution d'un hypocauste romain, céramiques, objets domestiques, ustensiles de cuisine, lampes à huile, éperons et mors de chevaux, carreaux vernissés. Belle présentation de poêles de toutes formes, illustrés de scènes de la vie quotidienne, allégories religieuses, etc. (témoignages d'une industrie métallurgique présente depuis plus de trois siècles dans la région). Toute une section est consacrée aux châteaux forts et à leur histoire.

➤ *DANS LES ENVIRONS DE NIEDERBRONN-LES-BAINS*
Où acheter de bons produits ?

☙ **Boehli S.A. :** 5, rue du Tilleul, 67110 Gumbrechtshoffen. ☎ 03-88-72-91-16. Fax : 03-88-72-89-34. À 10 km au sud de Niederbronn. Ouvert du lundi au vendredi de 8 h à 12 h et de 13 h 30 à 17 h 30 (16 h 30 le vendredi), et le samedi de 9 h à 12 h. Petite fabrique spécialisée dans la confection des *bretzels*.

– Pour ceux que ça intéresse, à Mietesheim (2 km de Gundershoffen) se trouve la dernière *fabrique artisanale de raifort* du Bas-Rhin : *Raifalsa*, 4, rue de la Gare. ☎ 03-88-90-31-85.

★ *OBERBRONN* (67110)

À 2,5 km au sud-ouest de Niederbronn par la D28. Un village au patrimoine architectural très riche (maisons des XVIe, XVIIe et XVIIIe siècles). Nombreux vestiges de ce passé gravé dans le grès ainsi que dans les poutres des colombages. Emblème du boulanger (un bretzel) entouré du millésime 1740 sur une maison, celui du boucher (couteaux et hachoirs) avec les dates 1555, 1609 et 1717 sur une autre... La commune d'Oberbronn a mis en place un circuit découverte qui part de la mairie. À proximité de chaque vestige a été apposé un petit panonceau explicatif très discret pour ne pas créer de gêne.

★ *PFAFFENHOFFEN* (67350)

À 12 km au sud de Niederbronn.

Où manger ?

I●I **À *l'Étoile d'Or* :** 14, rue de la Gare. ☎ 03-88-07-70-64. Fermé le dimanche midi, le lundi soir et le mercredi. Menu du jour à 9,15 € (60 F) ; à la carte, compter entre 15 et 23 € (98 et 151 F). Le chaland ne peut se douter que cette maison peinte au coin de deux rues recèle une bonne adresse. Une affiche crêpe et pizza digne d'un bord de nationale n'incite pas non plus à s'arrêter. Pourtant, il le faut pour le menu du jour. Une entrée, un plat, un dessert comme à la maison un dimanche. Les portions sont à décourager le plus prétentieux des gloutons. Et, qui plus est, c'est tout simplement bon. Visitez la ville après pour vous en remettre.

À voir

★ *Le musée de l'Image populaire :* 24, rue du Docteur-Schweitzer. ☎ 03-88-07-80-05. Fax : 03-88-07-80-09. ⚒ De mai à fin septembre, ouvert du mardi au dimanche de 14 h à 18 h, plus de 10 h à 12 h le mercredi ; hors saison, mêmes horaires jusqu'à 17 h en semaine. Fermé le lundi. Entrée : 3,81 € (25 F) pour les adultes ; 2,74 € (18 F) pour nos lecteurs sur présentation du *Guide du routard* de l'année. Ce musée évoque une tradition quelque peu oubliée en Alsace. Pour un événement heureux ou malheureux, on commandait une image à un artiste local. Toutes les techniques sont ici représentées et bien mises en valeur par ce beau bâtiment design. Cet art peut paraître anecdotique mais chaque type d'image avait son rite : original et joli.

REICHSHOFFEN (67710) 5 270 HAB.

« C'était un soir la bataille de Reichshoffen, il fallait voir les cavaliers charger... Cavaliers ! Chargez !... ». Qui n'a pas chanté en colo cette chanson et la charge héroïque qui fit passer bizarrement la ville dans l'histoire ? Alors qu'en fait celle-ci eut lieu à... Woerth (voir plus loin). Cela dit, la ville est aussi fameuse pour être celle du maître des forges de Dietrich, qui fit de Reichshoffen la petite capitale de la métallurgie en Alsace.

À voir

★ **Le musée du Fer :** 9, rue Jeanne-d'Arc. ☎ 03-88-80-34-49. Ouvert du 1er avril au 31 octobre, de 14 h à 18 h. Fermé le dimanche. Histoire de la ville et de la métallurgie, depuis l'âge du bronze, l'époque gallo-romaine et le début de l'exploitation du minerai de fer au XIVe siècle. Au XVIIIe siècle déjà, deux hauts fourneaux fonctionnent à Reichshoffen. Premier travail du fer, outils gallo-romains, coffre de transport de fonds, forge de maréchal-ferrant. Collection de fourneaux fabriqués à Mertzwiller, plaques de cheminée, etc. Vierge en ex-voto coulée avec des obus français et prussiens de la guerre de 1870.

WOERTH (67630) 1 700 HAB.

C'est dans la campagne de Woerth, vers Morsbronn, qu'eut lieu le 6 août 1870 la trop célèbre « charge des cuirassiers de Reichshoffen ». À la sortie de Woerth, sur la D28, mémorial français de la bataille. Immense escalier en pierre (ça manque de symbolique et de simplicité à notre avis !) menant à la vision du site. On se rappelle que, menacé d'encerclement, Mac Mahon fit charger les cuirassiers (peut-être rassemblés auparavant à Reichshoffen) pour lui permettre de se dégager. On imagine sans mal dans ce paysage de bocages, haies, bosquets, fossés, vignes (autant de chausse-trappes), l'hécatombe des cavaliers chutant lourdement, pêle-mêle, les uns sur les autres. Sans compter les survivants arrivant enfin aux abords de Morsbronn et décimés par la mitraille. On relèvera le soir 20 000 morts, et les villageois du coin mettront une semaine à les enterrer ! Toute la bêtise et l'horreur de la guerre de 1870 sont contenues dans cette sanglante journée, qui marquait le début de la fin...

Où dormir ? Où manger ?

🏠 |●| ***Auberge de jeunesse :*** maison des Sœurs, 10, rue du Moulin. | ☎ 03-88-54-03-30. Fax : 03-88-09-58-32. ● www.woerth-en-alsace.com ●

LE PARC NATUREL RÉGIONAL DES VOSGES DU NORD

Dans un ancien couvent situé derrière le château de Woerth, au centre du bourg. Ouvert du 1er mars au 30 novembre le week-end et pendant les vacances scolaires. Accueil de 8 h à 10 h et de 17 h à 22 h. Chambres de 4, 6, 8, 10 et 12 lits. Nuitée à 7 € (46 F) ; draps : 2,59 € (17 F). Plantage de tente demi-tarif. Repas complet : 5,34 € (35 F). Situé au cœur d'un réseau de pistes cyclables, cette « véloberge » propose un service de location (4 VTT disponibles à 7,62 €, soit 50 F la journée), des garages fermés, ainsi que des week-ends « vélo nature » et des circuits de 30 ou 60 km. Possibilité de pratiquer d'autres sports (tennis, volley, gym). Four à tarte flambée et barbecue dans la cour.

|●| **Restaurant « Sans alcool et sans fumée » Bender :** 11, rue de la Pépinière. ☎ 03-88-09-30-79. Ouvert jusqu'à 18 h seulement. Fermé le lundi. Congés annuels pendant les vacances solaires de février. Plat du jour à 6,56 € (43 F) ; menus de 12,96 à 17,53 (85 à 115 F). L'établissement, grosse demeure traditionnelle, occupe une place à part en Alsace. Pensez-vous, en plein vignoble, on n'y sert pas d'alcool et la cigarette y est également bannie. À l'origine, un vœu que Mme Bender fit en 1944 sous un violent bombardement : « Si j'en sors, j'ouvre une auberge sans alcool ». Mme Bender, qui connaissait bien, en outre, les ravages de l'alcoolisme chez les hommes du village, tint parole. Elle vécut, bien sûr, pendant de nombreuses années, les pires difficultés. La clientèle habituelle déserta, la nouvelle mit longtemps à se construire, fidélisée par une cuisine de qualité. Aujourd'hui, on vient de loin pour déguster les bonnes pâtisseries du fils Bender : la tarte au fromage (ou aux pommes), le biscuit fourré, la succulente mousse au chocolat, la meringue ou le vacherin glacés, etc. Ça sent bon comme dans une cuisine de grand-mère et la salle à manger, avec ses longues tables, est accueillante en diable. En semaine, plat froid, charcuteries. Attention, beaucoup de monde le dimanche. Café offert à nos lecteurs sur présentation du GDR de l'année.

À voir

★ **Le musée de la Bataille :** 2, rue du Moulin. ☎ 03-88-09-30-21 (mairie). En été et pendant les vacances scolaires, ouvert de 10 h à 12 h et de 14 h à 18 h ; d'avril à octobre, tous les jours de 14 h à 17 h ; en hiver, aux mêmes horaires le week-end. Fermé le mardi et en janvier. Entrée : 3,05 € (20 F) ; tarif réduit : 2,29 € (15 F). Bien sûr, tout est focalisé sur cette dramatique journée du 6 août et la guerre de 1870 en général. Armes, uniformes, grande maquette pour mieux comprendre le déroulement de la bataille, vidéo introductive.

➤ ***DANS LES ENVIRONS DE WOERTH***

★ **L'église de la Paix :** à **Froeschwiller** (67360), 2 km à l'ouest de Woerth par la D28. Ouvert tous les dimanches. Comme le phénix, cette église, qui fut la première église protestante d'Alsace, n'a cessé de renaître de ses cendres.
Construite en 1552, elle succombe une première fois à l'usure du temps. Rebâtie et inaugurée en 1846, elle ne resta pas debout très longtemps. En 1870, une armée française sous les ordres du général Mac Mahon, qui avait pris position sur le plateau de Froeschwiller, fut attaquée par l'armée allemande commandée par le Kronprinz de Prusse – et l'église fut incendiée. Un officier allemand consola les habitants en leur disant : « Laissez-la brûler ! Après la guerre, nous la reconstruirons ». Et en effet, après la guerre, des collectes furent organisées dans toute l'Allemagne pour sa reconstruction. Inaugurée en 1876, elle fut baptisée « église de la Paix » ainsi que « église du Souvenir » en hommage aux 20 000 morts des deux côtés.

LE CIRCUIT DES CHÂTEAUX FORTS

À l'intérieur, superbes vitraux et autel d'après des maquettes du professeur Wanderer de l'école royale des Beaux-Arts de Nuremberg. Dans une armoire en chêne, le livre d'or portant les signatures des empereurs Guillaume Ier et Guillaume II, apposées lors de leur visite de l'église (qui attire de nombreux touristes teutons).
Pendant la dernière Guerre mondiale, l'église fut encore une fois assez sérieusement touchée. Elle a ensuite été restaurée avec beaucoup de soin.

MERKWILLER-PECHELBRONN   (67250)   846 hab.

Petite capitale de l'Alsace pétrolière. C'est dans la région que les paysans se plaignaient au Moyen Âge que l'eau était grasse, tandis que quelques médecins de l'époque étudiaient déjà cette bizarre substance à des fins thérapeutiques. Au milieu du XVIIIe siècle, on commence à extraire les sables pétrolifères. D'abord, on va les chercher. Galeries descendant jusqu'à 600 m de profondeur. Première raffinerie en 1857. Puis c'est le pompage grâce à la découverte des pompes à balancier. En 1911, production de 37 000 tonnes. Chiffre dérisoire certes, mais la consommation de l'époque est très loin d'être ce qu'elle est aujourd'hui. De plus, la guerre de 1914-1918 et le développement du moteur à essence poussent désormais à se garantir un minimum d'indépendance pétrolière, même si l'extraction en est onéreuse.

En 1949, l'exploitation n'est déjà plus rentable, mais il est cependant difficile de renoncer à son indépendance ! Ainsi, à coups de subventions, l'exploitation est maintenue jusqu'en 1962, date à laquelle tout s'arrête définitivement.

Où dormir ? Où manger dans les environs ?

Chambres d'hôte - auberge de la Ferme des Fleckenstein : 26, route de Soultz, 67250 Kutzenhausen. ☎ 03-88-80-69-00 et 03-88-54-79-83 pour le resto. Fax : 03-88-80-69-09. ● fleckenstein@repères.com ● Fermé le lundi, le samedi midi et trois semaines en janvier. Chambres doubles à 47,26 € (310 F), petit déjeuner compris. Plat du jour à 6,56 € (43 F) ; tarte flambée à 5,95 € (39 F). Dans un charmant village très fleuri, avec des maisons à colombages. Après avoir passé une large voûte, on découvre ce superbe corps de ferme fortifié du XVIe siècle. Excellent accueil. Chambres plaisantes et personnalisées qu'on atteint par un élégant escalier à balustres. Tout cela possède bien du charme ! Gîte à louer également. Fait aussi resto : à la carte, plats traditionnels, *baeckeoffe*, choucroute, tartes flambées... à prix modérés.

À voir

★ **Le musée du Pétrole :** 4, rue de l'École. ☎ et fax : 03-88-80-91-08. Ouvert du 1er avril au 31 octobre les jeudis, dimanches et jours fériés de 14 h 30 à 18 h. Participation de 3,05 € (20 F) pour les adultes ; tarif réduit pour les porteurs du *Guide du routard* de l'année : 2,59 € (17 F). Possibilité de participer à un circuit pédestre de découverte des sites industriels et architecturaux encore existants. Durée : 2 h. Rendez-vous devant le musée. Tous les 1er et 3e dimanches de chaque mois et tous les 2e et 4e mercredis d'avril à octobre. Tout sur la saga du pétrole régional.
Souvenirs de la famille Le Bel, qui dirigea son exploitation au XIXe siècle. Notamment Joseph-Achille Le Bel, chimiste de réputation mondiale. Il découvrit la « théorie du carbone asymétrique » (explications au tome II de ce *Routard*...) et inventa nombre de procédés et appareils pour la distillation du pétrole. Maquette du système de pompe à balancier et d'une tour de forage, outils de mineur, matériel divers, affiches. Vous y verrez même le fameux baril en bois de 159 litres qui servait au transport et au stockage de l'huile brute. D'ailleurs, il constitue toujours aujourd'hui l'unité de base pour la vente du pétrole avant transformation.

➤ BALADE AU NORD DE LA RÉGION

★ **Le château de Fleckenstein :** au nord de Lembach, l'un des plus spectaculaires de la ligne de châteaux qui fut construite du XIIe au XIVe siècle pour protéger Haguenau et la cour des Hohenstaufen. Ouvert de mars à septembre de 10 h à 18 h et en octobre et novembre de 10 h à 17 h. Édifié sur une crête rocheuse à 338 m d'altitude, il fut démantelé par l'armée française en 1680, mais possède encore de beaux restes. Beau panorama alentour.

– Pas loin s'élève le *château du Hohenbourg*. À une demi-heure environ du parking.

★ **OBERSTEINBACH** (67510)

La forêt est à deux pas. Promenades et randonnées à gogo. Tout autour, des châteaux : Schoeneck, Wasigenstein, Wineck, Windstein, etc. À côté,

Niedersteinbach, joli village aussi. De l'autre côté de la frontière, le parc naturel du Palatinat. Point de vue sur tous les environs.

Où dormir ? Où manger ?

🛏 |●| *Auberge-restaurant Alsace-Villages (maison Ullmann) :* 49, rue Principale. ☎ 03-88-09-50-59. Fax : 03-88-09-53-56. • www.parcs-naturels-regionaux.tm.fr • ⚒ Fermé en principe le mercredi et le jeudi, mais vérifier par téléphone avant de venir ; congés annuels du 15 janvier au 10 février, en mars (sauf Pâques) et du 1er au 15 décembre. Chambres doubles de 33,54 à 48,79 € (220 à 320 F). Menus de 17,53 à 21,95 € (115 à 144 F). Charmant hôtel tout en bois, posé dans un jardin, officiellement labellisé « Hôtel du parc naturel régional des Vosges du Nord », et le seul dans ce même parc à avoir signé une charte répondant à des critères précis de préservation de l'environnement. Les chambres tout confort sont toutes équipées d'une kitchenette individuelle dont l'utilisation est gratuite quand le séjour est d'au moins 4 nuits. Grand jardin rassemblant plus de 500 variétés de plantes et fleurs. Échiquier géant. Le restaurant propose une cuisine régionale. Belle terrasse avec vue sur la vallée. Café offert à nos lecteurs, ainsi que 10 % sur le prix de la demi-pension (tarif sans boisson), soit 45,73 € (300 F) nets, sur présentation du *Guide du routard* de l'année.

À voir

★ *La maison des Châteaux Forts :* 42, rue Principale. ☎ 03-88-09-50-65, durant les heures d'ouverture ; ☎ 03-88-09-56-34 ou 03-88-09-55-69 (renseignements et réservations). ⚒ Du 1er mars au 30 avril, ouvert le dimanche et les jours fériés de 14 h à 17 h ; du 1er mai au 30 juin, les samedis, dimanches et jours fériés de 15 h à 18 h ; du 1er juillet au 31 octobre, le mercredi de 14 h à 17 h et les samedis, dimanches et jours fériés de 15 h à 18 h ; le reste de l'année, réservation possible 48 h à l'avance pour des groupes de 15 personnes au minimum. Entrée : 1,60 € (11 F) ; réductions ; entrée à 1,37 € (9 F) sur présentation du *Guide du routard* de l'année.
Pour les « châteaux addicts », visite intéressante. Expo complète sur une trentaine de châteaux que l'on peut visiter et occasions, le plus souvent, de superbes promenades. Histoire, choix des sites, techniques de construction, proprios divers, etc.

L'OUTRE-FORÊT

Regardez une bonne vieille carte Michelin : entre le Palatinat, le Rhin, la forêt de Haguenau et les premiers contreforts des Vosges à l'ouest, il y a un triangle tout blanc : c'est ça, l'Outre-Forêt ! Plaine légèrement ondoyante où vous traverserez les villages alsaciens les plus séduisants (et, à l'ouest, un très beau vignoble). Une chance, les hasards de la guerre en ont laissé un sur deux intact. C'est aussi une région où sont demeurées bien vivaces beaucoup de coutumes. Le dimanche, pour la messe et certains événements, nombre d'hommes et de femmes revêtent encore le costume traditionnel. Le tourisme, s'il existe bien un peu par là, n'a marqué ni les hommes, ni le paysage. C'est à une Alsace encore une fois très différente que nous vous convions...

L'ALSACE / LE BAS-RHIN

WISSEMBOURG (67160) 8 400 hab.

Une bien agréable cité, riche en monuments qu'on découvre lors de chouettes flâneries pédestres. Et pourtant, que de guerres, de tensions elle connut ! C'est un miracle qu'elle nous soit parvenue dans un état aussi exceptionnel.

UN PEU D'HISTOIRE

À l'origine, comme pour beaucoup de villes, il y eut, au VIIe siècle, une grande abbaye. Elle connut un grand rayonnement intellectuel (écriture du célèbre *Catéchisme de Wissembourg*). Au XIVe siècle, c'est l'une des dix villes libres d'Alsace formant la Décapole. La Réforme y pénètre bien avant les autres, et l'église paroissiale devient le premier temple d'Alsace. Guerre de Trente Ans désastreuse. Toutes les parties engagées dans le conflit, Suédois, impériaux, Français et autres y passent et repassent, pillant allègrement. Au traité de Westphalie, il reste... 140 habitants, et la ville devient française (et à nouveau catholique). Au XVIIIe siècle, Wissembourg connaît un hôte célèbre : Stanislas Leszcsýn ski, roi déchu de Pologne en exil.
Dans la tourmente de la Révolution, la riche bibliothèque de l'abbaye disparaît. Les ennuis ne sont pas finis. En 1870, la première bataille avec les Prussiens se déroule devant ses portes. Les troupes françaises reculent jusqu'à Woerth (la suite, on connaît). Enfin, Wissembourg est libérée le 16 décembre 1944 par les troupes américaines, mais reconquise par les Allemands lors de leur ultime offensive *Norwind*. Ce n'est que le 10 mars 1945 que les habitants pourront enfin dire ouf ! Non, les touristes n'ont pas encore envahi ignominieusement la ville. C'est votre chance...

Adresses utiles

Office du tourisme *(plan A-B1)* : 9, pl. de la République. ☎ 03-88-94-10-11. Fax : 03-88-94-18-82. • www.ot-wissembourg.fr • tourisme.wissembourg@wanadoo.fr • En saison, ouvert du lundi au samedi de 9 h à 12 h 30 et de 14 h à 18 h, et le dimanche de 10 h à 12 h et de 14 h à 17 h 30 ; le reste de l'année, ouvert tous les jours sauf le dimanche, de 9 h à 12 h et de 14 h à 18 h.

Poste : plan B2.
Gare ferroviaire *(plan B2)* : trains pour Hunspach, Haguenau, Strasbourg, ainsi que pour l'Allemagne (Karlsruhe, Landau).
Gare routière : bus pour Dahn, en Allemagne, et pour les villes alentour.

Où dormir ? Où manger ?

De bon marché à prix moyens

Chambres d'hôte J. Schnörringer *(plan B1, 10)* : 5, rue du Musée. ☎ 03-88-94-14-24. Comme son adresse l'indique, pas loin du musée. Fermé de septembre à mai. Chambres doubles à 38,11 € (250 F). Dans un quartier paisible et de charme. Bon accueil. Bien tenu.

L'Escargot - La Petite Bouffe *(plan B1-2, 11)* : 40, rue Nationale. ☎ 03-88-94-90-29. Fax : 03-88-54-25-00. À quelques pas du centre-ville. Fermé le dimanche et le jeudi soir. Chambres doubles à 39,63 et 47,26 € (260 et 310 F) avec douche ou bains. Menus à partir de 12,20 €

L'OUTRE-FORÊT

PROMENADE EN OUTRE-FORÊT

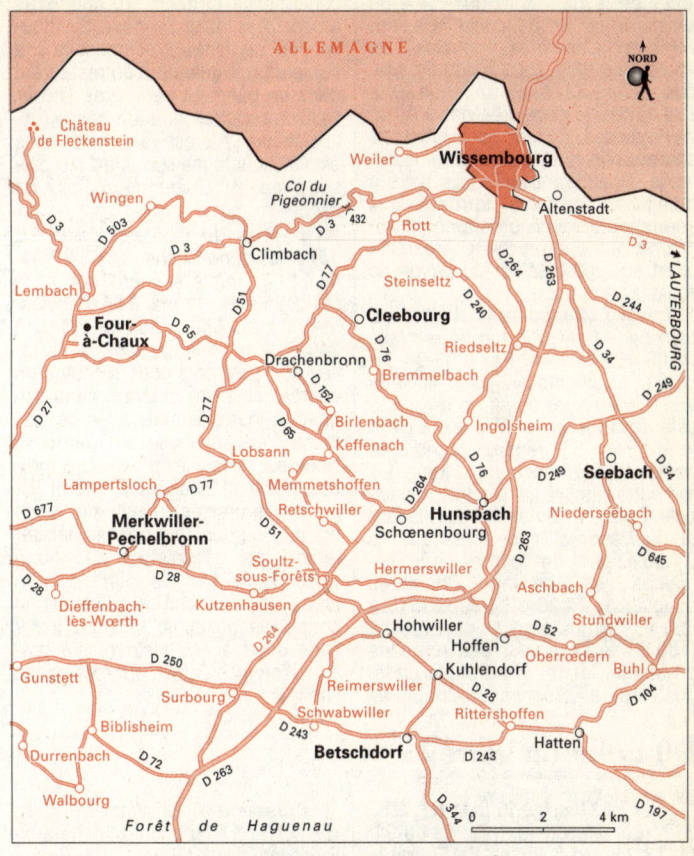

PROMENADE EN OUTRE-FORÊT

(80 F). Une vieille maison avec des chambres entièrement rénovées aux normes modernes. Accueil de la patronne très sympa. 7 chambres dans une annexe en face. Dans la même maison, les propriétaires tiennent aussi le restaurant. Plats du jour alsaciens. Apéritif maison offert à nos lecteurs sur présentation du *Guide du routard* de l'année.

|●| *Restaurant Au Petit Dominicain* (plan B1, 12) : 36, rue Nationale. ☎ 03-88-94-90-87. Fermé le lundi et le mardi, 15 jours en janvier et 15 jours en juillet. Plat du jour à 6,86 € (45 F) ; menus à 17,53 et 19,05 € (115 et 125 F). Un petit restaurant dans lequel vous pourrez déguster du sandre aux pâtes fraîches, des crépinettes de queue de bœuf et des cuisses de lapin aux poivres *(hasenpfeffer)*. Accueil agréable. Un poil cher toutefois. Apéritif maison offert sur présentation du *Guide du routard* de l'année.

Plus chic

🏠 |●| *Hostellerie du Cygne* (plan B1, 13) : 3, rue du Sel. ☎ 03-88-94-00-16. Fax : 03-88-54-38-28. ● hostellerie-cygne@wanadoo.fr ● Fermé le mercredi, le lundi midi et le jeudi midi et pendant les vacances scolaires de février, la 1re quinzaine de juillet et la 2e quinzaine de novembre. Chambres doubles de 45,73 à 60,98 € (300 à 400 F). Menus de 19,82 à 51,07 € (130 à 335 F). Deux demeures des XIVe et XVIe siècles forment cet hôtel de charme offrant des chambres douillettes. Restaurant avec jolie salle à manger et aimable terrasse aux beaux jours. Cuisine cependant assez moyenne et un peu chère. Café offert sur présentation du *Guide du routard* de l'année.

🏠 IOI *Au Moulin de la Walk* (hors plan par A1, *14)* : 2, rue de la Walk. ☎ 03-88-94-06-44. Fax : 03-88-54-38-03. • hotel.moulin.la.walk@wanadoo.fr • Au nord-ouest de la ville, à côté de la piscine et à la lisière de la forêt. Pour s'y rendre, prendre le boulevard Clemenceau qui longe les remparts jusqu'à la piscine municipale. Fermé le dimanche soir, le lundi, le vendredi midi ainsi que la 2e quinzaine de juin et trois semaines en janvier. Chambres doubles de 47,26 à 54,89 € (310 à 360 F). Menus à partir de 27,44 € (180 F). À l'extérieur des remparts de la ville, dans un agréable cadre de verdure. Reposant. Chambres confortables et gaies. 10 chambres aménagées dans l'annexe du moulin, dont certaines avec une jolie vue sur le parc. Également un restaurant dans un bâtiment séparé de l'hôtel. Cuisine réputée dans un cadre rustico-cossu. Atmosphère chic sans excès. Apéritif maison offert sur présentation du *Guide du routard* de l'année.

IOI *Caveau du Châtelet* (plan A1, *15)* : 65, fg de Bitche. ☎ 03-88-94-16-11. ♿ Fermé le mardi soir et le mercredi et du 1er mai à l'Ascension. Menus de 17,53 à 36,59 € (115 à 240 F). Il suffit de passer le vieux lavoir et le petit pont pour découvrir un quartier plein de charme, sans troquets à touristes mais avec ce restaurant en sentinelle à l'entrée. À l'intérieur de la vieille demeure, prenez place et choisissez, parmi les menus proposés, celui de votre cœur. Pourquoi ne pas se laisser tenter par l'assiette de hors-d'œuvre, le filet de pintade à la crème et aux champignons et la coupe glacée ou la tarte du jour ? Café offert à nos lecteurs sur présentation du *Guide du routard* de l'année.

Où boire un verre ?

🍸 *Bar Le Charles V* (plan B1, *20)* : 31, rue Nationale. ☎ 03-88-94-09-39. Ouvert jusqu'à 1 h. Fermé le jeudi. Dès la nuit tombée, Wissembourg devient un désert, plus une âme qui vive dans les rues. Dur, dur... Seul îlot de vie, ce bar tenu par Brigitte et Guy, où se retrouvent les solitaires et les copains. Guy est un véritable amateur de bières, et celles qu'il a sélectionnées pour son bar (en provenance de petites brasseries allemandes) font plaisir à boire. Ambiance amicale.

🍸 *Brasserie À la Vignette* (plan B1, *21)* : 17, rue du Marché-aux-Poissons. ☎ 03-88-94-17-64. Fermé le jeudi et 15 jours en janvier. Ouvert jusqu'à 23 h (minuit les samedis et dimanches). Rachetée par Guy, le proprio du *Charles V,* cette brasserie où l'on sert des petits en-cas et les mêmes excellentes mousses que dans la maison mère est le point de départ des virées nocturnes qui se finissent invariablement 250 m plus loin, au *Charles V.* Ah, les joyeuses nuits de Wissembourg !

À voir

★ *L'église Saint-Pierre-Saint-Paul* (plan A1) : par son ampleur, on devine presque que c'est la deuxième plus grande d'Alsace. Deux périodes de construction bien distinctes : la romane avec le clocher carré, élégant dans sa simplicité, seul survivant de l'abbatiale du XIe siècle ; la partie gothique fut

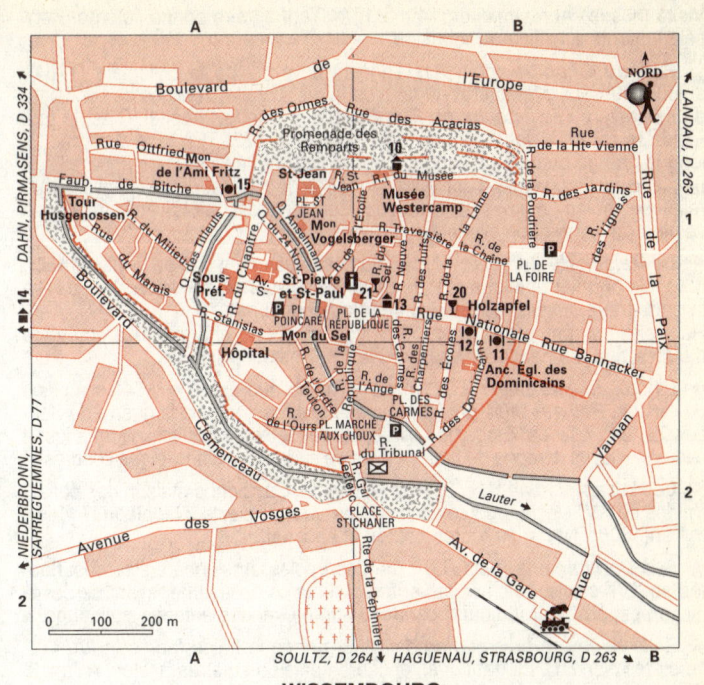

WISSEMBOURG

- **Adresses utiles**
  - 🛈 Office du tourisme
  - ✉ Poste
  - 🚆 Gare SNCF

- 🛏 🍴 **Où dormir ? Où manger ?**
  - 10 Chambres d'hôte J. Schnörringer
  - 11 L'Escargot - La Petite Bouffe
  - 12 Restaurant Au Petit Dominicain
  - 13 Hostellerie du Cygne
  - 14 Au Moulin de la Walk
  - 15 Caveau du Châtelet

- 🍸 **Où boire un verre ?**
  - 20 Bar Le Charles V
  - 21 Brasserie À la Vignette

achevée au XIVe siècle. Tour octogonale hérissée de petits pinacles. Curieusement, pas de portail digne de ce nom.
À l'intérieur, nef particulièrement harmonieuse. Jolis chapiteaux à feuillage. Copie de l'immense lustre du XIe siècle détruit à la Révolution. Bas-côté droit, Saint-Sépulcre du XVe siècle, surmonté d'un baldaquin. Personnages assez expressifs. Ne pas manquer, au-dessus de l'entrée latérale, près de la chapelle de la Vierge, un superbe vitrail du XVe siècle. On y remarque les deux donateurs. Belles fresques du XIVe siècle dans le transept droit (scènes de la Passion, le Christ et les apôtres, etc.). Impressionnant saint Christophe de 11 m de hauteur (le plus grand personnage peint de France). Rosaces et vitraux de l'abside des XIIe et XIIIe siècles. Au-dessus de l'orgue, le vitrail le plus ancien, une Vierge à l'Enfant du XIIe siècle (dans la petite rosace).
Ressortir pour aller admirer d'autres vestiges de la période romane et le majestueux cloître gothique jamais achevé. Arcades très hautes trilobées. On y trouve de nombreuses dalles des abbés de l'abbaye. Notez leur goût modeste ! À côté du cloître, la chapelle aux 16 colonnes avec chapiteaux cubiques de facture primitive.

Visite tous les après-midi de 14 h à 17 h. Tarif à votre bonne volonté. Renseignements à l'office du tourisme.

★ *Rue du Chapitre* (plan A1), l'ancien doyenné de la collégiale (1784), aujourd'hui sous-préfecture. Au bout de la rue à droite, vestiges de l'enceinte du monastère *(Schartenturm)*. *Rue Stanislas,* l'ancien hôpital. C'est là que résida le roi Stanislas Leszczyński de 1719 à 1725. En face du lycée, la longue grange dîmière de l'abbaye qui va jusqu'à l'église. Gros appareillage de pierre où l'on devine d'anciennes fenêtres géminées. Face à l'église, bas-relief de moine. À côté, jolie façade Renaissance peinte, avec pignon à volutes (ancienne hostellerie de l'abbaye).

★ *La Maison du Sel* (plan A1) : le plus beau bâtiment civil de la ville (1450), qui fut le premier hôpital avant de devenir entrepôt de sel. Assez unique, ce large toit aux ouvertures ondoyantes peu communes.
Ruisselet courant à ses pieds, à suivre pour une charmante promenade dans ce que les habitants appellent leur « Petite Venise ».

★ *L'hôtel de ville* (plan A-B1) : pl. de la République. Édifié en 1741 à la place de l'ancien *Rathaus* brûlé par les troupes françaises, lors de la guerre de Succession de Hollande. Élégante façade, où nos lecteurs latinistes liront sous le cadran : « Sous le règne de Louis XV, je me suis relevé d'anciennes cendres ».

★ *Le Holzapfel* (plan B1) : 35, rue Nationale. L'ancienne maison des corporations du XVe siècle, puis relais de poste au XIXe siècle (Napoléon Ier y dormit en 1806). Noter les toutes petites échauguettes.

★ *Les Dominicains* (plan B2) : rue des Écoles. Ancienne église désaffectée au XVIe siècle, puis hôpital, entrepôt, écuries et caserne, avant de devenir (on espère pour toujours) centre culturel. Grandes arcades gothiques.

★ Belle *demeure bourgeoise* de 1598, rue de la Laine (après la rue Traversière ; *plan B1*). Élégant oriel, encadrements de fenêtres ciselés. À l'angle de la rue des Justiciers, boulet de bombarde dans le mur !

★ *Le musée Westercamp* (plan B1) : 3, rue du Musée. Sonner. ☎ 03-88-54-28-14. Ouvert du 1er avril au 31 décembre les lundis, mercredis et jeudis de 14 h à 18 h, les vendredis et samedis de 9 h à 12 h et de 14 h à 18 h, le dimanche et les jours fériés de 10 h à 12 h et de 14 h à 18 h. Fermé le mardi. Entrée : 2,29 € (15 F) ; réductions. Créé en 1913, ce musée a conservé sa muséographie de l'époque. Résultat : tout est là un peu entassé, on peut chiner avec plaisir dans l'histoire de la région. On peut en outre profiter des explications enthousiastes du sympathique responsable. Installé dans un superbe bâtiment Renaissance, ancienne demeure de vigneron. Là aussi, remarquable ornementation des fenêtres.
Musée d'histoire locale avec une petite section archéologique (stèles romaines, statuaire médiévale). S'y ajoute depuis peu une nouvelle section consacrée à l'imagerie populaire (Wentzel) et à la vie quotidienne, avec un ensemble de mobilier et de costumes en usage dans la région au XVIIIe et au début du XIXe siècle. Dans l'annexe, ne pas louper les armes et uniformes de la guerre de 1870.

★ *La balade des remparts :* au bout de la rue de la Laine. Fortifications de 1746 sur l'ancienne muraille du XIIIe siècle. Le talus avait été prévu pour placer l'artillerie. Tout au fond, à droite, tour du XIIIe. Promenade sereine et bucolique à souhait.

★ *L'église Saint-Jean* (plan A1) : aujourd'hui, temple protestant. Construite au XIIIe siècle, subsiste le clocher roman. En 1523, Martin Bucer, le célèbre prédicateur de Strasbourg (formé à Sélestat) vint y prêcher la Réforme. En 1684, elle devint un *simultaneum* (le chœur aux cathos, la nef aux parpaillots). En 1725, on y annonça les fiançailles de Louis XV avec Maria Leszczyńska, fille du roi de Pologne. Napoléon rendit l'église au culte protestant.

Albert Schweitzer joua sur ses orgues. À l'intérieur, nef gothique très large. Sur le bas-côté gauche, belle voûte en lierne. Dans l'abside, voûte en étoile. Chaire en pierre sculptée. En sortant, grimper au chemin des remparts pour la vue sur l'ensemble.
Sur la place devant l'église, pittoresque maison à pignon de 1630 avec porche en grès rouge.

★ **Le quai Anselmann** *(plan A1)* : voir la *maison Vogelsberger* de 1540. Porche en grès rouge, petite fresque au-dessus, belle porte ciselée. C'est ici que demeurait Sébastien Vogelsberger, officier de Charles Quint exécuté sur son ordre pour avoir assisté au couronnement d'Henri II à Reims (alors qu'il le lui avait interdit). À côté, la maison *À l'Ancienne Couronne,* de 1491, couverte de vigne vierge. Colombages et encadrements sculptés, beau travail sur les consoles. Adorable courette pavée. Propriété de la famille Bartholdi au XIXe siècle (l'homme de la statue de la Liberté).

★ Au-delà du rempart, le **quartier du Bruch** *(plan A1)* avec quelques demeures intéressantes. C'est là que vivaient les grandes familles patriciennes de la ville. Faubourg de Bitche, maison de tanneur *L'Ami Fritz,* de 1550, bel exemple de la Renaissance alsacienne. Elle servit de décor au film tiré du roman d'Erckmann-Chatrian (en 1932). D'autres parsèment le faubourg. Tout au bout, la tour des Husgenossen qui date de 1420. De là, promenade recommandée le long des remparts avant de retrouver la rue Stanislas et le centre.

➤ *DANS LES ENVIRONS DE WISSEMBOURG*

★ **L'église d'Altenstadt :** à quelques kilomètres à l'est de la ville. Intéressante petite église du XIIe siècle. Architecture romane, bien trapue. À l'intérieur, les piliers portent de curieuses striures en forme d'arêtes de poisson.

➤ Jolie **route** (D77) **vers Climbach** par le col du Pigeonnier, à 432 m (et au passage, dernier panorama sur Wissembourg). Chouettes paysages forestiers où alternent quelques cultures. Puis direction Lembach pour le Four à Chaux.

LE FOUR À CHAUX

L'un des ouvrages les plus importants de la célèbre ligne Maginot. Situé à Lembach (67510), à 1 km du village, sur la route de Woerth. ☎ 03-88-94-43-16.

UN PEU D'HISTOIRE

Après la Première Guerre mondiale, Clemenceau organisa un *brainstorming* (un « remue-méninges », quoi !) de ses généraux pour réfléchir à une défense efficace du pays. Foch était favorable à une armée mobile avec une puissante artillerie, Joffre pour des zones fortifiées intermittentes, et Pétain pour une fortification continue, type « grande muraille de France ». Après maintes bisbilles, le projet de Joffre fut retenu (ligne de défense discontinue). D'emblée, on rogna cependant sur le budget jugé trop onéreux. Puis on décida de ne pas trop construire face à la Belgique et au Luxembourg pour ne pas les vexer et mettre en doute leur propre système de défense.
Le ministre de la Défense, André Maginot, lança le programme en 1930, qui devait s'achever en 1936. Il comprenait plusieurs dizaines de gros ouvrages et plusieurs centaines de casemates, de la ligne nord-est aux Alpes. Sa construction apporta, bien sûr, une certaine prospérité dans les régions concernées. Ce concept de défense révéla pourtant vite ses faiblesses : d'abord, il était contournable à l'ouest et risquait d'être pris à revers ; ensuite, il mobilisait beaucoup d'hommes (30 000 environ) qui manqueraient sur le

terrain proprement dit. Les troupes déployées entre les ouvrages étaient appelées « soldats des intervalles ». À signaler que l'immense majorité des ouvrages était dépourvue de canons antiaériens !
Le Four à Chaux tire son nom d'une carrière toute proche et de son four à chaux. Les unités qui habitaient la ligne Maginot étaient appelées « équipages » et étaient organisées comme sur un bateau. Le 24 août 1939, après trois mobilisations (celles de l'Anschluß, des Sudètes et l'occupation de la Bohême), les soldats français rentrèrent une dernière fois dans le Four à Chaux pour presque un an de « drôle de guerre ». Churchill le visita en janvier 1940. Le premier coup de feu contre une position allemande fut tiré à la même époque. À partir du 14 juin, le Four à Chaux fut violemment bombardé par les Stukas. Le 24 juin, il tira ses derniers obus. Le 1er juillet, la garnison se rendait. Restauré, il a rouvert ses portes au public en 1983.

Infos pratiques

Du 1er juillet au 15 septembre, visites à 10 h, 11 h, 14 h, 15 h, 16 h et 17 h ; du 1er mai au 30 juin, visites à 10 h, 14 h, 15 h et 16 h ; du 15 mars au 30 avril et du 16 septembre au 15 novembre, visites à 10 h, 14 h et 15 h. La visite dure de 1 h 30 à 2 h et coûte 3,81 € (25 F) pour un adulte.

La visite

L'ouvrage est enterré à 25 m dans le rocher. Prévoir une petite laine, il n'y fait que 13 °C. Entrée à flanc de colline ne laissant évidemment pas présager l'ampleur du lieu. L'épaisseur des murs varie de 1,20 m à 3,50 m. Ils devaient résister à des obus de 420 mm. Le réseau souterrain fait 4 km et comprend six blocs de combat, une centrale électrique, un puits artésien qui le rendait autonome en approvisionnement d'eau (le seul de la ligne Maginot), une centrale de ventilation, la caserne, le central téléphonique, un bloc opératoire, les tourelles d'artillerie, magasins de munitions, PC de commandement, etc.
Petit musée présentant des armes de l'époque, projectiles divers, uniformes, affiches de propagande.
Aujourd'hui, par la démesure de l'ouvrage, on réalise quel investissement humain et financier cela représenta pour un résultat aussi dérisoire !

Où dormir ? Où manger dans les environs ?

Ferme-auberge du Moulin des Sept Fontaines : La Oehlmühle, 67160 Drachenbronn. ☎ 03-88-94-50-90. Fax : 03-88-94-54-57. À environ 7 km du Four à Chaux par la D65. Bien indiqué. Fermé le lundi et le jeudi, ainsi que de fin août à mi-septembre et de fin janvier à début février. Chambres d'hôte à 33,54 € (220 F) avec w.-c. à l'extérieur et 45,73 € (300 F) avec salle de bains. Menu à 7,47 € (49 F) le midi en semaine ; autres menus à 9,91 et 16,46 € (65 et 108 F) ; pour un repas complet à la carte, compter autour de 17 € (112 F). En pleine campagne, dans un environnement vallonné, une fort belle ferme ancienne, constituée de deux moulins de la fin du XVIIIe siècle. À la grande salle préférez celle d'à côté, où l'on a l'impression de pénétrer dans la maison d'une très vieille aïeule. Le renard trône sur la télé, le poêle à bois ronronne, le papier peint à fleurs fane doucement sous le bas plafond. Objets familiers, toiles cirées et chaises alsaciennes pour vous accueillir dans cet endroit chaleureux et intime. Nous avons choisi un menu goûteux et rustique, terrine de canard, jambon fumé et délicieux fromage blanc aux pommes sautées. Portions copieuses. Café offert sur présentation du *Guide du routard* de l'année.

|●| *Restaurant Au Col de Pfaffenschlick* : 67510 Climbach. ☎ 03-88-54-28-84. On y accède par la D3 jusqu'à Climbach, où l'on tourne à gauche vers le col (373 m). Fermé le lundi et le mardi, ainsi que de mi-janvier à mi-février. Spécialités régionales autour de 12 € (79 F) ; compter 16 € (105 F) pour un plat et un quart de vin ; menu du jour le midi en semaine à 7,62 € (50 F). La famille Séraphin vous accueillera avec le sourire et une attention non feinte dans sa petite auberge, située en pleine forêt. Salle en bois, ambiance chaleureuse. Terrasse en été. Assiette de jambon, escargots, salades, assiette de fromages, quiches, tourtes aux oignons... mais aussi coq au riesling, poulet fermier farci à l'ancienne, ragoût de sanglier ou *baeckeoffe*... sur commande. Mme Séraphin, la patronne, avec « zhon aczhent » inimitable, se décarcassera pour vous. Une bonne adresse à quelques kilomètres du Four à Chaux.

➤ *DANS LES ENVIRONS DU FOUR À CHAUX*

★ Pour ceux que ça intéresse : l'ouvrage d'artillerie de **Schoenenbourg** *(67250).* ☎ 03-88-80-59-39 (office du tourisme de Hunspach). ● www.lignemaginot.com ● Pour une visite virtuelle et une multitude d'informations techniques, historiques et touristiques. De mai à septembre, ouvert du lundi au samedi de 14 h à 16 h et le dimanche de 9 h 30 à 11 h et de 14 h à 16 h ; en avril et octobre, ouvert uniquement le dimanche. Pour les groupes, prendre rendez-vous. Entrée : 5 € (33 F) ; réductions. Durée de la visite : environ 2 h. Le plus grand ouvrage visitable de la Ligne Maginot en Alsace. Encore plus grand que le Four à Chaux. Prévoir des vêtements chauds. Dans les journées désespérées de juin 1940, c'est le site qui reçut le plus d'obus allemands.

★ Enfin, à **Hatten** *(67690),* visite de la *casemate d'infanterie Esch.* ☎ 03-88-80-05-07. ● www.maginot.net/hatten.ohtm ● Ouvert de mai à septembre le dimanche de 10 h à 12 h et de 13 h 30 à 18 h. Visite aussi du *musée de l'Abri*. ☎ 03-88-80-14-90. ℣ Du 1ᵉʳ mars au 11 novembre, les jeudis et vendredis de 10 h à 12 h et de 14 h à 18 h, et les samedis, dimanches et jours fériés de 10 h à 18 h ; du 15 juin au 15 septembre, tous les jours aux mêmes horaires.

CLEEBOURG (67160) 640 hab.

Charmant village de vignerons, niché dans les coteaux. Fut jusqu'en 1787 enclave suédoise (parce qu'au XVIIᵉ siècle le prince Casimir, le seigneur local, épousa la fille du roi de Suède). Demeures traditionnelles tout au long de la rue principale. Architecture trapue sur de solides assises de grès. Bel ensoleillement pour les 200 vignerons du coin exploitant les sept cépages. Collines bénéficiant d'une orientation privilégiée. Jolie route jusqu'à Hunspach. Quelques casemates de la ligne Maginot et « tourelles éclipsées », noyées dans la verdure des collines.
Sur la route du Vin (face au caveau) seront bientôt aménagés trois chemins de randonnées thématiques (viticole, arboricole, forestier) avec des panonceaux explicatifs, des haltes chez les producteurs...

Où dormir ? Où manger ?

🛏 |●| ***Chambres et table d'hôte chez Anne et Jean-Paul Klein :*** 59, rue Principale. ☎ 03-88-94-50-95 et 06-21-35-07-91. Ouvert toute l'année. Au centre du bourg, dans une belle maison alsacienne calme à souhait. Chambres doubles à partir de 38,11 € (250 F). Demi-pension autour de 37 € (243 F) par personne. Repas à 10,67 € (70 F). Dans ce havre de paix aux fenêtres joliment fleuries, 3 chambres aménagées au rez-de-chaussée. Elles ont l'allure attendue des chambres à la campagne, rustiques, douillettes et d'une propreté exemplaire. Des chambres qui sont bien entendu toutes équipées de salle d'eau. Le petit déjeuner se compose de thé, café ou cacao, confiture, beurre, fromage, charcuterie ou jambon, œufs, jus d'orange, brioche et pain. Largement de quoi sauter le déjeuner! À la table d'hôte, des plats mitonnés avec amour par Anne Klein : choucroute, poulet au riesling, palette à la diable, tarte flambée. Sur présentation du *Guide du routard* de l'année, le café est offert et, à partir de 3 jours, 3,04 € (20 F) de réduction.

Où acheter de bons produits ?

⊛ ***Cave vinicole de Cleebourg :*** route du Vin. ☎ 03-88-94-50-33. Fax : 03-88-94-52-19. ⚑ Ouvert de 8 h à 12 h et de 13 h 30 à 18 h ; les dimanches et jours fériés, à partir de 10 h. Fermé à Noël, le Jour de l'An et à Pâques. Regroupe la production des communes de Cleebourg, Oberhoffen, Rott et Steinseltz. Cadre sympathique pour présenter vins millésimés, médaillés, de lieux-dits (assez originaux), un bon crémant et quelques vins de grande cuvée. Le week-end, ce sont les vignerons qui assurent conseils et animation. Du gewurz, un célèbre sommelier a pu dire : « Se consomme seul, le soir, en écoutant un nocturne de Chopin »... Le week-end, stand de produits du terroir à l'extérieur.

HUNSPACH (67250) 690 hab.

Un des plus séduisants villages qu'on connaisse. Aucune faute de goût. Laissons d'ailleurs à Michel Grandin le soin de le décrire, comme il le fit dans *Villages de France* (Éd. François Bourin). C'est une façon de rendre hommage à ce remarquable ouvrage : « Le plus alsacien des villages d'Alsace dispose ses maisons le long de larges rues. De vastes maisons, pas toujours très bien alignées, plus solennelles que délicates, plus belles que souriantes. Leurs toits, formant près de la moitié de leur hauteur, débordent modérément au-dessus des murs d'un blanc cru, aux colombages sombres, dont chaque étage est protégé par un auvent. Dominant le tout, au milieu de son parterre de bouleaux, le clocher de grès rose du temple se coiffe d'une flèche d'ardoise. »

Le village fut reconstruit par des Suisses après les ravages de la guerre de Trente Ans (ce qui explique peut-être cette solennité, cette homogénéité architecturale et le côté particulièrement propre). Quelques détails curieux à relever : plusieurs demeures présentent des vitres bombées qui permettaient autrefois de voir dehors tout en préservant son intimité. Aucune impression d'uniformité, car chaque maison affiche d'aimables émergences architecturales. C'est l'un des villages les plus fleuris de France (mais le village de Seebach serait encore plus fleuri).

Repérer les jours de fête. À ces occasions, on est fier de porter le costume traditionnel (sauf peut-être l'immense nœud, image de marque des Alsaciennes). Les hommes, quant à eux, continuent d'arborer le grand chapeau noir à larges bords.

Adresse utile

i *Maison Ungerer :* 3, route de Hoffen. ☎ 03-88-80-59-39. Ouvert toute l'année du lundi au vendredi de 9 h à 11 h et de 14 h à 18 h (17 h hors saison) et le samedi de 9 h à 11 h ; ouvert parfois le dimanche en saison. Bonne documentation touristique. En saison, l'équipe d'animation propose en outre de nombreuses activités : randonnées, cheval, initiation à la cuisine locale, visite de fermes, veillées de contes, chants et folklore, découverte de l'artisanat local. Boutique de produits locaux.

Où dormir ?

♠ *Chambres d'hôte Maison Ungerer :* 3, route de Hoffen. ☎ 03-88-80-59-39. Fax : 03-88-80-41-46. • maison-ungerer@wanadoo.fr • La maison est au centre du bourg. Ouvert toute l'année. De préférence sur réservation, en particulier le week-end. Compter 44,97 € (295 F) pour deux, petit déjeuner traditionnel compris. Forfaits à la semaine pour 4 personnes : de 303,40 à 379,63 € (1 990 à 2 490 F). La commune propose, dans une ancienne ferme joliment restaurée, 7 gîtes d'excellent confort, de 2 à 6 personnes, avec 1 ou 2 chambres et coin cuisine. En période de vacances, ils sont loués à la semaine ; en revanche, hors saison, ils fonctionnent comme des chambres d'hôte. Bien sûr, étant donné qu'on vous loue la totalité du gîte pour la nuit, le coin cuisine est à disposition. Chaque chambre a été baptisée d'un prénom alsacien : Gretel, Cathele, Evel... Formule week-end, formule vacances (avec service de garderie pour les enfants de 3 à 10 ans, salon de lecture, location de vélos, accès au tennis local, laverie, etc.). Vous n'imaginez pas ce qu'ils peuvent faire pour vous ! C'est Sylvie qui s'occupe de l'accueil, et son sourire rendra votre séjour encore plus agréable. Sur présentation du *Guide du routard* de l'année, 10 % de réduction sur le prix de la chambre.

SEEBACH   (67160)   1 700 hab.

L'OUTRE-FORÊT

Autre très beau village. Assez différent de Hunspach. Ici, le village est quasiment structuré de façon géométrique. Deux rues principales parallèles, coupées par quelques autres à angle droit. Une partie protestante et une autre catholique (et la mairie au milieu pour départager). C'est le plus étendu de l'Outre-Forêt. L'habitat se révèle également d'une grande richesse (particulièrement rue des Églises). Les maisons, bien distancées les unes des autres, sont perpendiculaires à la rue. Les corps de ferme ont la forme de U. En fond, parallèles à la rue, le séchoir à maïs et les hangars. Nombreux épis décorant les façades. Sur une poutre de la maison d'habitation, peints ou gravés, la date et les noms des mariés ou de la famille.
Derrière l'église protestante, le cimetière avec une partie ancienne et de vieilles tombes sculptées, mangées par la mousse. Élégante mairie de 1731. Église catholique avec clocher-donjon du XIII° siècle. Cimetière avec de curieuses croix de Lorraine sur les tombes (noires lorsque les défunts étaient mariés, blanches pour célibataires et enfants). C'est le dimanche à la messe et surtout celui succédant au 14 juillet, lors de la *Streisselhochzeit*, une des plus belles fêtes alsaciennes, que vous admirerez les costumes traditionnels parmi les plus pittoresques d'Alsace.

Adresse utile

■ *Mairie* : ☎ 03-88-94-74-06. Pour toute information sur les fêtes locales. Renseignements également à l'office du tourisme de Wissembourg (☎ 03-88-94-10-11).

Où dormir ?

🛏 *Chambres d'hôte chez M. et Mme F. Woehl* : 124, rue des Églises. ☎ 03-88-94-74-16. Près de l'église. Chambres à partir de 36,59 € (240 F) pour deux, petit déjeuner compris. Juste derrière la belle maison principale, petite annexe avec 3 agréables chambres d'hôte (avec salle de bains privée). Bon accueil.

🛏 *Chambres d'hôte chez M. et Mme Trog* : 132, rue des Églises. ☎ et fax : 03-88-94-74-99. Ouvert toute l'année. Chambres doubles à 40,40 € (265 F), petit déjeuner compris. Table d'hôte à 11,43 € (75 F) sans les boissons ; moins de 12 ans : 6,86 € (45 F). Dans une ancienne ferme fleurie, 5 chambres bien agréables. Joli décor intérieur. Petit déjeuner copieux. Salon de jardin, ping-pong. À table, spécialités régionales : kassler, boulettes de viande, coq au riesling... 10 % de réduction sur le prix de la chambre à partir de la 2e nuit sur présentation du *Guide du routard* de l'année.

Où dormir ? Où manger dans les environs ?

Camping

⛺ *Camping municipal des Mouettes* : chemin des Mouettes, 67630 Lauterbourg. ☎ et fax : 03-88-54-68-60. Sur la route de Wissembourg. Ouvert du 15 mars au 15 décembre (pour les courageux). À deux, avec une tente et sans électricité, il vous en coûtera 8,38 € (55 F). Plage à une centaine de mètres, non vous ne rêvez pas ! Mais pas vu une seule mouette, ils auraient mieux fait de l'appeler camping de l'Europe ou de l'amitié franco-allemande, ce serait plus réaliste. En fait, nous avons appris le pourquoi du comment : chaque hiver, des milliers de mouettes se rassemblent ici. Sinon, c'est un très bon camping avec pour paysage un beau lac naturel où il est possible de faire trempette ou tout sport nautique.

De bon marché à prix moyens

🛏 |O| *Auberge À la Fleur* : 6, rue des Tirailleurs-Tunisiens, 67630 Scheibenhard. ☎ 03-88-94-80-90. Fax : 03-88-94-66-12. ✴ À 12 km à l'est de Wissembourg par la D3, à la frontière. Fermé le mardi et le mercredi, ainsi que 15 jours en février. Chambres simples à 29 € (190 F), doubles à 45,73 € (300 F). Menu du jour à 9,15 € (60 F) ; compter 23 € (151 F) pour un repas complet. Hôtel très simple et cuisine de ménage à petit prix.

🛏 *Chambres d'hôte chez Mme Zimmermann* : 7, rue Principale, 67630 Niederlauterbach. ☎ 03-88-94-32-43. À 10 km à l'ouest de Seebach par la D249, puis la D244 direction Lauterbourg. Ouvert toute l'année. Compter de 27 à 30 € (177 à 197 F) pour deux. Également un gîte à louer : 290 € (1 902 F) la semaine en saison, 245 € (1 607 F) hors saison. Grosse demeure traditionnelle à colombages du XVIIIe siècle. 3 chambres plaisantes (sanitaires à l'extérieur). Petit déjeuner offert sur présentation du *Guide du routard* de l'année.

➤ *DANS LES ENVIRONS DE SEEBACH*

★ **Hoffen** *(67250)* : village typique. On aime bien la place principale, avec son arbre de liberté très épanoui (planté en 1848) et ses demeures traditionnelles autour. Plus bas, l'ancienne croquignolette mairie à colombages, avec une élégante galerie de bois sur colonnes.

★ **Kuhlendorf :** ce village possède la seule église à pans de bois d'Alsace. Édifiée en 1820 pour servir d'oratoire et d'école. Culte protestant. Sa construction ne diffère pas de celles des fermes des environs. Œuvres des artisans locaux, il n'y a pas eu besoin d'architecte. Jeu harmonieux des lignes horizontales, verticales et diagonales. On pénétrait dans l'église par la porte sur rue, celle sur le côté étant réservée à l'école. À l'intérieur, autel, chaire et bancs d'origine.

★ **Hohwiller :** dans l'église, intéressantes fresques du XVe siècle.

BETSCHDORF (67660) 3 780 hab.

Là aussi, bourgade à l'architecture traditionnelle. Très étendue. En fait, résultant de la fusion de cinq villages. L'une des plus intéressantes de l'Outre-Forêt. Petite capitale de la poterie grise et bleue depuis plusieurs siècles (intéressant musée) et fresques ravissantes dans l'église.

PETITE HISTOIRE ET FABRICATION DU FAMEUX GRÈS DE BETSCHDORF

Au début du XVIIIe siècle, un potier venu d'Allemagne s'installe à Betschdorf et expérimente la technique de la poterie dure, suivi par d'autres, principalement venant de la région de Coblence. À la veille de la Révolution, on compte une dizaine d'artisans installés dans le village, mais le climat révolutionnaire ne convenant pas à la cuisson de l'argile, ils émigrent. Retour sous Napoléon Ier et nouvel essor de la profession. En 1865, Betschdorf compte soixante poteries. L'annexion de l'Alsace réduit cependant ce nombre considérablement. Aujourd'hui, le village compte à nouveau autant de potiers qu'à la veille de la Révolution (mais cette fois, hélas, sans perspective d'une nouvelle !).
Techniques assez particulières. D'abord, l'argile locale est mélangée à d'autres suivant des proportions faisant partie du secret de la fabrication. Ensuite, elle est travaillée et formée au tour suivant des gestes millénaires. Certains artisans dessinent encore leur décor avec un stylet de buis. Les pièces sont ensuite peintes avec des couleurs à base d'oxydes métalliques, principalement le bleu de cobalt. Puis, une fois par mois, mises au four pour une cuisson de 50 h à 1 250 °C (nécessitant 20 stères de bois et 1 tonne de charbon). On commence par le charbon, car l'échauffement doit être lent et progressif afin que l'eau puisse se dégager. Ensuite vient le bois pour les vingt dernières heures. C'est là qu'intervient une technique très originale. En fin de cuisson, on projette quelque 300 kg de sel dans le four. Celui-ci se décompose. Le chlore divorce d'avec le sodium. Ce dernier fusionne alors avec la silice à la surface des pièces et donne ce vernis très fin, incolore et particulièrement résistant. On attendra quatre à cinq jours avant de défourner. Il est évident que cette technique de grès au sel, assez coûteuse, n'est plus utilisée que par les artisans. Ce qui explique le prix légitime de cette poterie assez unique en France.

Adresse utile

▣ **Syndicat d'initiative :** à la mairie, 1, rue des Francs. ☎ 03-88-54-48-00 ou 07. Fax : 03-88-54-48-40. Au musée, d'avril à la Toussaint, tous les jours de 10 h à 12 h et de 13 h à 17 h. Excellente documentation et accueil cordial.

Où dormir? Où manger?

⌂ **Chambres d'hôte chez C. Krumeich :** 23, rue des Potiers. ☎ 03-88-54-40-56. Fax : 03-88-54-47-67. Ouvert toute l'année. Ce n'est pas la maison sur rue, mais celle au fond, garantie au calme. Chambres doubles de 48 à 53 € (315 à 348 F), petit déjeuner compris. 3 chambres plaisantes et au calme (avec salle de bains privée). L'accueil y est excellent. De plus, le proprio est aussi potier et possède son atelier au rez-de-chaussée. Possibilité de visite. Vieille technique de grès au sel. Stages de poterie. 10 % de réduction sur le prix de la chambre à partir de la 3e nuit sur présentation du *Guide du routard* de l'année.

|●| **À la Table des Potiers :** 28, rue de l'Herbe. ☎ 03-88-54-42-45. ✻ Continuer la Grand-Rue puis, après l'église, tourner à droite (direction Soufflenheim). Fermé le mercredi et le jeudi soir. Plat du jour à 4,95 € (33 F), 6,47 € (43 F) avec le buffet d'entrées en plus; menu à 8,38 € (55 F) en semaine; autres menus à 12,95 et 20,58 € (85 et 135 F). On peut se demander comment ils font pour survivre en pratiquant des prix comme cela! Petit resto de village à l'amicale hospitalité et à la clientèle joyeuse et bigarrée. Cuisine simple et correcte. Quelques plats traditionnels : *baeckeoffe*, choucroute, tarte flambée. Café offert à nos lecteurs sur présentation du *GDR* de l'année.

|●| **Restaurant Au Bœuf :** 41, Grand-Rue. ☎ 03-88-54-42-69. Ouvert uniquement le midi. Fermé le vendredi (normal, c'est le jour du poisson!) et en août. Plat du jour copieux à 5,49 € (36 F) et 4,88 € (32 F) à emporter (ça ne sert plus à rien de faire la cuisine). Excellente viande (et pour cause, le patron est aussi le boucher d'en dessous!).

À voir

★ **Le musée de la Poterie :** 2, rue de Kulhendorf. ☎ 03-88-54-48-07. Fax-répondeur : 03-88-54-49-70. Ouvert tous les jours de Pâques à la Toussaint, de 10 h à 12 h et de 13 h à 17 h; durant l'hiver, les visites restent possibles pour les groupes à partir de 20 personnes sur réservation par téléphone ou par courrier. Entrée : 3,81 € (25 F); réductions; gratuit pour les moins de 10 ans. Dans une ancienne demeure à pans de bois. Belles collections de grès au sel, production locale, de Rhénanie et d'ailleurs à travers les âges. Grandes cruches du XIXe siècle, pots à conserver les œufs, barattes, égouttoir à fromage, tonnelet à vinaigre, moules pour chopes de bière, grande « ferme-crapaud » et même robinetterie. Des animations avec des artisans locaux sont parfois organisées.
Premier étage : histoire de la poterie, documents anciens, contrats divers. Dans le bâtiment du fond, expos temporaires. Dans la cour, puits à balancier traditionnel.

★ **L'église :** rue Principale (vers Soufflenheim). Chœur du XVe siècle. Fresques de la même époque. Au centre, *L'Agneau de Dieu*, entouré des symboles des quatre évangélistes. Mais la fresque la plus intéressante est *Le Jugement dernier*, qui comprend 64 personnages. Dessin vif, superbe.

Tout en haut, le Christ. À ses côtés, sainte Marie et saint Jean Baptiste. De part et d'autre également, quinze élus et quinze damnés, attirés dans la gueule du monstre. Parmi ces derniers, deux adultères piégés dans le même drap et... cinq évêques. Un tiers des damnés, c'est pas rien ! Aujourd'hui, un autre tiers, ça serait les politiciens corrompus. Au milieu, six personnages en train de ressusciter. Sur les murs latéraux, les apôtres par groupes de quatre. Ils portent chacun les symboles de leur martyre. Les anges, quant à eux, se baladent sur la voûte du chœur avec les trompettes du Jugement dernier et les instruments de la Passion (couronne, croix, lance, etc.). La troisième fresque représente le *Moulin eucharistique*. Une représentation assez rare (il en resterait treize au monde).

Fête

– *Fête de la Poterie :* tous les deux ans, début septembre.

LA FORÊT DE HAGUENAU

Avec 21 000 ha (dont 19 000 d'un seul tenant), c'est l'une des plus étendues de France. Au Moyen Âge, elle en faisait 60 000 ! Haguenau se construisit à partir du XIIe siècle sur la forêt même. Pratique : bois de construction, bois de chauffage, nourriture pour les bêtes, glands pour les porcs, tout était à portée de main. Les Hollandais achetèrent énormément de bois pour bâtir leurs navires. C'est Colbert qui mit fin à une déforestation qui devenait dangereuse (au XVIIe siècle, un début d'amorce de conscience écolo, à signaler quand même !). Cette forêt attira également beaucoup d'ermites, et de nombreux couvents et de belles églises s'édifièrent autour. Elle devint la « sainte forêt d'Haguenau ».

À voir

★ Quelques villages en marge, avec d'intéressants trucs à voir : belle collégiale à **Surbourg** *(67250)*, en grande partie du XIe siècle. À l'intérieur apparut le premier exemple d'alternance colonne-pilier qu'on retrouve dans pas mal d'églises romanes de la région.

★ À **Walbourg** *(67360)*, qui fut le site d'une célèbre abbaye bénédictine (rasée à la Révolution), voir l'église Sainte-Walpurge du XVe siècle. À l'intérieur, remarquable custode de 11 m de hauteur, festival de dentelle de pierre. Fresques du XVe également et, surtout, beaux vitraux fabriqués par le célèbre Pierre Hemmel d'Andlau.

★ SOUFFLENHEIM (67620)

Au sud-est de la forêt, l'autre petite capitale de la poterie en Outre-Forêt. C'est l'empereur Barberousse qui accorda le droit perpétuel aux habitants du village d'utiliser l'argile de la forêt de Haguenau. Droit transmissible à tous les descendants mâles des potiers. C'est un art assez différent de celui de Betschdorf. Céramique plus poreuse, plus colorée, plus « culinaire », qu'on retrouve sur les tables de restaurant ou dans les intérieurs alsaciens. Moules à gâteau, terrines pour le *baeckeoffe*, assiettes aux motifs floraux (souvent la marguerite) ou ornées d'animaux (poissons, coqs, etc.). La ville, plus touristique que son homologue et voisine Betschdorf, est selon nous moins plaisante à visiter.

Adresse utile

ℹ️ Office du tourisme : 20b, Grand-Rue. ☎ 03-88-86-74-90. • www.ot soufflenheim.fr • infos@ot-soufflen heim.fr • Ouvert du lundi au samedi de 9 h à 12 h et de 14 h à 17 h.

À voir

★ Une curiosité : dans l'ancien *cimetière fortifié* (l'Oelberg), on trouve une sainte Cène grandeur nature en céramique, sculptée d'après celle de Léonard de Vinci.

★ *L'église paroissiale :* architecture banale, mais elle renferme de pittoresques confessionaux et une chaire baroque provenant d'une abbaye disparue.

HAGUENAU (67500) 33 940 hab.

La grande métropole industrielle et commerçante du nord de l'Alsace, à une trentaine de kilomètres de Strasbourg. Elle fut chef-lieu administratif des biens impériaux en Alsace, puis la plus importante des dix villes qui composaient, au XIVe siècle, la Décapole. En 1191, Haguenau fut aussi le théâtre du jugement qui vit l'empereur Henri VI condamner Richard Cœur de Lion à une forte rançon au retour de la troisième croisade. Quasiment rien ne subsiste de ce prestigieux passé. L'armée du Roi-Soleil détruisit la ville en 1677. L'essentiel de son architecture date donc du XVIIIe siècle (c'est déjà pas si mal !). Malheureusement, la ville connut de nouvelles destructions durant la terrible offensive de l'hiver 1944-1945. Malgré cela, centre-ville piéton plutôt agréable avec, de-ci, de-là, quelques beaux édifices XVIIIe et, surtout, deux très intéressants musées.
Moins historique, c'est aussi ici que se fabriquent les barres sucrées (une technologie alimentaire compliquée) qui font parfois les poignées d'amour de vos maris et les hanches plantureuses de vos épouses.

Adresses utiles

ℹ️ Office du tourisme (plan A2) : pl. de la Gare. ☎ 03-88-93-70-00. Fax : 03-88-93-69-89. • www.ville-haguenau.fr • tourisme@ville-haguenau.fr • Du 1er mai au 30 septembre, ouvert du lundi au vendredi de 9 h à 12 h et de 14 h à 18 h, et le samedi de 10 h à 12 h et de 14 h à 17 h ; le reste de l'année, du lundi au samedi de 9 h à 12 h et de 14 h à 17 h.

✉ Poste (plan A2) : rue du Maréchal-Foch.

🚂 Gare ferroviaire (plan A2) : ☎ 08-36-35-35-35 (0,34 €/mn, soit 2,21 F). Trains pour Strasbourg, Merkwiller-Péchelbronn, Hunspach, Wissembourg. Également ligne locale pour Strasbourg, Niederbronn, Bitche.

🚌 Cars SNCF (plan A2) : ☎ 08-92-35-35-35. Cars pour Neuwiller-lès-Saverne et Saverne.

■ Relais culturel de Haguenau : 1, pl. Joseph-Thierry. ☎ 03-88-73-30-54. Fax : 03-88-73-44-04. • haguenau.relais.culturel@liberty surf.fr • Ouvert du lundi au vendredi de 9 h à 12 h et de 13 h 30 à 17 h 30. Riche programmation. Théâtre, concerts, opéra (en général au théâtre municipal), conférences (au centre socio-culturel). Événement majeur chaque année en mai, *l'Humour des notes*, où musique et humour sont exprimés par une douzaine de groupes français et européens. Et moult animations de rues et spectacles pour enfants.

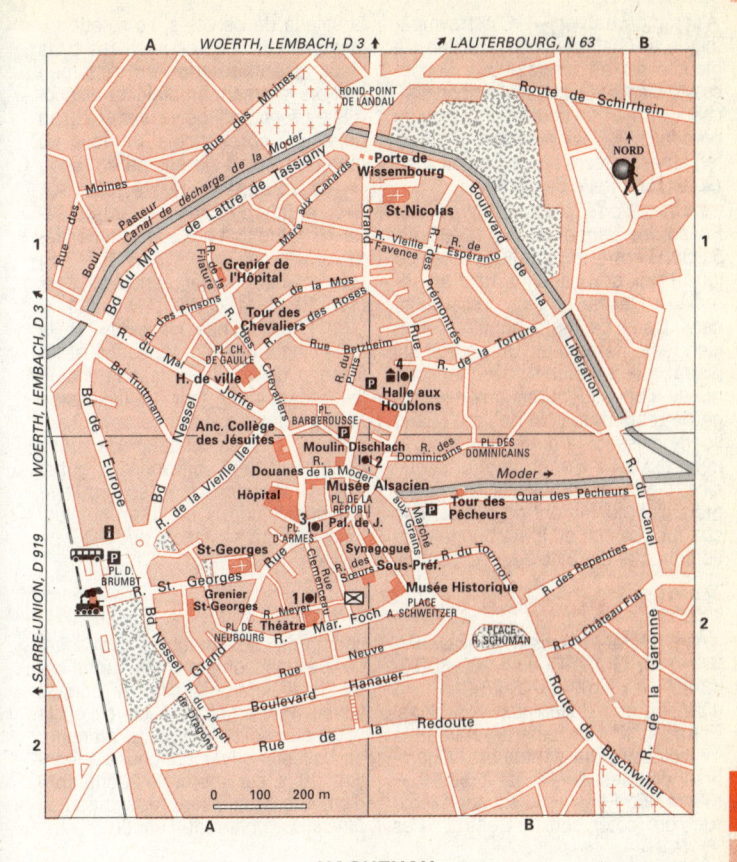

HAGUENAU

- **Adresses utiles**
  - Office du tourisme
  - Poste
  - Gare SNCF
  - Gare routière

- **Où dormir ? Où manger ?**
  1. S'Buerehiesel-Chez Monique
  2. Chez Dédé
  3. Restaurant Au Tigre
  4. Hôtel Le Kaiserhof

L'OUTRE-FORÊT

Où dormir ? Où manger ?

De bon marché à prix moyens

S'Buerehiesel - Chez Monique *(plan A2, 1)* : 13, rue Meyer. ☎ 03-88-93-30-90. À côté du théâtre de la ville. Fermé le dimanche et le lundi ainsi qu'une semaine fin mai, les deux premières de septembre et entre Noël et le Jour de l'An. Compter environ 21 € (138 F) à la carte. Cette *winstub*, taverne typiquement alsacienne, a le charme du

« comme chez soi ». C'est sympathique et chaleureux. La cuisine régionale est au rendez-vous : choucroute bien sûr, *waedele* (jambonneau chaud), steak de poulain, estomac de porc farci. Accueil agréable. Café offert à nos lecteurs sur présentation du *Guide du routard* de l'année.

IOI *Chez Dédé* (plan AB2, 2) : 9, rue Fossé-des-Tanneurs. ☎ 03-88-73-31-34. Fermé le dimanche. Plat du jour à prix doux servi le midi en semaine. Définitivement couleur locale. Dans ce resto populo, l'alsacien reste de rigueur. Un endroit qui plaira aux amateurs d'authentique qui ne s'offusquent pas qu'on les regarde un peu du coin de l'œil quand ils franchissent la porte. Attention, la déco est celle d'un troquet et la cuisine digne d'un bougnat de jadis, mais c'est justement ce qui fait son charme. Le plat du jour change quotidiennement. Petits en-cas comme la salade de cervelas, l'omelette au jambon, etc. L'après-midi, les p'tits vieux tapent le carton en s'interpellant bruyamment en dialecte alsaco. Allez-y le mardi ou le vendredi au déjeuner, après faites un tour au marché couvert situé juste en face.

IOI *Restaurant Au Tigre* (plan A2, 3) : 4, pl. d'Armes. ☎ 03-88-93-93-79. Situé tout près de la zone piétonne. Plat du jour à 7,16 € (47 F) en semaine ; premier menu à 17,23 € (113 F) ; à la carte, prévoir 21 € (138 F). Brasserie classique. Belle salle : haut plafond, boiseries et fer forgé. Cuisine de brasserie jouant les recettes du jour et l'exotisme benêt : steak d'autruche et de kangourou. L'hiver, plateau de fruits de mer et l'été, grillades et buffet froid. Grande terrasse très populaire aux beaux jours. Café offert aux lecteurs sur présentation du *GDR* de l'année.

De prix moyens à plus chic

🛏 IOI *Hôtel Le Kaiserhof* (plan B1, 4) : 119, Grand-Rue. ☎ 03-88-73-43-43. Fax : 03-88-73-28-91. À côté de la Halle aux Houblons. Fermé la 1re quinzaine de mars et la 1re quinzaine de septembre. Chambres doubles de 50,30 à 53,40 € (330 à 350 F) selon la situation (côté rue ou côté cour). Central. Les chambres, aux meubles provenant de centres commerciaux, sont cependant harmonieuses et confortables. Pub irlandais à bières où le voyageur solitaire pourra étancher sa soif et trouver un peu d'animation. 10 % sur le prix de la chambre d'octobre à mars sur présentation du *Guide du routard* de l'année.

Où dormir ? Où manger dans les environs ?

🛏 IOI *La Crémaillère* : 32, rue Principale, 67240 Kaltenhouse. ☎ 03-88-63-23-06. Fax : 03-88-63-67-48. À 5 km de Haguenau en direction de la frontière. Fermé le vendredi soir et le samedi midi et en août. Chambres doubles avec lavabo ou douche de 45,73 à 53,36 € (300 à 350 F). Plat du jour à 7,62 € (50 F) et menus de 19,06 à 30,49 € (125 à 200 F). C'est à la fois l'auberge et le bistrot du village. Les gars du coin, les anciens à la belote et les voyageurs se mêlent avec harmonie devant une bière ou une assiette aussi avenante que l'accueil. C'est une histoire de famille. Depuis 4 générations, Madame Kraemer-Martz est aujourd'hui aidée aux fourneaux par son fils qui ne ménage pas sa peine pour se faire un prénom. Bref, une solide réputation pour cette escale plaisante. Spécialités alsaciennes. Les chambres sont du même tonneau, tout confort, un chouïa trop sombres cependant, et on évitera celles côté route.

IOI *Aux Berges de la Moder* : 8, rue de la Gare, 67590 Schweighouse-sur-Moder. ☎ 03-88-72-01-09. Fermé le dimanche soir et le lundi ; congés annuels fin février-début mars. Menu du jour à 6,71 € (44 F) le midi ; autres menus de 10,67 à 38,11 € (70 à 250 F). Quand on arrive, l'environnement n'est pas idyllique (vue sur ZI, route), mais l'intérieur fait oublier l'écrin peu flatteur. Deux belles salles à l'alsacienne (très beau buffet, carrelage moulé, murs vermillon, poutres décorées...). Accueil enjoué. Les spécialités de poissons et gibiers sont parfaites ; quant aux desserts, le *strudel* à la rhubarbe fait l'affaire. Vous passerez à coup sûr un bon moment dans cette auberge rose. Apéritif maison offert sur présentation du *Guide du routard* de l'année.

À voir

Si vous visitez les deux musées de la ville, sachez que le 2e ticket est à moitié prix.

★ *Le Musée alsacien (plan A2) :* 1, pl. Joseph-Thierry. ☎ 03-88-73-30-41. Fax : 03-88-73-44-04. D'octobre à mai, ouvert en semaine de 9 h à 12 h et de 14 h à 18 h, et le week-end de 14 h à 17 h ; de juin à septembre, mêmes horaires en semaine, et le dimanche de 10 h à 11 h en plus. Fermé le mardi matin. Entrée : 2,29 € (15 F) ; demi-tarif pour les petits. Abrité dans un édifice de 1486, ancienne chancellerie jusqu'en 1790. Sur la façade, horloge astronomique datant de la restauration du XIXe siècle. Remarquable musée des arts et traditions populaires de l'Alsace du Nord.

– *Rez-de-chaussée :* petite salle présentant une armoire à archives du XVIIe siècle. Plaques de poêle et de cheminée, dont certaines vieilles de cinq siècles.
– *Premier étage :* intéressante expo d'imagerie populaire et religieuse. Notamment des peintures sous verre et des lettres de baptême. Broderies et aunes gravées et sculptées (qui servaient à mesurer le tissu). Objets domestiques, *springerle* (moules à gâteau typiquement alsaciens) et moules à hostie.
Costumes traditionnels. Salles d'artisanat : coffre avec ingénieux système de fermeture, rabots ciselés de tonnelier.
– *Deuxième étage :* poterie traditionnelle régionale (notamment de Soufflenheim) aux coloris caractéristiques jaune, vert et brun. Grès vernissés typiques de la production de Betschdorf. Reconstitution d'un intérieur paysan traditionnel avec sa cuisine et sa *stub* à alcôve. Ravissante armoire polychrome ornée de scènes naïves de la Passion du Christ.

★ *Le Musée historique (plan B2) :* 9, rue du Maréchal-Foch. ☎ 03-88-93-79-22. Ouvert le lundi et du mercredi au vendredi de 10 h à 12 h et de 14 h à 18 h, et les samedis et dimanches de 15 h à 17 h 30 (en juillet et août, les samedis, dimanches et mardis de 14 h à 18 h). Fermé le mardi. Entrée : 3,05 € (20 F) ; demi-tarif pour les enfants et pour ceux qui ont déjà visité le Musée alsacien. Édifice construit en 1900 en style néo-Renaissance, pour accueillir les antiquités du maire de l'époque, grand archéologue également. Particulièrement représentatif de l'architecture allemande officielle entre 1870 et 1918. Il abrite aujourd'hui l'une des plus riches collections archéologiques d'Europe pour les périodes du bronze et du fer. Salles aérées, présentation claire.

– *Au sous-sol :* collections de la préhistoire à la période romaine. De l'âge du bronze, colliers, anneaux de jambe, épingles et très beaux bracelets à spires. Du premier âge du fer (ou Hallstatt, région d'Autriche particulièrement riche en vestiges de cette époque), nombreux exemples de l'arrivée des Celtes d'Europe centrale. Intéressante vitrine des techniques décoratives. Magnifiques plaques de ceintures.
De l'époque romaine, beau Jupiter Taranis en grès rouge. La plupart des découvertes furent effectuées à Seltz, au nord-est de Haguenau. Impossible de tout énumérer. Nos coups de cœur : l'atelier d'artisan du IIe siècle, les

casques et fibules du légionnaire romain, la jambière d'apparat dorée et étamée, le splendide cavalier terrassant un monstre anguipède, de délicats petits bronzes et le trésor de Seltz, une exceptionnelle batterie de cuisine provenant d'une riche villa romaine.

– *Au rez-de-chaussée :* périodes Moyen Âge et Renaissance. Jolies parures. Boucles et fibules. Statuaire médiévale d'églises disparues, orfèvrerie religieuse, prédelle de retable du XVe siècle (Christ et apôtres), buste reliquaire, beau dessus d'autel du XVIe siècle (Adoration des bergers), armes, etc.

– *Au 1er étage :* sur le palier, jolies armoires sculptées à sept colonnes, buffets marquetés. Céramique (notamment la production de la manufacture Hannong). Rare et ancienne statuaire de la ville de 1450 contenant lois et ordonnances du magistrat de Haguenau, « coins » pour fabriquer la monnaie, gobelets en vermeil des échevins. Dans la dernière salle, histoire de la ville aux XVIIIe et XIXe siècles. Objets de culte de la communauté juive (rideau d'Arche de 1840, lampes de Hanouka, etc.). Uniformes et armes. Impressionnante urne des élections de 1848. Boiseries du XVIIIe siècle de l'abbaye de Neubourg, etc.

★ **L'église Saint-Georges** *(plan A2) :* rue Saint-Georges. Une des plus originales qu'on connaisse par l'avalanche de styles qu'elle propose. Construite au XIIe, achevée au XVIIe siècle. Chevet particulièrement composite mais pittoresque. Les petites tuiles patinées et moussues lui donnent un surcroît de charme.
À l'intérieur, nef romane aux massives arcades. Chaire en pierre. Confessionnaux en bois sculpté. Dans le transept gauche, joli petit retable avec Vierge déhanchée. Le chœur gothique fut construit suivant le modèle de celui de Strasbourg.
Dans le transept droit, Jugement dernier. Côté justes, pape, évêque, cardinal et bonne sœur (oh, la flagornerie des artistes à l'époque !) ; côté méchants, que leurs têtes sont vilaines (manichéen, vous avez dit manichéen ?). Enfin, dans le chœur, le chef-d'œuvre de l'église, la tour eucharistique (ou custode), de style gothique fleuri (11 m de haut). Admirable travail de ciselage.

➢ **Petite balade autour de Saint-Georges** (et dans le centre) : Grand-Rue, peu avant l'église, s'élève l'*hôtel Barth,* de 1760 (aujourd'hui une banque). Beau balcon en fer forgé. À sa gauche, l'*hôtel du bailli Hoffman,* de la même époque. Au n° 10, rue du Grenier, voir le *grenier Saint-Georges.* Construit en 1527 pour engranger la dîme (c'est le cas de le dire !). À l'angle de la rue du Château et du Moder, l'*ancienne douane* du XVIe siècle. Au n° 104, Grand-Rue, *maison à pignon* avec bel oriel Renaissance. Console avec saint Michel terrassant le dragon. Toujours Grand-Rue, impressionnante *halle au houblon* de 1867.
Rue des Chevaliers, belle rangée de demeures XVIIIe siècle et, en fond, la *porte des Chevaliers,* vestige de l'enceinte médiévale.

★ **L'église Saint-Nicolas** *(plan B1) :* au bout de la Grand-Rue, avant d'arriver à la porte de Wissembourg (autre témoin de l'enceinte). Sa construction tint aux faveurs de Frédéric Barberousse avant qu'il n'entamât une croisade en 1189. Il n'en reste que la tour carrée. Reconstruite en gothique au XIIIe siècle. Extérieurement, pas d'intérêt particulier. À l'intérieur, plan sans transept. Chaire très ornementale. Quatre grandes et belles statues à l'entrée du chœur. Admirez le joli travail de ciselage sur les boiseries et les stalles. En particulier, les quatre sièges de père abbé sculptés et leurs petits baldaquins au-dessus.

À faire

– **Nautiland :** 8, rue des Dominicains. ☎ 03-88-90-56-56 (standard) ou 03-88-73-51-51 (répondeur). • www.nautiland.net • Ouvert tous les jours de l'année ; le lundi, le mardi, le jeudi et le vendredi de 12 h à 21 h, le mercredi et durant les vacances de 10 h à 21 h, le samedi de 10 h à 22 h, le dimanche et les jours fériés de 9 h à 19 h. Entrée pour 2 h : 5,79 € (38 F) plein tarif ; illimité : 7,01 € (46 F) plein tarif. Forfait 12 h (valable un an) : 28,96 € (190 F) plein tarif ; forfait entrée-sauna-hammam ; gratuit pour les enfants de moins de 4 ans. Parking gratuit, aires de jeux, bassins, élévateurs pour les handicapés, snack.

Dans ce grand complexe moderne planté au milieu d'un parc, c'est simple : il y a (presque) tout, pour tous les âges et tous les goûts : de la piscine sportive au toboggan géant en passant par les bains bouillonnants (des jacuzzis, quoi...) aux pédiluves, sans oublier les jets d'eau et la nage à contre-courant. Mais aussi plage solaire et solarium, hammam et sauna pour les adeptes. On se prélasse sur des transats ou à même les pelouses, on sirote des cocktails de fruits au soleil, on prend des cours de gym aquatique... Et on sort de là en pétant la forme.

➤ DANS LES ENVIRONS D'HAGUENAU

À faire

– **Le parc d'attractions de Fantasialand-Didi'land :** 1, route de Gunstett, 67360 **Morsbronn-les-Bains.** ☎ 03-88-09-46-46 ou 03-88-93-94-14. ● www.snelac.com ● À 4 km au nord de Haguenau par la D27, direction Woerth. Ouvert de mi-avril à mi-septembre ; en juillet et août, tous les jours sauf le lundi, de 10 h à 18 h ; en avril, mai et septembre, jours et horaires d'ouverture variables, se renseigner par téléphone. Entrée : 10,36 € (68 F) ; réductions ; gratuit pour les moins de 2 ans.

Didi, c'est un écureuil, la mascotte du coin. Dans ce grand parc semé d'arbres et strié de cours d'eaux, les attractions ne manquent pas, des plus classiques (manège de chevaux de bois et auto-tamponneuses) aux plus étourdissantes (*Family Swing* et *Éléphants volants*) en passant par les plus éclaboussantes (*Rivière sauvage* et *Bumper Boat*) et les plus reposantes. Ici, les montagnes russes prennent le nom de *Drakkar* et, sous le grand chapiteau, on peut assister à un spectacle de cirque. L'inévitable bateau pirate est au rendez-vous, ainsi que la piscine à boules, et on peut se faire rôtir dans les *cannibals pots*. On trouve aussi une piste de luge, des trampolines pour ceux qui ont du ressort, un terrain à vélos, des jeux d'eau... et on en passe.

LE HAUT-RHIN

Le Haut-Rhin, le Bas-Rhin, drôle d'anatomie régionale, devant laquelle le néophyte se demande souvent ce qui est haut ou bas du côté du Rhin. En fait, le Haut-Rhin, département du sud de l'Alsace, s'appelle ainsi parce qu'il est plus en amont du fleuve, plus proche de sa source, donc logiquement plus haut à Mulhouse qu'à Strasbourg. Qu'y trouve-t-on ? Eh bien, tout. Tout ce qui fait l'identité alsacienne, à commencer par Colmar, la plus alsacienne des villes d'Alsace, célèbre pour la beauté de son centre ancien (la Petite Venise), témoin merveilleux de ce que la civilisation rhénane a donné de meilleur à cette partie de l'Europe.

De Colmar, il faut aller flâner sur la route des Vins d'Alsace. De Saint-Hippolyte au nord jusqu'à Thann au sud des Vosges, c'est une ribambelle de petites villes fortifiées, hors du temps, miraculeusement préservées (on les croyait toutes détruites par les guerres), soigneusement bichonnées. D'adorables maisons à colombages, des murs multicolores, des fleurs aux fenêtres, bref, un cadre si chaleureux, propre et coquet, que l'on songe inévitablement à quelque décor de conte de fées. Nos endroits préférés s'appellent Turckheim, Bergheim, Eguisheim, Gueberschwihr, mais aussi (bien que beaucoup plus touristiques) Kaysersberg, Riquewihr, Hunawihr et Ribeauvillé. À visiter de préférence au printemps ou à l'automne, l'époque des vendanges étant la plus belle période pour découvrir le Haut-Rhin.

Ces nombreuses « petites villes », très proches les unes des autres, ont été construites dans des sites de rêve : de douces collines au pied du massif vosgien. Les Vosges montent la garde, dans un arrière-pays couvert de forêts de sapins, hérissé de ruines de châteaux forts perchés sur des nids d'aigle dominant la plaine du Rhin, images sorties d'une peinture romantique du XIXe siècle.

De belles vallées s'enfoncent dans les montagnes : la vallée de Munster, réputée pour son savoureux fromage et ses innombrables fermes-auberges d'altitude, la vallée de la Lauch où se cache l'abbaye de Murbach, la vallée de la Thur et celle de la Doller, autant de points de départ d'étonnantes randonnées. Suivez les sentiers balisés par le Club Vosgien (le plus vieux club de France consacré à la randonnée et au plein air) pour découvrir les lacs d'altitude, les hautes chaumes, un autre monde, naguère labouré par les bombes, aujourd'hui refuge naturel protégé par le parc régional des ballons des Vosges. Et voici déjà Mulhouse, ville emblème de la civilisation industrielle, qui concentre un nombre impressionnant de musées techniques. Une merveille à ne pas manquer : le Musée national de l'Automobile (collection Schlumpf).

Après le vignoble, les crêtes et les ballons des Vosges, le Sundgau et son proche voisin le Jura alsacien constituent un univers à part. Pas de vignes, peu de touristes, des paysages alternant collines et vallons verdoyants. Une nature jardinée qui annonce déjà la Suisse frontalière.

Adresses utiles

■ *Association départementale du tourisme du Haut-Rhin (ADT), Maison du tourisme :* 1, rue Schlumberger, BP 337, 68006 Colmar. ☎ 03-89-20-10-68. Fax : 03-89-23-33-91. ● www.tourisme68.asso.fr ● Face à la préfecture, sur la gauche. Informations générales sur le Haut-Rhin, les gîtes ruraux, les fermes-auberges, randonnées, ski de fond...

■ *Relais départemental des Gîtes de France du Haut-Rhin :* service de réservation, ☎ 03-89-20-10-62 (ou 61) ou 03-89-20-10-68 (standard de la Maison du tourisme).

COLMAR (68000) 67170 hab.

Voilà sans doute la plus alsacienne des villes d'Alsace. Ce n'est plus un village, ni encore une très grande ville, mais, entre les deux, une ville à taille humaine. Tout le monde le sait déjà : elle est classée parmi les plus belles villes de France. Georges Duhamel y voyait même (carrément !) la « plus belle ville du monde ». Plus intime que Strasbourg et Mulhouse, un peu plus importante que Sélestat et Obernai, on ne peut que l'aimer. Seul Voltaire, en vieux citron chagrin, trouva Colmar « vilaine ». « Colmar est une petite ville mi-française, mi-allemande, mais tout à fait iroquoise », écrivit-il lors d'un long séjour en 1753-1754, après s'être brouillé avec le roi de Prusse.

La vieille ville, véritable joyau de la civilisation rhénane, ne se laisse heureusement pas réduire à ce clin d'œil ricaneur. Elle a un charme fou avec

"Votre séjour en *Haute Alsace*"

Vous recherchez des vacances **"nature", paisibles ou sportives** ?

Vous voyagez **seul, en famille, en groupe...**

Vous aimez **les démarches simples ?**

Un simple appel téléphonique vous permet de connaître immédiatement les disponibilités et d'effectuer votre réservation.

Réservation

Service de réservation Loisirs Accueil Haut-Rhin
1, rue Schlumberger - B.P. 371 - 68007 Colmar Cedex
Tél. 03 89 20 10 62 - 03 89 20 10 60 - Fax 03 89 23 33 91
Adresse internet : www.tourisme68.asso.fr
E-mail : reservation@tourisme68.asso.fr

loisirs accueil France

TOURISME ALSACE
En harmonie avec vous

ses somptueuses maisons à colombages débordant de géraniums et ses canaux paisibles sillonnant la Petite Venise, un coin romantique à souhait. Une ville à découvrir à pied, au rythme lent de l'Alsace heureuse. Elle a survécu aux conflits et à l'usure du temps. Grâce aussi à l'éternelle bonne humeur que lui apporte la proximité immédiate du vignoble. Celui-ci commence aux portes de la ville. En un saut de puce, on se retrouve sur la route des Vins d'Alsace.

Une base idéale donc, pour rayonner dans l'arrière-pays, dans le vignoble, ainsi que dans les vallées et sur les crêtes des Vosges, si proches (les distances sont très courtes en Alsace). Bref, cette ville parmi les plus sèches de France (seulement 52 cm de pluie par an !) se découvre comme un bon cru. Sans précipitation. En somme, Colmar a du mal à mettre de l'eau dans son vin !

UN PEU D'HISTOIRE

Tout a commencé sur les berges de la Lauch, affluent de l'Ill, où Charlemagne eut le bon goût d'installer une de ses résidences secondaires. Impériale quand même, bien que secondaire. Avec un parrain aussi ambitieux, le lieu-dit Columbarium ne pouvait qu'échapper à la banalité. Un destin futur au cœur du monde rhénan et de l'Europe s'esquissa bien avant l'an 1000. Colmar, dites-vous ? À l'époque, on parlait plutôt du Domaine des Colombes. C'est simple : Columbarium a donné Columbra, qui a donné Colmar. À vrai dire, la petite cité verra plus de cigognes dans son ciel que de colombes au fil de sa longue et belle histoire.

La résidence impériale était entourée, déjà, d'un vignoble prospère. Elle s'est enrichie au départ grâce au vin et s'est développée au Moyen Âge, devenant une cité florissante et active. Par chance, Colmar était située (elle n'a pas changé de place) dans la plaine, au pied des Vosges, entre les montagnes et le Rhin, la plus grande voie fluviale dans cette Europe qui s'affirmait alors avec vigueur. En outre, toutes les grandes routes commerciales reliant l'Europe du Nord (Flandres, Pays flamand, Hollande) à l'Europe du Sud (Lombardie, Vénétie, Rome...) passent par ici.

Ville libre du Saint Empire romain germanique

Les marchands de Colmar expédiaient leurs marchandises – leurs vins surtout – dans tout l'empire, grâce aux trois ponts sur le Rhin : Bâle, Brisach, et Strasbourg-Kehl. Des fortunes se constituèrent très tôt. Les bourgeois, plus que les nobles, dirigeaient les affaires publiques de la cité. Dès 1216, bien avant la France, une sorte de « démocratie bourgeoise » fut instaurée, appuyée par un conseil municipal puissamment organisé. La ville fut dotée de privilèges et entourée de remparts. Mais tout cela suscita bien des convoitises ! L'évêque de Strasbourg voulut faire main basse sur cette petite cité prospère (1261). Défenseur ardent de l'indépendance, le prévôt Jean Roesselmann résista jusqu'au bout avec l'aide de Rodolphe de Habsbourg, protecteur de Colmar. Celle-ci, intégrée au Saint Empire, dépendait directement de ce souverain installé dans ce qui est aujourd'hui Vienne en Autriche.

C'est Charles IV, empereur du Saint Empire, membre de la maison du Luxembourg, qui fonda la Décapole, une ligue de dix villes fédérées au nom du commerce et de la solidarité : on y trouve Haguenau, Wissembourg, Obernai, Sélestat, Rosheim, Kaysersberg, Munster, Turckheim, Mulhouse et Colmar (mais pas Strasbourg). La prospérité arriva.

Un joyau de la civilisation rhénane

Sous l'effet de cet essor matériel et spirituel, la ville ne pouvait qu'embellir. De nombreux monuments sortirent de terre comme la collégiale Saint-

LE HAUT-RHIN

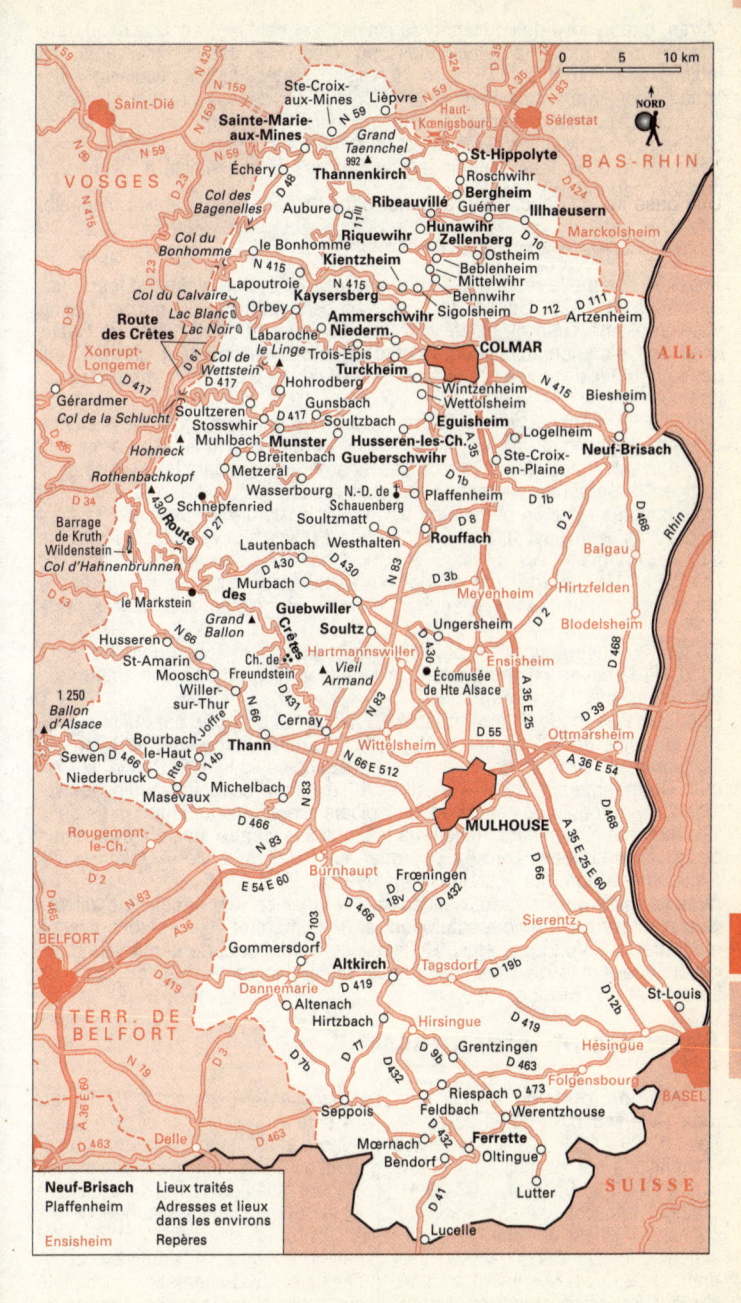

Martin, une kyrielle de couvents (dominicains et caines, franciscains...), une ribambelle de maisons patriciennes opulentes. Avec les commerçants, les moines stimulèrent à leur façon la religion (catholique) et l'activité artistique.L'école rhénane trouva ainsi à Colmar un de ses creusets les plus féconds, avec des peintres et des graveurs de renom, tels que Martin Schongauer et Mathias Grünewald (bien que son fameux *retable d'Issenheim,* joyau du musée Unterlinden de Colmar, ait été réalisé à Issenheim, non loin cependant).

Alsacienne, française, européenne

Annexée comme le reste de l'Alsace au Second Empire allemand fondé par Bismarck en 1870, Colmar fut, pendant cette période de germanisation accélérée, une sorte de capitale de la « fidélité » et de la mémoire. Beaucoup de Colmariens choisirent l'exil (c'est le cas du sculpteur Bartholdi qui partit chercher des idées de Liberté en Amérique). Ceux qui restèrent résistèrent.

Certains jouèrent les empêcheurs de tourner en rond, comme l'écrivain Jean-Jacques Waltz, plus renommé sous le nom de Hansi. Son arme : la plume et le pinceau. Au travers de ses innombrables aquarelles et dessins, il fustigea la présence allemande dans sa région, jamais très méchamment mais toujours avec un œil acerbe et une ironie mordante. Ses œuvres sont aujourd'hui des classiques très recherchés. Publiés à la veille de la Première Guerre mondiale, son *Histoire d'Alsace racontée aux petits enfants de France* et *Mon village* sont de violents manifestes politiques dénonçant, à travers des images colorées et caricaturales, le ridicule des maîtres prussiens.

En tant qu'illustrateur, il fait figure de précurseur d'un style original et nouveau : la fameuse « ligne claire », utilisée bien plus tard par les auteurs de bande dessinée, Hergé en tête.

Pendant la Seconde Guerre mondiale, Colmar est occupée par les nazis. La ville sera libérée le 2 février 1945 par la 1re armée du général de Lattre de Tassigny, au terme de combats féroces destinés à liquider la Poche de Colmar. Cette fameuse Poche était située à l'extérieur de Colmar, dans les villages environnants où campaient les soldats allemands. Les faubourgs de la ville ont été gravement endommagés mais le centre ancien très peu : de Lattre avait donné l'ordre d'épargner au maximum le vieux Colmar. Cela explique son bon état actuel de conservation.

Avec le statut de « secteur sauvegardé », la vieille ville bénéficie d'ailleurs d'un plan permanent de restauration, et de nombreux édifices sont classés monuments historiques. Ainsi, Colmar joue à fond la carte d'une ville d'art, dynamique sur le plan économique, et admirablement située au cœur de l'Alsace et de l'Europe.

Adresses et infos utiles

i *Office du tourisme* (plan B1) : 4, rue d'Unterlinden. ☎ 03-89-20-68-92. Fax : 03-89-41-34-13. Pour le service réservations et visites guidées : ☎ 03-89-20-68-95. Fax : 03-89-41-76-99. • info@ot-colmar.fr • www.ot colmar.fr • Juste en face du musée Unterlinden. De début janvier à fin mars et de début novembre à fin décembre, ouvert du lundi au samedi de 9 h à 12 h et de 14 h à 18 h, et les dimanches et jours fériés de 10 h à 14 h ; d'avril à juin, ainsi qu'en septembre et en octobre, du lundi au samedi de 9 h à 18 h et les dimanches et jours fériés de 10 h à 14 h ; en juillet et août, du lundi au samedi de 9 h à 19 h et les dimanches et jours fériés de 9 h 30 à 14 h. Efficace et dynamique. Documentation complète sur la ville et sur la région. Service de réservation et d'information sur les différents hébergements. Propose également des visites guidées de Colmar : les mardis, jeudis et samedis à 10 h, incluant la visite du musée Unterlinden. Guides professionnels de haut niveau accompagnant plutôt des groupes mais aussi des individuels, à la demande. • visites guidées@ot-colmar.fr •

🅱 *Association départementale du tourisme du Haut-Rhin (ADT; plan B3, 1)* : Maison du tourisme de Haute-Alsace, 1, rue Schlumberger, BP 337, 68006. ☎ 03-89-20-10-68. Fax : 03-89-23-33-91. • www.tourisme68.asso.fr • Face à la préfecture, sur la gauche.

✉ *Poste (plan A2)* : 36, av. de la République.

🚆 *Gare ferroviaire (hors plan par A3)* : pl. de la Gare. ☎ 08-36-35-35-35 (0,34 €/mn, soit 2,21 F). La gare est un bâtiment assez colossal, construit dans le style impérial allemand avant la Première Guerre mondiale. Trains réguliers pour Mulhouse, Strasbourg et Paris.

🚌 *Transports urbains régionaux (hors plan par A3)* : ☎ 03-89-20-80-80.

■ *Aéroclub de Colmar-Houssen* : ☎ 03-89-41-15-25. Organise des promenades en avion pour les touristes désireux de survoler la région. Tarifs raisonnables.

■ *Radio Dreyeckland* : 15, rue Peyerimhoff. ☎ 03-89-24-12-11. Fréquence 103.5 FM. Une bonne radio locale.

Où dormir ?

Camping

⛺ *Camping de l'Ill (hors plan par D2, 16)* : route de Neuf-Brisach, 68180 Horbourg-Wihr. ☎ et fax : 03-89-41-15-94. À 2 km du centre-ville ; de la gare, bus ligne 1, arrêt « Berges de l'Ill ». Congés annuels en janvier et février, en principe. Autour de 9 € (59 F) l'emplacement pour deux avec un véhicule. De la verdure, donc de l'ombre, et un bon équipement (bar-resto, épicerie). Quelques emplacements tout au bord de la rivière. Seul hic : l'autoroute qui passe sur l'autre rive...

■ **Adresses utiles**

🅱 Office du tourisme
✉ Poste
1 Association départementale du tourisme du Haut-Rhin (ADT)
🚆 Gare ferroviaire

🛏 **Où dormir ?**

10 Auberge de jeunesse Mittelharth
11 La Chaumière
12 Hôtel Turenne
13 Hôtel Le Colombier
14 Hôtel Beau Séjour
15 Hôtel Colbert
16 Camping de l'Ill

🍴 **Où manger ?**

20 Le Petit Gourmand
21 Enopasta Bradi
22 Restaurant des Halles
23 Café-restaurant Peter

24 Le Caveau Saint-Pierre
26 Schwendi
27 Winstub Brenner
28 Restaurant Garbo
29 Restaurant Bartholdi
30 Restaurant Aux Trois Poissons
31 Restaurant du Théâtre
32 L'Auberge

🍷 🎵 **Où boire un verre ? Où écouter de la musique ?**

40 Rock Café et Capt'n Café
41 Au Croissant Doré
42 Les Dominicains
43 Les Incorruptibles
44 Le Grillen

🍇 **Où acheter de bons produits ?**

50 Caveau du vigneron Robert Karcher
51 Fromagerie Saint-Nicolas
52 Boulangerie L'Artisane
53 Arts et Collections d'Alsace

COLMAR

226

ST-DIÉ, KAYSERSBERG, N 145 — STRASBOURG, SÉLESTAT, N 83

NORD

R. Peyerimhoff
R. du Val St Grégoire
R. d'Ingersheim
Rue Golbery
Rue du Rempart
R. E. Richard
Rue Roesselmann
Rue Stanislas
R. d'Unterlinden
Théâtre
R. des Bains
Musée Unterlinden
PL. UNTERLINDEN
PL. DU 18 NOVEMBRE
Anc. Couvent des Catherinettes
PL. DE LATTRE DE TASSIGNY
Rue de Gaulle
R. du Général Florimont
Av. du Trois Épis
R. des Taillandiers
Rue Kléber
M on des Têtes
Bibliothèque
Anc. Couvent des Dominicains
R. des Boulangers
PL. DES DOMINICAINS
R. des Serruriers
Rue J.B. Fleurent
Av. J. de Lattre de Tassigny
Rue J. Preiss
Rue de la République
PLACE RAPP
Champ de Mars
Rue Berthe
R. Corberon
R. de Molly
CHAMP DE MARS
Bd Chauffour
PL. DU G al HARTEMANN
R. Bruat
Rue de Bruat
R. des Blés
PL. DES 6 MONTAGNES NOIRES
Préfecture, Hôtel du Département
R. Schlumberger
Bd G al Leclerc
St-Pierre
R. du Manège
Rue Messimy
Rue Camille
Avenue de Reims
Bd Joffre
Boulevard
Cour d'Appel
Av. Raymond Poincaré
Rue des Américains

GÉRARMER, D 417, Col de la Schlucht
CERNAY, BELFORT, N 83

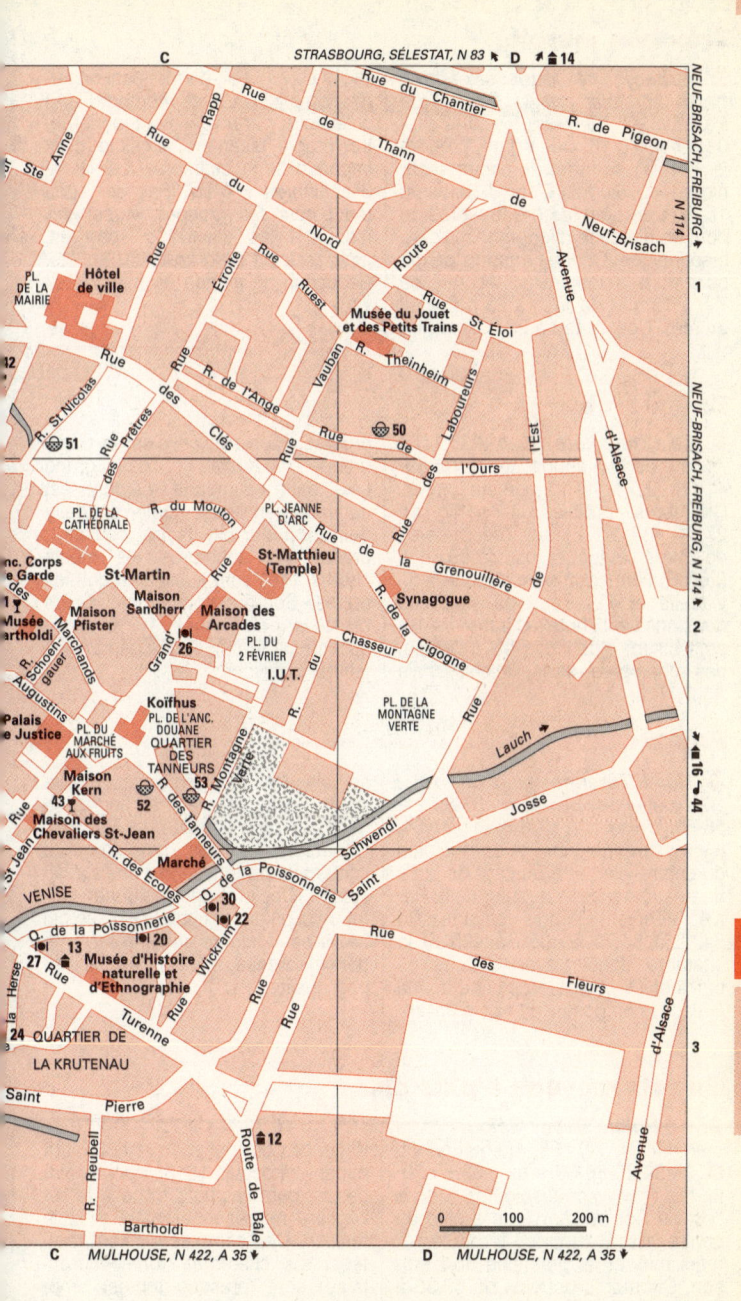

COLMAR

Très bon marché

● **Auberge de jeunesse Mittelharth** (hors plan par A1, 10) : 2, rue Pasteur. ☎ 03-89-80-57-39. Fax : 03-89-80-76-16. De la gare, prendre le bus n° 4 ; arrêt « Lycée technique ». Sinon, à pied, environ 15 mn : derrière la gare, traverser le pont en direction d'Ingersheim ; c'est bien indiqué. Congés annuels de mi-décembre à mi-janvier. Accueil de 7 h à 10 h et de 17 h à 23 h (minuit en été). Couvre-feu à 23 h. Compter 11,50 € (75 F) en dortoir, petit déjeuner compris. Carte de membre FUAJ obligatoire. Grand bâtiment moderne, très propre, bien tenu, et calme (c'est important !). 11 chambres à 8 lits et 3 chambres à 4 lits. Pas de repas (sauf pour les groupes et sur demande). Pas d'activités sportives, mais un petit parc agréable en été. Beaucoup de monde en mai. Mieux vaut réserver.

Bon marché

● **La Chaumière** (plan A3, 11) : 74, av. de la République. ☎ 03-89-41-08-99. Fermé 15 jours en janvier. Chambres doubles à partir de 27,44 € (180 F) sur rue et avec douche à l'étage, et jusqu'à 39,63 € (260 F) côté cour avec douche individuelle et TV. Toute la simplicité des bons vieux hôtels d'autrefois. Un petit bistrot d'habitués et, à l'étage, des chambres sans chichis mais propres. Bien sûr, ce n'est ni d'une grande modernité, ni d'un grand luxe, mais qu'importe ! Le luxe est dans la gentillesse toute naturelle des propriétaires. Notre conseil : prenez les chambres les moins chères, elles sont aussi bien que les autres. Sur présentation du *Guide du routard* de l'année, 10 % de réduction sur le prix de la chambre en janvier et février.

Prix moyens

● **Hôtel Turenne** (plan C3, 12) : 10, route de Bâle. ☎ 03-89-21-58-58. Fax : 03-89-41-27-64. ● www.turenne.com ● À 5 mn à pied du centre-ville, et à un saut de puce du très romantique quartier de la Petite Venise. Garage payant. De 54,12 à 64,79 € (355 à 425 F) la chambre double avec douche ou bains et TV câblée. Voilà une bonne maison, composée en fait d'un ensemble de bâtiments aux murs roses, verts, crème... et fleuris de géraniums (on est bien en Alsace !). Chambres rénovées, dans un genre contemporain-fonctionnel mais plaisantes. Copieux petit déjeuner buffet. Accueil pro et chaleureux (ce qui ne va pas toujours ensemble !). Une bonne adresse, affichant un joli rapport qualité-prix.

De prix moyens à plus chic

● |●| **Hôtel Beau Séjour** (hors plan par D1, 14) : 25, rue du Ladhof. ☎ 03-89-20-66-66. Fax : 03-89-20-66-00. ● www.beausejour.fr ● À l'est de Colmar, à 10 mn à pied du centre-ville. Restaurant fermé le samedi midi et le dimanche hors saison. Chambres doubles de 53,36 à 83,85 € (350 à 550 F) avec douche ou bains, TV (Canal +). Menus de 16,77 à 45,73 € (110 à 300 F). Les Keller ont du métier : cet hôtel leur appartient depuis 1913. Mais les ancêtres, dont la photo trône à la réception, ne reconnaîtraient plus la maison. Des annexes s'y sont greffées, les chambres (une quarantaine) sont (presque toutes) rénovées, contemporaines et confortables, et l'hôtel propose sauna, hammam et salle de gymnastique. Petit jardin pour se relaxer quand le soleil le permet ou chouette salon aux fauteuils bleu Klein pour les jours plus gris. Côté restaurant, élégante salle à manger et un chef qui revisite audacieusement (parfois même un peu trop...) les classiques du terroir. Une bonne adresse confortable et chic (mais où l'ambiance reste à la décontraction). Sur présentation du *Guide du routard* de l'année, apéritif maison offert au restaurant, parking gratuit, et si vous arrivez le vendredi, une réduction de 50 % vous sera accordée sur la 3e nuit, excepté pendant les week-ends de fête.

♦ *Hôtel Colbert* (plan A2, 15) : 2, rue des Trois-Épis. ☎ 03-89-41-31-05. Fax : 03-89-23-66-75. À côté de la gare, face à la voie ferrée (mais il y a un double-vitrage aux fenêtres, et peu de trains passent), à deux pas de la place De-Lattre et du centre historique. Garage payant. Chambres doubles de 36,59 à 45,73 € (240 à 300 F) avec douche ou bains, TV (Canal +). Pas de charme particulier mais une adresse intéressante pour son côté fonctionnel et sans mauvaises surprises. On sait au moins où l'on met les pieds. Chambres confortables, propres. Un petit détail amusant qui fera plaisir aux buveurs de bière : on découvre des décapsuleurs muraux dans chaque salle de bains ! 10 % de remise sur présentation du *Guide du routard* de l'année. Un club-bar-disco, *Le Toucan*, est situé au sous-sol de l'hôtel, mais rassurez-vous il n'est pas synonyme de boucan !

Très chic

♦ *Hôtel Le Colombier* (plan C3, 13) : 7, rue de Turenne. ☎ 03-89-23-96-00. Fax : 03-89-23-97-27. ♿ Congés annuels pendant les vacances de Noël. Chambres doubles à 88 € (560 F) avec douche et w.-c., de 103,67 à 167,70 € (680 à 1 100 F) avec minibar et salle de bains de rêve. Une adresse de charme idéalement située au cœur de la Petite Venise. Cette grande maison Renaissance a de l'allure : murs à colombages et tourelle, adorable cour pavée et aérien escalier hélicoïdal. Souvenirs du passé qui côtoient sans heurts les œuvres d'artistes contemporains disséminées ici ou là et les chambres à la déco design. Dommage que le confort et la qualité des chambres soit inégaux. Une adresse pour les routards qui ont gagné au Loto ou pour ceux qui veulent se faire un week-end en amoureux.

Où manger?

De bon marché à prix moyens

|●| *Restaurant du Théâtre* (plan B1, 31) : 1, rue des Bains. ☎ 03-89-41-42-35. À côté du théâtre (logique) et à deux pas du musée Unterlinden. Fermé la dernière semaine d'avril, de fin juillet à début août et de fin décembre à début janvier. Menus de 9,15 à 17,53 € (60 à 115 F). Grande salle style brasserie. Aux murs, vieilles gravures d'inspiration régionale et étagères chargées de chopes de bière pour déclencher les flashes des touristes japonais. Dans l'assiette, une cuisine de ménage toute simple, toute bonne, et quelques classiques de la table alsacienne qui satisfont les employés du quartier comme le routard de passage. Service sans chichis mais aimable. Une adresse populaire, idéale pour le midi. Apéritif maison offert à nos lecteurs sur présentation du *Guide du routard* de l'année.

|●| *Enopasta Bradi* (plan B1-2, 21) : 14, rue des Serruriers. ☎ 03-89-23-58-01. Ouvert le midi seulement. Fermé les dimanches et lundis; congés annuels les trois premières semaines de novembre et du 22 avril au 8 mai. Plat du jour à 7,62 €

(50 F) ; compter environ 22 € (144 F) pour un repas complet à la carte. C'est avant tout une épicerie fine (très cotée en ville) et un traiteur spécialisé dans les produits italiens. Mais la boutique abrite deux poignées de tables pour les habitués du midi. Cuisine évidemment souvent sous influence transalpine : *antipasti*, pâtes *(al dente !)* et tutti quanti. Une adresse qui se veut plutôt chic (l'ambiance s'en ressent un peu), mais le plat du jour est mémorable et la petite terrasse d'été, au pied de l'église des Dominicains, vraiment chouette.

|●| *Restaurant des Halles* (plan C3, 22) : 11, rue Wickram. ☎ 03-89-23-61-10. À l'angle de la rue des Écoles et de la rue Wickram. Fermé le samedi midi et le dimanche ; congés annuels du 24 décembre au 4 janvier. Menu du jour à 10,67 € (70 F) le midi en semaine ; autres menus à 15,24 et 22,87 € (100 et 150 F). Un peu à l'écart, dans une rue paisible, juste à côté du très joli quai de la Poissonnerie. Naguère fréquenté par les gros bras des halles, c'est devenu la cantine du midi pour les employés et autres habitués du quartier. Cuisine de marché, uniquement des produits frais et de saison ; la carte a donc une « espérance de vie courte », dixit à juste titre le patron. Café offert sur présentation du *Guide du routard* de l'année.

|●| *L'Auberge* (hors plan par A3, 32) : 7, pl. de la Gare. ☎ 03-89-23-59-59. Juste en face de la gare SNCF. Ouvert tous les jours (donc aussi le dimanche, ce qui est rare à Colmar). Compter 22,10 € (145 F) à la carte. Bonne vieille brasserie au cadre très « monument historique » : boiseries vernies soigneusement astiquées, vieux poêle... Cuisine bien enracinée dans la tradition aussi : entre plats de brasserie et de terroir, cervelas en salade à la vinaigrette, tête de veau vinaigrette et choucroute. Plats bien amenés (ils sortent des cuisines du *Rendez-vous de Chasse*, une des grandes tables de la ville dont cette auberge est une annexe). Bons petits vins d'Alsace en pichet. Fort honorable rapport qualité-prix.

|●| *Schwendi* (plan C2, 26) : 23-25, Grand-Rue. ☎ 03-89-23-66-26. Compter de 11 à 18 € (72 à 118 F). Un emplacement de rêve : en plein vieux Colmar, près de l'ancienne douane *(Koïfhus)* et de la fontaine Schwendi signée Bartholdi. Bien qu'elle soit très touristique, cette *bier und winstub* reste une adresse à mi-chemin entre le resto, le bistrot et le pub – une sorte de néo-*winstub*. Terrasse à l'extérieur. Bien pour boire un verre, grignoter une tarte flambée (on conseille la forestière), déguster un plat sur le pouce au bar : bretzels en amuse-gueule, salade au munster chaud (délicieuse), *baeckeoffe*, *toast schwendi* ou *roësti*. Vins d'Alsace au verre, et bières allemandes à la pression. On peut même y boire du jus de fruits 100 % allemand (le *Vaihinger*). Essayez le parfum cassis. Seuls les touristophiles survivent dans ce haut lieu de passage, mais c'est tellement joli !

|●| *Café-restaurant Peter* (hors plan par A1, 23) : 35, rue du Logelbach. ☎ 03-89-79-37-70. Fermé le dimanche et le lundi soir. Plat du jour à 6,86 € (45 F). Dans le quartier de l'auberge de jeunesse, donc pratique pour les routards qui y résident. Petit bar-resto de quartier et la cuisine qui va avec. Bouillabaisse, couscous sur commande, mais aussi et toujours quelques spécialités alsaciennes.

De prix moyens à plus chic

|●| *Le Caveau Saint-Pierre* (plan C3, 24) : 24, rue de la Herse. ☎ 03-89-41-99-33. Fermé le lundi, le vendredi midi et le dimanche soir ; congés annuels en janvier. Menus de 12,20 à 21,65 € (80 à 142 F) ; à la carte, compter au minimum 18 € (118 F) pour un repas complet. Installé dans un des plus chouettes coins de la Petite Venise. On y accède, à pied uniquement (tant mieux !), par une passerelle de bois

qui longe un adorable petit canal bordé de maisons à colombages et de jardinets fleuris. Dès qu'il fait beau, des tables sont installées au bord de l'eau. La salle aux multiples recoins joue à fond la carte du « typiquement alsacien » avec meubles peints, petites tables nappées de carreaux... Cuisine dans le même ton, scrupuleusement de terroir et pas mal tournée : la queue de bœuf aux échalotes et au pinot noir nous a convaincus (la tourte un peu moins...). On y prépare le *baeckeoffe* chaque samedi et dimanche en hiver. Accueil et service pro mais décontractés.

|●| **Winstub Brenner** *(plan C3, 27)* : 1, rue de Turenne. ☎ 03-89-41-42-33. À deux pas de la Petite Venise. Fermé les mardis et mercredis ; congés annuels du 13 au 28 février, du 18 au 26 juin, du 19 au 26 novembre et du 24 décembre au 1er janvier. Prix moyen d'un repas à la carte : autour de 22 € (144 F). On ne regrette pas la visite de cet établissement. Petit, costaud, rubicond, hilare, Gilbert Brenner, le patron, est heureux d'être sur terre et en fait profiter la galerie. Il cuisine et sert, aidé de son épouse, qui rit de ses facéties. On ne se complique pas la vie dans cette taverne : salade de munster pané, *bibelasskäs*, jambonneau aux pommes de terre, tarte à l'oignon. Du simple, du bon, du convivial. Excellentes tripes au riesling. Et comme Gilbert est pâtissier de métier, on se garde une place pour le dessert. La bière coule fort tard, et les étudiants, les habitués, les vignerons et les touristes refont le monde avec les Brenner, puis sortent à moitié ronds, heureux ! Le genre d'endroit que l'on adore. Café offert à nos lecteurs sur présentation du *Guide du routard* de l'année.

|●| **Le Petit Gourmand** *(plan C3, 20)* : 9, quai de la Poissonnerie. ☎ 03-89-41-09-32. En plein cœur de la Petite Venise. Service de 12 h à 15 h et de 17 h à 22 h. Fermé le lundi soir et le mardi hors saison ; congés annuels 15 jours en novembre et en janvier. Menus de 12,20 à 18,29 € (80 à 120 F). Un tout petit resto à la déco réduite à sa plus simple expression : quelques photos du vieux Colmar habillent les murs blancs. En été, terrasse tout au bord du canal. Bonne et copieuse cuisine : tartiflette au munster avec salade et charcuterie, *baeckeoffe* (potée aux trois viandes) que la patronne, aux petits soins pour les clients, laisse mijoter trois jours avant de le servir.

|●| **Restaurant Garbo** *(plan B2, 28)* : 15, rue Berthe-Molly. ☎ 03-89-24-48-55. Fermé le samedi midi, le dimanche et les jours fériés ; congés annuels la 2e semaine d'août. Le midi, menu à 14,48 € (95 F) ; menu-carte à 29,73 € (195 F) ; carte blanche au chef de 48,79 à 64,03 € (320 à 420 F). Dans une rue ancienne jalonnée d'hôtels particuliers, une enseigne en référence à la divine Garbo (Greta de son prénom), une salle à la déco moitié bistrot, moitié gastro (et plantée de quelques arbres fruitiers...) et une belle cuisine de marché. Les plats changent évidemment souvent mais la terrine de foie de canard confit au gewurztraminer, le filet de sandre à la lavande ou le sabayon froid à la bière avec son sorbet à la fleur de bière sont des valeurs sûres de la maison. L'ambiance feutrée le classe plutôt dans les restos du soir. Apéritif maison offert sur présentation du *Guide du routard* de l'année.

|●| **Restaurant Bartholdi** *(plan B1, 29)* : 2, rue des Boulangers. ☎ 03-89-41-07-74. ⚔ Fermé le dimanche soir et le lundi. Menus de 22,11 à 35,82 € (128 à 235 F) ; carte également. Dans une rue très commerçante, passage quasi obligé entre la place Rapp et le parvis du musée Unterlinden, une bonne vieille maison de Colmar, qui continue à mitonner ses plats sans tenir compte des modes et du temps qui passe. Déco de grande brasserie un peu chic, service sans chichis inutiles, cuisine alsacienne soignée. On vous recommande tout ce qui est à base de poisson et de munster. Rapport qualité-prix excellent. Jardin d'été. Café offert à nos lecteurs sur présentation du *Guide du routard* de l'année.

|●| **Restaurant Aux Trois Poissons** *(plan C3, 30)* : 15, quai de la

Poissonnerie. ☎ 03-89-41-25-21. En plein cœur de la Petite Venise. Fermé le mardi soir, le mercredi et le dimanche soir ; congés annuels une semaine à Noël et une semaine en été. Menus de 20,58 à 35,82 € (135 à 235 F). Une jolie et discrète maison alsacienne aux murs jaune ocre, avec des géraniums aux fenêtres. Elle regarde un petit canal paisible et les anciennes Halles. Un vieux poêle somnole au milieu d'une salle à manger en bois, patinée et chaleureuse. Bon accueil et cuisine réussie, essentiellement à base de poisson. Matelote au riesling, sandre à la choucroute, couscous de poissons, carpe frite sans ses arêtes et servie en friture et non parée comme dans le Sundgau. Quelques viandes tout de même. Bonne adresse plutôt pour un dîner, vu le cadre.

Où dormir ? Où manger dans les environs ?

🏠 |●| *Hôtel Au Soleil :* 20, rue Sainte-Gertrude, 68920 Wettolsheim. ☎ 03-89-80-62-66. Fax : 03-89-79-84-45. À 4 km de Colmar. Fermé le jeudi, de mi-juin au 8 juillet et du 19 décembre au 6 janvier. Chambres doubles à 37,35 € (245 F) avec douche, w.-c. et TV. Demi-pension obligatoire de juin à septembre : 38,88 € (255 F) par personne. Menu du jour le midi à 8,38 € (55 F). Dans un village situé sur la route des Vins d'Alsace mais peu touristique. Une bonne maison, simple et accueillante, tenue par un couple de jeunes pratiquant des petits prix. Chouette ! On y court. Il s'agit d'un vieux bâtiment à colombages rénové. On dort dans une annexe très calme, dans des chambres donnant sur un petit parc de stationnement (celui de l'hôtel) ou sur quelques arpents de vigne. Un très bon plan, donc, pour tous ceux qui souhaitent dormir dans le vignoble sans trop s'éloigner de Colmar.

Plus chic

🏠 |●| *Hôtel À la Vigne :* 5, Grande-Rue, 68280 Logelheim. ☎ 03-89-20-99-60. Fax : 03-89-20-99-60. • www.reperes.com/la-vigne • À 9 km au sud-est de Colmar par l'A35 direction Strasbourg, sortie Herrlisheim-près-Colmar par Sainte-Croix-en-Plaine ou par la N42 puis la D1. Fermé le samedi jusqu'à 18 h et le lundi (sauf jours fériés) ; congés annuels du 25 juin au 15 juillet et pendant les vacances de février. Chambres doubles avec douche et w.-c., TV, prise ordinateur de 42,69 à 67,08 € (280 à 440 F) selon la superficie. Menus de 8,84 € (58 F) le midi en semaine à 18,29 € (120 F). Au cœur d'un village paisible, hors circuits touristiques. A priori, le petit (9 chambres) hôtel familial de campagne. Mais celui-ci a été rénové de fond en comble. Et les chambres sont parmi les plus mignonnes que l'on ait vues dans le secteur : déco sobre et de bon goût, d'inspiration presque marine. Dans la salle à manger plus néo-alsacienne mais tout aussi mignonne, cuisine de ménage et de terroir. Plats et menu du jour, *baeckeoffe* sur commande et tartes flambées le soir.

🏠 *Hôtel Au Moulin :* route de Herrlisheim, 68127 Sainte-Croix-en-Plaine. ☎ 03-89-49-31-20. Fax : 03-89-49-23-11. ⚘ À 8 km au sud-est de Colmar ; à Sainte-Croix, prendre la D1, direction Herrlisheim ; l'hôtel est à 3 km sur la droite. Congés annuels du 3 novembre au 31 mars. Chambres doubles de 41 à 79 € (269 à 518 F) avec bains, w.-c. et TV. Une auberge de charme (sans restaurant), installée dans un vieux moulin céréalier du XVIIe siècle. Le village se trouve dans la plaine (le Ried). Une maison tranquille, ordonnée autour d'une jolie cour intérieure fleurie avec des chambres un brin désuètes mais de bon confort. Depuis les étages, vue sur les champs de la plaine, avec au loin, la ligne (bleue ?) des Vosges, et les crêtes embrumées de la Forêt-Noire, de l'autre côté du Rhin. Bon rapport qualité-prix, c'est indéniable ! Petite expo d'arts et traditions populaires dans le bâtiment. Accueil discret (parfois même un peu trop...).

Voir aussi toutes nos bonnes et excellentes adresses d'auberges, de restos, ainsi que de chambres d'hôte, situées sur la route des Vins d'Alsace, dans un rayon de 15 km autour de Colmar. Choisir d'abord le village où vous souhaitez dormir, puis reportez-vous au chapitre concerné, à savoir les localités suivantes (toutes aussi merveilleusement alsaciennes les unes que les autres) : *Eguisheim, Turckheim, Saint-Hippolyte, Niedermorschwihr, Les Trois-Épis* (montagne), *Kaysersberg, Kientzheim*, et bien sûr *Riquewihr, Beblenheim, Ostheim, Zellenberg, Ribeauvillé, Hunawihr, Thannenkirch.* Là, on vous propose une sélection d'adresses au meilleur rapport qualité-prix-accueil. Et sachez que, de toute façon, ces villes du vignoble sont vraiment très proches les unes des autres. Donc, possibilité de rebondir facilement (sauf si vous avez fait bombance...).

Où acheter de bons produits et des souvenirs ?

🍷 ***Caveau du vigneron Robert Karcher*** *(plan D1, 50)* : 11, rue de l'Ours. ☎ 03-89-41-14-42. Ouvert tous les jours de 8 h à 12 h et de 14 h à 19 h. Visite et caveau pour la dégustation commentée par le vigneron. Une des plus vieilles caves de Colmar (elle date de 1602), curieusement située en plein centre-ville. Les Karcher traversent la circulation sur leurs tracteurs, tirant des remorques pleines de raisin venu du vignoble à l'extérieur de la ville. Mais tout le travail se fait ici, depuis des générations. Sorte de ferme, au cœur du monde urbain. Gewurztraminer au bouquet élégant et riesling d'un fruité exquis. Très bon accueil.

🍷 ***Fromagerie Saint-Nicolas*** *(plan C1, 51)* : 18, rue Saint-Nicolas. ☎ 03-89-24-90-45. Si vous n'allez pas traîner votre sac à dos dans la campagne alsacienne, notamment du côté de Munster, voilà l'endroit où trouver de bons fromages régionaux. Cette mignonne petite boutique tout en bois propose le meilleur des fromages fermiers. Affinages perso et prix, somme toute, raisonnables.

🍷 ***Boulangerie L'Artisane*** *(plan C2, 52)* : 8, rue des Tanneurs. ☎ 03-89-23-38-42. Une boulangerie qui se visite presque : la maison (à pans de bois, bien sûr) a été construite au XVIe siècle et le four à bois d'où sortent de délicieux pains spéciaux (au pavot, au sésame, etc.) date de 1841. Bon *kougelhopf*.

🍷 ***Arts et Collections d'Alsace*** *(plan C2, 53)* : 1, rue des Tanneurs. ☎ 03-89-24-09-78. Fermé le dimanche et le lundi matin. Belle boutique d'objets réédités d'après les originaux des musées d'arts et de traditions populaires d'Alsace : nappes et torchons en kelsh, chopes de bière ou pot à lait en grès... voilà qui change agréablement des cigognes en peluche et autres poupées à coiffe alsacienne. Également une autre boutique *Arts et Collections d'Alsace*, plus grande, à Strasbourg : 4, pl. du Marché-aux-Poissons (☎ 03-88-14-03-77).

Où boire un verre ? Où écouter de la musique ?

🍸 🎵 ***Rock Café*** et ***Capt'n Café*** *(plan A2, 40)* : 6, rue des Trois-Épis. ☎ et fax : 03-89-24-05-36. ● pass rock@hotmail.com ● Ouvert de 19 h à 3 h. Fermé le mardi. Y aller de préférence après 21 h. Le rendez-vous de la jeunesse locale. Vieilles pompes à essence, avion de guerre (1945) dans le grand bar, salle de billard et énorme bar en fer à cheval où l'on sert d'exquises bières françaises (11 sortes) et étrangères. À l'arrière, une salle sans musique rock comme au *Rock Café*, mais où l'on passe de la musique jazzy, latino, etc. Nos préférées parmi les bières alsaciennes : la *Dorelei* et la *Fischer Tradition*. Sinon, une inconnue à découvrir : la *Bière du Désert* (grosse bouteille portant sur l'étiquette le portrait de notre cher Lawrence d'Arabie). Concerts tous les mois de septembre à mai.

▼ *Au Croissant Doré* (plan C2, **41**) : 28, rue des Marchands. ☎ 03-89-23-70-81. Fermé le lundi. Mignon salon de thé installé dans une maison non pas Renaissance (comme on aurait pu s'y attendre dans la vieille ville) mais discrètement modern style. Quelques tables derrière une belle vitrine où boire thé ou chocolat ou grignoter tourtes, quiches, tartes flambées aux fruits.

▼ *Les Dominicains* (plan C1, **42**) : pl. des Martyrs-de-la-Résistance. ☎ 03-89-23-68-21. Ouvert de 7 h à 1 h 30. Fermé le jeudi. Terrasse dès les premiers beaux jours, soit début avril si tout va bien ! Un bar de centre-ville comme il y en a beaucoup. Sinon que tous ne disposent pas de LA terrasse où toute la ville ou presque se pose un jour au l'autre au pied de l'église des Dominicains.

▼ *Les Incorruptibles* (plan C2, **43**) : 1, rue des Écoles. ☎ 03-89-23-00-77. Comptoir en bois et salle tout en coins et recoins. Ambiance musicale plutôt blues et rock'n'roll mais sans exclusive. Ambiance tout court plutôt chaleureuse. Un des rendez-vous des motards branchés Harley (on voit souvent quelques-unes de ces rutilantes mécaniques garées devant la tranquille terrasse).

♪ *Le Grillen* (hors plan par D2, **44**) : 19, rue des Jardins. ☎ 03-89-21-61-80. ● grillen@calixo.net ● Sur le campus universitaire. La salle des musiques nouvelles (rock, rap, reggae, musiques électroniques) de Colmar. Concerts en fin de semaine. Attention, si le nom officiel du lieu est bien le *Grillen,* la dynamique fédération Hiero qui y organise la plupart des concerts continue à l'appeler le *Kraken* sur ses affiches. Programme mensuel fourni sur demande.

♪ Côté discothèques, rien d'extraordinaire à signaler, hormis le **Poisson Rouge :** à Wintzenheim. Sortie ouest de la ville. C'est la boîte qui bouge le plus en fin de semaine. Dans le *Caveau* du sous-sol, ambiance pop rock. Au *Poisson Rouge,* les amplis crachent des techno-danses incantatoires mais cardiaquement supportables...

À voir. À faire

★ *Le musée Unterlinden* (plan B1)

1, rue d'Unterlinden. ☎ 03-89-20-15-50. Fax : 03-89-41-26-22. Audiophone : ☎ 03-89-41-89-23. ♿ (rez-de-chaussée). D'avril à octobre, ouvert tous les jours de 9 h à 18 h ; de novembre à mars, tous les jours sauf le mardi, de 10 h à 17 h. Fermé le 1er janvier, le 1er mai, le 1er novembre et le 25 décembre. Entrée : 5,34 € (35 F) ; étudiants : 3,81 € (25 F) ; gratuit pour les moins de 12 ans. Installé dans un ancien couvent de dominicaines fondé en 1232, à côté d'une chapelle dédiée à saint Jean sous le Tilleul (St Johann unter der Linde), voici le Louvre de l'Alsace ! Une merveille. Un des tout premiers musées de peinture en France, avec 300 000 visiteurs par an (dont 70 % d'Allemands !). Sa collection de sculptures et de peintures rhénanes couvre la fin du Moyen Âge et la Renaissance. S'y ajoutent les départements d'archéologie, d'art populaire et d'art contemporain.

Le retable d'Issenheim, pièce maîtresse du musée, est mentionné dans tous les livres d'histoire des jeunes Allemands. Cela explique son succès outre-Rhin. Si vous n'avez qu'une petite heure à passer dans ce musée, allez directement admirer ce chef-d'œuvre, en passant par les salles 3, 4 et 5. Si vous disposez de plus de temps (il en faut), eh bien, prévoyez 2 à 3 h de visite, au moins.

Premier étage

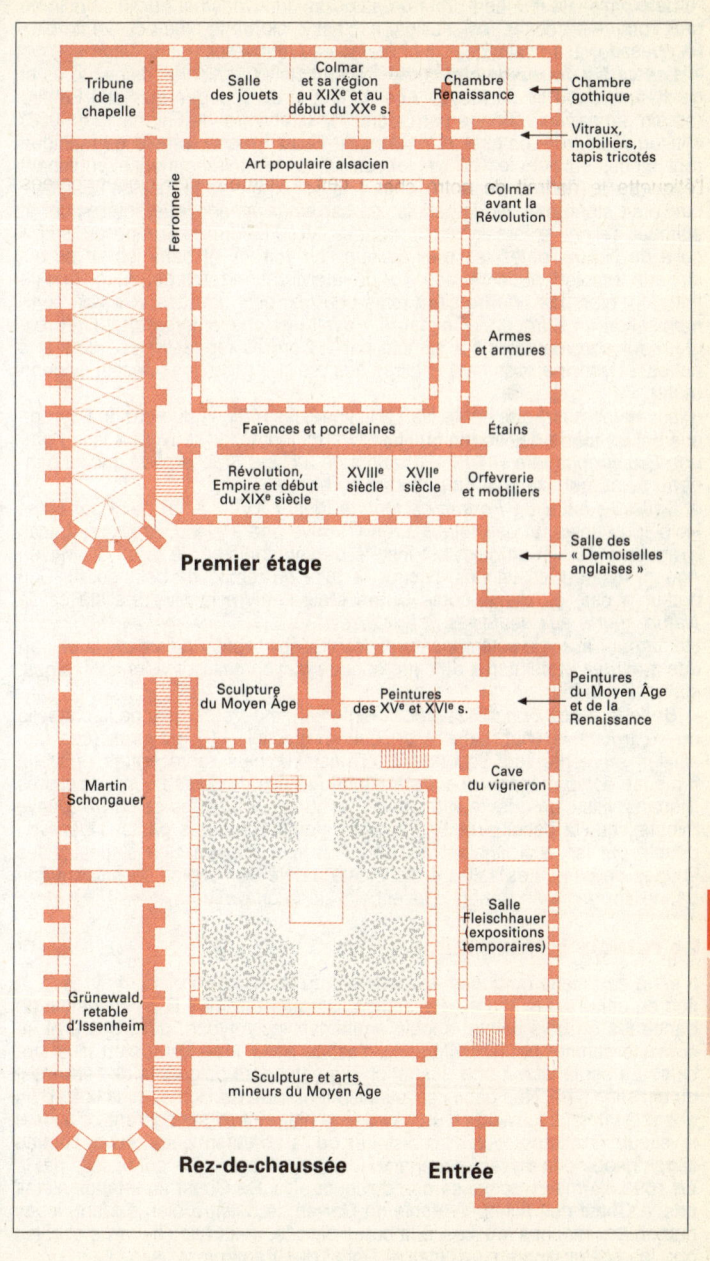

- Tribune de la chapelle
- Salle des jouets
- Colmar et sa région au XIXᵉ et au début du XXᵉ s.
- Chambre Renaissance
- Chambre gothique
- Vitraux, mobiliers, tapis tricotés
- Ferronnerie
- Art populaire alsacien
- Colmar avant la Révolution
- Armes et armures
- Faïences et porcelaines
- Étains
- Révolution, Empire et début du XIXᵉ siècle
- XVIIIᵉ siècle
- XVIIᵉ siècle
- Orfèvrerie et mobiliers
- Salle des « Demoiselles anglaises »

Rez-de-chaussée

- Sculpture du Moyen Âge
- Peintures des XVᵉ et XVIᵉ s.
- Peintures du Moyen Âge et de la Renaissance
- Martin Schongauer
- Cave du vigneron
- Salle Fleischhauer (expositions temporaires)
- Grünewald, retable d'Issenheim
- Sculpture et arts mineurs du Moyen Âge
- Entrée

COLMAR

LE MUSÉE UNTERLINDEN

L'ALSACE / LE HAUT-RHIN

– **Le cloître** : le musée s'ordonne autour de lui. Construit au XIIIe siècle en grès rose des Vosges (couleur gaie), c'est le cloître le plus achevé, le plus fin d'Alsace, avec celui des dominicains de Guebwiller.
– **Les salles du rez-de-chaussée** : ensemble exceptionnel de peintures et de statues de la fin du Moyen Âge rhénan et de l'époque du Saint Empire romain germanique. Fondé par Otton Ier le Grand (roi de Germanie en 936) afin de restaurer l'empire d'Occident, le Saint Empire romain germanique (qui prit ce nom vers le XIVe siècle) couvrait un territoire immense, englobant l'Allemagne, l'Italie centrale et du Nord, la Bohême et la France de l'Est. Colmar était alors une ville impériale, un carrefour économique, intellectuel et spirituel, reliant le Bassin méditerranéen aux Flandres, l'Europe du Sud à celle du Nord. Toutes les œuvres que l'on voit ici, et dans les salles qui suivent, témoignent de cet âge d'or de la civilisation rhénane, où le Rhin (le fleuve) n'était pas une frontière mais une des plus grandes voies de communication en Europe. À Colmar, il y avait des couvents partout. L'art religieux fut considérablement stimulé par les ordres monastiques, alors très riches, et principaux commanditaires des œuvres (avec les princes, évidemment).
Il faut savoir aussi que sur le plan artistique, les régions du nord de l'Europe avaient un siècle de retard sur l'Italie. Parmi toutes les œuvres à voir, noter une *Crucifixion* (vers 1410-1420) attribuée à Hans Stocker, très ancien panneau peint, bel exemple du gothique européen.
– **Salle 3 :** outre un *Portrait de femme* (début XVIe siècle) peint par Hans Holbein l'Ancien, et des retables, on y trouve une *Mélancolie* signée Lucas Cranach (1532). Son sujet est inspiré de l'humanisme de la fin du Moyen Âge ; il évoque les vanités, l'ennui, la fuite du temps (la balançoire). Son auteur a plus ou moins copié Dürer. Mais l'œuvre la plus réaliste est la *Nature morte aux bouteilles et aux livres*.
Remarquer aussi le côté caricatural des visages représentés dans la plupart des gravures et peintures de cette époque où l'on cultivait volontiers le pessimisme ricaneur.
– **Salle 3 (suite) :** on se rapproche lentement mais sûrement de la chapelle où se trouve le chef-d'œuvre de Grünewald. Ici, 116 gravures (des facsimilés en vérité) de Schongauer, l'artiste le plus représentatif de cette fameuse école rhénane. Il a surtout fabriqué des modèles pour les peintres rhénans. Fils d'un orfèvre, il travaillait au burin sur plaques de cuivre (quelle minutie, quelle patience !). Ses images étaient achetées par des gens du peuple qui les accrochaient aux murs de leur maison : ça s'appelle des images de piété. Les salles 4 et 5, juste à côté de celle-ci, constituent une bonne approche au retable d'Issenheim de Grünewald.

Le retable d'Issenheim

Il est à ce musée ce que la Joconde est au Louvre : sa pièce maîtresse. À voir en dehors des heures d'affluence. De quoi s'agit-il ? D'un ensemble de panneaux en bois peints, appelé également polyptyque, qui s'ouvre et se consulte comme un livre. Curieux, n'est-ce pas ? Mais c'est bien plus que cela : on est là face à une illustration dramatique et poignante de l'essentiel du christianisme. Non pas le christianisme opulent de Rome, mais la foi d'un écorché vif, les tourments d'un névrosé génial, l'intuition fulgurante d'un vrai mystique. D'ailleurs, toutes les histoires de l'art classent cette œuvre comme le flambeau de la mystique rhénane. L'écrivain Huysmans, qui passait par là en 1891, l'a mieux comprise que quiconque : « Ce Christ au tétanos n'était pas le Christ des riches, l'Adonis de Galilée, le bellâtre bien portant, le joli garçon aux mèches rousses, à la barbe divisée, aux traits chevalins et pâles que les fidèles adorent... C'était le Christ des Pauvres ».
Réalisé par Grünewald (on a encore des doutes sur son nom, et sur qui il était) vers 1510, ce retable se trouvait à l'origine dans l'église de la comman-

derie des Antonins d'Issenheim (à 4 km à l'est de Guebwiller), où il servait de maître-autel destiné à stimuler la dévotion des malades. Malades au ventre enflé, aux membres gangrenés, tous atteints du « mal des ardents », véritable fléau du Moyen Âge provoqué par l'ergot de seigle (parasite de la céréale). Ils vénéraient les reliques de saint Antoine et se rendaient donc en priorité chez les antonins (logique !), dont les commanderies se multiplièrent. Et grâce aux nombreuses offrandes, nos chers pères antonins se retrouvèrent très vite avec une fortune en main. D'où la facilité qu'ils avaient à passer de pareilles commandes aux artistes du monde rhénan. Ce petit topo pour vous expliquer comment une telle œuvre a pu voir le jour dans un coin perdu au pied des Vosges ! Après la Révolution (1793), le retable arrive à Colmar, et il entre au musée en 1852. Il échappe aux guerres, est enfermé à la pinacothèque de Munich entre 1917 et 1919, caché dans le Périgord lors de l'occupation de l'Alsace par les nazis (1939-1945), puis dans les caves du château du Haut-Kœnigsbourg, avant de rejoindre son musée de départ.

Le premier panneau du retable montre la Crucifixion encadrée de deux petits panneaux représentant à gauche saint Sébastien troué de flèches (avec un curieux visage indifférent à la douleur) et à droite saint Antoine. Saint Jean Baptiste (debout en rouge à droite) montre du doigt le Christ en disant : « Lui il faut qu'il grandisse, moi que je devienne plus petit ». La scène est d'un réalisme plutôt morbide : observez les mains et les plaies du Crucifié, la blancheur cadavérique de la Vierge Marie, la couleur du ciel, le sang qui coule de l'Agneau comme d'un vulgaire robinet... L'angoisse ! Bref, de nos jours Grünewald aurait été un grand metteur en scène de films d'horreur !

À l'origine, le retable s'ouvrait devant les dévots pour qu'ils puissent suivre la suite de l'histoire. Aujourd'hui, le visiteur peut admirer l'ensemble des panneaux déployés. Derrière la Crucifixion, le retour de l'espoir et la victoire de la vie sur la mort sont représentés au travers de l'Annonciation, le Concert des Anges, la Nativité et la Résurrection. Les derniers panneaux présentent des scènes de la vie de saint Antoine. On peut aussi voir le fond du retable sculpté par Nicolas de Haguenau, vers 1500.

– *Au sous-sol :* collections remarquables d'art moderne où l'on est surpris de trouver des œuvres de Braque, Picasso, Renoir, Vasarely, Rouault, Mathieu, Léger... Également deux salles consacrées à l'archéologie régionale.

– *Au 1er étage :* plusieurs salles consacrées à l'histoire de Colmar et aux traditions alsaciennes. Très beau et très bien fait : ne pas manquer d'admirer les reconstitutions d'intérieurs, et le salon des Demoiselles anglaises (XVIIIe siècle), les magnifiques armoires (notamment l'armoire des Ribeaupierre du XVIIe siècle, et cet étonnant poêle en faïence du XVIIIe siècle, avec des décors de paysages de couleur bleue (que nos banals radiateurs semblent laids à côté de ce chef-d'œuvre !).

La vieille ville

Elle a été miraculeusement épargnée par les terribles combats de la Poche de Colmar, qui permirent la libération de la ville en février 1945. À découvrir à pied, évidemment, au rythme lent des flâneurs inspirés, en ayant toujours soin de marcher la tête en l'air pour mieux admirer les innombrables détails architecturaux, preuves du raffinement et de la richesse de la civilisation rhénane. La ribambelle de maisons à colombages aux murs peints de toutes les couleurs, les toitures des églises et des maisons patriciennes, les façades opulentes des demeures bourgeoises de l'âge d'or, particulièrement reconnaissables à leurs oriels (sortes d'avancées sur le dehors permettant naguère de capter plus de lumière et d'y installer un coin de prière ou de travail) et bien d'autres choses encore comme les sculptures de fenêtres et de portes, les enseignes commerçantes à l'ancienne.

La vieille ville a gardé sa « marque de fabrique » et n'a pas été défigurée. Plus petite que Strasbourg, donc plus à taille humaine, plus ramassée sur elle-même que Mulhouse, ouverte sur le vignoble tout proche, Colmar semble née pour être aimée des poètes urbains. D'autant qu'on s'y balade aussi avec ravissement la nuit.

Initiative unique en France : les vendredis et samedis, tous les jours pendant le festival de musique et les fêtes de fin d'année, dès la tombée de la nuit, la vieille ville s'éclaire comme un décor de théâtre ou de cinéma. 800 points de lumière commandés par ordinateur soulignent discrètement les détails architecturaux des façades, baignent les petits ponts d'un doux halo vert, nimbent de bleu les toitures. Couleurs ou intensités lumineuses changent au fil des heures. C'est beau, Colmar la nuit !

À noter que tous les noms de rues portés sur les panneaux sont rédigés en français et en alsacien (et non en allemand, ce que l'on est tenté de penser vu la parenté entre l'allemand et le dialecte alsacien).

Notre balade commence sur la place du musée Unterlinden. Compter environ une journée pour tout voir sans vous presser, 2 jours en prenant votre temps, 3 jours et plus si vous voulez tout savoir de Colmar, après être tombé amoureux du centre ancien.

★ **La maison des Têtes** *(plan B1)* : au n° 19 de la rue des Têtes, donc tout près du musée Unterlinden. Abrite aujourd'hui un restaurant gastronomique réputé, ainsi qu'un hôtel. Des têtes ? Il y en a partout, sous forme de masques grotesques sculptés sur la façade de cette merveilleuse maison Renaissance de 1609. Elle est si belle, si opulente, qu'elle ressemble à un palais plus qu'à une demeure bourgeoise. Elle possède l'un des plus beaux oriels d'Alsace.

★ **L'église des Dominicains** *(plan B1)* : pl. des Dominicains. ☎ 03-89-24-46-57. De fin mars à fin décembre, ouvert tous les jours de 10 h à 13 h et de 15 h à 18 h. Entrée : 1,22 € (8 F) ; étudiants : 0,91 € (6 F). Avec celle de Guebwiller, elle est l'exemple le plus représentatif de l'architecture des ordres mendiants. Sa première pierre fut posée en 1283 par le roi Rodolphe Ier de Habsbourg et sa dernière vers la moitié du XIVe siècle. Architecture très dépouillée, avec des plafonds de bois et de hautes colonnes très fines et sans chapiteaux (c'est rare), ce qui donne une excellente acoustique. Autour des deux piliers, on voit encore le dallage d'époque. Beaux vitraux du début du XIVe siècle.

Elle abrite également un chef-d'œuvre : *La Vierge au buisson de roses,* de Martin Schongauer. Ce tableau de 1473 montre le raffinement de son art, symbolique et mystique. L'influence flamande transparaît dans le visage ovale de la Madone, ses mains d'une extrême finesse, sa peau laiteuse. Remarquer le rouge-gorge, l'oiseau de la Passion du Christ (une légende dit qu'un rouge-gorge se serait posé sur sa couronne d'épines). Quant à la roche blanche, c'est la fleur de la mort car la mort « répand des pétales »... Pour l'anecdote, ce tableau fut volé en 1972, au grand dam des Colmarois, et retrouvé un an plus tard chez un receleur lyonnais...

Il existe une copie du tableau au musée Isabella Steward Gardner de Boston.

★ **La Bibliothèque municipale** *(plan B1)* : 1, pl. des Martyrs-de-la-Résistance. ☎ 03-89-24-48-18. Ouvert tous les jours sauf le dimanche, de 9 h à 12 h et de 14 h à 18 h 30 (18 h le samedi). Accolée à l'église des Dominicains. Connue pour son fonds ancien (plus de 2 500 incunables et quelque 1 200 manuscrits), elle occupe les anciens bâtiments conventuels des dominicains. Seul rescapé de la reconstruction du XVIIIe siècle, un paisible cloître gothique aux discrètes fresques du XVe siècle (accès libre).

★ **La collégiale Saint-Martin** *(plan C2)* : sur la place de la Cathédrale. Ouvert du lundi au samedi de 8 h à 19 h (18 h 30 les mardis et jeudis) et le dimanche de 14 h à 19 h. Entrée gratuite. Elle ne fut cathédrale que sous la

Révolution. De style gothique (XIIIe et XIVe siècles), construite en grès jaune de Rouffach (d'où son aspect extérieur presque méridional sous le soleil de la fin d'après-midi), elle est surtout intéressante pour sa belle toiture d'ardoise, colorée et vernissée.

La tour sud, reconstruite dans le style Renaissance, culmine à 71 m. Une anecdote amusante : jusqu'à la Première Guerre mondiale un gardien y vécut, dans un logement aménagé à la base de la flèche. Il surveillait la ville, de jour comme de nuit, alertant les gens d'en-bas en cas de danger ou d'incendie. Mais le brave homme, haut perché, était cordonnier de son état. Aussi, pour ne pas abandonner sa noble activité, il utilisait une longue corde pour hisser son ravitaillement mais surtout les chaussures de ses clients.

L'intérieur de la collégiale, hormis l'orgue Felsberg (et son buffet Silbermann de 1755), est assez sobre et plutôt sombre.

– *Autour de la collégiale Saint-Martin :* c'est le « Triangle d'or » du vieux Colmar. Ce quartier compris entre la Grand-Rue, la rue des Têtes et la rue des Clés abrite un nombre exceptionnel de monuments du Moyen Âge et de la Renaissance rhénane.

★ *L'ancien corps de garde (plan C2) :* un des joyaux de l'architecture de la Renaissance sur le Rhin supérieur. La façade nord donne sur la place de la collégiale Saint-Martin et comporte une étonnante loggia encadrée de colonnes toscanes. Juste à côté, la *maison Adolph*, excellent exemple d'architecture civile gothique (remarquez les fenêtres en ogive). En passant sous les arcades de l'ancien corps de garde (où se tenait autrefois le marché aux noix), on gagne la rue des Marchands.

★ *La rue des Marchands (plan B-C2) :* une des rues les plus intéressantes du vieux Colmar (en partie piétonne). Commerçante et très animée. On y trouve quelques superbes maisons Renaissance (voir ci-dessous). Ici et là, des portails donnent accès à des cours ou à des passages, comme au n° 3, où un petit passage couvert conduit à la cour-jardin du Hattstatterfhof, ancien (XIVe siècle) hôtel des seigneurs de Hattstatt.

★ *La maison Pfister (plan C2) :* à l'angle de la rue des Marchands et de la rue Mercière. La maison la plus célèbre de Colmar, que certains considèrent comme la plus belle d'Alsace. Construite en 1537 par le chapelier Ludwig Scherer, originaire de Besançon, qui s'était enrichi grâce à l'exploitation des mines d'argent du val de Lièpvre. Subtil et harmonieux mélange de pierre et de bois. Outre sa tour d'escalier, ce qui frappe le plus c'est ce superbe oriel à deux étages communiquant avec une galerie de bois abondamment fleurie. Des médaillons sculptés sur la façade représentent les empereurs Maximilien, Charles Quint et Ferdinand Ier. Les murs sont couverts de scènes peintes évoquant les vertus chrétiennes (Amour, Espérance, Foi...), des évangélistes et des scènes de l'Ancien Testament.

– Attenante à la maison Pfister (au n° 9 de la rue des Marchands), une autre remarquable maison à pans de bois, du XVIe elle aussi. Dite *Zum Kragen* (au collet), son poteau d'angle est orné d'une statue en bois polychrome représentant un drapier barbu.

★ *La rue Schongauer (plan C2) :* à la hauteur de la maison Pfister, elle relie la rue des Marchands à la rue des Augustins. Ainsi nommée parce que le célèbre peintre Schongauer y aurait vécu de 1477 à 1490 (ce qui reste apparemment à prouver...). Juste à droite, au début de la rue, en face de la maison Pfister, élégante demeure gothique dite *Huselin Zum Swann* (petite maison du Cygne), possédant le plus vieil oriel de Colmar (fin XVe siècle).

★ *Le musée Bartholdi (plan C2) :* 30, rue des Marchands. ☎ 03-89-41-90-60. Fax : 03-89-23-50-77. Ouvert tous les jours sauf le mardi, de 10 h à 12 h et de 14 h à 18 h. Fermé en janvier, en février, ainsi que les 1er mai, 1er novembre et 25 décembre. Entrée : 3,96 € (26 F) ; réductions ; gratuit pour les moins de 12 ans. C'est dans cette demeure cossue du vieux Colmar qu'est né Frédéric Auguste Bartholdi (1834-1904), le créateur de la statue de la Liberté de New York et du fameux Lion de Belfort. Son appartement parisien a été reconstitué au premier étage du musée. Au travers de ses dessins de jeunesse, on découvre un homme passionné par les voyages. Il aurait rapporté, semble-t-il, les premières photographies du Yémen en 1856 ! Installé à Paris à partir de 1850, il effectua aussi de nombreux voyages aux États-Unis, pour la conception de la statue de la Liberté puis lors de l'inauguration de l'œuvre.

Le deuxième étage présente son œuvre américaine, par laquelle il a connu la gloire, en pleine IIIe République. On y apprend que *La Liberté éclairant le monde* dominant le port de New York est une œuvre issue d'un premier projet de statue-phare destinée à l'origine au canal de Suez. Les traits de cette immense statue – carte postale yankee mondialement connue – auraient, d'après la légende, été inspirés par le visage de... Mme Bartholdi, sa mère. Bref, toujours est-il que le jour de l'inauguration de la statue de la Liberté à New York, le 28 octobre 1886, un orateur s'écria : « C'est de Colmar que nous vient cette déesse ! » (Pas la mère de l'artiste, mais la statue bien sûr...)

Une dernière anecdote, celle-là méconnue, il s'agit de l'origine du mot « gadget ». Savez-vous que celui-ci vient des établissements *Gaget, Gauthier et Cie,* qui fabriquèrent les pièces de cuivre pour la belle statue. Puis M. Gaget eut la bonne idée (lucrative en vérité) de commercialiser des répliques miniatures que le public américain baptisa rapidement « gadgets ».

★ **L'ancienne douane ou Koïfhus** *(plan C2)* **:** sur la Grand-Rue, au débouché de la rue des Marchands, en plein cœur donc du vieux Colmar, voici sans doute le plus remarquable monument public de la ville. Au Moyen Âge, le rez-de-chaussée abritait des entrepôts pour les commerçants et des bureaux de douane (les douaniers y taxaient les marchandises transitant par Colmar), tandis qu'au premier étage se réunissaient les députés de la Décapole. Commerce et politique sous le même toit !

Avant l'annexion de l'Alsace à la France, la Décapole était une sorte d'association de dix villes alsaciennes (Colmar, Haguenau, Wissembourg, Obernai, Sélestat, Kaysersberg, Rosheim, Munster, Mulhouse et Turckheim) regroupées afin de mieux s'entraider sur le plan de la sécurité (beaucoup de bandits sur les routes !), de la défense et de la justice. Son objectif essentiel était de préserver l'indépendance des villes alliées. Un bel exemple de solidarité entre villes !

Le corps principal du Koïfhus date de 1480, la seconde partie ayant été ajoutée à la fin du XVIe siècle. Et le Koïfhus vient de retrouver la balustrade ajourée (déposée en 1976) qui court tout autour de la toiture en tuiles vernissées (plus bourguignonne qu'alsacienne, en fait).

Sur la place derrière le Koïfhus, la *fontaine Schwendi* (1897), exécutée par Bartholdi (encore lui !), rappelle l'histoire du baron Lazare de Schwendi, commandant de l'armée impériale, qui affronta en Hongrie en 1566 l'armée turque de Soliman le Magnifique. Selon une tradition ancienne mais contestée, il aurait introduit le cépage du tokay en Alsace après avoir découvert de succulents raisins dans la région de Tokaj justement, au nord-est de la Hongrie. Si c'est vrai, cela prouve qu'il n'avait pas mauvais goût, le bougre !

★ **La place du Marché-aux-Fruits** *(plan C2)* **:** à côté du Koïfhus. Elle est bordée par l'imposant, et non moins élégant, palais de justice (XVIIIe siècle), naguère palais du Conseil souverain d'Alsace (le parlement régional jusqu'à la Révolution). Sur le côté droit (rue des Augustins) de la façade, une niche abrite une copie du Manneken Pis offerte par la municipalité de Bruxelles, à la Libération, en souvenir des souffrances communes des deux villes.

À l'angle du marché aux Fruits et de la Grand-Rue, la belle *maison Kern,* à pignons, typique de la Renaissance rhénane. Remarquez la sculpture en trompe l'œil.

— Autres belles maisons dans le quartier : la *maison au Fer rouge*, juste à côté du Koïfhus (au n° 52 de la rue des Marchands), qui se reconnaît à son étoile à six branches, emblème des brasseurs, la *maison Sandherr* (à l'angle de la rue de l'Église et de la Grand-Rue) avec un oriel richement décoré, ou la *maison des Arcades* qui s'allonge du n° 11 au n° 19 Grand-Rue, de style Renaissance.

★ **Le temple Saint-Matthieu** *(plan C2) :* accès par le portail latéral sud, pl. du 2-Février. ☎ 03-89-41-44-96. Ouvert du 22 avril au 1er mai, le 8 mai, du 15 au 27 juin et du 16 juillet au 15 octobre de 10 h à 12 h et de 15 h à 17 h. Ancienne église conventuelle des franciscains, de style gothique (XIVe siècle), affectée au culte protestant depuis 1575 (ça ne date pas d'hier), puis rendue au culte catholique en 1715. Elle est surtout intéressante pour son *buffet d'orgue Silbermann* (XVIIIe siècle). On ne visite que le chœur qui accueille, l'été, les concerts du festival international de Colmar.

★ **Le musée animé du Jouet et des Petits Trains** *(plan D1) :* 40, rue Vauban. ☎ 03-89-41-93-10. Fax : 03-89-24-55-26. • www.musee-jouet.com • ♿ Ouvert de 10 h à 12 h et de 14 h à 18 h ; en juillet et en août, ouvert de 10 h à 18 h. Fermé le mardi. Entrée : 3,81 € (25 F) ; réductions. On y découvre des automates, des poupées anciennes (impressionnante collection, ainsi qu'une importante rétrospective de poupées Barbie), des avions, un exceptionnel réseau (plus d'un kilomètre !) de trains électriques...
Ancien cinéma Vauban, avec son ancienne structure à étages, ce musée animé a été créé en 1993. Sur trois niveaux, il vous fait entrer dans le rêve, avec notamment des scènes des contes de Perrault (imposant carrosse de Cendrillon) et des fables de La Fontaine. Un monde étrange et fascinant, parfois froid et mécanique, et pourtant gorgé de souvenirs d'enfance merveilleux pour les plus vieux, de découverte gloutonne pour les plus jeunes. Ce qu'on aurait aimé avoir ces jouets-là ! Intéressantes expos temporaires.

★ **Le quartier des Tanneurs** *(plan C2) :* entre la vieille ville et la Petite Venise, la rue des Tanneurs et la petite rue des Tanneurs montrent de beaux alignements de maisons à pans de bois. Impossible de ne pas remarquer leur exceptionnelle hauteur : elles sont coiffées de plusieurs séries de greniers où autrefois séchaient les peaux.

★ **La Maison des Chevaliers de Saint-Jean** *(plan C2) :* 10, rue Saint-Jean. Remplacer cette petite rue tranquille par un canal et vous êtes à Venise (la vraie, pas la Petite !). Parce que ce bâtiment est très italianisant avec ses deux ailes reliées par deux étages de galeries à arcades. Dommage, ce n'est pas l'original (démonté pour être reconstruit en Allemagne, paraît-il) mais une reconstitution du XIXe siècle.

★ **La rue Berthe-Molly** *(plan B-C2) :* rue paisible (un peu hors circuits touristiques), bordée d'hôtels particuliers des XVIIe et XVIIIe siècles. Au n° 12, une cour abrite quelques beaux vestiges de la célèbre brasserie *Molly*, typique de l'architecture métallique du XIXe siècle, une maison du XVIIIe siècle et une longue loggia en bois de 1598. Juste à côté (au n° 10), la maison où résida Voltaire lors de son séjour à Colmar (13 mois en 1753-1754). « J'habite une vilaine maison dans une vilaine ville... », écrivit-il. Culotté quand même de dire ça... mais c'est vrai que ce brillant homme avait des goûts d'enfant gâté.

★ **Le quartier sud** *(plan B-C3) :* à deux pas de la Petite Venise (accès depuis la place des Six-Montagnes-Noires) et pourtant superbement ignoré des touristes. Agréable zone résidentielle surnommée ici le « quartier des millionnaires » et, à découvrir, quelques-unes des superbes villas du début du XXe siècle (notamment au 7, rue Bartholdi, ou au n° 5, rue des Américains) qui jalonnent ses larges rues, vous comprendrez pourquoi...

La Petite Venise *(plan B-C3)*

Plusieurs petits canaux dérivés de l'Ill irriguent cette partie du centre ancien, lui donnant énormément de charme et un je-ne-sais-quoi de romantique, surtout à l'automne et au printemps. Moins en été car il y a trop de monde à notre goût! Voici d'émouvantes maisons à colombages, aux murs peints (de plusieurs couleurs) débordant de bacs à fleurs plantés des traditionnels géraniums d'Alsace, avec d'adorables fenêtres médiévales ouvrant discrètement sur les eaux tranquilles, des coins et des recoins ombragés, aussi mignons que dans un village de poupées. On se croirait, c'est vrai, dans une Venise nordique en miniature (c'est quand même très petit), mais ici on ne vit pas au rythme des gondoles (quelques barques seulement), plutôt à celui des *winstubs*, de la bière et de la choucroute. Cette Petite Venise-là n'a rien de morbide.

En bateau, la Petite Venise se découvre au rythme serein des rames sur la douce et paisible Lauch. En une demi-heure, on vous fait la visite historique commentée des belles maisons à colombages. Renseignements à la société *Sweet Narcisse* (ne vous mirez pas trop dans les eaux colmariennes, vous risqueriez de vous y perdre!), 20, rue de la Herse. ☎ 03-89-41-01-94. Fax : 03-89-80-07-39. L'embarquement se fait rue de la Herse, juste à côté du *Caveau Saint-Pierre*.

À pied, la Petite Venise se découvre sans empressement en moins d'une heure. Notre balade débute sur la place des Six-Montagnes-Noires, au débouché de la Grand-Rue et de la rue Turenne.

Ceux qui connaissent les illustrations de Hansi retrouveront ici un de ses endroits de prédilection.

★ **Vue du petit pont sur la Lauch** *(plan C3)* **:** à 20 m de la place des Six-Montagnes-Noires, rue Turenne. C'est la plus belle carte postale de Colmar, avec le canal ombragé baignant une série de merveilleuses maisons à colombages, dont la très chic hôtel *Le Maréchal* (*Romantik Hotel*, une chaîne allemande d'auberges de charme).

Un chemin pédestre longe la Lauch, permettant de rejoindre le boulevard Saint-Pierre. *Very romantic* et idéal pour faire une déclaration d'amour à la demoiselle (ou au damoiseau) de votre vie. Pour cela, prendre à droite la petite et sympathique rue de la Herse, continuer le chemin en direction du restaurant *Le Caveau Saint-Pierre* (voir « Où manger ? »). Très agréable endroit, un îlot de calme et de verdure. De là, rejoindre la place des Six-Montagnes-Noires par la rue du Manège. Ensuite, retraverser le pont sur la Lauch et suivre le quai de la Poissonnerie.

★ **Le quai de la Poissonnerie** *(plan C3)* **:** un de nos coins préférés dans la Petite Venise. En fait, on est déjà, après quelques pas, à l'ouest du quartier de la Krutenau (tout cela est intimement ramassé dans un mouchoir de poche). Tout au long du quai, une kyrielle de maisons à colombages, aux murs colorés, et fort bien restaurées. Au n° 20, une... poissonnerie, un peu planquée au fond d'un long couloir où veille la caissière. Un endroit un peu hors du temps (et qui, même si on ne rapporte pas toujours de poisson dans ses bagages, présente un beau choix).

Du quai, un petit pont gagne l'ancienne halle du Marché, aujourd'hui transformée en un très bête parc de stationnement.

★ **Le Muséum d'Histoire naturelle et d'Ethnographie** *(plan C3)* **:** 11, rue Turenne. ☎ 03-89-23-84-15. Fax : 03-89-41-29-62. • shnecolmar@rmcnet.fr
• Ouvert du 15 février au 15 décembre le lundi et du mercredi au samedi de 10 h à 12 h et de 14 h à 17 h, et le dimanche de 14 h à 18 h. Fermé le mardi. Entrée : 3,81 € (25 F) ; enfants à partir de 8 ans et étudiants : 1,83 € (12 F) ; tarif réduit sur présentation du *Guide du routard* de l'année.

On a toujours eu un petit faible pour les musées d'histoire naturelle : c'est notre côté Tintin. Car certains fossiles, certaines carcasses d'animaux empaillés suscitent une drôle de curiosité et invitent à une rêverie, mi-loufoque, mi-surréaliste. On s'imagine soi-même empaillé, ou bien enfoui dans une mine de pierres précieuses... Bref, ici le premier niveau est consacré à la faune régionale (grand tétras, cigognes, lynx). Le second niveau présente des ribambelles de minéraux, de roches et de cristaux, de vraies merveilles provenant des mines de Sainte-Marie-aux-Mines (se reporter à ce chapitre).

Comme c'est un musée qui bouge pas mal, vous tomberez sûrement sur une exposition sympathique et fort instructive. Tous les ans, un thème différent est choisi par le conservateur qui imagine par exemple une balade dans l'histoire égyptienne pour faire découvrir l'univers des coptes aux petits Colmariens, et aux autres.

Ce petit musée qui ne paie pas de mine (même si on en trouve beaucoup) est donc un joyau pour celui qui s'y arrête, et s'inscrit dans le circuit historique de la vieille ville.

Marchés

– **Marché :** s'il y en a plusieurs en ville, notre préféré est celui du samedi matin, sur la place Saint-Joseph, dont l'ambiance, dès que le soleil pointe, est quasi provençale.
– **Marché de Noël :** de fin novembre à début janvier. La plus alsacienne des villes alsaciennes se devait d'avoir son marché de Noël. Elle en a même quatre ! Deux marchés de Noël traditionnels, place des Dominicains (avec village de maisonnettes en bois) et place de l'Ancienne Douane (installé dans le Koïfhus), un marché pour les enfants, place des Six-Montagnes-Noires, et, jusqu'à l'Épiphanie, le marché aux Rois Mages.

Festival

– **Festival international de Colmar :** tous les ans, la 1re quinzaine de juillet. Renseignements : ☎ 03-89-20-68-97. Un des plus importants festivals européens de musique classique. Sous la direction artistique du violoniste et chef d'orchestre d'origine russe Vladimir Spivakov, il rend chaque année hommage à un musicien qui a marqué ou marque encore son époque : Glenn Gould, Yehudi Menuhin, Leonard Bernstein, Joseph Fzigeti, etc. Programmation d'artistes renommés et de nouveaux talents.

LA ROUTE DES VINS D'ALSACE

DE SÉLESTAT À COLMAR

SAINT-HIPPOLYTE (68590) 1 070 hab.

À 9 km au sud-ouest de Sélestat (Bas-Rhin), Saint-Hippolyte est le premier village du Haut-Rhin sur la route des Vins d'Alsace, lorsque l'on vient du nord, en allant vers le sud. Aujourd'hui, les limites départementales n'ont plus qu'une importance administrative. Mais autrefois, on ne plaisantait pas avec les frontières, surtout quand elles servaient de butoirs à des puissances rivales comme la France, la Lorraine, la république de Strasbourg (s'il vous plaît) et le Saint Empire romain germanique. D'ailleurs, ce bon village de la plaine, niché sur les contreforts des Vosges, en sait quelque chose, puisqu'il était situé, précisément, au carrefour de toutes les discordes

L'ALSACE / LE HAUT-RHIN

et des ambitions. Pour se défendre, il s'entoura de murailles, ces murailles dont on peut admirer aujourd'hui les vestiges sur la gauche de la route D1B, juste à l'entrée du bourg en venant de Sélestat.

Un chemin balisé dit « Chemin Wall » permet de faire le tour extérieur des fortifications (voir la tour des Cigognes, ronde avec un toit pointu). Le village est renommé pour son « rouge de Saint-Hippolyte » qui est en fait un pinot noir. Une route étroite et sinueuse monte au Haut-Kœnigsbourg, dont la silhouette romantique émerge au-dessus des versants boisés.

Ce mignon petit village possède le charme d'Hunawihr et des autres villages de la route des Vins, sans les inconvénients. Avec ses géraniums et ses maisons peintes, il évoque un décor digne de *Blanche-Neige et les sept nains*. On se demandait d'ailleurs où les auteurs du *Petit Poucet* et autres contes avaient trouvé leur inspiration, il suffit de visiter ces villages pour avoir la réponse ! Saint-Hippolyte, donc, constitue une très bonne approche de cette région. On savoure ses ruelles, sa mignonne église et la gentillesse de ses habitants.

Adresse utile

Bureau Info Tourisme : au 1er étage de la mairie. ☎ 03-89-73-00-13. Du 1er mai au 30 septembre, ouvert du lundi au vendredi de 8 h à 12 h et de 13 h 30 à 17 h 30 (17 h le vendredi) ; le reste de l'année, le matin uniquement. Fermé les samedis et dimanches. Petite doc de base sur le coin dont un guide des promenades et randonnées autour de Saint-Hippolyte.

Où dormir ?

Chambres d'hôte chez Anne-Marie Lesieur : 73, route du Vin. ☎ et fax : 03-89-73-01-20. Chambres doubles à 38,11 € (250 F), petit déjeuner compris ; salle de bains commune. On accède à la partie chambres d'hôte en passant par une ruelle située à droite de la maison, au bord de la route, mais au calme. On découvre alors en face un très beau porche en bois à moitié délabré, très pittoresque (rassurez-vous, on ne va pas vous faire dormir là-dedans !). En entrant, une odeur de propre chatouille les narines. 3 chambres doubles, deux à l'étage (1 rose, 1 saumon, claires, agréables, propres et soignées). La meilleure est au rez-de-chaussée ; toute bleue, elle donne sur un jardin d'hiver fleuri toute l'année. Anne-Marie est adorable, c'est une adresse sûre.

Chambres d'hôte chez Jean-Pierre Lambert et Patricia Entzman : 38, rue du Collège. ☎ 03-89-73-02-59. Chambres doubles à 35,06 € (230 F) avec douche et w.-c. Une autre bonne adresse de ce charmant village. Encore une fois, pourquoi s'agglutiner à Riquewihr alors que d'autres villages tout aussi agréables ne demandent qu'à vous accueillir ? Ici, 2 chambres avec salle de bains rénovée sont à disposition. Possibilité de prendre le petit déjeuner sur place, mais on peut aussi partir à la découverte du vignoble tôt le matin pour apprécier les rayons du soleil levant sur les vignes dorées de fin août... ou faire une petite marche à l'ombre des arbres en fleurs (et pas des jeunes filles !) vers le château du Haut-Kœnigsbourg. Sur présentation de votre *Guide du routard* de l'année, une bouteille de crémant d'Alsace vous sera gracieusement offerte à partir de 2 nuits.

BERGHEIM (68750) 1 850 hab.

Une des petites villes les plus typiques d'Alsace, et pourtant une des mieux préservées de l'invasion touristique. Presque oubliée même. Il se murmure dans le coin que c'est à cause de la mauvaise réputation que Bergheim (prononcez « Berqueim » avec un « que ») se coltine depuis ces époques lointaines où elle était « ville ouverte » et où l'on y jugeait les sorcières... Quoi qu'il en soit, voilà un de nos coins préférés de la route des Vins. C'est en venant de Saint-Hippolyte et de Rorschwihr que l'on a le meilleur point de vue sur cette incroyable petite cité encore ceinturée de sa ligne de fortifications. Ici, peu de traces du modernisme sur les façades des maisons, merveilleusement entretenues, amoureusement bichonnées, délicieusement fleuries. Rien de galvaudé et de méchamment défigurant dans ce paysage urbain d'une homogénéité déconcertante. À Bergheim, on remonte le temps pour atterrir en plein âge d'or de la civilisation rhénane (ni vraiment la France, ni tout à fait l'Allemagne, mais une fusion des deux !).

Adresse utile

Maison du Pays - Point Info Tourisme : pl. du Marché. ☎ 03-89-73-31-98. Ouvert en saison uniquement.

Où dormir ? Où manger ?

Chambres d'hôte chez Aimé Dintzer : 10, route du Vin, 68750 Rorschwihr. ☎ et fax : 03-89-73-74-48. À peine à 2 km de Bergheim par la D1B, vers Saint-Hippolyte. Fermé du 15 novembre au 1er avril. Chambres avec douche et w.-c. à 38,11 € (250 F) pour deux, 42,68 € (280 F) pour trois, petit déjeuner compris. Dans une maison néo-alsacienne récente et confortable, située au bord de la rue principale du village. Les chambres (avec ou sans balcon), impeccables et joliment décorées, donnent sur l'arrière de la maison où l'on aperçoit une sorte de hangar de ferme. Calme et agréable. Les hôtes disposent d'une entrée indépendante, ce qui ne veut pas dire qu'ils doivent se permettre de chanter La Marseillaise à 4 h après avoir bu quelques verres de trop, les Dintzer risqueraient de se fâcher ! Petit cadeau offert à partir d'une semaine de séjour pour nos lecteurs sur présentation du Guide du routard de l'année.

La Mosaïque : 28, Grand-Rue. ☎ 03-89-73-77-45. Fermé le mardi hors saison et tous les soirs hors juillet et août ; congés annuels une semaine en juin, 10 jours en septembre et de fin janvier à début février. Menus de 10 à 15 € (66 à 98 F). Quelques tables dans le coin d'une moderne petite boulangerie-pâtisserie. Comme cadre, on a connu mieux, mais l'accueil est gentil tout plein et la cuisine d'un joli rapport qualité-prix, bien travaillée, de la simple omelette à quelques petits plats plus innovants. Gros point noir : l'eau du robinet facturée ! (à la décharge des proprios, cette pratique est partagée par quelques-uns de leurs collègues dans le coin...).

Plus chic

Chez Norbert : 9, Grand-Rue. ☎ 03-89-73-31-15. Fax : 03-89-73-60-65. Parking payant. Restaurant ouvert uniquement le soir ainsi que le dimanche midi ; fermé le lundi en saison, le lundi et le mardi hors saison; congés annuels en mars. Chambres doubles (TV) à 68,60 € (450 F) avec bains et w.-c. Menus de 24,39 à 48,78 € (160 à 320 F). Hôtel-restaurant installé dans un ancien domaine viticole. Une lourde porte de bois cache cette maison à pans de bois ordonnée autour d'une adorable cour intérieure où l'on mange aux beaux jours. Chambres, pour la plupart mansardées, pas désagréables (même si un peu trop contemporaines pour le cadre) et de bon confort. Salle à manger éminemment rustique et cuisine de terroir revisitée avec un petite pointe d'audace.

À voir

★ *La porte Haute :* c'est en principe par là que l'on entre en ville. Date du XIVe siècle.

★ *Les superbes maisons :* à découvrir à pied en prenant la Grand-Rue et en gagnant la place du Marché avec sa mairie de 1762, sa fontaine et ses demeures anciennes fleuries.

★ *L'église :* gothique, elle abrite une peinture murale du XIVe siècle.

★ *La Maison des Sorcières :* dans l'ossuaire près de l'église. Du 1er mai au 30 juin et du 5 septembre au 1er novembre, ouvert les dimanches et jours fériés de 14 h à 18 h; du 1er juillet au 29 août, du mercredi au dimanche de 14 h à 18 h. Entrée : 1,52 € (10 F). Petit mais passionnant musée, en constante évolution. Il dresse un panorama de l'Alsace aux XVIe et XVIIe siècles autour de la reconstitution du procès de Catherine Bassler, jugée pour sorcellerie le 13 avril 1630 à Bergheim. Intéressante section consacrée aux peurs des communautés rurales de l'époque, où l'on saisit bien que toutes les sociétés ont, à un moment de leur histoire, besoin de se trouver des boucs émissaires...

★ *Les anciennes fortifications :* médiévales mais admirablement conservées. Un sentier permet d'en faire le tour (en un gros quart d'heure). Petite balade sympa jalonnée d'une série de grosses tours rondes aux noms évocateurs (tour des Sorcières, de la Poudrière, des Munitions...), de mignons jardinets installés dans le creux de l'ancien fossé entourant la cité.

Manifestation

– *Un été à Bergheim :* en juillet et août. Animations quotidiennes; contes et théâtre de rue, visites insolites de la ville, etc.

THANNENKIRCH (68590) 450 hab.

À 7 km à peine de Bergheim dans le vignoble et hop, on change aussitôt d'univers! Les sombres forêts de sapins montent à l'assaut des sommets environnants tandis que le village se blottit entre deux versants, au milieu des prés verdoyants. C'est calme, croquignolet, très peu touristique. Ça ressemble un peu à un paysage de moyenne montagne suisse. Autant vous dire que l'air que l'on respire à Thannenkirch vous purifie le corps et l'esprit. Pas de bar, pas de disco dans ce village à l'écart de l'agitation de la plaine. De belles randonnées à faire dans le massif du Taennchel. Si vous ne faites qu'y passer, essayez d'y arriver par la route venant du Haut-Kœnigsbourg. Bref, un coin refuge pour les amoureux et les randonneurs romantiques...

THANNENKIRCH

Adresses utiles

- **Mairie :** 9, rue Sainte-Anne. ☎ 03-89-73-10-19. On y trouve, entre autres, des infos sur les sentiers de randonnée.

- **Location de VTT :** à l'*Auberge La Meunière* (voir « Où dormir ? Où manger ? »).

Où dormir ? Où manger ?

Chambres d'hôte Le Maze d'Eugénie : 15, rue Sainte-Anne. ☎ 03-89-73-12-07. Chambres doubles avec douche et w.-c. ou bains de 36,59 à 39,63 € (240 à 260 F), petit déjeuner compris. Une de nos bonnes adresses chez l'habitant. La propriétaire, Mme Dumoulin, a fort bien fait les choses en décorant ses chambres (4 au total) sur des thèmes de fleurs. Notre préférée s'appelle Hortensia (sinon, Capucine). Excellent rapport qualité-prix-confort. Accueil avenant. Pot de bienvenue offert sur présentation du *Guide du routard* de l'année.

Chambres d'hôte La Maison du Promeneur : chez Hermann Mortelette, 1, chemin du Lecotte. ☎ 03-89-73-12-49. • dominique.mortelette@wanadoo.fr • Chambres doubles avec douche et w.-c. à 33,54 € (220 F), petit déjeuner compris. Grande maison aux faux airs d'école de village, signalée par une sculpture contemporaine. Les chambres sont toutes simples mais pas dépourvues de charme : vieilles poutres et quelques petites idées de déco. Bon rapport qualité-prix.

Plus chic

Auberge La Meunière : 30, rue Sainte-Anne. ☎ 03-89-73-10-47. Fax : 03-89-73-12-31. • www.auber gelameuniere.com • Au centre du village. Congés annuels du 20 décembre au 25 mars. Chambres doubles de 50,31 à 68,60 € (330 à 450 F) avec douche ou bains et TV. Menu à 14,48 € (95 F) le midi sauf le dimanche ; autres menus à 20,58 et 29,73 € (135 à 195 F). Côté route, c'est une auberge alsacienne pur jus avec géraniums et tout, et tout. Côté vallée, la maison évoque plus quelque bâtiment poussé dans les Alpes dans les années 1970. Chambres rustiques ou franchement contemporaines (et superbes avec leur mélange de matériaux naturels) pour les plus récentes (plus chères). La plupart avec balcon ou terrasse et vue superbe sur la vallée (où au crépuscule viennent s'abreuver les biches). Sauna, hammam et billards. Salle à manger intime et chaleureuse pour une cuisine fine et inventive à prix raisonnables. La carte change intégralement deux fois chaque saison. Accueil impeccable et service prévenant. Une très belle adresse pour routards un peu fortunés. Café offert sur présentation de votre *Guide du routard* de l'année.

À voir. À faire

★ **Le massif du Taennchel :** culmine à 992 m au-dessus de la mer, sur les hauteurs de Thannenkirch. C'est le lieu où fut réintroduit le lynx des Vosges en 1983 (difficile d'en voir, ils se cachent). Près de 40 espèces de mammifères et 80 espèces d'oiseaux ont été répertoriées sur le Taennchel et sur tout le territoire de Thannenkirch.

Évidemment, beaucoup de superbes randonnées à faire (voir ci-dessous). Si vous sentez des vibrations en marchant, ne soyez pas surpris car, selon des érudits locaux, ce massif fait partie des « hauts lieux vibratoires de la santé » et serait particulièrement riche en ondes « cosmo-telluriques ». Plus insolite encore : deux chercheurs, auteurs d'un livre intitulé *Lieux magiques et sacrés d'Alsace et des Vosges,* auraient découvert dans certains rochers du Taennchel une « onde de vie » moyenne de plus 45, ce qui serait, d'après nos deux fouineurs, un cas unique en France, et même dans le monde ! Ne venez pas ici sans vos géodynamètres ! Bonne balade !

➤ *Les randonnées :* 60 km de sentiers balisés, rien que dans le massif du Taennchel. « Les Amis du Taennchel », section locale du Club Vosgien, y ont fait du beau travail. Pour vos randonnées, munissez-vous des cartes du Club Vosgien, très détaillées. Parmi les nombreux sentiers, un sentier circulaire, balisé par l'anneau bleu, part de la place de l'Église. Un autre sentier, balisé lui par l'anneau blanc, commence à Notre-Dame-des-Bois.

★ *Les sculptures sur bois :* une des particularités de Thannenkirch, c'est la sculpture sur bois, une sorte de passion communale, lancée par M. Bosshardt, sculpteur et maire du village. En vous promenant, vous remarquerez plusieurs œuvres sculptées sur un socle dans le bas-côté des chemins. Par ailleurs, un *atelier de sculpture,* au n° 5, rue du Taennchel, expose plusieurs pièces, dont certaines assez surprenantes. Ouvert du lundi au vendredi de 8 h à 11 h 30 et de 14 h à 17 h. Fermé les samedis et dimanches.

– *Le cor des Alpes :* certains samedis soir en été, à 19 h, on peut entendre le timbre de cet instrument peu connu résonner dans toute la vallée.

Fête

– *La fête de la Cerise :* tous les ans, le 1er week-end de juillet. Une des plus belles fêtes du Haut-Rhin, qui dure 2 jours. Un grand cortège historique et folklorique, composé d'une dizaine de chars, défile dans le village. Chaque corporation construit son char (il n'y a que 350 habitants !). Les participants, costumés à l'ancienne (chevaliers, paysans, brigands, vignerons...), illustrent un moment de l'histoire du village. Comme le jour de l'inauguration du château du Haut-Kœnigsbourg par le Kaiser Guillaume II le 13 mai 1908 (quand l'Alsace était annexée à l'Empire allemand).
Une drôle d'anecdote : ce jour-là, la petite Henriette Claudot avait 8 ans quand elle remit un bouquet de fleurs (pour de vrai) à Guillaume II à l'entrée de l'imposante forteresse. Eh bien, celle-ci a refait le même geste (pour de vrai encore) le 10 juillet 1990 (donc 82 ans plus tard), lors de la fête de la Cerise justement, en serrant la pince du prince de Prusse, s'il vous plaît : Friedrich Wilhelm Hohenzollern, arrière-petit-fils du Kaiser... On dirait que l'histoire se répète, mais cette fois, heureusement, comme on dit dans les chaumières, « ça comptait pour du beurre » !

RIBEAUVILLÉ (68150) 5 090 hab.

Les sous-préfets qui y sont nommés (c'est la plus petite sous-préfecture de France) s'y trouvent tellement bien qu'ils ont du mal à en partir après... C'est vous dire si Ribeauvillé (Ribeau, pour les intimes) est une ville à taille humaine, habitée par le génie de l'Alsace. Cependant, elle diffère des autres villes (ou gros villages) du vignoble par sa physionomie : elle n'est pas ramassée sur elle-même, mais étalée nonchalamment, tout en longueur, au pied des contreforts des Vosges.

RIBEAUVILLÉ

UN PEU D'HISTOIRE

Tout a commencé par Reinbaud (il n'est pas l'ancêtre d'Arthur Rimbaud!), seigneur du XIe siècle, qui édifia sur le Rappoltstein un château appelé Reinbaupierre, mot qui deviendra ensuite Ribeaupierre. L'endroit devint le siège de l'une des plus puissantes familles d'Alsace, les Ribeaupierre justement. Maîtres des lieux jusqu'à la Révolution, ils construisirent château sur château autour de Ribeauvillé. On en voit aujourd'hui les restes, ruines romantiques perchées sur les versants boisés. En fait, trois ruines se distinguent vraiment bien : le Girsberg, le Saint-Ulrich et le Haut-Ribeaupierre, tous trois des XIIe et XIIIe siècles, l'âge d'or de cette puissante dynastie.
Petit raccourci fulgurant, et nous arrivons à la Seconde Guerre mondiale. « Ribeau » reçut son lot de bombes au phosphore. D'ailleurs, certaines, enfouies dans le sous-sol aux alentours, n'ont toujours pas été déterrées... Au-dessus de leurs carcasses rouillées doivent probablement croître de beaux sarments de vigne, comme ceux des trois grands crus de Ribeauvillé : le geisberg (existe depuis 1308, célèbre pour son vieux riesling), le kirchberg (cité déjà en 1328) et l'osterberg (terroir exceptionnel donnant un riesling très fin d'arôme, ainsi que du gewurztraminer et du tokay pinot gris). Ribeauvillé est aussi connu pour sa source d'eau minérale commercialisée sous la marque Carola.

Adresses utiles

i *Office du tourisme* (plan C2) : 1, Grand-Rue. ☎ 03-89-73-62-22. Fax : 03-89-73-23-62. • info@ribeauriquewihr.com • www.ribeauville-riquewihr.com • Ouvert du lundi au samedi de 9 h à 12 h et de 14 h à 18 h. Fermé le dimanche. Compétent et accueillant. Visites guidées de la ville gratuites pour les individuels du 1er mai au 1er octobre, tous les jours sauf les lundis et samedis, de 10 h à 12 h et de 14 h à 15 h (se renseigner directement à l'hôtel de ville). Plein d'infos sur la route des Vins d'Alsace, les caves à visiter, les lieux de dégustation (moderato quand même!).

Gare routière : plan C2.

Gare SNCF : à Ribeauvillé-gare, à 3 km du centre-ville en direction de Sélestat. Pas de navette. On peut prendre le bus Ribeauvillé-Colmar qui s'arrête 6 fois par jour au carrefour de la Gare (entre la gare et le centre). Mais les horaires ne coïncident pas souvent avec ceux des trains... Sinon, appeler les *taxis Dambron*, ☎ 03-89-73-66-88.

Où dormir ? Où manger ?

≜ *Chambres d'hôte chez Myriam et Claude Dillar* (plan B1, 5) : 19, rue Klobb. ☎ et fax : 03-89-73-31-65 ou 06-88-54-37-10. Chambres doubles à 24,39 € (160 F) avec douche, de 33,54 à 38,11 € (220 à 250 F) avec douche et w.-c., selon la saison. Dans une maison alsacienne du XVIe siècle, à deux pas du centre mais loin du flux touristique. Les chambres, à la déco gentiment désuète mais charmantes, donnent sur une petite cour pavée et fleurie, baignée de soleil. Également deux appartements avec cuisine. Bon rapport qualité-prix pour le coin. Apéritif offert, ainsi que 10 % de réduction sur le prix de la chambre sur présentation du *Guide du routard* de l'année.

≜ *Hôtel de la Tour* (plan B1, 2) : 1, rue de la Mairie. ☎ 03-89-73-72-73. Fax : 03-89-73-38-74. • www.hotel-la-tour.com • Parking clos payant. Congés annuels du 1er janvier à mi-mars. Chambres doubles à 60 € (394 F) avec douche, 75 € (492 F) avec bains. TV satellite. En plein cœur de cette petite cité médiévale, une ancienne exploitation vinicole transformée en hôtel. Chambres agréables et au

LA ROUTE DES VINS D'ALSACE

L'ALSACE / LE HAUT-RHIN

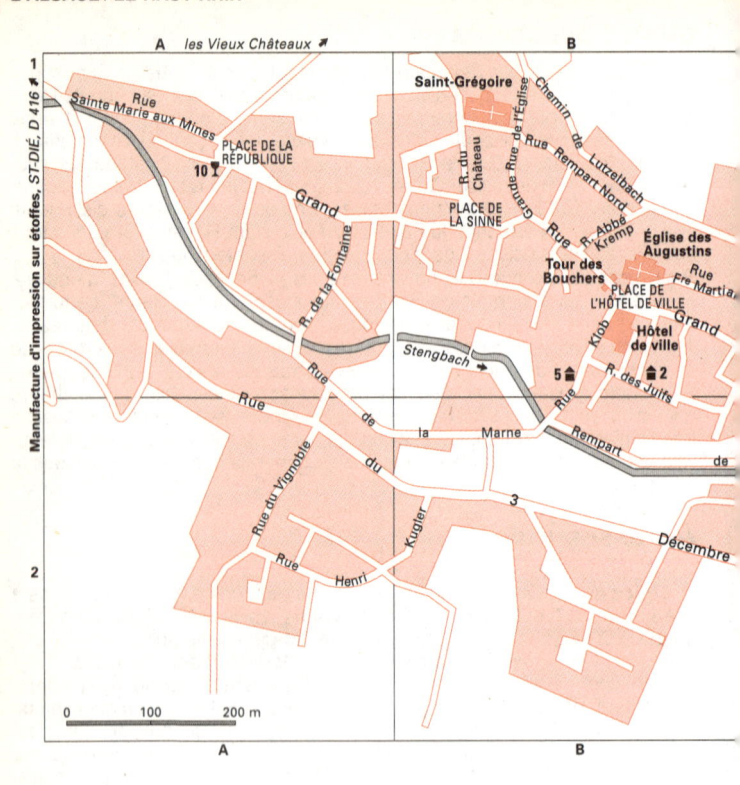

Adresses utiles
- **i** Office du tourisme
- 🚌 Gare routière

Où dormir ? Où manger ?
1. Caveau de l'Ami Fritz
2. Hôtel de la Tour

calme. Activités gratuites pour les résidents de l'hôtel : sauna, hammam et jacuzzi. Tennis en dehors du village. Pas de resto mais *winstub* (petit bar typiquement alsacien où l'on peut goûter les vins locaux). Étape très agréable, assez et même plutôt chic. Il y a un jardin.

I●I La Flammerie *(plan C2, 3)* : 9, Grand-Rue. ☎ 03-89-73-61-08. Dans la rue piétonne, en plein centre-ville. Fermé le dimanche soir et le lundi ; congés annuels en janvier et la dernière semaine de juin. Menus entre 10,37 et 22,87 € (68 et 150 F) ; on s'en sort *grosso modo* pour 18 € (118 F) à la carte. Il fait bon manger dans ce restaurant typiquement alsacien ! L'intérieur est douillet et chaleureux, on y resterait volontiers tout un après-midi d'hiver pour siroter un bon tokay pinot gris à côté du poêle qui réchauffe les pieds des randonneurs éternels. Pas mal de plats à base de fromage (munster et ribeaupierre) et, au hasard de la carte et des menus, brioche d'escargots, poêlon de saumon sur choucroute avec sauce au raifort, *baeckeoffe* maison. On vous conseille aussi la choucroute garnie aux cinq viandes, riche en saveurs, et les tartes aux fruits maison.

I●I Auberge Au Zahnacker *(plan C2, 4)* : 8, rue du Général-de-Gaulle. ☎ 03-89-73-60-77. ✗ Service de

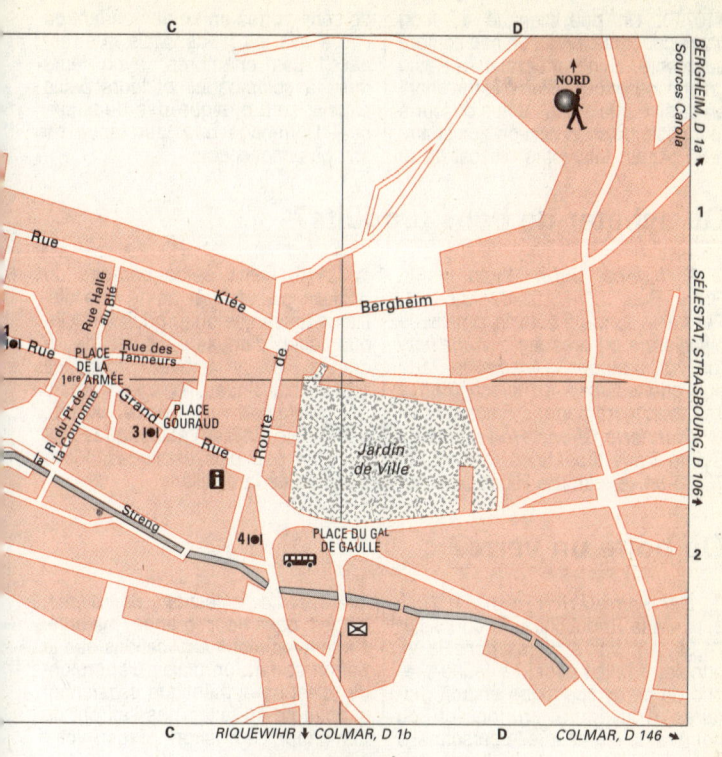

RIBEAUVILLÉ

3 La Flammerie
4 Auberge Au Zahnacker
5 Chambres d'hôte chez Myriam et
    Claude Dillar

Où boire un verre ?

10 Bar Saint-Ulrich

12 h à 21 h 30. Fermé le jeudi ; congés annuels en janvier et février. Compter au minimum 23 € (151 F) à la carte. À l'écart de la rue principale où tous les touristes défilent comme des moutons. OK, cette maison un peu grise, face à un rond-point, n'a rien de franchement engageant. Et pourtant ! Dès les beaux jours, on s'installe en terrasse, où l'on est protégé des regards par une lourde et odorante glycine, et on déguste un pinot blanc en attendant sa part de *presskopf* ou sa tarte à l'oignon. L'hiver, la *winstub* est chaude et douce, gens du coin comme touristes assurent l'ambiance. Classiques de la maison (tête de veau vinaigrette, tripes au riesling, généreux *baeckeoffe*) et plats du marché valent l'étape. Bons petits vins de la cave coopérative, propriétaire de l'auberge. Dommage toutefois que l'accueil et le service ne soient pas toujours à la hauteur.

■ |●| ***Caveau de l'Ami Fritz*** (plan C1, 1) : 1, pl. de l'Ancien-Hôpital. ☎ 03-89-73-68-11. Fax : 03-89-73-30-63. Fermé la 1re quinzaine de janvier. Réserver longtemps à l'avance. Chambres doubles à 53,36 € (350 F) avec douche ou bains. Demi-pension autour de 46 € (302 F) par personne. Menu du jour le midi en semaine à 8,38 € (55 F) ; autres menus de 10,67 à 16,77 € (70 à

110 F). Un peu planqué au fond d'une cour, un caveau un peu sombre augmenté d'une mezzanine. Resto un brin touristique. Rien d'extravagant en cuisine, mais des menus du jour à tout petits prix. On accède aux chambres par un labyrinthe d'escaliers et de sous-portes en se demandant où l'on a mis les pieds. Mais quel espace! Les chambres, avec leurs murs à colombages et leurs petits salons, sont presque des deux-pièces! Dommage que leur tenue ne soit pas impeccable.

Où acheter de bons produits?

● **Pâtisserie John Yvan :** 58, Grand-Rue. ☎ 03-89-73-64-41. Fermé le lundi. Toute la pâtisserie alsacienne ou presque : *kougelhopf* (un vrai bonheur!), *linzertorte*, tarte aux griottes, brie au kirsch (rien à voir avec le fromage)... Salon de thé.

● **Distillerie Gilbert Holl :** route de Sainte-Marie-aux-Mines. ☎ 03-89-73-70-34. À 4 km de Ribeauvillé sur la D416. Cette petite baraque de bois en pleine forêt abrite une distillerie artisanale qui produit une cinquantaine d'eaux-de-vie et de liqueurs. On y trouvera tous les grands classiques régionaux (marc de gewurztraminer, poire, kirsch, eau-de-vie d'alisier) et quelques produits un peu plus exotiques. Visite possible de la distillerie.

Où boire un verre?

▼ **Bar Saint-Ulrich** (plan A1, 10) : 3, pl. de la République. ☎ 03-89-73-74-38. Un bar à bières dans le vignoble, il fallait oser! Le jeune proprio de ce sympathique endroit (horaires d'ouverture en fonction du nombre de bières que le personnel a avalé la veille...), entre pub et bistrot de village, l'a fait. Rigoureuse mais intéressante sélection de bières, belges dans leur grande majorité. Carte avec moult explications que le patron se fera un plaisir d'approfondir (c'est un authentique passionné) si vous ne lui faites pas l'affront de demander du sirop dans votre bière...

À voir

★ La visite de Ribeauvillé commence à l'est, par un *parc* planté de marronniers, d'érables, de tilleuls, et même d'un séquoia : c'est le jardin de ville (plan C-D2).

★ **La maison des Ménétriers** (Pfifferhus; plan B1) : en remontant la Grand-Rue vers le centre-ville, sur la droite, au n° 14. Présente un superbe oriel (avancée sur la façade) décoré d'une Annonciation sculptée (1680).

★ **L'hôtel de ville (Musée municipal** ; plan B1) : ☎ 03-89-73-20-00. Ouvert entre le 1er mai et le 1er novembre. Fermé les lundis et samedis. Visites guidées gratuites à 10 h, 11 h et 14 h ; durée : 1 h. Le monument le plus intéressant de la ville, à cause de sa décoration somptueuse. Construit de 1773 à 1778. Il évoque l'histoire de la puissante famille des Ribeaupierre et les grandes époques de la ville, notamment la belle tradition de l'impression sur étoffe, spécialité de Ribeauvillé.
Voir, dans l'escalier, les planches à imprimer en bois; dans le hall du 1er étage, la scène japonaise qui est une copie de la pièce originale réalisée pour l'Exposition universelle de 1900. Celle-ci fut imprimée à la main (36 couleurs, 1 000 planches!). Elle était tellement belle qu'on lui attribua la médaille d'or. L'empereur du Japon, de passage à l'Expo, en commanda plusieurs exemplaires.

Plein d'autres merveilles à admirer dans cette mairie peu ordinaire : la superbe armoire des Ribeaupierre dans le hall, le poêle en faïence et, dans la salle du Trésor (visite aux heures d'ouverture de la mairie), une extraordinaire collection de hanaps en argent massif. Pour ceux qui l'ignorent encore, un hanap est un grand vase à boire utilisé au Moyen Âge (le plus souvent en métal).

★ Voir aussi, dans la Grand-Rue *(plan B-C1-2)* : la **tour des Bouchers,** du XIIIe siècle, qui doit son nom à l'abattoir qui se trouvait à ses pieds, l'*Auberge des Trois Rois* du XVIe siècle et, au n° 113, un curieux **poteau d'angle,** dit apotropaïque (eh ouais !) ; ses motifs sculptés (des masques grimaçants) sont censés faire fuir les mauvais esprits...

★ *L'église paroissiale Saint-Grégoire (plan B1) :* gothique, sa construction s'est étalée du XIIIe au XVe siècle. Elle abrite l'un des plus anciens buffets d'orgues d'Alsace.

Achats

❀ *Beauvillé :* 19, route de Sainte-Marie-aux-Mines. ☎ 03-89-73-74-74. À la sortie de la ville, direction Sainte-Marie. Ouvert de 8 h à 11 h 45 et de 14 h à 17 h 45. Fermé le dimanche. Magasin d'usine de la célèbre manufacture d'impression sur tissus fondée en 1839. Nappes, tissus d'ameublement, linge de maison, souvent superbes et à prix raisonnables.

Fêtes et manifestations

– *La fête des Ménétriers :* le 1er dimanche de septembre, à Ribeauvillé, on se demande si Bacchus n'est pas passé par là, tel saint Nicolas qui rend sa visite annuelle aux petits Allemands. Sur la place du village-marché, la fontaine devient jouvence et déverse du vin d'Alsace à tous les touristes, heureux de partager l'une des plus belles fêtes de la région avec nos amis ribeauvillois. Depuis 1390, tous les ans, moult ménétriers viennent dans ce village médiéval en souvenir du jour où, pour remercier le seigneur du lieu qui lui avait prêté main forte un jour de mauvaise fortune, un ménétrier était venu, accompagné par toute la confrérie (qui n'en était pas une à l'époque, les ménétriers n'ayant aucun statut dans la société au XIVe siècle), pour offrir le plus beau des spectacles aux habitants de la ville.
Depuis cette lointaine époque, on célèbre les amuseurs une fois par an. Le matin, un défilé médiéval est organisé en grande pompe dans une ambiance de folie. Et puis, l'après-midi, on boit le vin servi dans la fontaine ! Une fête à ne surtout pas manquer.
– *Festival de musique ancienne :* en septembre et octobre. Renseignements : ☎ 03-89-73-20-00 ou 03-89-73-37-69.
– *Marché de Noël :* médiéval avec costumes d'époque et animations (cracheurs de feu, etc.).

Randonnée pédestre

➢ *Les trois châteaux de Ribeauvillé :* circuit de 9 km, 3 h aller et retour, sans les arrêts. Du parking de l'*Auberge Au Zahnacker*, à l'entrée de Ribeauvillé. Balisage : rectangle rouge, triangle jaune, croix jaune, Club Vosgien oblige ! La dénivelée est assez raide, mais le panorama est 3 étoiles. Topoguide : *22 randonnées pédestres en Alsace centrale* (éd. Club Vosgien), section de Sélestat. Carte Club Vosgien/IGN au 1/25 000, 3718 O.

Trois forteresses de ruines roses, des vignobles pentus, quelques sapins ombrageux et des cigognes sur toits de tuiles, une bonne recette pour cette rando typiquement alsacienne.

À Ribeauvillé, la traversée du village par la Grand-Rue offre un point de vue sur les ruines des trois châteaux de *Saint-Ulrich*, du *Haut-Ribeaupierre* et du *Girsberg*. À l'assaut ! Place de la République, prendre sur la droite le GR 5 indiqué par un rectangle rouge. Le sentier monte à travers le vignoble en direction des trois châteaux. Une halte à La Gloriette permet une photo réussie alliant les toits du village, la plaine d'Alsace et la Forêt-Noire. Des marches à même le sol permettent une progression facile en sous-bois. Les panneaux du sentier botanique distraient de la montée assez raide jusqu'à la porte ogivale du mur d'enceinte.

Quelques lacets, et encore un effort pour grimper à 528 m. Vous voici devant les ruines de grès rose du grand château de Saint-Ulrich, principale résidence des puissants sires de Ribeaupierre. Au-delà, le balisage passe en croix jaune vers le château du Girsberg, qui mérite le détour.

Revenant sur vos pas au carrefour balisé du rectangle rouge du GR 5, continuez à droite vers le château du Haut-Ribeaupierre (642 m). Son donjon servait de prison au XIIIe siècle et le fantôme de Dame Cunégonde hante encore la forêt, dit-on. N'hésitez pas à monter tout en haut, le panorama qui s'étend jusqu'au Haut-Kœnigsbourg vous récompensera de ces derniers frissons.

Les plus paresseux redescendront à Ribeauvillé (2 h aller et retour) par le même chemin. Sinon, continuer en direction de Thannenkirch. Au carrefour des Quatre Chênes, prendre sur la droite le sentier marqué d'une croix bleue. Ce raccourci descend vers le rocher du Schlüsselstein et la forêt du Pfaffenwald, où le balisage passe en triangle jaune. Après un carrefour, vous suivrez la direction de Ribeauvillé. Le chemin sans balisage longe le vallon du Lutzelbach (admirer sa fontaine) jusqu'aux premières maisons de Ribeauvillé.

ILLHAEUSERN (68970) 650 hab.

Petite incursion dans le Ried, cette plaine si basse et si fertile qui sert de trait d'union (de désunion lors des guerres passées) entre le vignoble au pied du massif vosgien et le Rhin. Ici, peu de choses à voir, beaucoup à goûter.

Comme l'a écrit Alain Schiffres dans *L'Express* du 24 juin 1993 : « L'Arche et ses environs, en tout 600 âmes, ont su échapper à la plupart des calamités subséquentes au Déluge, du genre centre de remise en forme, golf 18 trous, spectacle son et laser (petit train touristique, NDLR). Les mondanités, au village : la fête de la Friture et celle des Bateliers. En revanche on a là (à Illhaeusern) ce qu'on n'a pas ailleurs, des cuisiniers dans la cuisine et de la crème à raser chez l'épicier... Illhaeusern est la pension de famille de la jet-set ». Pourtant, à l'ombre des rois il y a toujours des roitelets qui ont parfois autant de vertus que des grands : message codé « spécial routard », à vous de comprendre !

Où dormir dans les environs ?

🏠 ***Chambres d'hôte chez Ernest Umbdenstock*** : 20, route de Sélestat, 68970 Guémar. ☎ 03-89-71-82-72. À 3,5 km à l'ouest d'Illhaeusern, dans un petit village assez quelconque. Congés annuels du 15 mars au 15 novembre. Chambres doubles à 28,20 € (185 F) avec douche et w.-c. ; petit déjeuner à 4,57 € (30 F). Une bonne maison fleurie, accueillante, chaleureuse. Une dame charmante conduit ses hôtes aux chambres, toutes impeccables, équipées de douche ou de lavabo. Demandez-en une ne donnant pas côté route nationale : celle tapissée en saumon par exemple, avec 2 lits en bois, ouvre sur les champs. Aussi calme, la rose avec 4 lits, sur le jardin familial. Petit déjeuner copieux servi entre 8 h et 10 h. Possibilité de pique-niquer. Espace vert pour les enfants, avec un portique.

Où manger ?

I●I Restaurant À la Truite : 17, rue du 25-Janvier. ☎ 03-89-71-83-51. Juste à gauche avant le pont sur l'Ill, en entrant dans le village, quand on vient de Guémar et de la grande route Colmar-Strasbourg. Fermé le mardi soir et le mercredi ; congés annuels en février et une semaine début juillet. Menu à 10,06 € (66 F) le midi en semaine ; autres menus de 14,03 à 38,11 € (92 à 250 F). Une gentille auberge de campagne, prolongée en été par une petite terrasse donnant sur la rivière et ses saules pleureurs. À l'intérieur, employés, ouvriers, agriculteurs, routiers, routards, tous ceux qui sont sur la route, munis de leur modeste porte-monnaie, sont attablés dans une salle à manger simple où règne une atmosphère bon enfant. Ici, on sert la meilleure matelote de poisson de toute l'Alsace. Elle s'appelle Marie-Louise, cette matelote (à commander à l'avance). Sinon, truite frétillante ou bien encore coq au riesling. Additions toujours douces. On peut même y manger des huîtres... Café offert sur présentation du *Guide du routard* de l'année.

Très (mais alors très !) chic

I●I Auberge de l'Ill : 2, rue de Colonges-au-Mont-d'Or. ☎ 03-89-71-89-00. Juste à droite après le pont sur l'Ill, en entrant dans le village. Fermé les lundis et mardis, ainsi qu'en février. Menu à 83,85 € (550 F) servi le midi en semaine (c'est le menu ouvrier ?) ; sinon, compter 100 € (656 F) à la carte. On peut être routard et rouler en carrosse, avoir hérité de la fortune d'une vieille tante oubliée, gagné au Loto, ou je-ne-sais-quoi d'autre. Alors, à ce moment-là, n'hésitez plus une seconde, et faites-vous plaisir, comme un riche (que vous êtes) en profitant du savoir-faire, voire du génie de Marc Haeberlin. Quel cuisinier ! Avec les merveilles qu'il réalise, il serait plutôt à classer dans les bienfaiteurs de l'humanité. L'Albert Schweitzer des saveurs et des fourneaux, c'est lui ventrebleu ! Bref, une grande table alsacienne. Bravo !

HUNAWIHR (68150) 520 hab.

Beaucoup moins envahie par le tourisme de masse et les hordes d'autocars que Riquewihr sa voisine. Hunawihr est comme encerclée par les vignes. On se demande parfois si le village, comme d'autres d'ailleurs, n'est pas porté par la mer de raisins, et sa vague de collines sagement peignées par le travail des vignerons. Jamais nature et culture, agriculture et habitations humaines (village) n'ont été aussi intimement juxtaposées, aussi harmonieusement rassemblées. On comprend, à Hunawihr, ce que signifie un paysage humain. Au nord du village, sur une petite colline coiffée par des bois, s'étend un terroir viticole exceptionnel : le Rosacker. Il devrait son nom à l'églantier (rosier sauvage), abondant naguère dans le vignoble. Une redevance sur son vin est déjà mentionnée en 1483. Goûtez au riesling grand cru

L'ALSACE / LE HAUT-RHIN

Rosacker, avec son poivré caractéristique et ses arômes pointus qui s'arrondissent en vieillissant (ce qui n'est pas donné à tous les hommes).
Dans ce village, l'église (du XVe siècle) mérite toute notre attention. Perchée sur une butte, elle offre un point de vue merveilleux sur le vignoble et sur ce joli village que l'on aime pour sa tranquillité notoire et son absence de pots d'échappement touristiques.
Ici, ce sont les Caraïbes du vignoble alsacien ; on s'y arrêterait volontiers quelques jours pour aller voir le reste... et revenir au calme.

Où dormir ? Où manger ?

▲ *Chambres d'hôte chez Frédérique et Manfred Seiler :* 3, rue du Nord (ne le perdez pas). ☎ et fax : 03-89-73-70-19. ✗ Parking. Congés annuels fin novembre et en mars. Chambres doubles avec douche et w.-c. à 41,16 € (270 F), petit déjeuner compris ; studio pour 2 personnes de 36,59 à 42,68 € (240 à 280 F) petit déjeuner non compris. Dans un lieu très calme d'un village déjà calme. Une grande grille ouvre sur cette petite propriété composée d'une maison ancienne et d'une cour où se trouve une charmante maisonnette fort bien arrangée. Là, près d'une ancienne cave à vin, on dort dans des studios adorablement décorés, portant chacun un nom différent : le Cellier, la Distillerie. Possibilité de prendre le petit déjeuner à la demande avec les propriétaires, des gens charmants. Mais normalement, c'est plutôt une adresse pour être autonome dans son studio.

I●I *Winstub Suzel :* 2, rue de l'Église. ☎ 03-89-73-30-85. ✗ Fermé le mardi ; congés annuels de janvier à fin mars. Formule à 14,03 € (92 F) ; menus de 15,55 à 22,10 € (102 à 145 F). Située juste à côté d'une petite fontaine, à deux pas de l'église, cette *winstub* est très chaleureuse. Sa façade jaune porte le nom des propriétaires, les Mittnacht. L'accueil se fait en toute simplicité. En été, une terrasse fleurie et ombragée donne sur le joli clocher de l'église. Chouette cave où déguster quelques bons vins d'Alsace. Mais c'est surtout pour une cuisine simple et délicate qu'on vient à la *Winstub Suzel*. Quoi qu'on mange, c'est bon : une tarte à l'oignon avec sa salade suffit amplement aux petits appétits, alors qu'un menu « Katel », avec entre autres la tarte à l'oignon et les typiques roulades farcies, satisfera les goinfres. Tartes flambées le dimanche soir.

Où dormir ? Où manger dans les environs ?

▲ I●I *Auberge Aux Armes d'Ostheim :* chez Marie-Paule et Gilbert Cottel, 2, rue de la Gare, 68150 Ostheim. ☎ 03-89-47-91-15. Fax : 03-89-47-86-29. • www.projet.com/ostheim • 4 km à l'est de Hunawihr. Derrière la mairie. Resto fermé les mardis, mercredis et jeudis ; congés annuels de mi-novembre à début mars et 10 jours en juin. Sur réservation de préférence. Bien préciser si vous venez avec de jeunes enfants. Chambres doubles avec douche et w.-c. à environ 54 € (354 F), petit déjeuner compris ; suite pour deux avec salon-séjour TV à 65 € (426 F), petit déjeuner compris. Plat du jour à 10 € (66 F) ; menu à 25 € (164 F) avec foie gras maison. Petite auberge typique, à colombages. Intérieur alsacien très chaleureux. À la carte, spécialités alsaciennes. Goûtez, en particulier, le foie gras maison préparé par Gilbert, un véritable délice qui fait revenir de nombreux habitués ! Canard ou oie mi-cuite, le choix est difficile, mais rassurez-vous, vous pourrez aussi en acheter sur place. Également d'excellentes glaces maison. Belle carte de vins. 2 chambres d'hôte avec coin salon. Le matin, petit déjeuner alsacien (petit pain, jus de fruits, charcuterie) souvent servi par

Marthe, la mère de Gilbert. Sur présentation du *Guide du routard* de l'année, 10 % de réduction sur le prix de la chambre à partir de la 2ᵉ nuit, sauf en juillet et août.

À voir

★ **L'église :** à l'écart du village. Ouvert toute l'année le dimanche; de Pâques à la Toussaint, tous les jours. Visites guidées en français, en allemand et en anglais sur rendez-vous de juillet à septembre les mercredis et vendredis à 18 h. Renseignements à la mairie : ☎ 03-89-73-60-42. Située sur une jolie butte dominant les toits et les champs de vigne. Ce « Clocher dans les vignes » a été rendu célèbre par les illustrations de Hansi. Voici une église où les catholiques et les protestants cohabitent sous le même toit, jamais en même temps (l'église est trop petite) mais en alternance.
Avant d'y entrer, observez l'enceinte extérieure à huit côtés flanquée de six bastions percés de meurtrières. L'intérieur affiche une grande sobriété, le dépouillement protestant semblant l'avoir emporté sur l'exubérance catholique. Cela dit, on y trouve quand même de belles fresques du XVᵉ siècle racontant la légende de saint Nicolas.

★ **Le centre de réintroduction des cigognes et des loutres en Alsace :** ☎ 03-89-73-72-62. Fax : 03-89-73-81-25. • www.cigogne.loutre.com • Du 1ᵉʳ avril à fin mai et du 1ᵉʳ septembre au 11 novembre, ouvert du lundi au vendredi de 10 h à 12 h et de 14 h à 17 h 30 et les samedis, dimanches et jours fériés de 10 h à 17 h 30 ; en juin, juillet et août, ouvert tous les jours de 10 h à 18 h ou 19 h. Spectacles d'animaux pêcheurs à 15 h et 16 h ; en saison, séances supplémentaires à 17 h et 18 h. Entrée : 7,62 € (50 F) ; réductions. L'Alsace sans cigognes, c'est comme le Canada sans ours ou l'Australie sans kangourous : un pays qui a perdu un peu de son âme. Naguère très nombreuses dans le ciel d'Alsace (c'était presque devenu une image d'Épinal, un cliché en somme !), et popularisées encore une fois par Hansi, les cigognes se font de plus en plus rares... Pourquoi ? Plusieurs raisons : l'acharnement de certains chasseurs (c'est triste mais pourtant vrai), les pièges et les obstacles sur leur voie de migration, les lignes électriques, les sécheresses dans leur pays d'hivernage (Afrique). 90 % des cigognes qui partaient en migration ne revenaient pas. Sur les villages alsaciens, il ne restait, en 1982, que deux couples migrateurs. D'où l'idée de les réintroduire en Alsace. En 1999, on recensait 200 couples de cigognes. Dans ce centre, il y a plus de 250 cigognes, devenues sédentaires, dont une vingtaine de couples nichent dans le parc. Elles n'ont plus envie de s'en aller au loin... Quelle que soit la période de l'année, il y a toujours de l'activité dans le parc (construction de nids, accouplement, nourrissage et élevage des jeunes, vol en plein ciel).
Dans ce parc animalier de 5 ha, vous découvrirez au cours de votre promenade de nombreuses espèces de canards et d'oies. En outre, un enclos ouvert au public en 1999 vous permet de voir évoluer plusieurs ragondins. Au cours de la visite, on découvre aussi de nombreux oiseaux aquatiques et un spectacle d'animaux pêcheurs avec cormorans, loutres (c'est aussi le premier centre français de reproduction de la loutre européenne), manchots, otaries...
Enfin, saviez-vous que la cigogne est muette ? Pour s'exprimer, elle claque du bec, c'est-à-dire qu'elle claquette (clac-clac-clac !) ou glotore (glo-glo-glo !).

★ **Le jardin des Papillons Exotiques Vivants :** ☎ 03-89-73-33-33. Ouvert du 1ᵉʳ avril au 1ᵉʳ novembre, tous les jours ; de 10 h à 17 h en avril et octobre, jusqu'à 18 h en mai, juin et septembre et jusqu'à 19 h en juillet et août ainsi que les jours fériés. Entrée : 4,57 € (30 F) ; réductions. On vient ici pour découvrir le cycle complet de la vie des papillons, la naissance de plusieurs dizaines de papillons par jour, la présentation de plusieurs centaines de papillons aux ballets multicolores et d'origine diverse, plus de 150 espèces différentes, de papillons exotiques vivant librement parmi une flore luxuriante (collection d'orchidées, fleurs de la passion, etc.). Un vrai plaisir des yeux.

À faire

➢ Une belle *promenade à pied* consiste à marcher du village d'Hunawihr jusqu'à Riquewihr. À faire de préférence un jour de soleil, en fin d'après-midi (chouette lumière pour les photos du vignoble !). Un superbe petit chemin traverse les champs de vigne à flanc de colline, court dans un sous-bois, puis débouche sur la colline du Schoenenbourg (où le riesling est roi), offrant une des plus belles vues que l'on connaisse sur Riquewihr blottie dans le creux de son vallon. Le chemin descend ensuite vers la route D311. On arrive alors à la hauteur de l'hôtel *Riquewihr*, à l'entrée de la ville. La balade fait environ 2 km (aller seul) au total. Pour nous, la meilleure époque pour flâner sur ce chemin, c'est évidemment l'époque des vendanges (début de l'automne).

Fête

– *Fête de l'Ami Fritz (Kilbe) :* tous les ans, vers mi-juillet.

ZELLENBERG (68340) 400 hab.

Entre Hunawihr et Riquewihr, on remarque immédiatement ce beau village, perché au sommet d'une colline. Ses flancs recouverts de champs de vigne montent jusqu'au pied des maisons. Comment peut-on être dépressif ou chagrin en vivant toute l'année dans un paysage aussi merveilleux ? Donnez-nous votre avis là-dessus, on vous répondra.
Il faut laisser sa voiture au bas du village, monter à pied dans la partie haute, et gagner le lieu-dit (indiqué) Schlossberg. Puis continuer le petit chemin jusqu'à l'emplacement de l'ancienne chapelle Saint-Michel. De là, on a une vue plongeante (et vraiment superbe) sur Riquewihr, les collines du vignoble et les premiers contreforts des Vosges. En revenant vers le village, d'autres belles échappées du côté de la plaine. On comprend pourquoi, au Moyen Âge, Zellenberg était surnommé « la Petite Tolède » d'Alsace...

Où manger ?

|●| *Le Caveau du Vigneron :* 5, route d'Ostheim. ☎ 03-89-47-81-57. En contrebas du village, direction Ostheim. Fermé le mardi soir en saison, le mardi soir et le mercredi hors saison ; congés annuels de début février à début mars et de fin août à début septembre. Menus de 14,94 à 29,73 € (98 à 195 F). Grande salle voûtée éclairée par de minuscules fenêtres (un caveau, quoi !). Bonne petite cuisine régionale d'un joli rapport qualité-prix : *presskopf* et crème de raifort, soupe de grenouilles, jambonneau, mousse au fromage blanc. Quelques irrégularités néanmoins. Accueil sympathique. Café offert à nos lecteurs sur présentation du *Guide du routard* de l'année.

RIQUEWIHR (68340) 1 230 hab.

Nichée entre des collines couvertes de vignes, c'est sans conteste la ville la plus célèbre du vignoble alsacien, la plus visitée : est-elle encore la plus authentique ? Comme le Mont-Saint-Michel et Venise, elle est envahie par des hordes de visiteurs (dont nous faisons tous partie), en été surtout, tous ébahis par tant de beauté ancienne, stupéfaits devant un tel décor de cinéma, émerveillés par le caractère de Riquewihr. Bon, soyons francs : ce n'est pas parce qu'il y a beaucoup de monde qu'il ne faut pas y venir. Au contraire. Bien choisir la saison, le jour et l'heure. Notre tiercé gagnant : un jour de semaine au mois de février, quand il fait un froid de canard. Là, vous avez peut-être des chances de vous retrouver seul dans un recoin de la ville. Là, sans doute, la vraie magie de Riquewihr aura des effets.
En été, sachez que la ville reçoit plus de 20 000 visiteurs par jour dans ses murs. On comprend pourquoi les quelque 1 200 Riquewihriens se cachent chez eux...
Quant à l'automne, c'est une très agréable saison, surtout au moment des vendanges. Les caves et les cours s'animent jour et nuit, un parfum de vin nouveau flotte dans les rues...
Le centre-ville est piéton (la journée). Il faut donc se garer en dehors de l'enceinte de la ville.

UN PEU D'HISTOIRE

Miraculeusement épargnée par les deux guerres mondiales (on se demande comment), Riquewihr porte la marque de l'histoire plus qu'aucune ville d'Alsace, cela à cause de son homogénéité architecturale et de ses remparts qui l'enserrent dans le creux d'un vallon.
Fortifiée en 1291, devenue « ville » en 1324, elle fut ensuite vendue au comte Ulrich X de Wurtemberg (à l'époque, on achetait et on vendait des villes comme les milliardaires d'aujourd'hui négocient les gratte-ciel de Tokyo ou de Chicago). Riquewihr passa au XIVe siècle aux mains des princes de Wurtemberg-Montbéliard, qui en restèrent les maîtres tout-puissants jusqu'à la Révolution française (il y eut une petite parenthèse sous la houlette des Habsbourg). La ville tire sa richesse du vignoble. La Renaissance (XVIe siècle) correspond pour elle à un siècle d'or et de prospérité économique et culturelle. La ville actuelle n'a guère changé depuis cette époque faste, du moins d'aspect extérieur (les vieilles maisons, les murailles, les ruelles pavées...).
Du temps du Saint Empire romain germanique, il y avait une communauté juive très influente qui fut décimée par un pogrom perpétré par la majorité des habitants trop endettés de la ville en 1416 (subsiste une rue des Juifs près du Dolder).
Dans ce joyau de la civilisation rhénane, les catholiques ont toujours été minoritaires, et le sont encore de nos jours. Une anecdote : Voltaire avait quelque intérêt sur les vignes de Riquewihr, puisqu'il touchait des rentes, suite à un prêt important d'argent consenti au duc de Wurtemberg (comme quoi, au siècle des Lumières, la philo nourrissait bien son homme...).

Adresse utile

f *Office du tourisme* (plan B1) : 2, rue de la Première-Armée. ☎ 03-89-49-08-40. Fax : 03-89-49-08-49. ● info@ribeauville-riquewihr.com ● www.ribeauville-riquewihr.com ● Ouvert de 9 h à 12 h et de 14 h à

L'ALSACE / LE HAUT-RHIN

18 h. Documentation complète sur la ville et la route des Vins d'Alsace. Renseignements sur les hôtels, les chambres chez l'habitant, l'animation, les visites de caves, les randonnées, le sentier viticole des grands crus, etc.

Où dormir ?

Rien de très bon marché ni de très routard à Riquewihr même (comme d'ailleurs dans la plupart des communes de la route des Vins), hormis certaines chambres chez l'habitant que nous avons sélectionnées sur une liste de 15 adresses fournies par l'office du tourisme.
Un conseil : si vous avez le choix et un véhicule, allez dormir plus loin, dans des villages moins touristiques du vignoble.

Bon marché

▲ *Chambres d'hôte chez Jean-Claude Bonné* (plan A2, 1) : 5, rue des Tuileries. ☎ 03-89-47-93-68. À 300 m au sud-ouest du centre-ville, dans une rue débouchant sur l'avenue Méquillot à la hauteur de la rue du Froehnweg. Parking gratuit. Chambres doubles à 22,87 € (150 F) avec lavabo (douche et w.-c. sur le palier) ; triples à 27,44 € (180 F) ; petit déjeuner à 4,57 € (30 F). Les chambres les moins chères de toute la ville. Demander le n° 2, qui a la plus belle vue (vers la plaine du Rhin et la Forêt-Noire). Sinon, une autre avec vue sur la forêt aux alentours. M. Bonné est adorable, et prodigue un accueil qui fait chaud au cœur dans cette ville surpeuplée l'été.

▲ *Chambres d'hôte chez Gérard Schmitt* (plan A2, 2) : 3, chemin des Vignes. ☎ 03-89-47-89-72. À l'extérieur de l'enceinte de la ville, mais à 5 mn à pied du centre. Congés annuels en janvier et février. Chambres doubles avec douche et w.-c. à 41 € (269 F), petit déjeuner compris. Une maison récente aux murs roses, avec 3 chambres à l'étage. Bonne adresse pour ceux qui veulent contempler les champs de vigne ou les arbres de la forêt de leur fenêtre, juste avant de se coucher. On prend le petit déjeuner dans la salle commune.

▲ *Chambres d'hôte chez Arno Meyer* (plan A1, 3) : 7, rue du 5-Décembre. ☎ 03-89-47-92-12. Tout près de la place des Charpentiers et de l'entrée ouest de la ville. Chambres doubles à 33,54 € (220 F) avec douche et w.-c. ; petit déjeuner à 4,57 € (30 F). Cette grande maison blanche a l'avantage de posséder un jardin (agréable en été) et un parking privé (très utile). 2 chambres. Déco toute simple. Affiche souvent complet, réserver longtemps à l'avance.

Plus chic

▲ *Hôtel de la Couronne* (plan B1, 5) : 5, rue de la Couronne. ☎ 03-89-49-03-03. Fax : 03-89-49-01-01. • www.hoteldelacouronne.com • Juste à côté de la rue du Général-de-Gaulle. Parking gratuit. Ouvert toute l'année. Chambres doubles de 55 à 62 € (361 à 407 F) avec bains. Dans une charmante petite rue, ce bel hôtel du XVIe siècle est parfait. Son porche accueillant est à l'image du sourire des tenanciers. Sous ce porche, des petits bancs de bois avec des tables ne donnent qu'une envie : siroter un bon gewurztraminer avant d'aller découvrir les forêts avoisinantes. Toutes les chambres ont été refaites, certaines (comme les n°s 7, 18 et 20) ont des colombages, et les murs décorés de façon sobre portent une touche ludique : une fleur par-ci, un arbre par-là, toujours avec bon goût. Prix raisonnables pour la ville (mais qui subissent parfois quelques fluctuations...). Sur présentation du *Guide du routard* de l'année, apéritif maison offert.

RIQUEWIHR 261

RIQUEWIHR

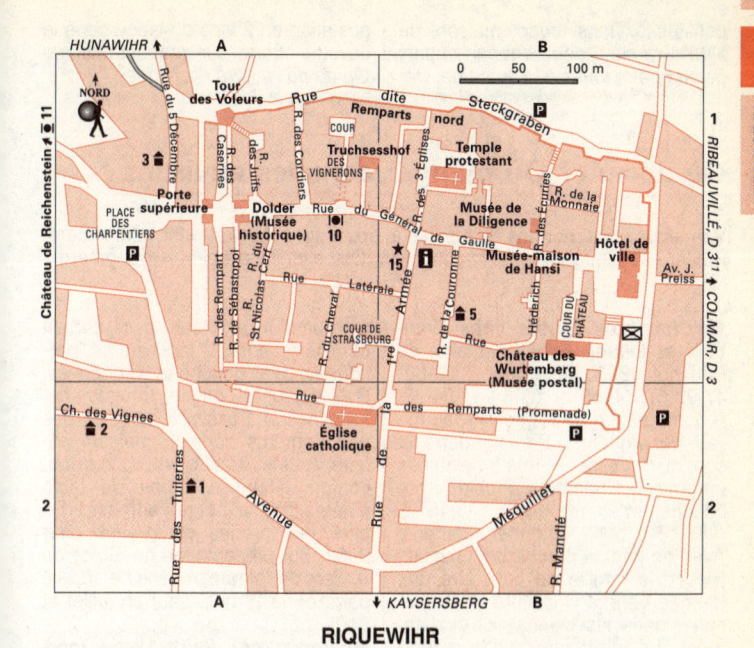

- **Adresse utile**
  - **i** Office du tourisme

- **Où dormir?**
  - 1 Chambres d'hôte chez Jean-Claude Bonné
  - 2 Chambres d'hôte chez Gérard Schmitt
  - 3 Chambres d'hôte chez Arno Meyer
  - 5 Hôtel de la Couronne

- **Où manger?**
  - 10 Winstub Au Tire-bouchon
  - 11 Restaurant Saint-Alexis

- **À voir**
  - 15 Cave Hugel et Fils

Où manger?

Avec ses innombrables touristes en été, ce village prend des allures de Mont-Saint-Michel. Tout cela pour vous dire qu'il n'est pas évident de bien manger ici à des prix honnêtes. Pas vraiment d'adresses pour routards, aller plutôt vers Ribeauvillé ou Kaysersberg.

Winstub Au Tire-bouchon (plan A1, 10) : chez Antoine Zimmer, 29, rue du Général-de-Gaulle. ☎ 03-89-47-91-61. Ouvert tous les jours. Menus de 11,89 à 14,64 € (78 à 96 F). Dans le cadre sympathique d'une winstub traditionnelle, une adresse qui propose les classiques de la table alsacienne à des prix décents : *riquewihrienne* (choucroute au beurre d'herbes avec saucisse d'oie, montbéliard de canard, etc.), rognons de veau sauce moutarde, *baeckeoffe*, os à moelle gros sel, joues de porc confites... Dans cette maison du XVIIe siècle, deux appartements peuvent être loués à la semaine. Dégustation de 2 vins d'Alsace dans le caveau offerte sur présentation du *Guide du routard* de l'année.

Où dormir ? Où manger dans les environs ?

Voir aussi nos bonnes adresses à prix sages à Hunawihr, Zellenberg, Ribeauvillé, Bergheim, Saint-Hippolyte, Ostheim, Turckheim, Kaysersberg...

▲ *Chambres d'hôte chez François et Liliane Edel :* domaine du Bouxhof, 68630 Mittelwihr. ☎ 03-89-47-93-67. Fax : 03-89-47-84-82. À 3 km au sud de Riquewihr, au milieu du vignoble. Parking dans la cour du domaine. Fermé 3 semaines en janvier. Chambres doubles avec douche, w.-c. et TV à 43,45 € (285 F), petit déjeuner compris. Avec un nom si proche de... l'edelzwicker, la famille ne peut être que tournée vers la viticulture et la maison... dans les vignes ! Et évidemment, il s'agit d'une grande maison sur un beau versant couvert de vignobles, tenue par une vieille famille de viticultrices... La cave, du XVIIe siècle, est classée monument historique. 2 chambres tout confort (TV, réfrigérateur, sèche-cheveux). Adresse idéale pour ceux qui souhaitent dormir dans une exploitation viticole relativement isolée (très calme) et jouissant d'une vue remarquable sur... le vignoble, évidemment, mais aussi les villages de la plaine. Apéritif maison offert sur présentation du *GDR* de l'année.

▲ *Chambres d'hôte chez Anne et Patrice Bruppacher :* 28-29, rue Jean-Macé, 68980 Beblenheim. ☎ et fax : 03-89-47-88-33. Chambres doubles avec douche et w.-c. à 42,68 € (280 F), petit déjeuner compris. Dans un gros village de vignerons, très peu fréquenté par les touristes, donc calme et encore authentique. Voici une superbe maison bleue avec un grand porche fleuri, une jolie salle campagnarde chargée d'objets anciens évoquant la vie de la ferme et du vignoble. Accueil jeune et jovial. 4 chambres impeccables avec lavabo (douche et w.-c. en commun), dotées d'un certain caractère, dont 1 familiale (4 personnes) avec douche et w.-c. privés. Petit déjeuner complet (charcuterie, fromages...). Possibilité de louer des appartements dans la maison violette voisine, ainsi qu'un studio tout confort. Attention : pas de table d'hôte. Oh, la bonne adresse ! En plus, une piscine est prévue pour 2002. Sur présentation du *Guide du routard* de l'année, remise de 10 % à partir de la 2e nuit, sauf en juillet et août.

I●I *Restaurant Saint-Alexis* (hors plan par A1, 11) : 68240 Kaysersberg. ☎ 03-89-73-90-38. ☒ Pour s'y rendre, sortir de Riquewihr par la place des Charpentiers et suivre la petite route qui monte vers la gauche ; les panneaux sont rares, toujours rester à gauche lorsqu'il y a des intersections ; après 5 à 10 mn de voiture, on découvre une jolie ferme recouverte de lierre. Repas servis de 12 h à 20 h. Fermé le vendredi. Menus de 10,21 à 15,55 € (67 à 102 F). Ce petit joyau de routardise où seuls les autochtones se rendent est bien perdu dans la forêt. À l'intérieur, une bonne odeur de soupe et de choucroute : tout le monde savoure la cuisine avec le sourire. On peut y déguster, par exemple, un bon petit potage de nos grand-mères, une opulente omelette au jambon et crudités qui ouvre l'appétit pour un délicieux coq fermier qui a mijoté dans les marmites pendant de longues heures... Une bonne tarte alsacienne couronne le tout. Par beau temps, possibilité de manger dehors. Café offert sur présentation du *Guide du routard* de l'année.

À voir. À faire

Tout est à voir, et à faire, en dehors de l'été si l'on veut vraiment bien goûter au voyage. L'idéal : au tout début du printemps (avril-mai), et pendant ou après les vendanges (octobre-novembre). Si par hasard vous êtes seul à déambuler ce jour-là dans les rues, écrivez-nous immédiatement, c'est que quelque chose d'anormal se passe à Riquewihr...
Il serait tentant également de visiter la ville tôt le matin, avant que ne débarquent les touristes. Mais, autant vous prévenir, toutes les livraisons se font avant 10 h, et dans la rue principale, le ballet des camions risque de vous dégoûter à tout jamais de Riquewihr...
On peut se garer dans la rue du Rempart-Nord ou place des Charpentiers. Encore une fois, c'est l'enfer en été. De là, on peut entrer dans la ville intra-muros par la rue des Trois-Églises (temple protestant).

★ *L'hôtel de ville* (plan B1) : marque l'entrée est de la ville intra-muros. Construit en 1808, à la porte de Riquewihr.

★ *Le musée d'Histoire des PTT d'Alsace* (plan B1) : au château des Princes de Wurtemberg-Montbéliard. ☎ 03-89-47-93-80. Fax : 03-89-47-84-71. À gauche après la mairie (entrée est). Ouvert de début avril à mi-novembre tous les jours sauf le mardi, de 10 h à 12 h et de 14 h à 18 h. Fermé de mi-novembre à fin mars. Entrée : 6 € (40 F) ; enfants : 2 € (13 F) ; tarif familles. Visite du *musée de la Diligence* avec le même ticket. Noter l'imposante façade « orientale » du château, avec son pignon à redans (comme des marches d'escalier) si propre à l'architecture rhénane de la Renaissance. À droite, deux sarcophages découverts dans les environs en 1913 attestent de la présence franque dans ce coin d'Alsace à l'époque mérovingienne.
À l'intérieur du musée, pas moins de 2 000 ans d'histoire de la poste et des télécommunications. Des postiers romains jusqu'à nos jours, en passant par les messagers pédestres médiévaux, les postes à cheval, et bien sûr la révolution du timbre-poste et de la boîte aux lettres. Un petit musée intelligemment fait qui nous rappelle que « La Poste rapproche les hommes ». Une expo temporaire, dont le thème change tous les ans.

★ *La rue du Général-de-Gaulle* (plan A-B1) : c'est la rue principale de Riquewihr, bordée d'une kyrielle de maisons anciennes remarquablement conservées. Difficile de détailler toutes les demeures. On vous signale ici les plus intéressantes.
À l'angle de la rue des Écuries, au n° 14, se trouve la plus haute maison à colombages d'Alsace (une merveille). Sa voisine, appelée maison au Nid de Cigognes (n° 16) date de 1535. Elle abrite une belle cour dotée d'une galerie à colonnes sculptées, d'un puits de 1603 et d'un pressoir de 1817. Au n° 13 : grande maison avec un oriel (avancée donnant un grand champ de vision, et beaucoup de lumière à l'intérieur). Au n° 28 : un beau poteau cornier (d'angle) représente un tonnelier. Au n° 42 : auberge *À l'Étoile* (6 branches) datant de 1686, appelée aussi maison de Gourmet. L'enseigne métallique peinte représente un gourmet viticulteur *(Preisszimmer)* : elle est l'œuvre de Hansi, le fameux illustrateur de l'Alsace. Au n° 46 : une cour avec une tourelle de 1613. Au n° 45 : superbes poteaux corniers montrant deux cloutiers avec les outils de leur métier.

★ *Le musée-maison de Hansi* (plan B1) : 16, rue du Général-de-Gaulle. ☎ 03-89-47-97-00. En janvier, ouvert uniquement les samedis et dimanches, de 14 h à 18 h ; en février et mars, ouvert du mardi au dimanche de 14 h à 18 h ; du 1ᵉʳ avril au 30 décembre, ouvert du mardi au dimanche de 10 h à 18 h. Entrée : 2 € (13,12 F) ; 1,50 € (9,84 F) pour les porteurs du *Guide du routard* de l'année ; gratuit pour les moins de 16 ans. Jean-Jacques

Waltz, dit Hansi, fut le plus célèbre illustrateur (imagier) d'Alsace (1873-1951). Ce petit musée très bien fait présente près de 150 lithographies, eaux-fortes, aquarelles, cartes postales, portant toutes le style du maître. À savoir : netteté du trait et sujet toujours traditionnel croqué avec une ironie mordante et un esprit joyeusement caustique. Mais il lui arrivait aussi de peindre l'Alsace heureuse, c'est-à-dire débarrassée de l'envahisseur allemand. Hansi a également réalisé de nombreux objets publicitaires, parmi lesquels la célèbre plaque émaillée des Potasses d'Alsace où figure une cigogne.

★ **Le Dolder** (plan A1) : on est là dans la partie haute de la ville. *Dolder,* en allemand ancien, signifie sommet, cime. C'est donc le point culminant de la cité intra-muros, marqué par cette tour haute de 25 m, terminée par un beffroi où sonne, à 5 h et à 22 h, l'ancienne cloche des chargeurs de vin. Élevé en 1291, ce Dolder abrite à présent un petit *musée historique* évoquant la vie de Riquewihr dans son vignoble. Ouvert du 21 avril au 30 juin le week-end et les jours fériés de 9 h 15 à 12 h et de 13 h 30 à 18 h 15, et du 1er juillet au 2 septembre tous les jours aux mêmes horaires. Entrée : 1,52 € (10 F). Du 4e étage, entre deux rangs d'armes à feu, on a une superbe vue sur la ville. D'ailleurs ça tombe bien ! En été, un son et lumière gratuit est organisé tous les vendredis à 22 h.

★ **La porte Supérieure** (plan A1) : juste en dessous du Dolder. Datant de 1500, elle marque l'entrée ouest de la ville. Remarquer le système judicieux qui permettait de relever (ou de rabaisser) le pont-levis. Très impressionnant.

★ **La rue des Juifs** (plan A1) : juste à droite du Dolder, en remontant la rue du Général-de-Gaulle. Elle se termine en cul-de-sac sur une cour qui fut le ghetto de Riquewihr jusqu'en 1416. À cette date fut perpétré un horrible pogrom. Après avoir emprunté tout ce qu'ils pouvaient aux financiers juifs de la ville, les « braves gens » de la ville décidèrent unilatéralement d'annuler leurs dettes... en supprimant purement et simplement leurs créanciers. La populace haineuse investit le ghetto et 28 personnes furent massacrées...

★ **La tour des Voleurs** (plan A1) : rue des Juifs. Ouvert du 15 avril au 12 novembre tous les jours de 9 h 45 à 12 h et de 13 h 30 à 18 h 15. Entrée à prix modique ; gratuit pour les moins de 10 ans. Deux chemins de ronde se rejoignent dans cet ouvrage défensif remarquablement conservé, haut de 18 m et appuyé sur les remparts. À l'intérieur, on visite une salle de torture (il y a des gens qui aiment ça !), des oubliettes et un logement de gardien d'époque reconstitué.

★ **Le temple protestant** (plan B1) : date du XIXe siècle (1846). Très dépouillé et sobrement décoré. Très belles orgues Stiehr-Mockers.

★ **Le musée de la Diligence** (plan B1) : 6, rue des Écuries-Seigneuriales. ☎ 03-89-47-93-80. Ouvert de début avril à mi-novembre tous les jours sauf le mardi, de 10 h à 12 h et de 14 h à 18 h. Entrée : 4,57 € (30 F) ; enfants : 1,83 € (12 F) ; tarif familles. Visite du *musée de l'Histoire des PTT* avec le même ticket. Pour nostalgiques de l'époque d'avant les bus, où les routards voyageaient en diligence. Superbe et rarissime collection de véhicules hippomobiles utilisés naguère par les postes d'Alsace pour leur boulot. Les plus anciennes datent du XVIIIe siècle.

➢ Et encore : une petite **balade à pied** dans la rue Saint-Nicolas, la rue du Cheval puis la rue des Remparts. Un coin relativement moins envahi par les touristes, et comptant plusieurs maisons anciennes d'une rare beauté.

★ **La cave Hugel et Fils** (plan B1, 15) : 3, rue de la Première-Armée. ☎ 03-89-47-92-15. Ouvert du lundi au jeudi de 8 h à 12 h et de 13 h à 17 h 30, et le vendredi de 8 h à 11 h. Parmi les 25 adresses de viticulteurs répertoriés par l'office du tourisme de la ville, on peut s'arrêter ici, particulièrement pour y admirer dans la cave le *foudre Catherine.* Il s'agit du plus ancien tonneau en service dans le monde. Fabriqué en 1715 en bois de chêne, il porte encore des sculptures et des motifs patinés par le temps.

LES PERLES DU VIGNOBLE

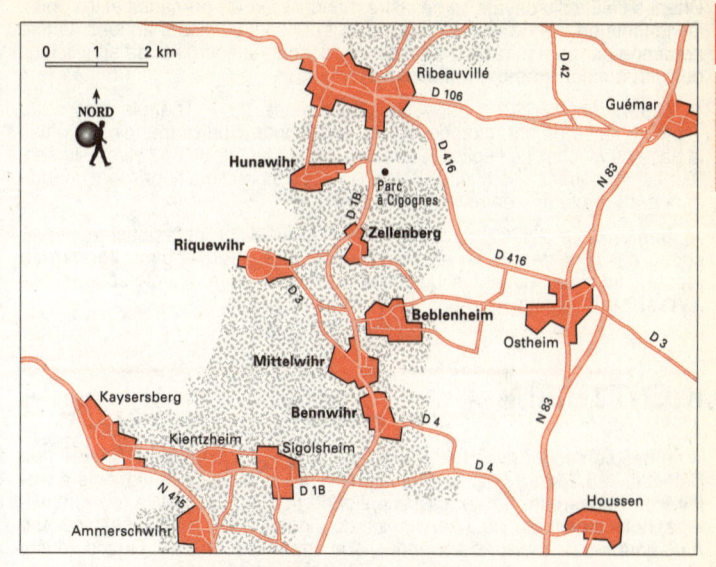

LES PERLES DU VIGNOBLE

> ### *DANS LES ENVIRONS DE RIQUEWIHR*

★ *LE SENTIER VITICOLE DES GRANDS CRUS*

Brochure et plan disponibles à l'office du tourisme de Riquewihr. Ce merveilleux sentier permet de traverser le vignoble autour de Riquewihr en une journée (prévoir seulement 1 h à 2 h pour les boucles communales). On peut aussi le suivre à VTT (prévoir une demi-journée). Attention : l'accès au vignoble est interdit un mois avant et pendant les vendanges. Bien rester dans le sentier balisé par un anneau rouge, les boucles communales (plus courtes donc) étant balisées par un anneau jaune. Quelle superbe balade ! À faire au printemps de préférence, ou à l'automne.

Très pratique car il y a plusieurs points d'entrée : à Riquewihr, où le sentier commence rue de la Piscine, près de l'auberge *Le Schoenenbourg,* à Zellenberg (pl. de l'Église), à Mittelwihr (pl. des Fêtes), à Hunawihr (en face de la cave coopérative Fontaine Sainte-Hune), à Beblenheim (pl. des Fêtes), enfin à Bennwihr (parking de la cave coopérative ou devant la mairie).

Un des plus beaux sentiers viticoles d'Europe (disons-le franchement !), qui permet de découvrir les grands crus des « perles du vignoble » comme le schoenenbourg à Riquewihr, le froehn à Zellenberg, le rosacker à Hunawihr ou le sonnenglanz à Beblenheim.

Tout au long du sentier, des panneaux thématiques présentent et expliquent les différents cépages, les grands crus, le travail des vignerons. De loin la façon la plus écologique et la plus routarde de découvrir l'Alsace : à pied.

★ *Bennwihr (68630) :* ce village fut entièrement anéanti lors des combats de la Poche de Colmar en décembre 1944 et janvier 1945. Seul le monument aux morts (cruelle ironie de l'histoire !) émergeait des monceaux de ruines et de gravats. « Je n'ai vu nulle part chose pareille », s'exclama

Charles de Gaulle devant ce désastre. Labouré par les grenades et les obus, le vignoble de Bennwihr resta improductif pendant plusieurs années. On se demande par quel miracle il a repris vie, donnant aujourd'hui de si délicieux gewurztraminer (grand cru Marckrain).

★ *Mittelwihr (68630) :* autre petite commune du « Triangle d'or » du vignoble, entièrement ravagée lors de la Seconde Guerre mondiale, hormis la base du clocher de l'église. En raison de la douceur de son climat, le secteur est surnommé « le Midi de l'Alsace » : des amandiers fleurissent chaque année au printemps entre les rangs de vigne !

★ *Beblenheim (68980) :* à 2 km à l'est de Riquewihr, et curieusement peu connu des touristes. Blotti au pied du coteau du Sonnenglanz (grand cru réputé), le bourg conserve quelques vieilles maisons à colombages des XVIe et XVIIe siècles.

KIENTZHEIM (68240) 850 hab.

À ne pas confondre avec Kintzheim (sans « e ») dans le Bas-Rhin, près de Sélestat. À 3,5 km à l'est de Kaysersberg, au pied du beau vignoble ensoleillé du Furstentum (un terroir exceptionnel !), cette petite ville (ou gros village) nous a bien plu, pour son musée du Vignoble et des Vins d'Alsace, ses rues bordées de maisons anciennes, son charme indéniable. Quand vous y serez, levez les yeux : des plaques historiques rappellent le passé d'un grand nombre de maisons de ce si joli bourg.
Une bonne étape donc, à un saut de puce de Kaysersberg et de Riquewihr.

Adresse utile

■ *Horizons d'Alsace :* 7, Grand-Rue. ☎ 03-89-78-20-30. Fax : 03-89-78-12-22. • www.horizons-alsace.com • infos@horizons-alsace.asso.fr • Cette association regroupant une dizaine d'hôtels de la région propose une randonnée pédestre d'une durée variable entre Niedermorschwihr, Le Bonhomme et Kaysersberg, avec hébergement. Les sacs à dos légers sont transportés par les randonneurs mais les bagages le sont par les hôteliers d'une étape à l'autre. Une très bonne idée qui vous permet de marcher librement pour le plaisir des yeux, tout en trouvant une bonne table où manger le soir venu. Pour routards avec un bon petit budget, mais les prix – autour de 460 € (3 018 F) par personne en pension complète pour 7 jours – restent raisonnables.

Où dormir ? Où manger ?

🛏 *Chambres d'hôte chez Roland Blanck :* 47, Grand-Rue. ☎ 03-89-47-36-86. À gauche en sortant de la ville vers Kaysersberg. Chambres doubles à 40 € (262 F) avec douche et w.-c. Face à un char militaire (qui n'est ni allemand, ni français, mais américain !) sous un arbre, on entre par une porte grillée dans une maison vieille de 500 ans (elle date de 1500 !), aux murs épais comme ceux d'un manoir. Très bon accueil. Noter l'arbre généalogique des Blanck sur le mur du couloir, avec le nom de l'ancêtre qui était aubergiste au lieu-dit L'Éléphant, près du Danube ! Ambiance pension de famille chaleureuse. Chambres simples mais impeccables, et vue sur rue ou jardin, au choix ! Petit déjeuner compris, que l'on prend dans une salle à manger à l'ancienne où il y a un beau buffet... breton (c'est une mode dans la région !), ainsi qu'un magnifique livre d'or offert par un client pour que les routards satisfaits y laissent leurs impressions.

🏨 |●| ***Hostellerie Schwendi :*** 2, pl. Schwendi. ☎ 03-89-47-92-92. Fax : 03-89-49-04-49. Resto fermé le mercredi et le jeudi midi ; congés annuels du 23 décembre au 15 mars. Chambres doubles de 51,84 à 67,08 € (340 à 440 F) avec bains et TV. Menus de 19,05 à 50,31 € (125 à 330 F). La bonne hôtellerie familiale (l'établissement est tenu par une famille de viticulteurs) de campagne. Très bon accueil. Chambres confortables, sérieusement rénovées mais à la déco d'un rustique cossu. Salle à manger genre caveau avec vieilles pierres et poutres ; cuisine régionale traitée avec pas mal d'à-propos. Et pour goûter aux vins de la famille Schillé, adorable terrasse autour de la fontaine d'une placette du village.

Plus chic

🏨 |●| ***Hostellerie de l'abbaye d'Alspach :*** 2 et 4, rue Foch. ☎ 03-89-47-16-00. Fax : 03-89-78-29-73. Parking gratuit. Congés annuels du 8 janvier au 15 mars. Chambres doubles de 57,17 à 74,70 € (375 à 490 F) avec douche ou bains, TV satellite. Un ancien couvent de clarisses du XIe siècle, devenu aujourd'hui une auberge de charme parmi les plus jolies du vignoble. Cour intérieure pavée et fleurie (avec son petit puits), tourelle communiquant avec une galerie à claire-voie très mignonne et des chambres nichées sous les poutres et bien arrangées. Certaines offrent une gentille vue sur le vignoble. Bonne adresse pour budgets confortables, permettant de rayonner dans les environs.

À voir

★ ***Le Lallakenig :*** c'est le roi des tireurs de langue d'Alsace. Il vous accueille de cette façon, sur le mur de la porte Basse (au sud, en venant de Sigolsheim). Très amusant. Mais à l'origine, c'était une vraie ruse de guerre. Pour défier l'éventuel agresseur, les défenseurs de Kientzheim pouvaient actionner cette langue de fer grâce à un mécanisme.

★ ***La chapelle Saint-Régule-et-Saint-Félix :*** à ne pas confondre avec l'église paroissiale, plus importante. Est normalement ouverte dans la journée (si ce n'est pas le cas, demander la clé au n° 2). Vaut la visite, surtout pour son extraordinaire collection d'ex-voto, accrochés aux murs et protégés par des plaques de verre. À gauche, en entrant, un ex-voto de 1944 relate les tristes tribulations d'un « Malgré Nous », enrôlé de force par la Wehrmacht, qui déserta par la suite.

★ ***L'église paroissiale :*** elle date du XVe siècle, sauf le clocher qui est du XIe siècle. Abrite les superbes pierres tombales de Lazare et Guillaume de Schwendi. En 1563, Lazare de Schwendi racheta la seigneurie de Kientzheim, avant d'aller combattre les troupes ottomanes en Hongrie, comme général de l'armée impériale (du Saint Empire romain germanique). Là-bas, il goûta à un délicieux petit vin produit dans le vignoble de Tokaj, bourgade située au nord-est de Budapest. Séduit, il eut l'idée d'en rapporter quelques ceps en Alsace, donnant naissance au tokay, un des meilleurs cépages de la région. La pierre tombale en grès rose est beaucoup plus finement sculptée que l'autre. Notez les détails : boucle de ceinture, charnières de l'armure. Étonnant !

– ***La Danse macabre :*** sur le mur nord de l'église paroissiale, à l'angle d'une venelle. « Ensevelir les morts, visiter les malades et les prisonniers, accueillir les hôtes... », ce sont quelques-unes des recommandations, disons éthiques (morales), inscrites sur cette fresque étrange et naïve. Où l'on voit deux squelettes couronnés (brrr!) menant une danse macabre, et une blonde nue couverte d'un voile, l'air accablé. « Jeunes ou vieux, beaux ou laids, maîtres ou valets, vous entrerez tous dans cette danse... toi aussi belle créature. » Pas vraiment rigolo comme programme électoral!

★ *Le musée du Vignoble et des Vins d'Alsace :* château de la confrérie Saint-Étienne. ☎ 03-89-78-21-36. Ouvert en mai le week-end et les jours fériés de 10 h à 12 h et de 14 h à 18 h, et du 1er juin au 31 octobre tous les jours aux mêmes horaires ; de novembre à avril, possibilité de visite pour des groupes de 20 personnes, sur réservation. Entrée : 2,29 € (15 F). Le château Schwendi avec sa tour carrée, son beau portail surmonté d'une échauguette et sa cour intérieure, est la propriété de la confrérie la plus renommée d'Alsace, gardienne en somme des valeurs éternelles du vignoble. Elle honore celui-ci à travers un rituel aussi immuable qu'insolite.
Le musée présente de façon pédagogique l'histoire de la viticulture et des techniques liées à la production du vin : outils, instruments, etc. On voit notamment une cave reconstituée. Intéressant si vous souhaitez approfondir votre connaissance du sujet.

➤ *DANS LES ENVIRONS DE KIENTZHEIM*

★ *Sigolsheim (68240) :* à 1 km à l'est de Kientzheim. Ravagé par les bombardements lors des combats de la Poche de Colmar (1944-1945), ce village du vignoble a pu sauver son église, célèbre notamment pour ses merveilleux décors extérieurs (façade ouest). Un joyau de l'art roman avec un très beau portail du XIIe siècle et de très élégants chapiteaux sculptés.
Au-dessus du village, la *colline de Blutberg* (montagne du sang) est couronnée par une nécropole militaire d'où l'on a une vue superbe sur le vignoble, la plaine et Colmar. Là reposent 1 684 soldats français et américains de la 1re armée française, commandée par de Lattre. Encore un site émouvant rappelant les terribles combats de l'hiver 1944-1945.

KAYSERSBERG (68240) 2 720 hab.

C'est dans cette adorable petite ville, encadrée par des monts couverts de vignes, entourée du plus humain des paysages, qu'est né le plus humain des hommes, Albert Schweitzer, prix Nobel de la paix en 1952. Tout ou presque ici porte la marque de l'histoire de cette civilisation rhénane qui a tant imprégné les lieux et les gens d'Alsace. Une merveille!
À visiter à pied, en prenant son temps. Et, comme à Riquewihr, à éviter en été (trop de monde dans les rues). Y aller de préférence au printemps ou en automne au moment des vendanges.

Adresses utiles

🛈 *Office du tourisme* (plan B1) : 37, rue du Général-de-Gaulle. ☎ 03-89-78-22-78. Fax : 03-89-78-27-44. Du 1er juillet au 31 août, ouvert du lundi au vendredi de 8 h 30 à 18 h 30, le samedi de 9 h à 12 h et de 14 h à 17 h, et le dimanche de 10 h à 12 h et de 14 h à 16 h ; du 1er septembre au 30 juin, du lundi au vendredi de 8 h 30 à 12 h et de 13 h à 17 h 30, et le samedi de 9 h à 12 h.
✉ *Poste :* plan B2.

KAYSERSBERG

LA ROUTE DES VINS D'ALSACE

KAYSERSBERG

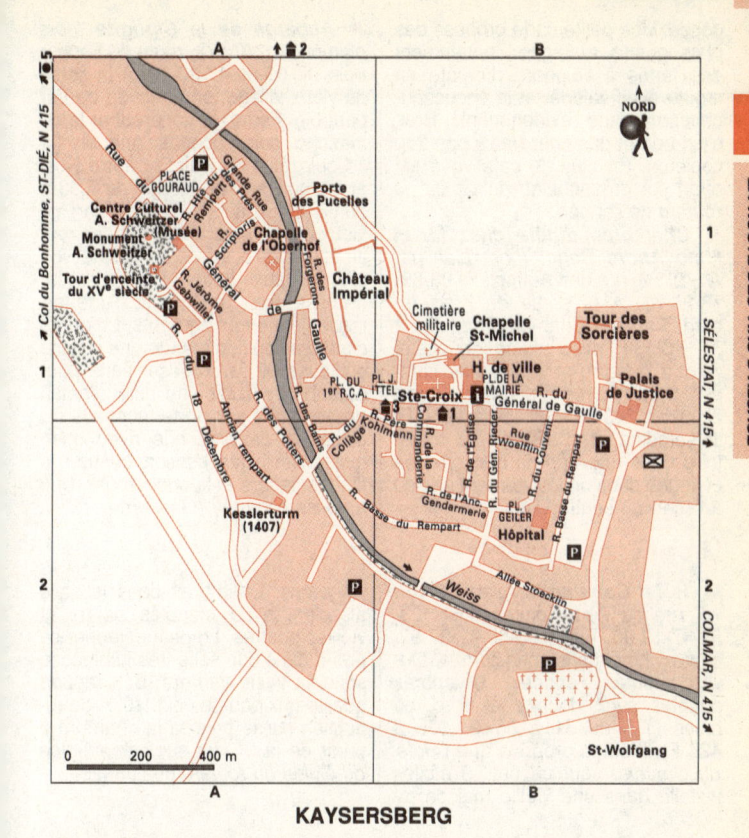

- **Adresses utiles**
  - Office du tourisme
  - Poste
- **Où dormir ? Où manger ?**
  1. Hôtel-restaurant du Château
  2. Chambres d'hôte chez M. et Mme André Renel
  3. Hôtel Constantin
  5. Auberge de la Cigogne

Où dormir ? Où manger ?

Hôtel-restaurant du Château (plan B1-2, 1) : 38, rue du Général-de-Gaulle. ☎ 03-89-78-24-33. Fax : 03-89-47-37-82. Sur l'adorable place de l'Église. Fermé le mercredi soir hors saison et le jeudi ; congés annuels du 7 février au 9 mars, du 2 au 12 juillet et du 4 au 15 novembre. Chambres doubles de 42 à 48 € (275 à 315 F) selon le confort. Menus de 14,50 à 17 € (95 à 112 F).

Une vieille maison alsacienne aux fenêtres fleuries, près d'une fontaine glougloutante. Un des hôtels les moins chers de la ville. Chambres simples et propres. Certaines offrent une belle vue sur le château, la colline et ses versants couverts de vigne. Au resto, genre bistrot de campagne, se côtoient les employés, les VRP, les gendarmes et les gens du coin, tous au coude à coude. Une petite carte propose des plats gentils et légers, notamment des tartes à l'oignon, du pâté en croûte avec salade, et la chouchou-choucrrrououte évidemment ! Bref, c'est bon et pas cher (mais pas trop copieux). En plus, le café vous est offert sur présentation du *Guide du routard* de l'année.

🛏 **Chambres d'hôte chez M. et Mme André Renel** (hors plan par A1, 2) : 3, rue des Aulnes. ☎ 03-89-78-28-73. À la sortie de Kaysersberg. Parking. Chambres doubles à 37 € (243 F) avec lavabo (douche et w.-c. à l'étage), petit déjeuner compris. Studios avec douche et w.-c. de 221,05 à 243,92 € (1 450 à 1 600 F) la semaine. 2 chambres sans histoire dans une grande maison rose et fleurie dans un lotissement un peu à l'écart du centre-ville.

🍴 **Auberge de la Cigogne** (hors plan par A1, 5) : 73, route de Lapoutroie. ☎ 03-89-47-30-33. À la sortie du vieux village, en direction de Lapoutroie. Fermé le vendredi et le dimanche soir ; congés annuels la 1re quinzaine de juillet et entre Noël et le Jour de l'An. Menus de 7,93 à 26,68 € (52 à 175 F). À l'écart du vieux bourg, le rendez-vous des routiers et des ouvriers de l'usine voisine (le papier Lotus). Du vrai routier de base, mais agrémenté d'une terrasse fleurie très agréable. Le genre d'adresse où l'on mange une cuisine copieuse et savoureuse, sans pour autant faire subir une cure d'amaigrissement à son porte-monnaie. Du classique de brasserie avec quelques spécialités maison comme le filet de sandre et la choucroute. Une adresse comme on les aime.

Un peu plus chic

🛏 **Hôtel Constantin** (plan B1, 3) : 10, rue du Père-Kohlmann. ☎ 03-89-47-19-90. Fax : 03-89-47-37-82. • www.hotel-constantin.com • Ouvert toute l'année. Chambres doubles avec douche et w.-c. ou bains (TV) de 51 à 65 € (335 à 426 F). Mêmes proprios que l'*Hôtel du Château* pour ce petit 3 étoiles installé dans une vieille maison de vignerons. Chambres dans le style alsacien, avec meubles peints et vieilles poutres. Le petit déjeuner se prend dans une salle très lumineuse sous sa vaste verrière. Bon rapport qualité-prix pour le coin. 10 % de réduction sur le prix de la chambre à partir de la 3e nuit sur présentation *du Guide du routard* de l'année.

À voir. À faire

★ **Le centre culturel Albert Schweitzer** (plan A1) : 126, rue du Général-de-Gaulle. ☎ 03-89-47-36-55. ♿ Ouvert du 1er avril au 24 décembre tous les jours de 9 h à 12 h et de 14 h à 18 h. Fermé du 25 décembre au 31 mars. Entrée : 2 € (13 F) au profit de l'hôpital de Lambaréné ; réduction de 20 % aux porteurs du *Guide du routard* de l'année. C'est la maison natale du célèbre prix Nobel de la paix. Beaucoup de photos, son casque colonial, son nœud papillon (dont il ne se séparait jamais, même au cœur de la forêt vierge où il soigna les lépreux), des objets africains, quelques-unes de ses pensées les plus fortes écrites ici et là : la maison natale d'Albert Schweitzer brille par sa modestie et la relative simplicité du petit musée qu'elle renferme.

Albert Schweitzer (1875-1965) est né à Kaysersberg dans cette demeure familiale, où son père, le pasteur Louis Schweitzer, tenait également l'école protestante du village. Successivement philosophe, pasteur, puis médecin à 30 ans, il lâcha une brillante carrière de professeur et d'organiste pour l'Afrique (Gabon) où il monta l'hôpital de Lambaréné. Il se moquait éperdument des frontières, parlait aussi bien le français que l'allemand, se définissant comme « citoyen du monde » et « homme de Gunsbach », village près de Munster, où l'on peut visiter la maison de la famille Schweitzer (voir cette ville). Il est en somme le premier « médecin sans frontière » de notre époque, un précurseur. Son ami Albert Einstein a déclaré un jour : « Dans ce triste monde qui est le nôtre, voici un grand homme ». Quelqu'un qui a vraiment appliqué dans sa vie ce à quoi il croyait : un athlète complet de l'esprit. Un défaut? Il n'avait pas toujours bon caractère et se comportait parfois de manière hautaine...

★ *Le pont fortifié (plan A1) :* il enjambe la Weiss, la rivière qui sépare la ville en deux quartiers bien distincts. Construit en blocs de grès rose des Vosges sur 2 arches, il date de 1514. De là, vue splendide. Tout à côté du pont, au n° 88, Grand-Rue, superbe maison Renaissance construite en 1594 pour un certain Apollinaire Offinger (il avait une réputation de gourmet et apparemment aussi un goût certain pour les belles architectures).

★ *Les ruines du château (plan A-B1) :* beaux vestiges d'une forteresse de garnison du XIIe siècle. Intéressant surtout pour la vue que l'on a du sommet de la butte où il est perché. Compter 30 mn à pied environ. Son donjon circulaire est un des plus anciens d'Alsace.

★ Les superbes *maisons* : on en voit partout dans la ville. On a remarqué particulièrement, dans la rue du Général-de-Gaulle, aux nos 45, 62 et 66, trois maisons imposantes à pignons jumelés (de 1521).

★ *Le musée d'Histoire locale (plan A1) :* 64, rue du Général-de-Gaulle. ☎ 03-89-78-11-11 (mairie). Ouvert en mai et juin le samedi de 14 h à 18 h et le dimanche de 10 h à 12 h et de 14 h à 18 h, en juillet et août tous les jours de 10 h à 12 h et de 14 h à 18 h, et en septembre et octobre le samedi de 14 h à 18 h et le dimanche de 10 h à 12 h et de 14 h à 18 h. Fermé de novembre à avril. Entrée à prix modique. Au 1er étage d'une maison de riches bourgeois datant de 1521. Abrite des œuvres d'art religieux du XIVe au XVIIIe siècle, et notamment une Vierge ouvrante de 1380.

★ *La place du Ier-Régiment-des-Chasseurs-d'Afrique (plan A1) :* d'autres belles façades à pans de bois des XVIIe et XVIIIe siècles.

★ *L'église Sainte-Croix (plan B1) :* dans l'un des endroits les plus typiques de la ville. Construite entre les XIIe et XVe siècles. Beau portail roman de 1230 (petit détail rigolo : l'artiste s'est représenté dans le coin gauche) et, à l'intérieur, un énorme Christ en bois (4,10 m) sur la poutre de gloire et un retable en triptyque datant du début du XVIe siècle. Derrière l'église, la chapelle Saint-Michel et l'émouvant et éloquent cimetière « Mémorial de la 1re Armée ». Minuscule, fleuri, il se compose des tombes blanches des trois religions monothéistes : des croix chrétiennes, cinq tombes musulmanes et une tombe juive.

★ *L'hôtel de ville (plan B1) :* superbe édifice de la Renaissance rhénane (1604-1605) doté d'une jolie balustrade en bois reliant deux bâtiments. Au rez-de-chaussée, la galerie l'Arsenal accueille d'intéressantes expos d'art contemporain.

➢ *Petite balade* très chouette : prendre la rue du Collège, traverser la Weiss, tourner à droite, suivre la rue des Potiers tout droit (coin calme et mignon) jusqu'au pont fortifié.

★ *L'église d'Aspach :* un peu à l'écart de la ville. Accès fléché depuis la N415, direction Lapoutroie. Drôle d'endroit ! Une petite église romane (qui accueille aujourd'hui expos et concerts) noyée dans un ensemble de bâtiments industriels. Pour la découvrir, on traverse un vaste espace empli de papiers et autres cartons compressés en ayant l'impression de tourner dans un film post-apocalyptique genre *Mad Max*...

Marchés

– *Marché de Noël* : tous les vendredis, samedis et dimanches en décembre (normal !), jusqu'au 22 au plus tard. Un des plus authentiques marchés de Noël d'Alsace, mais aussi un des plus fréquentés ! Ce qui occasionne parfois des embouteillages monstres à l'entrée du bourg...
– *Marché de Pâques* : le week-end 15 jours avant Pâques. Exposition-vente d'œufs décorés. Entrée payante.

AMMERSCHWIHR (68770) 1 940 hab.

À flanc de colline, entre Kaysersberg et Colmar, très bien située donc, la ville n'a pourtant pas le charme de ses voisines, ayant été détruite en grande partie pendant la Seconde Guerre mondiale. Cela dit, c'est un bon point de chute sur la route des Vins d'Alsace, qui vous permet de rayonner facilement. Au bord de la petite route reliant Ammerschwihr à Kientzheim (D11) se cache un imposant manoir entouré de murs et de vignes : il s'agit du fameux lycée japonais Seijo, unique en Europe, où étudient les enfants des cadres nippons installés en Alsace ou de l'autre côté du Rhin (l'Alsace est la région française préférée des investisseurs japonais).

Où dormir ? Où manger ?

Chambres d'hôte Maison Thomas : 41, Grand-Rue. ☎ 03-89-78-23-90. Fax : 03-89-47-18-90. • thomas.guy.free.fr • Proche de la porte ouest, dans la ville haute. Chambres doubles avec douche et w.-c. ou bains (TV) aux alentours de 42 € (275 F), petit déjeuner compris. Loue aussi des studios à la nuit autour de 40 € (262 F) ou à la semaine à 270 € (1 771 F). Vieille maison aux murs verts, située dans la seule partie de la ville non détruite lors de la Seconde Guerre mondiale. Très bon accueil. Déco de maison bourgeoise de bon aloi. Ambiance proprette et fleurie, tout a récemment été refait à neuf. Chambres donnant sur une rue calme. La chambre Damien (pour deux) a un coin cuisine. La chambre Sabrina avec mezzanine, coin cuisine et salon est idéale pour un couple avec des enfants. Jardin ombragé. Sauna et appareils de muscu. De janvier à mars, 10 % de remise sur le prix de la chambre sur présentation du *Guide du routard* de l'année.

Chambres d'hôte chez Odile et André Thomann-Desmarest : 2, rue des Ponts-en-Pierre. ☎ et fax : 03-89-47-32-83. Chambres doubles avec douche et w.-c. de 36,59 à 49,55 € (240 à 325 F), petit déjeuner compris. Maison à colombages rouges, très belle, avec des petits balcons qui donnent sur une cour intérieure. Possibilité de louer aussi un petit appartement pour 2 personnes, et une maison indépendante à l'intérieur d'une cour (avec 3 chambres) à louer toute l'année pour un week-end ou plus (en été, minimum une semaine). Remise de 10 % sur le prix de la chambre de septembre à juin à partir de la 2ᵉ nuit et 20 % de réduction à partir de 4 nuits sauf week-ends et jours fériés, sur présentation du *GDR* de l'année.

Hôtel-restaurant À L'Arbre Vert : 7, rue des Cigognes. ☎ 03-89-47-12-23. Fax : 03-89-78-27-21. • www.alsanet.com/arbre-vert • Au centre du bourg. Fermé le lundi soir et le mardi en saison (accueil pour l'hôtel en saison de 17 h 30 à 19 h), le lundi et le mardi de novembre à avril ; congés annuels de début février à mi-mars et 10 jours fin novembre. Chambres doubles à 35,06 € (230 F) avec lavabo, de 45,73 à 56,41 € (300 à 370 F) avec douche et w.-c.

ou bains (TV). Demi-pension obligatoire en saison : à partir de 44,21 € (290 F) par personne. Premier menu à 12,96 € (85 F) en semaine ; autres menus de 17,53 à 38,11 € (115 à 250 F). Une grande et agréable bâtisse qui date de l'après-guerre, où l'expérience est la règle, en salle comme aux fourneaux. Bonne étape gourmande à la salle à manger d'un rustique plutôt enlevé. Au hasard des menus et de la carte (traduits en japonais, s'il vous plaît) : escalope de foie d'oie chaud poêlé sauce au pinot noir, carré d'agneau rôti en chapelure d'ail, sandre rôti avec peau sur choucroute. Côté dodo, des chambres impeccables et charmantes, rénovées régulièrement. Ne vous étonnez pas de trouver un grand buffet breton dans les couloirs de cet hôtel, les patrons ont quelques origines celtes. Attention : les chambres de l'annexe sont un rien plus chères mais pas forcément plus jolies.

▲ *Maison d'hôte Thierry Sherrer :* 1, rue de la Gare. ☎ 03-89-47-15-86. Réserver à l'avance impérativement. Chambres doubles à 27,44 € (180 F) avec lavabo ou douche (w.-c. sur le palier) ; petit déjeuner à 3,66 € (24 F). Deux maisons assez modernes, plantées au beau milieu des vignes. Et pas n'importe quelles vignes ! Thierry Sherrer, œnologue-viticulteur de son état, produit un vin exceptionnel. Sur les conseils d'un vieil ami, nous y avons fait un tour et avons savouré un tokay pinot gris particulièrement délicieux (cuvée Saint-Martin). Attention, Thierry Sherrer n'en a pas beaucoup dans sa cave. Mais quel bonheur ! L'entreprise est familiale, la maman s'occupe des jolies chambres d'hôte en été. La première comporte deux lits, la seconde trois. Tous les lits ont des cadres des années 1930, ce qui donne un charme assez particulier au lieu. Cuisine à disposition. 10 % de réduction sur le prix de la chambre et dégustation de vins offerte sur présentation du *Guide du routard* de l'année.

NIEDERMORSCHWIHR (68230) 600 hab.

Savez-vous que des millions de téléspectateurs japonais connaissent ce très mignon petit village grâce à un téléfilm à l'eau de rose tourné, il y a quelques années, par une équipe nippone ? Eh bien, ensuite, des touristes japonais y sont venus pour le simple plaisir de s'y marier à la mode française – pardon, alsacienne ! Alsacien jusqu'au bout des ongles, ce village fait partie de nos coups de cœur. À cause de sa situation d'abord. Il s'agrippe à un flanc de coteau où les vignes semblent prêtes à tout moment à submerger les habitations. Tout est croquignolet ici : les maisons colorées, les fontaines en pierre, les puits fleuris en grès rose, les jardins cachés derrière les murs, les porches, les escaliers en colimaçon et les oriels des demeures de vignerons. Niedermorschwihr n'a pas perdu son âme ni son authenticité.

Où manger ?

|●| *Restaurant Caveau Morakopf :* 7, rue des Trois-Épis. ☎ 03-89-27-05-10. ✗ Ouvert midi et soir en saison, le soir seulement hors saison. Fermé le lundi midi et le dimanche ; congés annuels deux semaines en mars, du 15 au 30 juin et du 15 octobre au 2 novembre. Compter 20 € (131 F) pour un repas (plat et dessert) à la carte. Grande maison verte et rose. Des vitraux ornés d'une morakopf (la même tête de Maure que sur tous les T-shirts souvenirs de Corse, eh oui), du bois, de confortables banquettes : la déco va au plus simple. L'essentiel ici est bien la cuisine, ces plats de terroir dont l'apparente rusticité et la générosité

LA ROUTE DES VINS D'ALSACE

cachent une vraie finesse. Excellent *presskopf* et *baeckeoffe* sur commande. Confit de canard sur choucroute à ne manquer pour rien au monde. Et encore *schieffele,* tripes au riesling, choucroute garnie, *fleischschneke,* gratin de munster... Chouettes petits vins. Service attentionné et sympa. Pour les beaux jours, jardin d'été adorable et terrasse à l'arrière. Une bonne adresse.

Où acheter de bons produits ?

✥ **Confitures Ferber :** 18, rue des Trois-Épis. ☎ 03-89-27-05-69. De son tout petit village, Christine Ferber exporte dans le monde entier ses confitures artisanales cuites avec amour dans de grands chaudrons en cuivre. Quand vous aurez goûté à sa confiture de marasdrons (fraises) des bois, rehaussée d'une touche de rhubarbe acide ou à celle de quetsches, vous comprendrez pourquoi !

À voir. À faire

★ *L'église :* étrange et élégant clocher torsadé. À l'intérieur, des orgues Silbermann.

★ *Les oriels :* superbe est celui de la maison de Gérard Weinzorn, viticulteur. Il y en a un autre, juste en face de l'*hôtel de l'Ange,* dans la rue principale.

★ *Les maisons anciennes :* voir notamment, dans la rue principale, une grande maison aux murs jaunes avec un haut porche ouvrant sur une belle cour intérieure.

➤ *Randonnées :* plusieurs petites balades faciles dans le vignoble. Du village jusqu'au calvaire Sommerberg (40 mn), au Galtz (2 h), à Ammerschwihr (1 h 10), Katzenhal (par le Sommerberg, 1 h). Panneaux fléchés, juste à gauche, près d'un petit parking bordé d'arbres, à la sortie du village en allant vers Ingersheim.

➤ *La route des Trois-Épis* (qui monte) et celle de *Turckheim* (qui descend) sont à faire dans le sens de la descente dans les deux cas. En venant des Trois-Épis, on passe du monde montagnard (les sapins des Vosges) au monde alsacien et à la vigne (à flanc de coteau). Ici, plus qu'ailleurs, cette différence saute aux yeux. En descendant vers Turckheim à travers les vignes, on a une vue plongeante sur cette cité ancienne merveilleusement conservée.

TURCKHEIM (68230) 3 660 hab.

Blottie au pied d'un prestigieux vignoble ensoleillé, le Brand, au débouché de la vallée de la Fecht (autrement dit la vallée de Munster). Est-ce encore une ville ou une œuvre d'art que nous apercevons là ? C'est par la route de Niedermorschwihr, sinuant entre les plantations de vigne, qu'il faut découvrir cet amour de petite cité, ceinturée de remparts et hérissée de toitures anciennes. Voici une ville nettement moins touristique que Riquewihr, et pourtant tout aussi intéressante. Encore une « miraculée » sortie quasi indemne des turpitudes de l'histoire. Rien n'a changé, ou si peu, depuis quatre ou cinq siècles : les maisons (remarquables) de la Renaissance, les oriels fleuris, les petites cours secrètes, les colombages et les écussons, les enseignes et les fenêtres à vitraux. Même le veilleur de nuit accomplit encore sa ronde tous les soirs à 22 h (en été). Preuve que Turckheim est restée hospitalière : les cigognes y reviennent chaque année dans leur gros nid de la porte de France...

Au fait, si vous croisez la comédienne Charlotte de Turckheim dans les rues de la ville, sachez que : primo, sa famille, une des plus anciennes d'Alsace, y a gardé quelques arpents de vigne et de bonnes habitudes ; secundo, Charlotte adore la ville dont elle porte le nom. Et nous alors ? On a bien Saint-Josse (-sur-Mer)...

UNE DES DIX VILLES LIBRES DE LA DÉCAPOLE

Il y avait Obernai, Sélestat, Munster, Mulhouse, Colmar et Kaysersberg, mais aussi Haguenau, Wissembourg, Rosheim, et bien sûr Turckheim : autant de superbes cités fièrement rassemblées au sein de la Décapole... Qu'est-ce ? Non, il ne s'agit pas d'une technopole du déca(féiné), mais d'un regroupement au Moyen Âge et à la Renaissance de dix villes alsaciennes, toutes libres et sujettes à privilèges, tout en restant chapeautées par l'empereur (l'Alsace faisait alors partie du Saint Empire romain germanique). Objectif : mieux s'aider mutuellement et faire de « bonnes affaires ». Ainsi, ce qui n'était que Thorencohaime en l'an 742 devint une ville prospère dès 1354, année de son adhésion à la Décapole. Elle eut alors le droit d'ériger ses trois portes d'entrée, toujours là aujourd'hui, ses remparts (intacts), d'organiser des marchés.

Grâce à la production et au commerce du vin, la cité s'enrichit aux XVe et XVIe, des siècles d'or qui ont laissé leur magnifique empreinte sur la ville. Turckheim a pris son visage définitif à ce moment-là. Merveilleuse civilisation rhénane !

Adresses utiles

Office du tourisme : au corps de garde, 150 m à droite après la porte de France. ☎ 03-89-27-38-44. Fax : 03-89-80-83-22. • ot.turckheim@wanadoo.fr • www.turckheim-alsace.com • Ouvert du lundi au samedi de 9 h à 12 h et de 14 h à 18 h ; en juillet et août, du lundi au samedi de 9 h à 12 h et de 14 h à 18 h 30, et le dimanche de 10 h à 12 h (sous réserve de modifications). Bon accueil. Documentation sur la ville et le vignoble. Liste complète des chambres d'hôte et des hôtels. Se procurer (contre 1,52 €, soit 10 F) la brochure spéciale pour la visite détaillée de la ville (bien faite) et le plan du sentier viticole (belle randonnée).

Location de vélos et VTT : Cycles Grosshenny, 84, Grand-Rue. ☎ 03-89-27-06-36. Également ouvert le dimanche et les jours fériés, de 9 h à 12 h. Prix raisonnables.

Où dormir ? Où manger ?

Liste complète et illustrée des chambres d'hôte (une quinzaine à Turckheim et dans ses environs) disponible à l'office du tourisme.

Chambres d'hôte chez Aimé Féga : 14, rue des Tuileries. ☎ 03-89-27-18-84. À l'extérieur de la ville intra-muros, à 300 m environ après la porte de Munster. Chambres doubles à 32,01 € (210 F) avec douche ; petit déjeuner à 4,27 € (28 F). Attention, il n'y a que 4 chambres ; téléphoner longtemps à l'avance pour réserver ! Voici une étonnante maison, classique et bourgeoise vue de l'extérieur et moderne à l'intérieur. Il faut d'abord traverser une sorte de jardin en terrasses à flanc de coteau, puis monter un escalier intérieur longeant un mur couvert d'un grand et curieux damier composé de carrés d'ardoise. Très bon accueil. Dissimulé derrière une porte d'armoire ancienne, un étroit couloir mène à la chambre bleue. Au rez-de-chaussée, la chambre « moderne » a un petit air d'île grecque ensoleillée avec ses tons bleu, blanc et vert-bleu turquoise (jolie céramique autour du lit). Le petit déjeuner se prend dans la salle à manger d'où l'on domine la vallée (vue sur la rivière et au loin un parc à cigognes). Terrasse très agréable en été. Excellent rapport qualité-prix-accueil.

▲ *Hôtel Berceau du Vigneron :* 10, pl. Turenne. ☎ 03-89-27-23-55. Fax : 03-89-30-01-33. Juste à gauche de la porte de France (sud), à l'entrée de la ville. Parking gratuit à proximité. Ouvert de 7 h à 12 h et de 15 h à 20 h. Congés annuels de mi-janvier à mi-février. Chambres doubles avec douche ou bains de 35,06 à 62,51 € (230 à 410 F). Une vieille maison à la déco forcément rustique : pierres et bois, nappes à carreaux pour la salle du petit déj'. Jolie cour intérieure, très calme (les chambres qui donnent de ce côté-là aussi, logiquement) et fleurie. Les chambres, mansardées pour certaines, sont mignonnes et claires. Café offert sur présentation du *Guide du routard* de l'année.

▲ |●| *Hôtel Les Portes de la Vallée :* 29, rue Romaine. ☎ 03-89-27-95-50. Fax : 03-89-27-40-71. • www.hotelturckheim.com • Un peu à l'écart du centre historique (accès fléché). Le restaurant n'est ouvert que pour les demi-pensionnaires, mais la demi-pension n'est pas obligatoire. Chambres doubles avec douche à 46,04 € (302 F) en haute saison, à 58,54 € (384 F) avec bains, toujours en haute saison. Petite maison toute pimpante, dans un quartier résidentiel tranquille. Patron dans le genre jovial. Deux catégories de chambres : à l'ancienne (avec dessus-de-lit en chenille et armoire à glace) pour les moins chères ; stylées (lit à baldaquin pour l'une) et très agréables dans la nouvelle annexe. Resto pour les clients de l'hôtel uniquement. Cuisine de ménage (Madame est aux fourneaux) et spécialités alsaciennes servies dans une salle qui fait très *winstub* avec ses arcades et ses nappes à carreaux.

▲ |●| *Auberge du Brand :* 8, Grand-Rue. ☎ 03-89-27-06-10. Fax : 03-89-27-55-51. ✂ pour le restaurant. • www.aubergedubrand.com • Service de 12 h à 13 h 45 et de 19 h à 22 h 30. Fermé le mardi et le mercredi, sauf en juillet et août. Chambres doubles de 39,94 à 79,27 € (262 à 520 F) avec douche ou bains et TV. Demi-pension entre 45,73 et 67,08 € (300 et 440 F) par personne. Menus de 18,29 à 45,73 € (120 à 300 F). La forêt si généreuse à l'automne a conquis le chef de cette superbe maison alsacienne à colombages, qui concocte de savoureuses poêlées de champignons. Sinon, essayer le jambonneau à la bière et aux poireaux ou la potée au munster fermier. Le décor de la salle à manger, façon Alsace heureuse, est chaleureux comme tout. Bonne adresse, donc, pour manger aussi bien que pour dormir. Chambres coquettes et mignonnes. Sur présentation de votre *Guide du routard* de l'année, café offert et, de septembre à juin, remise de 10 % sur le prix de la chambre (mais pas de la demi-pension) à partir de la 2e nuit.

|●| *Restaurant À l'Homme Sauvage :* 19, Grand-Rue. ☎ 03-89-27-56-15. ✂. Service de 12 h à 14 h et de 19 h à 21 h 30. Fermé le dimanche soir (sauf l'été et les jours fériés), le mardi soir et le mercredi ; congés annuels du 15 janvier au 15 mars. Pour un repas complet, compter 18 € (118 F) à la carte ; menu-carte (sur réservation) de 36,59 à 54,88 € (240 à 360 F). Installée dans une vénérable maison de 1609, une adresse à géométrie variable. Au rez-de-chaussée sont servis des petits plats de terroir sans façon comme la palette de porc fumée, les quenelles de foie ou – grosse spécialité de la maison – les *roïgabragaldi* (pommes de terre en cocotte au lard paysan et oignons). À l'étage, et sur réservation au moins deux jours avant, le chef laisse libre cours à son imagination : foie gras de canard au naturel et

miel de fleurs de pissenlit, caille fourrée de riz basmati, amandes hachées aux épices de tandoori, blettes mijotées au velouté de homard, etc. Café offert sur présentation du *Guide du routard* de l'année.

Où dormir? Où manger dans les environs?

🛏 🍴 *Hôtel-restaurant Villa Rosa :* 4, rue Thierry-Schoeré, 68410 Trois-Épis. ☎ 03-89-49-81-19. Fax : 03-89-78-90-45. • www.villarosa.fr • À 400 m avant le village, sur la droite en arrivant de Turckheim. Fermé le jeudi soir; congés annuels de début janvier à mi-mars. Chambres doubles de 45,73 à 51,84 € (300 à 340 F) avec douche ou bains. Demi-pension obligatoire en saison : 46,95 (308 F) par personne. Menu (le soir uniquement) à 18,29 € (120 F). Jolie maison aux volets verts tenue par un couple très sympathique (et franchement écolo), qui reçoit ses hôtes avec humour et spontanéité. Chambres adorables, donnant (pour nos préférées) côté jardin (où il y a piscine, sauna et spa). À table, produits on ne peut plus frais (les légumes viennent du potager, l'ail des ours qui parfume le fromage blanc de la campagne alentour) et cuisine aussi personnelle qu'enthousiasmante. Accueille régulièrement des stages : en particulier cuisine, découverte des roses anciennes ou des légumes sauvages, etc. (voir leur site). Apéro offert sur présentation du *Guide du routard* de l'année, et 10 % de réduction sur le prix de la chambre à partir de 2 nuits.

À voir. À faire

Laisser sa voiture dans un parc de stationnement, et se promener dans la ville à pied, telle est la règle impérative dans toutes ces villes-musées du vignoble. Se munir auparavant de la brochure *Turckheim-circuit historique* disponible à l'office du tourisme (avec plan et commentaire détaillé).

★ *La porte de France :* au sud, c'est par elle que l'on entre en ville. Jadis munie d'un pont-levis, cette porte, la plus importante de la ville, est coiffée par un nid de cigognes (gros et sûrement très lourd) où, chaque année, ces oiseaux migrateurs viennent se reposer de leur si long voyage.

★ *La place Turenne :* la première place pavée en entrant par la porte de France. Bordée de maisons anciennes.

★ *Le corps de garde :* un peu plus loin, sur la droite, il abrite aujourd'hui l'office du tourisme. Autrefois appelé « le Poêle des corporations » parce que les divers corps de métier s'y retrouvaient autour d'un poêle. Ce corps de garde est le point de départ de la ronde du veilleur de nuit à 22 h (du 1er mai au 30 octobre). Surtout à ne pas manquer (voir plus loin).

★ *L'hôtel de ville :* et si c'était l'une des plus belles mairies de France? Qui sait? Construite en 1598, en pleine Renaissance rhénane donc, cette haute demeure se singularise par son pignon crénelé (à redans). C'était, et c'est toujours, le siège du « gouvernement » de Turckheim, qui, ne l'oubliez pas, comptait alors parmi les dix villes libres membres de la Décapole.

★ *L'hôtel des Deux Clefs :* 3, rue du Conseil. Juste à côté de la mairie. La plus belle taverne de la ville. Naguère appelée auberge *À l'Aigle,* elle date de 1540, mais fut rénovée en 1620. Une merveille!

★ *La Grand-Rue :* n'y flâner que lentement, paisiblement, en n'hésitant pas à revenir sur ses pas, histoire de mieux scruter les détails. Nombreuses et remarquables maisons Renaissance : la *maison Schiehle* avec son pilier de bois soutenant un bel oriel de 1567, l'auberge *À l'Homme Sauvage* avec sa sympathique enseigne. Continuez votre promenade. Juste en face, de l'autre côté de la rue, la *maison Huen* (1568) porte l'écusson du maréchal-ferrant. Sur le même trottoir que *À l'Homme Sauvage*, un peu après, « La Boucherie », ancienne boucherie casher de la communauté juive d'antan. Noter l'élégante fresque végétale sous la poutre maîtresse de la façade. Et encore : la maison Renaissance *Singler-Schwendelin,* frappée d'un écusson portant un bretzel, la marque des boulangers.

★ **La porte de Munster :** à l'extrémité ouest de la Grand-Rue. Elle ferme les remparts du côté de la vallée de Munster (d'où son nom). Naguère les condamnés à mort y passaient avant d'être exécutés au lieu-dit Wann, tout près de là. Curieusement, cette porte fut habitée jusqu'en 1952.

★ **La porte du Brand :** à l'extrémité nord-est de l'enceinte de la ville. Un petit bijou datant de 1377. N'a plus ni herse ni pont-levis, mais le fossé et la gorgone grimaçante sont toujours là.

★ **L'église Sainte-Anne :** l'église paroissiale, située derrière la place de l'Hôtel-de-Ville, date du XIe siècle (clocher roman) et du XIIIe siècle (nef récente du XIXe siècle). Au sommet du clocher, il y avait autrefois une pomme. Mais celle-ci, trop humble symbole, fut remplacée par un tonnelet (271 litres!), doré à l'or de ducat, et une girouette, dorée aussi, en forme d'étoile (emblème stylisé des tonneliers).

★ **Le musée-mémorial des Combats de la Poche de Colmar :** 25, rue du Conseil. ☎ 03-89-80-86-66. Ouvert du 15 avril au 15 octobre du mercredi au samedi de 14 h à 18 h et le dimanche de 10 h à 12 h et de 14 h à 18 h; du 1er juillet au 30 septembre, ouvert également les lundis et mardis. Entrée : 2,29 € (15 F); réductions; sur présentation du *Guide du routard* de l'année à l'accueil, remise de 30 % environ sur le billet adultes, soit une entrée à 1,52 € (10 F).

« Afin de rendre hommage à tous les combattants morts pour la libération de l'Alsace », pendant le terrible hiver 1944-1945, ce petit musée a ouvert ses portes à Turckheim, et non à Colmar. Pourquoi? Eh bien, pour une raison historique : la bataille de la Poche de Colmar s'est déroulée hors de Colmar, dans le secteur compris entre les communes d'Ammerschwihr, Bennwihr, Mittelwihr et Ingersheim. Pendant deux longs mois d'enfer, les soldats de la 1re armée française, commandée par le général de Lattre de Tassigny, durent affronter (dans la neige, le feu et le sang...) les soldats de la Wehrmacht. Après avoir débarqué le 15 août 1944 en Provence, libéré Mulhouse le 21 novembre, la 1re armée française, épuisée au seuil de l'hiver, adopta une tactique défensive face à un ennemi plus déterminé que jamais (« Méfie-toi des sursauts furieux du tigre s'il est blessé à mort », dit un vieux proverbe chinois!). Ainsi se constitua la Poche de Colmar dont ce musée, installé dans un beau caveau du XVIIIe siècle (abri pour les civils pendant la guerre), raconte et illustre la Résistance.

Vidéo assez bien faite. Restes d'un Thunderbolt P47, crashé dans le secteur en septembre 1944. Plusieurs mannequins de soldats français (et notamment d'étonnants goumiers marocains en djellaba), américains et allemands (des fantassins au camouflage blanc-hiver). Imposant matériel de la Résistance, dont une vitrine particulièrement intéressante avec des quarts en alu, des comprimés pour stériliser l'eau, des couverts, des gamelles, un réchaud Coleman, une boîte à alcool concentré, de la crème à raser, du dentifrice, de la poudre pour les pieds (les randonneurs connaissent ça!), de l'insecticide, des cigarettes et du tabac (c'est bon pour le moral). La plupart des rations de combat sont d'origine américaine : pastilles de sucre, citronnade en poudre, fromage en conserve et tablettes de chewing-gum Wrigley's.

➢ **La ronde du veilleur de nuit :** une tradition vieille de 500 ans! Depuis un demi-millénaire, c'est la même famille qui se transmet, de père en fils, cette charge – aujourd'hui un honneur – de parcourir la ville à la nuit tombée. Coiffé d'un tricorne noir, une cape (noire aussi) sur les épaules, ce veilleur emporte toujours une corne, une hallebarde et une lanterne (abritant une bougie). Ainsi habillé à l'ancienne, il déambule, seul et à pied, dans la petite cité, veillant (ou faisant comme si) à la sécurité des lieux et des gens. Sa tournée a lieu tous les soirs à 22 h, entre le 1er mai et le 30 octobre. Départ du corps de garde (office du tourisme). À ne pas manquer !

➢ **Le sentier viticole :** une très chouette randonnée pédestre, longue de 2 km, à travers le vignoble de Turckheim. On peut aisément la faire en une heure sans se presser. Le trajet est jalonné d'une vingtaine de panneaux expliquant le travail du vigneron et la gamme des cépages propres à ce terroir exceptionnel. Le Brand est en effet classé comme grand cru d'Alsace, faisant l'objet, comme les autres d'ailleurs, d'une réglementation rigoureuse. En route, superbes échappées sur le moutonnement des collines, la mer infinie des vignes, les contreforts des Vosges, la plaine au débouché de la vallée de la Fecht. Départ du sentier et petit plan détaillé du circuit à l'office du tourisme.

➢ DANS LES ENVIRONS DE TURCKHEIM

★ **Trois-Épis** (68410) : à 8,5 km au nord-ouest de Turckheim, village haut perché (658 m), dominant le vignoble. C'est une station climatique où les Alsaciens de la plaine viennent prendre le frais quand ils étouffent en été. Entre les deux guerres mondiales, les hôtels virent défiler du beau monde, et notamment la reine Wilhelmine de Hollande (ah, ces Hollandais, que ne feraient-ils pas pour admirer une montagne !).
Trois-Épis : drôle de nom quand même ! Il provient d'une vieille légende selon laquelle la Vierge serait apparue en 1491 à un maréchal natif d'Orbey. Celle-ci portait un bloc de glace dans une main et trois épis dans l'autre. Ces trois derniers symbolisant bien sûr le Bien (la fertilité de la terre). Cette apparition suscite aujourd'hui encore un afflux considérable de pèlerins pour lesquels ont été construits quelques imposants – et d'un goût discutable – bâtiments.
En période de Noël, un grand cortège vivant défile dans les rues du village (une crèche itinérante, en somme). Puis vient la messe de Noël animée par des pèlerins. À la sortie de l'église, des habitants offrent du vin chaud aux épices et des gâteaux artisanaux (les fameux *winachtsbredle*). Un des moments les plus sympathiques de l'année, surtout s'il neige.

🛈 **Office du tourisme des Trois-Épis :** ☎ 03-89-49-80-56. Fax : 03-89-49-80-68. Ouvert du lundi au vendredi de 9 h à 12 h et de 14 h à 18 h, et le samedi de 10 h à 12 h.

★ **Wintzenheim** (68920) : au débouché de la vallée de la Fecht (Munster), tout près de Colmar, ce gros village possède un terroir viticole réputé, le Hengst (mot alsacien qui signifie étalon). Il donne d'excellents gewurztraminer. Les vins du Hengst, classés Alsace grand cru, se distinguent par leur jeunesse. Impétueux, ils atteignent en vieillissant une certaine maturité (jusqu'à 10 à 20 ans de vieillissement possible, chose assez rare).

★ **Wettolsheim** (68920) : encore un autre village, sur la route des Vins d'Alsace, à environ 5 km au sud-ouest de Colmar. On y a déniché une bonne petite adresse, l'hôtel *Au Soleil*. Se reporter plus haut à la rubrique « Où dormir ? Où manger dans les environs de Colmar. ? ». Une curiosité : au centre du village, une reconstitution grandeur nature de la grotte de Lourdes. Côté vins, Wettolsheim est célèbre pour ses grands crus steingrubler, capables de donner des vins de garde, riches en arômes, avec un corps solide et une charpente bien virile (des riesling et des gewurztraminer).

EGUISHEIM (68420) 1 590 hab.

L'un des sept plus ravissants villages de la route des Vins d'Alsace. Revers de la médaille, on s'en doute un peu : il est de plus en plus aimé, et fréquenté donc, par les touristes. Cela dit, si vous y venez assez tôt dans la matinée, Eguisheim saura vous dévoiler quelques-unes de ses charmes cachés, comme ses ruelles pavées aux maisons de poupée, directement sorties d'une aquarelle d'Hansi. L'originalité de cette coquette bourgade réside dans sa forme presque « ronde », merveilleuse à observer d'un avion (si vous avez la chance de voler dans le ciel d'Alsace !). Un gros reproche à leur faire : on ne voit vraiment pas l'utilité d'un petit train touristique dans un si joli village, ça gâche tout !

Adresse utile

fi *Office du tourisme :* 22 A, Grand-Rue. ☎ 03-89-23-40-33. Fax : 03-89-41-86-20. • info@ot eguisheim.fr • www.ot-eguisheim.fr • Ouvert du lundi au samedi de 10 h à 12 h et de 14 h à 18 h ; du 1er juin au 30 septembre, ouvert également le dimanche et les jours fériés de 10 h à 12 h. Très bien documenté et vraiment aimable. Dispose d'un classeur à la réception présentant toutes les adresses de chambres chez l'habitant, d'hôtels, de restaurants, avec les prix et des photos des chambres. Très pratique. Organise aussi pour les individuels des visites guidées gratuites du village, tous les jeudis du 1er juillet au 15 septembre. Départ de la place Saint-Léon à 17 h. Durée : 1 h 30. Mais ça peut changer, alors renseignez-vous bien avant. Propose également une visite du sentier viticole en saison.

Où dormir ? Où manger ?

Camping

▲ *Camping municipal Les Trois Châteaux :* 10, rue du Bassin. ☎ 03-89-23-19-39. Fax : 03-89-24-10-19. Ouvert du 1er avril au 30 septembre ; fermé de 13 h à 14 h 30. Autour de 10 € (66 F) l'emplacement pour deux sans l'électricité. Plaisant petit coin de campagne à l'orée des vignes. Bon accueil.

De bon marché à prix moyens

🏠 *Chambres d'hôte chez Monique Freudenreich :* 4, cour Unterlinden. ☎ et fax : 03-89-23-16-44. Dans le centre. Chambres doubles avec douche et w.-c. ou bains (TV) à 39,03 € (256 F), petit déjeuner compris. Dans une vieille maison aux murs jaunes, située en retrait de la rue principale, donc au calme. Noter le beau porche d'entrée en pierre rose des Vosges. Les chambres se trouvent au 1er étage. C'est simple et coquet. Petit déjeuner copieux et délicieux. La famille Freudenreich exerce le métier le plus beau qui soit en Alsace : vigneron. En période de vendanges, toute la cour est parfumée par les arômes de raisin frais : un régal ! Sur présentation de votre *Guide du routard* de l'année, apéritif de bienvenue offert et 10 % de réduction sur le prix de la chambre à partir de la 2e nuit de novembre à mai.

🏠 *Chambres d'hôte chez Henri Allemann :* 28, Grand-Rue. ☎ et fax : 03-89-41-40-25 ; le soir ☎ 03-89-49-24-47. Chambres doubles à

30,49 € (200 F) avec douche et w.-c. ou bains. Également un appartement pour 4 personnes (2 chambres) avec coin cuisine. Dans une jolie maison à colombages où l'on entre par un beau porche, après avoir demandé les renseignements à l'épicerie-boulangerie-bureau de tabac (qui vend aussi des journaux) du rez-de-chaussée. 2 chambres simples mais propres, au 1er étage, donnant sur la rue. Petit déjeuner enfant offert à nos lecteurs sur présentation du *Guide du routard* de l'année.

🛏 🍴 **Auberge des Comtes :** 1, pl. Charles-de-Gaulle. ☎ 03-89-41-16-99. Fax : 03-89-24-97-10. À l'entrée ouest de l'enceinte historique de la ville, près de l'école primaire. Parking. Fermé le mardi après-midi, le mercredi et le jeudi. Chambres doubles de 50,31 à 56,41 € (330 à 370 F) avec douche et w.-c. ou bains. Le classique hôtel familial de campagne. Deux types de chambres : dans une aile du bâtiment, bien équipées et fonctionnelles ; dans une autre aile, plus familiales, dans le genre Vieille France. Demander une chambre avec balcon, les prix sont les mêmes. Fait aussi resto, pas particulièrement mémorable.

🛏 🍴 **Hôtel-restaurant À la Ville de Nancy :** 13, rue du Rempart-Nord, et 2, pl. Charles-de-Gaulle. ☎ 03-89-41-78-75. Fax : 03-89-41-41-28. Dans la rue principale, en haut du village. Fermé le mardi soir et le mercredi ; congés annuels pendant les vacances de février de la zone B, la dernière semaine de juin et la 1re semaine de juillet. Chambres doubles à 45,73 et 48,79 € (300 et 320 F) avec douche et w.-c. ou bains (TV). Menu à 9,20 € (60 F) le midi en semaine ; autres menus entre 13,72 et 25,91 € (90 et 170 F). Dans deux petites maisons mitoyennes. Petite auberge genre maison néo-alsacienne. Chambres simples et sobres au confort honorable. Vue sur la place (calme la nuit) ou sur la rue. Petite cuisine familiale et traditionnelle. Au bar, quelques plats à la carte pour un repas sur le pouce. Sinon, dans la grande salle, des menus avec des spécialités maison comme le filet de sandre sur choucroute, les quenelles de foie, la truite au riesling (un classique !), etc. Apéritif maison offert sur présentation du *Guide du routard* de l'année.

🍴 **Restaurant Le Pavillon Gourmand :** 101, rue du Rempart-Sud. ☎ 03-89-24-36-88. Près de la place Charles-de-Gaulle (entrée ouest d'Eguisheim). Fermé le mardi soir et le mercredi ; congés annuels pendant les vacances de février et 15 jours début juillet. Menus de 12,96 € (85 F, sauf le dimanche) à 56,41 € (370 F) vin compris ; à la carte, compter environ 25 € (164 F). Dans une superbe rue fleurie, ce restaurant discret nous a bien plu, d'autant que Pascal Schubnel, le chef, ancien élève de Bocuse et de Paul Haeberlin, pratique la politique du « bon goût à prix sages ». Avant d'entrer, jeter un coup d'œil sur la belle galerie de la façade extérieure. Menus avec des gentilles choses comme le *presskopf* vinaigrette, le poulet au riesling, le sorbet au marc de gewurztraminer. À la carte : sandre soufflé au riesling, jarret de porc rôti à la moutarde, choucroute de poissons et quelque bon gibier en saison. Beau choix de vins, la plupart d'Eguisheim. Café offert sur présentation du *Guide du routard* de l'année.

À voir

Faire le tour des rues et des ruelles de la ville, sans se presser, en flânant : telle est la meilleure façon de découvrir ce village. Demander un plan à l'office du tourisme.

★ **Le château des comtes d'Eguisheim :** au cœur du village, il surplombe une placette adorable avec une belle fontaine au centre. Est intéressant mais pas extraordinaire. Une partie de son enceinte remonte au XIIIe siècle mais l'intérieur a été reconstruit dans un style néo-roman assez lourd.

★ *La chapelle de Saint-Léon-IX :* attenante au château. Très décriée pour ses couleurs criardes, c'est pourtant le seul monument un peu insolite de la ville. Difficile d'imaginer qu'un pape ait pu naître à Eguisheim! Pourtant, Bruno d'Eguisheim est bel et bien né ici en 1002. Cette chapelle lui est dédiée. Évêque de Toul à 24 ans (précoce, donc!), il fut élu pape en 1049 sous le nom de Léon IX. Surnommé le « pape voyageur » (un pape routard, quoi!), il convoqua le concile du Latran et fit un certain nombre de réformes. L'extérieur comme l'intérieur (couvert de fresques peintes) de la chapelle donnent dans le style oriental (on dirait une église arménienne!).

★ *La rue du Rempart-Sud :* la plus sympathique de toutes, bordée d'une ribambelle de vieilles maisons ployant sous les fleurs. À faire à pied au départ de l'*Auberge du Rempart*.

★ *Visite de caves :* chez Émile et Luc Beyer, 7, pl. du Château. ☎ 03-89-41-40-45. • www.emile-beyer.fr • Une cave datant de 1583, sous la cour de l'Hostellerie (XVIe siècle), donc un endroit assez étonnant où l'on découvre des vins, à des prix corrects.

À faire

➤ *Le sentier vinicole d'Eguisheim :* vous ne pouvez pas le manquer, les panneaux commencent à l'angle des rues du Bassin et de Hautvillers, près du camping. Les cépages visités et le travail de la vigne sont remarquablement expliqués sur ce court itinéraire (1 h environ).

DE COLMAR À GUEBWILLER

Moins connue, donc moins touristique que le tronçon Colmar-Sélestat, cette partie-là de la route des Vins d'Alsace recèle quand même quelques très beaux paysages, de superbes villages (Eguisheim – voir plus haut –, Gueberschwihr, Rouffach), et surtout de très bons vins.
Ainsi a-t-on découvert quelques grands crus d'Alsace comme le hatschbourg à Hattstatt et Voegtlinshoffen, le goldert à Gueberschwihr (pour son gewurztraminer), le steinert à Pfaffenheim et Westhalten, encore le vorbourg à Rouffach, le zinnkoepflé à Soultzmatt. Enfin, en approchant de Guebwiller, ne pas oublier le grand cru pfingstberg à Orschwihr, le spiegel à Bergholtz et le kessler à Guebwiller. Bonne route! Soyez sobre!

HUSSEREN-LES-CHÂTEAUX (68420) 400 hab.

À 3 km au sud d'Eguisheim, par une adorable petite route, voici le vignoble le plus élevé (390 m) de la route des Vins d'Alsace. Point de départ de la route des châteaux du Haut-Eguisheim. Ces châteaux, puissantes forteresses construites entre les XIe et XIIIe siècles, dominaient (tels des nids d'aigles) le vignoble et la plaine du Rhin. Aujourd'hui, il en reste trois belles ruines. La plus intéressante est la ruine du *Walhenbourg* et son donjon, d'où l'on a une vue magnifique sur toute la vallée.

➤ En continuant l'étroite route, 4 km plus loin, on trouve les ruines du *Hohlandsbourg* (1279), qui fut l'un des plus vastes châteaux forts d'Alsace. Ouvert de Pâques au 11 novembre, le samedi de 14 h à 18 h et les dimanches et jours fériés de 11 h à 18 h : tous les jours du 1er juillet au 6 septembre, de 10 h à 19 h. Visites guidées et expos temporaires. ☎ 03-89-30-10-22.

➤ À flanc de montagne, en descendant dans la vallée de Munster, en face de Zimmerbach, les ruines du château de *Pflixbourg.* Aquarellistes romantiques, à vos pinceaux !

GUEBERSCHWIHR (68420) 820 hab.

Notre village préféré dans cette partie-là du vignoble. Très peu touristique, donc préservé sur tous les plans. À flanc de coteau, dominant la plaine mais dominé par la masse sombre de la forêt vosgienne, Gueberschwihr, « l'aristocrate du vignoble », possède le plus riche clocher roman (du XIIe siècle) de la région. Il mesure 36 m de haut, est coiffé par un toit en bâtière, et possède trois étages de fenêtres géminées. À ses pieds, la grande place (très grande), ombragée de tilleuls et bordée de maisons anciennes, vit au rythme lent de l'Alsace heureuse.

Les rues très étroites de la ville renferment plusieurs secrets : ceux d'un riche passé, avec de nombreux porches fortifiés et quelques clés de voûte sculptées, et ceux d'un vignoble fructueux. En s'y baladant nonchalamment, on découvre une multitude de caves à vin ouvertes à tous, où l'on peut déguster de bons gewurztraminer vendanges tardives ou quelques tokay pinot gris fort sympathiques. De cave en cave, de viticulteur en viticulteur, vous risquez juste de ne plus marcher très droit ! Alors un conseil, si vous décidez de goûter tous les vins locaux, ne prenez pas la voiture !

Où dormir ?

■ *Chambres d'hôte chez M. et Mme Lichtlé :* 10, rue des Forgerons. ☎ 03-89-49-22-76. Congés annuels de novembre à début avril. Chambres doubles avec douche et w.-c. ou bains à 35,06 € (230 F), petit déjeuner compris. Dans la rue qui monte vers l'église, on découvre un énorme et beau portail. Souvent ouvert, il donne sur une cour intérieure pavée ultra-pittoresque : à droite, un escalier en pierre monte vers l'habitation des propriétaires. En face, une petite fontaine fleurie et des ateliers de viticulteurs (la famille produit aussi du vin, vous pourrez le goûter !). À gauche, c'est notre domaine : un escalier en bois monte vers un balcon menant à deux petites chambres accueillantes, et une chouette chambre triple, décorée d'une fresque murale d'il y a 150 ans et d'un petit poêle blanc qui date de l'enfance de Mme Lichtlé (eh oui ! il était dans sa chambre). L'accueil est tout simplement adorable, c'est la maison du bonheur.

Où acheter du bon vin ?

❀ *Maison Ernest Burn, Joseph et François Burn :* 14, rue Basse. ☎ 03-89-49-31-41. Fax : 03-89-49-28-56. Les avis sont unanimes : s'il faut acheter du vin dans les parages, c'est bien ici. Ces vignerons sont entrés dans la légende avec leur très fameux Clos Saint-Imer. Que c'est bon ! Laissez-vous guider par votre palais, il ne vous trompera pas.

À voir

★ *Les maisons Renaissance :* avec leurs belles façades à colombages, leurs enseignes soignées, leurs caves et leurs cours intérieures. Dans la rue Haute, voir les n°s 11, 15, 16 et 19. Dans la rue Basse, voir au n° 14 une magnifique maison à oriel, dotée d'une enseigne remarquablement travaillée *(Au Dauphin)* ; l'original se trouve à Colmar, au musée Unterlinden. Noter, dans la cour, une tour en grès jaune de 1623 avec un escalier hélicoïdal.

➤ *DANS LES ENVIRONS DE GUEBERSCHWIHR*

À voir. À faire

★ **Pfaffenheim** *(68250)* : plus bas vers la plaine, non loin de la route nationale Mulhouse-Colmar. Détruit par les bombes en 1939-45, le village a été reconstruit après la guerre, excepté l'église (chœur et abside du XIIIe siècle).

➤ **Le sentier viticole** : ce sentier viticole a lancé la mode. C'est le premier à avoir été tracé dans le vignoble avec des panneaux explicatifs. Depuis, une dizaine de communes du vignoble alsacien ont compris l'intérêt pédagogique et gustatif de ces balades de 1 h à 2 h maxi. Attention, les chemins sont très passants lors des vendanges, les pentes sont raides et ensoleillées et le caveau final traîtreusement frais. À suivre en partant du centre du village de Pfaffenheim.

★ À 3 km au nord-ouest de Pfaffenheim, la **chapelle Notre-Dame de Schauenberg** réserve une superbe vue sur la plaine d'Alsace. Pour en profiter pleinement, on peut s'installer sur la terrasse du monastère (☎ 03-89-49-35-33 ou 03-89-55-33-76) pour boire un verre ou casse-croûter (si elles n'accueillent plus les repas de groupe, les sœurs ont toujours un petit quelque chose pour rassasier le voyageur de passage). À 300 m de la route forestière (montant dans la forêt de sapins), on y accède par un chemin de terre. En continuant cette petite route, on peut découvrir l'arrière-pays, très boisé, jusqu'au col du Firstplan.

ROUFFACH (68250) 4 500 hab.

Encore une merveille quasi intacte, oubliée des touristes (tant mieux pour les poètes solitaires !), où l'on remonte dans le temps. D'ailleurs, à l'origine, les rois mérovingiens d'Austrasie s'y étaient installés. C'est à Rouffach que l'on situe, au VIIe siècle (les rois fainéants ne sont pas très loin...), la guérison miraculeuse (la documentation de l'office du tourisme évoque même une résurrection !) du fils du roi Dagobert II (l'autre, Dagobert Ier, aimait bien le coin aussi), un dénommé Sigisbert. La ville, qui dépendait spirituellement de l'évêché de Bâle, porte la marque de la Renaissance rhénane. C'est au travers de son authenticité qu'elle puise son caractère et son style inimitable. En venant par la route nationale, beaucoup de voyageurs n'ont pas le réflexe de faire le détour par cette ville, un peu à l'écart. Dommage, car elle le mérite bien.

Adresses utiles

🛈 **Office du tourisme** *(plan B2)* : 8, pl. de la République. ☎ 03-89-78-53-15. Fax : 03-89-49-75-30. • www.alsanet.com • info@ot-rouffach.com • Sur la place centrale. De Pâques au 30 juin, ouvert du lundi au vendredi de 9 h à 12 h et de 14 h à 17 h, le samedi de 10 h à 12 h et de 14 h à 16 h, et le dimanche de 10 h à 12 h ; en juillet et août, du lundi au vendredi de 9 h à 12 h 30 et de 13 h 30 à 18 h 30, le samedi de 9 h à 12 h 30

ROUFFACH 285

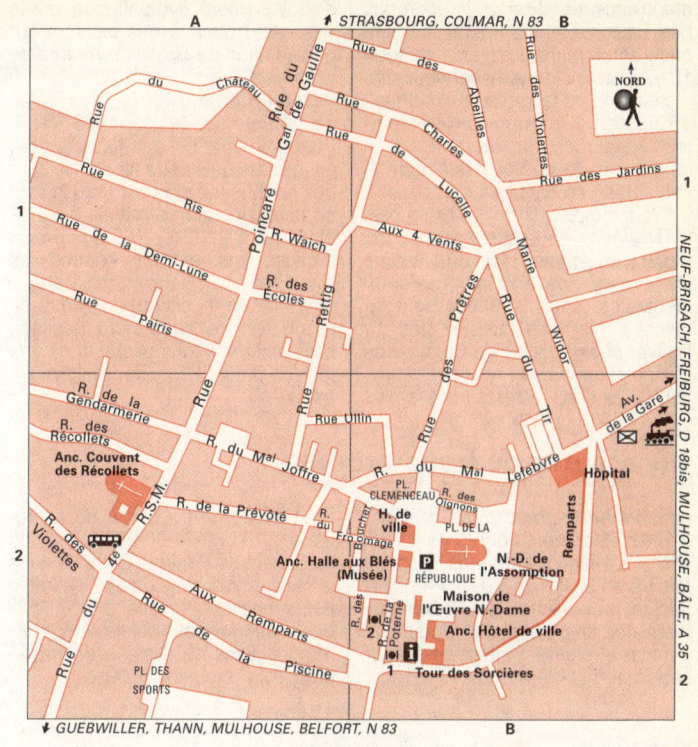

LA ROUTE DES VINS D'ALSACE

ROUFFACH

- ■ **Adresses utiles**
  - 🛈 Office du tourisme
  - ✉ Poste
  - 🚂 Gare SNCF
  - 🚌 Gare routière
- 🍽 **Où manger ?**
  - 1 Caveau du L'Haxakessel
  - 2 La Poterne

et de 14 h à 17 h 30, et le dimanche de 10 h à 12 h 30 et de 15 h à 17 h 30 ; du 1er septembre au 31 octobre, du lundi au vendredi de 9 h à 12 h et de 14 h à 17 h, le samedi de 10 h à 12 h et de 14 h à 16 h, et le dimanche de 10 h à 12 h ; du 1er novembre à Pâques, du lundi au vendredi de 9 h à 12 h et de 14 h à 17 h, et le samedi de 10 h à 12 h. Très bon accueil et hyper-compétent. Loue des vélos. Organise pour les individuels des visites guidées de la ville (vraiment très intéressant !) au départ de l'office du tourisme. Durée : 1 h 30 à 2 h.
- ✉ *Poste : plan B2.*
- 🚂 *Gare SNCF : plan B2.*
- 🚌 *Gare routière : plan A2.*

Où manger ?

🍽 *Caveau du L'Haxakessel (plan B2, 1) :* 7, pl. de la République. ☎ 03-89-49-76-76. ♿ Juste à côté de l'office du tourisme et de la tour des Sorcières. Fermé le mercredi hors saison. Menu à 6,86 € (45 F) le midi en semaine ; sinon, compter 12 € (79 F). *Haxakessel* veut dire « chaudron de la sorcière ». Normal, à Rouffach, il y a des sorcières partout. Routardes, pas de panique : si dans ce resto on vous demande si vous êtes une sorcière, sachez qu'il y a longtemps qu'on n'en brûle plus à Rouffach ! Pour une somme modique, on mange ici une bonne choucroute... de la Sorcière évidemment. Les tartes flambées sont fameuses. Ne vous étonnez pas d'y trouver quelque élixir de crapaud ou quelque soupe au goût étrange, vous êtes dans le restaurant le plus diaboliquement sympathique de la ville. Café offert à nos lecteurs sur présentation du *Guide du routard* de l'année.

|●| *La Poterne* (plan B2, 2) : 7, rue de la Poterne. ☎ 03-89-78-53-29. Fermé le mardi sauf jours fériés ; congés annuels entre Noël et le Jour de l'An. Menu à 8,08 € (53 F) le midi en semaine ; autres menus à 20,12 et 23,63 € (132 et 155 F). Beaux produits (souvent bio comme les vins), belle cuisine de terroir (*presskopf* maison, hochepot de queue de bœuf, filet de sandre au riesling), belle salle aux tons pastel dans une maison du XVIIIe siècle. Belle petite adresse !

Où acheter de bons produits ?

❀ *Boucherie-charcuterie Muller* : 8, rue du Marché. ☎ 03-89-49-61-58. Un pique-nique dans les vignes ? Les frères Muller, Franz dit Frantzi et Lucien, proposent ici avec bonne humeur des charcuteries d'exception : jambon et palette fumés, *presskopf*, saucisse à la bière, etc.

❀ *À l'Éléphant* : 4, rue de la Poterne. ☎ 03-89-78-50-20. En face du restaurant *La Poterne*. On reste dans la famille Muller avec cette adorable petite boutique emplie d'un bric-à-brac d'authentiques objets alsaciens, reproductions de dessins de Hansi, poteries et produits du terroir.

À voir

★ *Le château d'Isenbourg* (plan A1) : point de repère facile, à l'extérieur de la ville, très visible en arrivant à Rouffach par la route nationale. Reconstruit au XIXe siècle, il abrite aujourd'hui un restaurant de luxe. Il a quand même un intérêt historique car il se dresse à l'emplacement même où le fameux roi Dagobert avait sa résidence secondaire (il avait bon goût et aimait bien le vin... on peut lui pardonner d'avoir mis sa culotte à l'envers).

★ *La place de la République* (plan B2) : épicentre de Rouffach. Une petite merveille de l'architecture civile de la Renaissance rhénane. À droite de l'église Notre-Dame se tient l'ancienne halle aux blés, du XVIe siècle. À l'étage, petit musée historique du Bailliage de Rouffach. Derrière ce monument, au fond de l'impasse qui jouxte un restaurant, se dresse la tour des Sorcières (base du XIIe siècle), qui servit aussi de prison.

★ *L'ancien hôtel de ville* (plan B2) : beau monument construit au XVe siècle. Une des ailes abrite l'office du tourisme. Par la cour, on accède à la promenade des Remparts longeant les anciens fossés.

★ *L'église Notre-Dame* (plan B2) : un des plus beaux monuments de transition entre le style roman et le gothique. En grès jaune d'Alsace et en partie en grès rose de Saverne (tours de façade). Admirer le chevet gothique, la superbe rosace à l'ouest, et, à l'intérieur, le décor sculpté du XIIIe siècle. Voir notamment, au-dessus de la porte de l'ancienne sacristie, les têtes d'un garçon et d'une jeune fille se regardant ; l'ensemble est connu sous le nom de *Sourire de Rouffach*.

★ *Les vieux quartiers autour de la mairie :* nombreuses maisons anciennes dans la rue de la Poterne, rue du Maréchal-Lefebvre (le mari de la célèbre Madame Sans Gêne !) et rue du Maréchal-Foch.

Fêtes et manifestations

– *Foire éco-biologique :* à l'Ascension. Foire un brin militante autour des alternatives proposées à la destruction programmée de la planète. Plein de sujets passionnants (agriculture bio, relations Nord-Sud) abordés au travers de conférences, expos, etc. Animations musicales, spectacles pour les enfants, ateliers dégustation. Renseignements : ☎ 03-89-49-62-99.
– *La fête de la Sorcière :* le 1ᵉʳ samedi après le 14 juillet. Sur la place de l'église. Fête médiévale avec troubadours, cracheurs de feu... Reconstitution d'un procès de sorcière. Maison hantée, sentier de l'Étrange dans les vieux quartiers et, pour les enfants, course de balais ! Rigolo et populaire (7 000 personnes en moyenne chaque année).

➤ *DANS LES ENVIRONS DE ROUFFACH*

À faire

➤ À *Westhalten* (68250), à 5 km à l'ouest de Rouffach. Départ d'un sentier viticole signalé par une anémone pulsatille sur les panneaux. Ne cueillez pas cette ravissante petite fleur duveteuse et violette sur le sentier botanique de Westhalten car elle est protégée. Ce dernier est commun avec le sentier viticole (1 h) qui démarre devant le *Crédit Mutuel* du village.

➤ À *Soultzmatt* (68570), 7 km à l'ouest de Rouffach, un parcours viticole de 3 km prend son départ devant la mairie. Les panneaux vous font connaître la plus haute vigne d'Alsace, le Zinnkoepflé. Un viticulteur propose une visite guidée tous les samedis de juillet à septembre, mais les nombreux panneaux suffisent à suivre seul ce sentier attrayant.

DANS LA MONTAGNE VOSGIENNE

LE VAL D'ARGENT

Une appellation récente et – à vrai dire – un peu « dépliant touristique », fondée pourtant sur une réalité historique. Cette vallée vosgienne doit bien son premier essor à l'exploitation de filons d'argent (entre autres minerais). Au XVIIIᵉ siècle, c'est l'innovation textile qui prend le relais. Aujourd'hui, laminé par la crise du textile, le val d'Argent se refuse pourtant à n'être plus qu'une voie de passage entre l'Alsace et les Vosges : un bon millier de poids lourds traversaient chaque jour le tunnel Maurice-Lemaire (le plus long tunnel routier de France, avec 6,95 km) avant que l'accès ne leur en soit interdit suite à la catastrophe du tunnel du Mont-Blanc.
Au pied de l'un des plus beaux massifs vosgiens, le Taennchel (voir chapitre Thannenkirch), riche de vallons et de crêtes encore sauvages et de profondes forêts (Sainte-Marie-aux-Mines est la première commune forestière d'Alsace), le val d'Argent veut jouer la carte du tourisme vert. Avec raison. Cette vallée injustement oubliée, succinctement évoquée dans la plupart des guides de voyage, mérite plus qu'un rapide passage. Pour nous, ici

commence l'anti-route des Vins d'Alsace : peu de touristes, des gens tout aussi chaleureux, des prix plus « routards ».

SAINTE-MARIE-AUX-MINES (68160) 5 980 hab.

Au creux du val d'Argent, Sainte-Marie-aux-Mines, contrairement à ce que l'on peut imaginer, n'est ni un coron noirci par le charbon, ni une ville morne et grise. Au contraire ! Les mines (d'argent) ayant toutes fermé depuis belle lurette, et les guerres l'ayant épargnée, Sainte-Marie compte désormais parmi les petites cités de caractère du massif vosgien.

UN PEU D'HISTOIRE... ET UNE BELLE HISTOIRE

Géographiquement, la vallée de Sainte-Marie-aux-Mines a toujours été une voie de passage entre la plaine d'Alsace et les Vosges. Elle l'est toujours aujourd'hui grâce à un tunnel creusé sous la montagne, permettant de rejoindre Saint-Dié. Mais ce fut également une frontière linguistique, marquée par la Liépvrette, cette jolie petite rivière qui traverse la ville. La rive droite était autrefois germanophone et protestante tandis que la rive gauche était francophone et catholique.

La ville porte les traces architecturales d'un passé prospère reposant sur les mines et l'industrie textile. Après la découverte de blocs d'argent massif dans le sous-sol, la région connut une sorte de « ruée vers l'argent ». On exploitait aussi le plomb, le cuivre et le zinc. L'exploitation minière atteignit son apogée au XVIe siècle : 3 000 mineurs, 400 mines, une douzaine de fonderies ! L'épuisement des filons, la concurrence des mines américaines et la guerre de Trente Ans provoquèrent le déclin de cette fructueuse activité. Deuxième âge d'or avec le textile. La première fabrique d'indiennes s'est installée ici en 1740. En 1830, la ville comptait déjà une trentaine d'usines qui confectionnaient des guinghans, tissus de coton fin très à la mode à Paris. Avant la guerre de 1870, jusqu'à 25 000 personnes étaient employées dans les usines textiles, et la ville, sous l'impulsion des capitaines d'industrie, avait considérablement changé de visage : Sainte-Marie a ainsi été la première ville d'Alsace (au début du XXe siècle) à posséder une piscine couverte ! Le déclin s'est amorcé à partir de 1930 avec le développement des fibres artificielles, et il n'y a plus aujourd'hui ici qu'un fabricant de tissus qui fournit principalement la haute couture.

Le berceau oublié des amish

L'histoire la moins connue et la plus étonnante est celle de Jacob Amman. Le protestantisme était déjà bien implanté au XVIIe siècle, grâce aux seigneurs de Ribeaupierre, quand débarquèrent quelques familles d'anabaptistes (des mennonites, en fait) expulsés de l'Oberland bernois pour cause de puritanisme excessif. Parmi eux, un dénommé Jacob Amman, tailleur de métier, préconisa un retour radical à la pureté originelle de la Bible, avec une plus grande austérité dans la pratique religieuse. En outre, les hommes devaient s'habiller plus simplement et porter la barbe mais surtout pas la moustache, symbole détestable des soldats qui les persécutaient. Jacob Amman protesta si vigoureusement contre le libéralisme des anabaptistes qu'il finit par faire scission en 1693. Une scission au sein d'une branche elle-même déjà scindée du courant principal du protestantisme, lui-même branche scindée du christianisme... Ainsi naquit le mouvement amish (« Amman » a donné le mot « amish », pense-t-on).

Installés dans une ferme de la Petite-Liepvre, Jacob et ses disciples, tous vertueux agriculteurs, durent très vite plier bagage. À la suite de l'ordon-

nance royale (encore un coup de Louis XIV!) de 1712 qui les obligeait à changer de religion ou à s'en aller, nos amish choisirent la liberté (de conscience). Et furent donc expulsés de France. Ils gagnèrent Amsterdam, puis le Nouveau Monde, où la plupart se réfugièrent en Pennsylvanie, la colonie anglaise la plus tolérante du monde à l'époque.
Curieusement, Jacob Amman ne partit pas, et erra en Alsace jusqu'à la fin de ses jours (on n'a jamais retrouvé sa tombe).
Aucun amish, nul mennonite aujourd'hui dans la vallée de Sainte-Marie depuis au moins un siècle. De cette aventure assez troublante ne subsiste pratiquement aucune trace. Ce morceau d'histoire était bel et bien oublié. Jusqu'à ce beau jour d'août 1993 où la petite ville reçut la visite de cinq vrais amish (appartenant à la branche, mais des amish « beachy », les plus progressistes) venus là pour célébrer avec les mennonites d'Alsace le 300e anniversaire de la fondation du mouvement amish. Un événement!
Un an avant cette commémoration, en 1992, un couple d'amish, de vrais Américains ceux-là (de Bird-in-Hand, près de Lancaster, en Pennsylvanie) avaient fait le pèlerinage aux sources par leurs propres moyens. Une aventure! Un de leurs principes étant le refus du modernisme, ils durent renoncer à faire le voyage en avion et traversèrent l'Atlantique en cargo, ce qui leur coûta bien plus cher... Mais au moins la règle amish ne fut-elle pas transgressée. Et ils purent ainsi visiter Sainte-Marie-aux-Mines, la terre de leurs ancêtres. Sans aucun problème de communication avec les gens du pays, puisque ceux-ci comme ceux-là parlent encore le même dialecte alsacien...

Adresse utile

Office du tourisme du val d'Argent : 86, rue Wilson. ☎ 03-89-58-80-50. Fax : 03-89-58-67-92. ● ot.valargent@calixo.net ● www.valdargent.com ● En juillet et août, ouvert du lundi au samedi de 9 h à 12 h 30 et de 14 h à 18 h 30, et le dimanche de 10 h à 13 h ; de septembre à juin, ouvert du lundi au samedi de 9 h (10 h le lundi) à 12 h et de 14 h à 18 h (17 h le samedi), fermé le dimanche (sauf vacances scolaires et jours fériés, ouvert de 10 h à 12 h). Superbe documentation et excellent accueil.

Où dormir? Où manger?

Camping

Camping Reflets du Val d'Argent : 20, rue d'Unbergrunbach. ☎ 03-89-58-64-83. Fax : 03-89-58-64-31. ● reflet@rmcnet.fr ● Au bord de la Liepvrette. Ouvert toute l'année. 13,72 € (90 F) pour deux. Piscine et jardin. Une remise de 50 % sur le prix de l'emplacement est accordée sur présentation du *Guide du routard* de l'année (5 % en juillet et août).

De bon marché à prix moyens

Hôtel-restaurant du Tunnel : 23, Les Halles. ☎ 03-89-58-74-25. Fax : 03-89-58-60-33. ● tonon@rmcnet.fr ● À droite de la N59, en entrant dans Sainte-Marie-aux-Mines (après l'embranchement pour le tunnel de Saint-Dié). Fermé le vendredi soir, le samedi et le dimanche soir ; congés annuels la 1re quinzaine de juillet et pour les fêtes de fin d'année. Chambres doubles à 28,96 € (190 F) avec douche, 32,01 € (210 F) avec douche et w.-c. (TV). Menu à 8,38 € (55 F) le midi en semaine ; autres menus de 10,98 à 20,58 € (72 à 135 F). Le classique petit hôtel familial. Une poignée de chambres toutes simples (pour la tranquillité, préférez celles sur l'arrière), un accueil amical, et surtout une bonne cuisine généreuse mais soignée, entre brasserie (tripes à la mode des halles, steak tartare) et terroir (truite aux amandes, cordon bleu de saumon à l'alsacienne). À l'automne, gibier et champignons. Clientèle d'habitués (il y a même une *stammtisch*!). Café offert à nos lecteurs sur présentation du *Guide du routard* de l'année.

🏠 *Chambres d'hôte chez Gabriel Demoulin, ferme La Fonderie :* 17, rue Untergrombach. ☎ et fax : 03-89-58-59-51. À 1,5 km du centre-ville par la route du col des Bagenelles ; à droite, direction camping. Ouvert toute l'année. Chambres doubles avec douche et w.-c. de 33,54 à 36,59 € (220 à 240 F), petit déjeuner compris. Une maison un peu isolée, à flanc de coteau, dans un pré calme et bien vert en été. Vue sur les flancs de cette belle vallée où alternent les prairies et les forêts. À l'intérieur, 3 chambres doubles avec coin salon et cuisinette. La n° 111 est dotée d'une terrasse et d'une bonne literie. Très bon rapport qualité-prix-cadre. Possibilité d'être hébergé en gîte. Sur présentation du *Guide du routard* de l'année, remise de 10 % sauf en juillet et août à partir de la 3ᵉ nuit, et apéritif offert servi au caveau.

🏠 🍴 *Hôtel-restaurant Aux Mines d'Argent :* 8, rue du Docteur-Weisgerber. ☎ 03-89-58-55-75. ♿ Chambres doubles de 38,11 à 42,68 (250 à 280 F) avec douche ou bains, TV satellite. Menu à 9,91 € (65 F) en semaine ; autres menus de 13,42 à 26,68 € (88 à 175 F) ; à la carte, compter autour de 12 € (79 F). Jolie maison du XVIᵉ siècle. Dans les superbes chambres à l'étage, un savant mélange de tradition et de confort moderne (TV câblée), avec des poutres apparentes et des petits vitraux aux fenêtres. Côté cuisine, plats traditionnels (*baeckeoffe*, foie gras, rognons de veau, choucroute). Apéritif maison ou café offert sur présentation de votre *Guide du routard* de l'année.

Où dormir ? Où manger dans les environs ?

Camping

⛺ *Camping La Ménère :* chemin Kalblin, 68150 Aubure. ☎ 03-89-73-92-99. À 16 km au sud-est de Sainte-Marie par la D416 direction Ribeauvillé puis la D11. Sur le passage du GR 5. Autour de 8 € (52 F) l'emplacement pour deux avec un véhicule. Tenu par un jeune couple accueillant. Un sympathique petit camping de montagne (à 800 m d'altitude). Emplacements en terrasses à l'orée d'une forêt (qui a un peu souffert de la tempête). Pas de piscine ni de karaoké (ouf !), mais de l'espace, de la verdure et une vraie tranquillité. Location de caravanes.

De bon marché à prix moyens

🏠 *Chambres d'hôte chez Mme Patris :* n° 8 à Échery. ☎ 03-89-58-75-24. Dans un hameau à 3 km du centre de Sainte-Marie, sur la route du col du Bonhomme. Ouvert de mi-juillet à fin août, le reste de l'année sur réservation. Chambres doubles avec douche et w.-c. à 36,59 € (240 F), petit déjeuner compris. Dans une maison à tourelle, jadis habitée par des mineurs, 3 chambres bien équipées. Ancien instituteur, historien local, M. Patris est l'initiateur du musée de l'École (à la même adresse). Il a écrit des livres sur les légendes du pays et vous en parlera sûrement avec passion. En parlant de légende, Louis XIV aurait séjourné dans cette maison lors de son passage dans la ville ! Des chambres, on a une vue sur la vallée de la Petite-Lièpvre. Sur présentation du

SAINTE-MARIE-AUX-MINES / À VOIR

Guide du routard de l'année, remise de 10 % sur le prix de la chambre à partir de la 3ᵉ nuit.

▲ IOI **Auberge Aux Deux Clefs :** 9, rue de la Gare, 68660 Lièpvre. ☎ 03-89-58-93-29. À 14 km au nord-ouest de Sainte-Marie par la N59. Fermé le lundi midi en saison, le samedi midi, le dimanche soir et le lundi hors saison ; congés annuels de mi-février à début mars, début juillet et du 20 au 31 décembre. Chambres doubles de 39,63 à 48,78 € (260 à 320 F) avec douche et w.-c., TV. Menus de 13,41 à 30,49 € (88 à 200 F). Petite surprise : la cuisine de marché, avec de l'idée et un réel souci de présentation des plats, qui s'éloigne avec bonheur des standards alsaciens servis ici ou là. Salle à manger toute pimpante et intéressante carte des vins. Accueil chaleureux d'une patronne un brin atypique. Chambres (pour certaines dans une annexe de l'autre côté de la rue) de bon confort mais à la déco un peu fade en comparaison du reste de la maison (la rénovation apparemment en cours devrait y remédier...). Joli jardin.

▲ IOI **Auberge La Canardière :** 29, La Petite-Lièpvre. ☎ et fax : 03-89-58-76-13. ♿ pour le restaurant. Sur la route du col des Bagenelles (et du Bonhomme), à 7 km de Sainte-Marie, sur la droite de la route. Fermé le mercredi soir et le jeudi ; congés annuels en novembre. Chambres doubles à 25,15 € (165 F). Menus de 7,62 à 14,79 € (50 à 97 F). Une auberge isolée à flanc de montagne, entourée de bois et de prairies. À l'extérieur, sur un pignon, une fresque montre des mineurs œuvrant dans une galerie. Bonne cuisine copieuse et à prix doux. *Presskopf,* cervelas au gruyère, harengs à la crème, et évidemment (vu l'enseigne) du canard en foie gras, en magret fumé, en confit.

LA MONTAGNE VOSGIENNE

À voir

Curieusement, et contrairement à ce que l'on peut imaginer, Sainte-Marie-aux-Mines n'est pas du tout une ville grise et moche. De l'époque des mines, elle a hérité d'une foule de maisons Renaissance ; de celle du textile, des villas bourgeoises, des équipements urbains surprenants dans une aussi petite ville. Résultat : un patchwork (ici c'est le cas de le dire !) architectural étonnant mais pas détonnant. Pour la visite à pied, se procurer à l'office du tourisme la brochure *Circuit historique* (très bien faite ; série « Déchiffrer le patrimoine »), qui va plus loin dans les détails. Prix : 1,52 € (10 F). Ils proposent également d'autres brochures (églises, chapelles et calvaires du val d'Argent, sentier botanique et minier, circuit minier, etc.) au même prix, très bien faites.

★ **Le centre historique :** quelques vieilles maisons (certaines datent du XVIᵉ siècle) de mineurs très bien conservées dans la *rue Reber* : une porte Renaissance au n° 38, la résidence du Juge des Mines au n° 19... Place Keufer, jetez un coup d'œil à l'ancien *hôtel de ville* (il abrite aujourd'hui une pharmacie) et, place de la Fleur, à une ancienne maison d'officier des mines avec tourelle. La ville compte plusieurs églises et temples : le plus ancien étant le *temple réformé* (rue du Temple), l'un des rares édifices protestants ayant survécu aux démolitions ordonnées lors de la révocation de l'édit de Nantes (la plus grosse erreur du règne de Louis XIV !).

Voir aussi le n° 8, rue Weisgerber. Construit en 1596, ce bâtiment abrite aujourd'hui une *winstub.* Les plafonds intérieurs sont d'origine. Lors des travaux de réfection, on y a retrouvé des parchemins destinés à conjurer le mauvais sort !

Enfin, ne pas rater le *théâtre municipal,* dont la taille et la décoration intérieure témoignent de la prospérité de la ville au début du XXᵉ siècle, tout comme la *villa Landmann* (à l'angle de la rue De-Lattre-de-Tassigny et de la rue Narbey), ancienne propriété d'un industriel du textile.

★ ***La Maison de Pays :*** pl. du Prensureux. Du 1er juin au 30 septembre, ouvert tous les jours de 10 h à 12 h et de 14 h à 18 h ; hors saison, réservation possible pour les groupes. Visites guidées. Entrée : 3,81 € (25 F) ; réductions. Sur présentation du *Guide du routard* de l'année, entrée à 3,05 € (20 F) ; tarif famille (2 adultes + enfants) : 6,86 € au lieu de 8,38 € (45 au lieu de 55 F). Abrite trois musées : le Musée minéralogique, le musée du Textile et le musée du Patrimoine minier. Pour tous renseignements : ☎ 03-89-58-56-67.

– ***Le Musée minéralogique :*** superbe collection de minerais et de roches provenant de la vallée de Sainte-Marie-aux-Mines, des Vosges ou d'autres coins du monde.
– ***Le musée du Textile :*** la deuxième activité économique de la vallée après les mines. On y voit divers métiers à bras et mécaniques, une salle de préparation du fil et du tissage... Dans la reconstitution d'un atelier de tissage, un tisserand de métier explique les étapes successives de la fabrication des tissus. Vente de tissus exclusifs fabriqués sur place.
– ***Le musée du Patrimoine minier :*** où a été reconstitué l'équipement d'une mine du XVIe siècle (outils de mineurs, copie d'archives). Bonne introduction avant la visite sur le terrain des mines.

★ ***La mine d'argent Saint-Louis-Eisenthur :*** ouvert toute l'année, uniquement sur réservation (3 h de visite sont nécessaires !). Renseignements à l'office du tourisme ou au centre du patrimoine minier (☎ 03-89-58-62-11). Entrée : 9,15 € (60 F) ; réductions. Prévoir de bonnes chaussures et un pull bien chaud. Une vieille mine d'argent du XVIe siècle, accessible au terme d'une marche en forêt le long du sentier minier du Neuenberg (30 mn et quelques passages assez raides) au cours de laquelle on notera des vestiges miniers de surface. Pour visiter la mine, on doit mettre un ciré, un casque... Un parfum d'aventure.

★ ***La mine d'argent Saint-Barthélemy :*** chemin de la Sermonette, rue Saint-Louis. ☎ 03 89-58-72-28. En plein centre-ville. Ouvert à la Pentecôte, les deux derniers dimanches de juin et du 1er juillet au 5 septembre, tous les jours de 9 h 30 à 12 h et de 14 h à 18 h. Visite guidée ; durée : 45 mn. Entrée : 4,57 € (30 F) ; enfants et étudiants : 3,57 € (23 F). Cette visite (accessible à tous, on vous prête ciré et casque) permet de découvrir une partie des 70 km de galeries de cette ancienne mine d'argent du XVIe siècle. Le parcours, aménagé, permet de mieux comprendre l'harassant labeur de tous les travailleurs de la mine : des charpentiers qui étayaient les galeries (les équipement en bois ont été reconstitués) aux trieurs, concasseurs et autres « tireurs d'eau ».

À faire

➤ ***Randonnées pédestres :*** 13 circuits de sentiers balisés, à thème, sont proposés. Chaque randonnée fait l'objet d'une fiche, en vente à l'office du tourisme. Durée : entre 2 h et 6 h.
VTT : 200 km, soit 12 circuits balisés détaillés dans un topoguide en vente à l'office du tourisme.
– ***Visite d'une ferme, d'une saboterie, d'une mièlerie :*** sorties quotidiennes en été (et gratuites !) organisées par des bénévoles qui commentent la balade. Très bonne idée. Se fait en partie en voiture et en partie à pied. Renseignements à l'office du tourisme.

Fêtes et manifestations

– *Fête du tissu :* début avril. Encore une occasion pour la vallée de Sainte-Marie de renouer avec son histoire ! La plus grande vente de tissus au mètre du grand Est de la France. Si vous avez des talents d'aiguille, on y trouve des tissus haut de gamme (souvent fabriqués pour la haute couture) à prix d'usine.
– *Festival aux Chandelles :* concerts de musique de chambre deux fois par mois en saison à partir de mai, dans une chapelle du XVIe siècle. Renseignements à l'office du tourisme.
– *Bourse aux minéraux :* le dernier week-end de juin. Avec plus de 500 exposants, c'est la plus importante manifestation du genre au monde avec celle de Tucson en Arizona. Le premier jour (vendredi) est réservé aux échanges entre collectionneurs professionnels, tandis que le samedi et le dimanche sont ouverts au grand public. Pour celui qui aime les roches rares et les minéraux, c'est incontestablement la plus belle bourse de France.
– *Carrefour européen du patchwork :* à la mi-septembre dans toute la vallée (navette gratuite pour se rendre d'un site à l'autre). Encore une manifestation liée au passé de Sainte-Marie (le patchwork faisant partie intégrante de la culture amish). C'est, avec la présence de toutes les guildes européennes du patchwork (une soixantaine d'exposants), le plus grand marché européen entièrement consacré à ce qu'il faut bien (quand on a vu quelques-unes des réalisations exposées ici) appeler un art. Expos, ateliers, etc.

➤ *DANS LES ENVIRONS DE SAINTE-MARIE-AUX-MINES*

★ *Le musée de l'École :* n° 8 à **Échery,** hameau situé à 3 km du centre de Sainte-Marie, sur la route du col du Bonhomme. Ouvert toute l'année sur rendez-vous. Renseignements à la Maison de Pays de Sainte-Marie-aux-Mines. Entrée à prix modique ; réductions. Il s'agit d'une classe d'école primaire des années 1930, fort bien reconstituée par M. Patris (qui a des chambres d'hôte – voir plus haut « Où dormir ? Où manger dans les environs ? »).

★ *Saint-Pierre-sur-l'Hâte :* à 4,5 km de Sainte-Marie, fléché depuis Échery. Un adorable hameau qui, juché sur un promontoire, semble surveiller le bucolique vallon du Rauenthal. Mignonne église du XVe siècle placée sous le régime du « simultaneum » depuis 1685 : la nef pour les protestants, le chœur aux catholiques. On n'y célèbre en fait plus guère d'offices religieux, mais les concerts de musique classique aux chandelles (à l'Ascension) ont une grande renommée. Au pied de l'église, cimetière ancien (on y a remarqué l'inscription funéraire d'une certaine Frédérique Brion, mais, renseignements pris, il ne s'agit pas de l'amie de Goethe !). Un endroit hors du temps.

★ *La scierie Musée Vincent :* 2b, rue Maurice-Burrus, 68160 **Sainte-Croix-aux-Mines.** ☎ 03-89-58-78-18. Ouvert tous les jours de juin à septembre, de 9 h à 19 h, et sur rendez-vous d'octobre à mai. Entrée : 4,57 € (30 F) ; réductions. Si la vallée ne compte plus qu'une scierie (spécialisée dans la fabrication de palettes), cette ancienne scierie perpétue le souvenir d'une activité qui fut florissante ici aussi. Site inscrit à l'Inventaire des monuments historiques. 17 machines classées. Anciennes machines en état de marche (dont une machine à vapeur de 1893).

★ *Aubure (68150) :* à 18 km de Sainte-Marie. À 800 m d'altitude, c'est le village le plus haut d'Alsace. Au XIVe siècle, il s'appelait Alt Pur (air pur, tout un programme !). Détruit au XVIIe siècle, Aubure n'a pas un intérêt architectural primordial. Mais la nature alentour invite à la balade été comme hiver.

Station de ski : au *col des Bagenelles* (900 à 1 060 m). De très belles boucles de ski de fond (44 km). Sites et points de vue superbes ! Toute petite station familiale pour le ski alpin : 2 téléskis et 2 pistes !

LE VAL D'ORBEY ET LE PAYS WELCHE

Ce n'est plus la douceur latine du vignoble, et pas encore l'austérité venteuse de la route des Crêtes : le val d'Orbey est une micro-région à part, formée par une succession de moyennes montagnes. Des paysages de chaumes, de pâturages, de forêts, à l'habitat particulièrement dispersé, voilà ce que l'on trouve dans ce « canton vert » où l'on n'a jamais parlé le dialecte alsacien (c'est le Pays welche). Un Pays welche qui, pour son parler d'origine romane (et non germanique), se sent plus proche du monde des montagnes vosgiennes de « l'intérieur » que de l'Alsace à laquelle il appartient quand même. D'ailleurs, les noms des villages et des lieux-dits le prouvent assez clairement : Fréland, Labaroche, Lapoutroie, Le Bonhomme, Orbey, autant de noms aux résonances bien françaises. Tout cela, ramassé dans un territoire grand comme un mouchoir de poche, a de quoi surprendre. Pendant longtemps, ce canton enclavé dans les monts fut considéré comme étranger, d'ailleurs « Pays welche » ne signifie-t-il pas « le pays des étrangers de l'Ouest » ? Désormais, on essaie d'y développer le tourisme sous l'intitulé « vallée de Kaysersberg » sûrement plus vendeur... Pour les amateurs de randonnées à pied, à VTT ou à ski de fond, c'est un endroit à découvrir.

★ LE BONHOMME (68650)

À 6 km à l'est du col du Bonhomme, c'est le premier gros village montagnard que l'on rencontre en descendant vers la plaine d'Alsace. Plein de petits ruisseaux dévalent des monts environnants avant de former la Béhine, qui traverse Le Bonhomme avec le grondement sourd d'un torrent. En été, l'endroit est un bon point de départ pour des randonnées. En hiver, les skieurs de fond s'en donnent à cœur joie, la topographie se prêtant admirablement à ce genre d'activité sportive. Le village a été presque totalement détruit pendant la guerre 1914-1918, puis reconstruit, d'où cet air un peu austère qu'on lui trouve de prime abord.

Office du tourisme : ☎ 03-89-47-21-37 (mairie).

Où dormir ? Où manger ?

Hôtel de la Poste-restaurant La Béhine : 48, rue du 3ᵉ-Spahis-Algérien. ☎ 03-89-47-51-10. Fax : 03-89-47-23-85. • www.hotel-la-poste.com • Au centre du bourg, sur la route du col du Bonhomme. Fermé le mardi et le mercredi hors saison ; congés annuels en janvier et mars. Chambres doubles avec douche et w.-c. (TV) à 65 € (426 F), petit déjeuner-buffet compris. Prix dégressifs suivant la durée du séjour. Promotions spéciales à certaines dates. Menus de 9,91 à 33,64 € (65 à 220 F). Une bonne auberge de village, en constante évolution. Chambres très sympathiques (certaines sont dotées d'un petit salon), bruyantes toutefois côté route. Une initiative à saluer : 6 sont aménagées (comme le sauna et la piscine couverte chauffée) pour recevoir les handicapés. Au resto, cuisine volontiers régionale, *spaetzle* et foie gras maison. À l'accueil, une jeune femme aimable, enjouée et très pro : elle se propose par exemple d'annuler votre réservation s'il n'y a pas de neige en hiver. Sur présentation du *Guide du routard* de l'année, apéritif maison offert au restaurant.

★ LAPOUTROIE (68650)

À 5 km en contrebas du bourg du Bonhomme, un village typiquement montagnard avec ses hameaux satellites, jumelé avec Lannilis (en Bretagne).

Adresse utile

Office du tourisme : ☎ 03-89-47-53-11 ou 03-89-71-30-11. Ouvert du 15 juin au 15 septembre et pendant les grands week-ends de printemps de 14 h à 18 h 30. Installé dans un ancien wagon à la hauteur d'Hachimette (à 1,5 km du village). Liste des hébergements et des fermes-auberges du secteur.

Où dormir ? Où manger ?

Hôtel L'Orée du Bois : 6, lieu-dit Faudé. ☎ 03-89-47-50-30. Fax : 03-89-47-24-02. À 3 km au sud de Lapoutroie (accès fléché). Fermé le lundi midi ; congés annuels du 15 au 30 novembre et en janvier. Chambres doubles de 36,59 à 39,63 € (240 à 260 F) avec douche, w.-c. et TV. Demi-pension à 37,35 € (245 F) par personne. Menus de 13,72 à 23,63 € (90 à 155 F). Cette auberge d'aspect récent est pourtant une ancienne ferme, transformée plus tard en colonie de vacances. En pleine nature, donc au calme. Adresse idéale pour les familles avec ses studios équipés à louer à la nuit, à la semaine ou plus. Chaque studio porte un nom : « Pâturages » a la plus belle vue. Côté cuisine, c'est la tradition, sans grande originalité. Grande terrasse avec vue. Remise de 10 % sur le prix de la chambre pour nos lecteurs sur présentation du *Guide du routard* de l'année.

Plus chic

Hôtel Les Alisiers : 5, lieu-dit Faudé. ☎ 03-89-47-52-82. Fax : 03-89-47-22-38. • hotel-restaurant-lalisiers.com • À 3 km du village (accès fléché). Fermé le lundi soir et le mardi ; congés annuels en janvier. Chambres doubles de 47,26 à 91,47 € (310 à 600 F). Menus de 13,57 à 36,59 € (89 à 240 F). En pleine nature et à 700 m d'altitude (c'était une ferme autrefois et il en reste quelques vestiges : évier en pierre, four à pain), un sympathique et atypique petit hôtel comme on vous en a dégoté quelques-uns dans le coin (à Orbey ou Trois-Épis). Classé « Hôtel au naturel » (label des Parc Nationaux). Très chouette vue sur la vallée et les crêtes des Vosges. Intérieur mignon comme tout – sinon franchement cosy – des chambres au salon où en hiver brûlent de solides bûches. Jolie cuisine de femme qui renouvelle avec entrain de vieilles recettes familiales : rognons de veau à la vapeur de poireaux, choucroute façon grand-mère. Apéritif offert à nos lecteurs toute l'année et réduction de 10 % sur le prix de la chambre ou de la demi-pension de novembre à fin mars sur présentation du *Guide du routard* de l'année.

Hôtel-restaurant du Faudé : 28, rue du Général-Dufieux. ☎ 03-89-47-50-35. Fax : 03-89-47-24-82. • www.faude.com • Au cœur du village. Fermé du 4 novembre au 1er décembre et du 24 décembre à mars. Chambres doubles avec douche ou bains, TV et minibar de 52 à 80 € (341 à 525 F). Menus de 13,72 à 64,03 € (90 à 420 F). Un hôtel de tradition mais qui a su évoluer avec son époque. Propose, outre des chambres d'un confort optimum, piscine couverte et chauffée, jacuzzi, hammam, salle de remise en forme... Même parcours côté resto, avec une cuisine authentiquement de terroir mais dotée de personnalité. Accueil dans le même ton, distingué mais gentil. Apéritif maison offert à nos lecteurs sur présentation du *Guide du routard* de l'année.

À voir

★ *Le musée des Eaux-de-Vie :* 85, rue du Général-Dufieux. ☎ 03-89-47-50-26. Fax : 03-89-47-22-24. Ouvert toute l'année, tous les jours de 9 h à 12 h et de 14 h à 18 h. Entrée gratuite. Établi dans un ancien relais de poste du XVIIIe siècle, il abrite une collection unique de 300 liqueurs des années 1950, 5 000 mignonnettes et plein d'objets liés à la fabrication à l'ancienne des eaux-de-vie : alambics, pressoirs, moules à bouteilles, bouchonneuses. Amusante série de carafes de bistrot (pour les piliers de bar !) et de becs verseurs. Dans l'ancienne écurie, on peut aussi déguster (et acheter...) les eaux-de-vie artisanales du proprio du musée.

Une belle randonnée : de Lapoutroie à Ribeauvillé

➢ Compter environ 5 h 15 au total (4 h 30 plus 45 mn pour le Bilstein). Ambiance : forêt romantique de sapins et d'épicéas, pour amateurs de musique wagnérienne. Il s'agit d'une randonnée de moyenne montagne, sans difficultés, à faire de préférence au printemps ou à l'automne. Ne partez pas sans la carte IGN/Club Vosgien, très bien faite et indispensable. Bon, d'abord il faut monter au col de Fréland (831 m, près d'Aubure, à 13 km au nord de Lapoutroie par la D11). Y laisser sa voiture. Là, prendre le sentier marqué d'un rectangle blanc barré de rouge qui mène au lieu-dit Ursprun (petit hameau). Puis suivre une petite route de montagne (balisée par un disque jaune) goudronnée sur 1 km.
On arrive au restaurant *Saint-Alexis,* ☎ 03-89-73-90-38 (voir à Riquewihr, la rubrique « Où dormir ? Où manger dans les environs ? »), ancienne maison forestière attenante à une chapelle où vous pourrez avaler un bon repas reconstituant pour moins de 16 € (105 F) composé de soupe à volonté + entrée + plat + tarte. Si l'on sonne la cloche, dit-on, on se marie à coup sûr dans l'année... Du Fréland au *Saint-Alexis* : 2 h de marche.
Repartir sur le chemin forestier (balisé d'une croix bleue), le suivre jusqu'au carrefour du « Sapin Français », marqué d'une petite cocarde ! Là, on a le choix entre un retour direct via le Kœnigstuhl (940 m) ou un petit détour par les ruines du Bilstein (Moyen Âge), d'où l'on a une vue superbe sur le massif du Taennchel. Retrouvant le sentier GR 5 par la roche du Tétras, on rejoint Aubure (balise : rectangle rouge) par un chemin forestier. D'Aubure au col de Fréland, emprunter une petite route bitumée (à peine 1 km). Voilà une de nos randonnées pédestres préférées dans le nord du Haut-Rhin.

★ **ORBEY** *(68370)*

Le plus gros village (un bourg en fait) du canton. Le cœur du val d'Orbey, également appelé haute vallée de la Weiss. Orbey se niche dans une vaste cuvette verdoyante entourée de montagnes. Un paysage façonné par la main de l'homme, même si l'habitat y est très clairsemé. Les pâturages

LA ROUTE D'ORBEY À LABAROCHE

occupent les deux tiers des versants tandis que les forêts, mélange de feuillus et de conifères, se chargent du reste (pour fabriquer le munster, il faut des vaches et des prés, plutôt que des bois !).

Adresse utile

ℹ️ Office du tourisme de la vallée de Kaysersberg : à la mairie, 48, rue Charles-de-Gaulle. ☎ 03-89-71-30-11. Fax : 03-89-71-34-11. • www.kaysersberg.com • valorbey@calixo.net • Hors saison, ouvert du lundi au vendredi de 9 h à 12 h et de 13 h 30 à 17 h 30 ; en saison, du lundi au samedi de 9 h à 12 h et de 14 h à 18 h 30, et le dimanche de 9 h à 12 h 30.

Où dormir ? Où manger ?

🛏️ I●I Hôtel Pairis : 233, lieu-dit Pairis. ☎ 03-89-71-20-15. Fax : 03-89-71-39-90. Au hameau de Pairis, 2 km au-dessus d'Orbey sur la route du lac Blanc. Fermé le mercredi ; congés annuels en novembre. Chambres doubles avec douche et w.-c. de 44,21 à 57,93 € (290 à 380 F). Demi-pension sur demande (possibilité de menu végétarien). Tarifs dégressifs à la semaine. Insolite (pour le coin) petit hôtel aménagé par une charmante Allemande dans une croquignolette maison 1900. Le hall d'entrée séduit d'emblée avec sa déco très mode, épurée, presque zen : des meubles design, du blanc à profusion. Même profil pour les chambres qui privilégient les matériaux naturels (bois, latex, sisal). Beau petit déjeuner-buffet avec jus de fruits frais, charcuterie, fromage... Vacherin (le dessert) ou cappuccino à toute heure. Pour les hôtes : salon TV, grand choix de livres, jeux de société... Pas mal de compatriotes de la patronne parmi la clientèle, logique.

À voir. À faire dans les environs

★ **Le musée du Pays welche :** 2, rue de la Rochette, **Fréland.** ☎ 03-89-71-90-52. Fermé le mercredi. Visites guidées du 1er juin au 30 septembre à 10 h, 15 h et 16 h 30 ; à 15 h et sur rendez-vous hors saison. On y découvre le mobilier d'autrefois, un four à pain, un four à lin, et tous les métiers qui s'exerçaient dans la région. Une salle de restaurant au plafond immense et très bien décorée (un nombre incalculable d'outils anciens y sont représentés) est le bon endroit pour boire un verre et se restaurer avant de repartir vers d'autres aventures !
Au village, on pourra visiter aussi le *musée d'Art Religieux* installé dans une ancienne chapelle (ouvert sur rendez-vous, renseignements au musée du Pays welche) et une ancienne forge hydraulique du XIXe siècle (visite toute l'année, sur rendez-vous : ☎ 03-89-47-58-30).

★ **Le lac Blanc et le lac Noir :** voir plus loin le chapitre « La Route des Crêtes ».

Station de ski : le *Lac Blanc* (850-1 230 m d'altitude). Une petite station déjà bien équipée : enneigement artificiel, ski en nocturne... 9 remontées mécaniques, 11 pistes. Un des plus jolis domaines de ski de fond du Haut-Rhin (40 km de pistes).

➤ Autour d'Orbey, de nombreuses **randonnées** à faire.

★ LA ROUTE D'ORBEY À LABAROCHE

Soit la D48 puis la D11, qui permettent de passer de la route des Crêtes à Colmar (ou l'inverse) sans avoir à emprunter les grandes routes nationales

LA MONTAGNE VOSGIENNE

(le col du Bonhomme/Colmar, ou le col de la Schlucht/Colmar). Cet itinéraire est d'autant plus intéressant qu'il comporte de superbes perspectives sur la montagne et sur la vallée de Munster, tout en évoquant constamment l'histoire, les guerres (le secteur a payé un lourd tribut aux deux guerres mondiales), la mémoire collective (plusieurs cimetières au bord de la route).
– D'Orbey, passer Pairis, puis suivre la D48 au sud.

★ **Le col du Wettstein :** à 882 m d'altitude. À cet endroit, on croise le « sentier de grande randonnée des fermes-auberges à ski de fond », autrement dit l'itinéraire Wettstein-le col de la Schlucht. Mais la particularité de ce col c'est, avant tout, son *cimetière national de la guerre 14-18,* avec sa haute croix grise portant le mot « Pax » et « Aux morts du Linge ». Aussi appelé le cimetière des Chasseurs en raison des nombreux chasseurs alpins tombés dans ce secteur lors de l'été 1915.

★ **Le musée-mémorial et le champ de bataille du Linge :** à 11 km à l'ouest de Trois-Épis. ☎ 03-89-77-29-97 (musée) ; hors saison, réservations possibles : ☎ 03-89-71-23-54. Ouvert du 15 avril au 1er novembre tous les jours de 9 h à 12 h 30 et de 14 h à 18 h. Entrée : 2 € (13 F) ; gratuit pour les moins de 16 ans. Le Linge fait partie des champs de bataille les plus meurtriers de la Première Guerre mondiale. Selon les historiens, les combats les plus cruels de 1914-1918 eurent lieu ici. Les Allemands avaient organisé leur défense sur cette ligne de crête afin d'empêcher l'avancée vers Colmar des troupes françaises. Du 20 juillet au 15 octobre 1915, les chasseurs alpins, âgés souvent de 19-20 ans, lancèrent l'assaut contre ce bastion inexpugnable. Les deux tiers d'entre eux trouvèrent la mort dans des combats atroces. Le 4 août 1915, 600 obus allemands tombaient chaque heure sur les lignes françaises ! Des obus à gaz et des lance-flammes furent utilisés. 10 000 soldats français périrent, contre 7 000 côté allemand !
Le site que l'on visite est un gros mamelon rocheux, couvert d'une lande rase et de quelques arbres, truffé d'abris, quadrillé par un réseau de tranchées (c'est le cas type de la guerre de tranchées), semé d'une kyrielle de croix blanches ou noires (plus rares). Le tout admirablement bien conservé, intact. Les barbelés d'époque n'ont pas été enlevés. Certains panneaux indiquent « Danger explosifs » ou « Zone dangereuse ». Toutes ces croix blanches marquent les emplacements où ont été retrouvés les cadavres de chasseurs français. Chacune porte une date d'exhumation (1968, 1970...). Les croix noires sont pour les Allemands. Des centaines de corps de soldats des deux bords y reposent encore ! Comment peut-on identifier des cadavres de combattants de 1915 ? Endroit pathétique, d'autant plus que la pointe du mamelon forme un éperon rocheux d'où l'on a une vue superbe. On a du mal à imaginer une pareille boucherie dans un lieu aussi beau... et aussi petit.

★ **LABAROCHE** (68910)

Plus qu'un village, une foultitude de hameaux (appelés « écarts ») au milieu des prairies et des maisons genre résidences secondaires planquées dans la forêt. Plaisant. En redescendant vers Trois-Épis, on pourra voir ce qui reste du château féodal de Honack.

Où dormir ? Où manger ?

🏠 I●I *Hôtel-restaurant La Rochette :* 500, lieu-dit La Rochette. ☎ 03-89-49-80-40. Fax : 03-89-78-94-82. ● www.larochette-hotel.fr ● Fermé le lundi soir (d'octobre à avril) et le mardi ; congés annuels de mi-février à mi-mars. Chambres doubles avec douche de 47,26 à 50,31 € (310 à 330 F). Menus de 14,94 à 30,18 € (98 à 198 F) ; menu dégustation à 45,73 € (300 F). Classique hôtel de campagne que le jeune couple depuis peu dans les murs a transformé en une charmante petite adresse. Façade joliment ravalée (elle fait presque trop « maison neuve », mais la patine viendra). Chambres à la déco campagnarde assez fraîche. Cuisine souvent de terroir. La galette de pied de porc ravigote de légumes servie au premier menu est savoureuse. Bon accueil. Apéritif maison offert à nos lecteurs sur présentation du *Guide du routard* de l'année.

LA ROUTE DES CRÊTES

Comme son nom l'indique bien, elle suit la ligne des crêtes du massif vosgien, du nord au sud, du col des Bagenelles (au-dessus de Sainte-Marie-aux-Mines) jusqu'à Cernay, près de Mulhouse. Au total, près de 80 km de paysages époustouflants, d'échappées lointaines sur les forêts de sapins, les dômes arrondis, les pâturages herbus, les ballons chauves, les lacs secrets. L'hiver, cette belle route est fermée, pour cause de neige ! Elle se transforme alors en piste pour les skieurs (de fond). En été, place aux randonneurs sac au dos. De nombreux sentiers balisés par le Club Vosgien permettent de découvrir de la meilleure façon qui soit ce monde à part, véritable barrière naturelle entre l'Alsace et la Lorraine.

Même si les canons se sont tus depuis belle lurette, plusieurs bornes militaires, et le cimetière du champ de bataille du Vieil-Armand, rappellent aux visiteurs le fracas tonitruant des guerres passées. D'ailleurs, la route des Crêtes n'existerait pas s'il n'y avait pas eu de Première Guerre mondiale. Cette voie fut en effet créée de toutes pièces, parallèlement à la ligne des Crêtes (donc sur le versant ouest par rapport à l'ennemi, à l'est), afin de faciliter les mouvements de troupes (et de munitions) de l'armée française. Aujourd'hui, les troupeaux ont remplacé les troupes dans les prés. Et sur la route, dès les premiers beaux jours du printemps et en été, des ribambelles de voitures et d'autocars se suivent dans les plus beaux paysages de l'est de la France. Encore un conseil, venez ici de préférence au printemps ou à l'automne (décidément, avec cet impératif saisonnier on ne cesse de vous rabâcher la même chose, mais c'est pour votre bien !). Bonne route, les copains !

Adresses utiles

■ **Offices du tourisme :** *Saint-Amarin,* ☎ 03-89-82-13-90. *Guebwiller,* ☎ 03-89-76-10-63. *Soultz,* ☎ 03-89-76-83-60. *Thann,* ☎ 03-89-37-96-20.
■ **Maison du parc naturel régional des Ballons des Vosges :** 1, cour de l'Abbaye, 68140 Munster. ☎ 03-89-77-90-20. Fax : 03-89-77-90-30.
■ **Traversée des Vosges à pied :** office du tourisme, 86, rue Wilson, 68160 Sainte-Marie-aux-Mines. ☎ 03-89-58-80-50. Fax : 03-89-58-67-92.
■ **Maison d'accueil :** Le Markstein. ☎ 03-89-82-74-98.
■ **Météo-Neige :** ☎ 03-36-68-04-04 (prévisions et état d'enneigement). Important ! Suivant les conditions météo, des portions de la route des Crêtes peuvent être fermées à la circulation automobile jusqu'à la fin mai.

Où dormir ? Où manger sur la route des Crêtes ?

Bon marché

🏠 |●| **Auberge des Trois-Fours :** chez Philippe Kiewasser, La Schlucht, 68140 Stosswihr. ☎ 03-89-77-31-14. Fax : 03-89-77-97-33. À 2,5 km environ du col de la Schlucht. De ce col, suivre la route des Crêtes vers Le Markstein, puis, à 1,5 km environ, prendre à gauche un chemin de terre conduisant à cette auberge, au milieu des pâturages. Fermé le lundi en été et de novembre à janvier. Demi-pension à 29,73 € (195 F). 8 chambres simples et propres, uniquement si l'on prend la demi-pension (de toute manière, on n'a pas le choix !), c'est-à-dire le repas du soir (sur réservation) où tout est compris sauf la boisson. Vue superbe sur les montagnes du massif vosgien. Fait également resto avec menu marcaire de rigueur. Bonne adresse pour les randonneurs sac au dos.

🛌 |●| ***Dortoir de la ferme-auberge du Breitzhousen :*** chez Brigitte et Roger Deybach, route des Crêtes, 88400 Gérardmer. ☎ 03-29-63-22-92. Fax : 03-29-63-03-21. Congés annuels de mi-novembre à mi-décembre. Demi-pension : 38,11 € (250 F) par personne (dîner, nuit, petit déjeuner). Repas marcaire sur commande, à 14,48 € (95 F). Bien qu'administrativement rattaché au département des Vosges, le *Breitzhousen* est situé sur la route des Crêtes, 5 km environ après le col de la Schlucht, en allant vers Le Markstein. Une vraie ferme de transhumance, au bord de la route, où les vaches arrivent fin mai à l'occasion d'une fête de la transhumance vraiment belle à voir. Bonne adresse aussi pour jeunes randonneurs à petits budgets. Attention, si vous voulez y passer la nuit, apportez vos sacs de couchage. Un autre conseil : le repas marcaire (voir définition au chapitre « Vallée de Munster ») est à prendre plutôt le soir car très copieux.

🛌 |●| ***Chalet Le Point-Centre École du Markstein :*** Le Markstein, 68160 Lautenbach. ☎ 03-89-82-63-35. Fax : 03-89-38-22-09. Situé à 1 200 m d'altitude, à l'écart du Markstein, à 2,5 km environ de cette station, en allant vers le Hohneck. Un chemin sur la droite mène à ce chalet, à flanc de montagne, face à un vaste paysage montagnard. Ouvert sur réservation, toute l'année. Compter 17 € (111 F) la nuit par personne avec petit déjeuner, 29 € (190 F) en demi-pension et 35 € (230 F) en pension complète. Jadis propriété de la fameuse agence de voyages *Le Point de Mulhouse* (très connue des routards des années 1970), il abrite aujourd'hui une école d'initiation au deltaplane, au vol libre et au parapente. Chambres (de 6) et dortoirs ne sont pas uniquement réservés aux stagiaires mais peuvent accueillir des randonneurs de passage. Envoyer un courrier pour réserver et venir avec un sac de couchage. Dans ce chalet non-fumeurs, l'accueil est bon.

Prix moyens

🛌 |●| ***Hôtel du Chalet :*** col de la Schlucht, 68140 Stosswihr. ☎ 03-89-77-04-06. Fax : 03-89-77-06-11. Au passage du col de la Schlucht, sur la D417 entre Munster et Gérardmer. Fermé le mercredi soir et le jeudi hors saison ; congés annuels du 11 novembre au 20 décembre et 15 jours en juin. Chambres doubles de 42,99 à 46,02 € (282 à 302 F) selon la saison. En saison, la demi-pension est obligatoire. Menu le midi en brasserie à 9,15 € (60 F) ; autres menus à 16,77 et 19,36 € (110 et 127 F). Méfiez-vous, ici mieux vaut réserver, et même deux fois plutôt qu'une ! Posé au passage d'un des cols les plus fréquentés des Vosges, cet hôtel n'abuse pourtant pas de sa situation. Accueil aimable. Chambres rénovées, sans prétention. Grande salle à manger avec de jolies tomettes blanches et noires, agréable les jours un peu frais. Simple mais bonne cuisine régionale : choucroute (bien sûr !), pommes de terre coiffées au munster, coquelet aux lardons et *spaetzle*, *baeckeoffe* en hiver, etc. Apéritif maison offert à nos lecteurs sur présentation du *Guide du routard* de l'année.

🛌 |●| ***Hôtel Le Collet-restaurant Lapôtre :*** voir « Où dormir dans les environs de Gérardmer ? » dans la partie « Les Vosges ».

Fermes-auberges

Entre le col de la Schlucht et le Grand Ballon, on compte pas moins de douze fermes-auberges, un record pour une si petite distance. Cela s'explique par la tradition de transhumance dans le massif vosgien (la plus forte concentration de fermes-auberges en France). Mais elles ne se valent pas toutes. Sous l'effet du tourisme de masse, certaines d'entre elles ont tendance à s'agrandir, à s'équiper de mieux en mieux, se métamorphosant petit à petit en réfectoires sans charme pour autocars de passage. Conséquence, elles perdent un peu, beaucoup souvent, de leur caractère paysan et montagnard au profit d'un soi-disant plus grand confort. Bref, sur les douze, nous en avons sélectionné deux ! Réservation obligatoire.

|●| *Ferme-auberge du Kastelberg :* chez Michel Wehrey, route des Crêtes, 68380 Metzeral. ☎ 03-89-77-62-25 ou 03-89-77-63-18 (hiver). À environ 5,5 km au sud du col de la Schlucht. Prendre la route des Crêtes vers le Hohneck ; plus loin à gauche, prendre un chemin de terre qu'il faut suivre sur 3 km avant d'arriver. Ouvert de fin octobre à début mai (normal, c'est une ferme de transhumance). Fermé le lundi sauf jours fériés. Menu marcaire à 12,96 € (85 F). Quel merveilleux paysage ! Quel fromage ! Bref, ici, nous sommes bien au cœur des Vosges, dans une maison où l'on ne plaisante pas avec le manger. Copieux et excellent menu marcaire : tourte de la vallée avec salade, pommes de terre cuites sur les braises avec collet fumé et salade, fromages maison (évidemment), fromage blanc au kirsch maison. Pour les petites faims, omelette au lard ou casse-croûte. Dans la brume près du vieux poêle à bois ou sous le ciel bleu, un endroit où l'on se sent heureux. Tout simplement.

|●| *Ferme-auberge de Salzbach :* chez Françoise et Daniel Spenlé, route des Crêtes, 68380 Metzeral. ☎ 03-89-77-63-66 ou 03-89-77-70-55 (hiver). Plus proche du Markstein que du col de la Schlucht. À 3 km après Le Markstein, prendre à droite la route du Schnepfenried et de Munster (la D27) ; plus loin, à 2,5 km, un chemin sur la gauche mène (1 km environ) à cette ferme-auberge isolée. Ouvert tous les jours du 20 mai au 20 octobre. Compter de 9 à 12 € (59 à 79 F) à la carte. Menu à 13,26 € (87 F) avec fromage et dessert. Mazette, quelle vue ! On a l'impression de survoler le pays, la vallée s'étend à l'infini. La vieille tante Cath (dont on vantait la cuisine à travers toutes les Vosges ou presque !) a passé le flambeau à Françoise et à Daniel. Pas de souci, la relève est assurée ! Ils n'ont pas vendu leur maison au diable du modernisme destructeur. Le plafond est toujours aussi bas, les lampes à pétrole éclairent juste comme il faut les convives, les recettes de tante Cath ont été maintenues. Très bon repas marcaire. Tarte aux myrtilles d'exception. Vente de munster et de beurre. Café offert sur présentation du *Guide du routard* de l'année.

À voir. À faire

Notre itinéraire commence au nord au col des Bagenelles (au-dessus de Sainte-Marie-aux-Mines) et se termine au sud, à Cernay (à une vingtaine de kilomètres à l'ouest de Mulhouse). On peut bien sûr choisir de suivre cette route dans un autre sens, ou la tronçonner (ce n'est pas une raison pour vous acharner sur le macadam avec votre tronçonneuse...). Selon nous, la partie la plus belle de la route des Crêtes se situe entre le col de la Schlucht et le Grand Ballon.

★ *Le col des Bagenelles :* 903 m d'altitude. L'idéal est d'y monter en venant de Sainte-Marie-aux-Mines, au fond d'une vallée intéressante pour la beauté de sa nature et son histoire (s'y reporter). Du col, une petite route conduit à l'*auberge du Haycot* (voir plus haut « Où dormir ? Où manger ? » au Bonhomme, dans « Le val d'Orbey et le Pays welche »), une bonne adresse. ☎ 03-89-47-21-46.

★ *Le col du Bonhomme :* 949 m. Point de passage obligé entre l'Alsace et les Vosges. Moins spectaculaire que le col de la Schlucht.

★ *Le col du Calvaire :* à 1 145 m. Un sentier de randonnée mène en 1 h au sommet de la Tête des Faux (1 220 m), d'où la vue est vraiment superbe. Il s'agit du GR 5, balisé en blanc et rouge (il existe un topoguide spécial pour ce sentier qui traverse les Vosges du nord au sud).

★ *Le lac Blanc :* à 2 km à peine du col du Calvaire, en descendant vers Orbey. Au fond d'une gorge rocheuse aux parois abruptes, ce petit miroir d'eau douce tire son nom des nombreux grains de quartz arrachés par le ruissellement des eaux d'érosion. Très profond (72 m). C'est du château Hans que l'on a la meilleure vue sur ce lac. Belle balade à pied par un sentier en boucle (voir plus loin le descriptif résumé de l'itinéraire).

★ *Le lac Noir :* plus petit, moins profond que le lac Blanc, situé 100 m plus bas. On y accède en suivant la même route descendant vers Orbey, puis en bifurquant sur la droite (c'est très bien indiqué). N'a pas grand intérêt, hormis pour les mordus d'hydroélectricité. En effet, l'usine hydroélectrique profite des heures de faible consommation du courant pour pomper les eaux du lac Noir vers le lac Blanc, plus haut. Pour le remplir en fait. Puis, aux heures de forte consommation, le lac Blanc, chargé à ras bord, déverse joyeusement ses eaux dans son petit voisin en contrebas. Et ainsi de suite... C'est un circuit fermé qui marche plutôt bien. Mais d'un point de vue esthétique, c'est banal.

★ *Le col de la Schlucht :* le plus haut col des Vosges (1 139 m). Que l'on y accède de Gérardmer ou de Munster, ou en suivant tout simplement la route des Crêtes, les paysages sont d'une beauté époustouflante, déroulant leur alternance de forêts de sapins, de versants herbeux, de parois rocheuses et de sommets arrondis. Et cela à perte de vue.
Une petite station de ski fonctionne en hiver. Un télésiège monte du col jusqu'au sommet du Montabey (vue étendue). La D417 qui franchit le col a été ouverte entre 1842 et 1869. Un an avant la Première Guerre mondiale, elle servit de terrain de manœuvres aux troupes de l'armée impériale allemande menée par Guillaume II en personne ! En été, possibilité de faire de la luge.

★ *Le jardin d'altitude du Haut-Chitelet :* à 1,5 km au sud du col de la Schlucht, à 1 228 m d'altitude. ☎ 03-29-63-31-46. Ouvert en juin tous les jours de 10 h à 12 h et de 14 h à 18 h, en juillet et août tous les jours de 10 h à 18 h, et en septembre tous les jours de 10 h à 12 h et de 14 h 17 h 30. Entrée : 2,29 € (15 F) ; réductions. Il permet de découvrir la flore montagnarde, à commencer par celle des Vosges, soit près de 2 900 plantes différentes – des myrtilles aux airelles – prospérant sur l'humus noirâtre de la crête.

★ *Les Hautes-Chaumes :* c'est le nom que l'on donne à ces versants de montagne, déboisés et dénudés pour permettre aux troupeaux de vaches d'errer librement dans des pâturages d'altitude. De temps en temps, on y trouve quelques tourbières. Contrairement à la forêt, la vue y est très dégagée. Les vents y soufflent parfois très fort. Ce secteur des Hautes-Chaumes commence en gros à 1 200 m d'altitude, au niveau du lac Blanc, et déroule ainsi son paysage quasi chauve (mais beau) jusqu'au Grand Ballon.

★ *Le Hohneck :* à environ 4 km de la Schlucht, une route vertigineuse conduit à ce fameux sommet, point culminant du département des Vosges avec ses 1 362 m. Les derniers mètres se font évidemment à pied. Y règne un vent à décorner les bœufs, souvent glacial, mais la récompense est largement à la hauteur de cette délicate torture... On ne sait plus de quel côté porter son regard ! D'un côté les Hautes-Vosges, du pays du Donon au ballon d'Alsace, de l'autre les plaines alsaciennes, encore plus loin l'Allemagne et sa Forêt-Noire. Ah, que ce bas monde peut être beau, vu d'ici !... Venez quand le ciel est bien dégagé : vous aurez également la surprise d'apercevoir les Alpes ! La table d'orientation vous indique tout cela, et bien d'autres directions (mais le village picard de Choqueuse-les-Bénards n'est pas indiqué : une grave lacune !).

★ **Le col du Rothenbachkopf :** à 1 205 m d'altitude. À 10 km au sud de la Schlucht. Ce fut naguère un passage important entre La Bresse et la vallée de Munster. Une petite route, la D34 A, se détache sur la droite, descendant ainsi vers La Bresse (Vosges) et Wildenstein (vallée de la Thur). On l'appelle encore la route des Américains, car elle fut construite en 1917 (année de l'entrée en guerre des États-Unis) pour faciliter l'approvisionnement du front en matériel et en armes.

★ **Le col du Herrenberg :** à 1 186 m. La route des Crêtes traverse un paysage de Hautes-Chaumes, cachant quelques fermes-auberges isolées. Échappées lointaines sur les montagnes encadrant la vallée de la Thur.

★ **Le col du Hahnenbrunnen :** à la même altitude que le col du Herrenberg. Superbe vue sur le massif du Hohneck. Les sources de la Fecht ne sont pas très loin d'ici.

★ **Le Markstein :** posée sur un plateau d'altitude (1 260 m, couvert de neige en hiver, inondé de lumière en été), la station du Markstein n'a rien de grandiose comparée aux grandes stations de sports d'hiver des Alpes. Tant mieux, tout son charme vient de sa modestie. Le stade-slalom a quand même accueilli les épreuves de la coupe du Monde de ski alpin en 1983 et 1987. Étape incontournable pour les randonneurs à pied ou à skis, on y trouve évidemment de quoi se restaurer. On vous conseille l'hôtel *Wolf* (☎ 03-89-82-61-80), de bon rapport qualité-prix. Le patron, M. Wolf, connaît l'histoire de la route des Crêtes par cœur et peut vous en parler si vous le branchez sur le sujet.
Pour les amateurs expérimentés de ski de fond, nous proposons une merveilleuse balade hivernale, sous forme de boucle d'une journée, à faire au départ du Schnepfenried (voir plus loin « Randonnées à pied et à skis [de fond] »).

★ **Le Grand Ballon :** voici le point culminant des Vosges, 1 424 m. Il faut évidemment prendre le temps de monter au sommet, ce qui peut se faire aisément en 20 mn aller-retour, au départ de la route des Crêtes. Inutile de vous dire que la vue de là-haut est vraiment exceptionnelle.
Passé le Grand Ballon, la route des Crêtes amorce sa descente vers la plaine, décrivant de nombreux lacets.

★ **Les ruines du château du Freundstein :** sur la gauche de la route, peu après le col Amic. Ancien nid d'aigle médiéval.

★ **Le champ de bataille du Vieil-Armand :** au col du Silberloch (908 m), on peut voir un monument commémorant ces terribles combats de 1915. À côté, le cimetière national et une crypte abritant les restes de 12 000 soldats inconnus. Un sentier à flanc de montagne conduit (en 1 h aller-retour) au site historique du *Hartmannswillerkopf* (956 m), sorte de balcon sur la plaine d'Alsace.

Randonnées à pied et à skis (de fond)

➢ **Circuit des Lacs :** une randonnée pédestre formant une boucle réalisable en 5 h (assez facile). Son intérêt : la vue sur ces lacs d'altitude. Le départ se fait au lac Blanc (voir plus haut) où on laisse sa voiture, sa moto ou son vélo. Se munir de la carte IGN/Club Vosgien, *Top 25* au 1/25 000 (n° 3718 OT).

Monter d'abord par un massif de rochers (sentier alpin) jusqu'au *château Hans,* d'où l'on a une superbe vue sur le lac Blanc. Puis rejoindre la grande crête en suivant le sentier GR 5. De la digue du lac (1 058 m) au GR 5 (1 290 m), compter 1 h de marche. De là, suivre la crête. On passe par le gazon du Faing (1 302 m), à la limite départementale. Le sentier suit l'ancienne frontière entre l'Alsace (annexée à l'Allemagne) et la France. Remarquer les anciennes bornes en granit marquées des « D » (Deutschland) et « F » (France). À l'ouest s'étend une réserve naturelle. À l'est, superbes échappées vers la vallée de Munster, avec une succession de ballons. En continuant sur les Hautes-Chaumes, on atteint le parking du lac Vert (en croisant une route). On quitte le GR 5. Descendre à gauche par un chemin forestier. Du GR 5 à la croisée de la route des Crêtes, environ 1 h de marche. La descente sur le lac Vert, parmi les sapins, se fait aisément.

On remonte ensuite jusqu'à la *ferme-auberge du Gaertlesrain* : ☎ 03-89-77-44-77 ou 03-89-77-41-27 (privé). Très bon repas marcaire à 13,72 € (90 F) sur réservation seulement. Petits plats et casse-croûte tous les jours. On peut y faire étape pour déjeuner.

L'après-midi : suivre le sentier balisé d'un disque jaune, jusqu'au lac du Forlet (1 065 m), appelé aussi le lac des Truites. 45 mn de marche de la ferme-auberge jusqu'au lac. Puis emprunter le sentier marqué d'un disque rouge pour monter au Haufenwannkopf (1 122 m). Continuer tout droit, rejoindre le lac Noir par un autre sentier balisé d'un rectangle blanc barré de rouge. Du lac des Truites au lac Noir, compter 1 h 15 de marche. On termine cette randonnée par le sentier Cornelius (balisé par un rectangle jaune). En 1 h, on rejoint le lac Blanc.

Durée totale de la randonnée : 5 h environ.

Site de ski de fond des Trois-Fours : à 2-3 km du col de la Schlucht. Entre 1 150 et 1 250 m d'altitude, un des sites les plus enneigés des Vosges (4 mois de neige en moyenne chaque année). Très facile d'accès en voiture et très pratique pour les débutants. 13 km de pistes damées quotidiennement. Les boucles (de 3 à 10 km) agréablement vallonnées traversent tantôt des forêts, tantôt les pâturages des Hautes Chaumes. En prime, des échappées formidables sur les Alpes suisses et la Forêt-Noire. Un conseil : éviter de sortir par temps de brouillard ou de vent, ça peut être dangereux. Chaque année, des skieurs imprudents se perdent dans les montagnes. Pour résumer : un de nos endroits préférés en Alsace pour le ski de fond. Avec la balade qui suit, bien sûr.

Une randonnée à skis de fond : pour skieurs de fond expérimentés sachant tenir leurs skis en chasse-neige. L'intérêt de cette randonnée réside dans la beauté de ses paysages. On est ici dans un « domaine nordique sauvage ». L'itinéraire est tracé les samedi et dimanche, ainsi que pendant les vacances scolaires ; néanmoins, il vaut mieux partir à deux. Il s'agit d'une boucle d'une journée, du Schnepfenried au Markstein, et retour au même point de départ. En voici un résumé.

Du Schnepfenried (1 074 m), à l'entrée de la station sur la gauche, on passe devant le chalet de l'ASPTT. Il y a une double trace (sur la gauche) qui traverse plus loin une piste de ski alpin (danger). On rejoint la D27 (non déneigée). On avance en forêt jusqu'au col du Plaetzerwaesel (1 182 m). On atteint le Breitfirst. Redescendre sur la route jusqu'à l'intersection avec la route des Crêtes. Puis prendre à gauche en direction du Markstein, traverser à mi-pente les pistes de ski alpin. Compter 2 h de ski entre le point de départ et Le Markstein.

Au Markstein, possibilité de se restaurer (voir plus haut) à l'hôtel *Wolf*. Pour le retour, on emprunte exactement le même chemin qu'à l'aller. Attention, ne pas partir trop tard du Markstein car la nuit tombe tôt en hiver. L'idéal étant de quitter cette station vers 14 h ou 14 h 30.

LA VALLÉE DE MUNSTER

Imaginez un grand « Y » composé de deux adorables petites vallées (verdoyantes, tranquilles, boisées) descendant à Munster pour ne former qu'une seule grande vallée, un peu moins intime mais belle quand même, jusqu'au vignoble et Colmar. Autant vous dire que c'est bel et bien la partie haute qui nous a le plus enthousiasmés, et notamment la vallée de la Grande Fecht ou Grande Vallée. Très vite, votre voiture vous paraîtra inutile, anachronique, presque de trop. Car c'est à pied seulement, ou à skis (de fond) en hiver que l'on peut tomber amoureux de la vallée de Munster. Arriver au crépuscule dans une ferme-auberge après une journée de marche dans les bois de sapins et dans les pâturages d'altitude, voilà sans doute l'un des plus beaux moments qu'un randonneur puisse connaître. Surtout si cette bonne ferme de transhumance fabrique son munster et sert le repas marcaire...

LE FROMAGE DE MUNSTER

Cet étonnant et merveilleux fromage (l'un des seuls produits en Alsace), dit « à pâte molle et à croûte lavée », était déjà dans les gamelles des moines de l'abbaye de Munster dès le IXe siècle. Mais c'est à partir du XVIe siècle qu'il se répandit vraiment et entra dans les habitudes des familles de la vallée, et au-delà dans toute l'Alsace.
Régi par une appellation d'origine, il est fabriqué de façon artisanale par des marcaires. Les marcaires (mot venant de l'allemand *Melker*, signifiant « le trayeur de vaches ») passent l'été dans leurs fermes des Hautes-Chaumes (pâturages d'altitude, déboisés spécialement par les moines au Moyen Âge, pour permettre aux troupeaux de paître tranquillement). Loin du bruit et de l'agitation du monde, ils y fabriquent ce savoureux fromage exclusivement au lait cru (de vache). Le munster est généralement consommé quand il a atteint un certain degré d'affinage. Il peut néanmoins, selon les goûts, être servi affiné « à cœur » ou bien partiellement.
Un conseil : n'enlevez pas la croûte de votre portion de fromage ; ce serait une erreur. Il faut seulement la gratter légèrement avec votre couteau, comme le font les vrais gourmets alsaciens. C'est à ce petit geste que l'on remarque les connaisseurs...
Enfin, sachez que le munster des Vosges, donc frais, sent toujours moins fort qu'un fromage « exporté » en dehors de l'Alsace.

LE REPAS MARCAIRE

C'est la spécialité locale. La quinzaine de fermes-auberges de la région de Munster le servent de façon quasi exclusive à leurs hôtes. Avantages : le repas marcaire est copieux, peu onéreux et authentiquement bon. Qu'est-ce que c'est ? Un repas montagnard destiné à bien satisfaire les estomacs. Il se compose habituellement d'une tourte à la viande puis d'un plat principal à base de porc fumé (le collet ou l'épaule) servi avec des pommes de terre « Roigabrageldi », suivi d'un fromage de Munster ou d'une tarte aux myrtilles (en été). Parfois on vous propose le *sieskäs :* c'est du fromage blanc de Munster, du jour, non affiné, arrosé de crème, de kirsch et de sucre.

Où déguster les meilleurs munsters ?

Dans le vignoble on visite les caves ; ici, il convient de mettre son nez, au moins une fois, dans une fromagerie, histoire de comprendre la fabrication du munster. La plupart des fermes-auberges de la vallée de Munster possèdent leur propre fromagerie et vendent leurs produits sur place.

– **Ferme-auberge de Lameysberg :** 68380 Breitenbach. ☎ 03-89-77-35-30. Fax : 03-89-77-04-54. • la meysberg@wanadoo.fr • À 10 km de Munster par la D10. Depuis Breitenbach, une route forestière fléchée conduit à la ferme. Possède une petite fromagerie que l'on peut visiter le jeudi à 8 h entre le 1er juillet et le 15 septembre. Ferme-auberge fermée le lundi soir, le mardi, ainsi qu'en janvier et décembre. Repas marcaire sur réservation. Dans une jolie ferme avec terrasse et vue sur les pins et la verdure, le patron, M. Kempf, fabrique sous vos yeux ses fromages en faisant son commentaire. La démonstration se termine par un petit déjeuner (roboratif évidemment). On peut aussi y déguster un repas marcaire (sur commande).

– **Ferme Heinrich :** 17, chemin du Hohneck, 68140 Stosswihr. ☎ 03-89-77-58-03. À 6 km de Munster par la route du col de la Schlucht. Ouvert toute l'année, tous les jours de 7 h à 12 h et de 15 h à 20 h. Également un petit stand le dimanche après-midi, place de la Salle-des-Fêtes (au bord de la départementale). Fabrique et vend ses différents fromages : munster fermier *(Munsterkäs)*, val saint-Grégoire *(barikäs)*, le blanc salé *(viskäs)*, le blanc du jour *(sieskäs)* et le beurre des Chaumes *(baributter)*. Ça sent bon la ferme, ça sent bon le fromage ! On en mangerait volontiers des tonnes...

MUNSTER (68140) 4 950 hab.

Munster ! Voilà un nom que les gourmets ne prononcent jamais sans se pourlécher les babines, songeant au merveilleux fromage auquel cette petite ville d'à peine 5 000 habitants a donné son nom. Au fond d'une longue et belle vallée qui se resserre à mesure que l'on s'y enfonce, entourée d'un écrin de montagnes, Munster a gardé des traces de son prestigieux passé. Mais celles-ci se comptent sur les doigts de la main, cette cité vosgienne ayant malheureusement été détruite à 85 % sous les bombardements lors de la Première Guerre mondiale.
Pour nous, il y a plus de choses à faire, ici et dans la région, que de choses à voir, au sens classique du terme. Et à goûter. Se balader à pied dans une nature bien préservée, monter à cheval ou faire du vélo tout-terrain, faire escale dans une des innombrables fermes-auberges de la région, assister à la fabrication du munster dans une fromagerie de montagne, voilà quelques idées de découvertes qui vous permettront de tomber sous le charme de ce coin des Vosges. Si Munster est une ville carrefour idéale pour rayonner entre le vignoble et la route des Crêtes, c'est aussi un endroit plein de surprises cachées. Levez les yeux, vous verrez des nids de cigognes perchés un peu partout. Baladez-vous dans les petites rues, et hop ! En route vers les montagnes après un petit arrêt déjeuner pour déguster une tarte flambée pas chère et légère.

Adresses utiles

Office du tourisme *(plan B1)* **:** 1, rue du Couvent. ☎ 03-89-77-31-80. Fax : 03-89-77-07-17. • tourisme.munster@wanadoo.fr • Ouvert toute l'année ; du 1er juillet au 31 août, du lundi au vendredi de 9 h 30 à 12 h 30 et de 13 h 30 à 18 h 30, le samedi de 10 h à 12 h et de 14 h à 16 h et le dimanche de 10 h à 12 h ; le reste de l'année, du lundi au vendredi de 9 h 30 à 12 h 30 et de 14 h à 18 h, et le samedi de 10 h à 12 h et

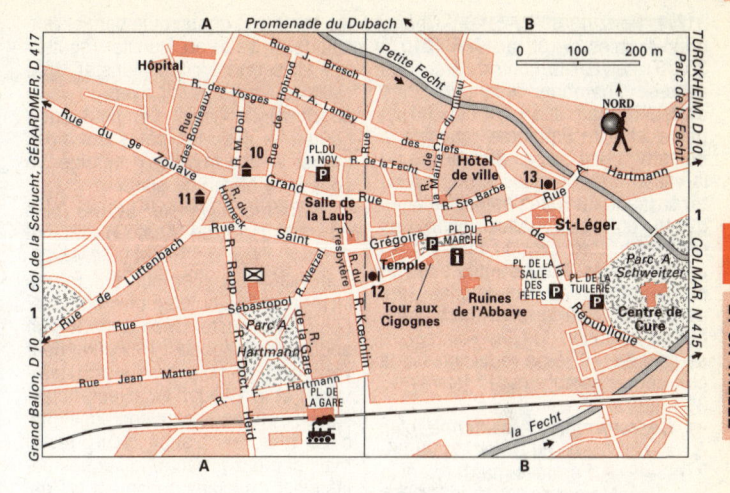

MUNSTER

MUNSTER

■ Adresses utiles	≜ |◉| Où dormir ? Où manger ?
🅸 Office du tourisme ✉ Poste 🚂 Gare SNCF	11 Hôtel Aux Deux Sapins 12 Hôtel-bar des Vosges 12 Restaurant À l'Alsacienne 13 Winstub S'Menster Stewla

de 14 h à 16 h. Informations sur la ville et la vallée de Munster : hébergements, activités sportives et culturelles, sentiers de randonnée, vols en montgolfière, stations de sports d'hiver...

■ *Parc naturel régional des Ballons des Vosges* : 1, cour de l'Abbaye. ☎ 03-89-77-90-20. Fax : 03-89-77-90-30. • www.parc-ballons vosges.fr • Il regroupe près de 200 communes et propose des circuits à vélo ou à pied pour découvrir la faune et la flore vosgiennes. Propose également des petits guides sous forme de calendrier des « leçons de nature et de patrimoine ».

✉ *Poste* : plan A1.
🚂 *Gare SNCF* : plan A1.

Où dormir ? Où manger ?

≜ |◉| *Hôtel Aux Deux Sapins* (plan A1, 11) : 49, rue du 9ᵉ-Zouave. ☎ 03-89-77-33-96. Fax : 03-89-77-03-90. En pleine ville, au bord d'une rue passante. Fermé le lundi et le dimanche soir ; congés annuels de mi-novembre à mi-décembre. Chambres doubles de 36,59 à 44,21 € (240 à 290 F) avec douche et w.-c. ou bains, TV câblée. Menus de 11,43 à 30,49 € (75 à 200 F). Réservez le plus tôt possible car c'est une bonne table : du goût, de la qualité, et des prix aimables ! On a relevé une excellente truite aux amandes et au riesling (on le sent bien, pour une fois). Côté chambres, rien de grandiose mais bon rapport qualité-prix. Elles sont petites mais agréables et bien équipées. Beaucoup de circulation, hélas ! Un conseil : réservez côté cour.

≜ *Hôtel-bar des Vosges* (plan A1, 10) : 58, Grand-Rue. ☎ 03-89-77-

31-41. Fax : 03-89-77-59-86. Chambres doubles de 32 à 46 € (210 à 302 F) suivant le confort. Très bon accueil. Chambres à la déco bien classique. La plupart ont douche ou bains et TV. Problème inhérent à Munster, point de passage obligé de la vallée (ce qui occasionne, soit dit en passant, quelques embouteillages d'anthologie aux beaux jours), les chambres côté Grand-Rue sont un poil bruyantes. Pas de resto mais un bar populaire au rez-de-chaussée, avec, l'été, une terrasse ombragée. Sur présentation du *Guide du routard* de l'année, 10 % de réduction sur le prix de la chambre du 1er janvier au 31 mars.

l●l *Restaurant À l'Alsacienne* (plan B1-2, **12**) : 1, rue du Dôme. ☎ 03-89-77-43-49. ♿ Fermé le mardi soir et le mercredi. Menus de 12,20 à 24,39 € (80 à 160 F) ; pour un repas complet à la carte, compter autour de 22 € (144 F). Clientèle composée à la fois de gens de passage et d'habitués, tous au coude à coude sur les tables du trottoir le long de l'église, à la bonne franquette ! Le cadre est alsacien, mais tout cela manque encore de patine. Petits plats et des spécialités comme la choucroute garnie, l'escalope de veau au munster (goûtez-la !) et le fromage de Munster, spécialité du pays, servi avec un verre de gewurztraminer ! On peut aussi goûter, le midi, les pâtes aux fines herbes et une truite aux amandes, à vous faire blêmir de plaisir !

l●l *Winstub S'Menster Stewla* (plan B1, **13**) : 3, rue Alfred-Hartmann. ☎ et fax : 03-89-77-46-22. ● stewla@club-internet.fr ● ♿ Fermé le mercredi. Compter environ 11 € (72 F) à la carte. Déco entre le pub anglais des années 1960 (intérieur vert forêt et bois d'un kitsch adorable) et la *winstub* alsacienne classique. Comme le veut son enseigne, c'est plus un bistrot qu'un resto, mais on peut y manger quelques petits plats alsaciens gentiment tarifés. Bonne tarte flambée. La bière y est à l'honneur, à tel point qu'on peut lire sur un panneau d'ardoise, écrit à la craie blanche, les « bières de garde » de la semaine. Non, ce n'est pas une pharmacie, mais pour les amoureux de malt, c'est un bon plan, et l'ambiance franchement alsacienne est au rendez-vous !

Où manger dans les environs ?

Voir aussi nos bonnes adresses d'hôtels et surtout de fermes-auberges dans les chapitres consacrés à la Grande et à la Petite Vallée.
La région autour de Munster est constellée (le mot n'est pas exagéré) de fermes-auberges, isolées sur leur flanc de montagne, face (le plus souvent) à d'immenses paysages à faire oublier le reste du monde. Dans ces demeures montagnardes au confort rustique et ô combien authentiques, on confectionne le repas marcaire bon, copieux et pas cher.

l●l *La Nouvelle Auberge :* 9, route Nationale, 68230 Wihr-au-Val. ☎ 03-89-71-07-70. Fermé le lundi et le mardi ; congés annuels pendant les vacances scolaires de la Toussaint et de février, et autour de Noël. Menu à 8,08 € (53 F) le midi en semaine ; autres menus de 14,94 à 34,30 € (98 à 225 F). D'avoir travaillé dans quelques grandes maisons n'a pas donné la grosse tête au talentueux chef de ce resto de bord de départementale. Chaque midi, il continue à rassasier tous ceux qui bossent dans le coin avec un menu-ouvrier tout simplement épatant. Estimez-vous heureux si vous trouvez seulement une place sur le parking ! Les menus suivants (qui annoncent jeune coq au riesling comme dos d'agneau du Tricastin, jus au thym) offrent un rapport qualité-prix tout aussi stupéfiant, vu la fraîcheur et la qualité des produits et le joli tour de main de la cuisine. Petite salle toute simple mais mignonne. Accueil sans façon mais gentil tout plein. Voilà un genre de routier haut de gamme qui nous a franchement plu !

l●l *Ferme-auberge Wassmatt :* chez Bernard et Jeannette Resch, 134, 68230 Wasserbourg. ☎ 03-89-77-

25-55. À 11 km au sud de Munster par la D417 direction Colmar, tourner à gauche vers Soultzbach-les-Bains, puis suivre la D2 jusqu'à Wasserbourg ; à la sortie du village du massif vosgien, suivre les pancartes « fermes-auberges » ; à environ 4 km à gauche sur la route montant au Petit Ballon, un chemin de terre (dans un virage en épingle à cheveux) conduit à cette très authentique ferme-auberge, 400 m plus loin ; n'y allez pas en voiture, ce serait gâcher le plaisir d'arriver à pied dans ce bout du monde. Congés annuels du 1er décembre au 1er février. Repas marcaire à 12,96 € (85 F). Autres menus sur commande. Accrochée à un flanc de montagne, face à un paysage divin, la fermette de Bernard et Jeannette Resch n'a pas vendu son âme au diable du modernisme aveugle. Les plafonds sont si bas que les grands les touchent. Une collection de belles grosses clarines orne les murs. Quelques bougies pour éclairer de façon à la fois rustique et romantique les visages émerveillés des convives. Repas marcaire dans la tradition, bon et généreux. Service aux petits soins et accueil d'une grande gentillesse. Jeannette, ne bitumez jamais votre beau chemin ! Café offert sur présentation du *Guide du routard* de l'année.

|●| ***Ferme-auberge du Strohberg :*** chez Michel Barb, 68230 Wasserbourg. ☎ 03-89-77-56-00 ou 03-89-71-13-28. À une dizaine de kilomètres environ au sud de Munster. Du village de Wasserbourg, prendre la route du Petit Ballon ; un panneau après le hameau du Ried indique le chemin qui y mène. De fin mai au 20 octobre, ouvert tous les jours ; de Pâques au 11 novembre, ouvert le week-end. Premier menu à 7,62 € (50 F) ; compter environ 14 € (92 F) à la carte. Accrochée au versant est du Petit Ballon, et dominée par de curieux escarpements rocheux truffés de grottes, cette petite maison se mérite à pied, pas en voiture ! Une marcairie du XVIIe encore bien authentique. Cuisine mijotée : soupe fermière, copieux pot-au-feu, omelette au lard. Quelques bancs dehors en été. Et pour les retardataires affamés, on trouvera toujours quelque chose à se mettre sous la dent : une bonne tartiflette, par exemple...

À voir

★ ***La place du Marché*** *(plan B1) :* noyau historique de la ville, car c'est ici que fut fondée l'abbaye en l'an 660. À côté, à quelques dizaines de mètres, l'hôtel de ville avec sa remarquable façade Renaissance (1550) frappée de l'emblème des Habsbourg, l'aigle à deux têtes. Autrefois, la ville appartenait au Saint Empire romain germanique.

★ ***L'ancien palais abbatial*** *(plan B1) :* en face de l'hôtel de ville, un peu au sud. Il n'en subsiste en fait qu'une aile. En traversant ce bâtiment, on accède aux ruines de l'ancien cloître : quelques arcades de la fin du XVIIe siècle.

★ ***Le temple protestant*** *(plan B1) :* derrière la fontaine du Lion (1576). Il date de 1867-1873. De style néo-roman et construit en grès rose des Vosges. En face, un peu en retrait de la place, l'église catholique Saint-Léger.

★ ***La Grand-Rue*** *(plan A-B1) :* la principale artère commerçante de la ville.

★ Plusieurs parcs en ville : le ***parc Schweitzer*** *(plan B1* ; centre de cure) renferme de magnifiques essences d'arbres et des sphinx sculptés du XIXe siècle. Le long de la rue Sébastopol, le ***parc André-Hartmann*** *(plan A1),* oasis de verdure au cœur de la ville, porte le nom d'un industriel-mécène du début du XIXe siècle, qui fut aussi l'un des premiers maires de Munster.

★ ***L'enclos aux cigognes*** *(plan B1) :* juste derrière la mairie. On y apprend pourquoi les cigognes sont enfermées pendant trois ans. Passionnant.

Fêtes et manifestations

- *Marche populaire des Randonneurs à Munster :* en mai.
- *Festival de Jazz :* en mai.
- *Festival Piano-Pianissimo :* en juin.

À faire

- *Randonnées :* chaque semaine, le Club Vosgien organise des randonnées accompagnées dans les montagnes autour de Munster. Se renseigner auprès de l'office du tourisme.
- *Balades à VTT :* plein de belles balades à faire dans la vallée de Munster. 250 km de circuits balisés pour l'ensemble de la vallée.
- *Vols en montgolfière :* aérovision. Survoler les Vosges en ballon, dans le silence infini des grands espaces, quoi de plus irréel et dépaysant ? Bien choisir sa saison. De mars à octobre. Informations à l'office du tourisme ou ☎ 03-89-77-22-81. ● www.aerovision-montgolfiere.com ● Les prix sont assez élevés mais justifiés.

➤ DANS LES ENVIRONS DE MUNSTER

★ *La maison Albert-Schweitzer :* 8, route de Munster, 68140 **Gunsbach**. ☎ 03-89-77-31-42. Ouvert de 9 h à 11 h 30 et de 14 h à 16 h 30. Fermé le dimanche (sauf en juillet et août) et le lundi. Réservation obligatoire pour les groupes. Entrée laissée à votre immense générosité. À 2 km au sud-ouest de Munster, vers Colmar, dans le village de Gunsbach, où le docteur Albert Schweitzer, né à Kaysersberg le 14 janvier 1875, passa toute son enfance. Théologien, philosophe, organiste, à 30 ans il commença des études de médecine. Par conviction humaine, autant que morale, et afin de se rendre utile aux autres, il décida de tout plaquer et d'aller soigner les « plus pauvres d'entre les pauvres » en Afrique équatoriale. Après avoir fondé avec son épouse l'hôpital de brousse de Lambaréné (Gabon), il fut emprisonné lors de la Première Guerre mondiale comme citoyen allemand (il n'y a rien de moins sûr que les frontières et le nationalisme !). Libéré en 1918, il retourne à Lambaréné, mais revient régulièrement à Gunsbach, où il se fait construire une maison en 1928 avec l'argent du prix Goethe qui lui a été décerné pour son œuvre. Génie protéiforme et universel, à la fois artiste, humaniste et homme d'action, Albert Schweitzer (un de ses lointains cousins était Jean-Paul Sartre) prit position contre l'arme nucléaire, ce qui favorisa son obtention du prix Nobel de la paix en 1953. Et cela n'est qu'un faible aperçu de ce que cet athlète complet de l'esprit a entrepris et réalisé dans sa longue vie bien remplie.
Comment ne pas être admiratif devant un tel parcours ? Les pacifistes, les médecins sans frontière, les écologistes, les adeptes du dialogue entre l'Orient et l'Occident, les amoureux de J.-S. Bach, les chrétiens progressistes (et non d'arrière-garde), les Européens convaincus, les partisans du dialogue franco-allemand, les antifascistes, ceux qui se battent contre l'esprit féodal et le retour des tribus ethniques et nationales en Europe et dans le monde : tous peuvent se ressourcer dans l'œuvre de cet homme pas tout à fait comme les autres. Il se définissait lui-même comme « homme de Gunsbach et citoyen du monde ». Nul n'est parfait : Albert avait, dit-on, un assez mauvais caractère.
À l'intérieur de la maison, on visite son bureau (où rien n'a changé depuis son dernier séjour en 1959). Son célèbre chapeau colonial, ses nombreux

diplômes, ses objets familiers, son nœud papillon (qu'il portait même dans la brousse africaine) ont été pieusement conservés dans cette maison.
On trouve également quelques-uns de ses objets personnels à Kaysersberg, au centre culturel Albert-Schweitzer (voir à cette ville, plus haut).

★ **Le musée d'Art africain :** à la mairie, rue de Munster, à **Gunsbach** (68140). ☎ 03-89-77-31-42. Ouvert du 1er juillet au 31 août tous les jours sauf les dimanches et jours fériés, de 14 h à 17 h. Pas d'entrée payante mais dons au profit du musée à votre convenance. Présente une collection d'objets africains (Gabon) rassemblés par Emma Haussknecht, une collaboratrice d'Albert Schweitzer. Dans le village de Gunsbach, l'église sert aux deux cultes, protestant et catholique, et l'orgue a été fabriqué d'après un plan d'Albert Schweitzer.

★ **Soultzbach-les-Bains** *(68230) :* si l'époque des cures (et son lot d'anecdotes : Casanova a, paraît-il, disputé ici une partie de cartes, 42 heures d'affilée sans manger ni dormir!) est aujourd'hui bien révolue. Si l'eau de Soultzbach ne se consomme plus qu'en bouteilles (2 millions par an tout de même!), voilà le seul village de la vallée à avoir conservé, peu ou prou, son aspect médiéval. Baladez-vous (sans la foule de la route des Vins) dans la (petite!) Grand-Rue : vieilles maisons à colombages avec poteau cornier, mignonne chapelle Sainte-Catherine du XVIe siècle (mais les tableaux d'autel sont baroques) et fontaine au Lion élégante et étonnante avec ses quatre sculptures de femmes bâillonnées (était-ce un avertissement machiste pour dire au femmes venues prendre de l'eau de ne pas perdre de temps en bavardages?).

LA GRANDE VALLÉE

Au sud-ouest de Munster et au pied du Petit Ballon, la « Grande Vallée » (ou Grande Fecht, du nom de la rivière qui y coule) n'a de grand que le nom : elle s'étend sur une dizaine de kilomètres entre le Petit Ballon d'une part, le Gaschney et le Hohneck de l'autre. Les premiers villages que l'on croise en arrivant de Munster – Luttenbach (où séjournèrent Voltaire et Pierre de Coubertin) et Breitenbach – ont beaucoup souffert des combats lors de la Première Guerre mondiale. Ce n'est qu'au-delà de Metzeral et Mittlach que la Grande Vallée livre toute sa beauté.
Dans chaque coin de France, nous avons nos coups de cœur, nos préférences : ici, ce sont la vallée de la Wormsa et la route de Sondernach à Wasserbourg via le Petit Ballon (1 267 m). On a bien aimé aussi la petite ligne de chemin de fer qui plusieurs fois par jour relie Colmar à tous les villages de la vallée (renseignements à la gare SNCF de Colmar).

Où dormir ? Où manger ?

Camping

△ **Camping municipal du Langenwasen :** 68380 Mittlach. ☎ 03-89-77-63-77. Fax : 03-89-77-74-36. À 3 km du village par la D10 (accès fléché). Ouvert du 1er mai au 30 septembre. Autour de 8,54 € (56 F) l'emplacement pour deux. Tout au fond de la vallée, à 650 m d'altitude et en pleine forêt, cet agréable petit camping bénéficie d'un des plus chouettes emplacements que nous ayons vus dans le coin. La vraie cure de nature. Bons équipements.

De bon marché à prix moyens

🛏 ▌●▌ *Hôtel-restaurant Le Chalet :* 1, route du Ried, 68140 Luttenbach. ☎ 03-89-77-38-33. Fax : 03-89-77-15-65. À environ 500 m au sud de la gare ferroviaire, à gauche en montant le versant de la montagne ; c'est indiqué. Fermé le mercredi soir et le jeudi hors saison ; congés annuels en janvier et mars. Chambres doubles à partir de 30,49 € (200 F) avec lavabo, 39,63 € (260 F) avec douche. Menus de 9,15 à 38,11 € (60 à 250 F). 6 chambres toutes simples dans un vieux chalet montagnard en bois sombre, entouré d'un grand jardin ombragé de sapins. Un lieu avec un je-ne-sais-quoi de désuet et de rétro qui finit par nous le rendre sympathique. À côté, une annexe récente avec des chambres plus confortables (douche et w.-c., balcons fleuris), ouvrant sur le jardin. Salle à manger avec une vue très chouette sur la vallée.

🛏 ▌●▌ *Ferme-auberge du Christlesgut :* chez Danièle et Frédéric Dischinger, 68380 Breitenbach. ☎ 03-89-77-51-11. Fax : 03-89-77-53-56. À environ 7 km au sud de Munster. À la sortie de Luttenbach, prendre à gauche la direction du Stemlisberg en suivant le fléchage « ferme-auberge » ; laisser sa voiture et faire les 800 derniers mètres à pied. Ouvert de début mai à début novembre tous les jours sauf le mercredi midi. Réservation préférable. Chambres doubles à 28,96 € (190 F) avec douche et w.-c. ; petit déjeuner à 3,81 € (25 F). Demi-pension à 28,96 € (190 F). Menu à 10,67 € (70 F) ; compter 14 € (92 F) pour un repas marcaire. Pour dormir : 3 chambres, 2 appartements (avec cuisinette, pour 6 personnes) ou, pour les randonneurs, un dortoir de 15 places avec douche, toilettes, et salle à manger. À table, suivant l'humeur de Mme Dischinger, repas marcaire, bon munster coiffé (ça ressemble à la tartiflette, mais ça n'en est pas une), beignets au fromage ou coq au riesling. Terrasse aux beaux jours avec une belle vue sur le sommet du Kastelberg. Café offert sur présentation du *Guide du routard* de l'année.

▌●▌ *Ferme-auberge Hunleskritt :* chez Pierre Zingle, 140 Hunleskritt, 68380 Sondernach. ☎ 03-89-77-60-22. À Sondernach, prendre la route du Petit Ballon, à gauche à la sortie de ce village ; c'est 3 km plus loin, sur la gauche, un peu à l'écart de la route. Fermé le mercredi ; congés annuels de mi-décembre à mi-février. Réservation obligatoire. Premier menu à 9,15 € (60 F) en semaine. Ici, on aime l'accordéon et le saint-grégoire. Mon premier anime certains soirs la salle à manger. Mon second, fromage inventé par la famille Zingle, régale les palais. Autre spécialité : le munster au sureau. Une bonne adresse, où il faut venir lors de la *fête montagnarde du Barikelb* qui se déroule chaque été les deux premiers week-ends de juillet. Les gens du cru y dansent dans le pré au rythme d'un orchestre champêtre. Deux mots quand même sur le repas marcaire : il est généreux et savoureux, comme les Zingle... Café offert à nos lecteurs sur présentation du *Guide du routard* de l'année.

▌●▌ *Ferme-auberge du Schnepfenried :* chez Marie-Ève et Yves Deybach, 68380 Metzeral. ☎ 03-89-77-61-61. À Sondernach, prendre la direction du Markstein, puis celle du Schnepfenried (5 km plus loin) ; continuer sur 1 km ; après l'*auberge du Schnepfenried*, un chemin à droite aboutit, à 400 m, à la ferme. Ouvert toute l'année. Fermé le mercredi d'octobre à avril. Réservation conseillée. Repas marcaire à 13,72 € (90 F). Vue splendide sur les Vosges et sur les vaches broutant dans le pré voisin. Marie-Ève Deybach sert le repas marcaire, accepte que les randonneurs tirent leur repas de leur sac, et vend ses produits fermiers, beurre, chaume, munster. Dans la salle à manger, où elle accueille ses hôtes avec chaleur et beaucoup de naturel, Jeanne (l'ancienne propriétaire) a accroché tout ce qu'elle aime : des clarines de vache, un fer à repasser, un vieux poste de radio, etc.

À voir. À faire

★ **Muhlbach-sur-Munster** *(68380)* : le village, reconstruit après la Première Guerre mondiale, n'a rien de particulier mais il abrite un petit *musée de la Schlitte et des Métiers du bois,* rue de la Gare. ☎ 03-89-77-61-08 (mairie). Fax : 03-89-77-69-46. Ouvert du 1er juillet au 2 septembre tous les jours de 10 h à 12 h et de 15 h à 18 h ; hors saison, sur réservation pour les groupes auprès de la mairie. Présente l'histoire des métiers de la forêt à l'époque des bûcherons et du schlittage. Il s'agit d'un chariot à patins ou sur traîneau, chargé de bois, et retenu à la descente par un schlitteur qui s'appuie avec son dos contre la lourde charge. Ces athlètes des bois devaient avoir des muscles de fer et un moral d'acier, surtout aux plus froids moments de l'hiver vosgien.

★ *La vallée de la Wormsa :* minuscule et adorable vallée, longue de moins de 10 km, glissée au pied des massifs du Kastelberg et du Schnepfenried. On y accède par le village de *Metzeral,* à 6,5 km de Munster. C'est le premier village à avoir été fondé dans la vallée (en 817) mais il doit son air un peu austère à sa reconstruction après la Première Guerre mondiale. Puis, par une toute petite route, sauvage et tranquille, on arrive à *Mittlach,* bourgade fondée en 1741 par des bûcherons tyroliens. D'ailleurs, ce coin des Vosges a un je-ne-sais-quoi de propre et coquet, à la façon autrichienne. Beaucoup de pâturages d'altitude furent achetés après la Révolution française par des protestants, le clergé catholique n'autorisant pas alors ses fidèles à racheter des biens dont les moines (propriétaires des cimes sous l'Ancien Régime) avaient été dépossédés lors de la tourmente de 1789. Voilà pour l'histoire. Côté activités, eh bien, sachez que le sentier GR 5 va de Mittlach au col du Herrenberg (1 186 m), et de Metzeral au lac de Fischboedlé. Deux superbes balades à faire au printemps et à la fin de l'été.

★ *Les stations de ski :* la Grande Vallée en compte deux, uniquement pour le ski alpin...

🎿 *Le Gaschney :* 990-1 250 m d'altitude. 8 téléskis, 1 télésiège, 2 pistes vertes, 1 bleue, 5 rouges pour ceux qui s'y connaissent en couleurs de pistes. ☎ 03-89-77-61-58.

🎿 *Le Schnepfenried :* 1 070-1 258 m d'altitude. 8 téléskis, 2 pistes vertes, 2 bleues, 2 rouges et 3 noires. ☎ 03-89-77-61-58.

Ne pas s'attendre à de gigantesques stations comme dans les Alpes. Dans les Vosges, tout est resté à taille humaine, et les tarifs aussi...

➤ *Promenades à cheval :* beaucoup de possibilités là aussi.

■ *Les Cavaliers du Baechlé :* à Luttenbach. ☎ 03-89-77-13-04. Proposent des randonnées équestres dans les Vosges. Durée : une demi-journée ou plusieurs jours. Vraiment superbe.

■ *La ferme-auberge du Hinterberg :* à Metzeral. ☎ 03-89-77-68-62. Organise des promenades de 2 h (13,72 €, soit 90 F) ou à la journée (33,54 €, soit 220 F) sur d'amusants petits chevaux islandais. Une belle façon de découvrir les trésors du massif vosgien. Pour les ventres creux, repas marcaire sur réservation uniquement et pour un minimum de 8 personnes (13,59 €, soit 89 F par personne) ou encore gigot d'agneau ou civet de chevreuil (toujours sur réservation). Également quelques chambres.

LA PETITE VALLÉE

La plus fréquentée des deux vallées puisqu'elle remonte vers le col de la Schlucht, un des points de passage obligés de la route des Crêtes.

Où dormir ? Où manger ?

🏠 |●| **Villa Canaan, Chez Léopoldine :** 8, chemin du Buchteren, 68140 Soultzeren. ☎ 03-89-77-05-64. Fax : 03-89-77-35-73. À 5 km au nord-ouest de Munster par la D417 en direction du col de la Schlucht ; à la sortie du village de Soultzeren, suivre le panneau situé du côté droit de la route. Resto fermé les dimanches soir et mardis soir ; congés annuels en novembre et janvier. Chambres doubles à 42,68 € (280 F) avec lavabo et douche, 48,79 € (320 F) avec douche et w.-c. Demi-pension à 48,02 € (315 F) par personne. Comme l'indique son nom, c'est une véritable terre promise ! Cette grosse maison jaune plantée dans la pente domine la vallée de Munster qu'on embrasse d'un coup d'œil charmé. Léopoldine y apporte tous les soins. Les chambres sont toutes arrangées avec amour. On y dort bien, et quel plaisir lorsqu'on ouvre les volets ! Cuisine bio, et Léopoldine ne lésine pas sur les quantités ! Le paradis, vous avez dit ? Paradis des routards, oui !

🏠 |●| **Hôtel-restaurant L'Émeraude :** 40, chemin de Mageisberg, 68140 Soultzeren. ☎ 03-89-77-02-50. Fax : 03-89-77-03-74. Accès par une (toute) petite route (fléchée) qui prend à droite de la route du col de la Schlucht 2 km après Soultzeren. Ouvert uniquement le midi en semaine, midi et soir le week-end et les jours fériés. Fermé le mercredi. Chambres doubles de 28,20 € (185 F) avec lavabo à 44,97 € (295 F) avec douche et w.-c. Menu à 20,58 € (135 F). En pleine nature, à 800 m d'altitude. Ce gros chalet, tel qu'on les concevait dans les années 1960, domine littéralement toute la vallée. Chambres simples et nettes (et pour celles avec vue... quelle vue !). Ambiance gentiment familiale et accueil très sympathique. Au resto, omelettes pour un casse-croûte ou petits plats plus pertinents comme une souris d'agneau à l'anis étoilé.

|●| **Auberge du Schupferen :** 68140 Stosswihr. ☎ 03-89-77-31-23 (réservation conseillée : il n'y a qu'une trentaine de places !). À 17 km environ de Munster, par la route du col de la Schlucht, puis à droite direction Le Tanet ; 4 km après avoir quitté la D417, sur la gauche, un panneau planté sur un arbre marque le début d'un chemin de terre menant aussi au *refuge Sarrois* ; de la route bitumée jusqu'à l'auberge, il y a 3 km de chemin de plus en plus mauvais, mais praticable en voiture ; laissez à gauche le *refuge Sarrois*, continuez à droite ; allez-y à pied, c'est un vrai régal ! Service de 9 h à 19 h. Fermé les lundis, mardis et vendredis. Compter environ 15 € (98 F) pour un repas complet avec la boisson. Le placide et sympathique Christophe Kuhlmann cuisine ici des petits plats comme le *fleischschnecke* ou prépare des salades avec les produits du jardin. Pichet d'edelzwicker maison (mélange de différents cépages de blancs d'Alsace). Et quel panorama ! De ce paturage d'altitude (1 100 m), on domine la forêt et les vallées !

|●| **Restaurant des Cascades :** 6, chemin de Saegmatt, 68140 Ampferbach. ☎ 03-89-77-44-74. À Stosswihr, prendre à gauche avant le monument aux morts ; des panneaux jalonnent les 3 km de petite route qui s'engouffre dans le vert vallon d'Ampferbach. Fermé les lundis et mardis ; congés annuels en janvier et la 1re semaine d'octobre. Plats chauds jusqu'à 23 h. Menu à 7,47 € (49 F) le midi en semaine ; repas complet à la carte autour de 20 € (131 F). Jolie maison toute fleurie, bercée par la douce musique d'une minuscule cascade vosgienne à gauche de la maison. Il y fait bon vivre et manger. À l'intérieur, on peut savourer de drôles de spécialités comme la tarte flambée (cuite au feu de bois) aux grenouilles, sous les regards attentifs de Mme Decker et des canards en porcelaine juchés sur les rebords des murs. Plus classiques, les tartes flambées tradition-

nelles (le week-end), le filet de truite à l'oseille ou l'entrecôte aux cèpes (un régal). Pour le vin, épatez vos amis avec l'edelzwicker du patron ; il n'est pas cher et c'est un des meilleurs que nous ayons goûtés dans la région. Une très bonne adresse locale, loin des touristes. Café offert sur présentation du *Guide du routard* de l'année.

À voir. À faire

★ **Le Hohrodberg :** à 7,5 km au nord de Munster, une station d'altitude ensoleillée, surplombant Munster et sa vallée. Une route sinueuse mais très belle y monte. De là, on peut rejoindre la route qui court sur les crêtes entre le col du Wettstein et Trois-Épis (se reporter, plus haut, au chapitre « Le val d'Orbey et le Pays welche »).

Station de ski : *Le Tanet* (1 000-1 280 m d'altitude). ☎ 03-89-77-27-24. Au cœur des cirques glaciaires du lac Vert et du lac des Truites. Pour le ski alpin, 6 remontées mécaniques, 4 pistes. Pour le ski de fond, on recommande la station des Trois Fours, près du col de la Schlucht (voir plus haut le chapitre « La route des Crêtes »).

LE FLORIVAL

Même si elle se trouve au pied du Grand Ballon, point culminant du massif à 1 424 m, cette vallée – la plus étroite et la moins longue des Vosges – est beaucoup moins alpestre que celle de Munster. Le débouché de la vallée, vers Guebwiller, appartient d'ailleurs au vignoble. Le Florival doit son nom (mais vous l'auriez deviné...) à sa flore, riche et variée.

GUEBWILLER (68500) 11 900 hab.

On le sent tout de suite en arrivant : la richesse de Guebwiller est ancienne. Spirituelle et commerciale d'abord, grâce à l'abbaye princière de Murbach, toute proche, qui fit de cette cité, à l'entrée de la vallée de la Lauch, sa capitale administrative du XIIIe siècle jusqu'à la Révolution. Puis au XIXe siècle, c'est l'industrie textile qui assura la prospérité de la ville et de sa région. Un bel exemple : l'histoire des Schlumberger. Issue de Mulhouse, la famille Schlumberger implanta à Guebwiller des filatures ainsi que des constructions mécaniques. Bien que l'« empire Schlum » ait essaimé dans le monde entier, la maison est restée fidèle à Guebwiller, où elle représente encore aujourd'hui la première source d'emplois industriels du département du Haut-Rhin.
Cette prospérité passée a laissé de beaux témoins comme l'église Notre-Dame, l'ancien couvent des dominicains et l'église Saint-Léger, sans compter les nombreuses façades de maisons de la Renaissance rhénane ou, plus près de nous, les villas des capitaines d'industrie de la grande époque (révolue aujourd'hui).
Autre richesse, intemporelle celle-là (car elle a traversé les crises et les guerres) : il s'agit du vin ! Oui, Guebwiller se trouve bel et bien sur la route des Vins d'Alsace. Et quels vins ! Pas moins de quatre grands crus : le kessler d'abord (sur le flanc est de la colline d'Unterlinger) donne un gewurztraminer aromatique. Ensuite le kitterlé (au nord de la ville, en éperon sur le massif de l'Unterlinger), qui fait des merveilles avec son riesling et son pinot gris ; le grand cru saering (contigu au kitterlé) connu pour son riesling au bouquet floral typique. Le spiegel enfin, que se partagent Guebwiller et Bergholtzell.

Adresses utiles

❖ Office du tourisme (plan A1) : hôtel de ville. ☎ 03-89-76-10-63. Fax : 03-89-76-52-72. • otguebwiller@wanadoo.fr • www.axilium.gueb.soultz.fr • Du 1er juillet au 31 août, ouvert du lundi au vendredi de 9 h à 12 h 30 et de 13 h 45 à 18 h 30, le samedi de 9 h 30 à 12 h 30 et de 14 h 30 à 18 h 30, et le dimanche de 10 h 30 à 12 h 30 et de 15 h à 17 h ; le reste de l'année, ouvert du lundi au vendredi de 8 h 15 à 12 h et de 14 h à 18 h 15, et le samedi de 9 h à 12 h (en avril, mai, juin, septembre et octobre, ouvert également le samedi de 14 h à 17 h). Organise en juillet et août des visites guidées de la ville, gratuites.

✉ Poste : plan A1.
■ Centre départemental d'histoire des familles : 5, pl. Saint-Léger. • cdhf.telmat.net.fr • Si vous soupçonnez des ancêtres dans le Haut-Rhin, voilà où partir à leur recherche. En consultation, une très riche documentation (tout l'état civil du département du XVIe siècle à 1892 en fait), dossiers généalogiques déjà établis. Renseignements : ☎ 03-89-62-12-40, du mercredi au vendredi de 13 h à 20 h et le samedi de 9 h à 19 h. On peut même répondre à vos questions par courrier (moyennant une petite participation financière).
🚆 Gare SNCF : plan B2.

Où dormir ? Où manger ?

🛏 |●| Hôtel d'Alsace (plan A1, 1) : 140, rue de la République. ☎ 03-89-76-83-02. Fax : 03-89-74-17-15. En plein centre, derrière le tribunal d'instance et près de l'église Saint-Léger. Ouvert toute l'année. Fermé le dimanche soir de novembre à avril. Chambres doubles de 42,68 à 50,31 € (280 à 330 F) avec douche ou bains et TV. Menus de 9,45 € (62 F) le midi, à 41,16 € (270 F). Cette maison de l'après-guerre, à l'angle de deux rues, n'a rien de spécial extérieurement. Mais à l'intérieur, l'accueil est avenant, les chambres (à la déco contemporaine) gaies et claires. La n° 101 est la plus spacieuse. Au resto, deux salles au choix, l'une plutôt élégante genre gastro, l'autre plus *winstub* pour une seule et même cuisine, de terroir, sans fioritures, mais goûteuse : *sur-lawerla*, choucroute, gibier en automne (sanglier, lièvre, faisan, che- vreuil). Dégustation de vins d'Alsace avec visite de la cave du domaine familial. Apéritif maison offert à nos lecteurs sur présentation du *Guide du routard* de l'année.

|●| Taverne du Vigneron (plan A1, 2) : 7, pl. Saint-Léger. ☎ 03-89-76-81-89. À l'ombre de l'église Saint-Léger. Fermé le lundi ; congés annuels 3 semaines en février. Menu à 7,49 € (49 F) le midi en semaine ; autres menus de 10,67 à 22,87 € (70 à 150 F). C'est le rendez-vous des gens du cru, des employés, des commerciaux, des hommes d'affaires de passage, tous réconciliés devant la générosité de la cuisine et la modestie des prix. Une ardoise indique les plats du jour. On y sert classiques de brasserie comme plats de terroir. Un remarquable rapport qualité-prix, dans un cadre d'auberge de campagne.

Où dormir dans les environs ?

Camping

⛺ Camping Vert Vallon : 51, Grand-Rue, 68610 Lautenbach-Zell/Sengern. ☎ 03-89-74-01-80. Fax : 03-89-76-30-39. À 8 km au nord-ouest de Guebwiller. Autour de 9 € (59 F) l'emplacement pour deux

GUEBWILLER 317

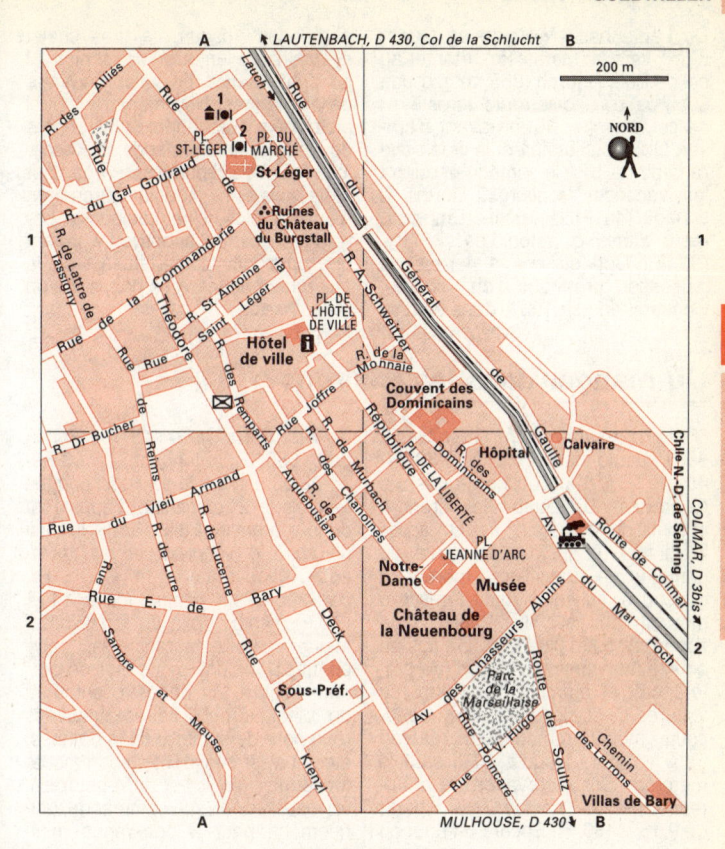

GUEBWILLER

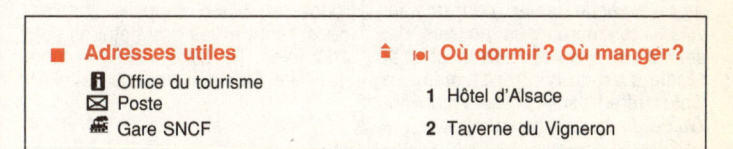

	Adresses utiles		**Où dormir ? Où manger ?**
	Office du tourisme		
	Poste	1	Hôtel d'Alsace
	Gare SNCF	2	Taverne du Vigneron

avec un véhicule. Chambres doubles (douche et w.-c. à l'étage) à 16,77 € (110 F) en été, 18,29 € (120 F) en hiver ; petit déjeuner à 3,35 € (22 F). Au centre du village, un petit camping mais de grands emplacements. Accueil enthousiasmant. Dans le bâtiment d'accueil, 8 chambres (de 2 lits) simplettes. Un petit détail : la salle des fêtes du village se trouve au rez-de-chaussée, donc la maison risque parfois d'être un peu bruyante... Renseignez-vous sur le programme !

Très bon marché

Auberge de jeunesse Dynamo : La Schellimat, 68610 Lautenbach. ☎ 03-89-74-26-81. Pas facile à trouver. On ne peut y arriver qu'à pied.

De Lautenbach (à 7 km de Guebwiller, vers Le Markstein), monter au col de Boenlesgrah (865 m), par une superbe et étroite route forestière ; au col, marcher 30 mn avant d'arriver. Ouvert uniquement le week-end (à partir de 15 h le samedi) et durant les vacances scolaires. Dortoir à 6,10 € (40 F) la nuitée. Emplacement camping autour de 4,57 € (30 F). Une de nos auberges de jeunesse préférées en Alsace. Construit en juin 1937, dans ce coin perdu des Vosges, ce gros chalet sympathique entouré de sapins et de prés domine un vaste paysage de montagnes. Une merveille ! Quel plaisir de s'y réchauffer en hiver près du vieux poêle en faïence, le *Kachelofen* ! Et de préparer son repas sur cette cuisinière à bois comme on n'en voit plus. Une équipe de bénévoles anime l'auberge, y créant une ambiance conviviale qui plaira aux randonneurs. À ce prix-là, on en redemande !

Où manger dans les environs ?

|●| *Ferme-auberge de Gustiberg :* 68610 Lautenbach-Zell. ☎ 03-89-74-05-01. À 8 km au nord-ouest de Guebwiller. De Guebwiller, prendre la route du Markstein ; à 4 km après le Linthal, et juste à la sortie du hameau de Dauvillers, tourner à gauche et suivre la route forestière menant au lac du Ballon (vue superbe) ; 5 km plus loin, une fois au bout, il faut continuer à pied (de préférence), et marcher sur 2 km (en voiture, c'est possible mais beaucoup moins romantique). Ouvert tous les jours jusqu'à 19 h sauf le mercredi. Sur réservation de préférence. Menus campagnards à partir de 9,15 € (60 F). Encore un bout du monde ! Adresse idéale pour promeneurs amoureux, randonneurs épris de calme et de beauté, pour rats des villes métamorphosés en rats des champs (et des bois !). Bref, ici on se régale avec un bon repas marcaire. Café offert sur présentation du *Guide du routard* de l'année.

|●| *Aux Deux Clefs :* 45, rue Principale, 68610 Lautenbach. ☎ 03-89-74-02-98. Fermé le samedi ; congés annuels la 2ᵉ quinzaine d'août. Plat du jour à environ 8 € (52 F) le midi (le soir, le vendredi et en juillet-août), choucroute à 11 € (72 F) ; *baeckeoffe* sur commande à 14 € (92 F). Hmm ! Voilà un fort sympathique café-restaurant de campagne ! Dans une petite maison derrière l'église, on déguste, entourés de plaques publicitaires émaillées (pub pour de la bière, de la potasse, etc., et c'est très joli !), du bon munster fermier (ça, c'est du 4-heures !), un *baeckeoffe* (sur commande uniquement, pour 3 personnes minimum) ou quelque lard sur planche tout simplement. C'est bon, le cadre rouge et blanc rappelle les années 1950, et les propriétaires sont adorables. Terrasse d'été à l'ombre du tilleul. Que demande le peuple ?

À voir

★ *Le musée du Florival (plan B2) :* 1, rue du 4-Février. ☎ 03-89-74-22-89. Ouvert toute l'année ; le lundi et du mercredi au vendredi, de 14 h à 18 h ; les samedis, dimanches et jours fériés, de 10 h à 12 h et de 14 h à 18 h. Fermé le mardi. Entrée : 2,29 € (15 F) ; enfants : 1,52 € (10 F). Très bien fait. A su concilier le patrimoine culturel et la modernité. À voir, en particulier, l'admirable collection de céramiques, œuvre de Théodore Deck (XIXᵉ siècle), un enfant du pays, qui a laissé son nom à une couleur, le bleu Deck. La plus importante collection d'Europe, paraît-il. Remarquer les décors muraux réalisés pour les somptueuses villas des capitaines d'industrie de la vallée. Objets évoquant l'industrie textile de la région.

★ **L'église Notre-Dame** *(plan B2)* : l'édifice religieux le plus important bâti en Alsace au XVIIIe siècle. On la remarque immédiatement en arrivant, avec sa silhouette massive (pas très gaie) et ses pierres de couleur mauve. Construite en 1763 sous l'impulsion du très riche prince-abbé de Murbach (voir plus loin), elle offre une façade néo-classique. À l'intérieur : monumental haut-relief montrant l'Assomption de la Vierge. On dirait une église de géants !

★ **Le couvent des Dominicains** *(plan B1-2)* : 34, rue des Dominicains. ☎ 03-89-74-94-64. Ouvert du 22 mai au 10 septembre, du lundi au vendredi de 9 h à 12 h et de 14 h à 18 h, les samedis, dimanches et jours fériés de 14 h à 18 h ; le reste de l'année, ouvert du lundi au vendredi de 9 h à 12 h et de 14 h à 17 h. Entrée : 4 € (26 F) ; tarif réduit pour les porteurs du *Guide du routard* de l'année : 3 € (20 F). Visite guidée sur demande. Les moines intellectuels dominicains s'y sont installés en 1294, preuve qu'à cette époque on ne faisait pas qu'abattre les arbres ou couper de l'herbe. Ceux-là consacraient leur temps à répandre la bonne parole à l'aide de ces grands « livres » ouverts sur les murs de leurs églises que sont les fresques. Le couvent des Dominicains de Guebwiller a réussi à traverser les siècles en gardant son architecture originale, aujourd'hui quasiment intégralement restaurée.
La partie la plus intéressante reste l'église, avec sa tour-clocher, sa jolie porte côté sud et 3 500 m^2 de peintures murales des XIVe, XVIe et XVIIIe siècles, dont la restauration intégrale a commencé. La nef à l'acoustique exceptionnelle accueille régulièrement, d'avril à octobre, les concerts d'artistes de renommée internationale et des opéras. Superbement réaménagé, le couvent est d'ailleurs devenu un centre culturel musical où un « caveau à jazz » offre un concert hebdomadaire. Stages, masterclasses et académies musicales font à nouveau rayonner ce haut lieu culturel, adossé au vignoble du Florival.

★ **L'hôtel de ville** *(plan A1)* : 73, rue de la République. Date de 1514. C'était à l'origine la demeure d'un riche marchand de draps. Noter les arcades du rez-de-chaussée et le décor gothique flamboyant.

★ **L'église Saint-Léger** *(plan A1)* : elle est vraiment ancienne, contrairement à Notre-Dame. Elle fut construite entre 1182 et 1230, en pleine époque romane finissant sur le gothique. En pierre mauve (sombre) aussi, la façade est la partie la plus intéressante. Voir le triple porche, les deux tours encadrant une loggia ouverte à trois arcatures. Intérieur plutôt sobre.

➤ DANS LES ENVIRONS DE GUEBWILLER

★ **Lautenbach** *(68610)* : voir le merveilleux porche à trois arcades de l'ancienne collégiale Saint-Michel-et-Saint-Gangolf (un saint peu connu, qui est à la fois le patron des artisans du cuir et des maris trompés... aucun rapport entre les deux mais c'est comme ça). Cette belle église est tout ce qui reste d'une puissante abbaye bénédictine du Moyen Âge. Lautenbach est le village natal de Jean Egen, romancier alsacien, auteur d'un des meilleurs récits sur l'Alsace, *Les Tilleuls de Lautenbach*.

★ **Le Vivarium du Moulin** : 6, rue du Moulin, 68610 Lautenbach-Zell. ☎ 03-89-74-02-48. En juillet et août, ouvert tous les jours de 10 h à 19 h ; le reste de l'année, tous les jours sauf le lundi, de 14 h à 18 h. Entrée : 4,57 € (30 F) ; demi-tarif pour les enfants. Dans un vieux moulin à farine (la roue tourne toujours), pas seulement un mais plein de vivariums dans lesquels ont été reconstitués au mieux les milieux de vie de nombreux insectes et araignées. Pour découvrir toutes ces sympathiques bestioles que vous avez ratées lors de vos voyages : la fourmi parasol de Guadeloupe, le criquet puant africain ou ces grandes bringues de phasmes. Trois fourmilières géantes, dont deux que les enfants pourront visiter de l'intérieur (par des sortes de hublots).

★ *L'abbaye de Murbach (68530) :* à 5,5 km à l'ouest de Guebwiller par une jolie petite route. Les deux tours d'une église en grès rose se dressent dans le creux d'un vallon verdoyant, vers la masse sombre de la forêt vosgienne : voici la fameuse *église* (de style roman) de l'abbaye de Murbach, l'une des plus puissantes de la vallée du Rhin au Moyen Âge (du IXe au XVe siècle). Peu de temps après sa fondation en 728 par le comte Eberhard (le frère du duc d'Alsace), Murbach avait tellement de succès auprès des grands que Charlemagne en personne se fit appeler *Pastor Murbacensis*. Au XIIe siècle, l'abbaye atteint son apogée spirituelle et économique. Car ici, prières et affaires marchaient ensemble ! Imaginez des abbés, tous nobles, portant le titre de prince du Saint Empire (romain germanique), possédant un patrimoine inouï : des châteaux forts, des biens dans plus de 200 villes (de Worms à Lucerne), un atelier monétaire, des mines. Soyons mystiques, mais restons pratiques ! Murbach contrôlait même les cols vosgiens. Bref, c'était tout ça à la fois : un monastère, un club très fermé pour les fils de bonne famille, une entreprise commerciale prospère aux ramifications étendues, et un site isolé mais merveilleusement favorable à la méditation.

Il faut voir le chevet, la partie la plus remarquable de l'église, avec ses belles arcades et ses rangées de fenêtres à colonnettes. À l'aide de jumelles, on découvre des sculptures représentant un chien jouant de l'épinette et des lièvres jouant de la harpe ou balançant l'encensoir (le sculpteur n'avait pas le cœur triste ce jour-là...).

À l'intérieur, près de l'entrée, à gauche du chœur, un sarcophage de sept moines de Murbach tués (sur place) par les Hongrois en 925.

– Pour avoir une jolie vue sur l'église : monter jusqu'à la chapelle Notre-Dame-de-Lorette (XVIIe siècle), d'où l'on a une vue plongeante à travers la forêt.

SOULTZ (68360) 6 730 hab.

À 3 km seulement de Guebwiller en allant vers Mulhouse et Thann. C'est déjà la plaine, mais les contreforts des Vosges commencent dès les premiers jardins des faubourgs. Comme à Rouffach, la Renaissance rhénane a marqué la ville. Les plus belles demeures bourgeoises datent de la période 1570-1620. C'est à cette époque aussi que Soultz prit son double visage : d'un côté la ville commerçante (la longue rue principale), de l'autre la cité aristocratique et administrative (entre la place du Marché et les remparts ouest).

Bref, voilà une vraie petite cité de caractère, sans colombages aux maisons mais d'un charme évident (surtout le centre alsacien).

Adresse utile

🛈 *Office du tourisme :* 14, pl. de la République. ☎ 03-89-76-83-60. Fax : 03-89-74-86-12. • otsi.soultz@free.fr • Hors saison, ouvert du lundi au vendredi de 9 h à 12 h et de 14 h à 18 h, et le samedi de 9 h à 12 h ; en

SOULTZ 321

juillet et août, ouvert du lundi au vendredi de 9 h à 12 h 30 et de 14 h à 18 h 30, le samedi de 9 h à 12 h 30 et de 14 h à 16 h 30, et le dimanche de 10 h à 12 h.

Où manger ?

IOI **Restaurant Metzgerstuwa :** 69, rue du Maréchal-de-Lattre-de-Tassigny. ☎ 03-89-74-89-77. Fermé le week-end ; congés annuels 3 semaines de mi-juin à début juillet et 15 jours de fin décembre à début janvier. Menu du jour à 6,86 € (45 F) ; autres menus de 16,01 à 20,58 € (105 à 135 F). Petit restaurant situé dans une maison verte. L'adresse qu'on ne conseillera guère aux végétariens puisque le patron (un personnage dans son genre) tient la boucherie d'à côté. Au programme, donc, de la viande, encore de la viande, toujours de la viande : pied de porc (sans os !) farci, onglet à l'échalote, cervelle de veau aux câpres, boudin maison, ris de veau, rognons blancs à la crème. Clientèle locale, plats généreux (les petits appétits peuvent opter pour le demi-plat) et sourire également au menu. Possibilité d'acheter sur place les produits fabriqués par la maison. Sur présentation du *Guide du routard* de l'année, nos lecteurs patienteront devant de la charcuterie maison et se verront offrir un digestif s'ils commandent un café.

À voir

★ De nombreuses *maisons* Renaissance dans les ruelles étroites du centre.

★ *L'église Saint-Maurice :* de style gothique, en grès orangé, construite dès le milieu du XIIIe siècle. À l'intérieur, peintures murales et très belle chaire Renaissance et un orgue dû au facteur Jean-André Silbermann.

★ *Le musée du Bucheneck :* rue Kageneck. ☎ 03-89-76-02-22. Ouvert du 2 mai au 31 octobre tous les jours sauf le mardi, de 14 h à 18 h ; le reste de l'année, ouvert sur demande ; réservation pour les groupes hors saison. Entrée : 2,29 € (15 F) ; sur présentation du *Guide du routard* de l'année, entrée à 1,52 € (10 F) et gratuit pour les enfants. Dans l'ancien château où résidait le seigneur de la ville : le bailli de l'évêque de Strasbourg (jusqu'à la Révolution). Étonnant musée pour une si petite ville. Il présente l'histoire locale à travers des vestiges archéologiques (les Romains), une galerie de portraits (la famille Waldner de Freundstein – quel nom ! –, les Heeckeren d'Anthès, dont un des membres tua à Saint-Petersbourg le poète russe Pouchkine en duel !), des objets artisanaux et des objets de culte (chrétiens et juifs). Intéressantes expos temporaires.

★ *La Nef des Jouets :* 12, rue Jean-Jaurès. ☎ 03-89-74-30-92. Fax : 03-89-83-03-63. Ouvert de 14 h à 18 h. Fermé le mardi. Entrée : 4,57 € (30 F) ; réductions. Un couple de Soultz, Joëlle et Jean-Richard Haeusser, est à l'origine de ce sympathique petit « lieu de vie » (on ne peut pas vraiment parler de musée) consacré aux jouets et installé dans une ancienne commanderie des Chevaliers de l'ordre de Malte (superbe bâtiment, évidemment).
Une excellente idée concrétisée ici par une ribambelle de pièces rares : poupées, ours en peluche, jouets de tôle, figurines en bois, soldats de plomb ou d'étain. Mais aussi des livres d'enfants, des marionnettes, des jeux de société, bref, tout l'univers merveilleux des enfants de naguère.
Un endroit qui vit en permanence à travers de nombreuses animations : expositions temporaires, spectacles de marionnettes, contes...

LA MONTAGNE VOSGIENNE

L'ALSACE / LE HAUT-RHIN

➤ DANS LES ENVIRONS DE SOULTZ

★ **Le vallon du Rimbach :** au nord, nord-ouest de Soultz par la D5. Mignonne petite vallée blottie au pied du Grand Ballon et du Vieil Armand. Plus que pour ses paysages encore préservés, le coin est surtout connu pour le *pèlerinage de Thierenbach*. Chaque année, plus de 300 000 visiteurs viennent s'y recueillir auprès d'une vierge dite miraculeuse du XIVe siècle. Si la basilique est sans réel intérêt, intéressante collection d'ex-voto (plus de 800), expression d'une foi (et d'un talent pictural...) très populaire. Le plus ancien date de 1680, on reconnaît des scooters sur les plus récents.
Au village de Jungholtz, émouvant *cimetière israélite* (le plus ancien d'Alsace, autorisé par les évêques de Strasbourg au XIIe siècle), qui porte encore les traces des profanations nazies.

LA VALLÉE DE LA THUR

LA MONTAGNE VOSGIENNE

La vallée industrielle type des Vosges du Sud. On y exploitait naguère des mines d'argent, de cuivre, de plomb. On y trouvait au XVIIIe siècle déjà plus de hauts-fourneaux que d'églises ou de châteaux prestigieux. Puis ce furent l'industrie textile (à Husseren-Wesserling surtout) et l'industrie chimique qui prirent le relais, créant de nombreux emplois dans la vallée. Si bien que cette ancienne route de l'Alsace à la Gaule (par les cols de Bussang, Oderen et Bramont) attira de plus en plus d'investisseurs mulhousiens. Même si le fond de la vallée, où se succèdent sans interruption ou presque bourgs et petites usines aux typiques toits en sheds (en zigzag, quoi), n'est pas l'endroit rêvé pour passer des vacances, les flancs boisés et les crêtes montagneuses constituent autant d'échappées belles, propices à de très chouettes randonnées.

THANN (68800) 8 150 hab.

« Vinsmes souper à Tane, quatre lieues, première ville d'Allemagne, sujette à l'Empereur, très belle... trouvâmes une belle et grande plaine, flanquée de coteaux pleins de vignes, les plus belles, les mieux cultivées. » Depuis cet éloge de Michel de Montaigne, écrit en 1580 (un vrai routard-écrivain, celui-là !), Thann a beaucoup changé. Et pourtant la ville est toujours belle, on peut y souper et les vignes produisent toujours de merveilleux vins. Comme ce grand cru rangen, par exemple, le plus méridional des vignobles d'Alsace (c'est l'unique terroir à roche volcanique de la région).
Gardant l'entrée de la vallée de la Thur, qui abrite de nombreuses usines (textiles notamment), Thann serre ses maisons Renaissance autour de sa collégiale, un des fleurons de l'art gothique rhénan. Une bonne étape pour commencer ou terminer la route des Vins d'Alsace, la route des Crêtes, ou tout simplement pour rejoindre Bussang ou La Bresse dans le département des Vosges.
Seul point noir de la ville : l'usine de produits chimiques qui trône juste en dessous du vignoble.

Adresses utiles

🛈 Office du tourisme du pays de Thann (plan A1-2) : 7, rue de la 1re-Armée. ☎ 03-89-37-96-20. Fax : 03-89-37-04-58. ● office-de-tourisme.thann@wanadoo.fr ● En juillet et août, ouvert du lundi au samedi

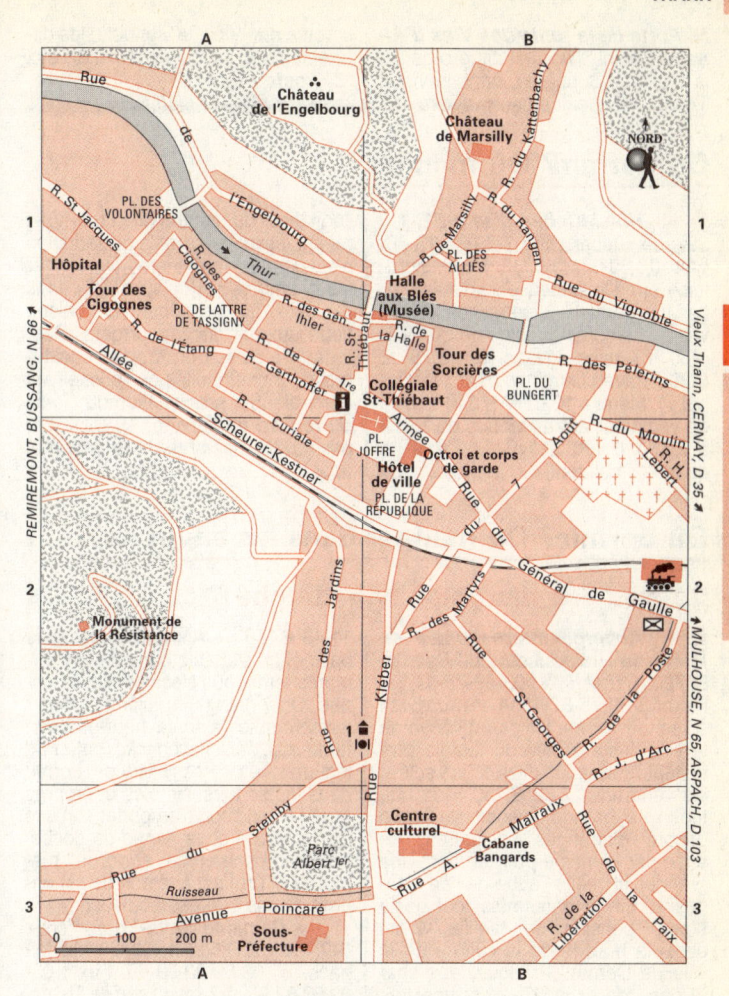

THANN

Adresses utiles

- **i** Office du tourisme du pays de Thann
- ✉ Poste
- 🚂 Gare SNCF

Où dormir ? Où manger ?

1. Hôtel Kléber

de 9 h à 19 h et le dimanche de 10 h à 12 h 30 ; en juin et septembre, tous les jours de 9 h à 12 h et de 14 h à 18 h ; hors saison, ouvert du lundi au vendredi de 9 h à 12 h et de 14 h à 18 h, et le samedi jusqu'à 17 h, fermé le dimanche et les jours fériés. Infos sur la ville et la vallée de la Thur : hébergements, randonnées, activités sportives et culturelles. Vend le plan détaillé du porche occidental de la collégiale.

■ *Porte de la route des Vins d'Alsace :* point d'accueil situé près de la tour des Sorcières, dans le vieux Thann. Renseignements divers sur la route des Vins, le vignoble, les différents crus, les caves à visiter, etc.
✉ *Poste :* plan B2.
🚆 *Gare SNCF :* plan B2.

Où dormir ? Où manger ?

🛏 🍴 *Hôtel Kléber (plan A-B2, 1) :* 39, rue Kléber. ☎ 03-89-37-13-66. Fax : 03-89-37-39-67. ♿ Parking gratuit. Fermé le samedi et le dimanche ; congés annuels 3 semaines en février. Chambres doubles de 30,49 € (200 F) avec lavabo à 48,78 € (320 F) avec bains, w.-c. et TV (Canal +). Menu à 10,67 € (70 F) le midi en semaine ; autres menus de 13,72 à 21,34 € (90 à 140 F). Dans un quartier résidentiel, à l'écart de l'agitation du centre-ville, un hôtel récent, assez chic, mais où l'addition n'est jamais meurtrière. Demander les chambres n° 24 ou n° 26, dans l'annexe, qui possèdent un balcon fleuri ouvrant sur les vergers. Restaurant réputé. Bon rapport qualité-prix pour ce 2 étoiles où l'accueil est agréable. Sur présentation du *Guide du routard* de l'année, 10 % sur le prix de la chambre hors juillet et août.

Où dormir ? Où manger dans les environs ?

De très bon marché à bon marché

🛏 🍴 *Auberge internationale de jeunesse :* 16, faubourg de Colmar, 68700 Cernay. ☎ 03-89-75-44-59. Fax : 03-89-75-87-48. À environ 5 km à l'est de Thann. Un peu à l'écart de la ville, juste à côté du temple protestant. Fermé les dimanches soir et les vendredis. 7,62 € (50 F) la nuitée. Une grande maison au jardin décoré d'étranges sculptures, reprise par la mairie pour en faire une grande et belle auberge de jeunesse. Elle a désormais tout de la bonne pension de famille. C'est aussi la maison de la culture de la ville de Cernay. Pratique, pas cher et pas trop excentré, c'est une très bonne adresse pour les petits budgets.

🛏 🍴 *Ferme-auberge du Gsang, chez Michel et Josianne Bleu :* 68690 Moosch. ☎ 03-89-38-96-85. Accès par la N66, puis, de Moosch, prendre la direction du camping « Mine d'Argent » ; suivre le chemin forestier pendant 7 km ; se garer au parking du Gsang et marcher pendant environ 20 mn. Fermé le dimanche soir toute l'année et le vendredi sauf en juillet et août. Demi-pension à 22,10 € (145 F) par personne. Repas complet autour de 11,43 € (75 F). Après une bien jolie balade, on s'attable dans cette charmante ferme où l'électricté est inconnue. On y mange terriblement bien : casse-croûte (à toute heure), collet fumé, rôti, *fleischschnecke*, potée de légumes, etc. Possibilité de dormir dans les dortoirs, simples et propres aussi, à condition d'emporter son sac de couchage et sa lampe de poche. Ambiance bon enfant et accueil mémorable. Tout est à retenir de cet endroit d'où la vue est fabuleuse.

🛏 🍴 *Domaine Saint-Loup :* chez Bernard de Reinach, 68700 Michelbach. ☎ 03-89-82-53-45. Fax : 03-89-82-82-95. À 7 km au sud de Thann, par la route d'Aspach-le-Haut et d'Aspach-le-Bas. Fermé les lundis et mardis pour la restauration uniquement. Gîte d'étape « groupe » de 14 places, gîte d'étape « individuels » avec 10 chambres pour 2 ou 3 personnes, gîte familial de 5 places. Environ 27 € (177 F) la nuit en chambre double. Demi-pension à 65,55 € (430 F) pour deux. Menus de 14,94 à 22,87 € (98 à 150 F). Un immense domaine de 100 ha, centré autour du plus grand plan d'eau du Haut-Rhin et d'un beau parc verdoyant. Les bâtiments anciens abritent chambres d'hôte, gîte familial et gîte d'étape en des points différents sur l'exploitation agricole. Les voyageurs de passage peuvent profiter, tout comme les hôtes hébergés, des nombreuses activités : randonnées équestres, ping-pong, VTT, tir à l'arc, baignade et pêche dans les étangs, location de chevaux. Des sorties non accompagnées sont possibles pour les personnes titulaires de brevets et diplômes équestres :

location de box, circuit (35 km maximum) d'une journée. Cuisine utilisant les productions du domaine : carpes, brochets, écrevisses, canards. Quelques spécialités comme le carpaccio de carpe au vinaigre de cidre, la potée de poissons et écrevisses, etc. Café offert à nos lecteurs sur présentation du *Guide du routard* de l'année.

Prix moyens

🏠 *Chambres d'hôte chez Yvonne Herrgott :* 4, rue de la Gare, 68470 Husseren-Wesserling. ☎ 03-89-38-79-69. Fax : 03-89-38-78-92. À 12 km au nord de Thann. Chambres doubles avec douche et w.-c. ou bains de 39,63 à 47,26 € (290 à 310 F), petit déjeuner-buffet compris. En plein cœur de la très industrieuse vallée de la Thur, quel plaisir de découvrir cet îlot de calme et de charme ! Il s'agit d'une vieille maison familiale patinée par l'âge, donnant sur un grand jardin fleuri, délicieux en été. De plus, il y a une piscine couverte et chauffée (fermée de décembre à mars), le rêve ! 2 chambres d'hôte avec coin cuisine et sanitaires privés. Décoration simple mais soignée. Pas de table d'hôte. Une de nos bonnes adresses dans la vallée de la Thur. Remise sur le prix d'une chambre à partir de la 2ᵉ nuit sauf en juillet et août, sur présentation du *Guide du routard* de l'année.

🏠 |●| *Auberge du Mehrbächel :* route de Geishouse, 68550 Saint-Amarin. ☎ 03-89-82-60-68. Fax : 03-89-82-66-05. • www.sarlkornacker.fr • À 6 km au nord-ouest de Thann. Quitter la N66 à Saint-Amarin, prendre la direction de Geishouse, mais ne pas monter jusqu'à ce village ; à 13 km environ, bifurquer sur la gauche du chemin principal, continuer sous les sapins jusqu'à l'auberge, cul-de-sac de la route. Fermé le jeudi soir et le vendredi ; congés annuels pendant les vacances scolaires de la Toussaint. Chambres doubles de 45,73 à 53,36 € (300 à 350 F) avec douche ou bains ; petit déjeuner à 7,62 € (50 F). Menus de 16,77 € (110 F ; sauf le dimanche) à 38,11 € (250 F). Chalet accroché à flanc de montagne, entre les bois et les pâturages. Des agréables chambres situées dans l'annexe moderne, la vue vaut toutes les chaînes câblées du monde ; c'est pourquoi il n'y a pas de TV ici. Le restaurant vaut vraiment le détour. Cuisine traditionnelle avec de la personnalité : truite aux amandes, saumon aux herbes et au tokay, canard au genièvre et au gingembre et munster pané sur salade de cumin. La fête ! Petit déjeuner-buffet très copieux (ça, on aime) avec du lard fumé, du jambon, des céréales, du yaourt...

|●| *Ferme-auberge du Kohlschlag :* chez Jean-Éloi Gewiss, 68760 Willer-sur-Thur. ☎ 03-89-82-31-28. La ferme est située sur la route des Crêtes, à une dizaine de kilomètres environ de Thann, en montant vers le Grand Ballon. Plus précisément, elle se trouve en contrebas du col Amic (825 m), au bout d'un chemin (panneau fléché) accessible aux voitures, à flanc de versant. En janvier, ouvert seulement le dimanche. Congés annuels en décembre. Menu à 13,11 € (86 F). Vue superbe évidemment, surtout à l'automne. Ambiance chaleureuse à l'intérieur : animaux empaillés aux murs. On y sert des repas chauds le midi et des casse-croûte le soir. Vente de munster fabriqué sur place, fromage de chèvre, beurre et *barkäs*. En outre, l'accueil jeune et convivial donne un plus à cette bonne adresse, idéale pour les randonneurs et les routards des crêtes. Apéritif maison offert à nos lecteurs sur présentation du *GDR* de l'année.

LA MONTAGNE VOSGIENNE

À voir

★ **La collégiale Saint-Thiébaut** *(plan A-B1-2)* : la plus merveilleuse église gothique d'Alsace après Strasbourg. En arrivant, on remarque immédiatement son élégante flèche octogonale et ses toitures admirablement colorées – en rouge et en vert – sur des motifs de losange. En été, ouvert de 8 h à 19 h ; hors saison, de 8 h à 12 h et de 14 h à 18 h.

Il n'est pas inutile d'avoir des jumelles sur soi (randonneurs, pensez-y), ainsi que le dessin du porche d'entrée (disponible pour 1,52 €, soit 10 F, à l'office du tourisme à côté de la collégiale) pour mieux observer les quelque 450 sculptures figurant sur les trois tympans du grand portail occidental.

Déjà citée en 1287, mais construite par morceaux du XIVe au XVIe siècle, cette « cathédrale », comme on l'appelle ici, joyau de la vallée de la Thur, était dédiée à la fois à Thiébaut de Provins mais aussi à un autre Thiébaut (Ubald), qui fut évêque de Gubbio en Italie (voir la fête de la Crémation des Trois Sapins, le 30 juin, place Joffre). Sur le portail occidental (1380-1400), le grand tympan relate la vie de la Vierge, l'expulsion de saint Joachim et de sainte Anne du Temple jusqu'au Couronnement. Sous le grand tympan, le petit tympan de la porte de gauche rappelle la Crucifixion, alors que celui de droite montre une Nativité avec le cortège des Rois Mages.

Au-dessus du grand tympan, les cinq voussures sont consacrées aux prophètes de la Bible, aux saints, à la Genèse, aux rois de Juda, aux ancêtres du Christ, de David à Jéchonias, et aux anges musiciens (là on approche du ciel !).

À l'intérieur, il faut surtout admirer les statues des douze apôtres du chœur influencées par l'art du Brabant, les chapiteaux des colonnes, les stalles du chœur, et les vitraux du XVe siècle. Une curiosité : il n'y a pas de déambulatoire derrière le chœur, ce qui est assez étonnant pour un édifice aussi prestigieux.

★ **Le vieux Thann** *(plan B1-2)* : la *place Joffre* avec l'octroi et le corps de garde, l'*hôtel de ville* dont les plans furent dessinés par le général Kléber en 1787, la *tour des Sorcières* coiffée d'une toiture à bulbe du XVIIe siècle, la *halle aux blés* au bord de la Thur, qui abrite le musée des Amis de Thann.

★ **La rue de la 1re-Armée** *(plan A-B1-2)* : ancienne Grand-Rue de la ville, hélas bombardée pendant les deux guerres mondiales. On y voit quelques maisons Renaissance, typiques de Thann, aux nos 7, 19, 68 102 et 106. Remarquer la hauteur de ces demeures, leurs arcades au rez-de-chaussée et leurs beaux oriels (encorbellements dépassant sur la rue).

★ **Les ruines du château de l'Engelbourg** *(plan A1)* : le site surplombant la ville au nord de la Thur s'appelle aussi l'*Œil de la Sorcière*. On y accède par un sentier en une demi-heure aller-retour. Superbe vue sur Thann, la vallée, la plaine et, au loin, les monts de la Forêt-Noire (Allemagne).

Fête

– **La Crémation des Trois Sapins** : tous les ans, le 30 juin au soir, trois sapins s'enflamment sur la place de l'église devant une foule en liesse. Cette fête traditionnelle, spécifique à la ville de Thann, est destinée à rappeler la vieille légende à l'origine de la cité. Le serviteur de saint Thiébault (mort à Gubbio, en Ombrie en 1160) avait planté son bâton de voyage contre un sapin, avant de dormir. Or ce bâton contenait les reliques (le pouce droit) de Thiébault. À son réveil, le bâton avait pris racine, et l'on vit trois lumières au-dessus de l'arbre, un signe divin aperçu par le comte de Ferrette qui promit alors de construire une chapelle sur ce site. Aussitôt le bâton se détacha. Et depuis cette date, les trois sapins brûlés fin juin symbolisent les trois lumières.

➤ DANS LES ENVIRONS DE THANN

À voir. À faire

★ **Le musée du Textile et des Costumes de Haute-Alsace :** parc de Wesserling, 68470 **Husseren-Wesserling.** ☎ 03-89-38-28-08. D'avril à septembre, ouvert tous les jours sauf le lundi matin et le samedi matin, de 10 h à 18 h ; d'octobre à mars, de 10 h à 12 h et de 14 h à 17 h. Entrée : 4,57 € (30 F) ; réductions. C'est à Husseren-Wesserling qu'a été installée la première filature mécanique d'Alsace (en 1809) qui allait décider du devenir industriel de toute la vallée de la Thur.
Musée aménagé dans une ancienne manufacture d'impression, au cœur d'un étonnant ensemble de bâtiments qui semble n'avoir pas bougé depuis le XIXe siècle : des usines et des ateliers, mais aussi un jardin potager, des jardins à la française, à l'anglaise, etc. À travers une centaine de costumes du XIXe siècle essentiellement (vêtements de voyage, comme robes de bal ou costumes de théâtre) superbement présentés, c'est toute (ou presque) l'histoire du textile qui est ici évoquée : des petites mains à l'industrialisation. Ce lieu chargé d'histoire vous propose une promenade autour de trois thèmes : la transformation de la matière première jusqu'au produit fini, les grandes dates de la manufacture depuis 1762, et enfin l'évolution des modes et de la silhouette féminine au fil du XIXe et du début du XXe siècle. Depuis mai 2001, une exposition temporaire sur les textiles du futur y est présentée, pour une durée minimale d'un an et demi.

★ **Le musée Serret :** 7, rue Clemenceau, 68550 **Saint-Amarin.** ☎ 03-89-38-24-66. Ouvert du 1er mai au 30 septembre de 14 h à 18 h. Fermé le mardi. Entrée : 3,05 € (20 F) ; réductions. Y sont exposés les différents produits des industries de la vallée de la Thur : toiles imprimées de Wesserling, verreries de Wildenstein, etc. Objets religieux du XVe au XIXe siècle, petite section d'arts et traditions populaires, etc. Belle collection d'armes et objets de la guerre 1914-1918.

★ **Le lac de Kruth-Wildenstein :** au fond de la vallée de la Thur, derniers paysages d'Alsace avant le col de Bramont et les Vosges (en Lorraine). Ce lac artificiel forme la plus grande nappe d'eau des Vosges (2 km de long, 400 m de large) dans un superbe site, dominé par les ruines du château de Wildenstein (juché sur un éperon rocheux). Un sentier balisé avec un triangle rouge permet de monter à son sommet.

★ **La route des Crêtes :** on peut la gagner facilement au départ de Thann en prenant à Willer-sur-Thur la D13 qui passe par Goldbach. Magnifiques paysages boisés au départ, de plus en plus dénudés vers les cimes arrondies des Vosges.

★ **La route des Vins d'Alsace :** elle se termine à Thann après avoir descendu le vignoble du nord au sud. Mais on peut très bien la prendre au départ de Thann, et la remonter par Cernay, Steinbach, Uffholtz, Wattwiller, Berrwiller, Hartmannswiller, Wuenheim, Soultz, etc. 170 km au total jusqu'à Marlenheim (Bas-Rhin). Informations détaillées à la porte de la route des Vins d'Alsace, située près de la tour des Sorcières à Thann (point d'accueil et de découverte de l'espace viticole alsacien).

★ **La route Joffre :** relie Thann à Masevaux (15 km seulement). On passe ainsi de la vallée de la Thur à celle de la Doller, d'un monde industrieux et actif à une nature plus sauvage aux accents bucoliques. Très jolie petite

LA MONTAGNE VOSGIENNE

route, sinueuse, assez peu fréquentée en arrière-saison. De Bourbach-le-Haut, on a une superbe vue sur le flanc sud des Vosges. Au fait, pourquoi Joffre ? Eh bien, parce que pendant la Première Guerre mondiale, le célèbre maréchal emprunta cet itinéraire de montagne ouvert spécialement pour permettre le passage des troupes et l'acheminement des renforts sur le front.

➤ *Randonnées pédestres :* un circuit de 5 jours autour de la vallée de la Thur au départ de Thann permet de découvrir toute la région en marchant principalement sur les crêtes. Une balade formidable, un de nos coups de cœur dans le Haut-Rhin !
Le 1er jour, on monte de Thann jusqu'au sommet du Grand Ballon. Le 2e jour, on suit le sentier GR 5 sur les crêtes, du Markstein au Rainkopf. Le 3e jour, on va du Rainkopf jusqu'à la ferme-auberge de Felsach. Le 4e jour, de ce lieu-dit jusqu'à la chaume du Rouge Gazon (le gazon était rouge de sang après un atroce massacre commis par les soldats suédois lors de la guerre de Trente Ans au XVIIe siècle). Enfin, la dernière journée est consacrée à la descente et au retour sur Thann.
Pour cette randonnée, s'informer d'abord auprès de l'office du tourisme de Thann, et se munir de la carte IGN/Club Vosgien du secteur. En moyenne, on marche entre 5 h et 6 h par jour. Pour randonneurs un peu expérimentés. Une seule grande dénivelée, 1 350 m à la montée, entre Thann et le Grand Ballon, le 1er jour.

LA VALLÉE DE LA DOLLER

Au sud de la vallée de la Thur, aux confins de l'Alsace et de la Franche-Comté, cette petite vallée peu connue mérite pourtant qu'on s'y attache. D'une part, à cause de sa nature, beaucoup plus sauvage que la vallée de la Thur ; d'autre part, en raison des nombreuses possibilités de randonnées pédestres et de découvertes de la montagne vosgienne.
Plusieurs fermes-auberges jalonnent ce territoire très vert couvert de forêts profondes (mélange de feuillus et de résineux), où le tourisme de masse n'a pas encore pénétré. La vallée de la Doller commence vraiment à Masevaux, à une trentaine de kilomètres à l'ouest de Mulhouse, et elle se termine après Sewen, beau village dominé par la haute silhouette du Ballon d'Alsace (1 250 m). Cette montagne, située à la croisée de trois départements (Haut-Rhin, Vosges, Territoire de Belfort), est accessible par la D466, une superbe route de montagne qui monte en sinuant à travers la forêt, puis débouche sur les pâturages d'altitude (Hautes-Chaumes). Pour la suite de l'itinéraire côté Vosges, se reporter au chapitre consacré à Bussang.

★ *MASEVAUX* (68290)

Cœur historique de la Doller, Masevaux s'est développé autour d'une prospère abbaye qui, de 778 à 1628, a fait la pluie et le beau temps dans l'ensemble de la vallée. Soumise aux vicissitudes de l'histoire, Masevaux n'aligne pas un patrimoine architectural époustouflant, mais c'est une petite ville fleurie et dynamique.

Adresse utile

🅸 *Office du tourisme :* 36, fossé des Flagellants. ☎ 03-89-82-41-99. Fax : 03-89-82-49-44. • ot.masevaux @wanadoo.fr • www.ot-masevaux doller.fr • En saison, ouvert du lundi au samedi de 9 h à 12 h et de 14 h à 18 h (en juillet et août, ouvert également le dimanche de 10 h à 12 h) ;

le reste de l'année, ouvert du lundi au vendredi de 9 h à 12 h et de 14 h à 18 h, et le samedi de 10 h à 11 h.

Bon accueil et toutes les infos sur la vallée de la Doller.

Où dormir ? Où manger ?

🏠 |●| *Hostellerie Alsacienne :* 16, rue du Maréchal-Foch. ☎ et fax : 03-89-82-45-25. ● www.perso.wanadoo.fr/hostellerie.alsacienne ● Au centre-ville (zone piétonne). Fermé le lundi sauf en juin, juillet et août ; congés annuels de fin octobre à début novembre. Chambres doubles à 45,73 € (300 F) avec douche, w.-c. et TV satellite. Menu à 9,15 € (60 F) le midi en semaine ; autres menus de 19,82 à 22,87 € (130 à 150 F) ; à la carte, on mange pour environ 21 € (138 F). Une très jolie maison néo-alsacienne. C'est un jeune couple qui est aux commandes de la maison, mais, tout ici (comme on pouvait s'y attendre vu l'enseigne) respire l'Alsace éternelle. La salle à manger superbe avec ses boiseries anciennes, la cuisine (bien tournée dès le petit menu du midi) dans la stricte orthodoxie (choucroute extra, *baeckeoffe*, *surlawarla*...), l'accueil charmant et le service impeccable. Chambres modestes mais d'un confort acceptable. Apéritif maison offert à nos lecteurs sur présentation du *GDR* de l'année.

Où dormir ? Où manger dans les environs ?

🏠 |●| *Ferme-auberge de l'Entzenbach :* chez Bernard-Jean Leiser, 68290 Niederbruck. ☎ 03-89-82-45-49. À Niederbruck (3 km de Masevaux sur la route de Sewen), passer devant l'église, puis abandonner sa voiture là pour faire à pied les 2 km du chemin menant à cette ferme-auberge pas comme les autres. Casse-croûte à 6,86 € (45 F) ; *fleischnecke* à 11,43 € (75 F) ; *baeckeoffe* à 12,96 € (85 F). Le propriétaire, un aimable moustachu, possède trois vaches, deux chèvres, quelques cochons et un âne, et sa passion, c'est d'expliquer aux visiteurs la vie d'une ferme montagnarde. Ainsi, en principe, chaque mardi et jeudi Bernard présente l'activité agricole (le matin). L'après-midi, il fabrique des seaux en bois, taille des poutres à la hache, produit du jus de pomme à l'automne. Vente de produits fermiers : lard fumé, cidre, *barkäs* (tomme vosgienne). On peut aussi manger des petits plats tels que la choucroute, le lapin, la *fleischnecke*, etc. À côté de la ferme, aire naturelle de camping pour les randonneurs. Vraiment une de nos adresses préférées. Sur présentation du *Guide du routard* de l'année, café offert à nos lecteurs et visite d'un petit musée paysan selon disponibilité.

|●| *Auberge La Framboiseraie :* 68290 Bourbach-le-Haut. ☎ 03-89-82-41-44. ⚒ À 5 km de Masevaux sur la route Joffre (direction Thann). Fermé le mardi soir et le mercredi, ainsi qu'en octobre. Menus de 9,15 à 44,21 € (60 à 290 F). Dans un minuscule village à flanc de montagne, à côté de l'église, une auberge montagnarde avec une terrasse ombragée et un feu de bois à l'intérieur en hiver. En été, des odeurs de munster parfument l'air pur et frais du village. Bonne petite cuisine simple et soignée, avec du poisson (selon l'arrivage) ou de la viande (rognons de veau à la moutarde, magret de canard à la lavande, choucroute). Apéritif offert à nos lecteurs sur présentation du *Guide du routard* de l'année.

🏠 |●| *Hôtel La Couronne d'Or :* 9, rue Principale, 68290 Bourbach-le-Bas. ☎ 03-89-82-51-77. Fax : 03-89-82-58-03. ⚒ À 9 km environ au sud-est de Masevaux en passant par Lauw et Sentheim. Fermé le lundi et en février ou mars. Chambres doubles avec douche et w.-c. ou bains (TV câblée) à 50 € (328 F) ; possibilité de demi-pension à 50 € (328 F). Côté resto, bel éventail de menus variés de 14,48 € (95 F) en semaine à 45,73 € (300 F). Plus chic mais de bon rapport qualité-prix. Mérite le détour, notamment pour la cuisine copieuse et réussie. Peu de touristes à vrai dire, mais beaucoup d'habitués qui s'y retrouvent en semaine ou le week-end. Café offert à nos lecteurs sur présentation du *Guide du routard* de l'année.

Fêtes et manifestations

– *Les Jeux de la Passion :* les six dimanches avant Pâques, à 14 h. La *Passion du Christ* jouée (en allemand et pendant 5 h !) par des acteurs bénévoles et amateurs. Et cette manifestation existe depuis les années 1930 ! Renseignements à l'association « Les Masopolitains », 15, route Joffre. ☎ 03-89-82-42-66. Fax : 03-89-38-06-84.
– *Festival international d'orgues :* en été.

★ **SEWEN** *(68290)*

Au fond de la vallée de la Doller, dans la partie la plus belle. Le Ballon d'Alsace n'est qu'à 10 km de Sewen par une superbe route en lacet. Pour certains, Sewen compte parmi les plus jolis villages d'Alsace. En réalité, il n'a rien de particulièrement extraordinaire. Cela dit, ses maisons anciennes sont typiques des Vosges du Sud. Et la nature aux alentours, les flancs boisés des montagnes et le lac bordé d'étranges tourbières en font un endroit très naturel, préservé des hordes touristiques.

Où dormir? Où manger?

🏠 |◉| *Hostellerie Au Relais des Lacs :* 30, Grand-Rue. ☎ 03-89-82-01-42. Fax : 03-89-82-09-29. À l'entrée de Sewen, sur la gauche. Fermé le mardi soir et le mercredi hors saison ; congés annuels de début janvier à début février. Chambres doubles de 36,50 à 51,84 € (240 à 345 F) avec douche ou bains et TV câblée. Premier menu à 13,42 € (88 F) en semaine ; autres menus de 19,05 à 37,35 € (125 à 245 F). C'est une bonne adresse : certaines chambres (comme les n°s 2, 3 et 4) donnent au sud (soleil garanti !) sur le jardin et ses drôles de statues, la rivière cachée par les arbres et, dans le lointain, la montagne. Bonne table régulière, connue dans la région : soufflé de brochet à la bisque d'étrilles, choucroute au riesling à l'alsacienne et au confit de canard. etc. Accueil charmant et efficace. Apéritif maison offert sur présentation du *Guide du routard* de l'année.

À voir. À faire

★ *Le lac de Sewen :* il commence dès la sortie du village. Petit et très mignon, blotti entre deux versants, c'est le dernier lac vosgien entièrement naturel. D'ailleurs, ses berges plates et marécageuses constituées de tourbières abritent une faune et une flore intéressantes.

★ *Les forêts :* très belles car peuplées à la fois de feuillus et de résineux. À admirer en automne, saison où les couleurs explosent.

➢ *Randonnée pédestre :* une superbe balade de 2 jours dans la vallée de la Doller et autour. Se munir auparavant de la carte IGN/Club Vosgien correspondant au secteur. Circuit de Sewen à Sewen.
De Sewen (500 m d'altitude), le sentier démarre au-delà de l'église, longe le lac de Sewen, puis le lac d'Alfeld. De là, monter jusqu'à la *ferme-auberge de Baerenbach*. Du lieu-dit Lisenbach (refuge), continuer jusqu'à la *ferme-*

auberge du Gresson qui met 8 chambres et 31 places en dortoir à la disposition des randonneurs. ☎ 03-89-82-00-21. Fermé le vendredi du 1er novembre au 1er mai, ainsi qu'en janvier. Son propriétaire est un amateur de musique classique.
Ensuite, descendre vers le *lac Neuweiher* (qui appartient au département du Haut-Rhin). Deux mots sur la forêt aux alentours : elle est cultivée selon le concept de « forêt jardinée », c'est-à-dire en mélangeant les feuillus aux résineux. Des coqs de bruyère et des chamois séjournent dans ce secteur et, avec un peu de chance, on peut en apercevoir.
Le soir du premier jour, il faut dormir au *refuge du Neuweiher* (824 m ; appartient au Club Vosgien). Contacter le refuge (☎ 03-89-82-02-09). On y trouve un dortoir et quelques chambres. Excellente cuisine et superbe vue sur le lac. Pour la 1re journée : 3 h 15 de marche.
Le 2e jour, on part du *refuge du Neuweiher,* on rentre par monts et par vaux jusqu'à Sewen. Du refuge, monter sur le pâturage de la Bers en suivant le sentier balisé d'un rectangle bleu. Vue magnifique du sommet sur le massif du Rossberg. De la Bers, descendre jusqu'au lac des Perches (985 m), faire étape à midi à la *ferme-auberge du Riesenwald* (740 m). Endroit très montagnard et rustique, où l'on mange bien et pour pas cher. L'après-midi du 2e jour, la descente continue vers Rimbach par un chemin forestier sinuant sous les sapins. À Rimbach, suivre la rive gauche du ruisseau jusqu'à Oberbruck. Remonter jusqu'à Sewen (45 mn de marche en empruntant la piste cyclable balisée d'un triangle bleu). Au total, le 2e jour, on marche près de 4 h 15.

Station de ski : *Le Schlumpf.* ☎ 03-89-82-01-41. Toute petite station de ski alpin (2 téléskis, 2 pistes).

LE SUD DE L'ALSACE

MULHOUSE   (68100)   112 000 hab.

À Mulhouse, l'humanisme, le protestantisme et l'esprit industrieux ont toujours fait bon ménage. On le sent dès l'arrivée, ce n'est pas une ville de tourisme superficiel mais une cité où l'essor des entreprises a toujours prévalu sur l'hédonisme (farniente, un mot impossible dans cette ville de pionniers). Contrairement aux préjugés, soyons francs, Mulhouse est une ville intéres-

---

■ **Adresses utiles**
- 🛈 Offices du tourisme
- ✉ Poste
- 🚆 Gare ferroviaire
- 🚌 Gare routière
- 2 Agence Tawa

🛏 **Où dormir ?**
- 10 Camping de l'Ill
- 11 Auberge de jeunesse
- 12 Hôtel Schoenberg
- 13 Hôtel Saint-Bernard
- 14 Hôtel de Bâle
- 15 Hôtel du Parc
- 16 Hôtel Salvator

🍽 **Où manger ?**
- 20 Zum Saüwadala
- 21 Auberge des Tanneurs
- 22 Winstub Henriette
- 23 Aux Caves du Vieux Couvent
- 24 Le Petit Zinc

🍷 **Où boire un verre ?**
- 30 Brasserie Gambrinus
- 31 Le Montaigne
- 32 Le Passage
- 33 Le Noumatrouff

★ **À voir**
- 40 Maison de la Céramique

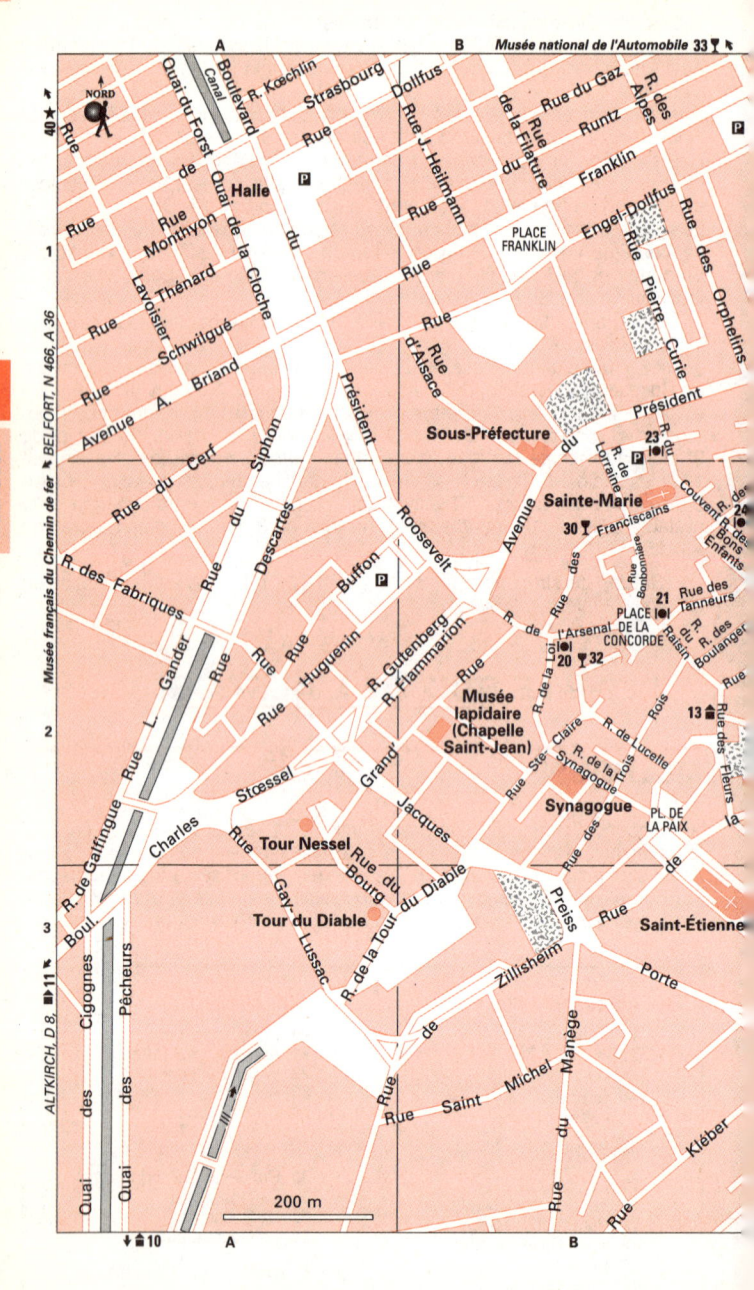

MULHOUSE

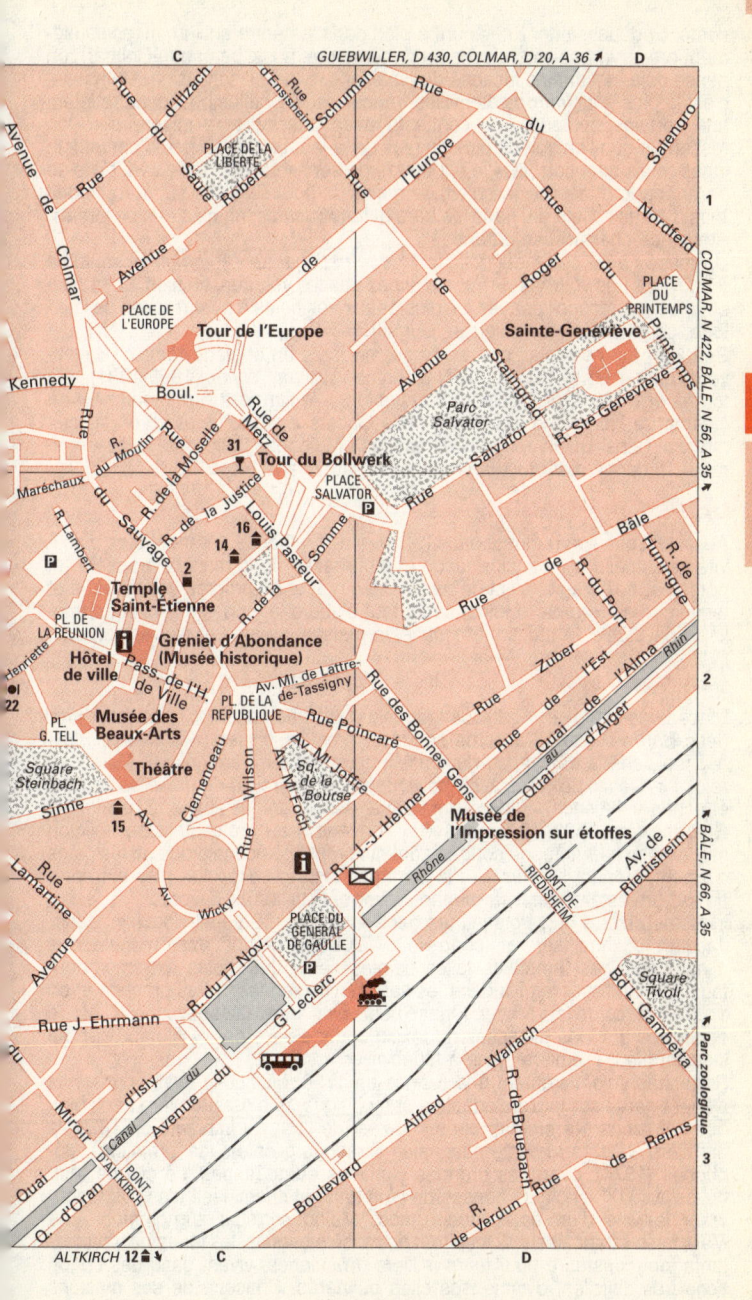

MULHOUSE

sante. Et dépaysante. En flânant à pied dans le centre ancien, miraculeusement préservé (mais ce n'est quand même pas aussi beau que Colmar), on pense déjà, devant les façades des maisons, à la Suisse voisine. Mulhouse, c'est la plus *Mitteleuropa* des villes françaises. De belles boutiques reflètent une certaine opulence qui contraste avec une certaine misère que l'on ressent et que l'on voit de plus en plus dans les rues. Il y a peu d'embouteillages (mais attention ! la ville est truffée de sens interdits ; mieux vaut vite se garer pour tout découvrir à pied), et moins de bouteilles que sur la route des Vins d'Alsace. Cela dit, dans les bars et les *winstubs,* on ne s'ennuie jamais. Ambiance chaleureuse garantie !

Un musée à ne pas manquer : le *Musée national de l'Automobile,* véritable « Louvre » des voitures. Si vous n'aimez pas les voitures, eh bien, ce musée pourra vous réconcilier avec les plus beaux véhicules à quatre roues de l'histoire, comme ces merveilleuses Bugatti.

Ben Hur, lui, ne roulait pas en limousine mais en attelage romain. Savez-vous que c'est un Mulhousien d'origine, William Wyler (1902-1981), qui tourna en 1959 le plus célèbre des péplums, le film *Ben Hur,* monument du cinéma de Hollywood, qui obtint onze Oscars à sa sortie et fut un succès mondial, ainsi qu'un record de recettes ! Mulhouse, ville des toiles imprimées, a donné cette toile archi-primée... au 7e art.

UN PEU D'HISTOIRE

Aussi loin que l'on remonte dans l'histoire de Mulhouse, c'est toujours d'activité industrielle, de transformation et d'utilisation de la matière première (et humaine) qu'il s'agit : n'est-ce pas la base même du progrès économique et technique en Europe ? Mulhouse fut tout d'abord la modeste « ville au moulin » (de *Mühle,* le moulin, et *House,* la maison, comme le mot anglais).

« La Manchester française » du XIXe siècle

Placée dès le Moyen Âge sous la tutelle des Hohenstaufen ; l'empereur Frédéric Barberousse lui accorde ses premières franchises (XIIe siècle). Puis, aspirée dans la mouvance du Saint Empire romain germanique, Mulhouse rejoint la Décapole (fédération politique et commerciale de dix villes libres – et riches – d'Alsace). Elle est déjà prête, bien avant les autres, à recevoir la Réforme : en 1523, Mulhouse se « convertit » au protestantisme, religion moderne et tolérante, ne condamnant ni la réussite économique, ni les gains d'argent, prônant au contraire le salut par le travail. Résultat : les entrepreneurs, protestants pour la plupart, y verront un terrain favorable à l'essor industriel. Dès 1746, trois jeunes gens audacieux, Samuel Koechlin, Jean-Jacques Schmaltzer et Jean-Henri Dollfus, créent une manufacture d'indiennes, ces fameuses toiles peintes selon des motifs extrême-orientaux. On fait tisser les fils dans les vallées vosgiennes toutes proches et on importe le coton du Moyen-Orient puis, plus tard, de Louisiane. C'est le début des grandes dynasties du textile comme celle des Schlumberger qui installent leur première usine à Guebwiller.

Rattachée volontairement à la France en 1798, Mulhouse devient une ville d'avant-garde sur le plan industriel et technique. Elle est première dans bien des domaines : le premier chemin de fer de l'Est s'y implante en 1839, la première voie ferrée internationale (Strasbourg-Bâle), les premiers téléphones (1877), avant les grandes capitales européennes. Le ciel de Mulhouse au XIXe siècle se hérisse de plus de cent cheminées d'usines recouvrant la ville d'un épais nuage noir. Mulhouse était surnommée « la Manchester française ». S'inspirant du modèle anglais, les industriels protestants font construire pour leurs milliers de salariés, vivant dans des conditions très difficiles, d'immenses cités ouvrières. Chacune de ses maisons comportait un étage et possédait un petit jardin. Bien avant le reste de la France, un système d'accession à la propriété permettait aux ouvriers de devenir propriétaires au bout de quatorze ans, moyennant un versement mensuel peu élevé. Au XIXe siècle, la ville est également à l'avant-garde dans le domaine social (assurance maladie, congés maternité, etc.).

Une ville meurtrie par les invasions et les guerres

L'annexion à l'Allemagne (en 1871-1914) provoqua la fuite de certains capitaux, mais l'expansion industrielle de Mulhouse se poursuivit. Arrive la Première Guerre mondiale, qui casse brutalement cet essor, les Allemands s'acharnant particulièrement sur la ville.
Puis c'est la Seconde Guerre mondiale : nouvelle invasion, plus courte mais féroce, des nazis. Expulsions, germanisation et persécution des juifs. Des affiches nazies recommandent de se débarrasser du bric-à-brac français... Mulhouse, qui était depuis toujours une des villes les plus tolérantes de France en matière de cohabitation religieuse, tombe dans les griffes des pires purificateurs ethniques de ce siècle. Un vrai calvaire physique et moral pour ces « méridionaux » de l'Alsace, humanistes dans l'âme. À partir de 1941, les avions alliés bombardent les villes allemandes et les principaux centres industriels. Évidemment, Mulhouse n'échappe pas au « tapis de bombes ». Ces raids aériens destructeurs ont provoqué la mort de 500 personnes.

Des musées à la gloire de la civilisation du XXe siècle

Aujourd'hui, beaucoup d'usines textiles ont été converties en grandes surfaces. Reste la chimie et l'automobile : les usines Peugeot fabriquent la 206 dans une usine étendue sur 300 ha dans la Hardt (entre la ville et le Rhin). La proximité de la Suisse et de l'Allemagne fait de Mulhouse un carrefour. Beaucoup d'habitants passent tous les jours la frontière pour aller travailler à Bâle, qui n'est qu'à une trentaine de kilomètres au sud-est (les salaires y sont meilleurs).
Enfin, le musée national de l'Automobile (collection Schlumpf), considéré comme le plus beau du monde dans son genre, mérite à lui tout seul une demi-journée de visite. Rien que pour lui, il est impensable de ne pas s'arrêter à Mulhouse ! À voir aussi : les musées des Chemins de fer, de l'Électricité, de l'Impression sur étoffes... tous aussi superbes les uns que les autres !

Adresses et infos utiles

⊞ Office du tourisme (plan C2) : 9, av. Foch. ☎ 03-89-35-48-48. Fax : 03-89-45-66-16. • www.ot.ville-mulhouse.fr • ot@ville-mulhouse.fr • À côté de la gare ferroviaire et routière, au sud du centre ancien. Ouvert toute l'année : du lundi au vendredi de 9 h à 19 h, et le samedi de 9 h à 17 h de janvier à mai et d'octobre à fin décembre, de 9 h à 18 h en juin et septembre, de 9 h à 19 h en juillet et août. Fermé le dimanche. Annexe : pl. de la Réunion (plan C2), au rez-de-chaussée de l'hôtel de ville. ☎ 03-89-66-93-13. Ouvert tous les jours, de 10 h à 18 h de janvier à mai, en octobre et en novembre, de 10 h à 19 h de juin à septembre et de fin novembre à fin décembre.
✉ Poste : plan C-D2-3.
🚆 Gare ferroviaire (plan D3) : 10, av. du Général-Leclerc. Réservations : ☎ 08-92-35-35-35 (0,34 /mn, soit 2,21 F). Liaisons régulières avec Colmar. Train pour Paris via Belfort et Besançon.
🚌 Gare routière : plan C3.
✈ Aéroport de Bâle-Mulhouse : à Saint-Louis, à 30 km au sud-est de Mulhouse, à côté de la frontière suisse. ☎ 03-89-90-31-11.
■ Agence Tawa (plan C2, 2) : 28, rue du Sauvage. ☎ 03-89-36-02-00. Une agence de voyages mêlant le

classique et l'alternatif. Demandez Jacqueline, une routarde de toujours, qui a commencé à La Paz, en Bolivie, avant d'atterrir ici. D'ailleurs, *Tawa* signifie, en quechua, l'Empire des quatre provinces incas (dommage, le Sundgau n'en fait pas partie...).
■ *Radio Dreyeckland-Sud Alsace* : 104.6 FM.

Où dormir ?

Camping

🏕 *Camping de l'Ill* (hors plan par A3, 10) : 1, rue Pierre-de-Coubertin. ☎ 03-89-06-20-66. De l'autoroute, sortie Dornach. Ouvert du 1er avril au 30 septembre. Autour de 9 € (59 F) l'emplacement pour deux. Situé en face du Rugby Club de Mulhouse. Très vert et très propre, c'est un bon compromis pour les tout petits budgets. Ne vous étonnez pas de trouver à l'entrée un panneau restrictif quant aux visites étrangères. Dans cette ville aux mille facettes, les vols peuvent être fréquents. Accueil chaleureux.

Très bon marché

🏠 *Auberge de jeunesse* (hors plan par A3, 11) : 37, rue de l'Illberg. ☎ 03-89-42-63-28. Fax : 03-89-59-74-95. • ajmulhouse@libertysurf.fr • ♿ De la gare ferroviaire, bus n° 2 ou 8, arrêt « Salle des Sport ». Parking. Accueil de 8 h à 12 h et de 17 h à 23 h (minuit en été). Fermé trois semaines entre fin décembre et début janvier. Nuitée à 7,62 € (50 F) ; petit déjeuner à 2,90 € (20 F). Repas à 7,62 € (50 F). Il faut avoir la carte de la FUAJ pour venir ici, mais il n'y a pas de limite d'âge, contrairement à ce que l'on croit. Cette maison rose, entourée par un grand jardin très agréable, est située dans le quartier universitaire de la ville. Ça bouge pas mal. A subi des travaux d'agrandissement récemment. On peut aussi y planter sa tente. Pour nos lecteurs, un petit déjeuner offert la 1re nuit sur présentation du *Guide du routard* de l'année.

Bon marché

🏠 *Hôtel Schoenberg* (hors plan par C3, 12) : 14, rue Schoenberg. ☎ 03-89-44-19-41. Fax : 03-89-44-49-80. À 10 mn du centre-ville, dans une petite rue très calme, au sein du plus élégant quartier résidentiel de la ville ; cette rue est perpendiculaire à l'avenue d'Altkirch qui part derrière la gare ferroviaire. Chambres doubles de 22,10 € (145 F) avec lavabo à 34,30 € (225 F) avec douche, w.-c. et TV. Bon petit déjeuner autour de 6 €. Cette bonne petite adresse nous a rappelé une musique que l'on aime : *La Nuit transfigurée* de... Schoenberg, justement. Les nuits ici ne nous ont certes pas transfigurés, mais on a bien dormi. Les sanitaires et les douches sont cachés dans des placards aux portes coulissantes. Petit jardin à l'arrière de la maison pour paresser au soleil (les nos 1, 5 et 15 donnent de ce côté-là). Sur présentation du *Guide du routard* de l'année, remise de 10 % sur le prix de la chambre pour deux nuits consécutives, sauf en juillet et août.

Prix moyens

🏠 *Hôtel Saint-Bernard* (plan B2, 13) : 3, rue des Fleurs. ☎ et fax : 03-89-45-82-32. • www.saint-bernard. com • Chambres doubles avec douche et w.-c. ou bains, TV câblée, de 36,59 à 45,73 € (240 à 300 F) suivant la taille et l'étage. Parking payant. Situé à 5 mn à pied de la place de l'Hôtel-de-Ville, c'est l'établissement le plus sympathique de Mulhouse. Tenu par un ancien voyageur qui met à la disposition de ses hôtes des bicyclettes, un espace Internet et une bibliothèque. Un saint-bernard qui a donné son nom à l'hôtel ; un bar blanc où refaire le monde sous un portrait du général de Gaulle ! Et des chambres impeccables et hautes de plafond. Coup de cœur pour la n° 16 et son plafond justement, dont la fresque centenaire représente les quatre saisons. Certaines ont aussi des *water-beds*. Sur présentation de votre *Guide du routard* de l'année, 10 % de réduction sur le prix de la chambre à partir de la 3e nuit consécutive.

▲ *Hôtel de Bâle* (plan C2, 14) : 19-21, passage Central. ☎ 03-89-46-19-87. Fax : 03-89-66-07-06. Près de la zone piétonne, dans une rue avec 3 hôtels. Parking gratuit dans l'hôtel. Doubles à 29,73 € (195 F) avec lavabo ou douche, de 40,40 à 48,79 € (265 à 325 F) avec douche ou bains et w.-c., TV (Canal +) ; petit déjeuner servi à volonté pour 5,79 € (38 F). Cet hôtel est peut-être un peu plus cher que ses voisins, mais la décoration intérieure est quand même plus chaleureuse (comme l'accueil, d'ailleurs). Chambres sur rue ou sur l'arrière (mieux). Sur présentation du *Guide du routard* de l'année, réduction de 10 % sur la chambre, ainsi qu'une boisson non alcoolisée offerte à l'arrivée.

▲ *Hôtel Salvator* (plan C2, 16) : 29, passage Central. ☎ 03-89-45-28-32. Fax : 03-89-56-49-59. • www.hotelsalvator.fr • ♿ Congés annuels entre Noël et le Jour de l'An. Chambres doubles à 56,41 € (370 F) avec douche et w.-c. ou bains. Un grand hôtel (une cinquantaine de chambres). Entièrement rénové dans le genre contemporain-fonctionnel mais avec du goût. Pour grimper vers les chambres (spacieuses, climatisées, insonorisées), un étonnant ascenseur vitré qui offre, le temps de la montée, une chouette vue sur la tour de l'Europe. Accueil charmant. Veilleur de nuit. Clientèle souvent d'affaires. 10 % de réduction sur le prix de la chambre pour nos lecteurs en juillet et août sur présentation du *Guide du routard* de l'année.

Très, très chic

▲ *Hôtel du Parc* (plan C2, 15) : 26, rue de la Sinne. ☎ 03-89-66-12-22. Fax : 03-89-66-42-44. ♿ Presque en plein centre-ville, juste en face d'un parc (d'où son nom). 121,96 € (800 F) la chambre double, 320,14 € (2 100 F) la suite « présidentielle ». Superbe établissement, de la façade à l'aménagement intérieur, Art déco « modernisé ». Incontestablement l'hôtel le plus chic de la ville. Les prix vont de pair avec le standing. Pour les routards qui ont fait fortune, voire plus. L'idéal est de venir ici pour un week-end en amoureux (l'hôtel propose des tarifs spécial week-ends). Demander les chambres les plus haut perchées (c'est moins bruyant) et ne pas hésiter à essayer de négocier une réduction (pour ça, demander Sophie, elle est adorable). C'est un endroit de rêve. Si vous en avez les moyens (et il en faut !), ne vous privez pas. Si vous êtes moins en fonds (un peu quand même), passez boire un verre au *Charlie's*, le bar de l'hôtel, Art déco itou.

Où manger ?

Bon marché

I●I *Zum Saüwadala* (plan B2, 20) : 13, rue de l'Arsenal. ☎ 03-89-45-18-19. ♿ Fermé le dimanche et le lundi midi. Repas de 8,84 à 22,10 € (58 à 145 F). Dans la vieille ville, un resto sympa et pas cher, où la carte n'a pas changé depuis belle lurette (la raison est simple : les plats sont toujours délicieux, le *baeckeoffe* est fabuleux et le tokay pinot gris excellent). La grande salle, où trône une collection de petits cochons, est toujours comble. On se régale ! Apéritif maison offert sur présentation du *Guide du routard* de l'année.

|●| Auberge des Tanneurs *(plan B2, 21)* : 3, rue des Tanneurs. ☎ 03-89-45-85-85. Juste à côté de la place de la Concorde. Fermé le dimanche et le lundi soir. Le midi, menu unique à 8,54 € (56 F) ; le soir, plats à la carte. Petite merveille, rendez-vous des ouvriers de Mulhouse. On y mange à la bonne franquette sur des nappes à carreaux rouge et blanc pour des prix très doux. Comme partout en ville, le menu change tous les jours et varie en fonction de la saison. La cuisine est simple et bonne, l'ambiance chaleureuse. Une adresse à ne manquer pour rien au monde.

Prix moyens

|●| Winstub Henriette *(plan C2, 22)* : 9, rue Henriette. ☎ 03-89-46-27-83. Dans une jolie voie piétonne du centre ancien, menant à la place de l'Hôtel-de-Ville. Fermé le dimanche. Le midi, formule entrée + plat du jour à 9,15 € (60 F) ; à la carte, compter 19 € (125 F). Cette *winstub* porte le nom d'Henriette, la première fille de la ville à être devenue française en 1798. Intérieur alsacien typique qui a vu passer les années et les gourmands. Au menu : les classiques de la cuisine régionale, dont la choucroute garnie. On y ajoutera les suggestions du chef, comme le filet de truite sur choucroute ou le filet de bœuf au munster. Le service patauge quelquefois un peu...

|●| Aux Caves du Vieux Couvent *(plan B1, 23)* : 23, rue du Couvent. ☎ 03-89-46-28-79. ♿ Dans le centre ancien, face au garage *Sax*. Fermé le dimanche. Extérieur très joli, avec une croix de Malte peinte en rouge sur la porte. Ambiance taverne chaleureuse pour soirs d'hiver : nappes rouge et blanc, peintures historiques aux murs. Bonne cuisine généreuse et fine comme le *surlawerla* (foie sauté sauce madère). Accueil jovial.

|●| Le Petit Zinc *(plan B2, 24)* : 15, rue des Bons-Enfants. ☎ 03-89-46-36-78. Ouvert midi et soir jusqu'à minuit. Fermé le dimanche ; congés annuels les deux premières semaines d'août et entre Noël et le Jour de l'An. Le midi en semaine, formule entrée + plat à 8 € (52 F) ; compter 21 € (138 F) au minimum à la carte. Un rendez-vous d'artistes, de copains, de musiciens, d'écrivains. Plein de photos sur les murs, un grand bar où trône une vieille machine à calculer, l'ambiance est celle d'un bistrot-resto marqué par le style nouille, un peu chic et choc. Cuisine de terroir avec l'idée : salade de choucroute au cervelas grillé, potage aux lentilles (rare), et des plats régionaux succulents comme le *haxala* (jarret de porc), ou la langue de bœuf fumée. Bref, autant vous dire que les célébrités qui y viennent n'oublient pas ce sympathique *Petit Zinc*, et laissent leurs photos (Jean-Claude Brialy, Henri Garcin, Daniel Mesguich, Macha Méril, Jean-Paul Rouland et bien d'autres encore).

Où dormir ? Où manger dans les environs ?

🏠 |●| Restaurant La Taverne et hôtel Les Loges de l'écomusée d'Alsace : chemin du Grosswald, BP 71, 68190 Ungersheim. Réservations : ☎ 03-89-74-44-95. Fax : 03-89-74-44-68. • www.ecomusee-alsace.com • ♿ Parking. Chambres doubles à partir de 36,59 € (240 F) avec douche, w.-c. et mezzanine ; prévoir une augmentation d'avril à juillet ; possibilité de louer un appartement pour 4 personnes. Menus de 14,94 à 30,18 € (98 à 198 F). Si l'écomusée vous a passionné (voir plus loin), arrêtez-vous pour déguster un plat régional à *La Taverne* de l'écomusée ou prolongez votre séjour au temps jadis dans l'une de ces 10 maisons alsaciennes à colombages récemment installées en pleine nature. Une pause originale et agréable. Les chambres sont toutes identiques mais certaines ont une vue sur l'écomusée. Petit déjeuner extra (pain et croissant faits par le boulanger de l'écomusée). En revanche, restaurant pas franchement emballant.

Où boire un verre ? Où écouter de la musique ?

▼ *Brasserie Gambrinus* (plan B2, 30) : 5, rue des Franciscains. ☎ 03-89-66-18-65. Plats à partir de 6,10 € (40 F). Quel bonheur de pousser la porte de cette grande maison patinée par le temps, aux gros volets épais, au bord d'une vieille rue du centre piéton ! Des bocks accrochés au-dessus des tables indiquent bien la passion de la maison : la bière. Il y en a de tous les styles et de tous les genres : 30 sortes de bières pression, et 1 000 en bouteille ! Évidemment, il faut prendre son temps, et en profiter pour demander un plat de moules-frites ou une choucroute, car *Gambrinus* sert aussi à manger. Mais mieux vaut se manifester pour commander, sinon l'attente peut se prolonger.

▼ *Le Passage* (plan B2, 32) : 22, passage des Augustins. ☎ 03-89-56-55-88. Ouvert du lundi au vendredi de 11 h à 1 h 30 et le week-end de 17 h 30 à 1 h 30. Une adresse pour fêtards. Entre le hall de gare (il n'y a qu'une grande pièce ouverte avec un comptoir, quelques tables hautes avec des chaises de bar) et le loft à la déco foutoir savamment organisée (une multitude d'affiches jolies ou amusantes, une moto accrochée au mur, un mannequin de plastique en lingerie qui domine le tout). Musique (plutôt rock) assez forte, mais on s'entend tout de même.

▼ *Le Montaigne* (plan C1, 31) : 36, rue de la Meurthe. ☎ 03-89-66-51-39. Ouvert tous les jours de 10 h à 1 h 30. Un peu planqué derrière la médiévale tour du Bollwerk et officieusement surnommé le « Space Montaigne » ! Tout en tatouages et piercings, le serveur impressionne, la musique (plutôt sauvage) aussi, mais l'ambiance (très lycéenne) reste cool. Enfin, ce n'est pas toujours l'avis des voisins...

▼ ♪ *Le Noumatrouff* (hors plan par B1, 33) : 57, rue de la Mertzau. ☎ 03-89-32-94-10. Dans le quartier du musée de l'Automobile. Accès fléché. Ouvert les jeudis, vendredis et samedis de 21 h à 1 h 30 et les soirs de concert. Salle de concert (800 places) dédiée aux musiques nouvelles (du rock à tous les avatars actuels de la musique électronique en passant par salsa, raggamuffin, etc.). Cybercafé.

À voir

Les musées

★ *Le Musée national de l'Automobile* (collection Schlumpf ; hors plan par B1) : 192, av. de Colmar. ☎ 03-89-33-23-23. Fax : 03-89-32-08-09. • www.collection-schlumpf.com • ♿ D'avril à octobre, ouvert tous les jours de 9 h à 18 h (18 h 30 en juillet et août) ; de novembre à mars, tous les jours de 10 h à 17 h. Parking payant gardé. Entrée : 9,91 € (65 F) ; réductions. Boutique. Cafétéria et restaurant. Le « Louvre » de la voiture ancienne !
Avec près de 400 automobiles d'une centaine de marques différentes (un nombre important de Bugatti, mais quasiment aucune voiture américaine), il est considéré comme le premier musée automobile du monde. En France, c'est l'un des musées les plus visités, avec le Louvre justement et Versailles. S'il y a un lieu à visiter coûte que coûte à Mulhouse, c'est bel et bien cette

fabuleuse arche de Noé de la mécanique (pétaradante), où près de 1 000 lampadaires (les mêmes que ceux du pont Alexandre III à Paris) éclairent, en les magnifiant, les plus beaux véhicules roulants jamais inventés par l'homme. Comment pareille collection a-t-elle pu voir le jour? Ce n'est plus un mystère. Comme le retrace un film dans la première salle du musée, tout a commencé dans les années 1920 par l'installation à Mulhouse de Hans et Fritz Schlumpf (leur nom bizarre sonne presque comme une onomatopée de bande dessinée !), deux frères de nationalité suisse. Ils investirent dans le textile, montant une filature dans la vallée de la Thur (près de Thann), en achetant d'autres, comme la filature Heilmann Koechlin et Cie de Mulhouse (où se trouve aujourd'hui le musée). Leur empire industriel généra d'énormes profits. Mais Fritz avait une passion dévorante : les belles voitures. Ses loisirs, il les consacrait aux courses de côte (celle de Goldbach notamment, au-dessus de Thann), au volant de sa Bugatti 35B. Entre Bugatti et les Schlumpf, il s'agissait d'amour, de collection et d'argent. Beaucoup d'argent fut en effet détourné de la trésorerie interne de leurs sociétés afin d'acheter à tour de bras, et régulièrement, les plus beaux bijoux à 4 roues. Une petite équipe travailla discrètement à la restauration des véhicules et à l'aménagement d'une sorte de luxueux club privé, réservé aux passionnés fortunés, et ne comportant pas moins de 3 restaurants. Mégalos, les Schlumpf? Certainement oui. Mais des mégalos de bon goût.

En octobre 1976, sous l'effet d'une conjoncture économique morose et d'une concurrence féroce frappant de plein fouet le textile, la situation financière de leur empire industriel s'aggrava. Faillite, licenciements massifs, occupation de la villa des frères Schlumpf par les ouvriers et fuite en Suisse de Hans et Fritz (ils y restèrent jusqu'à leur mort, respectivement en 1989 et 1992). Une nuit de mars 1977, un petit groupe de syndicalistes pénètre dans l'enceinte du musée et y découvre le « trésor de guerre » des Schlumpf. L'endroit s'appellera « musée des Travailleurs » jusqu'en avril 1978, date à laquelle la prestigieuse collection fut classée monument historique. Pour ne pas voir ce patrimoine inestimable se perdre dans la nature, une association regroupant des collectivités publiques devient acquéreur de l'ensemble le 13 novembre 1981, pour la somme de 42 millions de francs (finalement dérisoire quand on sait que la Bugatti Royale Napoléon exposée ici est estimée à elle seule à 80 millions de francs!). Le musée national ouvrit enfin ses portes en juillet 1982. Voilà, résumée, l'histoire de ce merveilleux musée pas comme les autres.

Maintenant, la visite. Le musée a été entièrement rénové et repensé en 1999. L'espace (17 000 m^2) est beaucoup mieux maîtrisé, les itinéraires de visite mieux marqués et un audioguide (sorte de téléphone portable) livre, pour 180 véhicules, un commentaire riche en anecdotes. Films et vidéos. Et quelques rigolotes animations : on peut se faire photographier dans une monoplace Talbot de 1948 ou un double Phaéton Renault de 1903 avec accessoires d'époque ou faire un tonneau dans une 206 pour vérifier l'efficacité de la ceinture de sécurité ! Les véhicules sont, en gros, classés chronologiquement en quatre grandes périodes de l'aventure automobile et selon deux thèmes.

– **Les Ancêtres :** de 1890 à 1918. La préhistoire de l'automobile ! Quand elle était (déjà !) accusée de tous les maux (jusqu'à faire avorter les vaches). Le tonneau à vapeur Jacquot de 1890, modèle unique, construit par un artisan forgeron. La Victoria de 1893, modèle en vis-à-vis de Benz, n'est pas très loin du carrosse avec ses très hautes (on imagine les virages !) roues en acacia cerclées de fer. Pourtant, le phaéton-tonneau de Panhard et Levassor (1894) possède déjà tout ce qu'on trouve dans une voiture moderne : moteur, embrayage, boîte de vitesses et transmission aux roues arrière. Et la première « petite voiture », la De Dion Bouton, type E de 1901, est le premier succès populaire de l'automobile, avec le chiffre énorme pour l'époque de 2 970 exemplaires vendus.

– **Les Vétérans :** quelques bus comme le F6 de Delaunay-Belleville qui transportaient les voyageurs des trains de luxe jusqu'aux palaces de la Côte d'Azur. Une belle berline Panhard Levassor de 1911, dans un superbe état de conservation (elle n'a pas été rénovée). Et si l'élégante Bugatti Torpedo de type 23 brille autant, c'est que sa carrosserie est, comme la coque de certains bateaux, en acajou poncé et verni une dizaine de fois.

– **Les Classiques :** où l'on découvre avec une camionnette de 1929 conçue pour les traversées transafricaines que Bugatti n'a pas fabriqué que des voitures de luxe. Très belle C28 de 1936 en aluminium et signée Gabriel Voisin. La traction avant de Citroën sortie en 1934 et qu'il n'est plus besoin de présenter. Et parmi les Mercedes : la type 170H de 1937 qui vous rappellera quelque chose. Normal, elle a été dessinée par Ferdinand Porsche, le papa de la Coccinelle. Et la 770K de 1938 (8 cylindres, 3,4 tonnes !). Encore un monstre roulant ! Elle consommait 60 litres aux 100 km. C'était la voiture favorite de l'empereur Guillaume II, des autorités nazies du IIIe Reich et de l'empereur Hiro-Hito. La plus fascinante et néanmoins fascinante des 4-roues à moteur, en somme.

– **Les Modernes :** là, même le moins féru en automobile de nos lecteurs devrait arriver en terrain connu. Avec l'Aston Martin DB 5 de 1964, le bolide préféré de Sean Connery dans les premiers *James Bond* (pas cette voiture exposée mais le modèle). Avec la 2 CV, la très gaullienne DS noire des années 1960, ou la 4 CV Renault (son vrai nom de code : R 1062), née en 1946, qui fut tirée à 1 105 000 exemplaires. Vive de Gaulle et Hulot ! Très design voitures expérimentales de Paul Arzens, un inventeur de formes futuristes, qui accoucha de *l'Œuf* en 1942 : mini-bulle en plexi et en duralinox, 2,10 m sur 1,25 m, 65 kilos, 80 km/h. Voir aussi une rescapée du totalitarisme des pays de l'Est : la fameuse *Trabant*, à 2 cylindres (2 temps, un moteur à peine plus gros que celui d'une tondeuse à gazon, ou presque...). Délai de livraison pour ce véhicule en plastique : 13 ans !

– **La course automobile :** bel espace avec des voitures garées comme pour le départ d'un grand prix et d'immenses photos de gradins de part et d'autre. Étonnante Bugatti de 1923. On dirait un char d'assaut mais elle atteignait quand même la vitesse de 189 km/h ! La biplace Gordini de 1953, type 26S, qui remporta Le Mans en 1953 et séduisit Françoise Sagan (bonjour vitesse !). Et d'autres bolides, de la Maserati 250F de 1957, première voiture conduite par le célébrissime Fangio, à la Williams Renault F1 de Damon Hill.

– **Les chefs-d'œuvre de l'automobile :** pour finir la visite en beauté. Exposés dans un espace qui, avec sa moquette bleu roi et ses éclairages choisis, rappelle quelque écrin à bijoux, voilà enfin les fleurons de la collection dont la célébrissime *Bugatti royale coupé Napoléon*. Un monstre sacré ! 300 CV, 8 cylindres, 12 763 cm^3, elle consomme 50 litres aux 100 km et peut rouler jusqu'à 200 km/h. Comme toutes les voitures de ce musée, elle est en parfait état de marche. Mais quand elle sort, il faut débourser 1 525 € (10 000 F) par jour, rien que pour l'assurance ! C'était la voiture personnelle d'Ettore Bugatti, fondateur de la dynastie dont l'usine familiale se trouvait à Molsheim, près de Strasbourg. Dessinée par Jean Bugatti, fils d'Ettore, à peine âgé de 20 ans à l'époque. Jean concevait les voitures comme des œuvres d'art, après les avoir rêvées aussi élégantes que les femmes. C'est son oncle (au prédestiné prénom de Rembrandt) qui a signé l'éléphant d'argent fièrement dressé sur le capot.

Quelques Rolls Royce pas mal non plus dans leur genre, dont une Silver Ghost de 1921. Les voitures de la marque ont pris le nom de « Spectre d'Argent » le jour où le 13ᵉ châssis sorti des ateliers anglais a été habillé d'une carrosserie gris métallisé. Parce qu'à l'origine Rolls Royce vendait ses modèles sans carrosserie ! À charge pour le client d'en trouver une : celle-là a été fabriquée par Barker, fournisseur officiel des carrosses de la maison royale d'Angleterre, s'il vous plaît.

À voir aussi une Isotta-Fraschini 8A (Rudolf Valentino en était fan) et une Delahaye Coach 135 de 1949 à l'étonnante histoire. Cette voiture a quitté la France avec ses propriétaires pour un voyage de noces à San Francisco, où le couple s'est finalement installé. La voiture a été offerte au musée en 1986, et le billet de retour acheté en 1951 honoré !

Imaginez enfin, avant de quitter ce musée, le bruit de fond que feraient toutes ces voitures en marche !

★ *Le Musée français du Chemin de fer* (hors plan par A1) *:* 2, rue Alfred-de-Glehn. ☎ 03-89-42-25-67 (répondeur). Fax : 03-89-42-41-82. Ouvert tous les jours, de 9 h à 18 h d'avril à septembre, de 9 h à 17 h d'octobre à mars. Fermé les 1ᵉʳ janvier, 25 et 26 décembre. Entrée : 7,32 € (48 F) ; tarif réduit sur présentation du *Guide du routard* de l'année. Après les voitures, les trains maintenant. Voici le musée ferroviaire le plus important et le plus spectaculaire d'Europe (du monde ?). C'est une grande partie de la mémoire industrielle des chemins de fer qui est ici présentée à travers une centaine de locomotives, wagons, voitures de luxe et autorails en tout genre. Teuf, teuf, teuf, teuf... Tcheu, tcheu, tcheu, tcheu... Le musée est situé le long de la voie ferrée Strasbourg-Bâle.

L'espace d'exploration « Musée-Express » permet, à travers 31 thèmes différents, d'aborder de façon ludique le monde ferroviaire. Avant la visite des engins, une bibliothèque de gare a été reconstituée avec les bouquins des années 1920 qui firent la fortune de... Hachette (l'éditeur de votre guide préféré). Dans la même salle, des trains miniatures, pour les mordus.

Dans la salle d'exposition à proprement parler, les véhicules sont présentés sur une douzaine de voies, et regroupés par « famille ». Voici quelques pièces marquantes :

– *voie 1 :* la Saint-Pierre, ancêtre des locomotives à vapeur. Puis toute une série de machines admirablement rénovées.

– *Voie 4 :* admirer la Pacific 231, une merveille qu'adorait le musicien Honegger. Il s'inspira de cette locomotive pour composer une sorte de symphonie évoquant les voyages au bout du monde.

– *Voie 5 :* les plus belles voitures-salons, ainsi que la voiture de la grande-duchesse de Luxembourg.

– *Voie 6 :* ah, la poésie des autorails et des michelines (blanc et rouge) dont les bandages étaient de vrais pneumatiques (d'où la féminisation de Michelin) !

– *Voie 7 :* voitures de notables et de présidents de la République (de Gaulle, notamment).

★ *Le musée du Sapeur-pompier* (hors plan par A1) *:* mêmes adresse et téléphone que le Musée français du Chemin de fer. Ouvert de 9 h à 18 h d'avril à septembre, de 9 h à 17 h d'octobre à mars. Histoire et évocation des moyens de lutte contre l'incendie au travers d'une série de pompes à bras du XVIIIᵉ siècle, d'armes blanches, d'uniformes de pompiers de divers pays.

★ *Le musée de l'Impression sur étoffes* (plan D2) *:* 14, rue Jean-Jacques-Henner. ☎ 03-89-46-83-00. Fax : 03-89-46-83-10. Ouvert toute l'année, tous les jours de 10 h à 18 h. Entrée : 5,49 € (36 F) ; réductions. Ce musée retrace toute l'histoire du coton imprimé en Alsace et dans le monde. Démonstrations d'impression les lundis, mercredis, vendredis et dimanches à 15 h. Ayant échappé à un édit d'interdiction qui frappait en France la fabrication des indiennes, Mulhouse devint, dès le milieu du XVIIIᵉ siècle, un centre textile réputé. Unique dans son genre, ce musée abrite une collection exceptionnelle de 8 millions d'échantillons et de dessins provenant du monde entier. Outre les indiennes fabriquées à Mulhouse, on y découvre de formidables pièces souvent obtenues à partir de techniques rudimentaires : batiks africains et indonésiens, kimonos japonais, tissus cambodgiens, afghans, ouzbeks. Des toiles de Jouy, des cachemires, des toiles de Nantes, des tissus anglais et des mouchoirs illustrés font également partie de cette incroyable caverne d'Ali Baba du textile imprimé.

Un service d'utilisation des documents, destiné aux chercheurs, stylistes et entreprises, permet à ceux-ci de trouver des idées de motifs. Ainsi peut-on par exemple suivre pas à pas les étapes successives des 25 couleurs du « Jardin bleu » du couturier Manuel Canovas. Accès gratuit à la salle d'exposition contemporaine. Boutique et *Café des Indiennes*. En sortant d'ici, vous aurez, comme nous, découvert de nouvelles couleurs : ramoneur, puce, carmélite ou cheveux d'Apollon...

★ *Le musée des Beaux-Arts* (plan C2) *:* 4, pl. Guillaume-Tell. ☎ 03-89-45-43-19. Fax : 03-89-45-68-31 (office du tourisme). Du 15 juin au 30 septembre, ouvert le lundi, le mercredi et du vendredi au dimanche de 10 h à 12 h et de 14 h à 18 h, le jeudi en continu de 10 h à 17 h ; du 1er octobre au 14 juin, le lundi et du mercredi au dimanche de 10 h à 12 h et de 14 h à 17 h. Fermé le mardi. Entrée gratuite. Dans une belle demeure de la fin du XVIIIe siècle, le musée présente des peintures du XVe au XXe siècle. Parmi celles-ci, des tableaux comme *Le Jugement de Pâris* de Boucher, *Vénus et l'Amour*, peinture du XVIe siècle attribuée à l'atelier de Cranach, des toiles de Courbet et de Boudin, ainsi que des œuvres de Jean-Jacques Henner, peintre originaire du Sundgau (région superbe au sud de Mulhouse).

★ *La maison de la Céramique* (hors plan par A1, **40**) *:* 25, rue Josué-Hofer. ☎ 03-89-43-32-55. Fax : 03-89-43-54-99. Ouvert du mardi au samedi de 10 h à 12 h et de 14 h à 18 h, et le dimanche de 14 h à 18 h. Fermé le lundi et les jours fériés. Entrée : 3,05 € (20 F) ; moins de 18 ans : 1,83 € (12 F) ; enfants de moins de 8 ans : 1,22 € (8 F). Une ancienne tuilerie rénovée pour présenter toute l'histoire de la céramique contemporaine. Activités de formation, cinq grandes expositions chaque année pour présenter des œuvres d'artistes du monde entier.

★ *Le musée Électropolis, l'aventure de l'électricité :* 55, rue du Pâturage. ☎ 03-89-32-48-50. Fax : 03-89-32-82-47. Du 1er septembre au 30 juin, ouvert du mardi au dimanche de 10 h à 18 h ; en juillet et août, tous les jours de 10 h à 18 h. Entrée : 8 € (52 F) ; de 6 à 18 ans : 4 € (26 F). L'aventure électrique des origines à nos jours à travers toutes sortes d'engins, de la TSF aux satellites, en passant par cette énorme machine à vapeur *Sulzer-BBC* de 170 tonnes, vrai monstre d'acier et de fonte, muni d'une roue de 6 m de diamètre ! Si ce musée n'est pas un coup de cœur, ce sera une étincelle pour vous ! Et peut-être un coup de foudre...

La vieille ville

★ *La place de la Réunion* (plan C2) *:* cœur du quartier piéton, et centre de la vieille ville de Mulhouse, cette place doit être le point de départ de la découverte à pied de la ville. C'est là que se trouvent l'hôtel de ville et le temple Saint-Étienne, ainsi que de nombreuses vieilles demeures typiques.

★ *L'hôtel de ville* (plan C2) *:* « un palais magnifique et tout doré », c'est ainsi que le décrivit Montaigne. Grande demeure typique de la Renaissance rhénane, reconstruite en 1551, et couverte de peintures comme si c'était un décor de théâtre. Sur l'un des pignons – celui donnant sur le *café Guillaume Tell* – on peut voir une réplique du Klapperstein. Il s'agit d'une pierre sculptée en forme de masque grimaçant, tirant la langue. Fixé à une chaîne, pendu à une sorte de collier que les femmes médisantes devaient porter, le *Klapperstein*, ou pierre des bavards, était une punition destinée à prévenir la calomnie et les fausses rumeurs.

L'intérieur de l'hôtel de ville abrite le Musée historique.

★ *Le Musée historique* (plan C2) : dans l'hôtel de ville. ☎ 03-89-45-43-20. De juillet à septembre, ouvert de 10 h à 12 h et de 14 h à 19 h ; d'octobre à juin, de 10 h à 12 h et de 14 h à 18 h. Fermé le mardi. Entrée gratuite. Évoque l'histoire de Mulhouse du XVIe siècle jusqu'à 1830, ainsi que l'art populaire du Sundgau. Très beaux meubles Renaissance dans la salle du Conseil, lourdes épées à deux mains de lansquenets, pistolets offerts à Bonaparte, reconstitution d'intérieurs bourgeois, cabinet de travail de l'historien Mathieu Mieg, et superbe collection de poêles en faïence. Sous la belle charpente du grenier d'abondance sont exposées les monnaies de l'ancienne république libre de Mulhouse.

★ *Le temple Saint-Étienne* (plan C2) : à côté de l'ancien hôtel de ville. Il ressemble extérieurement à une église catholique. Ce qui est intéressant ici ce sont les verrières du XIVe siècle. Ouvert du 2 mai au 30 septembre, tous les jours sauf le mardi et en dehors des heures de culte, de 10 h à 12 h et de 14 h à 18 h (17 h le samedi). Fermé du 1er octobre au 1er mai.

À voir encore dans la vieille ville

★ *Les vieilles rues piétonnes* (plan B-C2) : la rue Henriette, qui tient son nom du premier enfant né à Mulhouse après la réunion de la ville à la France. La rue des Boulangers, la rue du Raisin. Mais la rue la plus caractéristique par son cachet est la rue des Franciscains.

★ *La rue des Franciscains* (plan B2) : pour l'atteindre de la place de la Réunion, suivre la rue des Bons-Enfants et celle du Couvent. On peut y voir plusieurs belles maisons anciennes comme la maison Loewenfels, élégante demeure du XVIIIe siècle (1764). En face de l'Université populaire et du *Café des Arts*, un pignon d'immeuble est couvert d'une fresque en trompe l'œil, évoquant quelques épisodes de l'histoire de Mulhouse. On peut y voir le capitaine Dreyfus.

Le nouveau quartier *(plan B2, C2, D2)*

C'est le Mulhouse de la Révolution industrielle, côté possédants. Aménagé à la place des anciens remparts, à partir de 1826, pour les industriels qui voulaient leur centre-ville rien qu'à eux. Au cœur du Nouveau Quartier, un jardin triangulaire (le square de la Bourse). Sur deux de ses côtés, l'avenue du Maréchal-Foch offre une jolie perspective avec ses immeubles style Empire et leurs galeries à arcades (on jurerait une rue de Rivoli modèle réduit).

Autour de ce centre où se traitaient les affaires (immanquable immeuble de la Société Industrielle de Mulhouse), quelques belles propriétés de capitaines d'industrie. Comme la villa Mantz (14, av. Clemenceau) ou encore la villa Vaucher-Lacroix (10 bis, porte du Miroir).

Le Rebberg *(hors plan par D3)*

Encore un quartier résidentiel qui s'est développé à partir de la deuxième moitié du XIXe siècle pour les industriels mulhousiens. La balade est conseillée aux amateurs d'architecture puisque, comme dans les villes balnéaires de la façade atlantique, le Rebberg aligne le long de ses rues pentues et verdoyantes tous les styles ou presque : du « palais » néo-Renaissance à la villa futuriste digne de celle de *Mon Oncle*. Étonnamment, c'est dans ce quartier un brin huppé qu'on vous a dégoté notre meilleure adresse bon marché (voir « Où dormir ? », *Hôtel Schoenberg*).

★ **Le Parc zoologique et botanique** *(hors plan par D3) :* 51, rue du Jardin-Zoologique. ☎ 03-89-31-85-10. Dans le quartier du Rebberg. Pour y aller, bus n° 12. De décembre à février, ouvert de 10 h à 16 h ; en mars, octobre et novembre, de 9 h à 17 h ; en avril et septembre, de 9 h à 18 h ; de mai à août, de 9 h à 19 h. Entrée : 3,66 € (24 F) pour tous du 1er novembre au 20 mars ; le reste de l'année, entrée à 7,32 € (48 F) ; réductions. Dans ce superbe parc de 25 ha conçu à la fin du XIXe siècle et destiné à « l'amélioration morale de la classe ouvrière », on trouve près de 1 300 animaux de 200 espèces différentes, dont certaines en voie de disparition, comme le tigre de Sibérie, le tapir à dos blanc, le zèbre de grévy, etc. L'habitat naturel de chaque espèce est reconstitué. Dans ce véritable jardin des découvertes, on peut aussi voir de très belles expositions florales tout au long de l'année.

La Cité *(plan A1)*

Voilà enfin le Mulhouse ouvrier et populaire. La cité, c'est celle construite à l'initiative de l'industriel Jean Dollfus (voir « Un peu d'histoire ») de 1854 à 1900. Entre le canal du Worst et la rue de Strasbourg, il faut se glisser dans les étroits passages (aux noms chantants : Bleu, Vert, des Rosiers ou des Alouettes) qui découpent géométriquement ce quartier au charme insolite. Un bon millier de maisonnettes accolées deux à deux, à l'origine toutes identiques mais qui, au fil des années, ont chacune trouvé leur personnalité. Allez-y un jour de marché, la halle est à deux pas.

Marchés

– **Le marché** *(plan A1) :* les mardis, jeudis, samedis et veilles de fêtes. Pour rencontrer l'âme du Mulhouse d'aujourd'hui autant que pour acheter de bons produits. Peut mieux faire pour le cadre (une halle en béton et un grand parking) mais quelle ambiance ! Tous les déracinés de l'immigration viennent justement y retrouver leurs racines (au moins culinaires...) : au hasard des étals extérieurs ou des boutiques du marché couvert, spécialités italiennes, portugaises et surtout maghrébines, maraîchers bio venus d'outre-Rhin, boucheries-charcuteries alsaciennes ou *halal*.
– **Marché aux Étoffes :** le 3e jeudi d'avril et le 3e jeudi de septembre. Renseignements à l'office du tourisme. Tissus de confection ou d'ameublement, nappes, draps à la vente. On y fait en principe de bonnes affaires mais on peut aussi s'y balader juste pour le plaisir des yeux !
– **Marché de Noël :** dans la tradition alsacienne...

Fêtes et manifestations

– **Grande Parade automobile :** en été. Renseignements à l'office du tourisme. Concours des plus belles voitures des musées automobiles du monde entier, rallyes, défilé-spectacle avec près de 1 000 véhicules.

– *Festival de Jazz et des Musiques nouvelles :* tous les ans, fin août. Comme son intitulé l'indique, un festival plutôt avant-gardiste, où la part belle est laissée aux improvisateurs et autres expérimentateurs.

▶ *DANS LES ENVIRONS DE MULHOUSE*

À voir. À faire

★ *L'écomusée d'Alsace :* chemin du Grosswald, BP 71, 68190 **Ungersheim.** ☎ 03-89-74-44-74. Fax : 03-89-74-44-65. • www.ecomusee-alsace.com • contact@ecoparcs.com • À une quinzaine de kilomètres au nord de Mulhouse, à droite de la route de Guebwiller. En venant par l'A35, prendre la sortie Ensisheim. Par l'A36, sortie Guebwiller. Trajets réguliers en bus à partir de la gare de Mulhouse par les lignes 301 ou 54. Compter 40 mn. Ouvert du lundi au samedi de 10 h à 17 h et les dimanches, jours fériés et pendant les congés scolaires de 9 h 30 à 19 h. Entrée : 11,43 € (85 F) ; réductions. Certes un peu cher, mais de nombreuses activités sont proposées et on peut revenir dans les 6 jours une deuxième fois gratuitement à condition de faire valider son billet en présentant une pièce d'identité.

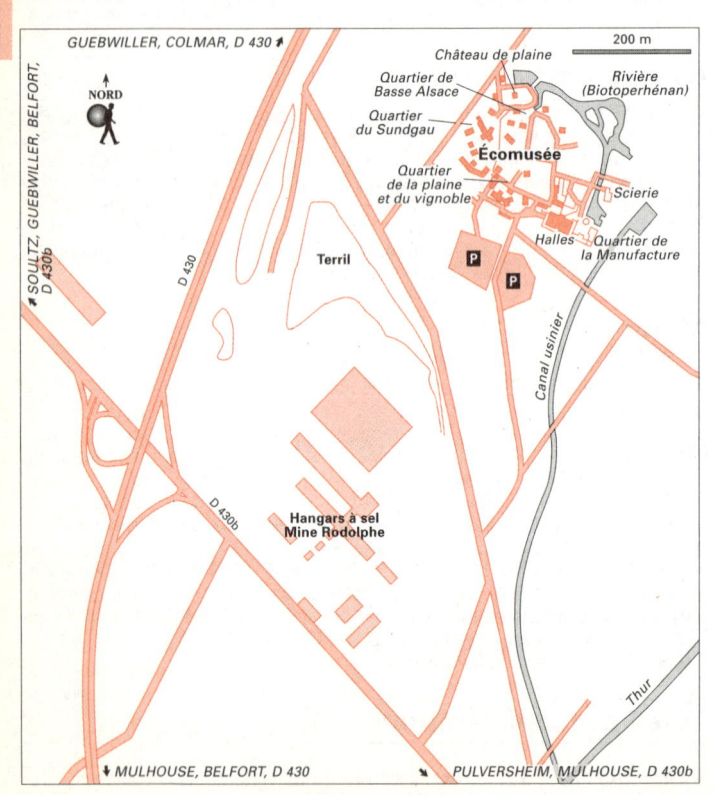

L'ÉCOMUSÉE D'ALSACE

Voici probablement le plus grand écomusée (écovillage serait plus juste) de France, et sans doute le mieux animé. Situé au cœur d'une région de mines de potasse (les fameuses Potasses d'Alsace), l'écomusée rassemble plus de 50 maisons paysannes d'Alsace, démontées pièce par pièce dans leur village d'origine (où elles pourrissaient), puis remontées méticuleusement ici pour former une étonnante collection en plein air. À l'origine de ce projet fou, un passionné, Marc Grodwohl, et un groupe d'étudiants et d'ouvriers rassemblés autour de l'association *Maisons paysannes d'Alsace.*

Muni du plan du site que l'on remet aux visiteurs à l'entrée, on découvre ainsi les différentes régions composant l'Alsace au travers des maisons du Sundgau (superbes charpentes), de la plaine de Haute-Alsace, du vignoble sous-vosgien, du Ried, du Kochersberg et de l'Outre-Forêt. Outre les belles maisons à colombages des campagnes, on peut voir aussi des maisons ouvrières récupérées, ainsi que l'insolite musée de la Doller, naguère propriété d'André Binder, un ouvrier paysan de Sickert près de Masevaux. La visite s'achève par la cavalerie de l'Eden Palladium, ancien manège-salon de la famille Demeyer. C'est le plus important manège de fête foraine de la Belle Époque conservé en Europe. Abandonné en 1936, il a été sauvé par l'écomusée. Le carrousel-salon ouvre sur un deuxième espace, présentant la collection de manèges et de roulottes anciennes de l'écomusée. Après la visite des maisons, ateliers et champs qui évoquent le labeur des générations passées, cette fête foraine nous montre les débuts de la civilisation des loisirs, tant fêtes de villages que foires de ville.

En sortant de l'écomusée, après le parking, les anciens bâtiments de la mine de potasse Rodolphe dressent leurs silhouettes de friche industrielle. Ils seront intégrés bientôt dans l'écomusée. Une voie ferrée a été construite, permettant de relier l'écomusée au carreau Rodolphe.

Piste cyclable : on peut aller de Mulhouse à Fribourg (en Allemagne) en suivant une longue piste cyclable de 55 km, traversant la Hardt. Se procurer le topoguide avant de partir. Cette piste se prolonge au sud vers Dannemarie (Sundgau) en longeant le canal du Rhône au Rhin. Une superbe balade pour les randocyclistes.

LE SUNDGAU

On peut être mystique et avoir le sens pratique ! Pour être sûrs de manger du poisson lors du carême, les moines cisterciens de l'abbaye de Lucelle (frontière suisse) creusèrent au Moyen Âge étangs et bassins qu'ils peuplèrent de truites, de brochets et surtout de carpes. Mine de rien, ils donnèrent ainsi un visage et un embryon d'économie à cette région située au sud de l'Alsace, entre le Rhin et le Jura, et plus connue sous le nom de Sundgau (qui signifie « comté du Sud » en dialecte germanique). On appelle aussi sa partie sud-est le Jura alsacien et pour cause ! On aborde ici ce massif avec des paysages alternant monts (doucement) ondulés et gorges boisées et encaissées. Comme des petites taches sur la carte, les étangs ponctuent de leur couleur « verte et bleue » cette nature de plus en plus sauvage à mesure que l'on approche de la vallée de la Lucelle. On est ici en « Autriche antérieure », comme aimaient à dire les puissants Habsbourg qui avaient jeté leur dévolu sur cette enclave alsacienne, installant leur petite capitale à Ferrette.

Quasiment partout, on découvre (en ayant pris soin de se munir d'une bonne carte, les routes du Sundgau sont labyrinthiques) des maisons à colombages coiffées de robustes et amples toitures. Des villages à la « Blanche-Neige et les sept nains », blottis dans le creux des vallons, baignés par de gentils ruisseaux. Le Sundgau, bout du monde presque oublié du reste de la France (même si à l'instar du Perche, les plus hautes autorités se penchent aujourd'hui sur ce petit pays), est une terre de paysans pieux, laborieux et chaleureux, ayant survécu à toutes les invasions et aux turpitudes de la guerre. Les Huns y auraient, selon une légende ancienne, enterré quelque part leur trésor de guerre. S'agirait-il de l'or du Rhin ?

LES CARPES FRITES DE L'AUTRICHE ANTÉRIEURE

Et pourtant rien de grandiose dans ce terroir accolé à la Suisse et si près de l'Allemagne. Juste un métissage subtil – visible dans la coquetterie des paysages – entre la nature soignée des cantons helvètes et une campagne jardinée à l'autrichienne. Voilà bel et bien le charme même du Sundgau, son essence, son mystère aussi, car on s'y sent ailleurs. Dès le premier pas. L'esprit d'Europe centrale a laissé sa marque dans les formes des fenêtres, des portes, dans l'architecture des maisons, mieux encore dans la mémoire et dans les us et coutumes. Un soupçon de *Mitteleuropa* donc, auquel il faut ajouter un zeste d'Amérique puritaine. Cela donne des recoins, des fermes habitées et cultivées depuis belle lurette par des mennonites (ou anabaptistes, autrement dit une minorité au sein du protestantisme opposée au baptême des enfants et à l'utilisation des armes).
Aujourd'hui ce Sundgau vit sous le signe d'une pacifique créature : la carpe, la reine du pays. Elle figure au menu de la plupart des auberges qui la servent frite... avec des frites (on aurait préféré des pommes de terre cuites à l'eau, tout simplement). Il existe ainsi une route, très jolie d'ailleurs, dite de la « Carpe frite ». Une tête de poisson et une fourchette sur un panonceau bleu indiquent les bonnes tables. Un blason en somme, à suivre, pour un plat à savourer. Curieux quand même, cette célébration de la carpe sur les cartes du Sundgau ! Alors que la langue française continue ses mauvais traitements à son égard. La preuve : les expressions comme « bâiller comme une carpe », « être muet comme une carpe », « s'ennuyer comme une carpe »... Ici, non, on l'aime. Car elle vient du fond des étangs, du fond de l'histoire, de l'ancienne Autriche antérieure. Personne ne s'ennuie ni ne bâille de manière muette quand une carpe apparaît à la surface d'un étang...

Adresses utiles

ℹ Consulter les **offices du tourisme** de Mulhouse, d'Altkirch et de Ferrette (voir ces trois chapitres).

■ **Sundgau Rando :** Jean-Louis Probst, 2, rue de Ferrette, 68480 Werentzhouse. ☎ 03-89-40-43-60. Fax : 03-89-08-22-18. Une association dynamique qui organise des promenades à cheval ou en calèche à travers le Sundgau. Mais on peut aussi bien emprunter les mêmes chemins et sentiers à pied, à cheval ou à VTT. Les balades durent une journée, plusieurs jours, voire une semaine (la grande boucle). Les randonneurs peuvent manger et dormir dans la plupart des 18 points d'accueil (fermes, relais, gîtes, auberges) regroupés au sein de *Sundgau Rando*. Se procurer le prospectus avec leurs adresses pointées sur la carte.

■ **Centres équestres :** *chez Bernard de Reinach*, domaine Saint-Loup (gîte d'étape), 68700 Michelbach. ☎ 03-89-82-53-45. (cf. « Dans les environs de Thann. À voir. À faire ».) *Chez Gérard Ginder*, ferme équestre du Koer, 10, rue des Fleurs, 68870 Brinckheim. ☎ 03-89-68-29-15. *Chez Edgar Philip*, chambres d'hôte *Au Relais de la Largue*, 3, rue Sainte-Barbe, 68210 Altenach. ☎ 03-89-25-12-92. (voir « Où dormir ? Où manger dans les environs d'Altkirch ? »). *Chez Jean*

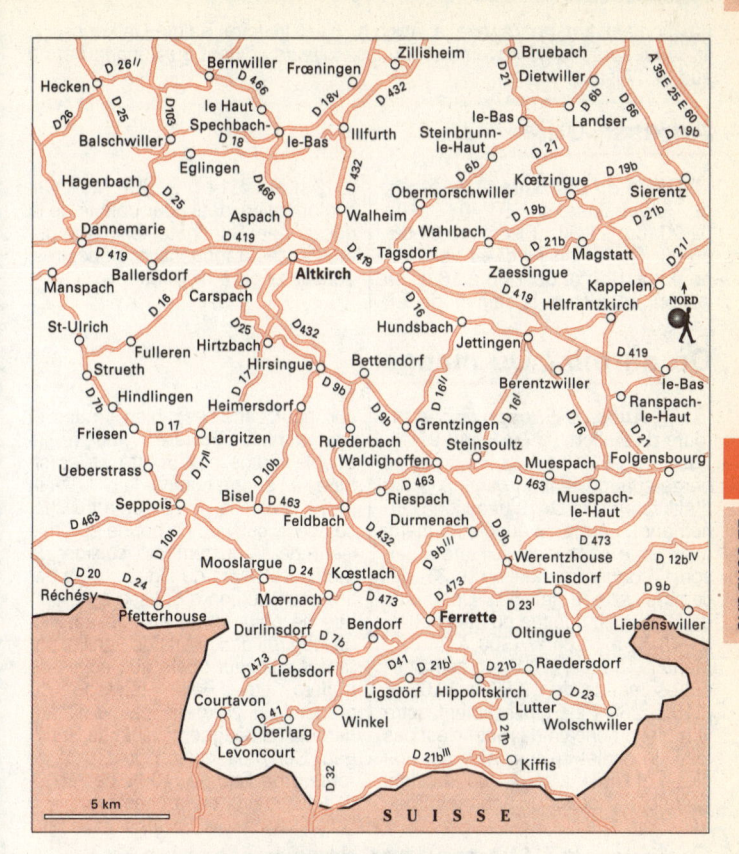

LE SUNGDAU : LES VALLÉES DE L'ILL ET DE LA LARGUE

Walther, ferme équestre Zum Blaue, 1, rue de Wolschwiller, 68480 Kiffis. ☎ 03-89-40-35-25. Et à la Société hippique rurale, 26, rue de Bisel, 68640 Feldbach. ☎ 03-89-07-93-64.

ALTKIRCH (68130) 5500 hab.

Joliment perchée sur son promontoire, dominant une cluse de l'Ill, c'est une petite ville que l'on peut découvrir facilement à pied. On n'est pas encore au cœur du Sundgau, plutôt à la porte.
Accrochées à flanc de colline, les maisons les plus anciennes, hautes et étroites, témoignent d'un passé assez prospère. Dans les années 1930, un industriel mécène réunissait dans sa villa (aujourd'hui la MJC) de jeunes artistes et poètes comme Nathan Katz, Dadelsen et Guillevic, élèves du collège d'Altkirch. D'ailleurs, le père de Guillevic était gendarme à Ferrette, et celui de Dadelsen notaire à Hirsingue. Ces précisions uniquement pour faire plaisir à nos lecteurs férus de poésie.

Le moment fort de l'année à Altkirch, c'est la foire Sainte-Catherine (le 1er jeudi après le 25 novembre), où les visiteurs affluent du Sundgau et du sud de l'Alsace.

Adresse utile

ℹ️ Office du tourisme : tour Bloch, pl. Xavier-Jourdain. ☎ 03-89-40-02-90 ou 21-80. Fax : 03-89-08-86-90. Ouvert du lundi au vendredi de 9 h à 12 h et de 14 h à 18 h ; en saison, également le samedi de 9 h à 12 h et de 14 h à 17 h. Le point d'information idéal pour obtenir de la doc sur le Sundgau, les hébergements, les randonnées pédestres, équestres ou à bicyclette.

Où dormir ? Où manger ?

🛏️ |●| Auberge Sundgovienne : 1, route de Belfort. ☎ 03-89-40-97-18. Fax : 03-89-40-67-73. ● www.auberge-sundgovienne.fr ● 🦌 À 3 km d'Altkirch par la D419 direction Dannemarie. Fermé le lundi, le mardi midi, et le dimanche soir (hors saison) ; congés annuels du 23 décembre au 30 janvier. Chambres doubles avec douche ou bains et TV de 45,73 à 51,84 € (300 à 340 F). Menu à 10,67 € (70 F) en semaine ; autres menus de 17,53 à 39,63 € (115 à 260 F). Établissement entre le motel américain (la route n'est pas loin), le chalet suisse (pas loin non plus !) et l'hôtel alsacien de tradition. Chambres toutes mignonnes (balcon pour certaines), bien tenues et confortables. Préférer (malgré le double-vitrage côté route) celles situées à l'arrière comme la n° 18 et la n° 19. Éviter la n° 16, juste au-dessus de la cuisine. La bonne surprise vient de là justement ; cuisine de marché et avec de l'idée : parmentière de saumon d'Écosse à la tombée de poireaux et au riesling, filet de loup rôti aux grains de vanille, purée et artichaut poêlé aux éclats de truffes, etc. Belle terrasse où prendre un verre au calme et admirer la campagne paisible du Sundgau. Sur présentation du *Guide du routard* de l'année, 10 % de réduction sur le prix de la chambre.

Où dormir ? Où manger dans les environs ?

Camping

🏕️ Camping Les Lupins : 1, rue de la Gare, 68580 Seppois-le-Bas. ☎ 03-89-25-65-37. Fax : 03-89-07-63-34. 🦌 Ouvert du 1er avril au 31 octobre. Autour de 10,67 € (70 F) l'emplacement pour deux sans l'électricité. À peine à l'écart d'un village tranquille, un petit camping bien équipé (piscine, salle TV, etc.). Pas mal de gens du coin y laissent leur caravane mais des emplacements sont réservés aux touristes de passage. Propose depuis peu des locations de chalets. Détail rigolo : l'accueil est installé dans une petite gare de campagne. Location de VTT.

De bon marché à prix moyens

🛏️ |●| Auberge du Tisserand : 28, rue de Cernay, 68210 Gommersdorf. ☎ 03-89-07-21-80 ; hôtel : ☎ 03-89-07-26-26. Fax : 03-89-25-11-34. 🦌 Dans un village situé à 1,5 km au nord de Dannemarie (10 km à l'ouest d'Altkirch par la D419). Le restaurant se trouve sur la gauche de la D103 en direction d'Hagenbach, à la hauteur du n° 27 (rue principale). Fermé le lundi et le mardi; congés annuels de fin décembre à début janvier et de mi-février à début mars. Chambres doubles de 38,11 à 45,73 € (250 à 300 F) avec douche, w.-c. et TV. Menu à 7,32 € (48 F) le midi en semaine; autres menus de 12,20 à 27,44 € (80 à 180 F). Une très ancienne maison à colombages, propriété au XVIIe siècle d'un tisserand (évidemment!). Au 1er étage, le plancher de la salle est bizarrement incliné (sous le poids des années?). Bonne cuisine à prix doux (l'unique menu du midi est un des moins chers du coin). Tartes flambées (le soir) et autres spécialités alsaciennes. Pain cuit dans le four de la maison. Chambres mignonnettes (côté cour, donc au calme, pour les nos 3, 4 et 7). On conseille la n° 8 aux fans de Hansi. Sur présentation du *Guide du routard* de l'année, 5 % de réduction sur toute la prestation.

▲ |●| *Hôtel-restaurant Ottié* : 9, rue du Général-de-Lattre-de-Tassigny, 68118 Hirtzbach. ☎ 03-89-40-93-22. Fax : 03-89-08-85-19. Dans une bourgade typique située à 3 km au sud d'Altkirch. Fermé le lundi soir et le mardi; congés annuels de fin juin à début juillet et de Noël au Nouvel An. Chambres doubles à 22,87 € (150 F) avec cabinet de toilette, 30,49 € (200 F) avec bains. Demi-pension de 29,88 à 36,59 € (196 à 240 F). Premier menu à 8,84 € (58 F) le midi en semaine; autres menus de 13,59 à 35,06 € (89 à 230 F). Une maison bleue (qui n'est pas accrochée à la colline mais en bord de route). Chambres toutes simples mais bien tenues. Celles côté jardin sont très calmes. Le chef – comme pas mal d'autres d'ailleurs en Alsace – est passé par les cuisines de quelques maisons d'exception. Cuisine à personnalité donc : bar aux gingembre et citron vert, moelleux de Mamie aux poires caramélisées, etc. Terrasse.

▲ |●| *Chambres d'hôte Au Relais de la Largue* : chez Edgard Philipp, 3, rue Sainte-Barbe, 68210 Altenach. ☎ 03-89-25-12-92. Fax : 03-89-07-23-93. ♿ Situé à 14 km à l'ouest d'Altkirch, par la D419, direction Belfort, puis la D103. Resto fermé le lundi soir et le mardi. Chambres doubles de 32 à 39,63 € (210 à 260 F), petit déjeuner compris. Hébergement en gîte rural pour 4 à 5 personnes de 229 à 259,15 € (1 500 à 1 700 F) suivant la saison. Demi-pension à 35 € (230 F), conseillée de mai à octobre. Menus à partir de 6,86 € (45 F) en semaine. De nombreux loisirs sur place (promenade à poneys, location de VTT) et à proximité (relais nautique, tennis, pêche, golf). Chambres confortables, toutes avec TV. Au restaurant, spécialités de carpes frites et de tartes flambées.

À voir

★ *La halle aux blés :* ancien marché couvert. N'a pas d'intérêt en soi, mais c'est le point de départ idéal pour visiter la ville à pied, en commençant par la Grand-Rue, appelée aussi rue Charles-de-Gaulle.

★ *La place de la République :* en allant vers l'église. Au centre de la place, une fontaine datant de 1853. L'hôtel de ville est une belle demeure du XVIIIe siècle. À sa droite, l'ancienne demeure du bailli de la seigneurie abrite le très chouette Musée sundgauvien.

★ *Le Musée sundgauvien :* ☎ 03-89-40-02-90 (office du tourisme) ou à la mairie, ☎ 03-89-40-00-04. En juillet et août, ouvert tous les jours sauf le lundi, de 14 h 30 à 17 h 30; de septembre à juin, ouvert le dimanche de 14 h 30 à 17 h 30, et éventuellement sur rendez-vous. À découvrir pendant votre séjour dans le Sundgau. Très bien fait et pas du tout ennuyeux. Il présente l'histoire, les arts et traditions populaires du Sundgau au travers d'une foule d'objets et de pièces intéressantes : meubles Renaissance, moules de *kouglof*, coiffes traditionnelles, tableaux d'images pieuses, etc. Une salle de séjour sundgauvienne *(stuwa)* a été reconstituée avec ses deux superbes poêles en faïence *(kunscht)*, et son buffet à deux portes avec une niche au milieu *(olmer)*. On peut y voir également des carreaux de céramique de la fabrique de poêles *Hanser*, des tableaux d'artistes locaux dont le plus célèbre, Jean-Jacques Henner (un musée lui est consacré à Paris), s'intéressait particulièrement à la beauté des femmes.

★ *L'église :* de style néo-roman, sans grand intérêt. Elle occupe, au sommet de l'éperon d'Altkirch, l'emplacement de l'ancien château. En quittant l'église, gagner le jardin du château, à l'extrémité de la colline : de là, on a une belle vue sur la ville et la vallée.

★ *Le CRAC (Centre régional d'Art contemporain) :* juste à côté de l'église, le CRAC propose des expositions intéressantes toute l'année. Ouvert du mercredi au dimanche de 14 h à 17 h 30. Se renseigner à l'office du tourisme.

➤ *DANS LES ENVIRONS D'ALTKIRCH*

★ Sur la route de Mulhouse, au village de **Froeningen** (68720), à 12 km au nord d'Altkirch, un étrange monument aux morts, le *Kaffeschessaladankmol*, ce qui signifie littéralement « monument des bols de café cassés », parce qu'il a été fabriqué par les gens du village, sous la surveillance de leur curé, avec des objets de récupération : débris de vaisselle cassée, morceaux de verre, armature en ferraille. Insolite.

LA ROUTE D'ALTKIRCH À FERRETTE

Une petite route tranquille, comme on les aime, traversant quelques-uns parmi les plus beaux villages du Sundgau (et d'Alsace) : Hirtzbach, Grentzingen et Riespach.

★ *HIRTZBACH* (68118)

À 4 km seulement au sud d'Altkirch. La plus jolie route pour y accéder n'est pas la D432 mais une route de campagne qui part d'Altkirch, descend par un sous-bois jusqu'au vallon de l'Ill où elle retrouve la D432, à la hauteur de l'hôtel-restaurant *Ottié* (une bonne adresse, voir plus haut). Dans la vallée de l'Ill, Hirtzbach a un je-ne-sais-quoi de hollandais avec ses maisons fleuries alignées le long d'un cours d'eau. Sur la gauche en entrant dans le village, le manoir XVIIIe siècle de la famille de Reinach (ne se visite pas).

★ *GRENTZINGEN* (68960)

Dans la vallée de l'Ill, entre Hirsingue et Werentzhouse, à une dizaine de kilomètres d'Altkirch, Grentzingen est un village-rue unique en son genre, où les maisons à colombages, très bien restaurées et colorées, alignent leurs façades sur près de 1 km jusqu'à Oberdorf. Les plus remarquables se trouvent autour de l'église, dans les rues de Ruederbach et de Willer. Faire un petit tour à pied permet de découvrir en détail la variété des charpentes, des poutres, des portes et des toitures. Au n° 19, voir la maison avec une grange merveilleusement charpentée. Tout près de l'école, non loin de l'église, un sentier mène à l'Ill, petite rivière préservée et bordée d'aulnes, de saules et de frênes. Bref, un de nos villages préférés du Sundgau sur le plan architectural.

★ RIESPACH (68640)

À 3 km à peine au sud de Grentzingen, par une jolie route de campagne sinuant par monts et par vaux dans un paysage encore peu accidenté. La majorité des maisons de Riespach remontent au XVIIIe siècle. N'ayant pas souffert du temps, elles ont conservé leur caractère, leurs couleurs, leurs robustes colombages en bois. Pas moins de 14 maisons du village portent encore des inscriptions évoquant la marque de fabrique du constructeur. Par ailleurs, à côté des panneaux portant les noms des rues, des cœurs surmontés de croix signalaient naguère les bornes : aujourd'hui ils servent de « logo » au village, rappelant la ferveur traditionnelle des catholiques de ce coin du Sundgau.

FERRETTE (68480) 1 040 hab.

La petite capitale du Sundgau. Le titre de comte de Ferrette appartient toujours, tenez-vous bien, à la famille de Monaco ! Ce gros et long village s'étire dans une sorte de gorge encaissée où les maisons de pierre (peu de colombages) s'accrochent aux flancs de la vallée. Juchées sur un éperon rocheux, les ruines du château dominent la région. Dans ce beau village né au XIIe siècle, bien préservé des assauts du modernisme bête et méchant, on se sent bien, et l'on a envie de prendre racine, puis de s'en aller musarder dans les champs et dans les bois, comme la souris de la fable... Parfois, l'atmosphère frontalière se sent tellement qu'on est très tenté d'aller faire un petit tour en Suisse avant de revenir sagement dans ce beau pays du soleil.
C'est donc dans ce coin-là, à Ferrette, et autour, qu'il faut poser votre sac pour découvrir ce merveilleux bout du monde de la carte de France. Plein de balades sympathiques à faire dans la région. Et de très bonnes adresses d'auberges où l'on sert, bien sûr, la spécialité du pays : la carpe frite.

Adresse utile

fi *Office du tourisme du Jura Alsacien :* galerie Mazarin, route de Lucelle. ☎ 03-89-08-23-88. Fax : 03-89-40-33-84. • www.jura-alsa cien.net • infotourisme@jura-alsa cien.net • À la sortie de Ferrette, sur la route de Lucelle. De juin à septembre, ouvert de 9 h 30 à 12 h 30 et de 14 h à 18 h ; d'octobre à mai, de 14 h à 17 h. Doc complète sur le Sundgau, les randonnées pédestres et équestres, les auberges et les gîtes ruraux. Donne gratuitement une brochure détaillée sur Ferrette et son château, ainsi que les choses à voir dans les environs. Vend la carte au 1/50 000 du Sundgau éditée par le Club Vosgien et l'IGN. Carte des pistes cyclables. Accueil très agréable, comme partout dans le Sundgau.

Où dormir ? Où manger ?

≜ |●| *Hôtel Collin :* 4, rue du Château. ☎ 03-89-40-40-72. Fax : 03-89-40-38-26. Au centre du village. Resto fermé le mardi et le mercredi ; congés annuels de mi à fin janvier et les trois premières semaines de septembre. Chambres doubles à 45,73 € (300 F) avec douche ou bains et TV. Menus de 8,38 € (55 F) le midi en semaine à 28,96 € (190 F). Le classique hôtel-resto de campagne. Accueil aimable. Chambres à la déco intemporelle et au confort honorable. Et cuisine régionale : tarte à l'oignon, *baeckeoffe* et l'inévitable (dans le coin) friture de carpes. Café offert à nos lecteurs et réduction sur le prix de la chambre avec prestation restaurant, sur présentation du *Guide du routard* de l'année.

I●I *Restaurant Au Cheval Blanc* : 3, rue Léon-Lehmann. ☎ 03-89-40-41-30. Chez Welty, à gauche en montant une petite rue située juste derrière la place Mazarin (centre de Ferrette). Fermé le lundi et le jeudi soir sauf en juillet, août et septembre ; congés annuels en mai. Menu à 8,54 € (56 F) le midi en semaine ; autres menus de 16,01 à 22,87 € (105 à 150 F) ; compter 15 € (98 F) à la carte. Une jolie enseigne peinte avec un petit cheval coiffe cette maison rose et bleu. L'adresse idéale pour une petite ou une grosse faim. À toute heure, on y sert le pâté forestier, les crudités, la choucroute, les toasts au saumon, des tartes flambées délicieuses. « Votre quatre-heures à toute heure », voilà la devise du chef. Sinon, on peut se régaler de plats plus consistants comme le lard paysan *buraspeck,* le jambon à l'os *beinschinken* ou l'assiette paysanne *burateller.* Sans oublier, bien sûr, l'inévitable carpe frite (qui serait meilleure sans frites, mais on l'a déjà dit). Accueil correct et même jovial. Café offert à nos lecteurs sur présentation du *Guide du routard* de l'année.

Où dormir ? Où manger dans le sud du Sundgau ?

Camping

⚐ *Camping des Hêtres* : 68480 Bendorf. ☎ 03-89-40-34-72 ou 03-89-06-10-52 (hors saison). Accès fléché depuis le village. Ouvert du 1er mai au 5 octobre. Autour de 8 € (52 F) l'emplacement pour deux. Dans un site plus qu'agréable, en pleine campagne, à l'orée d'une forêt. Jolie vue sur le Jura alsacien et tranquillité garantie. Les gens du coin (et leurs caravanes) l'ont repéré avant nous mais une trentaine d'emplacements sont réservés aux touristes de passage. Location de caravanes.

De bon marché à prix moyens

🏠 I●I *Chambres d'hôte chez Monique et Jean-Louis Probst* : 2, rue de Ferrette, 68480 Werentzhouse. ☎ 03-89-40-43-60. Fax : 03-89-08-22-18. ● Chambresd-hotes.probst@wanadoo.fr ● À 5 km au nord-est de Ferrette par la D473. Congés annuels en janvier. Chambres doubles avec douche et w.-c. de 35 à 38 € (230 à 249 F) petit déjeuner compris. Possibilité de demi-pension. Table d'hôte à partir de 10,06 € (66 F) uniquement le soir. Dans une grande ferme au milieu du village. 3 chambres à la déco doucement surannée, mais pas dénuées de charme. Les cadres des lits datent des années 1930 (c'est du *king-size bed !* De quoi passer des nuits... de rois !), au-dessus de chacun trône une icône religieuse et les matelas sont à l'ancienne. La convivialité des hôtes fait qu'après avoir passé le portail en fer forgé de la cour (et dit bonjour aux chevaux dans leur box), on s'y sent bien. Jean-Louis connaît tout ou presque du Sundgau qu'il parcourt à cheval (voir « Adresses utiles » au début du chapitre « Le Sundgau »). Et la cuisine de Monique est une raison suffisante pour s'arrêter ici. On y a mangé une carpe frite d'anthologie. Et on s'est promis d'y revenir pour goûter aux *pfluta, knepfle* ou *bibelasskäs* (fromage blanc à la sundgauvienne avec des patates en robe des champs, plus de la charcuterie, du munster, des harengs et de la salade!). Possibilité de louer des VTT à la demande et de se balader en calèche (1 h ou une demi-journée).

🛏 |O| *Chambres d'hôte Le Moulin de Huttingue :* chez Antoine Thomas, 68480 Oltingue. ☎ 03-89-40-72-91. Fax : 03-89-07-31-01. 🍴 pour le restaurant. À 2 km d'Oltingue, par la D21b vers Kiffis. Parking gratuit. Congés annuels en janvier et février. Chambres doubles avec douche et w.-c. à 48,79 € (320 F), petit déjeuner compris. Dans un chouette et paisible endroit. 4 chambres au calme dans un immense vieux moulin bercé par les eaux de l'Ill. Ambiance à la fois authentique et feutrée. Accueil agréable. La Suisse n'est qu'à 12 km d'Oltingue. Apéritif maison ou café offert sur présentation de votre *Guide du routard* de l'année.

🛏 |O| *Hôtel-restaurant Aux Deux Clefs :* 218, rue Hennin-Blenner, 68480 Moernach. ☎ 03-89-40-80-56. Fax : 03-89-08-10-47. 🍴 pour le restaurant. Fermé le mercredi soir et le jeudi ; congés annuels pendant les vacances scolaires de février, 15 jours en novembre et une semaine en été. De 36,59 à 39,65 € (240 à 260 F) la nuit en chambre double avec douche et w.-c. ou bains. Menu à 8,38 € (55 F) le midi en semaine ; autres menus de 14,48 à 38,11 € (95 à 250 F). C'est du chic à prix très raisonnables, le genre d'adresse qu'on apprécie beaucoup. Déco sophistiquée : nappes en tissu, verres en cristal, tables de bois et sol entièrement parqueté. Dans les cuisines, le chef prépare carpe frite, truite, feuilleté aux champignons, et bien d'autres plats de terroir cuisinés avec finesse. Chambres douillettes, propres et sympathiques, et d'un fort bon rapport-qualité prix. Évitez toutefois la n° 1 : elle est au-dessus d'une chaufferie bruyante. Excellente étape pour rayonner dans la partie sud de la région. Apéritif maison offert sur présentation du *Guide du routard* de l'année.

🛏 |O| *Auberge et Hostellerie Paysanne :* 24, rue de Wolschwiller, 68480 Lutter. ☎ 03-89-40-71-67. Fax : 03-89-07-33-38. Fermé le lundi toute l'année et le mardi midi de mi-novembre à fin février ; congés annuels deux à trois semaines fin février et 10 jours début juillet. Chambres doubles de 47,26 à 98,60 € (310 à 450 F) avec douche et w.-c. ou bains. Menus de 8,38 à 35,06 € (50 à 230 F). Bonne auberge de campagne comme on les aime, avec des fleurs aux fenêtres, mais sans colombages cette fois. Au restaurant, cuisine traditionnelle savoureuse : foie gras de canard maison et gelée au tokay d'Alsace, rognons de veau poêlés, sauce à la moutarde à l'ancienne et *spätzle* au fromage blanc. Quelques chambres dans l'auberge. Distincte de l'auberge, l'*Hostellerie Paysanne* est une authentique ferme sundgauvienne du XVIIe siècle (cette fois avec colombages !), à la sortie du village, avec des chambres plus confortables encore. Repos complet face aux champs bien verts et aux collines boisées autour de Lutter. Café offert aux porteurs du *Guide du routard* de l'année le signalant à la commande.

À voir. À faire

Cet adorable village est vraiment tout petit. Il se visite donc à pied. Place Mazarin (le cœur de Ferrette), laisser sa voiture et monter (et pour monter, ça monte !) vers le château en empruntant une rue bordée de vieilles maisons.

★ *L'église :* très beau clocher, nef néo-gothique et chœur classés Monuments historiques.

★ *La rue du Château :* mène à la mairie et au château. Nombreuses et belles maisons (quelques-unes seulement avec colombages) adossées aux rochers de la colline. Plein de détails intéressants à observer : puits, portes, petits jardins ou façades des maisons. Au n° 34, juste avant la mairie, ne pas manquer la façade vert sombre du ferblantier E. Dietlin avec son morceau de tuyau de poêle accroché au-dessus de l'entrée.

★ *L'hôtel de ville :* l'une des plus belles demeures de Ferrette, située en haut de la rue du Château. Construit en 1572, il abrite un petit musée local. Sur la façade, les armoiries du comté de Ferrette représentent deux poissons (des bars) dos à dos, tandis que sur une des fenêtres, celles des Habsbourg (les anciens propriétaires du Sundgau) montrent un aigle à deux têtes (symbole de domination impériale...).

★ *La place des Comtes :* quelques mètres après l'hôtel de ville, une petite place de la ville haute, ombragée de tilleuls, arbres de la Liberté plantés en 1830 et 1848 (vive la Révolution !).

★ *Les ruines du château :* au sommet d'un éperon rocheux surplombant le petit village. On y accède à pied par un chemin où le pavage de pierre de la Renaissance est toujours visible. Mentionné pour la première fois en 1100, ce nid d'aigle fut détruit lors de la guerre de Trente Ans (au XVIIe siècle). On y voit les restes d'un corps de garde taillé dans le roc, un puits, et la façade de l'ancienne demeure seigneuriale. Superbe vue sur la vallée. Des ruines, un sentier balisé par le Club Vosgien mène à la grotte des Nains (30 mn de marche, aller seul).

➤ *DANS LES ENVIRONS DE FERRETTE*

À voir. À faire

★ *Le musée des Amoureux et du Patrimoine sundgauvien :* 68480 **Werentzhouse.** Renseignements au secrétariat de la mairie : ☎ 03-89-40-50-47. Ouvert tous les 1ers dimanches du mois, de 14 h à 18 h ; sinon, visite sur rendez-vous. Cette minuscule maison rose (évidemment...), nichée au cœur du village, abrite ce qui est sûrement un des plus petits musées du monde. Créé par des passionnés du village, il expose une foule d'objets qui représentent des couples amoureux (en tout bien tout honneur !) : 30 000 cartes postales (les plus anciennes datent de la fin du XIXe), des faïences, terres cuites et quelques centaines d'objets en forme de cœur. Inévitablement un peu kitsch mais étonnant sinon attendrissant. Également une belle collection de photos anciennes du Sundgau (environ 17 000) agrandies au format A4.

➤ *Randonnées pédestres :* une douzaine de balades balisées par le Club Vosgien au départ de Ferrette. Durée variable des promenades, de 20 mn à 5 h. On peut ainsi se rendre à pied à la grotte des Nains (30 mn), faire le tour du Rossberg (20 à 30 mn selon le point de départ), pousser jusqu'à Lucelle et la frontière suisse par le Kastelberg et la ferme des Ébourlettes (4 h 30). Plus on approche de la frontière et plus les paysages deviennent encaissés et sauvages. Avant de partir, se procurer à l'office du tourisme de Ferrette la brochure *Promenades et randonnées sur les sentiers du Jura alsacien,* ainsi que la carte IGN/Club Vosgien au 1/50 000 du Sundgau. Elle coûte un peu plus de 8 € (53 F), mais elle est indispensable aux randonneurs car tous les sentiers et les balises colorées y sont méticuleusement indiqués.
Notre coup de cœur ? Eh bien ! sans doute la forêt domaniale de Saint-Pierre-Lucelle avec ses formidables échappées lointaines sur une Suisse si proche pourtant. Allez-y au printemps ou à la fin de l'été, c'est magnifique !

LA PETITE CAMARGUE

BALADE ENTRE FERRETTE ET LA SUISSE

Comme on vous l'a déjà annoncé, voici notre coin favori, notre morceau de carte préféré, une sorte de bout du monde (encore un) encaissé et plus sauvage que le reste du Sundgau. Avec des collines couvertes de forêts où les prés et les champs occupent les lisières, tandis que les villages se blottissent dans les creux des vallées.
– Partir de Ferrette, gagner Moernach puis Liebsdorf par la D473. Les paysages ressemblent de plus en plus à la Suisse, bien peignés, soigneusement arrangés, coquettement sereins.
Par les villages de Courtavon, Levoncourt, Oberlag et Winkel, rejoindre Lucelle à la frontière suisse.

★ *Lucelle (68480) :* la plus petite commune du Haut-Rhin, coupée en deux par la frontière dont on se demande toujours (sauf à avoir le nez sur une carte routière) où elle passe exactement. Rien de particulièrement merveilleux hormis le site très encaissé et boisé. Un site du bout du monde, où se tenait autrefois une puissante abbaye cistercienne, fondée par des disciples de Bernard de Clairvaux (décidément, ce moine génial avait des filiales dans toute l'Europe...). Il en reste quelques vestiges : l'ancienne hostellerie (aujourd'hui centre familial de vacances), des écuries, granges, remises, une forge transformée en chapelle, et des jardinets aménagés en terrasses. Si vous avez un compte (bien garni) dans une banque suisse, profitez-en, c'est de l'autre côté, juste en face de Lucelle...

★ *La vallée de la Lucelle :* très belle route sauvage longeant la rivière au fond d'une vallée très boisée. Au Moulin-Neuf (à 6 km de Lucelle), Neumühle en Suisse alémanique, prendre à gauche la route de Kiffis qui monte sur les collines. Puis rejoindre Lutter, en faisant un arrêt en route pour admirer la vue.

★ *Oltingue (68480) :* à 7 km à l'est de Ferrette, un village entouré de champs et de collines douces. On est sorti de la partie « montagnarde » du Sundgau. Il faut visiter le *Musée paysan*, installé dans une maison du XVIe siècle. ☎ 03-89-40-79-24. Du 15 juin au 30 septembre, ouvert les mardis, jeudis et samedis de 15 h à 18 h, et le dimanche de 11 h à 12 h et de 15 h à 18 h ; du 1er octobre à fin décembre et du 1er mars au 14 juin, ouvert le dimanche uniquement (sauf les deux dimanches avant Noël), de 14 h à 17 h. Fermé en janvier et février. Entrée : 1,83 € (12 F) ; pour nos lecteurs porteurs du *Guide du routard* de l'année : 1,52 € (10 F).
Dans la mignonne église *Saint-Martin-des-Champs*, à l'écart du village comme son nom l'indique, les dalles de la nef sont ouvertes sur des tombes ancestrales découvertes lors de récentes fouilles.
Jeter aussi un œil à l'église du village qui abrite des orgues Callinet avec ses tours du XIVe siècle. Rendre également visite au dernier sabotier de la région.

DANS LA PLAINE D'ALSACE

LA PETITE CAMARGUE

Le long du Rhin, une réserve naturelle de 130 ha qui s'étend entre Saint-Louis (où, si l'on a décidé de visiter Bâle, on prendra soin de garer sa voiture, voir le *GDR Suisse*) et Rosenau. Forêts humides, prairies sèches riches en orchidées, roselières ont été classées en 1982. Les oiseaux ont l'air de trouver l'idée bonne. Mais n'y cherchez pas de chevaux... On n'est pas vraiment en Camargue ! La découverte se fait évidemment à pied (lire ci-dessous).

Adresse utile

■ *Centre d'initiation à la nature de l'Au :* 1, rue de la Pisciculture, 68300 Saint-Louis. ☎ 03-89-89-78-59. Ouvert d'avril à fin octobre les mercredis, jeudis, vendredis et samedis de 13 h 30 à 19 h, le dimanche et les jours fériés de 9 h 30 à 12 h 30 et de 13 h 30 à 19 h. Accès en un quart d'heure depuis le parking du stade de l'Au, à Saint-Louis. Installé dans une croquignolette maison de bois, très villa balnéaire, à l'emplacement où fut créée la première pisciculture d'Europe en 1853. Toutes les infos sur la réserve. À côté, dans un bâtiment de l'ancienne pisciculture impériale, exposition *Mémoire du Rhin*.

Randonnée pédestre

➤ *La Petite Camargue alsacienne :* 3 km, 1 h 30 aller et retour sans les arrêts. Panneaux indiquant la réserve naturelle au départ de Saint-Louis, puis rue de la Pisciculture et parking du Centre d'initiation à la nature de l'Au, puis 300 m à pied. Balisage : panneaux du circuit du Grand Marais matérialisés par une rainette. Topoguide et carte : s'adresser au Centre d'initiation à la nature de l'Au (voir « Adresse utile »).
Implanté sur un bassin de pisciculture du Second Empire, ce site sauvage est l'un des exemples les plus intéressants des zones humides du Ried alsacien.
Après avoir laissé votre voiture au parking, parcourez les quelques centaines de mètres à pied à travers le sous-bois à roselière qui longe le canal de Huningue. Restez sur le chemin pour ne pas déranger les oiseaux ni marcher sur les plantes. Les observations de la faune et de la flore décrites sur les panneaux dépendent du temps, de la saison ou du moment de la journée. Les hérons ne sont quand même pas au garde-à-vous sur votre passage !
Avant d'entreprendre le tour du Grand Marais (16 ha), montez à la tour d'observation. Vous verrez la Forêt-Noire, le Rhin et les maisons de Rosenau. *Au* signifie « terre humide ». Tout un parcours à effectuer de préférence tôt le matin ou en soirée. En dix stations, vous pourrez observer les saules dont les creux abritent les pics, les mésanges et les chouettes. Le passage des sangliers, des chevreuils et des renards se laisse deviner dans les trouées des roseaux ou « phragmites » du Grand Marais. Le grand épi brun de la massette tente le bruant des roseaux. Ne pas effrayer la libellule déprimée qui se cache sur les tiges de carex de la petite mare. La lande ou « heid » se couvre d'anémones pulsatilles violettes en avril et d'asters amelles à l'automne. Les passereaux, eux, préfèrent la berge du canal pour trouver leur F2... Ça n'arrête pas, dans la cité sauvage du Grand Marais. Le retour se fait par le sentier botanique.

NEUF-BRISACH (68600) 2 220 hab.

Quelle drôle de ville ! On dirait presque une image de synthèse, création obscure qu'on pourrait découvrir sur Internet... Elle aurait pour seul fondement...

la défense de la frontière. Neuf-Brisach est une sorte d'« étoile de mer pétrifiée », entourée d'énormes remparts et de fossés ceinturant un cœur où toutes les rues se coupent à angle droit. Construite par Vauban entre 1698 et 1702 sous les ordres de Louis XIV qui venait de perdre Breisach (aujourd'hui allemande), la seule ville octogonale de France est à deux pas du Rhin. Le poète Guillaume Apollinaire, qui passait dans les environs au début du XXe siècle, a bien résumé l'étrange atmosphère qui règne dans les parages : « Sur le chemin du bord du fleuve lentement, / Un ours un singe un chien menés par des tziganes, / Suivaient la roulotte traînée par un âne, / Tandis que s'éloignait dans les vignes rhénanes, / Sur un fifre lointain un air de régiment ».

Neuf-Brisach a connu un passé bien sombre : lorsqu'elle fut construite, personne ne voulut y vivre. Louis XIV ordonna qu'on brûle un village voisin, rien n'y fit. Il dut se résoudre à envoyer des bourgeois de Paris, moyennant quelque somme, et beaucoup de militaires. Touchée par la peste à maintes reprises, la ville ne peut aujourd'hui s'ouvrir sur l'extérieur (Vauban avait trop bien fait son boulot en imaginant ces fortifications!). Elle a été presque entièrement détruite pendant la Seconde Guerre mondiale et a perdu de son charme. Le plus impressionnant ici, c'est la forme de la ville, œuvre du célèbre architecte.

Flânez dans les rues quadrillées, humez cet air étrange. Ici, les passionnés d'histoire sont servis!

L'atout de Neuf-Brisach (autrefois cité défensive) est aujourd'hui sa situation propice à l'ouverture européenne avec sa voisine d'en face, Breisach. Cette ville allemande n'est qu'à deux pas, et il n'y a plus vraiment de frontière. N'hésitez pas à faire ce petit saut (quel plaisir d'imaginer qu'on peut aller en Allemagne si facilement!) pour découvrir, dans la vieille ville, de jolis monuments tels que la porte du Rhin et la cathédrale Saint-Stéphane. Plus monumental encore : ce je-ne-sais-quoi d'allemand qui règne... en Allemagne!

Adresse utile

ℹ️ Office du tourisme : palais du Gouverneur, 6, pl. d'Armes. ☎ 03-89-72-56-66. Fax : 03-89-72-91-73. En juillet et août, ouvert du lundi au samedi de 8 h à 12 h et de 14 h à 18 h (17 h le samedi), et le dimanche de 9 h à 13 h; hors saison, du lundi au vendredi de 8 h à 12 h et de 14 h à 18 h et le samedi de 9 h à 12 h. Dynamique et compétent. Doc complète sur la ville, son histoire, les hébergements (campings et hôtels). Plan détaillé de la ville, tour des remparts à pied, visites guidées (les jeudis à 14 h 30 en été) et circuit à VTT. Accueil chaleureux, ouvert et serviable.

Où dormir? Où manger?

🏠 ⦿ Hôtel-restaurant Aux Deux Roses : 11, route de Strasbourg. ☎ 03-89-72-56-03. Fax : 03-89-72-90-29. ⚑ Fermé le dimanche hors saison. Chambres doubles de 27,44 à 36,13 € (180 à 237 F) avec douche et w.-c. ou bains. Hôtel familial dans une rue calme du centre. Les salles de bains sont toutes jaune et blanc, ce qui donne une touche ensoleillée fort sympathique à la toilette (de quoi se mettre de bonne humeur!). Petit déjeuner servi dans une grande salle rose. Accueil irréprochable. Deux petits déjeuners gratuits à partir de la 2e nuit en chambre double ou un petit déjeuner gratuit à partir de la 2e nuit en chambre simple offert sur présentation du *Guide du routard* de l'année.

⦿ La Petite Palette : 16, rue de Bâle. ☎ 03-89-72-73-50. ⚑ Dans la ville intra-muros. Fermé le dimanche soir, le lundi et le mardi soir; congés annuels les trois premières semaines d'août. Menus de 10,37 € (68 F) le midi en semaine, à 38,11 € (250 F). Dans un décor assez sympathique, une fine cuisine à prix doux réalisée par un jeune chef passionné qui a gagné le prix « Talents 1993 Veuve Cliquot ». Ça veut tout dire ! Menu à thème tous les mois.

Plats de tradition (choucroute maison ou tête de veau) ou jolies petites idées de saison comme le mille-feuille croustillant de Saint-Jacques au jus de truffe, la salade de joue de porc lentilles vertes et foie gras ou le filet de sandre sur choucroute. Sur présentation du *Guide du routard* de l'année, café offert.

Où dormir ? Où manger dans les environs ?

🏠 🍽 *Auberge d'Artzenheim* : 30, rue du Sponeck, 68320 Artzenheim. ☎ 03-89-71-60-51. Fax : 03-89-71-68-21. À 11 km au nord de Neuf-Brisach. Parking gratuit. Fermé le dimanche soir, le lundi et le mardi soir ; congés annuels de mi-février à mi-mars. Chambres doubles de 41,92 à 44,97 € (275 à 295 F) avec douche ou bains et TV. Menus de 18,29 à 54,12 € (120 à 355 F). Dans un village de la plaine (le Ried), non loin du Rhin (2 km), où il n'y a rien à faire le soir venu. Adresse idéale, donc, pour week-end en amoureux. Grande cour intérieure où une grange abrite une collection de vieux outils et un joli jardin. Les chambres sont celles d'une auberge de campagne, coquettement arrangées et intemporelles : papier peint discrètement fleuri et meubles peints. D'un bon rapport qualité-prix comparé à certains voisins de la route des Vins... Changement d'univers au resto. Très belle salle, lumineuse et élégante. Service impeccable, très pro sans être coincé (l'ambiance générale de la maison reste d'ailleurs très familiale). Belle cuisine, fraîche et adroite, de terroir mais avec une once de personnalité : foie d'oie poêlé aux prunes, choucroute aux écrevisses, rognons de veau à la moutarde. Les prix s'envolent un peu à la carte mais les premiers menus restent raisonnables. Riche carte des vins. Café offert sur présentation du *Guide du routard* de l'année.

À voir. À faire

★ *L'église Saint-Louis :* du XVIIIe siècle, reconstituée en 1954 et 1975.

★ *La promenade des Remparts :* c'est la façon la plus agréable (et instructive) de découvrir cette étrange forteresse militaire. Aménagée et facile à faire, la balade à pied dure une bonne heure, en marchant sans se presser (2,4 km pour le tour complet). Admirer tout d'abord l'énorme enceinte de la fin du XVIIe siècle, constituée par des murs hauts de 5 m, épais de 4,50 m à leur base (on ne plaisantait pas avec la défense à l'époque !). Plusieurs bastions fortifiés ponctuent la ligne des remparts, qui est doublée par un très large fossé.
La partie la plus intéressante se situe entre la porte de Colmar et la porte de Belfort, toutes deux construites sur des plans de Mansart vers 1700. Non seulement il fallait défendre la ville contre les Allemands, mais il fallait aussi que le « monstre » de pierre ait l'élégance de son temps.

★ *Le musée Vauban :* 7, pl. de la Porte-de-Belfort. ☎ 03-89-72-56-66 (office du tourisme). Ouvert du 1er avril au 31 octobre tous les jours sauf le mardi, de 10 h à 12 h et de 14 h à 17 h. Fermé le reste de l'année. Entrée : 2,29 € (15 F) ; enfants de 10 à 18 ans : 1,52 € (10 F). À voir impérativement si vous vous intéressez à l'histoire de France, et particulièrement à l'art militaire et défensif du Grand Siècle. On y trouve une série de plans, manuscrits, dessins, gravures et photos évoquant en détail la construction de Neuf-

Brisach et les techniques utilisées. Le clou du musée : le plan-relief de la forteresse.

★ *La Roue scénique et le Chemin des Étoiles* (*Radbühne* et *Sternenweg*, en allemand) *:* pl. de la Porte-de-Colmar. Sous cet intitulé fantastique se cachent une grande roue de 8 m de haut intégrée dans une tour bastionnée des fortifications et un ensemble de plusieurs instruments à sons, centré sur une sculpture en grès.
Ces immenses sculptures mobiles ne sont pas une machine infernale, ni un gadget pour gagner la planète Mars (dommage !), mais un objet farfelu et sympathique destiné à produire un effet de « symphonie spatiale ». Des artistes accompagnent le mouvement en dansant et en récitant des textes. Ces pièces uniques fonctionnent en juillet, août et septembre le dimanche de 14 h à 18 h, le 1er mai, le dernier week-end du mois de juin et pendant les journées du Patrimoine.

➤ *DANS LES ENVIRONS DE NEUF-BRISACH*

★ *Le musée de l'Instrumentation optique :* le Capitole, pl. de la Mairie, 68600 **Biesheim.** ☎ 03-89-72-01-59. À 3 km au nord de Neuf-Brisach. Ouvert du mercredi au dimanche de 14 h à 18 h sauf le jeudi de 9 h à 13 h. Fermé les jours fériés et du 24 décembre au 2 janvier. Entrée : 3,05 € (20 F) ; pour les porteurs du *Guide du routard* de l'année, entrée à 2,29 € (15 F). Amateur d'astronomie, de sciences naturelles et de cartes de navigation maritime, ce musée est pour vous. Il présente une collection de plus de 400 instruments optiques anciens : lunettes astronomiques de la fin du XIXe siècle, microscopes du siècle des Lumières, sextant en ébène et en ivoire (l'utile était beau en ce temps-là...) et plein d'autres petits chefs-d'œuvre de technique et de finition artistique (faits avec des matériaux nobles).

★ *Le Musée gallo-romain :* à **Biesheim** (*68600*), dans la même enceinte que le musée de l'Instrumentation optique. ☎ 03-89-72-01-58. Mêmes horaires que le précédent. Entrée : 2,29 € (15 F) ; demi-tarif enfants jusqu'à 16 ans et étudiants. Créé en 1990, ce musée regroupe des pièces extraites exclusivement d'une agglomération romaine mise au jour au nord de la ville. Pour nos amis gratteurs de terre, on retiendra les objets liés à la présence militaire sur le site, aux rites funéraires ou encore à la vie domestique. Les passionnés resteront béats devant la pièce maîtresse du musée : une intaille en agate rouge d'une qualité de gravure exceptionnelle, représentant l'empereur Commode (non, ce n'est pas à lui que l'on doit le célèbre meuble...).

À faire

Circuit à VTT : une superbe balade sur les petites routes du Ried, entre Neuf-Brisach, le Rhin et la forêt de la Hardt. Durée : 1 journée pour faire 48 km sur un terrain plat et facile. Informations détaillées et prospectus avec l'itinéraire à l'office du tourisme.

LES VOSGES

COMMENT Y ALLER?

PAR LA ROUTE

> *De Paris, autoroute A4 :* la fameuse autoroute de l'Est, qui a la réputation d'être l'une des plus chères de France. Sortir de Paris par la porte de Bercy. À Metz, prendre la direction de Nancy par la A31. Prendre ensuite la N57 à quatre voies jusqu'à Épinal. À partir de Metz, la route est gratuite.

> *De Dijon, autoroute A31 :* en venant de Dijon, la 1re sortie vosgienne se trouve à Bulgnéville. Vittel n'est qu'à 12 km. La 2e sortie, à hauteur du village de Mannecourt, permet de rejoindre Neufchâteau.

> *De Strasbourg :* rejoindre Sélestat par la N83. Prendre ensuite la N59, en direction de Saint-Dié. Vous passerez ainsi les 6 872 m du tunnel de Sainte-Marie-aux-Mines (payant). Il évite de prendre la très belle mais très sinueuse route du col de Sainte-Marie.

EN TRAIN DE PARIS

Pour les Vosges, départ de la *gare de l'Est.* Renseignements SNCF : ☎ 08-92-35-35-35 (0,34 €/mn, soit 2,21 F).

> *Paris-Épinal :* un train direct par jour (départ de Paris à 16 h 19, arrivée à Épinal à 20 h 30). Sinon, 7 trains par jour avec un changement à Nancy. Compter au moins 3 h 40 de voyage.

> *Paris-Saint-Dié :* 6 aller-retour quotidiens en moyenne, avec un changement à Nancy (4 h de trajet environ).

> *Paris-Vittel :* 3 aller-retour quotidiens en moyenne, avec un changement à Nancy. Compter au moins 4 h 30 de trajet.

EN AVION DE PARIS

✈ *Aéroport Épinal-Mirecourt :* ☎ 03-29-37-01-99. 2 aller-retour par jour du lundi au vendredi au départ de Paris-Orly avec Air France (☎ 0820-820-820).

EN BATEAU

La branche sud du canal de l'Est traverse les Vosges du nord au sud et relie les ports d'Épinal, Charmes et Fontenoy à la Moselle vers la mer du Nord.

COMMENT CIRCULER DANS LES VOSGES?

Le TER

Avec le TER, la SNCF et le conseil régional de Lorraine vous proposent un service de trains et de cars desservant un grand nombre de points d'arrêts afin de vous permettre de découvrir les principaux sites touristiques.

Les principales lignes du réseau TER dans les Vosges

– Nancy - Épinal - Remiremont, avec une desserte routière vers la Bresse et Bussang.
– Nancy - Saint-Dié-des-Vosges.
– Épinal - Saint-Dié-des-Vosges.
– Nancy - Vittel - Contrexéville.
– Épinal - Mirecourt - Vittel - Contrexéville.

Pour tous renseignements

– *Internet :* • ter.sncf.fr •
– *Ligne directe :* ☎ 08-92-35-35-35 (0,34 €/mn, soit 2,21 F).
– *Minitel :* 36-15, code TER (0,15 €/mn, soit 1 F).

GÉNÉRALITÉS

On ne connaît généralement des Vosges que la « ligne bleue », le miel, les sapins, voire les sucs. Des images dignes de leur capitale, Épinal... Couvertes de forêts et de brumes propices à exciter l'imagination, les Vosges sont une terre de légendes. Il n'y manque même pas la fameuse bête ! N'oublions pas que Jeanne d'Arc y naquit (de la bergère au loup, il n'y avait qu'un pas)... Deuxième département le plus boisé de France (après les Landes), les Vosges se présentent avant tout comme un paradis naturel. Certains les ont d'ailleurs surnommées, non sans raison, « le Canada français » ! Peu d'endroits proposent à la fois un air aussi pur, des eaux aussi vitalisantes (Vittel, Contrex...) et des forêts aussi belles.

En ces temps de retour aux sources, voilà une destination rêvée, avec ses lacs, ses petites routes de montagne, ses hautes chaumes et ses tourbières. Pourtant, malgré le succès croissant du département, les fous de neige continuent à ne jurer que par les Alpes et les traqueurs de pittoresque par l'Alsace. Tant mieux pour la tranquillité ! Les Vosges, c'est l'anti-tourisme de masse : du ski sans frime, des randonnées sans rangs d'oignons et du folklore sans chlore. On y sort vite des sentiers battus. Pour découvrir une faune unique (le lynx, le grand tétras...), une flore étonnante (des plantes carnivores !), mais aussi une gastronomie paysanne on ne peut plus authentique (fumé, toffaille, omelette au lard), des coutumes qu'on croyait disparues (le schlittage, les sabotiers), une population pleine de sagesse et des personnalités locales taillées dans le sapin. Car ici, tout vient du bois. Âme vénérable des Vosges, il a façonné ses paysages et ses habitants.

CARTE D'IDENTITÉ

- *Superficie :* 5 874 km²
- *Préfecture départementale :* Épinal
- *Sous-préfectures :* Saint-Dié et Neufchâteau
- *Population :* 380 952 habitants
- *Densité :* 64 hab./km²

Adresses utiles

🛈 *Comité départemental du tourisme des Vosges :* 7, rue Gilbert, BP 332, 88008 Épinal Cedex. ☎ 03-29-82-49-93. Fax : 03-29-64-09-82.

LES VOSGES / GÉNÉRALITÉS

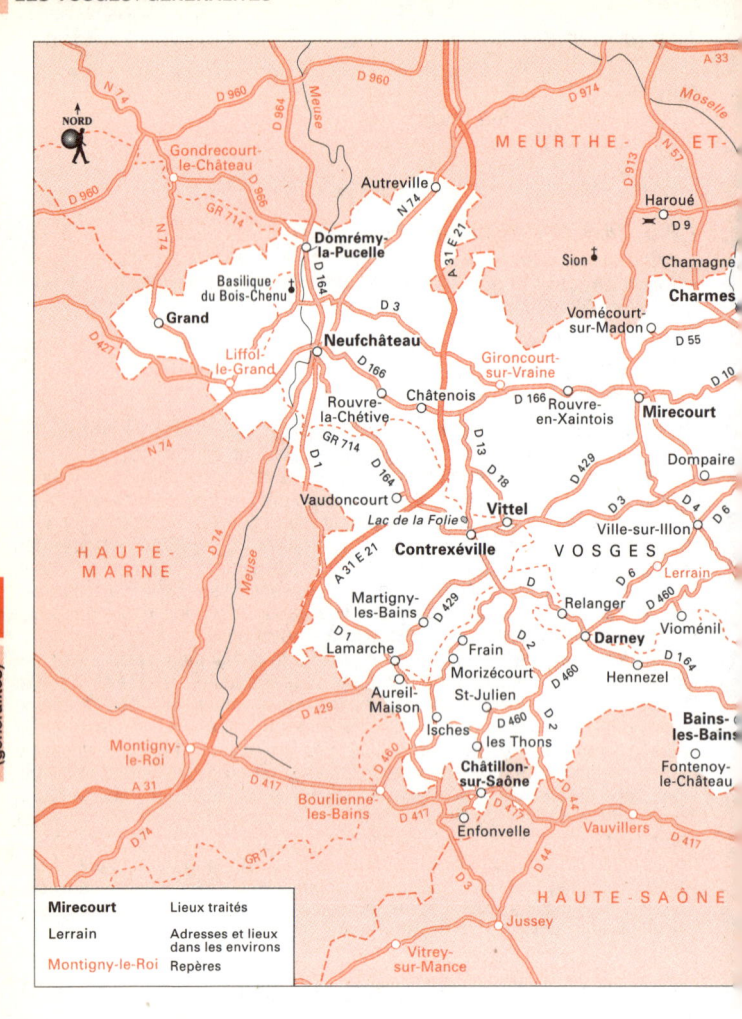

- tourismevosges@wanadoo.fr -
Ouvert toute l'année du lundi au vendredi de 9 h à 12 h et de 13 h 30 à 17 h 30. Compétent et bien fourni en documentation. Toutes les infos sur l'hébergement, les activités sportives, etc.

■ *Maison de la Lorraine :* 2, rue de l'Échelle, 75001 Paris. ☎ 01-44-58-94-00. Fax : 01-44-58-94-17.
- maisondelalorraine@wanadoo.fr -
Ouvert le lundi de 10 h à 18 h, du mardi au vendredi de 9 h 30 à 18 h 30 et le samedi de 10 h à 13 h et de 14 h à 18 h. En août, ouvert du lundi au vendredi de 10 h à 18 h. Informations et documentations diverses sur le département des Vosges ; expositions temporaires sur les spécialités lorraines.

■ *Maison d'Alsace-Bureau des Vosges :* 39, av. des Champs-Élysées, 75008 Paris. ☎ 01-53-83-10-00 et 01-42-56-15-94. Fax : 01-45-63-84-08 et 01-42-25-92-61. Ouvert du lundi au vendredi de 9 h à 19 h et le samedi (sauf juillet et août) de 11 h à 17 h.

LES VOSGES

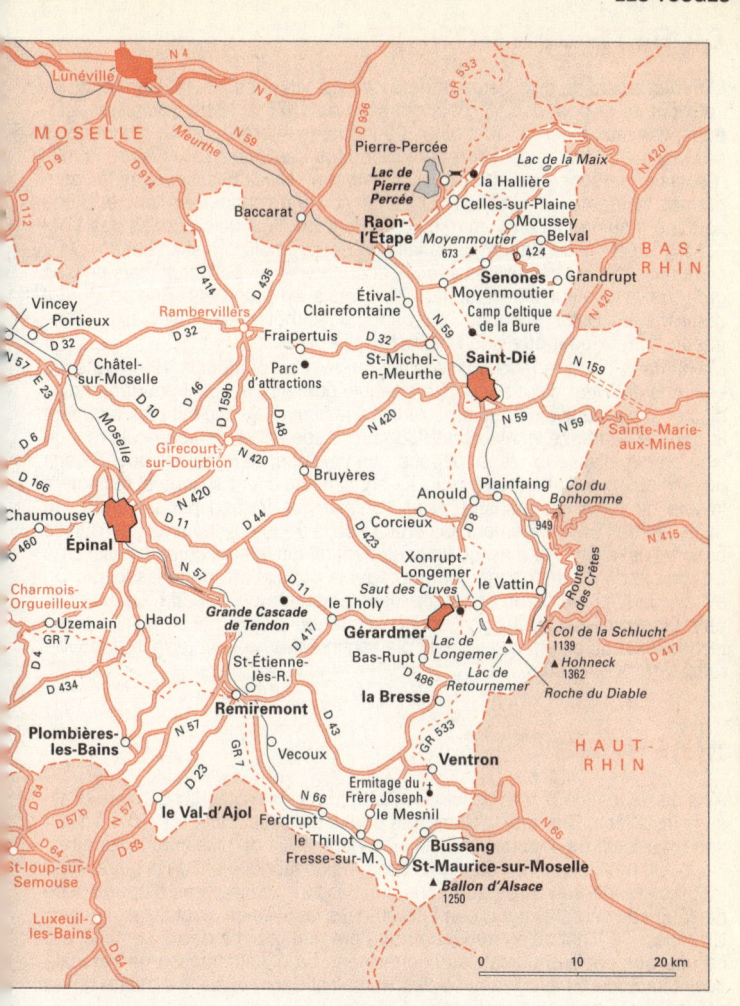

LES VOSGES

- **Relais départemental des Gîtes de France :** 13, rue A.-Briand, BP 405, 88010 Épinal Cedex. ☎ 03-29-35-50-34. Fax : 03-29-35-68-11. • www.gites-de-france.fr
- **Association des fermes-auberges des Vosges :** Chambre d'agriculture, 17, rue A.-Vitu, 88026 Épinal Cedex. ☎ 03-29-29-23-23. Fax : 03-29-29-23-60. • cda-88.sg@wanadoo.fr
- **Club Vosgien :** voir plus loin dans la rubrique « Randonnées ».
- **Comité départemental du tourisme équestre :** Le Mas de l'Écluse, 1, rue de l'Usine, 88220 Uzemain. ☎ 03-29-30-73-50 (Mme Marie Vandekerkhove). Fax : 03-29-30-70-48. • mas.ecluse@wanadoo.fr • Envoi du Guide des Vosges à cheval sur demande et tout renseignement.
– Se reporter aussi à la rubrique « Avant le départ » des « Généralités » sur l'Alsace.

LES VOSGES (généralités)

LA BÊTE DES VOSGES

L'un des sujets de discussion préféré des autochtones. Ici, tout le monde se souvient de la bête des Vosges, qui sévit de 1977 à 1988. Poulaillers attaqués, chevaux blessés, au moins 200 moutons égorgés, on ne compte plus ses victimes... Un loup? Un renard? Un chat sauvage? Un mystère jamais résolu car personne n'a pu apercevoir la bête... Ni les chasseurs, ni les gendarmes, ni même les militaires! Elle a fait couler du sang et de l'encre. D'une certaine manière, ici on s'en réjouit : « Pour une fois qu'on parlait des Vosges! ». Le comique Vanony en a fait l'un de ses meilleurs sketches : « On a dit que c'était une bête rouge avec la queue verte, un petit chat mais en plus gros, de la couleur d'un éléphant rose mais en plus petit, Brigitte Bardot déguisée en bébé phoque... ou une grosse bête noire avec une petite queue : ça ne peut être que le curé! »

Maintenant, il y a le loup des Vosges, apparu au printemps 1994 dans les environs de Vittel. Tout aussi insaisissable que la bête, il est pourtant moins discret : un naturaliste amateur a réussi à le filmer. Le loup fait régulièrement la une de la presse locale : il attaque un troupeau de moutons puis mange cinq brebis, blesse un veau, dépèce une pouliche, et remet le couvert dans un coin où on ne l'attendait pas... Les agriculteurs crient au loup et réclament la tête du fauve sanguinaire. Mais l'animal est protégé par un arrêté du ministère de l'Environnement. On charge de la traque dix hommes de l'Office national de la Chasse ainsi qu'un lieutenant de louveterie, corps spécial créé à l'époque de Charlemagne pour protéger la population contre les loups. On essaie de l'appâter avec une belle louve originaire du Canada. Ça ne colle pas. On en déduit qu'il s'agit donc... d'une louve! On pense qu'elle a été lâchée volontairement par un petit plaisantin. Mais qui a enterré la dépouille retrouvée début 1995 ?

BOISSONS

Avis de décès : la bière vosgienne n'est plus ou presque. La dernière brasserie installée à Charmes a fermé ses portes dans les années 1970. La tradition brassicole du département était pourtant vieille de plusieurs millénaires. Depuis le néolithique, les habitants de la région fabriquaient de la bière. Rien à voir cependant avec ce que nous connaissons. Il s'agissait d'une espèce de soupe de céréales bouillie et fermentée, à laquelle on ajoutait des herbes. Un régal! Ce n'est qu'au début de notre ère que la bière devint semblable à ce que nos papilles gustatives connaissent. La consommation de cervoise devint immodérée avec l'arrivée des Romains. Sacré Jules, il a même rendu nos ancêtres gaulois alcooliques.

Au XIIIe siècle, le houblon entre dans la fabrication de la bière qui fut dès lors un concurrent sérieux du vin. Il faudra cependant attendre le début du XIXe siècle pour que l'activité brassicole s'affranchisse totalement des contraintes de l'agriculture. Les petites brasseries rurales fleurissent alors dans toute la région. Au début du XXe siècle, la Lorraine est la première productrice de bière en France. Dans les Vosges, la réputation de la bière locale n'est plus à faire...

Impossible aujourd'hui d'en profiter! Charmes a perdu ses grandes brasseries et ne sait que faire de cet immense ensemble en plein cœur de la ville. La statue de saint Arnould, le patron des brasseurs, veille toujours sur les murs de l'usine ; mais celui-ci n'a pas empêché le désastre. C'est pourtant ici qu'est née la célèbre Kanterbräu et que le saint aurait multiplié les chopes (le contenant, pas le contenu!). Le fils du Grand Patron était plutôt spécialisé dans les petits pains et la transformation de l'eau en vin! Des nombreuses brasseries vosgiennes, il ne reste que les murs, et encore. Et on a du mal à imaginer comment une activité de cette importance a pu être rayée aussi facilement du panorama économique de la région. La passion a cependant permis la conservation presque intacte d'un site. Ville-sur-Illon abrite aujourd'hui le musée de la Brasserie vosgienne, l'un des rares de France uniquement consacrés à la bière.

À part ça, il y a du vin dans les Vosges, eh oui! Les premières vignes furent plantées pendant la guerre de 1914 (fallait bien se donner un peu de courage). 300 producteurs se partagent les quelque 70 ha de vignes existantes, essentiellement au nord et au sud-ouest du département. Seulement, ce vin n'est pas aux normes européennes et ne peut donc être commercialisé... Il est question de relancer tout cela, avec une appellation contrôlée.

En attendant, la boisson spécifiquement vosgienne est la *goutte*! On en fait à toutes les sauces, enfin, à tous les fruits : prune, quetsche, framboise, etc. Mais la reine incontestée est la mirabelle. Une invitation à la maison sans mirabelle, ça ne se fait pas, parole de Vosgien. Avoir l'estomac bien accroché!

CUISINE

Outre les plats bien lorrains (quiche, potée), on trouve des spécialités exclusivement vosgiennes comme le *fumé* (palette). Les ingrédients fondamentaux de la cuisine locale sont les pommes de terre et le lard.

Les patates se servent traditionnellement façon grand-mère (en robe des champs), avec de la crème fraîche ou du fromage blanc aux fines herbes, ou bien à l'étouffée avec lardons, saindoux et oignons (on appelle ça *toffaille* ou *toffâye*), voire en beignets (les *râpailles*)...

Le lard se retrouve partout : dans la quiche, bien sûr, mais aussi dans les omelettes (fameuses), la salade (vosgienne), les soupes, ou simplement grillé sur des tartines. Une vraie « assiette vosgienne » (entrée constituant un plat à elle seule) comprend donc du lard, du jambon fumé, un peu de salade du jour, des pommes de terre à la crème et du munster. C'est simple, c'est bon et c'est consistant : normal sous ces climats de montagne!

– Parmi les recettes ancestrales des Hautes-Vosges, la soupe de berger, à base de pommes de terre *(of course)* mais aussi de poireaux et d'orties, qui se sert avec de la crème fraîche.

– Omniprésente également en altitude : la truite, traditionnellement préparée au court-bouillon dans du vin rouge. Vous goûterez les meilleures (à notre avis) au pied de la cascade de Tendon.

– Les fromages : le *géromé* est le nom lorrain du munster. Au lieu de provenir d'Alsace, il est fabriqué dans les Vosges, plus précisément à Gérardmer.

– Les fruits rois, ou plutôt reines, sont les mirabelles (on en fait des tartes, des bocaux, mais surtout de l'alcool – la *goutte*), les quetsches, et les fameuses myrtilles (il faut dire *brimbelles,* histoire de ne pas passer pour un touriste). La *chalande* est une brioche aux brimbelles servie pendant les fêtes.

DICTONS VOSGIENS

Encore vivaces dans les campagnes, dictons et proverbes participent de l'héritage culturel vosgien. La tradition orale, comme souvent, traduit au mieux le bon sens paysan et l'attachement à la terre... Parmi les plus amusants, extraits de l'encyclopédie régionale *Vosges* (éd. Bonneton) :

– « Que de poules et point d'œufs! Que de gens et point de Messieurs! »
– « Ce ne sont pas les plus toussants les plus mourants. »
– « Il vaut mieux voir un loup sur son fumier qu'un homme bras nus en janvier. »

– « Chacun embrasse sa femme à sa façon. »
– « Il vaut mieux péter en société que de crever tout seul derrière un buisson. »

L'EAU (PURE) DES VOSGES

Les Français sont les plus grands consommateurs de vin au monde. On ne remarque donc pas qu'ils consomment également des quantités monumentales d'eaux minérales. Déjà connues des Celtes et des Gaulois pour leurs vertus thérapeutiques, les sources faisaient l'objet de vénérations que les Romains, friands de cultes nouveaux, s'empressèrent de récupérer. Ils connaissaient, déjà, les bienfaits des eaux chaudes et des thermes. Ils inventèrent le thermalisme et développèrent la plupart des cités thermales en France, en Allemagne et en Belgique.
Rome ne pouvant aller prendre les eaux, il fallait que les eaux viennent à Rome. Une amphore, quelques chevaux... Les eaux minérales allaient soigner les maux des hauts dignitaires de l'empire où qu'ils se trouvent.
À partir du XVIe siècle, chaque cour d'Europe disposait de son eau attitrée. Les porteurs d'eau se multiplièrent, permettant aux riches de profiter des bienfaits des eaux minérales. Le duc de Lorraine faisait venir de jour comme de nuit l'eau de Plombières-les-Bains. Et jusqu'au XXe siècle, seules l'aristocratie et la bourgeoisie pourront jouir de ces breuvages de luxe. Tout fut libre de droit durant un long moment. Il fallut donc que l'État s'en mêle. Sous le prétexte de contrôler leur qualité, Louis XIV réglementa le transport des eaux minérales et en profita pour créer une taxe. On n'a vraiment rien inventé !
Le plus grand promoteur des eaux minérales fut Pasteur. En démontrant la contamination bactérienne des eaux des puits, le savant encouragea la consommation d'eaux embouteillées, alors vendues en pharmacie. On pouvait ainsi continuer sa cure chez soi. L'explosion des ventes intervint dans l'immédiat après-guerre. En 1948, 300 millions de bouteilles sont produites. Vingt ans plus tard, Vittel invente la bouteille plastique. Du coup, 3 milliards de bouteilles se retrouvent sur le marché en 1973.
Paradoxalement, ces ventes colossales sont à l'origine d'une baisse importante de la fréquentation des stations thermales ! Dans les Vosges, Martigny-les-Bains et Bussang n'ont pas survécu. Plombières et Bains-les-Bains durent déployer des trésors d'imagination pour survivre face aux deux rois de l'embouteillage : Vittel et Contrexéville.
Tandis que le marché de l'eau minérale génère beaucoup d'argent, le thermalisme médical fait de moins en moins recette. Les cures de trois semaines n'ont plus vraiment la cote ni auprès des patients, ni auprès de la Sécurité sociale. Les pilules sont moins onéreuses ! Il a donc fallu se recycler. Les « contrats-minceur » et autres « passeports pour la forme » ont fait leur apparition, visant une clientèle urbaine et stressée, prête à payer cher pour ne pas craquer totalement. Vittel et Contrexéville ont lancé la mode. Bains-les-Bains a suivi le mouvement en se rattachant à la chaîne thermale du Soleil. Seule Plombières croit encore au tout médical, mais la fréquentation de la station ne cesse de baisser !
« Buvez, éliminez » devient un leitmotiv dans la France du début des années 1980. Ce slogan séduisit beaucoup plus que le très médical « Buvez et pissez » qui accompagna le nom de Vittel jusqu'en 1975 (texto ! si, si, sérieusement, on n'invente rien). Contrex, synonyme de minceur, tient compagnie à nombre de femmes qui n'ont que leur problème de surcharge pondérale comme préoccupation. Un petit verre d'eau et je maigris... Toutefois, il ne faut pas oublier que la consommation systématique d'eau minérale, en grande quantité et sans surveillance médicale, peut être dangereuse pour la santé !

Quelques conseils pour boire sans modération

– On peut boire évidemment de l'eau à tout moment de la journée. Avant le petit déjeuner pour nettoyer la machine ou l'après-midi au bureau. C'est un bon anti-fatigue. Attention toutefois à ne pas trop en boire durant les repas. La trop grande dilution des sucs gastriques freine la digestion.
– Habitude exécrable : l'eau glacée servie au restaurant. Elle n'a plus de goût et bloque la digestion.
– Chaque personne devrait boire un litre et demi d'eau par jour pour compenser les pertes dues à la transpiration...
– Si vous n'avez plus de verre chez vous et que vous ne buvez qu'à la bouteille, il vous faudra terminer votre bouteille dans les douze heures. Sinon, les microbes auront eu le temps de se développer. Et là, bonjour le bouillon de culture !

Contrex, Hépar, Vittel : les belles vosgiennes

– Fortement minéralisée, **Contrex** est une eau sulfatée riche en calcium et en magnésium. Elle joue un rôle curatif contre la goutte et le cholestérol. Elle permet aussi d'effectuer un véritable lavage cellulaire, d'où son utilité dans les traitements contre l'obésité.
– *Vittel* est l'eau française la plus pauvre en sodium. D'une grande pureté, l'eau se charge en bicarbonates, en calcium et en magnésium durant son voyage souterrain. Vittel permet une meilleure désintoxication de l'organisme en favorisant l'élimination des triglycérides et du cholestérol. Il paraît même qu'on soigne les migraines à l'eau de Vittel. C'est toujours moins cher que l'aspirine !
– *Hépar,* la petite sœur de Vittel, favorise le transit intestinal. Grâce à son taux élevé de magnésium, elle permet de lutter contre la fatigue, l'anxiété et les insomnies. Difficile de comprendre alors pourquoi les Français détiennent le record mondial de consommation d'antidépresseurs. Ils ne doivent pas boire les bonnes eaux !
– Enfin, sachez que la fameuse *route Thermale* permet, tout en traversant des paysages verdoyants et agrestes, de découvrir un patrimoine vosgien parfois totalement oublié. Qui se souvient de l'eau minérale de Heucheloup à Hagécourt, des sources de Rémoncourt, de Saint-Vallier, de Circourt, ou encore de l'eau sulfurée de Dolaincourt ?

LA (BELLE) FORÊT VOSGIENNE

Les Vosges sans la forêt, ce serait un peu comme les Alpes sans le mont Blanc, la Normandie sans ses pommiers ou la Corse sans le maquis ! On ne peut pas aimer les Vosges sans aimer les arbres... Malheureusement, la tempête de décembre 1999 a abattu 15 % du patrimoine forestier. La plupart des sentiers balisés ont été remis en état mais au cours de vos balades vous ne manquerez pas d'observer les dégâts causés par cet ouragan.
La diversité des arbres n'en reste pas moins grande : hêtraies de plaine et d'altitude, futaies de chênes et de pins sylvestres, sapinières, mais aussi bouleaux, érables, etc. Les bûcherons ne manquent pas de boulot ! Autrefois, les schlitteurs rapportaient le bois coupé dans de grandes luges (ou schlittes) qui dévalaient les forêts des Hautes-Vosges. Une tradition qui s'est perdue, mais que l'on retrouve peu à peu lors des fêtes de la forêt en été. Les vieilles scieries à haut-fer (grandes lames) ont quant à elles pour la plupart fermé. Les plus intéressantes ont été transformées en musée. Mais il reste de nombreuses scieries, plus modernes : on y passe parfois les troncs d'arbre au détecteur à métaux pour ne pas abîmer les lames. Pourquoi ? Parce que les balles et éclats de bombes des dernières guerres ont truffé la forêt vosgienne par endroits !

Le bois offre toutes ses ressources : on en fait des meubles, des chalets, des violons et des jouets. Mais aussi du papier : tout le monde connaît les célèbres cahiers *Clairefontaine* (fabriqués dans les Vosges), mais moins de gens savent que c'était une papeterie vosgienne (aujourd'hui installée à Strasbourg) qui avait l'honneur jusqu'il y a peu de fournir les billets de la Banque de France !
Parmi la faune sauvage qui hante encore les forêts vosgiennes, un gibier abondant (cerfs, chevreuils, sangliers), des renards et des espèces protégées (lynx, grand tétras et bête des Vosges !).

Les tourbières

Ce sont des milieux humides, de genre marécageux, mais très sensibles. Comme leur nom l'indique, ces îlots de végétation se sont formés sur des sols de tourbe, c'est-à-dire des fossiles végétaux d'origine glaciaire. Leur intérêt consiste dans l'originalité de leur bio-diversité : plantes rares (la linaigrette vaginée et la violette des marais ; les sphaignes, espèces de mousses uniques en France ; la canneberge et l'andromède, sortes de bruyères ; l'utriculaire, qui se nourrit d'invertébrés ; et le droséra, plante carnivore), mais aussi faune typique (grand tétras, lézard, grenouille rousse, vanesse royale, daphnies, araignées et libellules). Curieusement, les tourbières développent un microclimat !
On en trouve, entre autres, dans les environs de La Bresse, de Gérardmer et près du Donon. Les plus riches ont été classées en réserves. ATTENTION, ne vous y aventurez pas : d'abord c'est dangereux (on s'enlise), mais surtout vous pourriez menacer leur équilibre (certaines ont été ravagées par les marcheurs). Sachez qu'il faut un siècle pour que se reforment quelques centimètres de tourbe ! Certains habitants des tourbières ont déjà disparu, comme le solitaire, un beau papillon jaune, et le grand tétras se fait de plus en plus rare (il déteste être dérangé).
De même, ne cueillez pas les plantes. Le mieux, pour profiter des tourbières sans les menacer, est de suivre les sentiers balisés, de préférence en compagnie d'un naturaliste.

HISTOIRE

S'il est vrai que Dieu créa le monde, il laissa à Vosegus le soin de façonner les Vosges. Son boulot fait, cette divinité gauloise légua ses montagnes aux Romains. La Pax Romana suscita des routes, très nombreuses, plus quelques villes : Metz, Toul, et Grand qui abritait l'un des plus vastes amphithéâtres de Gaule entre de puissants remparts. Des remparts utiles : sur ces avant-postes, les visites des Germains commencent dès 275. Avec, en point d'orgue, le grand raid hun de 453.
Les Francs vont stabiliser le pays. Clovis ayant pris les Vosges, ses descendants mérovingiens les englobent dans l'Austrasie. Champagne, Meuse et Moselle : l'Austrasie est un mini-royaume prometteur, puisqu'il produit le fondateur de la dynastie suivante (les Carolingiens). L'Est accède au premier plan. Des abbayes rayonnent : Saint-Dié, Bonmoutier, Moyenmoutier, Remiremont...
Maintenant, l'histoire des Vosges se confond avec celle de la Lorraine, malgré la grande disparité des régions la composant. Ce suave prénom pour blonde américaine vient d'un nom barbare : Lotharingie. C'est le royaume de Lothar (Lothaire) – premier fils de Charlemagne –, maître de la tranche médiane de l'empire. Étiré entre Rotterdam et l'Italie, c'était un morceau de choix. Mais dangereux... Pris en sandwich entre ses deux faux frères, Charles le Chauve et Louis le Germanique, Lothaire et les siens ne feront

pas long feu. L'Empire germanique annexe la Lorraine. Et c'est un Alsacien, Adalbert, qui l'érige en duché. Ainsi naît le duo à succès qui, de 1870 à 1914, fera tourner les têtes : l'Alsace-Lorraine...

Dès lors, tout ce qui n'est pas au duc appartient à l'évêque. Aux évêques... Ceux de Metz, Toul et Verdun sont des princes bien dotés, nommés par l'empereur. Un double pouvoir qui perdurera jusqu'au XVIIe siècle. Pas très édifiant, tout ça... Voyez, les moines se dissipent. Les noblaillons dépècent le territoire. Et voilà l'étranger qui lorgne sur le duché. Philippe le Bel a déjà posé un pied en Lorraine. Charles VII essaie d'y mettre les deux. Pire : un gros voisin, le duc de Bourgogne, guigne la province : Charles le Téméraire veut établir sa capitale à Nancy. Il conquiert même le duché. Bévue... Vaincu devant Nancy par le duc légitime, René II, il y meurt d'ignominieuse façon : dévoré par les loups... Enfin, la paix...

De 1508 à 1630, la Lorraine ducale prospère. La tutelle de l'empire s'allège. La France fouette d'autres chats. La province va doubler sa population en un siècle. Exporter partout ses productions vosgiennes : verres de la forêt de Darney ; papier, livres et images d'Épinal.

Le XVIIe siècle, en revanche, fait deuil. Le roi de France avait déjà mis la main sur les trois évêchés : Metz, Toul et Verdun. L'imprudent duc Charles ayant protégé les ennemis de Richelieu, les troupes royales prennent sa capitale, Nancy. Et en 1635, c'est la guerre. La grande, celle de Trente Ans, qui saignera toutes les terres d'empire. Reportez-vous aux gravures de Callot – un Lorrain. En 1697, le duché a perdu – par la mort ou l'exil – la moitié des siens. Villes ravagées. Villages rayés de la carte. Le duc François n'insiste pas : il échange ses ruines contre le duché de Toscane. Qui veut encore de Nancy ? Louis XV pense au père de sa femme, Stanislas Leszczyński. Jadis roi de Pologne, ce brave homme a perdu ses États. Il aurait été normal que Louis parte arracher la Pologne aux Prussiens. Non, c'est un pacifique. Mais un beau-père SDF faisant désordre, il le promeut duc de Lorraine – la population appréciera ce supplément d'indépendance. Bonne idée ! Le fastueux Stanislas s'attache tous les cœurs. Nancy devient un bijou. L'industrie s'envole dans les Vosges : faïence, lutherie, textile... Les forges se multiplient en plaine. À la Révolution, la majorité des députés lorrains votera contre la mort du roi.

Et voilà 1870. Énorme défaite. Occupé à faire l'unité allemande, Bismarck se souvient que la Lorraine a été terre d'empire. Bon prince, il n'en annexe que le nord : 18 communes quand même, avec leurs 12 000 habitants. *Exit* aussi le gros des mines et des forges. La frontière, désormais, s'accroche à la fameuse ligne bleue des Vosges. Dans la partie française, des forts poussent dans toutes les villes. Les Lorrains forment l'avant-garde du revanchisme. Les Vosges, farouchement anti-dreyfusardes, ont des cocardes dans les yeux. L'apocalypse venue, on verra ce qu'on va voir...

Erreur : ce sera du jamais vu. Au tout début, Joffre attaque sur la Bruche. Mais les Allemands sont camouflés dans la forêt. On déguerpit. Joffre s'élance alors sur Morhange, la Sarre et les Ardennes. Malgré leur nombre, les Français, mal préparés, sont refoulés. « Dans six semaines, juge le général Moltke, cette histoire sera liquidée... ». Mais c'est la Marne. Puis, faute de munitions, les adversaires s'immobilisent. À l'est, le Kronprinz tente un dernier coup contre Verdun, dont il prend la citadelle aux trois quarts. Mais en octobre, les Français aèrent la place en reconquérant les crêtes avoisinantes. Ils l'apprécieront en 1916. 1915 avait été l'année des massacres. 1916 fut celle des grandes batailles. À commencer par Verdun. Beaucoup d'obus, beaucoup de mitraille.

Huit décennies plus tard, on trouve des secteurs encore incultes. Idem dans les Vosges, pourtant beaucoup moins éprouvées. Les caisses de munitions récupérées par les fermiers vosgiens resserviront pour le maquis, en 1939-1945.

PERSONNAGES

– **Jeanne d'Arc :** aux confins des Vosges, dans un village sans histoire, naquit dans la nuit de l'Épiphanie 1412 une petite fille qui allait changer le destin de la France. Les habitants de Domrémy ont tout de suite vu dans cette fillette une bénédiction. On raconte même que deux heures avant l'aube, les coqs se mirent à chanter. Visionnaires (et bruyants), les coqs !
On décida d'appeler l'enfant Jeannette. Mais elle ne pouvait faire carrière et délivrer la France avec un prénom de planche à repasser. En arrivant à la cour de Charles VII, le responsable de la promotion a décidé qu'elle deviendrait Jeanne. Avant cela, chez ses parents, la fillette eut une enfance calme et très pieuse, entourée de ses trois frères et de sa sœur. Prières matin, midi et soir pour demander à Dieu de sauver la France des douleurs et des malheurs qu'elle endurait depuis que les Bourguignons et les Anglais avaient envahi le royaume. Entre-temps, la petite Jeannette s'adonnait aux travaux ménagers. En effet, elle n'était pas plus bergère à Domrémy que pucelle en arrivant à Orléans.
En 1421, la famille d'Arc eut à subir personnellement les exactions des Bourguignons. À 9 ans, l'enfant fut traumatisée et quatre ans plus tard, dans un état de grande prostration, elle entendit pour la première fois des voix. Après mûre réflexion et de nombreuses négociations avec ses voix, Jeannette se décide à partir délivrer la France. Pas trop tôt ! Mais la jouvencelle dut d'abord vaincre les doutes de messire de Baudricourt, gouverneur de Vaucouleurs, auquel elle se présenta comme capable de bouter les envahisseurs hors des frontières. Le sire ne fit qu'en rire et la renvoya à Domrémy. Plutôt chanceuse notre Pucelle car, à l'époque, on enfermait les gens pour moins que cela.
N'ayant pas réussi à convaincre le seigneur, elle s'attaque à ses sujets, réussissant à les envoûter avec son abracadabrante histoire de mission divine. Ils se cotisèrent pour lui payer un cheval et une armure. Ébranlé par ce mouvement d'opinion ou voulant simplement se débarrasser de la jeune allumée, le sire de Baudricourt la fit escorter par six hommes jusqu'à Chinon, espérant que le roi, dans son immense sagesse, la renverrait dans ses foyers. Le 23 février 1429, à 17 ans, Zorro... pardon, Jeanne d'Arc quitta Vaucouleurs pour délivrer son pays du joug ennemi. Son périple s'acheva sur un bûcher un 30 mai ensoleillé.

– **Maurice Barrès :** né à Charmes en 1862. Le plus connu des écrivains vosgiens mais aussi le plus réactionnaire des intellectuels français. D'abord député de Nancy sur une liste d'extrême gauche, il se lance ensuite dans l'antiparlementarisme et le boulangisme. Ses thèmes de prédilection ont largement inspiré l'extrême droite de l'entre-deux-guerres : culte de la nature et de la personnalité, romantisme, héroïsme, ascétisme, traditionalisme, mais aussi nationalisme farouche, militarisme, catholicisme, et bien sûr antisémitisme. Laissons le dernier mot à Gide : « Il n'y eut pas de plus néfaste éducateur ». Et vlan !

– **Frédéric Chopin :** le compositeur des *Nocturnes* et de la célébrissime *Marche funèbre* est né à Varsovie en 1810. Mais c'est presque une surprise de découvrir son origine vosgienne. Trois générations de Vosgiens ont précédé le génie. Son père, Nicolas, quitta Marainville, où il naquit en 1771, pour Varsovie à l'âge de 17 ans. Comptable, militaire puis professeur de français, il épousa une jeune Polonaise, Justine Krzyzanowska. Son grand-père et son arrière-grand-père vécurent à Ambacourt où ils étaient vignerons. Pour certains Vosgiens, sa sensibilité est typiquement vosgienne et elle éclate dans le *Lauda Sion* de son *Opus 55 n° 1*. Parole de Vosgiens !

– **Paul Claudel :** né dans l'Aisne (1868) mais de pure souche vosgienne (sa famille était de La Bresse). On aime ou on n'aime pas. Diplomate, écrivain adulé à son époque, il reste connu pour sa fixation religieuse : le souffle divin imprègne ses écrits. Ça ne l'a pas empêché d'envoyer sa sœur à l'asile. Vengeance posthume : Camille est désormais bien plus admirée...

PERSONNAGES

– **Alfred Döblin :** le grand écrivain et médecin allemand, auteur de *Berlin Alexanderplatz*, est enterré à Housseras, petite commune située près de Rambervillers, auprès de son fils Vincent, mort 17 ans plus tôt (en juin 1940) lors de violents combats contre la Wehrmacht. Les Vosges doivent lui rappeler sa chère Forêt-Noire, où il s'était retiré pour écrire.

– **Jules Ferry :** né à Saint-Dié en 1832. De simple élève au collège de Saint-Dié, Jules devint avocat puis cumula presque toutes les responsabilités politiques : député républicain, maire de Paris (au moment du siège des Prussiens, ce qui lui valut le surnom de Ferry Famine), ambassadeur à Athènes, ministre de l'Instruction publique, président du Conseil, conseiller général des Vosges, etc. Sa politique coloniale (conquête du Tonkin, mainmise sur le Congo, etc.) fut catastrophique, mais ses actions en faveur de l'enseignement en ont fait l'un des pionniers de la démocratie. On lui doit, entre autres, la gratuité et la laïcité de l'enseignement, ainsi que l'accès des filles aux lycées. Sans lui, on ne se serait peut-être pas fait plein de copines au bahut !

– **Saint Pierre Fourier :** pourquoi le petit village de Mattaincourt possède-t-il une basilique qui accueille de nombreux pèlerins tous les ans ? Ils viennent se recueillir devant les reliques d'un célèbre saint, qui fut curé ici durant quarante ans : Pierre Fourier. Né à Mirecourt en 1565, il se fit remarquer très tôt grâce à ses talents de prédicateur. Brillant étudiant à l'université de Pont-à-Mousson, il devient un précepteur recherché et apprécié des plus grandes familles lorraines.

Il abandonne tout du jour au lendemain pour devenir moine puis prêtre. Et pendant quatre décennies, il prêche et il conquiert les cœurs de ses ouailles par sa bonté légendaire. Il est le fondateur de la congrégation des religieuses de Notre-Dame pour l'éducation des enfants pauvres. Il devient le conseiller privilégié du duc de Lorraine dans son affrontement avec Richelieu. Il mourut en 1640 en exil à Gray. Précurseur en pédagogie, fin psychologue, canonisé en 1897, c'est également un maître écrivain dont on redécouvre tout juste les écrits. Il paraît même qu'il est l'auteur de nombreux miracles. Là, il faut y croire !

– **Claude Gellée :** on l'appelle le Lorrain et non le Vosgien car, lorsqu'il naquit en 1600, le département n'existait pas encore. Mais Chamagne, à côté de Charmes, vit bien le petit Claude batifoler dans les premières années de sa vie. D'une famille pauvre, il fut orphelin à l'âge de 12 ans et alla travailler auprès de son frère aîné, graveur sur bois à Fribourg. Il séjourna ensuite quatre ans à Rome, où il étudia seul les chefs-d'œuvre de Michel-Ange et de Raphaël, puis deux ans à Naples dans un atelier. Il revint à Rome, où il lui fallut se faire domestique. Condition qui ne l'empêcha pas de se lier d'amitié avec Nicolas Poussin. La gloire lui sourit lorsque le roi d'Espagne lui commanda huit paysages et marines. Comblé d'honneurs et de richesses, il travailla jusqu'à sa mort. On trouve à Rome d'admirables toiles de Claude Gellée. *Le Moulin,* exposé au palais Borghèse, jouit d'une grande célébrité. Le maître eut peu d'élèves mais de nombreux imitateurs. Quoi de plus normal pour l'un des plus grands peintres français !

– **Yvan Goll :** né Isaac Lang, à Saint-Dié, en 1891. Poète aujourd'hui oublié (sauf en Allemagne), il participa activement à la vie artistique de l'entre-deux-guerres. Élevé à Metz, il fait ses études en Allemagne, devient expressionniste et se réfugie en Suisse où il se lie au groupe de pacifistes de Romain Rolland. Il y rencontre Stefan Zweig, Carl Gustav Jung et James Joyce, qu'il traduit en allemand. À Paris, il fréquente les cubistes et les dadaïstes, ainsi que Breton, Artaud, Malraux, Satie et Cendrars... Un sacré carnet d'adresses ! Il crée la revue *Surréalisme* puis *Hémisphères* et publie Saint-John Perse, Caillois, Henry Miller et Aimé Césaire. Outre des romans et des pièces de théâtre, il écrivit des recueils de poèmes (dont le fameux cycle *Jean sans Terre*) illustrés par le gratin pictural : Picasso, Matisse, Miró, Fernand Léger, Delaunay, Dalí, Arp, etc. !

LES VOSGES (généralités)

Sa femme Claire, également écrivain (et ancienne petite amie de Rilke), consacra la fin de sa vie à le faire reconnaître et légua sa collection d'œuvres d'art à la Ville de Saint-Dié.

– *Chantal Goya :* la cousine de Bécassine n'est ni bretonne ni espagnole mais romarimontaine (née à Remiremont). Ses détracteurs savent-ils qu'avant de défendre les petits lapins, Chantal commença une carrière d'actrice avec Jean-Luc Godard (dans *Masculin Féminin*) ? On la retrouve même dans le Londres psychédélique. Ses amis de l'époque s'appellent Mick Jagger et Serge Gainsbourg... Tournant décisif lorsqu'elle rencontre Jean-Jacques Debout, qui lui compose son premier grand tube *(Adieu jolis foulards)*. Deuxième tournant lorsque le couple se lance dans la fructueuse chanson pour têtes blondes, méga-spectacles à la clé.

– *André Jacquemin :* né à Épinal en 1904. Sans aucun doute l'un des graveurs les plus célèbres et les plus productifs du XXe siècle. On doit avouer que certaines de ses eaux-fortes laissent pantois tellement elles sont épurées. Un trait, un tronc d'arbre et voilà un champ de neige ! André Jacquemin reste connu pour sa décoration murale du lycée Janson-de-Sailly, à Paris. Il illustra aussi quelques ouvrages désormais classiques comme *La Naissance du jour* de Colette, *Colline* de Jean Giono ou *Le Mas Théotime* d'Henri Bosco. Depuis sa mort en 1992, la réputation de cet académicien ne cesse de s'amplifier. Il est exposé dans le monde entier, du British Museum de Londres au musée d'Art contemporain de Boston en passant par celui d'Épinal : sa ville natale lui devait bien ça !

– *Jack Lang :* né à Mirecourt en 1939, inoubliable ministre de la Culture sous Mitterrand (il en est resté le fidèle d'entre les fidèles), il est à l'heure où paraissent ces lignes le bien-aimé et habile ministre de l'Éducation, successeur du mal-aimé et un tantinet maladroit Claude Allègre. Ses cols mao et sa chevelure de gitan cachent un authentique Lorrain. Après de brillantes études (sciences po et droit public), Jack embrasse fougueusement une carrière artistique en créant en 1963 le Festival mondial du théâtre universitaire de Nancy. Un succès qui lui vaut la direction du théâtre de Chaillot. Mais la politique le démange : il devient conseiller de Paris en 1977, puis trône dans les différents gouvernements socialistes. Malgré ses frasques mondaines, tout le monde s'accorde à dire qu'il aura été le ministre de la Culture le plus important depuis Malraux. Désormais, c'est un habile ministre de l'Éducation nationale. Mais il a commis une petite infidélité à ses Vosges natales (lâchement abandonnées alors à Seguin) en préférant s'installer à Blois qui l'a à son tour abandonné aux élections municipales de 2001...

– *Jean Lurçat :* peintre et surtout dessinateur de cartons de tapisserie (1882-1966). A contribué à l'évolution de la tapisserie dans les années 1930. Il prit sept ans pour concevoir son œuvre majeure, *Le Chant du monde,* tapisserie immense exposée à Angers, où se trouve également son musée. Son frère André était un grand architecte.

– *Emmanuelle Riva :* née à Cheniménil en 1927. De son vrai prénom Paulette Germaine (c'est moins sexy), elle devient célèbre en 1959 grâce à son rôle tout en sensualité dans *Hiroshima mon amour,* d'Alain Resnais. Sa voix, fragile et douloureuse, mise en avant par le réalisateur, donnait une nouvelle dimension au cinéma français. On ne peut pas l'oublier après l'avoir entendue réciter cette phrase de Duras : « Tu me tues, tu me fais du bien ». Prisonnière de cette image, elle ne retrouvera jamais de rôles aussi forts, malgré des films comme *Thérèse Desqueyroux,* de Franju.

– *Philippe Séguin :* le maire d'Épinal est né à Tunis. Ce qui ne l'a pas empêché de devenir député des Vosges en 1978 puis vice-président du conseil régional de Lorraine. Dans les Vosges, certaines mauvaises langues le surnommaient « la chèvre ». Pourquoi ? Parce que Monsieur Seguin, pardi ! Surtout depuis son départ pour la capitale et ce qui s'en est suivi.

– *Yves Simon :* né en 1944, il passe toute son enfance à Contrexéville. En hiver, il allait voler du charbon avec son père, simple employé à la SNCF. Yves veut d'abord devenir menuisier. De l'artisan à l'artiste, il n'y a qu'un pas : il reprend Elvis et les Beatles sur sa guitare, et donne ses premiers concerts avec les Korrigans au casino de Contrex ! Mais la ville d'eau n'est pas sa tasse de thé. Il a lu Kerouac et rêve de découvrir le monde. À 20 ans, il étudie les Lettres à la Sorbonne, puis part en Turquie en stop. Ensuite c'est l'Amérique, le Japon... En 1971, il publie deux romans d'un coup et deux ans après son premier album solo : *Au pays des merveilles de Juliet* (en mémoire à la sublime actrice Juliet Berto, décédée prématurément). Romancier-chanteur (ou chanteur-romancier ?), il continue depuis à rapporter de ses voyages ses tubes *(Les Gauloises bleues, J'ai rêvé New York, Zelda, Qu'est-ce que sera demain ?)* et des romans *(Transit-Express, Océans, Le Voyageur magnifique)*. Malgré sa double image – rebelle (guitare et blouson de cuir) et beau gosse-dandy Rive gauche – qui lui colle à la peau, Yves Simon réussit le tour de force de s'imposer en tant qu'écrivain et obtient le prix Médicis en 1991 pour sa *Dérive des sentiments*. Avec son allure d'éternel étudiant fragile, Yves Simon est resté le plus jeune de nos écrivains, et sans doute le plus cultivé de nos chanteurs.

– **Claude Vanony :** né en 1935 à Gérardmer. Peu connu à l'échelle nationale, Vanony est une mégastar dans les Vosges. Normal, il est l'unique représentant d'un genre qu'il a créé : le comique du terroir. D'abord plombier, puis prof de ski et de voile, il se lance dans le « folklore intelligent » avec les Ménestrels de Gérardmer, et sort un premier disque avec pochette en papier par manque de moyens. Depuis, il en a sorti treize, vendus en tout à plus d'un million d'exemplaires. Ses one man shows, qu'il continue à donner au rythme de 120 par an, suivent un rituel immuable : Vanony arrive avec ses gros sabots, son velours côtelé, son gilet vachette et son grand chapeau. Un vrai héros échappé d'une bédé de Gotlib ! Il force l'accent (« Mônnn ») et jongle avec les bons mots tout en contant ses petits histoires grivoises et franchouillardes. Il n'hésite pas à vanner le public (en grande partie paysan) mais se le met dans la poche en dénigrant la vie moderne, les Parisiens et la Sécu. Rabelaisien et défenseur du monde rural, il sait aussi se faire surréaliste avec ses sketches de Martiens débarqués « chez l'Albert » et de poules plumées vivantes auxquelles on tricote des pulls...

– Le Panthéon vosgien compte également : **Jules Méline** (le Sully de la IIIe République) ; le philosophe et sociologue **Émile Durkheim** ; **Louis Lapicque** (éminent médecin et académicien) ; **Maurice Lemaire** (héros de la bataille du rail et homme d'État de la IVe République) ; **Gaston Litaize** (organiste et compositeur) ; **Christian Champy** (professeur de médecine, grand spécialiste des hormones sexuelles !) ; **Jean Creusot** (compositeur de musique, élève de Messiaen) ; **Pierre Pelot** (auteur de SF, retiré à la campagne).

RANDONNÉES

Air pur, montagnes, vertes forêts, faune en liberté... Que demander de plus ? « Quitte à marcher, autant en prendre plein la vue », dit le slogan local. Les itinéraires sont nombreux, parmi lesquels trois GR (six sur l'ensemble du massif vosgien). Le comité départemental du tourisme vous fournira sur simple demande leur brochure. Certains offices du tourisme (Saint-Dié, Gérardmer, La Bresse, Plombières, etc.) proposent également des parcours (payants, avec cartes). Sinon, le Club Vosgien, créé en 1872 et chargé du balisage des chemins, édite des cartes très détaillées, disponibles en librairie ou auprès de son siège social. L'IGN édite des cartes au 1/25 000 couvrant les secteurs les plus intéressants (vente en librairie ou au siège). Pour ceux qui ne veulent pas se perdre, *Montagne Évasion* et *Vosges en Marche* (voir adresses plus bas) proposent des randonnées avec accompagnateurs diplômés.

Parmi les musts, la vallée de la Thur : 5 jours de marche en montagne qui permettent de découvrir les Hautes-Vosges avec un itinéraire en boucle au départ de Thann (à l'ouest de Mulhouse). On marche sur les crêtes, on passe une dizaine de cols et on atteint les plus beaux sommets des Vosges (Grand Ballon, Grand Ventron, Markstein...). En chemin, de vieilles fermes, des marcaireries, des lacs... Autre balade superbe : l'itinéraire de Munster à Saint-Dié, via La Bresse et Gérardmer. Compter également 5 jours. Points forts : les lacs (Vert, Noir, Corbeaux), la Schlucht et son jardin botanique, le Hohneck et son panorama sans pareil.

Les chemins de grande randonnée

On en compte trois dans le département même, qui ont l'avantage de présenter ses différents visages : plaine, plateaux et montagne. Il y en a donc pour tous les goûts. Prévoir du temps (les itinéraires sont longs), réserver son hébergement et se procurer les topoguides de la *Fédération française de la randonnée pédestre* (en librairie ou au siège).
– *Le GR 714* (balisage : rectangle rouge sur blanc) couvre l'ouest du département sur environ 70 km, de Domrémy à Ligneville, via Châtenois, Contrex et Vittel. Au programme : sites historiques et stations thermales. Il rejoint le GR 7 à Haut-de-Suède, ce qui permet de traverser tout le département en diagonale (bonjour les ampoules !).
– *Le GR 7* (rectangle rouge sur blanc) traverse le sud des Vosges, de Lamarche au Ballon d'Alsace en passant par Darney, Xertigny, Remiremont, Rupt-sur-Moselle, Le Thillot. On peut aussi le démarrer de Bourbonne-les-Bains ou Serqueux (en Haute-Marne). Longueur totale : 138 km dans les Vosges (168 en tout).
– *Le GR 533* (rectangle vert) traverse les Hautes-Vosges du nord au sud et se taille la part du lion avec le pays d'accueil du Donon et le parc naturel des Ballons. Il part de Celles-sur-Plaine (lac de Pierre-Percée), passe par Senones, Saint-Dié, Gérardmer, La Bresse, Cornimont et Bussang, pour s'achever à Saint-Maurice-sur-Moselle. Compter là aussi près de 140 km.
À noter : le fameux *GR 5* (qui relie la Hollande à la Méditerranée) longe une partie des Vosges en empruntant un bout de la route des Crêtes (Schlucht et ballon d'Alsace, notamment).

Autres renseignements utiles

L'hébergement des randonneurs est prévu dans des chalets, des refuges, quelques fermes-auberges ou dans des gîtes ruraux. Contacter les offices du tourisme pour obtenir la liste des hébergements.
Équipement de rigueur : bonnes chaussures de marche, gourde, coupe-vent genre K-Way, pull chaud, anorak en hiver. Et pour les inquiets, une pompe à venin, pour lutter contre les couleuvres à collier et autres coronelles que vous pourriez rencontrer...
Conseils habituels : méfiez-vous du brouillard, de la neige et du mauvais temps en montagne ; évitez de randonner sans être accompagné(e) ; ne faites pas de feu en forêt ; ne ramassez pas de fleurs (certaines sont rares) ; n'abandonnez pas vos détritus n'importe où. Et si vous croisez la bête des Vosges, n'oubliez pas de la prendre en photo, ça remboursera vos vacances !

Adresses utiles

■ *Club Vosgien :* c/o Claude Rinderneck, 8, rue de l'Étang, 88190 Golbey. ☎ 03-29-82-28-16. L'association départementale vous indiquera les clubs à contacter, les cartes à utiliser et vous fournira des conseils. Elle fait partie de la Fédération du Club Vosgien : 34 000 membres,

108 clubs, 17 000 km de sentiers. C'est la plus ancienne organisation pédestre de France (1872).
■ **Les Amis de la Nature :** BP 281, 88108 Saint-Dié Cedex. ☎ 03-29-56-17-93 (M. Loewenguth). Association touristique regroupant des chalets-refuges pour randonneurs et proposant des randonnées aux adhérents.
■ **Parc naturel régional des Ballons des Vosges :** 1, cour de l'Abbaye, 68140 Munster. ☎ 03-89-77-90-20. Fax : 03-89-77-90-30. • www.parc-ballons-vosges.fr • Propose notamment des circuits à pied ou à vélo pour découvrir la faune et la flore vosgiennes.
■ **Montagne Évasion :** 4, rue des Vosges, 88400 Gérardmer. ☎ 03-29-63-17-50. Fax : 03-29-63-63-90. • www.montagne-evasion.com •
■ **Vosges en Marche :** Presles, 88120 Basse-sur-le-Rupt. ☎ 03-29-24-89-40. Fax : 03-29-24-90-07. • vosges-en-marche@wanadoo.fr • Organise des séjours, stages de rando à pied, ski de fond ou raquettes, à partir de deux gîtes (voir également, plus loin, « Où dormir à La Bresse ?).
■ **Fédération française de la Randonnée pédestre :** 14, rue Riquet, 75019 Paris. ☎ 01-44-89-93-93. Fax : 01-40-35-85-67. • www.ffrp.asso.fr • Ouvert du lundi au samedi de 10 h à 18 h.
■ **Boutique IGN :** 107, rue de La Boétie, 75008 Paris. ☎ 01-42-56-06-68. Ouvert du lundi au vendredi de 9 h 30 à 19 h, et le samedi de 11 h à 12 h 30 et de 14 h à 18 h 30. Fermé le samedi en août.
■ **Infos météo :** ☎ 08-36-68-02-88.

LA BELLE LÉGENDE DE SAINT NICOLAS

« Il était trois petits enfants qui s'en allaient glaner aux champs... » L'affaire commença ainsi. Trois mômes insouciants partirent batifoler dans la campagne. La nuit tombée, ils s'aperçurent qu'ils étaient perdus. Faisant fi des conseils de leurs parents qui leur avaient interdit de parler aux inconnus, ils foncèrent dans la première maison venue. Ils tombèrent sur un sympathique boucher qui ne tarda à les égorger et à les découper en morceaux. Une fois sa besogne accomplie, ce brave homme les mit à saler tels des gorets. Sept ans plus tard, saint Nicolas qui passait par là par hasard fut pris d'une petite faim. Il alla demander le gîte et le couvert au boucher. Ne voulant ni le jambon-pas-bon, ni le veau-pas-beau, l'évêque tint absolument à goûter le petit-salé. Le boucher prit ses jambes à son cou. Saint Nicolas leva trois doigts et les gamins sortirent du saloir ressuscités et entiers. Dès lors, le bon saint fut propulsé protecteur des enfants. Et la réalité, dans tout cela ?
Nicolas naît en 260 à Patare, en Asie Mineure. Élevé par son oncle, archevêque de Myre, il devient prêtre, puis à son tour il est nommé évêque à la mort de tonton. La tolérance envers les chrétiens n'étant pas une des qualités des Romains à cette époque, les brebis de Nicolas subissent nombre de persécutions. Nicolas exhorte son peuple à résister. Arrêté, il souffre la prison, l'exil et ne peut revenir qu'après l'édit de Constantin en 313. Il entame la reconstruction des églises de Myre, s'occupe des pauvres, des veuves et des orphelins. Ne mangeant que le soir, se privant de viande, il dort par terre. Mais comme il faut des compensations, il fait des miracles. Ainsi il meurt adoré de tous en 324 et gagne sa sainteté.
Ses reliques demeurent à Myre (actuellement Demré, en Turquie) durant sept siècles. Lorsque l'Asie Mineure est envahie par les Turcs en 1087, des marins de Bari en Italie les transportent dans leur cité. Quelques années plus tard, Albert de Varangéville rapporte des croisades un doigt du saint. Il le dépose dans une chapelle à côté de Nancy. L'évêque de Toul décide de construire une basilique autour de cette relique puis une ville qui s'appellera Saint-Nicolas-de-Port. Et le duc de Lorraine, René II, après sa victoire sur Charles le Téméraire devant Nancy en 1477, donne à saint Nicolas, dont il avait invoqué la protection, le titre de patron de la Lorraine.

Évêque fidèle à l'Église grecque, dont le culte demeure vif dans les églises orthodoxes, il est le protecteur de la Russie des tsars. Il est aussi le saint patron des prisonniers, ayant fait gracier trois jeunes tribuns condamnés à mort par Constantin, ainsi que des navigateurs et de la vertu des jeunes filles. En effet, il dota richement trois jeunes filles que leur père voulait vendre comme esclaves, ce qui leur permit d'épouser le garçon de leur choix. Avec toutes ses activités, il n'a donc pas le temps de chômer. D'autant que tous les 6 décembre, il fait le tour de toutes les villes de Lorraine, précédé par des confiseries et les pâtisseries par son effigie en pain d'épice et en chocolat ! Chars, défilés prestigieux, feux d'artifice, lumières... Saint Nicolas, dans son joli costume d'évêque, fait équipe avec un personnage sinistre apparu en Lorraine après l'échec de Charles Quint à Metz en 1552. Celui-ci dut abandonner le siège de la ville et se retira suivi d'un bouffon enguenillé, le visage noirci. La légende a eu vite fait de rattraper l'histoire. Le Père Fouettard, tout de noir vêtu, était né. Mais il n'a pas le beau rôle puisqu'il est chargé de distribuer les coups de trique aux garnements.

La Saint-Nicolas est aussi l'occasion pour tous les petits Lorrains de recevoir des cadeaux dans les chaussons placés au pied de la cheminée. Jadis, il fallait toutefois ne pas oublier d'y glisser une lettre exprimant les résolutions de sagesse et d'obéissance pour l'année à venir. Ainsi les enfants (sages) de l'est de la France reçoivent des cadeaux trois semaines avant que le Père Noël ne passe dans les cheminées. Ils sont plutôt gâtés là-bas !

SITES INTERNET

- *www.vosges-web.com* • Site généraliste sur les Vosges : sport, loisirs, tourisme, économie et vie nocturne.
- *www.ville-vittel.fr* • Site en musique de la ville de la forme avec, bien sûr, une rubrique sur le thermalisme.
- *www.vosges-traditions.com* • Site sur les traditions vosgiennes : les contes populaires, les chants traditionnels, les produits du terroir, les recettes de « mémère reine » et bien d'autres rubriques toutes aussi attrayantes.
- *www.parcs-naturels-regionaux.tm.fr* • Présentation du parc naturel régional du Ballon des Vosges, les Vosges saônaises, le val de Combeauté et les vallées vosgiennes : un petit brin de nature et de fraîcheur en perspective.
- *www.parc-ballons-vosges.fr* • Bonne vision globale du parc, traitant aussi bien les aspects économiques que touristiques.
- *www.multimania.com/johann68* • Pour se balader dans les Vosges à la carte : possibilité de choisir son itinéraire en fonction du mois. C'est un site assez bien fait, une multitude de rubriques très ludiques, en son et en image. À découvrir !

LE SKI

– ***Les 3 Sites*** – à savoir Gérardmer, La Bresse, Xonrupt – possèdent le domaine skiable le plus important du nord-est de la France. En tout, 106 km de pistes alpines et 101 km de fond, 60 remontées mécaniques et plus de 200 canons à neige. Bien sûr, l'altitude n'est pas celle des Alpes (1 200 m maxi), mais la neige tombe chaque hiver. Surtout, les prix pratiqués sont autrement plus accessibles. On y pratique également luge, raquettes, surf et traîneau à chiens !

ÉPINAL   (88000)   38 200 hab.

Souvent on dit qu'il faut être spinalien et faire corps avec sa ville natale pour l'apprécier pleinement. Soyons francs ! Épinal offre peu d'attraits pour le routard qui vient découvrir les Vosges. Rien de saisissant au premier abord

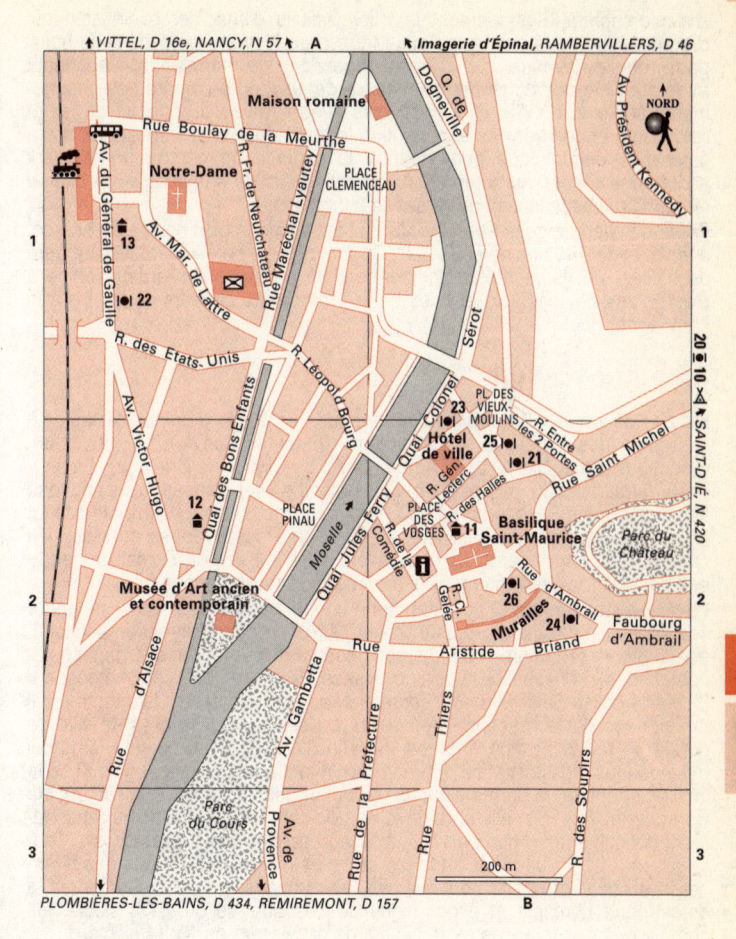

ÉPINAL

- **Adresses utiles**
  - 🛈 Office du tourisme
  - ✉ Poste
  - 🚂 Gare ferroviaire
  - 🚌 Gare routière
- **Où dormir ?**
  - 10 Camping municipal
  - 11 Hôtel du Commerce
  - 12 Azur Hôtel
  - 13 Hôtel Kyriad
- **Où manger ?**
  - 20 Les Balkans
  - 21 Les Fines Herbes
  - 22 Le Pinaudré
  - 23 Le Petit Robinson
  - 24 La Côte de Bœuf
  - 25 La Tarantelle
  - 26 Le Bretzel

lorsqu'on traverse rapidement la ville. Difficile d'imaginer l'animation qui régnait autour de la basilique Saint-Maurice au Moyen Âge dans cette bourgade rebelle devenue une véritable république de marchands, s'adonnant surtout au négoce du textile. Impossible de se rendre compte des changements subis aux XVIIIe et XIXe siècles avec l'arrivée du chemin de fer et l'explosion engendrée par la révolution industrielle. Épinal imposa, alors, sa puissance économique pour devenir la capitale du département. Ayant acquis une renommée internationale par le biais de ses images, la cité vit aujourd'hui essentiellement de ses administrations.

Toutefois, peu de gens savent qu'Épinal est la cité la plus boisée de France, avec plus de 3 400 ha de sous-bois. Et que, dès les beaux jours, elle se pare de milliers de fleurs qui la transforment en un immense jardin propice à d'agréables balades sur les rives de la Moselle. Le concept de la ville à la campagne, quoi !

UN PEU D'HISTOIRE

Histoire ou légende ? Certains affirment que le château d'Épinal existait déjà au temps des Vandales, qui l'auraient détruit en l'an 406. Il fut, dit-on, reconstruit à partir de 431 par Ambro, le fils de Clodion le Chevelu, et à nouveau détruit, en 636, par les Barbares. Relevé de ses ruines, il fut à nouveau saccagé par les Saxons en 882. Qu'importe ! Une chose est sûre : la cité fut développée à partir du Xe siècle par la volonté des évêques de Metz. Un château bâti sur l'éperon rocheux à proximité du lieu-dit Spinal gardait le passage de la voie romaine et le marché tout nouvellement créé.

La ville a longuement et âprement lutté contre ses suzerains pour défendre ses libertés municipales. Épinal devint vite un centre d'attraction politique, économique et culturel, fier de son indépendance durement gagnée au contact des « 4 nations » : Lorraine, Alsace, Franche-Comté et Champagne. La vieille église Saint-Maurice, commencée au XIe siècle, est le monumental témoignage de la rencontre des styles de ces pays. En 1444, la ville se donne au roi de France, Charles VII, afin d'échapper au pouvoir temporel des évêques messins. Mais l'ingratitude n'ayant aucune limite, Louis XI cède la ville au duché de Lorraine afin de détacher celui-ci de l'alliance du duc de Bourgogne. Dès lors, elle partage le sort de son seigneur jusqu'au rattachement définitif à la France en 1766, à la mort de Stanislas Leszczyń ski. Toutefois, un siècle plus tôt, les armées de Louis XIV s'étaient emparées d'Épinal et en avaient profité pour détruire les remparts et le château. Après la catastrophe humaine et économique de ces guerres du XVIIe siècle, les commerces des faïences et de l'imagerie renaissent au XVIIIe siècle.

À partir de 1871, l'immigration due à l'annexion de l'Alsace par l'Allemagne et l'introduction dans les Vosges de l'industrie textile apportent une prospérité nouvelle. L'industrie cotonnière profite largement de cet apport de main-d'œuvre importante. En outre, Épinal accueille une importante garnison, comptant près de 14 000 hommes à l'aube de la Première Guerre mondiale. Elle devient l'une des quatre grandes places fortes de l'Est. La ville a subi de nombreuses destructions en 1940 et 1944. Elle a été presque entièrement remodelée au sortir de la guerre.

Adresses utiles

η *Office du tourisme* (plan B2) : 6, pl. Saint-Goëry. ☎ 03-29-82-53-32. Fax : 03-29-82-88-22. ● www.ville-epinal.fr ● Ouvert du lundi au vendredi de 9 h à 18 h 30, le samedi de 9 h à 12 h et de 14 h à 17 h, et le dimanche de 10 h 30 à 12 h et de 14 h 30 à 17 h.

✉ **Poste** *(plan A1) :* recette principale, av. du Maréchal-de-Lattre-de-Tassigny.
🚆 **Gare ferroviaire** *(plan A1) :* pl. du Général-de-Gaulle. ☎ 08-92-35-35-35 (0,34 €/mn, soit 2,21 F).
🚌 **Gare routière** *(plan A1) :* pl. du Général-de-Gaulle. ☎ 03-29-82-54-82. 90 lignes couvrent l'ensemble du département.

■ **STAHV :** 48, rue Saint-Michel. ☎ 03-29-34-20-34. Assure les liaisons en bus avec les principales villes du département dont Saint-Dié, Remiremont, Gérardmer.
🚕 **Taxis d'Épinal :** station à la gare. ☎ 03-29-82-06-06.

Où dormir ?

Camping

⛺ **Camping municipal** *(hors plan par B1, 10) :* 27 chemin du Petit-Chaperon-Rouge, parc du Château. ☎ 03-29-34-43-65. Fax : 03-29-85-49-41. • camping.parc.du.château@wanadoo.fr • À 1 km du centre-ville direction Saint-Dié. Ouvert du 1er avril au 30 septembre. Forfait journalier pour deux personnes : aux environs de 15 € (98 F). Le parc est superbe et le camping n'a pas grand-chose à lui envier. Des arbres à profusion et tout le confort. Piscine, patinoire et autres activités sportives à proximité immédiate. Pour nos lecteurs, le 3e jour est gratuit hors juillet et août sur présentation du *Guide du routard* de l'année.

De bon marché à prix moyens

🛏 **Hôtel du Commerce** *(plan B2, 11) :* 15, pl. des Vosges. ☎ 03-29-34-21-65. Fax : 03-29-34-96-11. Chambres doubles de 19,82 à 39,64 € (130 à 260 F). On peut également y prendre des plats de brasserie pour environ 7 € (46 F). Très bien placé, sur l'une des plus jolies (et des plus fréquentées) places de la ville. À éviter, donc, si l'on recherche le calme absolu. D'autant que la clientèle n'est pas toujours très discrète non plus... Hôtel très simple, bien tenu dans l'ensemble. Au rez-de-chaussée, grand bar populaire à la vaste terrasse très fréquentée dès les premiers rayons de soleil. Remise de 10 % sur le prix de la chambre sur présentation du *Guide du routard* de l'année.

🛏 **Azur Hôtel** *(plan A2, 12) :* 54, quai des Bons-Enfants. ☎ 03-29-64-05-25. • www.azurhotelepinal.com • Accès : du musée d'Art ancien et contemporain, traverser le pont sur le canal (et non sur la Moselle), c'est le quai à droite. Fermé la dernière semaine de décembre. Chambres doubles entre 28,96 et 39,63 € (190 et 260 F). Chambres irréprochables et bien équipées. La n° 16 dispose d'une mezzanine et d'un petit salon. Chambres sur l'arrière ou côté rue (avec vue sur un canal transformé en parcours de canoë-kayak), mais bien insonorisées. Accueil particulièrement chaleureux, convivial et plein de petites attentions : lit d'appoint pour enfant à disposition.

🛏 **Hôtel Kyriad** *(plan A1, 13) :* 12, av. du Général-de-Gaulle. ☎ 03-29-82-10-74. Fax : 03-29-35-35-14. • hôtel-kyriad-epinal@wanadoo.fr • Fermé du 23 décembre au 2 janvier. Chambres doubles bien équipées entre 50 et 55 € (330 et 360 F). Bon accueil. Établissement bien rénové, parfaitement insonorisé (ce qui est plutôt indiqué avec la rue et les trains !). Parking privé et garage payant. Les chambres n°s 402, 404 et 406 sont des suites climatisées. Un endroit qu'on aime bien. Remise de 10 % sur le prix de la chambre le week-end et garage gratuit (une nuit) sur présentation du *Guide du routard* de l'année.

Où manger ?

Bon marché

I●I Les Balkans (hors plan par B1, 20) : 18, rue Émile-Zola. ☎ 03-29-31-25-62. À la sortie de la ville direction Strasbourg/Saint-Dié, face au Parc des expositions. Fermé de mi-juillet à mi-août. Menu fort complet à 8,84 € (58 F) servi tous les jours ; autres menus de 9,45 à 22,26 € (62 à 146 F). Entre un cimetière et une zone commerciale, le quartier présente un intérêt des plus limités. Mais l'accueil particulièrement chaleureux et l'ambiance typique valent le déplacement. Comme la cuisine yougoslave de Jovica : *pljeskavica*, *cavapi*, poivrons farcis, goulasch ou *pasulj*, plats raffinés et copieux à des prix imbattables. Vins des Balkans tout à fait honorables et à petits prix. Et pour finir, un robuste café yougoslave. Apéritif offert à nos lecteurs sur présentation du *Guide du routard* de l'année.

De prix moyens à plus chic

I●I Les Fines Herbes (plan B2, 21) : 15, rue de la Maix. ☎ 03-29-31-46-70. • fines.herbes@wanadoo.fr • Fermé le dimanche soir et le lundi, ainsi qu'une semaine fin août. Prix raisonnables, avec des menus qui changent tous les mois : de 11,43 € (75 F) le midi en semaine, à 15,24, 22,87 et 26,68 € (100, 150 et 175 F). Cuisine assez recherchée, servie avec beaucoup d'attention dans un décor moderne et épuré. Petite terrasse sur cour aux beaux jours. Accueil amical et ambiance intime idéale pour les amoureux. Pas mal de poisson à la carte et dans les menus : hure de poisson aux fruits de mer, ballottine de saumon, tournedos de lotte aux morilles, brochette des mareyeurs au beurre nantais... Apéritif offert à nos lecteurs sur présentation du *Guide du routard* de l'année.

I●I Le Bretzel (plan B2, 26) : 7, pl. de l'Âtre. ☎ 03-29-35-47-25. Juste derrière la basilique Saint-Maurice. Fermé le dimanche et le lundi soir. Formules « bouchon » tout compris à 10,06 € (66 F) ; belles assiettes alsacienne, franc-comtoise, etc., à 10,67 € (70 F). Exemple de formule « bouchon » : tourte vigneronne, salade, une boisson un dessert ou un fromage. Bonne ambiance et excellent rapport qualité-prix.

I●I Le Pinaudré (plan A1, 22) : 10, av. du Général-de-Gaulle. ☎ 03-29-82-45-29. Fermé le samedi midi, le dimanche, 3 semaines en août et entre Noël et le Nouvel An. Menu à 11,43 € (75 F) en semaine ; autres menus entre 13,41 et 25,15 € (88 et 165 F) ; menu-enfants à 7,62 € (50 F). Une adresse discrète (malgré sa devanture toute verte). Il serait pourtant dommage de la rater. Salle plutôt agréable (dans le genre bistrot contemporain) même si pas très grande. Cuisine traditionnelle habilement tournée. Pas mal de poisson et de fruits de mer dans les menus comme à la carte (normal, le chef est breton) : escalope de saumon rôtie aux myrtilles, persillade de Saint-Jacques, omelette flambée aux mirabelles... Et quelques plats de terroir : salade tiède d'andouillette, fuseau lorrain... Salle climatisée.

I●I À la Côte de Bœuf (plan B2, 24) : 12, rue d'Ambrail. ☎ 03-29-35-14-13. Fermé le samedi midi et le dimanche, ainsi que la 2e quinzaine d'août. Compter environ 16 à 18 € (105 à 118 F) pour un repas complet à la carte. La salle aux faux airs de boucherie-charcuterie (ce qui en soi est normal pour un resto spécialisé dans la viande) est plaisante mais petite. Les carnivores prendront donc la peine de réserver (et les végétariens passeront leur chemin !). Un plat suffira largement à rassasier les plus gros appétits. Onglet, bavette, araignée accompagnés d'une sauce béarnaise maison et, pour les originaux, viande de bison ou d'autruche. Un régal ! Tout comme les amourettes de veau ou le gras-double aux morilles. Apéritif offert à nos lecteurs sur présentation du *Guide du routard* de l'année.

I●I *La Tarantelle (plan B2, 25) :* 11, rue de la Calandre. ☎ 03-29-34-66-00. Service tous les jours jusqu'à minuit, ce qui est appréciable à Épinal. Compter environ 15 € (98 F) à la carte. Grand resto caché dans une toute petite rue de la vieille ville, *La Tarantelle* a passé tout doucement ses 20 ans d'existence. Autant dire que la clientèle y est d'habitués. Le midi, c'est la cantine des employés du quartier. De fait, on y croise presque tout Épinal. La cuisine est toute simple, les plats (pizzas au feu de bois et salades, viande au gril et poisson frais) sont copieux et à prix décents. Terrasse.

I●I *Le Petit Robinson (plan B1-2, 23) :* 24, rue Raymond-Poincaré. ☎ 03-29-34-23-51. Fermé les samedis et dimanches, ainsi que de mi-juillet à mi-août. Menus à 16,01, 23,63 et 30,19 € (105, 155 et 198 F). Un resto assez classique, proposant une cuisine légèrement inventive d'un bon rapport qualité-prix. Au premier menu, par exemple, vous savourerez une salade du jardin au chèvre frais et lard poêlé, suivie d'une cuisse de canard aux olives, fromage ou dessert. Excellents filets de rougets aux anchois. Décoration chaleureuse : boiseries et couleurs claires. Musique jazzy en fond sonore et accueil discret mais souriant.

Où dormir ? Où manger dans les environs ?

🏠 **I●I** *Ferme-auberge des Sept Pêcheurs :* 26-32, rue de la Division-Leclerc, Méloménil, 88220 Uzemain. ☎ et fax : 03-29-30-70-79. À 14 km au sud-ouest d'Épinal, par la D51. Bien fléché. Fermé en janvier et le mercredi sauf pour les « pensionnaires en chambre ». Des chambres doubles, douillettes et calmes, avec lavabo, douche ou bains et TV à partir de 36,59 € (240 F), petit déjeuner compris. Demi-pension, obligatoire durant les vacances scolaires d'été : 40,40 € (265 F). L'auberge fait aussi gîte d'étape pour une vingtaine de personnes (le GR7 passe à 2 km) à 13,72 € (90 F) la nuitée, petit déjeuner compris. Pour les pensionnaires, menu à 15,24 € (100 F) ; sinon, menus de 16,77 à 24,39 € (110 à 160 F) et carte. L'accueillante famille Houillon-Mellard tient cette grande propriété agricole, bordée par le canal de l'Est. L'un des bâtiments, du XIXe siècle, a été entièrement restauré pour héberger les hôtes. Spécialités à base de produits fermiers : tourte, porc braisé, coq au gris de Toul, etc. Dommage, la qualité ne semble pas toujours au rendez-vous. Apéritif maison offert à nos lecteurs sur présentation du *Guide du routard* de l'année.

🏠 **I●I** *Chambres d'hôte chez Marie-Reine et Claude Conreaux :* 2, Les Paxes, 88220 Hadol. ☎ 03-29-32-53-41. Fax : 03-29-32-53-41. À 12 km au sud d'Épinal par la N57 vers Remiremont. Sortir à Arches et prendre la D44 vers Hadol ; dans le village, D12 vers Xertigny ; c'est à 2 km sur la droite. Ouvert toute l'année. Chambres doubles à 30 € (197 F), petit déjeuner compris, 38 € (249 F) pour celle qui possède douche et w.-c. Repas à 10,67 € (70 F) par personne, vin compris, partagé avec la famille. Dans une maison récente avec jolie vue sur la campagne environnante, 2 chambres doubles (avec sanitaires communs) aménagées au sous-sol, avec de toutes petites fenêtres et une nouvelle chambre à l'étage avec sanitaires privés (routards claustro, préférez cette dernière). Pour y accéder, vous traverserez l'atelier de vannerie de Claude. Il est aussi agriculteur et produit son osier.

I●I *Le Calmosien :* 37, rue d'Épinal, 88390 Chaumousey. ☎ 03-29-66-80-77. À 10 km au sud-ouest d'Épinal vers Darney par la D460. Fermé le dimanche soir. Menus de 13,72 à 44,21 € (90 à 290 F). La maison a des airs de gare de campagne. À l'intérieur, c'est une autre histoire :

une salle à manger sombre et racée qui fait dans le style Belle Époque. Derrière, pour les jours de soleil, quelques tables dans le jardin. Cuisine classique et de terroir jamais en panne d'imagination : suprême de pigeonneau sauce pain d'épice et sa cuisse confite en salade à l'huile de noisette, foie gras poêlé au vinaigre balsamique, etc. Belle cave avec quelques bonnes surprises. Accueil et service irréprochables. La réputation de l'endroit n'étant plus à faire, il vaut mieux réserver.

Où danser ?

♪ **Le Sphinx :** 2, ferme La Voivre, 88130 Charmes. ☎ 03-29-38-80-03. Sur la route de Nancy, prendre la sortie Charmes. Ambiance chaude le week-end. Nombreuses soirées à thème durant l'année.

À voir

★ **La place des Vosges** (plan B2) **:** rien à voir avec son homonyme parisienne (cherchez plutôt à Charleville-Mézières...), si ce n'est un bel ordonnancement d'arcades du XVIe siècle. Les bourgeois de l'époque médiévale y réglaient déjà les affaires de la cité. Et même si Épinal s'est considérablement développée sur l'autre rive de la Moselle, cette place reste le centre névralgique de la ville : mairie, marché, théâtre, office du tourisme... tout est regroupé !

★ **La basilique Saint-Maurice** (plan B2) **:** construite du XIe au XIIIe siècle, cette ancienne collégiale Saint-Goëry a subi de multiples influences propres aux églises édifiées dans les villes-carrefours. Beau portail-porche de style champenois. Seuls les bourgeois pouvaient entrer par cette porte, les autres prenaient la petite porte qui se trouve sur la gauche. À l'intérieur, la nef d'inspiration bourguignonne est prolongée par un chœur gothique du XIIIe siècle. Pittoresque tour-beffroi qui peut faire penser à un donjon. L'église abrita jusqu'à la Révolution un chapitre noble de chanoinesses.
Ne pas manquer de voir les hôtels particuliers de la *rue du Chapitre,* où logeaient les religieuses. Au bout de la rue, on trouve 75 m de remparts et 3 tours appartenant aux fortifications médiévales de la cité. Construite entre 1240 et 1260, cette enceinte, longue d'environ 1 800 m, comptait presque autant de tours que celle de Carcassonne. Elle fut entretenue jusqu'à sa destruction brutale par les armées de Louis XIV en 1670.

★ **Le parc du Château** (plan B2) **:** ouvert de 7 h 30 à 20 h du 1er mai au 31 août, de 7 h 30 à 19 h en avril et septembre, de 7 h 30 à 18 h en mars et octobre, de 8 h à 17 h du 1er novembre à février. Accès gratuit. La promenade dominicale des Spinaliens. Le jardin est assez superbe et étonnant. En outre, il offre un joli point de vue sur la ville. Les 23 ha du parc abritent un petit zoo, un terrain de jeux, un *Fouga Magister* (vous ne rêvez pas ! c'est bien l'avion longtemps utilisé par la patrouille de France) et les ruines du château médiéval, qui font l'objet de beaucoup d'attention et de travaux depuis quelques années.
On sait que le château fut détruit lors de la guerre de Trente Ans sur ordre de Louis XIV. Ce qui fait que le « dernier siège du château », lors de la première campagne de France en 1814, est une histoire cocasse... Dans les premiers jours de janvier, 2000 Cosaques venant de Remiremont entrèrent dans la ville après avoir été refoulés par des troupes françaises (ces mêmes troupes furent contraintes de se replier après un affrontement hargneux avec des troupes wurtembergeoises). Le prince royal de Wurtemberg, en entrant dans Épinal, ordonna qu'on prît d'assaut le château. Celui-ci n'était défendu que

par deux petits canons d'apparat et quelques boulets de pierre. Les troupes d'assaut s'emparèrent de l'endroit en un clin d'œil et redescendirent triomphalement les rues de la ville, sous le regard narquois des Spinaliens. La presse allemande relatera cette affaire comme étant une grande victoire. C'est connu : en temps de guerre, on se contente de peu !

★ **Le Musée départemental d'Art ancien et contemporain** (plan A2) : 1, pl. Lagarde. ☎ 03-29-82-20-33. Fax : 03-29-82-01-63. Ouvert de 10 h à 18 h. Fermé le mardi (sauf administration). Entrée : 4,57 € (30 F) ; demi-tarif accordé à nos lecteurs sur présentation du *Guide du routard* de l'année ; réductions. Les fondus d'architecture trouveront sans aucun doute quelque chose de passionnant dans cette construction récente alliant judicieusement l'ancien bâtiment avec de nouveaux éléments tout en béton. L'alliance du vieux et du neuf, du verre et du béton, les jeux d'ombre et de lumière ne laisseront personne indifférent.

– *Au rez-de-chaussée,* présentation d'antiquités préhistoriques : nombreux objets en silex et basalte du paléolithique. Belles collections de fibules, d'anneaux et de bracelets caractéristiques des âges du bronze et du fer, provenant de tumuli découverts dans la région. Quelques belles stèles-maisons à l'origine placées au-dessus des tombes gallo-romaines. On y évoque la profession du défunt. Intéressant hermaphrodite callipyge en bronze découvert sur la colline de Sion. Dans les Vosges, les vestiges mérovingiens ne manquent pas et recèlent des objets rares, comme cette parure en or du VIe siècle. Le Moyen Âge, quant à lui, est représenté par une belle sélection de statues en bois ou en pierre, de provenance locale.
Ne pas manquer la magnifique série de vitraux du XVIe siècle qui ornaient les fenêtres de l'église abbatiale d'Autrey : ils donnent un bel aperçu de l'art du verre en Lorraine. Plusieurs thèmes y sont abordés : l'arbre de Jessé, l'Annonciation, le Calvaire, la Nativité, l'Assomption et l'histoire de saint Nicolas et celle de saint Hubert.

– *Au 1er étage,* de nombreuses peintures qui proviennent notamment de l'ancienne collection des Princes de Salm. Arrivés à Épinal en 1796, certains tableaux furent volés, d'autres dispersés au fil du temps, et quelques pièces maîtresses ont été détruites dans un incendie qui ravagea la préfecture en 1808. De cet ensemble, il reste encore quelques pièces admirables : la *Mater Dolorosa* de Rembrandt, sobre et pleine de profondeur, les deux *Ermites tourmentés par des démons* de Sebastino Ricci, *Mercure et Hersé* de Laurent de la Hyre, et une *Descente de croix* de Simon Vouet. Une salle entière est consacrée à l'étonnante donation Paul Oulmont. Ensemble de dessins, de pastels (quelques séduisants Fragonard), de gouaches et d'aquarelles de l'école française du XVIIIe et du début du XIXe siècle. Difficile de rater *Job et sa femme* de Georges de La Tour, un des quarante tableaux parvenus jusqu'à nous de ce maître des « nocturnes ». Beaucoup de lyrisme dans *L'Embarquement de saint Paul à Ostie* de Claude Gellée, qui fut très apprécié des collectionneurs anglais pour ce genre de tableau. Admirable collection consacrée à l'imagerie populaire. Cette collection rejoindra le nouveau musée de l'Image (ouverture prévue courant 2002). Mais en attendant, vous pouvez toujours la découvrir ici.

– *2e étage* consacré à l'art contemporain. Une politique volontariste d'acquisition fait de cette collection l'une des toutes premières en France. On trouve la série des *Campbell Soup* d'Andy Warhol, un *Grand Nu* d'Helmut Newton... Rien ne laisse indifférent, et surtout pas cette *Suite de truismes* sur tableau électronique de Jenny Holzer. L'artiste propose à notre réflexion des pensées comme « Le travail manuel peut être rafraîchissant et sain » ou « Les gens sont ennuyeux à moins d'être extrémistes ». De quoi alimenter les conversations dans les veillées spinaliennes !

– Dernier trimestre 2002 : exposition consacrée au bi-centenaire de la création de la Légion d'honneur.

★ **La place Pinau** *(plan A2)* : sur l'île, perchée en haut d'une colonne, une toute petite statue en bronze représente un enfant retirant une épine de son pied. C'est une allusion à l'origine du bourg, lieu plein d'épines qui retint l'attention de Thierry de Hamelant, le fondateur de la cité. Naturellement, on appela cet enfant Pinau et il symbolise la ville depuis des lustres. L'original en bronze antique, œuvre d'un sculpteur grec du Ve siècle avant J.-C., se trouve au musée du Capitole à Rome. Il en existe une bonne dizaine de reproductions en Europe dont une à... Épinal, petit village espagnol de 400 habitants ! La statue, présente à cet endroit depuis 1605, connut bien des aventures, subissant même par plusieurs fois les outrages d'anonymes barbouilleurs. Un odieux crime de lèse-mascotte !

★ **La roseraie et la maison romaine** *(plan A-B1)* : on pourrait presque se laisser bluffer par cette belle maison, mais ce n'est qu'une copie de la fin du XIXe siècle, abritant la bibliothèque municipale. En revanche, les roses sont authentiques et embaument l'endroit au printemps. Lieu privilégié pour une balade au bord de la Moselle.

★ **L'imagerie d'Épinal** *(hors plan par B1)* : 42 bis, quai de Dogneville. ☎ 03-29-31-28-88. Grand parking gratuit juste devant. En juillet et août, ouvert du lundi au samedi de 9 h à 19 h, et les dimanches et jours fériés de 14 h à 19 h ; de septembre à juin, ouvert du lundi au samedi de 9 h à 12 h et de 14 h à 18 h 30, et les dimanches et jours fériés de 14 h à 18 h 30. Visites guidées des ateliers à 9 h 30, 11 h, 15 h et 16 h 30. Entrée : 4,57 € (30 F) ; 3,05 € (20 F) pour nos lecteurs sur présentation du *Guide du routard* de l'année.

En 1796, un certain Jean-Charles Pellerin fonde son imprimerie. Il reprend une technique vieille de plusieurs siècles : l'image tirée d'après un bois gravé et coloriée au pochoir. Le tirage s'effectue à l'aide d'une presse Gutenberg encore utilisée aujourd'hui. Les premières œuvres éditées sont des estampes... religieuses, évidemment ! Le répertoire s'étendit un peu plus tard aux sujets plus profanes : contes, légendes et événements passés. Des chamagnons se chargeaient de colporter et de vendre ces images de ville en village.

Au XIXe siècle, le succès est important, les petites images se vendent bien et les bouleversements dus à l'apparition de la lithographie donnent à l'imagerie Pellerin une nouvelle jeunesse. En 1897, l'imagerie construit de nouveaux ateliers et fait fabriquer une ingénieuse machine à colorier, permettant la pose simultanée de neuf couleurs différentes grâce à neuf pochoirs. Résultat : 500 images en une heure. Une quasi-industrie qui fera la gloire de la dynastie Pellerin. On multiplie les sujets que les enfants peuvent découper, les pantins, les théâtres d'ombres. Les images d'Épinal traversent même les frontières, avec des éditions en plusieurs langues. Le XXe siècle ne laissera pas que de bons souvenirs. Le développement de la presse écrite retire à l'image son rôle d'information et les deux guerres laissent l'entreprise exsangue au milieu des années 1950. Depuis 1989, l'imagerie a trouvé un nouveau souffle, comme en témoignent les créations de nouvelles images.

Visite de l'écomusée où l'on découvre toute la technique des pochoirs. On commence toujours par la couleur la plus claire, le rose, pour terminer par le plus foncé, souvent le rouge. Exposition-vente d'images nouvelles et anciennes, ainsi que des nombreuses images commerciales créées ici.

★ **Le futur musée de l'Image** : juste devant l'Imagerie. En travaux encore lors de notre passage. Devrait ouvrir courant 2002 et regrouper les anciennes collections, pierres lithographiques qui étaient conservées au musée d'Art ancien et contemporain.

★ **L'église Notre-Dame-au-Cierge** *(plan A1)* : av. du Maréchal-de-Lattre-de-Tassigny. Construite en 1958, alternant béton et dalles de verre coloré, voilà un exemple d'architecture moderne d'une grande banalité qui ne laisse pas de souvenirs impérissables. À l'intérieur, en revanche, on découvre l'une des plus vastes verrières de France représentant la vie de la Vierge. Merveilleux travail des verriers de Chartres. Difficile de se faire une idée d'emblée, il faut détailler chaque scène à la manière d'une bande dessinée ou venir un soir d'été lors du spectacle son et lumière. Seulement, pour voir le vitrail, cours magistral sur Marie obligatoire.

➤ DANS LES ENVIRONS D'ÉPINAL

★ *L'Écomusée vosgien de la brasserie de Ville-sur-Illon :* route de Mirecourt, 88270 *Ville-sur-Illon.* ☎ 03-29-36-58-05. • www.musee-vosgien-brasserie.asso.fr • ♿ À 24 km à l'ouest d'Épinal par la D460 jusqu'au Ménil puis prendre à droite la D4. Ouvert de mi-juin à fin septembre tous les jours sauf le lundi, de 14 h 30 à 18 h ; sur rendez-vous le reste de l'année. Entrée : 3,05 € (20 F) ; réductions. Installé dans l'ancienne brasserie *Lobstein.* Ici, la vie s'articulait autour de la salle de brassage aux boiseries et aux vitraux Art nouveau, seuls témoins des richesses passées. Les caves, le laboratoire, un matériel rarissime, le moulin à malt font revivre quatre siècles de traditions brassicoles dans les Vosges. Un des objectifs de l'écomusée est de proposer un apprentissage de la « culture Bière » en enseignant sa fabrication tout en initiant le goût dans l'ambiance chaleureuse des dégustations. De façon ponctuelle sont produites diverses bières artisanales : bière de mars, bière de juin, lager d'été, cervoise cela vosgina, à l'occasion de la Saint-Arnould, patron des brasseurs lorrains, etc. Elles sont offertes en dégustation. D'importants aménagements ont récemment vu le jour : création d'une salle didactique pour brasseurs amateurs et visiteurs, jouxtant une salle de microbrassage, pour un volume de brassage de 250 litres.

RAON-L'ÉTAPE (88110) 6 940 hab.

À 13 km au nord de Saint-Dié, la « porte des Vosges » est une petite cité industrieuse non dénuée d'un certain charme, grâce à son architecture de grès rose du XIXe siècle. La ville est surtout réputée pour son nombre étonnant de fontaines (dont une douzaine en bronze). À l'origine de cette particularité, le grand incendie de 1810, qui incita la Municipalité à faire des réserves d'eau ! À part ça, rien à voir d'extraordinaire dans la ville même, mais Raon, comme son nom l'indique, est une étape. Un bon point de chute pour visiter les environs : les cristalleries de Baccarat et le lac de Pierre-Percée.

Adresses utiles

🅘 *Office du tourisme :* rue Jules-Ferry. ☎ 03-29-41-83-25. Dans le centre. En hiver, ouvert le lundi de 14 h à 18 h, du mardi au vendredi de 8 h à 12 h et de 14 h à 18 h, et le samedi de 9 h à 12 h ; le reste de l'année, ouvert le lundi de 14 h 30 à 18 h 30, du mardi au vendredi de 9 h à 12 h et de 14 h 30 à 18 h 30, et le samedi de 9 h à 13 h.

■ *Location de VTT :* Cycles Idoux, 6, rue Denfert-Rochereau. ☎ 03-29-41-48-20. Fermé deux semaines en août. 15,24 € (100 F) la journée. Forfaits pour plusieurs jours. Réservation conseillée le week-end.

Où dormir ? Où manger ?

🛏 *Gîte du Château Robert :* chez Mme Sylvie Massenez, rue du Joli-Bois. ☎ 03-29-41-46-54. À la sortie de Raon-l'Étape en direction d'Épinal, tourner à gauche avant les feux et poursuivre sur 300 m ; prendre ensuite à droite vers la forêt, passer sous le pont, puis suivre les pancartes sur 1 km. 2 maisonnettes à louer de 228,66 € (1 500 F) hors saison à 350,61 € (2 300 F) la semaine (deux couples ou une famille y sont à l'aise). Réserver par courrier ou téléphone. Ancienne colonie de vacances reconvertie en gîte et écuries. La patronne, aimable et passionnée, élève une trentaine de chevaux et poneys.

🛏 l●l *Relais Lorraine-Alsace :* 31, rue Jules-Ferry. ☎ 03-29-41-61-93. Fax : 03-29-41-93-09. ● www.relais-lorraine-alsace.com ● ॐ À côté de l'hôtel de ville. Resto fermé le lundi. Doubles de 45,74 € (300 F) avec douche, w.-c. et TV, à 52,60 € (345 F) avec bains. Menu à 12,65 € (83 F) côté brasserie ; autres menus à 18,75 et 28,97 € (123 et 190 F). Chambres d'un classicisme de bon ton mais la rue qui traverse la ville, le long de laquelle se trouve l'hôtel, est encore assez fréquentée Cuisine très correcte. On a particulièrement apprécié le rôti de veau aux mirabelles. Café offert sur présentation du *Guide du routard* de l'année.

À voir

★ *L'hôtel de ville :* installé au milieu du XVIIe siècle dans une ancienne grange à blé, ce qui explique ses arcades. À l'intérieur (pour les visites, renseignements à l'office du tourisme), toiles du XVIIIe siècle qui évoquent, notamment, le flottage du bois, activité locale traditionnelle jusqu'à la fin du XIXe siècle.

★ Pour les amateurs de vieilles pierres : les vestiges du **couvent des Cordeliers** (XVe siècle), un bout de voie romaine et le **menhir de Pierre-Borne**, à la Maladrerie (infos à l'office du tourisme).

★ *Les 12 fontaines,* dont onze sont classées.

➤ *DANS LES ENVIRONS DE RAON-L'ÉTAPE*

★ *Les cristalleries de Baccarat :* à 9 km au nord de Raon, par la N59. On ne présente plus Baccarat, d'où provient depuis la fin du XVIIIe siècle le cristal le plus connu de France, pour ne pas dire du monde. Vos amis bourgeois vous le confirmeront : avoir un « Baccarat » chez soi, c'est on ne peut plus chic. Bref, pour ceux que le miroitement d'un lustre de luxe émerveille, la visite du *musée du Cristal* est incontournable. ☎ 03-83-76-61-37. Il est installé dans un petit château. Accès du rond-point central, pas loin de la gare. Visites tous les jours ; d'avril à juin, de 9 h 30 à 12 h 30 et de 14 h à 18 h 30 ; en juillet et août, de 9 h 30 à 18 h 30 ; en septembre et octobre, de 9 h 30 à 12 h 30 et de 14 h à 18 h 30 ; de novembre à mars, de 10 h à 12 h et de 14 h à 18 h. Entrée : 2,29 € (15 F) ; 1,52 € (10 F) pour nos lecteurs sur présentation du *Guide du routard* de l'année. On peut y admirer de vieilles pièces, gravées, taillées et décorées de toutes les manières. Quelques spécimens uniques superbes. Sinon, la fabrique ne se visite pas.
La plus belle boutique (et la plus chère) est celle située au pied de la petite butte, près du musée. En s'éloignant du centre, on trouve des souvenirs moins chers mais souvent moins beaux. À part ça, la ville elle-même ne présente guère d'intérêt.

LE LAC DE PIERRE-PERCÉE

Le plus grand lac artificiel de la région, avec ses 300 ha et ses 32 km de pourtour, a été créé par EDF. Cadre magnifique puisque des collines couvertes d'épaisses forêts lui servent d'écrin. D'ailleurs, les locaux appellent cette ceinture verte le « Canada lorrain ». Un important barrage (78 m de haut) retient l'eau, déversée dans la Moselle lorsque son débit est trop faible pour alimenter la centrale de Cattenom. Pour compléter le dispositif et servir de réserve au lac, un grand bassin a été aménagé plus bas : le lac de la Plaine. Ces deux plans d'eau attirent beaucoup de monde en été, du sportif au simple touriste en quête de calme. Le site est suffisamment vaste pour qu'on ne se marche pas sur les pieds...

Adresse utile

Pour le moment, la *Maison du Développement* de Pierre-Percée est fermée mais un point d'information reste ouvert pendant l'été.

■ **Syndicat mixte d'aménagement des lacs de Pierre-Percée :** SMA des Lacs, 28, rue du Maréchal-Foch, 54540 Badonviller. ☎ 03-83-42-14-12. Ouvert en semaine de 8 h 30 à 12 h et de 14 h à 17 h. Donne des infos sur la base nautique, *Aventure Parc* et le camping.

Où dormir ? Où manger ?

Camping

⚐ **Camping des Lacs :** 88110 Celles-sur-Plaine. ☎ 03-29-41-19-25. Fax : 03-29-41-18-69. • camping@sma-lacs-pierre-percee.fr • Au bord du lac de la Plaine. Ouvert d'avril à septembre. Accès interdit aux voitures de 22 h 30 à 7 h. Très agréablement situé. Piscine extérieure chauffée, et même un petit bassin pour les enfants. Location de chalets équipés pour 4 à 5 personnes.

De bon marché à prix moyens

🛏 |●| **Hôtel Le Chalet :** pl. de l'Église, 54540 Pierre-Percée. ☎ 03-83-42-12-16. Fax : 03-83-42-18-15. Dans le centre du village. Fermé le vendredi soir de novembre à février (sauf réservation). Le week-end, en général, réservation chaudement recommandée. Chambres doubles à 35,06 € (230 F) avec douche et w.-c. Tout petit hôtel, simple, calme et sympa, avec des trophées de chasse dans les escaliers. 6 chambres seulement, dont une donnant sur le château (la n° 3), une autre sur le lac (la n° 6) et deux sur la place du village (les n°s 1 et 2). Déco mignonne. Au resto, une cuisine simple et traditionnelle. Propose des crêpes.

🛏 |●| **Hôtel des lacs :** 88110 Celles-sur-Plaine. ☎ 03-29-41-17-06. Fax : 03-29-41-18-21. En face du camping. Chambres doubles de 33,54 à 41,16 € (220 à 270 F). Cette maison vieux rose est plus dans le style des stations balnéaires que dans celui des Vosges, et c'est ce qui lui donne ce petit air de vacances bien plaisant ! Dès l'entrée, le piano et les meubles anciens donnent une touche de personnalité et dégagent une atmosphère intime. Bonne table avec des menus qui changent régulièrement. Une adresse de charme à prix modérés.

LES VOSGES

À voir

★ *Le château de Pierre-Percée :* belles ruines sur un piton rocheux. Il appartenait autrefois aux princes de Salm.

★ *La Hallière :* sur la D392 direction Vexaincourt, à environ 3 km de Celles-sur-Plaine. ☎ 03-83-74-49-71. Visite le dimanche de 14 h à 18 h de mai à octobre; en juillet, août et septembre, chaque après-midi de la semaine ; hors saison, visite guidée sur rendez-vous. Belle scierie à haut-fer du XVIIIe siècle, tout en bois (ça va de soi). Dans un cadre charmant avec sa roue de moulin, ses étangs, ses dépendances. On en a fait un intéressant écomusée consacré à la faune et à la flore vosgiennes, aux métiers du bois, etc.

★ *La réserve d'oiseaux :* un observatoire a été aménagé au bord du lac (côté sud-ouest), face à une réserve protégée. C'est fléché de la route faisant le tour du lac (route forestière de Raon à Badonviller). On peut voir hérons, colverts, foulques, grèbes huppés, etc.

★ *Le barrage :* visite possible, sur demande auprès d'EDF, ☎ 03-29-41-70-22. Pas de visite le week-end et les jours fériés. Gratuit. Compter environ 1 h 30 pour la visite suivie d'une projection vidéo au belvédère du barrage.

À faire

ATTENTION : baignade interdite sur le lac de Pierre-Percée. Autorisée sur le lac de la Plaine, mais surveillée uniquement en juillet et août. La température de l'eau est d'environ 22 °C.
– *Location d'embarcations :* sur la plage de la base de loisirs. Ouvert de mi-avril à mi-septembre le week-end, les jours fériés et pendant les vacances scolaires. Pour de simples promenades en bateau, se rendre directement au port d'embarquement, en bas de la route en venant de Pierre-Percée. Location à la demi-heure ou à l'heure de pédalos, kayaks, canoës.
– *Base nautique du SMA :* à Celles-sur-Plaine, en face d'une usine forestière bleue, près du lac. ☎ 03-29-41-13-04. ● activites@sma-lacs-pierre-percee.fr ● Stages de canoë, location de dériveurs, catamarans et canoës-kayaks. Également du tir à l'arc et du VTT.
– *Pêche :* autorisée dans les deux lacs. ☎ 03-83-56-27-44 (*Fédération départementale des associations pour la pêche et la protection des milieux aquatiques*).
– *Randonnées :* le GR 533 passe ici. Une belle balade à faire : monter à la Tête du Coquin. Le panorama s'étend jusqu'à Nancy par temps clair. Dommage qu'ici aussi la tempête de décembre 1999 ait causé tant de dégats.
– *Aventure Parc :* lieu-dit La Roche-des-Corbeaux. ☎ 03-83-76-04-31. ● www.sma-lacs-pierre-percee.fr ● Ouvert le mercredi, le week-end et les jours fériés. Fermé du 31 octobre au 31 mars. Pour les horaires, mieux vaut appeler avant. Interdit aux enfants de moins de 8 ans. Entre 13,72 et 15,24 € (90 et 100 F) l'entrée, selon l'âge des participants. Le principe : se prendre pour Tarzan le temps d'une balade musclée dans les arbres. Compter 2 à 3 h de parcours. Un itinéraire parsemé de jeux sportifs : saut de Tarzan (justement !) qui consiste à se jeter dans le vide, attaché à une corde quand même, pour atterrir dans un filet, tyrolienne, passerelles, etc. Des moniteurs encadrent les jeunes sur le parcours. Amusant pour toute la famille, et particulièrement pour les jeunes qui pourront se familiariser à l'escalade en étant assuré. Possibilité de saut à l'élastique. Du parc, belle vue sur le lac. Snack en été.

SENONES (88210) 2 950 hab.

À 17 km au nord de Saint-Dié. Senones n'est pas qu'un parfait palindrome (nom qui peut se lire à l'envers). C'est aussi l'ancienne capitale de la principauté de Salm, proclamée État souverain au XVIIIe siècle ! Autre gloire de Senones : son abbaye, fondée au VIIe siècle, qui rayonna longtemps dans toute la région. Abbé de Senones pendant 28 ans, dom Calmet est l'un des grands érudits de son temps. Il publia un dictionnaire de la Bible mais aussi un traité sur les vampires ! Pas étonnant qu'il se soit entendu avec Voltaire, qui vint séjourner à l'abbaye de Senones en 1754 pour y travailler à son *Essai sur les mœurs*. Rattachée à la France en 1793, la principauté a perdu sa grandeur et sa capitale est devenue une cité modeste vivant principalement du textile. L'abbaye a été transformée en usine de tissage, ses jardins ont laissé la place à un magasin.

La crise industrielle ayant durement frappé la région, Senones a un peu pris des airs de ville fantôme, malgré les efforts de ses habitants. Un malheur n'arrivant jamais seul, le château des princes de Salm brûla en 1994. Il reste heureusement quelques jolies demeures princières du XVIIIe siècle dans le centre-ville et, chaque été, l'ancienne capitale revit lors de sa fameuse relève de la garde. En outre, les environs de Senones invitent à de nombreuses excursions.

Adresses utiles

■ ***Office du tourisme :*** pl. Clemenceau (devrait prochainement déménager place Dom-Calmet). ☎ 03-29-57-91-03. En saison, ouvert du lundi au samedi de 10 h à 12 h et de 14 h à 18 h, et le dimanche de 10 h à 13 h ; hors saison, ouvert du lundi au samedi de 10 h à 12 h et de 14 h à 17 h, fermé le dimanche. Compétent et bien documenté. Propose des excursions d'une journée en principauté de Salm (avec possibilité de restauration) et vend des parcours de randonnée. Infos sur toute la région (Pays d'Accueil du Donon). Visite de la ville en 1 h par audioguidage : commentaires en français, en anglais et en allemand.

■ ***Le Clos Malpré :*** route de la Combe. ☎ 03-29-57-63-73. Ferme équestre proposant des randonnées à cheval à la journée (60,98 €, soit 400 F, pique-nique compris) ou à la demi-journée. Également gîte équestre, gîte d'étape et de groupe, accueil d'enfants. Bien situé, sur la transvosgienne équestre.

Où dormir ? Où manger ?

▲ I●I ***Au Bon Gîte :*** 3, pl. Vaultrin. ☎ 03-29-57-92-46. Fax : 03-29-57-93-92. Fermé le dimanche soir et le lundi, pendant les vacances scolaires de février, la dernière semaine de juillet et la 1re semaine d'août. Réservation conseillée, surtout pour le resto, le week-end. Chambres doubles à partir 38,11 € (250 F). Menu à 9,91 € (65 F) le midi en semaine ; autres menus de 14,48 à 26,68 € (95 à 175 F). Une maison ancienne, bien restaurée. Déco contemporaine, qui fait bon ménage avec les vieux murs. La lumineuse salle à manger est, à ce titre, une franche réussite. Très bon accueil. Une dizaine de chambres, agréables et de bon confort. Les n°s 2, 5, 6 et 7 sont plus calmes. Bonne cuisine, régionale mais avec une dose d'imagination en plus : demi-lune de truite saumonée et moules, civet de noix de joue de porc en ravioles, pain perdu compote de rhubarbe pour le menu à 17,53 € (115 F). Café offert à nos lecteurs sur présentation du *Guide du routard* de l'année.

IOI *La Salle des Gardes :* 7, pl. Clemenceau. ☎ 03-29-57-60-06. Ouvert uniquement le midi du lundi au jeudi, midi et soir les vendredis, samedis et les dimanches. Fermé trois semaines en juin et 15 jours à Noël. Petit menu très correct et pas ruineux à 10 € (66 F) le midi en semaine ; autres menus de 11 à 14 € (72 à 92 F). Quart de vin à 1,52 € (10 F) et quelques rares mais très bonnes bouteilles comme ce côtes-de-bourg 1995 à 11,43 € (75 F). Une petite brasserie simple mais sympathique comme son patron, M. Dalançon, son épouse, Muriel, qui concocte une simple mais délicieuse cuisine et de savoureux desserts, et leur fils, ancien champion de fléchettes. Spécialités de la maison : les viandes grillées au feu de bois. Une bonne cote chez les jeunes de la région. Même la meringue servie avec le café est maison. Une adresse très sympa. Café offert sur présentation du *Guide du routard* de l'année.

Où dormir ? Où manger dans les environs ?

▲ *Chambres d'hôte :* chez Mme Martin, 30 Grande-Rue, à Belval (88210). ☎ 03-29-41-00-08. À 7 km de Senones par la D424. Ouvert de Pâques à la Toussaint. Chambres confortables avec salle d'eau et w.-c. de 33,54 à 38,11 € (220 à 250 F). Accueil très sympa. Lave-linge. 2 chambres indépendantes et un gîte. Cadre campagnard.

▲ **IOI** *Hôtel-restaurant La Roseraie :* 3, rue de la Mairie, 88210 Grandrupt. ☎ 03-29-41-04-16. Fax : 03-29-41-04-74. À 8 km de Senones par la D24 puis la D45. Chambres doubles de 32,01 à 42,68 € (210 à 42,68 F). Demi-pension de 65,56 à 69,61 € (430 à 450 F). Menus de 9,45 à 22,10 € (62 à 145 F) ; menu des saveurs à 3,72 € (90 F) ; menu du terroir à 16,77 € (110 F). À 600 m d'altitude. Pour les amoureux de calme, de balades dans la montagne et de cadre verdoyant. Site très reposant. Chambres simples mais confortables, juste ce qu'il faut. Accueil très sympathique, y compris du berger bernois. Belle salle de resto. Au menu des saveurs, terrine de foies de volaille maison, cuisse de lapin pignon et fines herbes, trio de sorbets, le tout concocté avec brio.

▲ **IOI** *Le Jacquard :* 1, rue du Jacquard, 88210 Moussey. ☎ 03-29-41-32-29. Fax : 03-29-41-34-47. À 5 km au nord de Senones par la D49. Ouvert tous les jours en juillet et août, le week-end le reste de l'année. Chambres doubles à 30,49 € (200 F) avec douche et w.-c. On mange pour environ 23 € (151 F) à la carte. Ancienne usine transformée en guinguette à la grande époque du paternalisme triomphant. On y organise d'ailleurs toujours des thés dansants, le dimanche après-midi (techno prohibée, le patron nous l'a assuré !). Accueil amical. Ambiance un peu flon-flon. Chambres toutes simples mais plutôt plaisantes et d'un bon rapport qualité-prix. Vaste salle de resto à l'ancienne (du genre à accueillir noces et banquets) où l'on peut goûter à la grande spécialité maison, les tartes flambées cuites au feu de bois. Mise à disposition gratuite de VTT et de skis de fond pour les clients de l'hôtel. Apéritif maison offert sur présentation du *Guide du routard* de l'année.

À voir

L'Association *Les Amis de la Bibliothèque* propose des visites guidées du centre historique. Tous les dimanches matin à 10 h, en juillet et août. Gratuit. Se renseigner à l'office du tourisme. C'est le seul moyen d'accéder aux bâtiments abbatiaux, fermés le reste du temps.

★ **Le centre historique :** enfilade de trois places (Dom-Calmet, Clemenceau, Thomann) bordées de maisons historiques. Le château des princes devrait être reconstruit.

★ **L'ancienne abbaye :** pl. Dom-Calmet. À droite de l'église. Tout ce qui rappelait la transformation de ces imposantes bâtisses en usine textile a été effacé. Le plus beau vestige de l'abbaye est sans conteste l'escalier du XVIIIe siècle (sous le porche, à droite). Superbe rampe de fer forgé ouvragé. Voltaire l'empruntait pour se rendre à l'appartement qu'il occupait ici lors de son séjour. Dans les jardins de la cour d'entrée, remarquer les étranges sculptures, proches de l'art primitif. Malgré leur air ancien, on les doit à un sculpteur contemporain, De Angeli. L'église n'a pas grand intérêt. On peut cependant y voir des panneaux retraçant l'histoire de Salm (copie d'un manuscrit de Voltaire).

★ **La relève de la garde de Salm :** reconstitution en costumes d'époque, avec tambour, fifre et chapeau tricorne, d'une vieille tradition princière. En juillet et août seulement, le dimanche, de 11 h 15 à 12 h. Attention, ça n'a pas lieu tous les dimanches, alors renseignez-vous avant à l'office du tourisme : ☎ 03-29-57-91-03. Nocturnes un samedi de juillet et un samedi d'août, avec illumination du centre-ville et convocation des personnages historiques (Voltaire, dom Calmet, etc.).

Fêtes et manifestations

– **Foire aux petits crus :** le dimanche suivant le jeudi de l'Ascension. Dégustation de vins de fruits, nombreux stands. Relève de la Garde.
– **Son et lumière :** cinq soirées en été. Reconstitution historique. Se renseigner à l'office du tourisme.
– **Les Terrasses de l'Abbaye :** 3 animations en juillet et août sur les sites des 3 abbayes. Se faire communiquer les dates auprès de l'office du tourisme. Entrée libre. Animation musicale (on peut danser), restauration du terroir servie par des serveurs habillés en moines offrant une bière de l'abbaye. Touristes et habitants du coin apprécient ensemble cette fête.

Randonnées

➢ Nombreuses possibilités dans les belles forêts des environs. Des **sentiers balisés** partent de Moussey : château de Salm (3 h de marche), Blanches-Roches (30 mn), Pierres-à-Bassin (40 mn), La Chatte-Pendue (beau point de vue, à 2 h 30), lac de la Maix (3,5 km), etc.
➢ On peut aussi tenter une randonnée historique en empruntant le **sentier des Passeurs,** utilisé pendant la Seconde Guerre mondiale par les résistants pour fuir l'Alsace occupée ! Partant de la maison forestière de Salm, les évadés parcouraient 14 km de forêt dense avant d'arriver à Moussey, de l'autre côté de la frontière. On peut l'emprunter en sens inverse. Compter 8 h de marche aller-retour. Demander le petit plan à l'office du tourisme de Moussey ou de Senones.
➢ **Ski de fond :** 70 km d'itinéraires balisés. Circuits disponibles à l'office du tourisme. Quelques belles balades en sous-bois au départ du col du Donon ou de la route de Praye, vers le lac de la Maix par exemple. Si vous en voulez encore plus, les pistes de ski de fond du Palais, côté alsacien, sont toutes proches.

LES VOSGES

➤ *DANS LES ENVIRONS DE SENONES*

★ *L'église abbatiale de Saint-Hydulphe :* 88420 **Moyenmoutier**. À 5 km à l'ouest de Senones. De l'abbaye fondée au VIIe siècle, il ne reste plus que cette gigantesque église baroque, du XVIIIe siècle, considérée comme la plus belle réussite du genre en Lorraine. À l'intérieur, très belles stalles en chêne sculpté, ornées de têtes de lions amusantes. Voir également la Vierge polychrome du XVIe siècle, au doux visage (à droite du chœur), et l'imposant buffet d'orgue.

★ *Le lac de la Maix :* à une dizaine de kilomètres de Senones, en pleine forêt. À pied, un sentier balisé y mène. En voiture, prendre la D49 jusqu'à Moussey, puis la route du Donon et une petite route forestière, à gauche ; au carrefour, encore à gauche. Très joli lac vert, dans un site boisé plein de mystère. D'origine glaciaire, ce lac, d'une quinzaine de mètres de profondeur, ravit par sa teinte menthe à l'eau, presque translucide sur les bords. Attention, baignade interdite. Quand les arbres s'y reflètent, atmosphère romantique assurée. Connu depuis l'époque celtique, l'endroit est devenu un lieu de culte. Un ermitage s'y installa au XIe siècle. Détruite au XVIIIe siècle, la chapelle fut reconstruite un siècle plus tard. Mignonne comme tout, avec sa Vierge couverte de fleurs et de colliers de perles. Dehors, un curieux sarcophage en pierre. Sous la chapelle, une crypte très ancienne où l'on baptisait les enfants mort-nés au Moyen Âge.
Le lac a bien sûr inspiré des légendes, dont celle du « diable musicien ». Autrefois, il y avait une prairie à la place du lac, où les gens du village voisin se réunissaient le dimanche. Un jour, un musicien inconnu vint jouer du violon, entraînant les habitants dans une danse effrénée. Quand les cloches de l'église appelèrent à la messe, personne ne les entendit. Alors le sol s'entrouvrit, engloutissant les danseurs. Et de l'eau jaillit de la terre, formant le lac. Depuis, on entend parfois des cloches tinter au fond...

★ *Le col du Donon :* à une trentaine de kilomètres à l'est de Senones, après le lac de la Maix. Charmante route forestière, passant par le col de Prayé. Figurez-vous qu'il y a des plantes carnivores dans le coin ! Ces droseras poussent dans la tourbière, pas loin de la route. On peut également voir des licopodes (sorte de roseau), des fougères rares et, avec beaucoup de chance, le grand tétras...
À Raon-les-Plaines, prendre la direction Raon-lès-Leu, d'où une petite route de montagne mène à une voie romaine (fléché), longue de plusieurs centaines de mètres et parfaitement conservée. Le garde forestier, Jacky Darnet, vend un bon fromage de chèvre : ☎ 03-29-41-16-73. Reprendre la belle route du Donon, qui monte au milieu des sapins. Au col, laisser la voiture pour monter au sommet (environ 40 mn de marche). Panorama super sur les Vosges, l'Alsace et plus loin les forêts allemandes. On trouve ici aussi des ruines romaines. Sur le sentier, après la maison forestière, des pierres à cupules, aux origines mystérieuses. La présence d'un trou laisse à penser qu'il s'agissait de pierres sacrificielles (l'orifice permettant l'écoulement du sang !).

★ *La vallée de la Bruche :* voir le chapitre qui lui est consacré dans la partie « Alsace ».

SAINT-DIÉ-DES-VOSGES (88100)   23 700 hab.

Traversée par la Meurthe, entourée de montagnes couvertes de sapins, Saint-Dié-des-Vosges est une petite ville paisible. Brûlée pendant la guerre, reconstruite au cordeau, cette vieille cité laisse difficilement imaginer la richesse de son histoire. Le visiteur curieux la découvrira grâce aux monuments religieux, à la bibliothèque et au passionnant Musée municipal. Curiosité la plus récente : la tour de la Liberté, symbole de la nouvelle identité de la ville, rebaptisée Saint-Dié-des-Vosges il y a quelques années... Le design futuriste de la tour a inspiré le nouveau mobilier urbain de la ville : réverbères, kiosques et même stands de sandwichs !

LA MARRAINE DE L'AMÉRIQUE

À l'origine de sa fondation, un saint (Deodat, d'où Dié) qui y installe un monastère au VIIe siècle. Devenu un important foyer religieux, le chapitre des chanoines de Saint-Dié compte parmi ses dirigeants une dizaine de princes de Lorraine et même le futur pape Léon IX. À la fin du XVe siècle, le chanoine Vautrin Lud crée un club littéraire et scientifique : le Gymnase vosgien, considéré comme l'une des sociétés savantes les plus anciennes d'Europe.

Apprenant que le Gymnase possède sa propre imprimerie (chose rare à l'époque), l'explorateur florentin Amerigo Vespucci lui confie des relevés cartographiques d'après son voyage dans le Nouveau Monde. Les érudits du club dressent alors une carte du monde sur laquelle apparaît clairement le continent découvert par Vespucci, ainsi qu'une planche de douze fuseaux horaires (une première dans l'histoire). Ils traduisent les documents de l'explorateur et y ajoutent un traité de géographie, qu'ils publient en 1507 sous le nom de *Cosmographiae Introductio*. Cet ouvrage, diffusé dans toute l'Europe, aura des répercussions phénoménales puisque le continent découvert par Colomb y est pour la première fois baptisé « America »... Il y est très exactement écrit : « Comme l'Europe et l'Asie ont reçu des noms de femmes, je ne vois aucune raison pour ne pas appeler cette autre partie AMERICA, d'après l'homme sagace qui l'a découverte... ». Ainsi, c'est bien aux intellectuels de Saint-Dié que l'on doit « l'invention » de l'Amérique.

Autre fierté de la ville : l'inventeur de l'école publique (et obligatoire !), un certain Jules Ferry, né ici même et enterré face à la ligne bleue des Vosges. Pour la petite histoire, c'est Jules Ferry lui-même qui décida, alors qu'il était président du Conseil, la donation de la statue de la Liberté aux États-Unis...

Adresses utiles

🅘 *Office déodatien du tourisme :* 8, quai du Maréchal-de-Lattre-de-Tassigny. ☎ 03-29-42-22-22. Fax : 03-29-42-22-23. • www.ville-saint die.fr • En été, ouvert du lundi au samedi de 9 h à 12 h et de 14 h à 19 h, et les dimanches et jours fériés de 10 h à 18 h. Petit fascicule gratuit sur la ville, avec plan et index.

✉ *Poste :* 11, rue Dauphine. On y trouve cabines téléphoniques, service de fax et distributeur de billets.

🚆 *Gare ferroviaire :* rue Gambetta. ☎ 08-36-35-35-35 (0,34 €/mn, soit 2,21 F). Dans le prolongement de la rue Thiers et du cours Saint-Martin.

🚌 *Gare routière :* pl. des Déportés. ☎ 03-29-56-18-65.

Où dormir ?

Camping

▲ *Camping de la Vanne de Pierre :* 5, rue du Camping. ☎ 03-29-56-23-56. • www.ville-saintdie.fr • ⚘. Camping municipal situé au bout du quai du Stade (prolongement du quai Jeanne-d'Arc), tout près de la Meurthe. Ouvert toute l'année. 10,67 € (70 F) l'emplacement pour deux avec voiture et tente, plus 2,74 € (18 F) pour l'électricité. Une centaine d'emplacements. Piscine, bar et épicerie. Équipements sportifs à proximité.

De bon marché à prix moyens

🛏 *Hôtel des Vosges :* 57, rue Thiers. ☎ 03-29-56-16-21. Fax : 03-29-55-48-71. ⚒ Ouvert 24 h/24 (veilleur de nuit). Chambres à 27,44 € (180 F) avec lavabo et douche, 38,11 € (250 F) avec douche ou bains et w.-c. Hôtel classique, accueillant et bien tenu. 30 chambres au confort variant selon les prix. Éviter les chambres sur rue. Pas de resto. Pour les porteurs du *Guide du routard* de l'année, parking et garage fermé disponibles gratuitement et remise de 10 % sur le prix de la chambre à partir de la 2e nuit.

🛏 *Hôtel de France :* 1, rue Dauphine. ☎ 03-29-56-32-61. Fax : 03-29-56-01-09. À côté de la poste. Chambres doubles à 36,59 € (240 F) avec douche et w.-c. ; petit déjeuner en plus. Les papiers peints de l'escalier ne doivent pas vous rebuter. Plutôt mignon, confortable et bien situé. Toutes les chambres ont douche ou bains et minibar. Les nos 3, 6, 9 et 10 se trouvent côté cour, elles sont donc évidemment plus calmes et donnent, entre autres, sur le toit de la cathédrale. Pas de resto mais un bar mitoyen. 10 % de réduction pour nos lecteurs sur présentation du *Guide du routard* de l'année.

Où manger ?

|●| *Restaurant L'Europe :* 41, rue des Trois-Villes. ☎ 03-29-56-32-03. ⚒ Dans le prolongement de la rue du 11-Novembre. Fermé le dimanche soir, le lundi, deux semaines mi-janvier, fin juillet et 3 semaines en août. Menu à 10,67 € (70 F) le midi en semaine ; autres menus entre 13,87 et 21,34 € (91 et 140 F). Décoration assez classique, dans les teintes bleues. Accueil aimable et cuisine volontiers voyageuse : des pâtes fraîches, du couscous, un tartare coupé au couteau et même des spécialités des Balkans (*cigan*, goulasch...). On y mange bien et les tarifs s'adaptent à tous les budgets. Café offert sur présentation du *Guide du routard* de l'année.

|●| *Restaurant des Voyageurs :* 22, rue d'Hellieule. ☎ 03-29-56-21-56. ⚒ Fermé les dimanches soir et lundis. Premier menu à 12,96 € (85 F) ; un autre à 17,53 € (115 F). L'un des meilleurs rapports qualité-prix de la ville. Salle classique mais agréable avec sa véranda d'où (en choisissant bien sa table) on a vue sur la tour de la Liberté.

|●| *Le Petit Chantilly :* rue du 11-Novembre (derrière la tour de la Liberté). ☎ 03-29-56-15-43. ⚒ Fermé le mercredi et le dimanche soir, une quinzaine de jours en février et trois semaines en août. Premier menu à 13,57 € (89 F) le midi en semaine ; autres menus de 16,01 à 29,73 € (105 à 195 F). Grande salle contemporaine tout en longueur. Le cadre en impose un peu mais l'ambiance reste assez décontractée. C'est l'une des bonnes tables de la ville, mais à des prix raisonnables. Au programme : marbré de raie légumes brunoise, potée de daurade, etc. Café offert sur présentation du *Guide du routard* de l'année.

Où dormir ? Où manger dans les environs ?

De bon marché à prix moyens

🛏 |●| *Chambres d'hôte chez Laurence et Thierry Vagnier :* 9, rue de la Forêt, lieu-dit Sauceray, 88470 Saint-Michel-sur-Meurthe. ☎ 03-29-58-40-66. Fax : 03-29-58-41-47. À 4 km au nord-ouest de Saint-Dié par la N59 direction Raon-l'Étape ; à Saint-Michel, suivre, de la mairie, la direction Sauceray ; pas très bien indiqué, c'est à la sortie de Sauceray, presque face à l'école. Chambres doubles à 31,25 € (205 F) pour deux, petit déjeuner compris; une chambre pour 4 personnes à 54,89 € (360 F). Repas à 9,91 € (65 F) sur réservation. Au rez-de-chaussée d'une vieille maison. Chacune des 3 chambres a une entrée indépendante et tout le confort (salle de bains et w.-c.). Bon accueil. Ce sont maintenant les enfants des anciens propriétaires qui ont repris le flambeau. Table d'hôte. Apéritif maison offert sur présentation du *Guide du routard* de l'année.

≜ |●| *Ferme-auberge La Charriole :* chez Heidi et Jean-René Collombier, 225, chemin de la Haute-Fosse, 88100 Taintrux. ☎ 03-29-50-07-32. Fax : 03-29-50-07-36. ● www.vosges-traditions.fr ● ⚒ À 9 km au sud-ouest de Saint-Dié par la N420 direction Épinal; aux Trois-Scieries, tourner à gauche (D31) et suivre le fléchage. Fermé le lundi, et de mi-novembre à mi-décembre. Pour les repas, téléphoner avant de venir. Chambres doubles de 38,11 à 44,21 € (250 à 290 F) selon le confort; petit déjeuner campagnard à 6,86 € (45 F). Menus à partir de 13,72 € (90 F) en semaine, et jusqu'à 21,19 € (139 F) le dimanche midi. Une grande ferme du XIXe siècle à l'orée d'un bois. Un troupeau de chèvres, des fleurs partout et un petit ruisseau pour ajouter au bucolique de l'ensemble. Mais ici, on ne vous servira pas n'importe quoi cuisiné à la va-vite sous couvert de rusticité. La déco de la salle à manger est choisie et la cuisine d'Heidi est originale et raffinée. Si certains plats sacrifient au régionalisme de rigueur, la plupart ne manquent pas d'imagination. Au gré des saisons, on trouvera ici canard aux herbes, cabri à l'oseille, oie à la naveline... Pour les chambres, préférez les n°s 7 et 8, avec salle de bains, particulièrement spacieuses... Accueil convivial. 10 % de remise sur la chambre à partir de 3 nuits et un pot de bluets au vinaigre offert sur présentation du *Guide du routard* de l'année.

|●| *Auberge du Chicken Ranch :* 88480 Saint-Rémy. ☎ 03-29-41-60-93. ⚒ À 15 km à l'ouest de Saint-Dié, par Étival. Ouvert tous les jours sur réservation. Menus à 12,96, 16,77 € et plus (85, 110 F et plus). Une adresse originale à plus d'un titre. On vient ici de loin, aussi bien pour les goûteuses spécialités de la ferme qui élève (les anglicistes l'auront compris) des volailles (rillettes de poularde, tourte au poulet, coq au cidre ou bien sûr *fried chicken*) que pour l'ambiance : les concerts country et rockabilly (sauf en juillet et août) à la *Pink Salamander Tavern,* les randos à cheval (sur une selle western, *of course*) à l'heure ou pour plusieurs jours...

Prix moyens

≜ |●| *Hôtel-restaurant Le Haut-Fer :* à Rougiville. ☎ 03-29-55-03-48. Fax : 03-29-55-23-40. À 6 km au sud-ouest de Saint-Dié. Prendre la route d'Épinal, puis à droite vers Taintrux. Fermé le dimanche soir et le lundi hors saison, ainsi que les 5 premiers jours de janvier. Chambres doubles de 45,73 à 48,78 € (300 à 320 F). Demi-pension obligatoire en juillet et août : autour de 60,98 € (400 F) par personne en chambre double. Menu à 9,91 € (65 F) en semaine; autres menus entre 16,77 et 30,49 € (110 et 200 F). Une étape bien agréable, au calme, sise à l'emplacement d'une ancienne scierie. En arrivant, vous passez d'ailleurs devant de grosses scieries. D'où le nom du lieu, le haut-fer étant la plus grosse lame servant à débiter le bois. Tout est prévu pour un séjour détente : piscine, tennis, etc. Chambres avec salle de bains et TV (Canal +). Même si vous n'y dormez pas, le resto est hautement recommandé. À notre avis, l'une des bonnes tables de la région, à un prix tout à fait raisonnable malgré ses airs bourgeois. Vous pourrez y déguster, entre autres, une copieuse et authentique salade vosgienne, un saumon exquis, un plateau de fromages et de succulents desserts comme le parfait au chocolat sauce café. De plus, la souriante patronne est aux petits soins.

🏠 🍴 **Auberge du Spitzemberg :** 2, Au Spitzemberg, La Petite-Fosse. ☎ 03-29-51-20-46. Fax : 03-29-51-10-12. À environ 17 km au nord-est de Saint-Dié. Prendre la route de Strasbourg puis la sortie Provenchères, à droite, et traverser La Petite Fosse jusqu'au col d'Hermampaire ; puis à gauche sur 1 km. Garage payant : 4,57 € (30 F). Fermé le mardi et du 2 au 26 janvier. Chambres doubles de 42,68 à 60,98 € (280 à 400 F) avec douche et w.-c., ou bains. Prix avantageux de la demi-pension : de 37,35 à 45,73 € (245 à 300 F). Menus à 13,72 € (90 F) sauf le dimanche midi, 18,29 et 21,34 € (120 et 140 F). Belle auberge isolée au milieu de la forêt vosgienne. Calme, détente et excursions en perspective. Le confort des chambres permet de bien récupérer. 5 chambres seulement ont la TV. La cuisine traditionnelle se laisse apprécier dans un cadre vraiment agréable. Goûtez notamment aux truites au vin blanc d'Alsace, au munster flambé au marc et à l'alcool de cumin, ainsi qu'à la soupe de myrtilles. Golf miniature dans le jardin devant l'hôtel.

🏠 🍴 **Auberge de la Cholotte :** Les Rouges-Eaux, 88600 Bruyères. ☎ 03-29-50-56-93. Fax : 03-29-50-24-12. À 16 km au sud-ouest de Saint-Dié. Après le col du Haut-Jacques, sur la route d'Épinal, prendre à gauche au lieu-dit « Les Rouges-Eaux ». Fermé de mi-novembre à fin janvier. Réserver par téléphone (horaires d'ouverture, en fait, un peu fantaisistes). Chambres doubles à 68,61 € (450 F). Demi-pension recommandée de mai à septembre : 60,98 € (400 F). Menus à 13,72 et 22,87 € (90 et 150 F). Une bonne grosse ferme, sise sur une clairière noyée dans les sapins. Sitôt franchie la porte minuscule, on est saisi par la grande classe qui règne céans. Un beauceron flegmatique s'étire devant tableaux et sculptures au pied d'un antique piano à queue, tandis que la douce lumière de l'âtre danse sur des visages élégants, encravatés et repus. À l'entrée, François Mitterrand photographié dans les lieux auprès de la maîtresse de maison. Quoique très B.C.B.G., l'ambiance y est en fait fort tranquille, détendue et agréable. Le prix des repas reste raisonnable. À la carte : brochet ou tourte lorraine, jambon entier cuit au foin... Spécialités de beignets et tartes aux myrtilles. 5 chambres sont également disponibles. Café offert à nos lecteurs sur présentation du *GDR* de l'année.

Où boire un verre ?

La vie nocturne déodatienne est (en gros) circonscrite aux abords de la place du Marché.

🍸 **Le Bistroquet :** 6, rue de l'Orient. ☎ 03-29-55-03-23. Ouvert de 7 h 30 à 1 h (2 h le week-end d'avril à octobre). Fermé le dimanche. Occupant les deux étages d'une vieille maison, le plus sympa des bars de la place, sinon de la ville. Clientèle hétéroclite : lycéens-diabolo le matin, rockers-demi de bière, minettes-cocktails et sportifs (mais qu'est-ce que peuvent bien boire les sportifs ?) le soir. En fait, toute la jeunesse de la ville y passe pour l'ambiance, chaleureuse et décontractée comme les trois patrons qui se succèdent derrière le bar. Billards anglais, et concerts (rock, blues...) une fois par mois.

🍸 **London Tavern :** 16, rue Joseph-Mangin. Ouvert jusqu'à 3 h (4 h les vendredis et samedis). Cadre chaleureux, bois, brique et banquette. 6 bières pression et une bonne sélection de bières en bouteille.

À voir

★ **Le musée Pierre-Noël (musée de la Vie dans les Hautes-Vosges) :** pl. Georges-Trimouille. ☎ 03-29-51-60-35. Juste à côté de la cathédrale. De mai à septembre, ouvert tous les jours sauf lundi et fêtes, de 10 h à 12 h et de 14 h à 19 h ; d'octobre à avril, ouvert aux mêmes horaires le mercredi, et les autres jours seulement l'après-midi de 14 h à 18 h. Entrée gratuite. La façade, du XVIIIe siècle, est celle de l'ancien palais épiscopal. Musée plein de trésors sous des dehors austères. Le rez-de-chaussée est consacré aux expos temporaires, le sous-sol et l'étage aux collections permanentes. Plusieurs sections, pour tous les goûts.

– *Traditions populaires :* au 1er étage. Les Vosges au travers de la nature et des vieux métiers : schlittage (portage du bois), tissage, fabrication du fromage, fenaison, ferrage des bœufs, vie à la ferme, épicerie de village, scieries, etc. Plein de beaux outils et quelques grosses machines anciennes. Également la vie de la forêt, la chasse et toutes les espèces d'arbres.

– *Faune vosgienne et ornithologie :* dans le prolongement de la section précédente. Superbe collection d'animaux naturalisés. Ça peut paraître triste mais il faut reconnaître que c'est le seul moyen de faire admirer les espèces disparues et de sensibiliser à celles en voie d'extinction. Lynx, blaireaux, chamois, cerfs, etc. La part belle est faite aux oiseaux (de toute l'Europe), la collection du musée étant l'une des plus complètes dans le genre. On contemple ainsi le grand tétras (très rare), l'aigle royal (à bec vert), la harle huppée (aux palmes rouges), le chevalier combattant (à collerette gonflée), l'outarde barbue (le plus gros oiseau d'Europe, aujourd'hui éteint en France) et une très chouette vitrine de chouettes, parmi lesquelles une magnifique lapone toute blanche.

– *Galerie d'art :* après la collection ornithologique. Parmi d'obscurs peintres régionaux, quelques grands artistes, hélas mal mis en valeur : bois laqué de Fernand Léger, peinture de Jean Hélion, sculpture de Zadkine représentant Radiguet et la plaque de bronze de Chagall destinée à la tombe de Claire et Yvan Goll. Et les célébrités originaires du coin : Jacques Augustin, peintre miniaturiste ayant peint Napoléon, les tapisseries de Lurçat et des dessins de Valentin, collaborateur à *L'Illustration*. Important fonds non-figuratif, autour des vitraux de la cathédrale : Bazaine, Manessier, Le Moal, Ubac, etc.

– *Collection Ferry :* au sous-sol, à gauche des escaliers. Salles consacrées à Jules, bien sûr, mais aussi à son frère Charles (préfet, député de Saint-Dié et sénateur des Vosges) et à Abel Ferry, fils de Charles (député d'Épinal, secrétaire aux Affaires étrangères, commissaire aux armées, etc.). Une vraie dynastie de politiciens ! Un arbre généalogique situe d'ailleurs l'importance de la famille Ferry dans la région (une descendante a épousé un certain Edgar Pisani). Reconstitution d'une vieille salle de classe et du cabinet de travail de Jules Ferry (détail important : les statuettes de Voltaire et de Rousseau). Bonne idée : les vitrines organisées par périodes, panorama instructif sur la vie politique au XIXe siècle. Intéressant pour ceux qui ont le temps de les lire, les coupures de presse de l'époque, encensant ou attaquant les prises de position de Jules lorsqu'il présidait le Conseil, ainsi que son testament (« je ne veux, bien entendu, d'aucun prêtre à mes funérailles »). Également des affiches, des souvenirs personnels, des décorations et les cadeaux offerts à Jules et Abel lorsqu'ils étaient diplomates : armes d'Afrique, somptueuse tente de sultan marocain, belle selle de cheval, etc.

– *Expo Yvan et Claire Goll :* au sous-sol, galerie de gauche. La femme du poète né à Saint-Dié (voir le chapitre « Portraits ») a légué à la ville manuscrits, meubles, tableaux et souvenirs littéraires. L'expo retrace la vie de ce couple témoin des plus importants mouvements artistiques du XXe siècle : expressionnisme, dadaïsme, surréalisme, cubisme, etc. Photos, lettres, revues et livres évoquent donc toutes les grandes figures croisées par les

Goll : Picasso (collier de terre cuite peinte offert à Claire), Matisse (qui illustra les *Chansons malaises* d'Yvan), Fernand Léger et Hans Arp (dessins pour d'autres recueils de poèmes), Sartre et Joyce (photos dédicacées), Delaunay (portrait peint du couple), etc. Deux pièces de leur appartement parisien ont été reconstituées, avec mobilier d'époque, œuvres d'art et souvenirs de voyages.

– *Collection militaire franco-allemande :* des dizaines de vitrines d'uniformes et d'armes de 1780 à 1945. Parmi les curiosités : l'as de l'aviation René Fonck, les casques à pointe, l'équipement des chasseurs à pied, les vestes de hussard, un drapeau à tête de mort, un buste d'Hitler (!), un antique fusil rempart et une armée de soldats de plomb.

– *À l'entresol,* art contemporain, archéologie gallo-romaine (camp de la Bure). Pour ceux que ça intéresse, une section Art déco avec faïences, service en verre de Gallé (décoré pour la reine de Roumanie) et une collection de montres anciennes.

– *Expo Le Corbusier :* au sous-sol, avant la salle de projection. Plans et dessins du projet de reconstruction de la ville de Saint-Dié après la guerre. Les idées du célèbre architecte, jugées trop « modernes », ne furent pas acceptées (à l'exception d'une usine). La Municipalité s'en mord encore les doigts.

★ **La bibliothèque municipale :** 11, rue Saint-Charles. ☎ 03-29-51-60-40. À deux pas du musée Pierre-Noël. Pour les horaires, se renseigner auprès de la mairie. L'une des plus riches bibliothèques de France : 200 000 ouvrages, dont 600 manuscrits et 140 incunables. Vous êtes sûr d'y trouver le bouquin épuisé que vous recherchez depuis des lustres.
Demandez à l'accueil qu'on vous ouvre la *salle du Trésor,* précieusement cachée, pour admirer le gigantesque graduel enluminé du XVIe siècle, manuscrit sur parchemin décoré comme une œuvre d'art. Les vitrines conservent également les souvenirs du Gymnase vosgien : on peut voir le fameux acte de baptême de l'Amérique, la première carte représentant le Nouveau Monde et une lettre d'Amerigo Vespucci déclarant à Laurent de Médicis qu'il avait découvert un nouveau continent...

★ **La cathédrale :** pl. du Général-de-Gaulle. Plusieurs fois incendiée au cours des siècles puis dynamitée par les Allemands en 1944, elle a été reconstruite. Les tours, massives, et la façade, de style classique, sont du XVIIIe siècle. La nef romane (XIIe) et les voûtes (XIIIe) ont plus de cachet. On peut admirer les chapiteaux sculptés dans le grès des Vosges : motifs végétaux, bestiaire fantastique, etc. Le plus connu est celui de la dernière colonne (à droite avant le chœur), représentant une étrange femme à la double queue de poisson (serait-ce la célèbre Mélusine ?). À l'entrée du chœur, Vierge à l'Enfant du XIVe siècle. Les rares vitraux d'époque (XIIe siècle) ayant survécu sont dans une chapelle à gauche de l'entrée.
Les autres sont résolument contemporains (ils datent de 1987) mais plutôt réussis. On raconte d'ailleurs ici que, lors de sa dernière visite dans les Vosges, François Mitterrand a fait le détour (et une entorse au protocole) pour les admirer. Œuvre collective (Manessier, Le Moal...), ces verrières évoquent le double thème de la mort et de la résurrection (certains y voient donc aussi un rappel de l'histoire de la ville).
La place devant la cathédrale a été récemment et assez joliment aménagée, faisant ainsi le bonheur des badauds, des rollers ou apprentis skaters.

★ **Le cloître :** à gauche de la cathédrale. Visite sur demande à l'office du tourisme ou auprès de la cure (☎ 03-29-56-12-88). Très bel ensemble gothique, des XVe et XVIe siècles. Remarquer la couleur rose de la pierre et les élégantes baies en arc brisé, de style flamboyant. Noter aussi les amusantes gargouilles, comme celle représentant une femme avec une coiffe d'Indien !

★ **La « petite église » (Notre-Dame-de-Galilée) :** à gauche du cloître. Ouvert tous les jours de 9 h à 18 h. Visite sur demande également. Charmante bâtisse romane, en grès rose, représentative du style dit de Lorraine du Sud. Édifiée au XIIe siècle pendant la reconstruction de la cathédrale, elle frappe par sa simplicité. À l'intérieur, chapiteaux décorés de symboles et de monstres.

★ *La chapelle Saint-Roch :* rue de l'Orme. Ouvert en été seulement, de 14 h à 17 h. Édifiée vers 1500. Célèbre pour son retable peint et doré du XVIIe siècle.

★ *La tour de la Liberté :* parc Jean-Mansuy. ☎ 03-29-52-66-93. Accès par la rue Stanislas ou (à pied) par les quais. En hiver, ouvert du lundi au vendredi de 10 h à 18 h, et les samedis et dimanches de 14 h à 18 h ; le reste de l'année, ouvert du lundi au vendredi de 10 h à 20 h, et les samedis et dimanches de 14 h à 20 h. Difficile de rater ce curieux monument futuriste et tout blanc, haut de 36 m. Certains le comparent à un gigantesque oiseau à cause de ses ailes de toile. Créée par des Vosgiens (dont l'architecte Nicolas Normier), cette tour fut d'abord montée au jardin des Tuileries, à Paris, pour célébrer le bicentenaire de la Révolution. Puis ses concepteurs acceptèrent qu'elle soit remontée à Saint-Dié (« terre de liberté ») et consacrée à la cause des handicapés selon les vœux de l'acteur Michel Creton. On peut également y voir un clin d'œil à la statue de la Liberté.
Au premier étage de la tour, une expo permanente : les bijoux de Braque. De mi-avril à mi-octobre, ouvert tous les jours de 14 h à 18 h ; de mi-octobre à mi-avril, ouvert du vendredi au dimanche uniquement, de 14 h à 18 h. Entrée payante. Une cinquantaine de bijoux créés selon des modèles du grand peintre par le maître lapidaire Heger de Loewenfeld. On retrouve l'univers fantastique de Georges Braque dans ces drôles d'oiseaux, ces poissons d'or (sertis de pierres précieuses) et ces visages pleins de finesse...
Ne pas oublier de monter sur le belvédère de la tour : panorama superbe sur la ville, les forêts de sapins et la ligne bleue des Vosges.
À côté de la tour, remarquer *l'Envol de la Liberté,* fresque créée par Jean Bazaine en 1999, sur un des murs de l'espace François Mitterrand. « Les ailes de l'Oiseau répondent à celles de la tour de la Liberté et aux oiseaux de Braque, le rose au grès des Vosges et le rouge aux vitraux de la cathédrale. »

★ *La ferme de la Soyotte :* 684, chemin du Greffier, Faing de Sainte-Marguerite. ☎ 03-29-56-68-89 ou 03-29-56-28-42. À la sortie de la ville. Ouvert toute l'année ; le lundi de 15 h à 18 h, du mardi au samedi de 9 h à 12 h et de 14 h à 18 h, et le dimanche de 15 h à 18 h. Visites guidées. Entrée : 3,81 € (25 F) ; réductions. Reconstitution d'une ferme vosgienne. À l'intérieur : costumes traditionnels, vieux outils, four à pain, cheminée, etc.

Festival

– *Festival international de Géographie :* tous les ans, quatre jours début octobre. Plutôt que d'organiser un énième festival de musique ou de théâtre, la « Marraine de l'Amérique » a lancé en 1990 un festival de... géographie qui s'inscrit dans la droite ligne des travaux du Gymnase vosgien. Son but (démythifier la géographie) semble atteint puisque, aux côtés des meilleurs spécialistes internationaux, plus de 30 000 personnes assistent chaque année aux conférences, expos, etc. Renseignements à l'office du tourisme.

➤ *DANS LES ENVIRONS DE SAINT-DIÉ-DES-VOSGES*

★ *Le camp celtique de la Bure :* à 8 km du centre de Saint-Dié. Pour s'y rendre, prendre la N59 vers Raon ; 4 km plus loin, tourner à droite vers la Pêcherie puis emprunter la route forestière direction la Bure (à droite) puis la

Crenée (à gauche); marcher ensuite environ 20 mn; un sentier part de la cabane.

Vaste site archéologique où l'on a retrouvé des traces d'occupation datant de 2000 ans avant J.-C. (peuplades néolithiques) ainsi que les vestiges d'un village celte établi jusqu'au IVe siècle. On peut voir les murs d'enceinte du camp (plusieurs mètres d'épaisseur par endroits), les portes, les bassins consacrés aux divinités et la présence d'une ancienne forge. Parmi les pièces les plus importantes mises au jour, une enclume considérée comme l'une des plus lourdes du monde antique (exposée au Musée municipal) et des stèles du IIIe siècle représentant l'une un forgeron, l'autre un cheval poisson (moulages sur place, originaux au musée).

La visite du camp vaut surtout pour la promenade et la vue sur la vallée.

★ *Les jardins de Callunes :* au lieu-dit Launois, 88210 **Ban-de-Sapt.** ☎ 03-29-58-94-94. Accès par la D49 puis la D32. Ouvert tous les jours du 21 mars au 11 novembre ; du 21 mars à fin avril, de 14 h à 17 h 30 ; du 1er mai au 20 juin, de 10 h à 12 h et de 14 h à 19 h ; du 21 juin au 20 septembre, de 10 h à 19 h ; du 21 septembre au 11 novembre, de 10 h à 12 h et de 14 h à 18 h. Entrée : 4,57 € (30 F) ; réductions. 3 ha consacrés à la flore de montagne : considérable collection de bruyères (250 variétés). Et des rhododendrons, des azalées, des conifères...

★ *Étival-Clairefontaine (88480) :* célèbre papeterie ; visite pour les groupes, sur demande uniquement (☎ 03-29-42-42-42), mais des individuels peuvent se joindre à un groupe (téléphoner auparavant). Visite guidée de 2 h les lundis après-midi, les mardis matin ou après-midi, les mercredis matin, les jeudis matin ou après-midi et les vendredis matin. Entrée gratuite. La petite ville possède une ancienne abbaye, dont on peut admirer l'église, en partie romane. Foire au fromage le 1er week-end d'octobre.

★ *Fraispertuis-City :* à 20 km à l'ouest de Saint-Dié, sur la route de Rambervillers (D32). ☎ 03-29-65-04-07. Fax : 03-29-65-41-27. • www.fraispertuis-city.fr • De début juin à fin août, ouvert tous les jours de 10 h à 18 h (18 h 30 en juillet et août) ; en avril, mai, septembre et pendant les vacances scolaires, les dimanches et jours fériés ; fermé le reste de l'année. Tarif famille : 9,91 € (65 F) par personne ; gratuit pour les enfants en dessous de 1 m ! Très belle route pour s'y rendre. On passe par le col du Haut-du-Bois, en pleine forêt et tout en zigzag.

Autrefois simple étang de pêche à la truite, puis guinguette style western, c'est devenu un parc d'attractions, tenu par une famille qui a le mérite de résister à Disney et aux Schtroumpfs. Reconstitution de l'époque héroïque de la Conquête de l'Ouest (mine d'or, saloon, camp indien et village mexicain...) et attractions foraines (manège nautique, grand-8, chenille cyclone, super TGV, etc.). Très populaire dans la région : on y vient en famille le dimanche.

GÉRARDMER (88400) 9 570 hab.

Réglons d'abord un malentendu qui persiste : il faut prononcer « gérardmé » et non « gérardmère » si on ne veut pas passer pour un touriste inculte... Car la ville tient son nom, non pas de son lac (mer), mais des jardins (*meix* en langue d'oïl, *moué* en patois vosgien ; même étymologie que le « mas » provençal) d'un certain Gérard d'Alsace, premier des ducs de Lorraine, qui fit édifier une tour fortifiée dans la région au XIe siècle.

« La perle des Vosges » ne se contente pas d'être un haut lieu du textile, une station de ski et la patrie du fromage géromé... C'est aussi l'épicentre de la vallée des Lacs, la reine de la Vologne et la capitale de la jonquille !

L'endroit a toujours eu une vocation touristique. Déjà Charlemagne venait s'y reposer (son cheval aurait même laissé l'empreinte de son fer dans une roche!). Le premier office du tourisme de France y est créé en 1875, puis la ville est classée station climatique en 1912. Détruite à 85 % pendant la guerre, la petite cité ne dégage pas un charme irrésistible mais conserve cependant quelques villas fin de siècle et de gros chalets typiques étagés sur ses coteaux. Dernier coup d'éclat : l'arrivée récente du festival du Film fantastique, chipé à Avoriaz. Gérardmer, c'est un peu le Deauville vosgien (sans la frime) : de l'eau, un casino, des loisirs à gogo...

Comment y aller ?

Plus de train depuis quelques années. Mais la gare est encore là! Elle n'est plus desservie que par des cars, au départ d'Épinal (1 h 30 de trajet), de Remiremont, de Saint-Dié et de Colmar (2 h).

Adresses utiles

■ *Office du tourisme :* 4, pl. des Déportés. ☎ 03-29-27-27-27. Fax : 03-29-27-23-25. • www.gerardmer.net • À côté de la gare. En été, ouvert du lundi au samedi de 9 h à 13 h et de 13 h 30 à 19 h et le dimanche de 9 h 30 à 12 h 30 ; le reste de l'année, ouvert du lundi au samedi de 9 h à 12 h et de 14 h à 18 h 30, fermé le dimanche. Premier office du tourisme de France, créé il y a 127 ans, donc compétent et riche en documentation sur toute la région et les activités sportives de la vallée. Fait aussi centrale de réservation de chalets meublés : à partir de 137,22 € (900 F) la semaine hors saison.

■ *Poste :* 14, bd Kelsch. Un nouveau bureau devrait s'installer place des Déportés.

■ *Gare :* infos voyageurs, ☎ 08-36-35-35-35 (0,34 €/mn, soit 2,21 F).

■ *Autocars STAHV :* ☎ 03-29-63-01-45.

■ *Location de VTT :* Cycles Picart, 16, bd Kelsch. ☎ 03-29-63-35-94. *Hôtel Gérard d'Alsace* (voir « Où dormir ? »).

Où dormir ?

Campings

⚐ *Le Pré Vert :* 176, chemin du Tour-du-Lac. ☎ 03-29-63-20-47. Au bout du lac ; accès par la D69. Ouvert de la Pentecôte à mi-septembre. Emplacement à 2,90 € (19 F) par personne. Douches chaudes payantes. Assez simple mais l'un des mieux placés : tout près du lac, au calme et dans les sapins. Épicerie.

⚐ *Les Granges-Bas :* 116, chemin des Granges-Bas, Le Beillard. ☎ et fax : 03-29-63-12-03. À 4 km de Gérardmer et à 2 km du lac. Ouvert à l'année. Emplacement pour deux avec voiture et tente en été : 8,23 € (54 F). Location de mobile-homes. Moins bien situé que le précédent mais dans la verdure. Tennis, ping-pong et jeux. Friterie sur place. Organise parfois des navettes avec la ville.

De bon marché à prix moyens

▲ *Hôtel de Paris* : 13, rue François-Mitterrand. ☎ 03-29-63-10-66. Fax : 03-29-63-16-47. Fermé en mars et une semaine en novembre. De 27,44 € (180 F) la double avec lavabo, à 36,59 € (240 F) avec douche, w.-c. et TV (Canal +). Dans la rue la plus fréquentée de la station, un petit hôtel tout simple aux prix raisonnables. Pas le grand luxe mais les chambres, correctes, ont un double-vitrage. Souvent complet le week-end : réservation (avec versement d'arrhes) plutôt conseillée. Au rez-de-chaussée, brasserie animée qui, comme son enseigne *(Les Trappistes)* l'indique, propose un large choix de bières. Bonne ambiance. Remise de 10 % sur présentation du *Guide du routard* de l'année.

▲ *Hôtel Gérard d'Alsace :* 14, rue du 152ᵉ-RI. ☎ 03-29-63-02-38. Fax : 03-20-60-85-21. • gerarddalsace.hotel@libertysurf.fr • À la sortie de Gérardmer, direction La Bresse. Fermé une quinzaine de jours en automne. 36,59 € (240 F) pour une chambre double avec lavabo, 39,63 € (260 F) avec douche (w.-c. sur le palier), 53,36 € (350 F) avec douche et w.-c. Une grosse maison vosgienne, à 100 m du lac par un petit chemin. En bord de route mais elle n'est pas très passante et il y a des chambres sur l'arrière, côté jardin. Un petit côté rétro (l'hôtel a ouvert au début des années 1950) pas désagréable. Chambres toutes simples, récemment rénovées pour la plupart. Location de VTT (tarifs préférentiels pour les clients de l'hôtel). Piscine. Accueil inégal. Remise de 10 % sur le prix de la chambre sur présentation du *Guide du routard* de l'année, sauf en février, juillet et août.

▲ *Hôtel La Poste :* 13, bd Kelsch. ☎ 03-29-60-98-39. Fax : 03-29-60-92-45. Fermé le lundi hors saison. En plein centre-ville. Chambres doubles à 36,59 € (240 F) avec douche, w.-c. et TV. A succédé à l'*Hôtel du Tramway*. Très simple mais correct. Si vous recherchez le calme absolu, dormez sur l'arrière.

▲ |●| *Aux P'tits Boulas :* 4, pl. du Tilleul. ☎ 03-29-27-10-06. Fax : 03-29-27-11-91. Fermé le mercredi soir. Chambres à 25,91 € (170 F) avec lavabo, 39,63 € (260 F) avec douche. Possibilité de demi-pension à prix doux. Menus à partir de 10,37 € (68 F). Charmant petit hôtel familial qui propose des chambres qui ont été rénovées il y a quatre ans, et très bien entretenues. Seulement 3 chambres avec douche. La n° 5 est notre préférée. Sanitaires communs très corrects. Au resto, cuisine locale : faux-filet au munster, truite au riesling, etc. Accueil convivial.

▲ |●| *Chambres d'hôte Chalet l'Épinette :* chez Claudine et Gisèle Poirot-Scherrer, 70, chemin de la Trinité. ☎ et fax : 03-29-63-40-06. ⚒ Prendre le boulevard de Jemagne, tourner à gauche juste avant le pont. Chambres doubles à 47,26 € (310 F), petit déjeuner compris ; triples à 60,98 € (400 F). Table d'hôte sur réservation le soir à 14,48 € (95 F). 6 chambres, dont une accessible aux handicapés, dans un superbe chalet en bois massif. Ambiance très chaleureuse. Toutes les chambres sont tapissées de bois (normal, Claudine est fille et petite-fille de bûcherons). Forêt toute proche. Belle salle à manger avec vue. Billard, sauna, douche balnéo.

▲ |●| *L'Auberge de Martimprey :* 26, col de Martimpré. ☎ 03-29-63-06-84. Fax : 03-29-63-06-85. ⚒ pour le restaurant. À 4 km du centre-ville sur la D8 direction Saint-Dié. Resto fermé le lundi, et le mardi midi hors saison ; téléphoner quand même hors saison pour vérifier qu'ils sont bien ouverts. Chambres doubles à 37,35 € (245 F) avec bains, w.-c., TV et balcon. Premier menu à 11,43 € (75 F) le midi en semaine ; autres menus de 14,94 à 22,10 € (98 à 145 F). Une ancienne ferme posée au sommet d'un petit col (à 800 m d'altitude tout de même !). Un peu trop sur le bord de la route. Chambres plaisantes. Bonne cuisine traditionnelle. Le deuxième menu est largement régional, avec, par exemple, croquillettes de munster sur fine salade, jambonneau sur choucroute ou truite aux myrtilles, géromé au cumin et dessert. Et ce qui nous a bien plu ici, c'est l'atmosphère que l'accueillant patron et son épouse ont su créer, de la salle de billard au petit salon cosy, en passant par le bar, intime et chaleureux.

▲ |●| *Chalet du Lac :* 97, chemin de la Droite-du-Lac. ☎ 03-29-63-38-76. Fax : 03-29-60-91-63. Au bord du lac, à 1 km du centre-ville sur la D147, direction Épinal. Fermé en octobre. Chambres doubles à 51,8 € (340 F). Attention, demi-pension souvent obligatoire : 50,31 € (330 F). Menus à partir de 15,24 € (100 F) ; à la carte, compter environ 23 € (151 F). Si Gérardmer se veut aujourd'hui capitale du ciné fantastique, ici ce serait plutôt « Les Vacances de M. Hulot dans les Vosges ». Construit au début du XXe siècle, ce croquignolet chalet de bois surplombe le lac (et la route, mais elle reste à distance respectable...). Accueil aimable. Les chambres, même rénovées, ont conservé leur cachet (meubles anciens) et un petit côté rétro bien sympathique : elles disposent toutes d'un petit balcon, côté lac. Annexe dans un autre chalet, à quelques mètres, à l'orée de la forêt. Au resto, cuisine traditionnelle d'inspiration régionale : coq au riesling, cailles aux morilles, etc. Agréable jardin.

Plus chic

▲ **Grand Hôtel :** pl. du Tilleul, BP 12. ☎ 03-29-63-06-31. Fax : 03-29-63-46-81. ● www.gerarmer.net/grandhotel.htm ● Chambres doubles de 76,22 à 128,06 € (500 à 840 F) sans le petit déjeuner ; quelques très belles suites. Soirée étape à 68,60 € (450 F). Un vrai grand hôtel d'autrefois, qui a su garder de beaux volumes : vaste hall, bel escalier en chêne, larges couloirs. Un des premiers hôtes fut Napoléon III, venu inaugurer la route du col de la Schlucht. Chambres spacieuses, joliment décorées par la charmante Mme Rémy, dotées de belles salles de bains, pour certaines de balcons ou même de larges terrasses où prendre son petit déjeuner l'été. Un endroit où il fait vraiment bon vivre, d'autant que le service est à la hauteur. Piscine extérieure, superbe piscine intérieure chauffée, très bien aménagée, avec jacuzzi, et bientôt un centre de remise en forme et un institut de beauté. Ici, on essaie de ne pas rester en position de statu quo mais d'évoluer en fonction de la demande des clients. Une très bonne adresse. Et allez boire une bière au bar Louis XIII, si confortable.

Où manger ?

I●I **L'Aubergade (hôtel Viry) :** pl. des Déportés. ☎ 03-29-63-02-41. Près de la gare. Resto fermé le vendredi soir hors saison. Chambres doubles entre 41,16 et 53,36 € (270 et 350 F). Demi-pension demandée les week-ends fériés et pendant les vacances : autour de 48,79 € (320 F) par personne. Menus à partir de 11,89 € (78 F) ; pour un repas complet à la carte, compter autour de 24 € (157 F). Ouvert depuis une bonne quarantaine d'années, donc presque une institution. L'hôtel n'est pas mal mais un peu cher. Le resto, lui, est vraiment bien et pas si cher que ça, vu la qualité. Salle rustique de bon ton avec un petit côté « montagne » pas désagréable. En été, terrasse couverte sur la place. Immuable cuisine régionale : salade vigneronne à l'alsacienne ou fromage de tête sauce ravigote, suivi d'un méli-mélo de la mer et du lac à la crème de ciboulette. Accueil aimable. Apéritif maison offert sur présentation du *Guide du routard* de l'année.

I●I **Le Bistrot de la Perle :** 26, rue Charles-de-Gaulle. ☎ 03-29-60-86-24. Fermé le mardi soir, le mercredi et les trois dernières semaines d'octobre. Menu à 8,84 € (58 F) en semaine ; à la carte, compter autour de 20 € (131 F) pour un repas complet. C'était autrefois une boucherie. La pittoresque devanture est restée. Les bonnes charcuteries, les tripes, le petit-salé des Hautes-Vosges aux lentilles, l'andouillette 5A ou du Val-d'Ajol aussi. À la carte, moules-frites, mais aussi tartare de saumon, tartine de lapin maison, cassoulet... Salle lumineuse et agréable, service gentil et cuisine sans fioritures.

LES VOSGES

Apéritif offert à nos lecteurs sur présentation du *Guide du routard* de l'année.

Iol Les Rives du Lac : 1, av. de Vichy, pas loin du casino. ☎ 03-29-63-04-29. Fermé de mi-octobre à fin janvier. Premier menu à 13,42 € (88 F) ; à la carte, compter environ 21 € (138 F) ; choucroute alsacienne à 9,91 € (65 F). Bon, d'accord, on a choisi la facilité puisque, comme son nom l'indique, ce resto est tout simplement au bord du lac le plus célèbre des Vosges. C'est, on s'en doute, parfois plein de touristes. Pourtant, non seulement on y mange bien (même si la cuisine est des plus simples), mais de plus les tarifs sont tout à fait honnêtes malgré l'emplacement privilégié et la terrasse de rêve. Service lent mais on est censé être en vacances, non ? Raison de plus pour jouer au touriste et essayer l'excellent fumé vosgien (palette et pommes de terre au fromage frais).

Iol La Chaume : 23C, bd Kelsch. ☎ 03-29-63-27-55. Face à la poste. Fermé le lundi et le mercredi soir, ainsi que 15 jours fin novembre. Premier menu à 11,43 € (75 F) ; autre menu à 14,48 € (95 F) ; à la carte, compter 17 € (111 F). Déco campagnarde et excellentes spécialités vosgiennes comme la briochine de grenouilles aux délices de la forêt ou le magret de canard aux myrtilles. L'adresse est appréciée des locaux et la salle est petite : pensez à réserver. Apéritif maison offert sur présentation du *Guide du routard* de l'année.

Iol L'Assiette du Coq à l'Âne : pl. du Tilleul. ☎ 03-29-63-06-31. Même entrée que celle du *Grand Hôtel* ; il faut traverser ensuite un bout du jardin de l'hôtel. Fermé les mardis et mercredis, sauf pendant les vacances scolaires. Menu à 15,09 € (99 F) ; menu-enfants à 7,62 € (50 F). Vous déjeunerez très correctement pour un prix raisonnable dans cet endroit ouvert depuis quelques années seulement. Ici, on a voulu reconstituer une ferme vosgienne d'autrefois. Le résultat est assez réussi : tommettes, haute charpente, cheminée, tout évoque la campagne de jadis. Et les plats proposés du terroir se marient très bien à l'endroit : le menu unique nous a séduits : nous avons apprécié, par exemple, la pressée de canard aux lentilles.

Où dormir ? Où manger dans les environs ?

Campings

Å Les Jonquilles : 2553, route du Lac, 88400 Xonrupt-Longemer. ☎ 03-29-63-34-01. Fax : 03-29-60-09-28. À 7 km à l'est de Gérardmer par la D67a. Ouvert d'avril à mi-octobre. Forfait à 9,15 € (60 F) pour deux. Au bord du lac de Longemer, assez bien équipé. Épicerie.

Å La Chaumière-Bellevue : 2404, route du Lac, 88400 Xonrupt-Longemer. ☎ 03-29-63-13-30. Fax : 03-29-63-04-17. • camping-la-chaumière @wanadoo.fr • Ouvert toute l'année. Emplacement : 2,21 € (16 F), plus 1,83 € (12 F) par adulte ; électricité, 3 ampères : 1,98 € (13 F). Douches chaudes payantes. Location de caravanes et de bungalows. Au bord du lac de Longemer, dans un lieu sympa, un petit camping familial. Installations succinctes mais convenables.

Å Campings Le Clos de la Chaume et Au Mica : route de Gérardmer, 88430 Corcieux. ☎ 03-29-50-70-07 ou 03-29-50-76-76. • www.camping-closdelachaume.com • À 15 km au nord de Gérardmer. Ouvert de mai à septembre. Forfaits à 9,45 et 9,76 € (62 et 64 F) pour deux ; réductions en dehors des mois de juillet et août. Douches chaudes gratuites. Location de mobil-homes pour 4 à 6 personnes, sanitaires inclus. Mêmes proprios (accueillants) pour ces deux petits campings avec piscine et parking privé. Le *Mica* est situé en lisière de forêt (donc bien ombragé) et au bord d'un ruisseau, *Le Clos de la Chaume* est moins « nature ».

⌇ **Les Acacias :** 88650 Anould. ☎ et fax : 03-29-57-11-06. ● www.acacias camp.com ● ⌇ À 17 km au nord de Gérardmer par la D8. Prendre à Anould la direction Fraize. Fermé de début octobre à fin novembre. Emplacement à 3,05 € (20 F), plus 2,90 € (19 F) par adulte ; électricité : de 2,29 à 2,90 € (15 à 19 F). Éloigné mais bien équipé : piscine, laverie, alimentation, terrain de jeux, resto-bar, etc. Location de mobil-homes, bungalows et chalets. Apéritif ou digestif maison offert sur présentation du *Guide du routard* de l'année.

⌇ **Les Myrtilles :** 102, chemin des Bas-Rupts, 88400 Gérardmer. ☎ 03-29-63-21-38 ou 03-29-63-05-33. Accès par la D486. Ouvert toute l'année. Emplacement : 2,44 € (16 F), plus 1,98 € (13 F) par adulte ; électricité : 2,44 € (16 F). Une cinquantaine d'emplacements. En pleine nature, près du col des Bas-Rupts, en bordure des rivières et au pied des pistes. Petit bar sympa où l'on peut déguster de la tarte aux myrtilles. Petite épicerie pour dépanner. Location de caravanes.

⌇ **Camping Verte Vallée :** 4092, route du Lac, 88400 Xonrupt. ☎ et fax : 03-29-63-21-77. ⌇ Ouvert toute l'année. Par la D67, au bout du lac de Longemer. Emplacement : 3,35 € (22 F), plus 2,74 € (18 F) par adulte. En bordure de forêt, traversé par un cours d'eau. Piscine. Épicerie, lingerie.

Très bon marché

🛏 ⦿ **Auberge de jeunesse La Roche du Page :** à Xonrupt-Longemer (88400), sur les hauteurs (fléché de la route). ☎ 03-29-63-07-17. Fax : 03-29-60-06-45. ● auberge.jeunesse@wanadoo.fr ● ⌇ Pour s'y rendre en bus, descendre à Xonrupt et marcher 800 m. Ouvert 24 h/24. Fermé de mi-novembre à mi-décembre. Carte de la FUAJ demandée (en vente sur place). Autour de 11 € (72 F) la nuit par personne et 3,50 € (23 F) le petit déjeuner. Demi-pension : 23,50 € (154 F). Menu à 9 € (59 F). Un grand chalet très bien situé, au calme et face au lac de Longemer. Intérieur typique : cheminée, poutres, frisette et petits carreaux. Les gérants sont très sympas. Chambres entièrement rénovées avec goût, certaines, dites familiales, équipées de douche et w.-c. Très clean. Balcons à l'étage. Une superbe AJ. Chambres de 1 à 7 lits (en duplex) et, pour les groupes, dortoirs de 9 à 12 lits. Pas de cuisine mais on peut y prendre ses repas midi et soir. Pas de couvre-feu. Le GR passe tout près. 10 % de remise sur le prix de la chambre hors vacances scolaires et week-end, sur présentation du *Guide du routard* de l'année.

De bon marché à prix moyens

🛏 ⦿ **Auberge du Val Joli :** 12 bis, Le Village, Le Valtin. ☎ 03-29-60-91-37. Fax : 03-29-60-81-73. ● www.lorrainehotels.com/val-joli ● À 13 km de Gérardmer. Sortir direction Saint-Dié, puis à droite vers Colmar ; à Xonrupt, prendre à gauche vers Le Valtin (belle petite route de montagne). Fermé le dimanche soir et le lundi hors saison, ainsi que le lundi midi hors jours fériés ; congés annuels au cours de la 2ᵉ quinzaine de novembre. Risque de fermeture provisoire aussi en raison de travaux (voir plus loin) ; se renseigner. Chambres doubles à 23 € (151 F) avec lavabo, 43 € (282 F) avec douche. Demi-pension obligatoire en saison. Menus de 14 à 47 € (92 à 308 F). Une de nos meilleures adresses, dans l'un des plus beaux villages de la région. Calme, détente et superbes balades assurées dans les montagnes qui encerclent ce val (joli !). La vraie petite auberge à l'ancienne, chaleureuse et cordiale, avec son sol carrelé, ses grosses poutres, son poêle en faïence… Également une salle contemporaine, avec de vastes baies vitrées ouvertes sur la nature. Chambres simples (certaines plus modernes et pimpantes), avec balcon donnant sur la montagne. Mais d'importants travaux sont normalement prévus en 2002 : les chambres devraient être dotées de tout le confort, et les tarifs devraient bien sûr augmenter. La cuisine, bien troussée, reste franchement de terroir. Et défilent pâté lorrain (tourte à la farce de porc), truite fumée maison, poulet à la crème (ici appelé « blanc de sautret ») et cuit au riesling, munster, tarte aux myrtilles...

▲ |●| *Hôtel Le Collet - restaurant Lapôtre :* route du col de la Schlucht, 88400 Xonrupt-Longemer. ☎ 03-29-60-09-57. Fax : 03-29-60-08-77. ● www.chalethotel.le.collet.com ● À 15 km à l'est de Gérardmer par la D417, direction col de la Schlucht-Munster. Congés annuels du 7 au 21 avril et du 11 novembre au 8 décembre ; resto fermé le mercredi et le jeudi midi (hors période de vacances scolaires). Chambres doubles à 65,56 € (430 F) avec douche ou bains. Menu à 14,94 € (98 F) le midi en semaine ; autres menus à 19,52 et 24,08 € (128 et 158 F). Gros chalet typique posé à 1 100 m d'altitude, dans la montée au col de la Schlucht. Position stratégique : on est en plein parc naturel des Ballons des Vosges, au départ des pistes de ski de fond et au pied des téléskis, à quelques kilomètres, enfin, de la route des Crêtes. Jolies chambres récemment rénovées. Les plus agréables sont dotées d'un balcon avec vue sur le vert profond des forêts voisines. Un certain luxe mais sans frime, comme l'accueil, d'une simplicité généreuse. Opulent petit déjeuner-buffet (sorti d'un vrai... buffet !). Au resto, très bonne cuisine de terroir dépoussiérée par un jeune chef débordant d'idées et d'enthousiasme. Carte des vins riche de ceux d'Alsace (avec quelques belles trouvailles), mais qui n'oublie pas les autres vignobles. Pour nos lecteurs, 10 % de remise sur le prix de la demi-pension hors vacances scolaires, sur présentation du *Guide du routard* de l'année.

▲ |●| *Domaine de la Moineaudière :* route du Valtin, 88400 Xonrupt-Longemer. ☎ 03-29-63-37-11. Fax : 03-29-63-17-63. ✂ À Xonrupt, prendre la D23 direction Le Valtin, puis tourner à droite (pancarte) en pleine forêt. Téléphoner pour connaître les dates de fermeture car c'est assez compliqué. Chambres doubles de 34 à 39,64 € (223 à 260 F). Menus entre 12,96 et 22,10 € (85 et 145 F). C'est un hôtel-restaurant qui abrite un très intéressant musée (cf. plus loin « À voir dans les environs de Gérardmer »). Les chambres disposent d'une kitchenette bien équipée, ce qui peut se révéler une bonne solution pour un séjour dans la région. Le restaurant offre un vaste choix à tous les prix. Attention, on se répète, périodes de fermeture aussi nombreuses qu'incongrues ; comme souvent dans les Vosges, hors saison (mais quelle saison ?). Sur présentation du *Guide du routard* de l'année l'apéritif est offert.

|●| *À la Belle Marée :* Les Bas-Rupts, 144, route de La Bresse. ☎ 03-29-63-06-83. ✂ Fermé le lundi en saison, le lundi et le mardi hors saison. Menus de 15,24 à 39,63 € (100 à 260 F). Un spécialiste de poisson réputé dans toute la région. Salle à manger élégante, un rien classieuse, avec vue sur la vallée et cheminée. Service souriant. Goûter aux fruits de mer (huîtres d'une grande fraîcheur), à la bonne truite grillée au thym et aux succulents desserts comme le parfait au café et pain d'épice sauce mentholée. Apéritif maison ou cocktail sans alcool offert sur présentation du *Guide du routard* de l'année.

Chambres d'hôte et fermes-auberges

▲ |●| *Chambres d'hôte Les Tournées :* chez Bernadette et Francis Felmann, Menaurupt, 88120 Sapois. ☎ et fax : 03-29-61-79-98. ● www.chez.com/lestournees ● À 10 km au sud-ouest de Gérardmer par la

GÉRARDMER / OÙ DORMIR ? OÙ MANGER DANS LES ENVIRONS ?

D486, direction La Bresse puis la D23 direction Rochesson-Vagney ; au centre de Rochesson, prendre une route qui monte à droite (fléchage) ; attention, il est inutile de se rendre jusqu'à Menaurupt. Tous ces détails pour que vous ne ratiez pas cette bonne adresse. Chambres doubles à 38,11 € (250 F), petit déjeuner compris. Table d'hôte sur réservation le soir : repas à 12,20 € (80 F). Une ancienne ferme accrochée aux premières pentes des Vosges, en pleine nature et à 550 m d'altitude. Dans l'herbeau où était engrangée la moisson, 4 chambres agréables (dont une mansardée), joliment décorées, de bon confort (toutes avec bains et w.-c.). Également une chambre familiale pouvant accueillir 5 personnes. Cuisine familiale et authentiquement régionale : soupe aux orties, *flammeküeche* cuite dans le four à pain... Petite terrasse où boire une bonne bière artisanale. Accueil naturel et chaleureux. Bon rapport qualité-prix. Dernière précision : le chemin d'accès est pentu ; donc, en hiver, prévoir les équipements nécessaires. Remise de 10 % à partir de 3 nuits sur présentation du *Guide du routard* de l'année.

▲ I●I *Ferme-auberge de Liézey :* chez Marie-Claire Dumas, 9, route de Sancéfaing, 88400 Liézey (évidemment !). ☎ 03-29-63-09-51. Fax : 03-29-60-85-08. À 8 km au nord-ouest de Gérardmer. Prendre la D417 vers Épinal ; 4 km plus loin, tourner dans la D50 à droite puis suivre les panneaux. Fermé le lundi hors vacances scolaires ; congés annuels de mi-novembre à mi-décembre. Chambres doubles autour de 45 € (295 F), petit déjeuner compris. Menus de 13,41 à 22,87 € (88 à 150 F). Ferme de la fin du XVIIIe siècle, aux salles chaleureuses (poutres et murs de bois). Ici, la spécialité c'est la cuisson au feu de bois. Menu vosgien avec terrine de porc aux noisettes, fumé et *tofailles*, fromage, tarte aux brimbelles. Également un menu de la ferme avec confit, potée ou truite. 7 chambres (certaines sont un peu sombres) avec sanitaires privés. Et un dortoir de 6 places. Promenades en calèche. Location de skis de fond et de VTT.

▲ I●I *Chambres d'hôte Domaine des Iris, chez Marie-Claude Conreaux :* 563, rue du Val-de-Meurthe, 88650 Anould. ☎ et fax : 03-29-57-01-09. À 17 km au nord-est de Gérardmer par la N415, direction Saint-Dié ; accès fléché du centre d'Anould. Chambres doubles à 38,12 € (250 F), petit déjeuner compris. Repas uniquement le soir, à 12,20 € (80 F). Dans un quartier résidentiel tranquille, traversé par la Meurthe, une maison récente mais qui a belle allure au fond de son vaste jardin (à partir de 1 ha, on se risquera à parler d'un parc...) planté d'arbres centenaires. Petit étang poissonneux et potager d'où viennent les légumes servis en quantité généreuse à la table d'hôte. Chambres toutes avec douche ou salle de bains et w.-c., sans charme particulier mais au calme et bien tenues. Une avec lit à baldaquin pour nos lecteurs romantiques. Accueil dynamique et volubile. Réserver à l'avance en saison. L'apéritif est offert sur présentation du *Guide du routard* de l'année.

I●I *Ferme-auberge Les Grands Prés :* chez Christiane et Francis Papelier, 88230 Plainfaing. ☎ 03-29-50-41-66. ✗ À 25 km au nord de Gérardmer. Suivre la D8 direction Saint-Dié, puis la N415 direction Colmar ; à la sortie de Plainfaing, quand la route passe à 3 voies, tourner à droite et suivre le fléchage. Du 20 juin au 30 septembre, ouvert tous les jours sauf le lundi ; hors vacances scolaires, du vendredi au dimanche soir. Il est vivement conseillé de téléphoner pour réserver, surtout hors saison. Menus à 12,96 et 18,29 € (85 et 120 F) pour un repas complet. À 750 m d'altitude, au pied du col du Bonhomme (mais loin de la route), une petite ferme où Christiane et Francis élèvent de solides chevaux Halfinger, des moutons et des volailles. Petite salle rustique et douillette. L'hiver, un bon feu brûle dans la cheminée. Dans un coin de la salle, un piano demi-queue attend quelques habitués qui viennent en jouer

de temps en temps. Au premier menu, rillettes de canard, navarin d'agneau, fromage ou tarte. Au second, foie gras, confit de canard, fromages ou dessert. À la carte, coq au riesling, lapin à la moutarde, tarte et charlotte aux poires, framboises, etc. Accueil jeune et convivial. Café offert à nos lecteurs sur présentation du *Guide du routard* de l'année.
– Pour ceux qui voudraient pique-niquer sur la route des Crêtes : un fermier alsacien, **Mathieu Richard,** vend ses produits régionaux au col du Louchpack, entre le col du Bonhomme et le col de la Schlucht. Saucisson fumé (au poids), jambon sec, tourtes, délicieux pain paysan, munster et fromage de chèvre. On peut arroser le tout d'un étonnant cidre au miel de sapin. Pour les gourmands, confiture d'airelles et liqueur de fruits sauvages.

Où acheter de bons produits ?

Les spécialités locales sont le géromé, nom lorrain du munster, et le pain à l'anis.

● ***Vosges Terroir*** *:* pl. du Vieux-Gérardmé, dans la Maison de la Montagne. ☎ 03-29-63-21-93. Vente de produits régionaux.

Où boire un verre ?

● ***Le Square*** : 18, av. de la Ville-de-Vichy. ☎ 03-29-63-20-95. ● www.cafelesquare.com ● Fermé le mardi et le mercredi hors saison. Petit bistrot rigolo à deux pas du casino. Le patron est tout jeune. Endroit sympa pour déguster un cocktail. Petite terrasse aux beaux jours. Des DJs et des soirées à thème l'été, des expos de peinture ou de photos toute l'année.

À voir

★ ***Le lac*** : superbe. On comprend mieux, en le contemplant dans son écrin de sapins, pourquoi Gérardmer fut surnommée « la perle des Vosges ». D'origine glaciaire, le plus grand lac (naturel) des Vosges est une vraie petite mer : 2,2 km de long, une superficie de 115 ha et 38 m de profondeur. Baignade interdite à certains endroits.

★ ***Le Saut des Cuves*** : joli site, à la sortie de Gérardmer sur la route de Xonrupt, qui a hélas souffert lors de la tempête de décembre 1999. Plusieurs curiosités dans cette mystérieuse forêt d'épicéas. Après avoir franchi un petit pont de bois, on tombe sur la « pierre Charlemagne » : l'empereur y aurait fait la sieste pendant une partie de chasse. La légende veut que son cheval, pressé de retourner courir le gibier, ait frappé le rocher, y laissant la marque de son sabot...
Un peu plus loin (suivre le GR 533, à droite après les tables), autre souvenir historique bien plus intéressant : le **pont des Fées.** Vieille de deux siècles, sa belle arche de pierre enjambe la Vologne. Un charme fou dans la lumière du petit matin.
Le sentier mène également aux chutes du torrent, dont celle du Saut des Cuves.

★ ***Visite d'une saboterie*** : voir ci-contre « Artisanat ».

Artisanat

❦ **La Saboterie des Lacs :** 25, bd de la Jamagne. ☎ 03-29-60-09-06. Ouvert de 10 h à 12 h et de 14 h à 18 h. Fermé le samedi (hors vacances scolaires) et le dimanche. Démonstration gratuite commentée par Béatrice et Patrick. Vous saurez tout sur la fabrication artisanale des sabots vosgiens, encore largement utilisés dans les campagnes il y a peu. Supplanté par les bottes en caoutchouc (même s'il reste quelques irréductibles...), le sabot est devenu objet de décoration et souvenir touristique. On peut en faire graver à son nom (ou à celui de sa grand-mère !).

❦ **Textile :** la renommée de Gérardmer provient aussi de ses fabriques de lin, de toile, de jacquard et autres. On peut acheter linge de table, draps et tissus au mètre dans les boutiques d'usine disséminées dans le centre-ville. Liste des magasins d'usine sur demande à l'office du tourisme.

Marché

– **Marché des Artisans :** en juillet et août, le samedi de 9 h à 19 h, sur la place du Vieux-Gérardmé.

Fêtes et manifestations

– **Festival du Film Fantastic'Arts :** tous les ans, la dernière semaine de janvier. Renseignements à l'office du tourisme ou auprès du bureau du festival (☎ 03-29-60-98-21). • www.gerardmer-fantasticart.com • Après 20 ans passés à Avoriaz, le célèbre festival du Film fantastique a déménagé pour s'installer dans les montagnes vosgiennes... Ravie de cette promotion, la ville de Gérardmer recevait pour sa première édition en 1993 la superbe sirène Darryl Hannah et aussi Mimi Mathy, Gérard Jugnot et Claude Chabrol. Pendant 6 jours, des dizaines de projections dans les deux salles de la ville, dont celle avec écran géant du casino. Super plan : faire le plein d'images fortes avant un tour sur les pistes de ski.

– **La fête des Jonquilles :** elle a lieu pendant la floraison, le dimanche le plus proche du 20 avril, en fonction du calendrier scolaire et parfois du calendrier électoral. La fête la plus populaire des Vosges, créée en 1935 (par l'Amicale motocycliste !) et dont la réputation dépasse désormais les frontières. Si vous venez au bon moment, le spectacle du corso fleuri qui embellit la ville sur 3 km de long a quelque chose de fascinant. La jonquille, ou clochette d'or, est la reine de la vallée des lacs : chaque printemps, les coteaux se couvrent de taches jaunes par millions. Les enfants sont alors envoyés à la cueillette : il faut jusqu'à 200 000 jonquilles pour décorer certains chars. Les habitants rivalisent d'idées : on a vu des chars en forme d'avion, de drakkar, de Concorde, de TGV, de tour Eiffel, de baleine, d'anaconda, de King Kong, de Disneyland, et même une reconstitution de l'arrivée de Cléopâtre à Rome ! Parmi les heures de gloire de la fête des Jonquilles : la présence de 100 000 spectateurs en 1947, la venue de Mitterrand (alors ministre des Anciens Combattants) en 1948, la une de *Paris-Match* en 1949, un record de 10 millions de fleurs cueillies en 1964 et... la participation du président Pompidou en 1972.

– **Féerie du Lac :** mi-août. Tous les ans, comme l'exige la tradition locale, un spectacle éblouissant (les thèmes changent) qui s'achève en apothéose avec des feux d'artifice tirés au-dessus des eaux noires. Gratuit.

À faire

– *Le tour du lac :* compter environ 1 h à pied (7 km). C'est mieux le matin ou le soir : un monde fou dans la journée en été. Le meilleur côté est celui de gauche, plus calme. Départ devant la piscine, quai du Loque. Le sentier est balisé en jaune.

– *Bateau :* on peut faire le tour du lac en 20 mn dans de grands bateaux. Mais c'est bien plus drôle avec une petite vedette électrique ou sur un pédalo. S'adresser par exemple aux *Vedettes du Lac* (☎ 03-29-63-38-88). D'avril à octobre seulement.

– *Complexe sportif de Loisirs :* 7, rue des Pêcheurs. ☎ 03-29-63-22-42. De quoi s'occuper : piscine chauffée (ouverte en été sur le parc), jardin aquatique, plages intérieure et extérieure, patinoire synthétique (location de patins), 8 courts de tennis (2 couverts), mur d'escalade, bowling, volley, ping-pong, skate, sauna, resto, etc. Entrée bon marché.

– *Baignade :* plage du Lido, au bout du lac. ☎ 03-29-63-01-49. Ouvert tous les jours d'avril à fin septembre. 100 m de sable fin au bord du lac. Gratuit mais non surveillé. Bassin de natation.

– *Union nautique :* sur la rive droite du lac. ☎ 03-29-63-07-92 (en saison). Ouvert en juillet et août et les week-ends de juin. 150 m de plage de sable fin. Plongeoirs et toboggan.

– *Pêche :* autorisée dans le lac. Renseignements et permis disponible au camping *La Chaumière-Bellevue* (voir plus haut « Où dormir ? Où manger dans les environs ? ») pour le lac de Longemer. Valable pour les deux lacs. On trouve carpes, truites, perches, gardons et tanches. Pour les chanceux, également des brochets. Record du lac : un brochet de 1,40 m, pêché en 1982. Une autre adresse pour les permis et articles de pêche : *Chez Biquet*, 1366, route de Colmar. ☎ 03-29-63-13-30.

– *Sorties en forêt :* Expo-forêt, 11, rue de l'Église. ☎ 03-29-60-82-02. Balades (de 3 h environ) guidées par un forestier passionné. Départs en principe tous les jours à 9 h et 14 h (inscription la veille). Découverte de la forêt et de ses métiers traditionnels : bûcheron, débardeur (transport des troncs) à cheval, évocation du schlittage, etc. La balade inclut une visite du haut-fer du Valtin, une scierie du XVIIe siècle remise en activité.

– *VTT :* le moyen idéal pour visiter les environs. 200 km de circuits balisés : demander la brochure à l'office du tourisme. Balade classique mais sympa : le tour des lacs (Gérardmer et Longemer) en 25 km. Pour mollets plus musclés : la route forestière dite des 17 (km), au départ de la rive gauche de Longemer puis panoramas sur Gérardmer. Plusieurs loueurs en ville (voir « Adresses utiles »). Réservation indispensable en été.

– *Fantasticâble :* La Mauselaine. ☎ 03-29-60-09-10. • www.fantasticable.com • De la mairie, prendre le chemin de La Rayée. 22,87 € (150 F) la descente, qui dure moins d'une minute. Renseignements et réservations : ☎ 08-36-68-01-63. Réserver en saison et pour les week-ends. Ouvert d'avril à octobre de 8 h 30 à 12 h et de 13 h 30 à 19 h ; journée continue le dimanche et les jours fériés. La dernière attraction de Gérardmer. Pour les amateurs de sensations fortes : 900 m de vol au-dessus des sapins. Nous, c'est pas notre truc, mais bon...

– *Le casino :* esplanade du lac. ☎ 03-29-60-05-05. Ouvert tous les jours (sauf le mardi pour la roulette et le black-jack). On peut s'amuser à dépenser (ou gagner) son argent de poche ! Machines à sous accessibles à partir de 13 h. Premières mises très très abordables. Pour les pros, roulette, boule et black-jack. Tenue correcte exigée mais costard et robe de soirée ne sont plus de rigueur.

Randonnées

L'endroit se prête bien aux randonnées. La première appellation de l'office du tourisme était d'ailleurs « Comité des promenades ».
Ceux qui craignent de se perdre y achèteront les topoguides. Après l'incontournable tour du lac (voir plus haut), d'autres petites excursions bien sympas.

➢ **Le sentier écologique des perles de Vologne** : une boucle de 2 km dans les forêts communales de Gérardmer et Xonrupt. Ce joli parcours réalisé par l'ONF permet de franchir la charmante Vologne et de découvrir le milieu naturel et quelques curiosités géologiques ou historiques. Départ du parking du Saut des Cuves (à 3 km de Gérardmer par la D417). Prendre le chemin Holweck puis suivre les panneaux. Sur le chemin, 11 stations avec topo explicatif sur les légendes locales, la sylviculture et les espèces d'arbres (sapin pectiné, épicéa, merisier, bourdaine, érable, sorbier, sureau, etc.). Au niveau de la 4e station, le fameux pont des Fées et, à la 10e, la pierre Charlemagne (on en parle dans « À voir »).

➢ **Le Saut de la Bourrique** : compter 2 h de marche. Suivre la rive gauche du lac jusqu'à l'Écho de Ramberchamp, puis prendre la route de Sapois (balisée avec des ronds rouges). De la cascade du Saut de la Bourrique, un balisage vert mène à l'observatoire de Mérelle et ramène à Gérardmer par Ramberchamp.

➢ **La pépinière des Xettes** : compter 3 h. Départ de la rue de la 3e-DIA (face à la gare). Suivre les triangles bleus jusqu'au chemin de Miselle puis les cercles bleus direction la Trinité, puis Cerceneux et La Goutte Logelo. On arrive ensuite au parcours de santé de la pépinière.

➢ **De Longemer au lac de Lispach** : belle promenade d'environ 6 km, un peu dure à certains endroits. Départ du *camping des Jonquilles* à Longemer. Passer par la roche des Vieux Chevaux à l'aller et la grotte des Fées au retour.

Où skier ?

Adresses utiles

■ **Tous renseignements, ski alpin :** ☎ 03-29-60-04-05. **Ski de fond :** ☎ 03-29-63-29-12 (hors saison : ☎ 03-29-60-60-60).
■ **École de ski français :** ☎ 03-29-63-33-23.
■ **Garderie d'enfants :** ☎ 03-29-60-01-51.

■ **Bulletin d'enneigement :** ☎ 03-29-60-90-90. 24 h/24.
■ **Location de matériel :** ☎ 03-29-60-04-05, ou dans les magasins de sport (*Intersport*, 23, rue Charles-de-Gaulle, ☎ 03-29-63-20-21, et *L'Éclair*, 53, chemin des Bas-Rupts, ☎ 03-29-63-04-52).

Ski alpin

Après La Bresse, Gérardmer est la plus importante station des Vosges. Entre La Mauselaine (870 m), La Chaume Francis (950 m) et Le Grouvelin (1 150 m), une vingtaine de pistes, dont 2 noires, toutes reliées, pour un total de 40 km. L'une d'elles, avec ses 4 km, est d'ailleurs la plus longue des Vosges. Des canons à neige assurent une qualité constante du domaine. On peut même skier en nocturne : pistes éclairées chaque soir jusqu'à 22 h pendant les vacances scolaires, les mardis, vendredis et samedis le reste du temps. Et tout est prévu pour les bambins : stade de luge gratuit, école de ski et garderie. En résumé :

LES VOSGES

🐿 **Gérardmer :** Mauselaine, La Chaume-Francis, Le Grouvelin ; 20 pistes, 2 télésièges, 18 téléskis, 56 canons à neige, 1 stade de luge, 1 snow park.
🐿 **Le Valtin :** Les Hautes-Navières, Le Grand-Valtin ; 4 pistes, 4 téléskis, canons à neige.
🐿 **Xonrupt-Longemer :** Le Poli, Balveurche, Le Collet-Retournemer ; 4 pistes, 2 téléskis, 1 piste débutants, 1 téléski, 3 pistes, 2 téléskis.
Plusieurs forfaits sont proposés pour les 20 remontées mécaniques : forfait journée adultes autour de 12,20 € (80 F) en semaine hors périodes de vacances scolaires, 18,29 € (120 F) le week-end et pendant les vacances. Location de matériel : compter environ 12,20 € (80 F) pour un équipement complet d'adulte.

Ski de fond

Domaine nordique des Bas-Rupts. Là aussi, des dizaines de kilomètres de pistes balisées et entretenues (dont une de 22 km) à travers la forêt. Une navette mène du centre-ville jusqu'au domaine, le week-end et pendant les vacances scolaires. Non loin, pour changer, les pistes de Xonrupt-Longemer. Attention, pour accéder aux pistes de ski de fond, vous devez acheter un forfait journalier ou hebdomadaire ou une carte annuelle vendue (et valable) sur l'ensemble du massif vosgien. Disponibles sur place ou à l'office du tourisme.
🐿 **Gérardmer - Les Bas-Rupts :** 7 pistes de 30 km tracées en alternatif et skating. Liaison avec les pistes de La Bresse et Xonrupt-Longemer (100 km).
🐿 **Le Valtin :** La Schlucht, Gazon de Faing ; 5 km de pistes (skating et traditionnel).
🐿 **Xonrupt-Longemer :** 6 pistes, 30 km (skating et traditionnel).
– Des promenades avec **raquettes** sont également organisées.

➤ DANS LES ENVIRONS DE GÉRARDMER

Où acheter de bons produits ?

❀ **La Confiserie des Hautes-Vosges :** à Habeaurupt. ☎ 03-29-50-44-56. Sur la D23, 3 km avant Plainfaing (prendre la route du Valtin Gérardmer). Ouvert de 10 h à 12 h et de 14 h à 18 h. Fermé le dimanche et les jours fériés. Célèbre fabrique artisanale de bonbons des Vosges : violettes, résines, croquantes, coquelicots, mais aussi bergamotes de Nancy, etc. On assiste à la fabrication (cuisson au feu dans des chaudrons de cuivre), mais on vient surtout pour la dégustation. Visite sur demande et vente directe. Très touristique. Plus de 100 000 visiteurs chaque année.

❀ **Distillerie Lecomte-Blaise :** 10, rue de la Gare, 88120 Nol. ☎ 03-29-24-71-04. ● www.lecomte-blaise.com/visite.htm ● À 17 km de Gérardmer. De la rive gauche du lac, prendre la petite D23c jusqu'à Vagney (Nol est en face, de l'autre côté de la D43). Ouvert de 8 h à 12 h et de 14 h à 18 h. Fermé le dimanche, le lundi et les jours fériés. Visites pendant les vacances scolaires de février et d'été, le mercredi à 10 h et du mardi au vendredi à 15 h ; pendant les autres petites vacances scolaires, uniquement le mercredi à 10 h et le vendredi à 15 h. Fabricant (artisanal, s'il vous plaît) d'eaux-de-vie réputées depuis 1820. La distillation se fait comme autrefois, dans des alambics en cuivre, et le vieillissement dans des bonbonnes d'osier, dans un vieux grenier ! Délicieuses eaux-de-vie et liqueurs, à la mirabelle, à la quetsche et à la myrtille bien sûr, mais aussi des par-

fums surprenants : gentiane des montagnes, baie de houx, prunelle sauvage, alisier, aubépine, sorbier des oiseaux ou églantier gratte-cul (mais pas la gorge)!
- **Les Petits Crus Vosgiens :** 10, chemin de la Scierie, Le Beillard. ☎ 03-29-63-11-70. Dans une ancienne scierie. Ouvert toute l'année. De belles bouteilles à rapporter chez soi, aux parfums surprenants : rhubarbe, pissenlit, groseille, fleur de sureau, etc.

À voir

★ *Le lac de Longemer :* à 5 km, après le village de Xonrupt. Très beau lac entouré de montagnes vertes et alimenté par la Vologne, qui prend sa source non loin d'ici, au pied du Hohneck. Long de près de 2 km et large de 550 m, il adopte un peu la forme d'un tube à essai (ou d'un préservatif, au choix). L'origine de son nom est simple : longue-mer. On prononce donc bien « mère », contrairement à Gérardmer. Au bord du lac, une chapelle du XIe siècle, mais reconstruite au XVIIIe, ancien ermitage considéré comme la première habitation de la région. Location de barques, de pédalos et de planches (rive ouest). Baignade « tolérée » (attention, on perd vite pied). Pêche autorisée avec permis. En hiver, Xonrupt-Longemer se transforme en important centre de ski de fond.

★ *Le lac de Retournemer :* à quelques kilomètres de Longemer en continuant la petite route. Bien plus modeste que ses voisins, avec ses 320 m sur 250 seulement. Bien mignon en tout cas, avec ses teintes bleutées. Il est également traversé par la Vologne.

★ *La roche du Diable :* sur la route du col de la Schlucht (D417), à hauteur du tunnel de Retournemer. Prendre sur la droite le petit sentier qui monte. Beau panorama sur la vallée de la Vologne, les lacs et les prairies.

★ *Le défilé de Straiture :* au nord de Gérardmer. Après Xonrupt, prendre la route du Valtin (D23), puis à gauche la D73 vers Fraize. Une bien jolie petite route qui fleure bon la montagne : chalets, bûcherons, ruisseau et blocs de pierre... Une curiosité à voir en cours de route : la Glacière (indiqué sur la gauche, peu après l'entrée dans le défilé). Le site porte bien son nom puisqu'il n'est pas rare d'y trouver des blocs de glace en été!

★ *La route des Crêtes :* la plus belle balade des environs. Fermée en hiver. On peut la rejoindre au col de la Schlucht, à 15 km à l'est de Gérardmer, par Xonrupt puis la D417. Voir le chapitre « La route des Crêtes », en Alsace.

★ *Le musée de la Moineaudière :* domaine de la Moineaudière, route du Valtin, 88400 **Xonrupt-Longemer.** ☎ 03-29-63-37-11. Fax : 03-29-63-17-63. En contrebas de l'hôtel. Ouvert tous les jours en saison, de 9 h 30 à 12 h et de 14 h à 18 h 30 ; téléphoner pour connaître les horaires d'ouverture lors des congés scolaires. Entrée : 4,27 € (28 F) ; réductions ; gratuit pour les moins de 5 ans. Fondée par un abbé dans les années 1950, c'est semble-t-il la première collection privée d'Europe de papillons, minéraux et masques océaniens. À regarder la collection d'insectes tropicaux, on se jure à jamais de vérifier ses draps en voyage. Les superbes mygales aux reflets bleus s'apprécieraient différemment dans une chambre au Guatemala. Très belles pierres fossiles, roses des sables, dents de mammouth et vertèbres de stégosaure. Dans une salle attenante, on peut toutes les heures admirer certaines pierres éclairées à la lumière noire. Le pétrole ou autres composants invisibles prennent alors de belles teintes vives et fluorescentes, un peu comme les pellicules sur nos épaules en boîte de nuit!

Nombreux masques étranges et objets votifs des Abelam de Nouvelle-Guinée. Le clou de la visite restant la tête réduite Jivaro fichée sur une flèche au centre de la salle principale. Une tête de la taille d'une orange dont les lèvres cousues emprisonnent les esprits. Une notice décrit très bien le procédé utilisé. Si votre copine aime jouer à la poupée, ne la laissez pas lire !

★ *Pierres du Monde :* 316, route de Colmar, 88400 **Xonrupt-Longemer.** ☎ 03-29-60-01-27. Ouvert de 9 h à 12 h et de 14 h à 19 h. Fermé le mercredi hors saison. Entrée gratuite. Pour les amateurs, importantes collections de minéraux du monde entier, pierres précieuses, bijoux et curiosités, comme cette géode d'améthyste de 800 kg. Également une projection sur l'exploration des mines du Brésil (sur demande) et un spectacle de lumière noire (expérience de fluorescence sur certains minéraux). Boutique.

★ *L'Aigue-Marine :* 3, rue Jean-Macé, 88400 **Xonrupt-Longemer.** ☎ 03-29-60-06-01. Entrée libre. Près de la place du Tilleul. Minéraux, pierres précieuses, géode d'améthyste de 69 kg extraite des mines de Sao Gabriel au Brésil, bois silicifié des Vosges, grenats et quartz de Madagascar, et tout et tout.

★ *Expo Faune lorraine :* 627, route de Colmar (N417), au **Saut des Cuves,** juste avant Xonrupt-Longemer. ☎ 03-29-63-39-50. Ouvert tous les jours de 14 h à 18 h ; pendant les vacances scolaires, ouvert également de 10 h à 12 h. Entrée : 3,81 € (25 F) ; réductions. Intéressant surtout pour ceux qui ne connaissent pas les habitants de la forêt vosgienne. On y apprend à reconnaître les traces d'animaux, quel âge donner au cerf selon la taille de ses bois, comment naturaliser un animal (petit film), etc.
Belles vitrines consacrées aux oiseaux « sauvagines » (sarcelle, oie rieuse, etc.), aux rongeurs, aux chamois, aux blaireaux, aux papillons, aux taupes (galeries en coupe) et surtout aux renards, dont on a reconstitué le terrier. Aquarium au sous-sol : écrevisses, brochets, saumons, anguilles, etc. Une pochette de cartes postales de l'expo sera offerte à nos lecteurs sur présentation du *Guide du routard* de l'année.

★ *La scierie du Lançoir :* défilé de Straiture, 88230 **Ban-sur-Meurthe-Clefcy.** ☎ 03-29-50-45-54. À 11 km de Gérardmer par la D73. Ouvert en juillet et août les mardis, jeudis et dimanches de 15 h à 18 h. Démonstration de sciage à 15 h et 16 h 30. Dans un site assez chouette. Pour découvrir la vie des sagards du temps passé, et le savant mécanisme d'avancement. Sentier botanique aménagé à côté.

★ *Le jardin de Berchigranges :* Berchigranges, 88640 **Granges-sur-Vologne.** ☎ 03-29-51-47-19. ● www.berchi.ifrance.com ● Ouvert tous les jours en avril, mai, septembre et octobre de 14 h 30 à 19 h ; en juin, juillet et août, de 10 h à 19 h. Entrée : 6,10 € (40 F) ; réductions. À 700 m d'altitude. Un endroit magnifique pour qui aime la nature et les fleurs. Des milliers de plantes provenant d'Amérique du Nord, d'Irlande ou de l'Himalaya. Nombreux bancs pour admirer narcisses, rosiers et plantes vivaces disposés en un heureux fouillis, dans l'esprit cottage anglais.

★ *Visites d'une distillerie et d'une confiserie :* voir plus haut « Où acheter de bons produits ? ».

Artisanat

On trouve dans les environs de Gérardmer, affluence touristique oblige, tous les produits spécifiquement vosgiens.

🕮 *Maison de l'Artisanat :* à Liézey. ☎ 03-29-63-16-50. À 8 km de Gérardmer. Ouvert d'avril à fin octobre les dimanches et jours fériés de 14 h 30 à 18 h 30 ; la 2ᵉ quinzaine d'avril et en juillet-août ouvert tous les jours aux mêmes horaires. S'y sont rassemblés près de 70 artisans traditionnels, travaillant aussi bien le bois, la pierre, le cuir ou la laine.

❀ **Fabrication artisanale de jouets en bois :** Guy Vilmain, 18, chemin de la Fourrière-du-Moulin, 88120 Rochesson. ☎ 03-29-24-80-67. À 10 km au sud-ouest de Gérardmer par la D486 direction La Bresse, puis la D23. Entrée libre. C'est plus une boutique qu'un musée, on vous prévient. Cela dit, la charmante Mme Vilmain se fait une joie de présenter chacun des jouets ou jeux confectionnés par son mari et elle-même. Ici, tout est en bois, garanti sans piles ! Quelques curiosités amusantes, comme l'oiseau qui descend de son perchoir, la girouette carrée ou les poules picoreuses, un jouet inventé par des prisonniers russes ! Grand choix de jeux de société, puzzles, mikados, chenilles, casse-têtes et meubles colorés pour enfants.

❀ **Photographie :** Joël Couchouron, à Sapois. ☎ 03-29-24-82-80. Près de Vagney (10 km à l'ouest des Bas-Rupts). Ouvert du mardi au dimanche, uniquement l'après-midi. Le spécialiste des Vosges traditionnelles, auteur de plusieurs beaux livres consacrés à la vie paysanne. Ses portraits de petits vieux sont vraiment saisissants. Passionné par le pittoresque, l'authentique et le rustique, Joël est l'un des derniers témoins des traditions régionales. Si vous n'avez pas le temps de passer dans sa boutique, vous trouverez ses célèbres cartes postales dans la plupart des librairies de la région.

❀ **Fabrique d'épinettes :** 26, route du Col, à Sapois (gauche du lac). ☎ 03-29-24-85-18. Christophe Toussaint est l'un des derniers luthiers spécialisés dans la confection et la réparation de cet instrument à cordes typiquement vosgien. Sur rendez-vous, vous pourrez admirer sa collection d'environ 100 épinettes et cithares en tous genres.

LA CASCADE DE TENDON

À une quinzaine de kilomètres à l'ouest de Gérardmer, après Le Tholy (prendre à gauche de la D11 la petite route qui descend). Chute d'eau la plus connue des environs, la Grande Cascade (35 m) n'éblouira pas ceux qui connaissent Iguazu ou les chutes du Niagara, bien sûr. Mais la route étroite qui y mène est vraiment sympa, et l'épaisse forêt dans laquelle se déverse l'eau limpide offre de belles promenades. De plus, on vous a repéré une bonne adresse où vous sustenter avant ou après la visite du site... Éviter les week-ends d'été tant que faire se peut si l'on veut profiter du calme.

Où dormir ? Où manger ?

Camping

▲ **Camping de Noirrupt :** 5, chemin de l'Étang, 88530 Le Tholy. ☎ 03-29-61-81-27. Fax : 03-29-61-83-05. • www.jpvacances.com • ✗ À 1 km du Tholy. Ouvert de mi-avril à mi-octobre. Emplacement pour deux avec voiture et tente : 16,16 € (106 F). Un camping d'altitude, bien équipé : belle piscine, tennis, sauna, lingerie, etc. Prix en conséquence. Également location de chalets toute l'année. 30 % de réduction pour nos lecteurs hors juillet et août sur présentation du *Guide du routard* de l'année.

De bon marché à prix moyens

🏠 |●| *Auberge Au Pied de la Cascade :* au pied de la cascade, on s'en serait douté. ☎ 03-29-33-21-18. Fax : 03-29-33-29-42. • www.grande-cascade.com • ⚒ Fermé le mercredi hors vacances scolaires, et de mi-novembre à Noël. Chambres à 30,49 € (200 F) avec douche et w.-c., 47,26 € (310 F) avec bains. Demi-pension : 33,25 € (220 F) par personne. Menus de 12,20 à 33,54 € (80 à 220 F), sur réservation ; à la carte, on s'en sort pour 15 € (98 F). Imaginez une vieille auberge (restaurée récemment), typiquement vosgienne, perdue en pleine campagne, au pied d'une forêt où s'écoule la fameuse cascade de Tendon (pas si grande que ça). Mais outre sa terrasse et sa charmante salle à manger séculaire, l'auberge propose depuis des décennies les meilleures truites des Vosges, pêchées quotidiennement dans l'étang attenant ! La clientèle d'habitués (nombreuse) ne vient plus que pour ça. Hôtel au calme, tout petit, donc souvent complet. 3 chambres avec bains : n°s 1, 2 et 3 (les plus récentes et les plus spacieuses). Accueil inégal. Remise de 10 % sur le prix de la chambre à partir de 2 nuits consécutives et sur présentation du *Guide du routard* de l'année.

🏠 |●| *Hôtel Gérard :* 1, pl. du Général-Leclerc, 88530 Le Tholy. ☎ 03-29-61-81-07. Fax : 03-29-61-82-92. Hôtel fermé en octobre. Chambres doubles de 45,73 à 47,26 € (300 à 310 F). Menus entre 11,43 et 23,63 € (75 et 155 F). Vaste bâtisse qui domine avec élégance le paysage. L'hôtel de campagne, familial et d'un chic un rien désuet, mais qui cache des équipements d'un incontestable modernisme : sauna, jacuzzi, piscine couverte et chauffée (ouverte de mai à septembre). Chambres, toutes avec douche ou bains, w.-c., téléphone et TV, pour la plupart joyeusement rénovées. Essayez d'en obtenir une plein sud : pour la vue... l'ensoleillement, bien sûr. Cuisine très classique. Au programme, truite (meunière, fumée à l'ancienne...) et petits plats de toujours comme la tête de veau vinaigrette. Apéritif maison offert sur présentation du *Guide du routard* de l'année.

LA BRESSE (88250) 5 090 hab.

La plus grande commune des Vosges par sa superficie. Ses habitations s'étalent au pied des montagnes, le long de deux vallées qui se rejoignent dans le centre-ville, formant ainsi un « Y ». On retrouve d'ailleurs cette lettre dans le blason de la ville, encadrée d'une truite et d'une roue à aubes, symbole de l'énergie hydraulique produite par les lacs et les ruisseaux de la commune.
La Bresse a conservé une mentalité à part, due à son isolement : il faut franchir des cols pour y parvenir. Cette ancienne commune libre, véritable petite république, a longtemps vécu en autarcie grâce à ses productions fermières, ses forêts, son industrie textile et son électricité, distribuée non par EDF mais par une régie municipale ! Au XVIe siècle, les habitants rendaient eux-mêmes la justice, sur un banc de pierre de la place publique.
La Bresse est aujourd'hui principalement axée sur le ski. Elle dispose de nombreux atouts : entre autres, le plus grand domaine skiable du nord-est de la France. Autre raison de fierté : l'organisation de plusieurs coupes du Monde de ski de fond et de coupes d'Europe de ski alpin, d'une coupe du monde parapente, du trial moto. Tout cela explique pourquoi cette station dynamique est depuis un bon moment en vogue pour les sports d'hiver. Rançon du succès : un monde fou sur les pistes.

Adresse utile

🛈 *Office du tourisme :* 2A, rue des Proyes, BP 42. ☎ 03-29-25-41-29. Fax : 03-29-25-64-61. • www.labresse.net • info@labresse.net • Dans le grand complexe piscine-bowling. Ouvert du lundi au samedi de 9 h à 12 h et de 14 h à 18 h, et les dimanches et jours fériés de 9 h 30 à 12 h 30. Centrale de réservation de meublés (ajouter 2 au numéro de téléphone de l'office du tourisme). Bonne doc.

Où dormir ? Où manger ?

Camping

⛺ *Camping municipal :* 5, rue des Planches. ☎ 03-29-25-64-80. • camping.haut-des-bluches@wanadoo.fr • Prendre la D34 de La Bresse à La Schlucht, c'est à environ 4 km du centre sur la droite ; il faut traverser le cours d'eau, la Moselotte. Emplacement pour deux : 9,15 € (60 F) ; 2,29 € (15 F) par personne supplémentaire. Au bord du torrent. Cadre vraiment agréable. Sanitaires impeccables : cabines individuelles avec w.-c. parfois séparés, douche et lavabo. Lave-linge et sèche-linge ; salle de repassage. Possibilité de profiter des facilités offertes par le *Relais du Haut des Bluches* voisin (voir ci-dessous). Caravaneige. Parc pour motor-homes. Bien entretenu.

De bon marché à prix moyens

🏠 |●| *Le Relais du Haut des Bluches :* 5, rue des Planches. ☎ 03-29-25-64-80. Fax : 03-29-25-78-03. • www.labresse.net • Réserver. Compter 19 € (125 F) par personne, petit déjeuner compris. Demi-pension : 22,87 € (150 F). Repas : 9,30 € (61 F). Même adresse que le camping. Hébergement créé par la municipalité, simple mais confortable et relativement bon marché. 14 chambres avec vue sur la montagne pour la plupart. Bar, salle à manger, salon TV, etc.

🏠 *Hôtel-Les gîtes du Bol d'Air :* 76-78, rue du Hohneck. ☎ 03-29-25-62-62. Fax : 03-29-25-64-19. • www.bol-dair.fr • Nombreuses formules de prix. Le mieux est de téléphoner pour exposer vos besoins, ici on adaptera l'offre à votre demande. Exemples de prix : en haute saison, tarif week-end pour deux personnes en chambre double : 54,58 € (358 F) ; week-end en appartement tout confort pour deux en haute saison : 97,57 € (640 F). 6 chambres doubles, 5 studios avec kitchenette, 3 duplex avec mezzanine, TV. Enfin, 3 appartements tout confort, cheminée, grand balcon, pouvant héberger 6 personnes ou plus. L'idéal pour se retrouver entre copains ou en famille. Décor rustique, type chalet avec vue sur la montagne. Une formule d'hébergement très sympa, à mi-chemin entre la location, le gîte et l'hôtel. Une réussite.

🏠 |●| *Ferme-auberge et gîte d'étape La Rételère :* chez Sylviane et Michel Bruneau, 11, route de la Courbe. ☎ 03-29-25-52-10. • www.retelere.com • À 5 km au nord-est de La Bresse. Prendre la D486 vers le col de Grosse-Pierre pendant 4 km, tourner à droite et suivre le fléchage ; surtout, ne pas prendre le « Chemin de La Rételère ». Ouvert du samedi midi au dimanche soir ; pendant les vacances scolaires, tous les jours sauf le mercredi. Sur réservation de préférence. Un menu à 11,89 € (78 F), un autre à 13,72 € (90 F). Système de demi-pension à 24,39 € (160 F) par personne, mais apportez votre sac de couchage. À 950 m d'altitude, avec une vue imprenable sur les montagnes environnantes et sur le bourg de La Bresse. Dans leur ferme où ils élèvent des doubles poneys (fjords), Sylviane et Michel ont aménagé une sympathique salle campagnarde de 50 couverts. Grandes tables et bancs en bois, poutres apparentes et cheminée. Atmosphère très chaleureuse. Également 1 gîte d'étape de 42 lits en 4 dortoirs, avec 2 blocs sanitaires. Ici, c'est l'ambiance sport et nature : l'été, la rando (le GR 533 passe à proximité) ; l'hiver, le ski de fond (1re piste à 2 km). Accueil vraiment sympa, un brin soixante-huitard. Apéritif maison ou café offert sur présentation du *Guide du routard* de l'année.

▲ |●| *Chambres d'hôte chez Marie-Noële et Daniel Perrin :* 13, chemin des Huttes. ☎ 03-29-25-60-98. Prendre la direction Gérardmer ; à la sortie du bourg, D34 vers La Croix-des-Moinats et 1 200 m après, direction Le Droit puis chemin des Huttes. Chambres doubles à 33,54 € (220 F). À 950 m d'altitude, grande ferme traditionnelle complètement isolée, avec une vue splendide sur les montagnes environnantes. 3 chambres avec sanitaires privés : la première peut accueillir deux personnes ; les deux autres communiquent et sont donc idéales pour les familles. Décoration boisée très chaleureuse, jolis tissus, moquette bien épaisse. Le repas est partagé avec les proprios. Par exemple, roulé de porc fumé, potée vosgienne, tarte aux mirabelles. Superbe cuisine ancienne où le four à pain. Une adresse pour les amoureux de la nature. Nombreux circuits pédestres et VTT. Avec un peu de chance, vous pourrez même voir paître des chevreuils près de la maison. Accueil convivial. Bon rapport qualité-prix. Également 2 gîtes ruraux.

▲ |●| *Ferme-Auberge des Alisiers :* chez Mme Mathieu. ☎ 03-29-25-55-36. Fax : 03-29-25-48-78. ● les.alisiers@wanadoo.fr ● À 4 km de La Bresse, direction Vagney (prendre direction Gérardmer, puis, après l'épingle à cheveux, tourner à gauche). Fermé du 12 novembre au 25 décembre. Ouvert le week-end et pendant les congés scolaires pour les repas. Chambres doubles à 47,26 € (310 F) avec salle d'eau et TV. Demi-pension : 62,51 € (410 F) par personne. Menus de 11,43 à 18,29 € (75 à 120 F). À 870 m d'altitude ; vue magnifique depuis la salle à manger et les chambres, très confortables. Un lieu vraiment très chouette. Accueil cordial, et bonne cuisine du terroir : coq au vin, *toffailles,* tarte aux myrtilles, etc.

▲ |●| *Hôtel-restaurant Le Chevreuil Blanc :* 3, rue Paul-Claudel. ☎ 03-29-25-41-08. Fax : 03-29-25-65-34. À la sortie de la station, direction Gérardmer. Resto fermé le dimanche soir ; congés annuels pour les vacances de Pâques et de la Toussaint. Chambres doubles à 41,16 € (270 F) avec bains et w.-c. Demi-pension : 38,11 € (250 F) par personne. Large échantillon de menus à partir de 12,65 € (83 F). La maison ne paie pas de mine, c'est vrai. Mais passez la porte, découvrez l'accueil de Maria Pia, et déjà l'endroit vous aura conquis. Et vous n'avez pas encore goûté la cuisine ! Raffinée sans être prétentieuse, de terroir (l'andouillette du Val-d'Ajol est une franche réussite) mais sans être exclusive. Le chef aime bien, par exemple, travailler le poisson (rillettes de saumon, marmite du pêcheur...). L'hôtel est tout petit. 9 chambres seulement, très classiques, toutes avec douche ou bains, w.-c. et téléphone.

▲ |●| *Hôtel de la Poste :* 5, rue de l'Église. ☎ 03-29-25-43-29. Fax : 03-29-25-56-21. Fermé de mi-octobre à mi-novembre, ainsi qu'une semaine fin avril ; restaurant fermé le dimanche soir. Chambres doubles classiques à 36,59 € (240 F) avec douche et w.-c. Demi-pension à partir de 35,82 € (235 F) par personne. Au resto, pas de carte mais plusieurs menus : celui à 9,91 € (65 F) est plus qu'honorable ; autres menus à 16,01 et 22,10 € (105 et 145 F). L'un des restos les plus populaires de la station de ski. On comprend vite pourquoi : les assiettes servies ici sont plutôt des plats ! Charcuteries à gogo et *toffailles* à la pelle. Plus copieux, tu meurs. Bref, un resto d'un étonnant rapport qualité-prix. Le service est parfois expéditif mais c'est un peu normal, vu le nombre de clients à servir. Café offert pour présentation du *Guide du routard* de l'année.

🏠 🍽 **Hôtel-restaurant Chalet des Roches :** 10, rue des Noisettes. ☎ 03-29-25-50-22. Fax : 03-29-25-66-00. • chalet.des.roches@wanadoo.fr • ⚒ Perché mais pas loin du centre. Fermé le dimanche soir hors vacances scolaires, une semaine en juin et trois semaines en novembre. Chambres doubles à 39,63 € (260 F). Demi-pension à 38,11 € (250 F) par personne. Menus de 10,67 à 19,82 € (70 à 130 F). L'architecture évoque, c'est vrai, vaguement celle d'un chalet. La plupart des chambres offrent une gentille vue sur la vallée. Toutes ont douche ou bains, certaines disposent d'un balcon.

Plus chic

🏠 🍽 **Hôtel-restaurant Les Vallées :** 31, rue Paul-Claudel. ☎ 03-29-25-41-39. Fax : 03-29-25-64-38. • hotel.lesvallees@remy-loisirs.com • Ouvert toute l'année. Chambres doubles de 44,21 à 76,22 € (290 à 500 F) selon la saison (téléphoner avant votre arrivée pour connaître le prix exact). Au restaurant, *Le Diamant*, menus de 14,79 à 44,21 € (97 à 290 F). L'hôtel le plus confortable de La Bresse. Salles de bains spacieuses. Piscine couverte, tennis, grand « parc » (ou plutôt pelouse) et jeux pour enfants. Excellent et copieux petit déjeuner. Grande salle de restaurant, un peu bruyante, donnant sur ledit parc. Quelques bons plats comme la matelote de poissons d'eau douce aux choux.

À voir

★ **Les tourbières :** on en trouve deux à La Bresse, celle du lac de Lispach et celle de l'étang de Machaix. La première est tout près de la ville, au pied des pistes de ski. Prendre la route du Chajoux puis celle du col des Feignes, dans le prolongement ; sur la gauche, à hauteur des remontées mécaniques. Site plein de charme, à la végétation d'une incroyable richesse. Attention : ne vous aventurez pas en dehors des sentiers, ce sont des marécages ! De plus, l'écosystème des tourbières est d'une grande fragilité. La réserve de Machaix est sur la route des Américains, au sud-est de La Bresse, par la route de Vologne.

Où skier ?

Adresses utiles

■ *Pour tous renseignements :* domaine La Bresse-Hohneck, ☎ 03-29-25-68-78. Domaine Le Brabant-La Bresse : ☎ 03-29-24-04-54. Domaine Lispach-La Bresse : ☎ 03-29-25-42-45.

■ *Info neige et animations :* ☎ 08-36-67-88-25.
■ *Ski de fond :* ☎ 03-29-25-41-29 (à l'office du tourisme).
■ *Poste de secours :* ☎ 03-29-25-63-55 ou 03-29-25-67-61.

Ski alpin

Le domaine skiable de La Bresse-Hohneck, qui inclut aussi le col de la Schlucht, Le Collet et Retournemer, est le plus grand des Vosges avec ses 220 ha. 42 pistes, 6 télésièges, 21 téléskis et 220 canons à neige ultra-performants, commandés par ordinateur ! Les pistes ne sont qu'à 8 km du centre-ville (direction le col de la Schlucht). Une navette s'y rend pendant les vacances de Noël et de février. Ski nocturne les mardis, vendredis, samedis et dimanches hors congés scolaires ainsi que tous les soirs pendant les vacances scolaires. Ski aurore à partir de 6 h les samedis et dimanches. Nouveautés : une piste bleue de 2 km avec nombreux canons à neige « Lac de Blanchmer » et nouvelles glisses « Snow park » (*half-pipe, tables quater pro jump, big air,* etc.).

Ski de fond

50 km de pistes balisées, une piste de skating et un stade international de biathlon. Le pied : le tour des lacs (10 km). Pour les gourmands, trois entrées permettent même d'accéder au grand domaine nordique des 3 Sites (en tout, plus de 200 km). Également 150 km d'itinéraires hors piste (avec chalets pique-nique). À La Tenine, piste éclairée pour le ski nocturne.

En résumé

- *La Bresse-Hohneck :* 36 pistes, 25 remontées mécaniques, 270 canons à neige, 1 stade de slalom, 1 snow park.
- *La Bresse-Brabant :* 4 pistes, 3 remontées mécaniques, canons à neige.
- *La Bresse-Lispach :* 6 pistes, 5 remontées mécaniques, canons à neige. Piste de luge, promenades en raquettes.

Billetterie mains libres : attente réduite aux caisses et à la location de skis grâce à la carte *Keycard,* qui a en mémoire toutes les infos concernant le forfait choisi.
Plusieurs forfaits, à partir de 19,82 € (130 F), la journée en haute saison, à *La Bresse-Hohneck.* Forfait week-end toujours en haute saison : environ 37 € (243 F). Location de matériel : environ 13 € (85 F) pour un équipement complet adulte. À *La Bresse-Lispach,* forfait de 9,15 € (60 F) par jour en semaine et de 10,67 € (70 F) par jour le week-end.
La Bresse compte de nombreux champions de ski de fond, dont Véronique Claudel, médaille d'or à Albertville et médaille de bronze à Lillehammer.

À faire encore

– *Le Parcours des Aventuriers :* 78, rue du Hohneck, 88250 La Bresse. ☎ 03-29-25-62-62. Fax : 03-29-25-64-19. • www.bol-d-air.fr • À 2,5 km de La Bresse en direction de Colmar par le col de la Schlucht. De mi-juin à mi-septembre, ouvert tous les jours de 9 h 30 à 18 h 30 ; d'octobre à mi-juin, ouvert le week-end, les jours fériés et pendant les vacances scolaires. Entrée : 18,29 € (120 F) ; juniors (12-16 ans) : 15,24 € (100 F) ; enfants : 10,67 € (70 F).
Vivre l'aventure et jouer les Tarzan d'arbre en arbre, en tyrolienne, sur des ponts de singe, sur plots, rondins, câbles, etc. En tout, 100 exercices possibles répartis sur 3 ha de forêt. Sécurité garantie. Combinaison fournie à l'entrée et deux longes au harnais. Avant de commencer le parcours, briefing de 10 mn et démonstration des moniteurs sur les principes de sécurité. Après, on prend en charge soi-même sa sécurité, mais des moniteurs sont sur le parcours. Autonomes sous surveillance. En parallèle à ce parcours des aventuriers, un sentier pédagogique qui vous fera découvrir les richesses culturelles du coin (faune, essences d'arbres, etc.). En résumé, le sport intelligent. Prévu pour 2002, un mini-parc des aventuriers pour les 4-8 ans qui en avaient assez de se morfondre quand leur grand frère ou grande sœur s'en donnait à cœur joie. Les enfants dans ce cas sont à la charge des parents. Vraiment, on a eu un coup de cœur pour cette aventure proposée par de jeunes animateurs très sympas et pleins de bonnes idées.

- **La luge d'été :** un truc rigolo que tous les petits casse-cou veulent tenter. La luge dévale une piste en béton creusée dans le gazon, sorte de toboggan long de 850 m. Deux pistes : au « Slalom » et au col de la Schlucht. Complexe touristique *Remy Loisir* : ☎ 03-29-25-41-71. Ouvert tous les jours de 10 h à 19 h.
- Encore plus drôle : un véritable élevage... de *lamas*! Demander Georges Perrin à l'auberge *Le Couchetat*, à La Basse-des-Feignes. ☎ 03-29-25-42-79. Propose également des promenades à cheval (et avec des lamas !) en juillet et août.
- **Randonnées :** l'office du tourisme vend plusieurs topoguides de circuits concoctés par le Club Vosgien.
- **Vosges en Marche :** Presles, 88120 Basse-sur-le-Rupt. ☎ 03-29-24-89-40. Fax : 03-29-24-90-07. • vosges-en-marche@wanadoo.fr • Adhésion obligatoire : 7,62 € (50 F) par an. Propose des séjours dans deux gîtes en pleine verdure, l'un relativement ancien, l'autre tout neuf et tout confort, incluant des activités diverses. En premier lieu, des randonnées pédestres, d'une demi-journée, d'une journée ou plus (avec séjour dans d'autres lieux), ou des séjours, par exemple théâtre - sculpture sur bois - randonnées. Demander leur brochure. Leurs formules séduisent de nombreux adeptes. Possibilités de séjours libres sans activités encadrées, mais à certaines dates seulement.
- **Parapente :** Bol d'Air, 78, rue du Hohneck. ☎ 03-29-25-62-62. Ouvert toute l'année. Pour les curieux aventureux, une expérience formidable, au départ des sommets des environs. Si vous débutez, vol « découverte » en biplace, avec un moniteur breveté. Proposent également des forfaits parapente-randonnée, par exemple. Se renseigner.
- **Piscine-Loisirs :** dans le centre. ☎ 03-29-26-21-20. Ouvert tous les jours pendant les vacances scolaires (toutes zones confondues). Tout l'équipement moderne pour batifolages aquatiques : grand bassin, canon d'eau, geyser, hydromassage, toboggan de 70 m, sauna, hammam, etc. Également un solarium, un mur d'escalade et un bowling.
- **Pêche :** carte en vente à la Maison de la Presse et à l'épicerie Werner et au chalet du lac des Corbeaux.

Fêtes et manifestations

- **Festival international de sculpture sur bois (Camille Claudel) :** en mai, pendant la semaine de l'Ascension. En hommage à Camille Claudel (dont la famille est originaire de la région), une trentaine de sculpteurs sur bois exposent leurs œuvres en plein air.
- **Fête de la Forêt :** le 15 août. Démonstration des anciens métiers du bois.
- **Manifestations sportives et de loisirs :** outre les nombreuses compétitions de ski (championnat de France de fond, entre autres), la ville organise une coupe du Monde de trial et, chaque année début juillet, un festival de... Scrabble !

➤ DANS LES ENVIRONS DE LA BRESSE

★ **Le lac des Corbeaux :** à environ 5 km du centre de La Bresse. Fléché de la route. Noyé dans une forêt profonde, au creux des montagnes, un petit joyau sombre au nom évocateur. On en fait le tour à pied en moins d'une heure. Des sentiers mènent sur les hauteurs, permettant d'admirer le site, plein de mystère et de romantisme. Beaucoup de monde le week-end en été.

★ **Le lac de Blanchemer :** à environ 7 km, sur la route du Hohneck. Encore un joli petit lac isolé. La petite route de forêt qui le longe permet de regagner la route des Crêtes, en offrant quelques points de vue sur le lac.

★ *Le musée des Mille et une Racines :* route de La Bresse, à l'entrée de *Cornimont*. ☎ 03-29-24-11-90. Ouvert toute l'année. Entrée libre. Étrange et étonnante collection de racines, branches et souches de toutes formes, rassemblées par Michel Maurice, un passionné. Quand la nature joue les sculpteurs...

VENTRON (88310) 1 000 hab.

Prononcer « veine-tron ». À une douzaine de kilomètres au sud de La Bresse. Isolé au milieu des montagnes (dont le Grand Ventron, 1 202 m), un paisible village qui se transforme en station touristique sans prétention au moment des vacances. Idéal pour ceux qui voudraient se détendre loin de toute agitation. On y trouve, entre autres, une fort sympathique auberge de jeunesse et le seul musée du Textile des Vosges.

Adresse utile

Office du tourisme : 4, pl. de la Mairie. ☎ 03-29-24-07-02. Fax : 03-29-24-23-16. • www.hautes-vosges.net • ot-ventron@wanadoo.fr • À l'entrée du village, en venant de Cornimont, sur la droite, avant l'église. Ouvert tous les jours sauf les dimanches et jours fériés, de 9 h 30 à 11 h 30 et de 14 h à 17 h (16 h le mercredi et le samedi) ; pendant les vacances scolaires et en été, ouvert les lundis, mardis, jeudis et vendredis de 9 h à 12 h et de 15 h à 18 h, les mercredis et samedis de 9 h 30 à 11 h 30 et de 15 h à 17 h, le dimanche de 9 h 30 à 11 h 30. Bon accueil.

Où dormir ? Où manger ?

Auberge de jeunesse Les Roches : au lieu-dit Fondronfaing. ☎ 03-29-24-19-56. Fléché à la sortie de Ventron. Accueil et réservation de 17 h à 20 h. 6,86 € (45 F) la nuit par personne pour les possesseurs de la carte FUAJ (en vente sur place). Mignonne comme tout, dans un coin on ne peut plus tranquille. Agréable cheminée pour les soirées d'hiver. On dort dans des chambres de 4, 6 ou 8 (lits superposés). On peut y faire sa cuisine (courses au village). Nombreuses possibilités de promenade en forêt.

Gîte d'étape des Amis de la Nature : 28, chemin du Rupt-du-Moulin. ☎ 03-29-24-19-61. À 1,3 km du centre. Nuitée à 6,86 € (45 F) en chambre de 2, 4 ou 6 lits. Bien situé.

Auberge à la ferme La Zimette : rue du Moulin, lieu-dit Rupt-du-Moulin. ☎ 03-29-24-18-20. Fax : 03-29-24-02-32. Sur les hauteurs. Fléché du village. Fermé de mi-novembre à mi-décembre. Réservation souhaitée. Vérifier avant de venir s'ils sont bien ouverts ; la dernière fois, on s'est cassé le nez. Gîte d'étape : 2 dortoirs d'une dizaine de places, à 18,29 € (120 F) la nuit par personne, petit déjeuner compris. Demi-pension : 30,49 € (200 F) par personne. Pension : 39,63 € (260 F). Menus à 13,72 et 15,24 € (90 et 100 F). Une petite ferme (la signification de *zimette* en patois vosgien) perchée sur les hauteurs. La grange est devenue écurie, un garage attenant sert de sellerie. Parce que *La Zimette,* c'est le royaume du cheval. Le patron élève des tarpans, des fjords et autres berbères. Sans nécessairement être cavalier émérite ou passionné d'équidés, on pourrait rester des heures à l'écouter parler cheval. Visite de l'élevage, balade à l'heure ou à la journée. Et les débutants sont les bienvenus. Côté hébergement, l'offre est multiple : un gîte d'étape, 6 chambres d'hôte et 2 chalets le week-end. Location à la semaine également. L'auberge propose une cuisine simple à base de produits de la ferme. Au menu marcaire, tourte du chef, échine de porc fumée, munster ou bargkäss et tarte aux fruits. Dommage que la qualité comme le service soient irréguliers. Salle avec vue panoramique, tout comme la terrasse d'été.

📛 |●| *Hôtel-restaurant du Frère Joseph :* pl. de l'Église. ☎ 03-29-24-18-23. Chambres doubles à 28,20 € (180 F) avec lavabo. Menu du jour à 8,84 € (58 F). Fondues à partir de 2 personnes de 11,43 à 13,57 € (75 à 89 F). Un établissement un peu vieille France, ou plutôt douce France, comme on les aime. Le décor n'a pas beaucoup changé depuis bien des années, même si l'on a ajouté un buffet néo-rustique dans la salle à manger. Horloge et commodes anciennes, poutres, plafond en bois. Les chambres sont simples mais spacieuses, et les sanitaires communs sont impeccables. Au resto, simple mais bonne et copieuse cuisine. Accueil prévenant.

📛 |●| *Chambres d'hôte Au Pied des Chaumes :* chez Mme La Sala, 6, route Frère-Joseph. ☎ 03-29-24-13-48. À 50 m après l'embranchement de la route Frère-Joseph. Chambres doubles avec douche et w.-c. à 60,98 € (400 F), petit déjeuner compris. Table d'hôte le soir à 15,24 € (100 F), apéritif et café compris. Dans une grande maison jaune, 5 chambres spacieuses, amoureusement décorées par Mme La Sala (normal, elle est artiste peintre et dispose d'ailleurs d'un atelier au rez-de chaussée). Vue sur la montagne. Grand salon au rez-de-chaussée, plus petit salon à l'étage à la disposition des hôtes. Tout a été refait à neuf en 2001. Mais l'ensemble a gardé le charme de l'ancien. Accueil charmant de Mme La Sala, trop heureuse de ne plus être chef de vente de grandes surfaces et d'avoir enfin réalisé ce qu'elle désirait depuis toujours.

📛 |●| *Ferme-auberge du Gros Pré :* 1, chemin du Gros-Pré. ☎ 03-29-24-02-91. À 780 m d'altitude. À environ 3 km du centre de Ventron, sur la route du col d'Oderen ; bien fléché. Fermé de mi-novembre à mi-décembre. Chambres doubles à 38,11 € (250 F). Menus à partir de 12,96 € (85 F). Chambres très rustiques mais confortables (douches et w.-c. séparés), bénéficiant d'une vue magnifique sur l'ermitage frère Joseph, entre autres.

📛 Nombreux *meublés à louer* sur les hauteurs du village : se renseigner à l'office du tourisme.

Où dormir ? Où manger dans les environs ?

📛 |●| *Auberge à la Ferme :* La Chaume du Grand-Ventron, chez Jacqueline et Antoine Valdenaire. ☎ 03-29-25-52-53. Fax : 03-29-85-55-89. À 10 km de Ventron, par la petite route de montagne qui part à gauche de la D43, après le croisement avec la route de l'Ermitage ; un chemin praticable mène ensuite à l'auberge ; attention, l'hiver la route n'est en principe pas déneigée, chaussez skis ou raquettes ! Attention, jours d'ouverture parfois fluctuants. Fermé en novembre et décembre. En demi-pension, compter de 36,59 à 57,94 € (240 à 380 F) par personne ; autour de 29 € (190 F) en dortoir de 10 lits. Premier menu à 13,72 € (90 F). Grosse ferme d'altitude où on trouvait déjà une auberge il y a un siècle. Panorama superbe sur les environs (on est à 1 200 m). Repas simples mais bons, sur réservation de préférence. Parmi les spécialités : repas marcaire, *baeckeoffe,* fumé vosgien, tarte aux myrtilles et un dessert maison, le délice du Grand Tétras. Pour ceux qui restent coincés : 5 chambres avec douche et w.-c. Pas mal de possibilités de balades dans les environs, par exemple le long du GR 351 qui monte vers le col du Bockloch. Pistes de ski de fond balisées en hiver. Café offert à nos lecteurs sur présentation du *Guide du routard* de l'année.

⌂ Plusieurs hôtels à *l'ermitage du Frère Joseph* (*cf.* « Dans les environs de Ventron »), appartenant tous à la famille Leduc, fondateurs de cette petite station de ski :

⌂ *Hôtel de l'Ermitage :* ☎ 03-29-24-18-09. Fax : 03-29-24-16-57. • www.frerejo.com • Le plus ancien et le plus simple. En saison, chambres doubles à partir de 30,49 € (200 F) avec lavabo, 70,13 € (460 F) avec douche.

⌂ *Studiotel :* mêmes coordonnées que le précédent. Chambres doubles de 71,66 à 77,76 € (460 à 510 F) en haute saison, selon l'orientation choisie. Chambres d'un confort supérieur à l'*Hôtel de l'Ermitage*, et bien équipées.

⌂ Enfin, le très chic hôtel **Les Buttes :** ☎ 03-29-24-18-09. Fax : 03-29-24-21-96. Vaste chalet face à la montagne (c'est un *Relais du Silence*). Chambres à partir de 70,13 € (460 F) ; plus cher pour les plus belles, à la superbe déco tout en bois, avec jacuzzi et balcon. Piscine et sauna. Assez chicos.

Où boire un verre ?

🍸 *Bar le Veternat :* pl. de l'Église. ☎ 03-29-24-19-13. Demi à 1,52 € (10 F). Courte mais bonne sélection de bières. Grimbergen pression, Desperados, Leffe en bouteille. Restauration rapide : lasagnes, pizzas, etc. Le rendez-vous des jeunes du coin. Ambiance chaleureuse. Billard. Au-dessus, gîte de groupe. S'il y a de la place, possibilité pour les individuels d'y être hébergé. Au fait, un Veternat, c'est un habitant de Ventron.

À voir

★ *Le musée du Textile des Vosges :* à 1,5 km de Ventron. Fléché de l'église. ☎ 03-29-24-23-06. Du 1er juin au 30 septembre, ouvert tous les jours de 10 h à 12 h et de 14 h à 19 h ; en avril, mai et octobre, tous les jours sauf le mardi, de 14 h à 18 h ; de décembre à mars, ouvert seulement le samedi et le dimanche et pendant les vacances scolaires, de 14 h à 18 h. Fermé en novembre. Sur réservation pour les groupes. Entrée : 3,81 € (25 F) ; de 10 à 16 ans : 1,52 € (10 F). Présentation claire et soignée de l'histoire des textiles, dans un grand bâtiment typique des premières usines de la région. Sur 4 niveaux, les différentes étapes permettent de passer d'une simple fibre végétale à un bout de tissu : les forces motrices de l'industrie (grosse machine à vapeur, chaufferie et turbine hydraulique), la fabrication du fil (outils traditionnels), la filature (diverses machines) et le tissage (évolution des techniques depuis le XVIIIe siècle). Le tout complété par des expos temporaires en relation avec le sujet. Plusieurs machines de filature et de tissage en état de marche.

★ *La maison artisanale :* dans le village, derrière la mairie. ☎ 03-29-24-05-18. Ouvert uniquement en période de vacances, de 14 h 30 à 18 h 30 ; le reste de l'année, sur réservation. Entrée libre. Expo-vente d'objets réalisés par des villageois : broderie, vannerie, jouets en bois, pâte à sel, etc.

Artisanat

🌸 *Jouets en bois :* Yvan Grandemange, menuiserie-ébénisterie. ☎ 03-29-24-04-06. Ouvert tous les jours de 9 h à 12 h 15 et de 13 h 30 à 19 h. Entrée libre.

Marché

– **Marché artisanal :** le 1er dimanche d'août. Une cinquantaine d'artisans du coin travaillent devant vous. « Made in China forbidden ».

➤ *DANS LES ENVIRONS DE VENTRON*

À voir

★ **L'ermitage du Frère Joseph :** à 3,5 km au sud de Ventron, par la D43, puis une petite route à droite. Au bout de la route, sur un promontoire naturel, une minuscule station de ski composée d'un alignement de 3 hôtels et de quelques remontées mécaniques. À 30 m des hôtels, derrière les arbres, une minuscule chapelle, véritable anachronisme en ces lieux.
Cette mignonne petite bâtisse fut érigée au XVIIIe siècle par les habitants de Ventron pour l'ermite Joseph, fils de sabotier qui passa ici-même une vie de solitaire (comme tout bon ermite). Accolé à la chapelle, l'ermitage, resté intact : un plafond bas, un sol de terre battue, un garde-manger bancal et des statuettes. On remarquera, au-dessus de la porte de la chapelle, dans une niche, un souvenir pieusement conservé par Joseph : le crâne de sa mère. Le pauvre garçon avait selon toute vraisemblance un œdipe un peu compliqué.

Où skier ?

Ski alpin : à l'ermitage du Frère Joseph (voir ci-dessus), entre 900 et 1 100 m d'altitude. 10 pistes, dont une noire, 1 télésiège et 7 téléskis. Piste de luge. Location de matériel et École du ski français sur place. Horloge des neiges : ☎ 03-29-24-18-25.
Ski de fond : 17 km de pistes damées et balisées, entre l'ermitage et la chaume du Grand Ventron. Renseignements : ☎ 03-29-24-18-25 ou auprès de l'office du tourisme.
Exemple de forfait haute saison et week-end : compter environ 18 € (118 F) par adulte et par jour.
■ **Location de skis :** *Michel Valroff.* À l'entrée de Ventron, à gauche en venant de Cornimont. Tarifs intéressants.

BUSSANG (88540) 1 800 hab.

À 10 km à l'est du Thillot. Au pied du Ballon d'Alsace, cette modeste station de ski est la première ville de la vallée de la Moselle : le fleuve prend sa source à seulement 3 km d'ici ! Pourtant, le bourg ne doit pas sa renommée à ce beau décor naturel mais à celui de son étonnant théâtre : le théâtre du Peuple, créé par un certain Maurice Pottecher à la fin du XIXe siècle. Incroyable idée que celle de ce théâtre révolutionnaire, devenu l'un des plus fameux de France.
Enfant du pays, Pottecher voulait renouer avec la tradition du théâtre populaire. Il conçut donc un bâtiment à l'opposé du théâtre bourgeois, tout en bois, dont la scène mobile donne... sur l'extérieur ! À la place d'un décor en toc : la nature environnante. Il confia des rôles aux habitants de la région et

écrivit des pièces folkloriques, en puisant son inspiration dans les légendes locales et la vie paysanne. La première du *Diable marchand de goutte* remporta un succès triomphal, ainsi que les pièces suivantes, auxquelles on accourait de partout. L'initiative fut saluée par des sommités du monde artistique : Louis Jouvet, Anatole France et même Léon Tolstoï. Des acteurs très en vogue à l'époque, comme Pierre Richard-Willm, apportèrent leur soutien direct à Pottecher en venant s'installer à Bussang. Loin d'être une simple curiosité, le théâtre du Peuple influença plusieurs générations d'auteurs dramatiques et de compagnies théâtrales.

Comment y aller ?

➢ *En bus :* assez fréquents depuis Remiremont.

Adresse utile

Office du tourisme : 8, rue d'Alsace. ☎ 03-29-61-50-37. Fax : 03-29-61-58-20. • www.bussang.com • Le long de la nationale, après la mairie, en face en venant du Thillot. En saison, ouvert du lundi au samedi de 9 h 30 à 12 h 30 et de 14 h 30 à 18 h 30, et le dimanche de 9 h 30 à 12 h 30 ; hors saison, ouvert du lundi au samedi de 10 h à 12 h et de 14 h à 17 h, fermé le dimanche. Centrale de réservation de meublés.

Où dormir ? Où manger ?

Camping

Camping-caravaning : à 500 m du centre. ☎ 03-29-61-61-51. Fax : 03-29-61-56-90. Prendre la rue derrière l'église. Sur 3 ha. Emplacement : 3,51 € (23 F), plus 3,66 € (24 F) par adulte. Certains emplacements se trouvent au bord de l'eau. Bien aménagé, piscine, jeux pour enfants, location de VTT, possibilité de faire du parapente, etc.

Très bon marché

Ferme-auberge Le Drumont : ☎ 03-29-61-50-12. Fax : 03-29-61-58-48. Au centre de Bussang, prendre à gauche en venant du Thillot la D89 ; juste avant que celle-ci ne rejoigne la nationale, tourner encore à gauche (fléché). À 1 150 m d'altitude. Ouvert du 1er mai au 1er novembre, tous les jours sauf le mardi. Possibilité de dormir en dortoir (apporter son sac de couchage). Demi-pension : 22,87 € (150 F) par personne. Repas local servi midi et soir : menus à 8,54, 9,61 et 12,35 € (56, 63 et 81 F). Au dernier menu : soupe paysanne, tourte de la vallée, *toffailles,* fumet à l'ancienne, salade, munster ou dessert. Produits à emporter également. Bonne et consistante cuisine dans un cadre chaleureux et donnant sur une vue fabuleuse. Pour vous ouvrir l'appétit, si besoin est, grimpez auparavant à la table d'orientation.

De bon marché à prix moyens

Hôtel-restaurant du Tremplin : 8, rue du 3e-RTA. ☎ 03-29-61-50-30. Fax : 03-29-61-50-89. • www.lorrainehotels.com/tremplin • Dans la rue principale, à l'entrée de la ville. Fermé le dimanche soir et le lundi hors vacances et jours fériés ; congés annuels en novembre. Chambres doubles à 24,39 € (160 F) avec lavabo, 36,59 € (240 F) avec douche et w.-c. Premier menu à 12,20 € (80 F) ; autres menus de

16,77 à 38,12 € (110 à 250 F). L'hôtel familial typique. Charme suranné et accueil affable. Le patron tient le bar du café voisin. Chambres bien tenues donnant sur l'arrière (c'est plus calme, même si l'on entend encore, mais bien adouci, le bruit de la circulation). Resto sans surprise.

Plus chic

🏠 🍽 *Hôtel-restaurant des Sources :* 12, route des Sources. ☎ 03-29-61-51-94. Fax : 03-29-61-60-61. À 2,5 km de Bussang par la D89. Chambres doubles de 50,31 à 55,65 € (330 à 365 F). Menus à partir de 15,24 € (100 F). Petit hôtel sympa car au bord de la rivière. Salon non-fumeurs très vieille France. Resto non-fumeurs toujours, proposant une cuisine classique. Pour le calme, l'hôtel n'ouvre ses portes qu'à 8 h et les ferme à 23 h. Jardin. Cuisine traditionnelle avec quelques intentions régionales : truites à la bussenette, tourte lorraine, tarte aux brimbelles... Sur présentation de votre *Guide du routard* de l'année, 10 % de réduction sur le prix de la chambre hors vacances scolaires.

Où dormir? Où manger dans les environs?

🏠 🍽 *Chambres d'hôte chez Michèle et Georges Gross :* La Colline, 88160 Fresse-sur-Moselle. ☎ 03-29-25-83-31. Fax : 03-29-18-14-98. À 3 km à l'est du Thillot, par la N66 ; derrière l'église de Fresse, fléchage « La Colline », puis « chambres à la ferme ». Fermé pendant les vacances de Noël. Chambres doubles à 37 € (243 F), petit déjeuner compris. Demi-pension obligatoire pendant les vacances scolaires et les grands week-ends : 31 € (203 F) par personne, vin compris. À 650 m d'altitude, mignonnette ferme au milieu des pâturages, avec une superbe vue sur les montagnes. Maison vraiment croquignolette avec sa grange en bois, sa fontaine et ses petits arbres. 5 chambres : deux au 1er étage avec salle d'eau privée et w.-c. communs, trois au 2e, plus récentes, avec sanitaires privés. Couettes et ambiance très douillette. Parmi les spécialités de Michèle, le fromage de brebis chaud au cognac, l'agneau de lait maison à l'estragon, les tranches farcies (spécialité alsacienne, sorte de cannelloni), et la tarte aux myrtilles. Les repas sont partagés en famille autour d'une grande table, au coin de la cheminée. Michèle est une ancienne prof d'anglais, Georges élève une centaine de brebis pour le lait et fabrique plusieurs sortes de fromages, dont la tomme. Accueil souriant. Une bonne adresse.

🏠 🍽 *Chambres d'hôte La Ferme des Granges :* chez Claude et Bernadette Schwartz, 23, route des Granges, 88160 Le Ménil-Thillot. ☎ 03-29-25-03-00. Du Thillot, D486 vers Gérardmer jusqu'au Ménil, puis route des Granges sur 2,5 km. Fermé pendant les vacances de Noël. Système de demi-pension : 35,07 € (230 F) par personne. En pleine nature, à 670 m d'altitude, grande ferme dans un décor de montagnes, forêts et pâturages. 3 chambres agréables et claires, avec salle d'eau privée et w.-c. Récents travaux de rénovation. Une préférence pour la chambre bordeaux avec double orientation. Belle bibliothèque à disposition. Calme et tranquillité assurés. Une bonne adresse et un accueil de qualité. Remise de 10 % sur le prix de la chambre en janvier sur présentation du *Guide du routard* de l'année.

🏠 🍽 *Hôtel-restaurant Le Terminus :* 42, rue de la Gare, Le Thillot. ☎ 03-29-25-00-37. Fax : 03-29-25-37-71. En sortant de la ville, direction Lure. Fermé le samedi midi. Chambres doubles à 25,91 € (170 F) avec lavabo, 39,63 € (260 F) avec douche et w.-c. ; petit déjeuner à 4,27 € (28 F). Premier menu à 9,15 € (60 F) en semaine ; autres menus de 9,91 à 22,87 € (65 à 150 F). Le classique petit hôtel de gare de campagne (même si elle n'existe plus). Pas un charme fou, mais un bon accueil. Cuisine simple mais honnête. Café offert sur présentation du *Guide du routard* de l'année.

♦ I●I *Ferme-auberge La Colline :* chez Pierre Heintzelmann, 23, route du Grebiay, 88360 Ferdrupt. ☎ 03-29-25-99-56. ♿ À 6 km à l'ouest du Thillot. Prendre à droite de la nationale en venant du Thillot, puis poursuivre sur 3 km par une petite route qui monte ; bien fléché. Ouvert du jeudi au dimanche hors saison ; pendant les vacances scolaires, tous les jours sauf le lundi. Fermé en janvier. Réservation conseillée. Chambres doubles à 41,16 € (270 F). Menus de 18,30 à 30,49 € (120 à 200 F). Petite ferme d'altitude où sont élevés des canards. On mange dans une belle salle à la déco rustique. Un peu cher mais les produits servis sont pour le moins luxueux : la maison est spécialisée dans le foie gras ! Carte aussi abondante qu'alléchante : choucroute de canard, confits, cailles au foie gras, lapin fermier et gratin de pommes de terre. Également des produits à emporter. Possibilité d'hébergement : 3 chambres doubles avec douche et w.-c. Café offert sur présentation du *Guide du routard* de l'année.

♦ I●I *Nouvel Hôtel du Centre :* 18, rue Charles-de-Gaulle, 88160 Fresse-sur-Moselle. ☎ 03-29-25-25-02. Fax : 03-29-25-37-62. Chambres doubles avec douche à 30,49 € (200 F). Menu à 9,91 € (65 F). Ici, nous avons affaire à un bar-hôtel-restaurant-tabac-épicerie. Incroyable mais vrai ! Les chambres sont très correctes (belles salles d'eau). Le menu, avec fromage et dessert, vin et café, où tout est servi à volonté, est plus que réjouissant. L'ambiance, familiale, est très sympa. Une adresse comme on n'en voit plus !

À voir

★ *Le théâtre du Peuple :* rue du Théâtre, bien sûr. ☎ 03-29-61-50-48. À gauche de la grande rue (tourner à la petite place). Prix des places : entre 6,10 et 16,77 € (40 et 110 F). Immense bâtisse entièrement en bois, marquée de la croix de Lorraine. Il y règne une atmosphère vraiment particulière. La salle peut contenir jusqu'à 1 200 spectateurs. Seul moyen de voir la fameuse scène : assister aux représentations. Car on en donne encore ! Plusieurs fois par jour en juillet et août. On y joue un peu de tout, de Molière à Hugo en passant par Shakespeare, Goldoni, Tchekov ou Rostand.

★ *La source Marie :* 12, rue des Sources. Seul souvenir (avec quelques bâtiments désespérément vides) du passé de ville thermale de Bussang. Cette eau minérale gazeuse et ferrugineuse (aujourd'hui gratuite) était recommandée contre les anémies. Remplissez votre gourde avant de partir en randonnée !

★ *La table d'orientation du Drumont :* pour s'y rendre, voir plus haut « Où dormir ?, *Ferme-auberge Le Drumont* ». Arrivé à la ferme-auberge, une petite route qui monte bien, il faut grimper à pied cette fois, mais ce n'est pas long, pour accéder à la table d'orientation, avec ses vues côté vosgien et côté alsacien. Magnifique par temps dégagé, *of course.*

À faire

🚲 *VTT :* nombreux parcours balisés. Location au camping.
– *Randonnées pédestres :* cartes Top 25 et Hautes-Vosges.
– *Initiation au parapente :* toujours au camping.

Ski

Deux stations :
- **La Bouloie :** 3 téléskis. 4 pistes vertes, bleues et rouges de 1,5 à 3 km. Dénivelé : 330 m. Forfait adultes : environ 10 € (66 F). Week-end : 18 € (118 F). Formule économique : forfait journée + repas + boisson à 18 € (118 F).
- **Larcenaire :** 4 téléskis. 15 ha de pistes au nombre de 5, bleues, vertes et rouges. Jardin d'enfants équipé d'un fil de neige. Forfait : environ 11 € (72 F) par jour pour un adulte en haute saison.
- **Ski de fond :** pistes de *Rochelotte*. 4 pistes d'une longueur totale de 27 km.
- **Bulletin d'enneigement :** ☎ 03-29-61-51-11.

Fête

– **Fête des bûcherons :** le 1er dimanche d'août. Concours de bûcheronnage, sculpture sur bois à la tronçonneuse, etc.

➤ DANS LES ENVIRONS DE BUSSANG

★ **Les Hautes Mynes :** pl. de la Gare, 88160 **Le Thillot.** ☎ 03-29-25-03-33. D'avril à septembre et pendant les vacances scolaires, ouvert tous les jours de 10 h (9 h en juillet et août) à 19 h ; d'octobre à mars, ouvert les mercredis, samedis, dimanches et jours fériés de 13 h à 19 h. Entrée : selon la visite choisie, 4,57 ou 6,86 € (30 ou 45 F) ; tarif réduit pour les enfants ; pour nos lecteurs, sur présentation du *Guide du routard* de l'année : 3,81 ou 5,34 € (25 ou 35 F). Visite guidée. Casque et éclairage fournis. Prévoir de bonnes chaussures.

Les anciennes mines de cuivre des ducs de Lorraine, exploitées du XVIe siècle jusqu'au milieu du XVIIIe, n'ont laissé ici que de discrets vestiges : ni corons, ni terrils qui balisent d'ordinaire le paysage des régions minières. Seuls quelques initiés sauront dénicher les anciennes mines à la présence de « haldes », ces monticules de pierre que la nature a intégrés au fil des siècles.

La balade commence dans l'ancienne gare du Thillot, où une expo retrace l'histoire des mines dans la région et les différentes techniques d'extraction : le marteau et la pointerolle d'abord, puis le feu (la chaleur rendant la pierre plus friable), enfin, au XVIIe siècle (et c'est une première en Europe), l'utilisation d'un explosif d'origine militaire, la poudre noire. La visite se poursuit, à 2 km de là, sur un ancien site minier où l'on découvre stolles (galeries), puits ou vestiges d'ingénieux aménagements hydrauliques. Et c'est tout un monde, méconnu sinon oublié, qui se dévoile : le travail harassant des mineurs (au marteau et à la pointerolle, il fallait parfois un an pour avancer de quelques mètres !), mais aussi les privilèges dont jouissaient ces hommes venus du Tyrol et de Bohême (ils avaient par exemple priorité sur les marchés).

SAINT-MAURICE-SUR-MOSELLE (88560) 1 450 hab.

Agréable petite station de ski.

Adresse utile

🛈 **Office du tourisme :** 28 bis, rue de Lorraine. ☎ 03-29-25-12-34. Fax : 03-29-25-80-43. • rice-vosges.com • www.saintmau tourisme@saint maurice-vosges.com • Le long de la nationale. Ouvert du lundi au vendredi de 9 h à 12 h et de 14 h à 17 h (18 h en été), et le samedi matin. Centrale de réservation de chalets et de meublés.

Où dormir ? Où manger ?

▲ |●| *Gîte du Noukaloup* : 3, rue de la Grande-Goutte. ☎ 03-29-25-12-87. À environ 7 km des pistes. Prendre dans le village la direction de Rouge-Gazon. Une ancienne colo reconvertie récemment en gîte. En fait, des chambres vastes, repeintes, avec lavabo, de 2 à « n » personnes, à 14,18 € (95 F) par personne ; sanitaires sur le palier. Chaque chambre dispose d'une kichenette dans une grande pièce commune au rez-de-chaussée. Également un studio, très grand, avec sanitaires et kitchenette, à 45,73 € (300 F). Également des appartements, jusqu'à 15 personnes. 579,36 € (3800 F) la semaine, 243,94 € (1 600 F) le week-end. Enfin, emplacements pour tentes, camping-car, etc. Attention, en raison de la dimenson des salles communes au rez-de-chaussée, l'endroit est parfois utilisé pour fêtes et mariages ; renseignez-vous auparavant, car alors il se peut que vous ne soyez plus très au calme. Sinon, possibilité de se faire préparer un repas sur demande (cuisine locale).

▲ *Gîte chez Pierre et Roselyne Lourme* : 50, rue des Charbonniers. ☎ 03-29-25-39-74. Du centre de Saint-Maurice, prendre la direction de Rouge-Gazon, mais ne pas prendre ensuite l'embranchement à gauche, continuer tout droit (panneau « Gîte 50 »). Prix en fonction de la durée du séjour, du nombre de personnes et de la saison (en juin, 12,20 €, soit 80 F par personne). Un très grand gîte mais où l'on peut être hébergé, s'il y a de la place, même si l'on est peu nombreux. Accueil très sympa. Téléphonez-leur pour leur expliquer ce que vous désirez, ils adapteront leur offre à votre demande. Cadre très agréable au bord de l'Agne, affluent de la Moselle.

Plus chic

▲ |●| *Hôtel-restaurant Rouge-Gazon* : ☎ 03-29-25-12-80. Fax : 03-29-25-12-11. À environ 11 km de Saint-Maurice. Prendre la route à droite, après les feux, dans le centre-ville, en venant du Thillot, qui passe devant l'église. Chambres doubles de 34,30 à 59,46 € (225 à 390 F) selon le confort. Repas à 14,48 € (95 F) le midi, 12,96 € (85 F) le soir. Réserver pendant la saison touristique. Rouge-Gazon doit son nom aux combats sanglants qui eurent lieu sur le site en 1675 sous la direction de Turenne, lors de la conquête de l'Alsace. Sur ce lieu chargé d'histoire, au départ, une ferme-auberge qui a créé un hôtel-restaurant. La ferme est toujours là, qui fournit le resto. Les chambres sont très correctes. Les plus récentes, dotées d'une kitchenette (pas toujours utilisable), donnent sur un panorama magnifique. Ici, vous êtes au pied des pistes, et à pied d'œuvre en été pour de nombreuses randonnées. Salle de jeux vidéo, jeux pour enfants à l'extérieur. 20 % de réduction en semaine hors vacances scolaires et jours fériés sur les prix pension et demi-pension.

Où skier ?

🎿 *Le Rouge-Gazon* : 10 pistes, 5 téléskis. Ski de fond : 3 pistes sur 21 km au total.
🎿 *La Jumenterie* : 11 pistes, 11 téléskis. Ski de fond : 40 km de pistes sur le Ballon d'Alsace.

Forfait : environ 13 € (85 F) par jour par personne.
- ■ *Bulletin d'enneigement :* ☎ 03-29-25-12-80 et 03-84-29-36-76.

LE BALLON D'ALSACE

C'est de Saint-Maurice-sur-Moselle que part la route un peu vertigineuse qui conduit en à peine 10 km au pied du Ballon d'Alsace, dernier sommet de la chaîne vosgienne. Il faut laisser son engin à roues au parking ; puis petite grimpette de 5 mn à pied ; ça y est, vous êtes à 1 247 m d'altitude. Au point de jonction de quatre frontières départementales : Haut-Rhin, Haute-Saône, Vosges et Territoire de Belfort. Vous êtes balayé par le vent. Comme les hêtraies d'altitude, à la croissance contrariée par le climat des lieux. À vos pieds, la plaine d'Alsace et la Forêt-Noire. Encore plus loin... une tache blanche : le pôle Sud. Euh... pardon : le mont Blanc. Bref, même pour les nuls en géo, un panorama à couper le souffle. Au XVIIIe siècle, un élégant routard en visite ici, le marquis de Pezay, écrivait à ce propos : « L'œil du voyageur se perd avant que l'horizon se termine ».

Bien sûr, le Ballon est propice au mysticisme : les Celtes, paraît-il, escaladaient le Ballon pour se rapprocher du soleil (même si le sommet détient le record français de pluviosité avec en moyenne près de 2,50 m d'eau par an...). Leur dieu adoré s'appelait Bel : serait-ce l'origine du mot Ballon, qui se dit également *Belchen* en allemand ? Au XIXe siècle, un fermier rescapé d'une tempête de neige fit ériger une statue au sommet pour remercier la très Sainte Vierge, adroitement rebaptisée Notre-Dame du Ballon ; l'omniprésente Jeanne d'Arc a aussi droit à sa statue au sommet, inaugurée en 1909. On lui préférera peut-être le moment des feux de la Saint-Jean (21 juin), fabuleux quand les flammes immenses illuminent le Ballon.

Adresse utile

🛈 *Point d'information :* au SMIBA, au col du Ballon d'Alsace, juste à côté du monument des démineurs. ☎ 03-29-25-20-38 ou 03-84-28-12-01 (à ce dernier numéro, vous aurez le bureau de Belfort, plus facilement joignable). Ouvert de 10 h à 18 h en été, et à des horaires variables le reste de l'année.

À voir

★ *Le petit musée de la Mine :* dans la première boutique de souvenirs, à droite à l'entrée du site. Au fond, masquée par des porte-cartes postales, des cigognes en peluche et des assiettes anglaises ou plutôt alsaciennes, une grande vitrine rend hommage aux démineurs qui ont risqué (et parfois donné) leur vie pour rendre à nouveau accessible le sommet du ballon. Sont exposés quelques-uns des engins de mort abandonnés après la Seconde Guerre mondiale dans cette zone frontière : obus, explosifs, mines cailloux et mines bondissantes. Un monument aux démineurs, lourd de symbolique, a été érigé juste à côté, en 1952.

À faire

– *Randonnées :* tout autour du Ballon, des sentiers balisés invitent à des promenades de 1 à 3 h. Sentier d'interprétation et de découverte du Ballon

d'Alsace : balade de 1 h 30 à 2 h. Possibilité d'acheter une brochure descriptive. En juillet et août, randonnées accompagnées (gratuites).
- **Centre hippique du Ballon d'Alsace :** sur la route qui monte de Saint-Maurice au Ballon. ☎ 03-29-25-12-28. Historique ! On y élève des chevaux depuis sa fondation, en 1619, par les ducs de Lorraine. Le lieu-dit s'appelle d'ailleurs La Jumenterie. L'endroit se prête toujours à de belles cavalcades.
- **Parapente :** centre-école *Pent'Air*. ☎ 03-84-23-20-40. Baptême de l'air en biplace, décollage à ski l'hiver.
- **Ski :** 6 pistes de ski de fond, 11 remontées pour le ski alpin, 2 fils neige gratuits et 2 pistes pour les balades à raquettes (à partager avec les chiens de traîneau). Renseignements au point d'information du SMIBA (voir plus haut).
- **Ski sur herbe :** de mai à octobre au Petit Langenberg. Et ceux qui veulent vraiment tout essayer tenteront le *Devalkart* (kart sur herbe), de juin à septembre, sur la piste de la Mannheimer.

REMIREMONT (88200) 9 180 hab.

Fondée au IXe siècle, la cité abrita l'un des quatre chapitres féminins de Lorraine et sans doute le plus célèbre. Seules les jeunes filles pouvant apporter la preuve de huit quartiers de noblesse y étaient admises. Un monde plus que sélect ! Elles ne prononçaient pas de vœux, excepté l'abbesse, et leurs seuls devoirs religieux étaient l'assistance à l'office et l'élection de celle-ci. Dirigé par une abbesse élevée au rang de princesse d'Empire, ce chapitre ne relevait à ce titre que de l'empereur pour les affaires temporelles et du pape pour les affaires spirituelles. Il avait droit de perception de la dîme, droit de justice, et possédait une vingtaine de seigneuries. Impossible, donc, de mourir de faim. Une telle richesse et une telle puissance devaient forcément attirer des jalousies. Au XVe siècle, les ducs de Lorraine prirent le titre de comtes de Remiremont et établirent leur suzeraineté sur le chapitre.
La cité a gardé beaucoup de son cachet de jadis et mérite qu'on s'y attarde un moment.

Adresses utiles

ℹ Office du tourisme : 2, rue Charles-de-Gaulle. ☎ 03-29-62-23-70. Fax : 03-29-23-96-79. Ouvert du mardi au samedi de 9 h à 12 h (12 h 30 en été) et de 14 h à 18 h 30, et les dimanches et jours fériés de 9 h à 12 h en été.

🚉 Gare ferroviaire : pl. des Martyrs-de-la-Résistance. ☎ 08-92-35-35-35 (0,33 €/mn, soit 2,21 F).

Où dormir ? Où manger ?

🏠 Chambres d'hôte Ferme de Grand Bienfaisy : chez Sylvie et Patrick Kieffer. ☎ et fax : 03-29-23-28-20. ● bienfaisy@aol.com ● À 2 km du centre-ville (suivre la direction « Palais des congrès »). Ouvert toute l'année. Chambres doubles à 41 € (269 F), petit déjeuner compris. On a à peine quitté la ville que, déjà, c'est la campagne. Belle ferme typique du XVIIIe siècle à l'orée de la forêt. L'écurie accueille encore parfois des chevaux. Juste au-dessus, 4 chambres, dont deux communicantes, fraîchement aménagées, colorées et agréables ; toutes avec bains ou douche et w.-c. Pas de table d'hôte mais une kitchenette à disposition. Bon accueil. Pas mal de possibilités de randonnées dans les alentours : à pied, à cheval, à VTT ou à skis de fond. Apéritif maison ou café offert sur présentation du *Guide du routard* de l'année.

🏠 **Hôtel du Cheval de Bronze :** 59, rue Charles-de-Gaulle. ☎ 03-29-62-52-24. Fax : 03-29-62-34-90. L'entrée se situe sous les arcades du centre-ville. Garage clos. Chambres doubles de 24,39 à 39,63 € (160 à 260 F) avec lavabo et douche, autour de 52 € (341 F) avec bains, w.-c. et TV. Enfin un cheval qui n'est pas blanc mais en bronze. Hue dada! Ancien relais de poste. Chambres petites, simples, au calme (bien insonorisées côté rue – mais pas côté voisin de chambre – ou donnant sur une petite cour pavée et fleurie). Pas de resto. 10 % de réduction sur la chambre au-delà de 3 jours et garage gratuit pour nos lecteurs sur présentation du *Guide du routard* de l'année.

🏠 ❙●❙ **Hôtel Iris :** 16, fg du Val-d'Ajol. ☎ 03-29-26-12-61. Fax : 03-29-26-12-60. Entre l'hôpital et la piscine. Resto fermé le dimanche. Chambres doubles autour de 35,06 € (230 F) avec bains et w.-c. Demi-pension à 51,84 € (340 F). Bâtiment moderno-banal, dans le genre cube de béton. Chambres dans le même ton mais confortables : toutes avec bains, w.-c., téléphone et TV (Canal +). Accueil agréable. Également bar et resto. Café offert sur présentation du *Guide du routard* de l'année.

❙●❙ **Restaurant Le Clos Heurtebise :** 13, chemin des Capucins. ☎ 03-29-62-08-04. ✂ Du centre-ville, descendre la rue Charles-de-Gaulle puis, après le grand carrefour, tourner à droite dans le chemin qui monte et suivre le fléchage. Fermé le dimanche soir et le lundi, ainsi que le mercredi soir. Premier menu à 16 € (105 F) sauf le samedi soir et le dimanche ; autres menus de 23,63 à 41,92 € (155 à 275 F). Maison bourgeoise avec pas mal de cachet, posée sur les hauteurs de la ville, en bordure de forêt. Terrasse en été. Adresse plutôt chic mais quand on aime... Cadre d'un classicisme tout provincial, service impeccable et cuisine à base de produits frais (pas mal de poisson de mer comme le bar en deux cuissons, grenouilles en saison) et de préparations maison (foie gras poêlé aux myrtilles, saumon fumé...). Chariot de desserts somptueux et délicieux. Carte des vins qui ravira les connaisseurs.

Où dormir ? Où manger dans les environs ?

🏠 **Chambre d'hôte Ferme de Reherrey :** 81, rue Reherrey, 88200 Vecoux. ☎ 03-29-61-06-25. Fax : 03-29-61-03-95. À 10 km au sud-est de Remiremont par la N66 vers Mulhouse. À 4 km, tourner à gauche ; dans le village, direction Reherrey et suivre le fléchage. Compter 30 € (197 F) pour deux, petit déjeuner compris, servi dans la cuisine. En pleine nature, dans un petit hameau, Pascale et Jean-Paul ont aménagé une chambre, simple mais agréable, avec sanitaires privés. Pour les petits budgets, camping à la ferme (fermé du 1er décembre à fin mars). 6 emplacements dans un verger. Forfait pour deux : 7,01 € (46 F). À noter qu'ils organisent des goûters à la ferme pour les enfants, avec découverte des animaux, et de l'agriculture de montagne biologique, sous forme de jeu de piste. Téléphoner pour connaître les dates possibles. Accueil authentique. Remise de 10 % à partir de 2 nuits sauf en juillet et août, sur présentation du *Guide du routard* de l'année.

🏠 ❙●❙ **Le Chalet Blanc :** 88200 Saint-Étienne-les-Remiremont. ☎ 03-29-26-11-80. Prendre la direction La Bresse-Gérardmer, tourner au Centre Leclerc. Fermé les samedis midi, dimanches soir et lundis ; congés annuels pendant les vacances scolaires de février et la 2e quinzaine d'août. Chambres doubles autour de 53 € (348 F). Menu affaires à 18,29 € (120 F) servi en semaine sauf le vendredi soir ; autres menus jusqu'à 51,84 € (340 F). Oui, vous avez bien lu, il faut contourner un Centre Leclerc pour parvenir à ce restaurant avec vue sur la nationale! Oui, l'environnement est ce qu'il est, mais la cuisine, elle, fait oublier un tel contexte. Excellent rapport qualité-prix-finesse du menu affaires bien sûr, et des autres plats ou menus : nous avons particulièrement apprécié le filet de lieu au fumet de crevettes et le gratin de fruits, très maîtrisés. C'est d'ailleurs la table qui monte dans le coin. Pour ceux qui désireraient ne pas reprendre la voiture après un bon dîner, quelques chambres confortables.

Où boire un verre?

▼ *La Taverne :* 16, rue du Général-de-Gaulle. Ouvert jusqu'à 1 h en principe en semaine, 2 h le week-end. Le décor est banal, la salle n'est pas très grande mais les jeunes aficionados sont nombreux. Grimbergen pression.

À voir

★ *La rue Charles-de-Gaulle :* les arcades du XVIIIe siècle de l'ancienne Grande-Rue constituent l'un des aspects les plus pittoresques de la ville. Les formes et les proportions sont variées, conservant à l'ensemble une vocation de galerie marchande.

★ *Le Musée municipal Charles-de-Bruyères :* 70, rue Charles-de-Gaulle. ☎ 03-29-62-59-14. De janvier à avril, ouvert de 14 h à 17 h; de mai à décembre, de 10 h à 12 h et de 14 h à 18 h (19 h en été). Fermé le mardi, certains jours fériés et en octobre. Entrée : 1,52 € (10 F). En 1905, Charles de Bruyères, avocat, légua à sa ville natale sa maison et sa collection de tableaux pour créer un musée. Pittoresques peintures du XVIIe au XIXe siècle, notamment de très belles œuvres des écoles hollandaise (au caractère profond et humain qui annonce Rembrandt) et française (essentiellement du XIXe siècle). On y trouve également des sculptures de pierre et de bois provenant des églises et des chapelles de Remiremont démolies à la Révolution. Imposant ensemble de monnaies gauloises du Ier siècle avant J.-C. jusqu'aux deniers du XVIe siècle. Quelques beaux exemples de verrerie d'art provenant de l'école de Nancy.

★ *Le musée Charles-Friry :* 12, rue du Général-Humbert. ☎ 03-29-62-59-13. Mêmes horaires que le musée Charles-de-Bruyères. Entrée : 1,52 € (10 F). Installé dans une belle demeure du XVIIIe siècle ayant appartenu au chapitre des chanoinesses de Remiremont. Autant dire que l'intérieur sent le luxe! On doit ce musée à un magistrat qui collectionna, durant plus de 50 ans, tableaux, faïences, étains et mobilier. Un ensemble hétéroclite qui ne manque pas de charme, dont la pièce maîtresse est *Le Joueur de vielle* de Georges de La Tour.

★ *L'église abbatiale :* du premier édifice construit au IXe siècle, rien ne nous est parvenu. De la seconde église consacrée au XIe siècle, il reste la crypte passant pour la plus ancienne construction religieuse vosgienne. Ses quinze travées reposent sur deux rangées de colonnes monolithiques. On a adjoint à ces trois nefs deux chapelles latérales donnant à l'ensemble un aspect pur et émouvant. Le bâtiment actuel, avec sa grosse tour à quatre étages coiffée d'un bulbe octogonal, date du XIVe siècle.
Intérieur vaste et clair à trois nefs et quatre travées. On est frappé par la finesse et la pureté des lignes sans fioritures, largement accentuées par la nudité des murs. Le grand retable de l'autel Saint-Romary égaie quelque peu ce vide. Tout comme la statue de saint Nicolas, du XVe siècle, dont on remarque l'admirable drapé. Joyau essentiel de cet ensemble : la statue

Notre-Dame du Trésor, buste de la Vierge avec son Enfant, de type presque byzantin, datant du XIe siècle. Elle est toujours vénérée dans la ville dont elle est la protectrice millénaire. Il suffit d'y croire !

★ *Le palais abbatial :* attenant à l'église, il fut construit alors que la petite nièce de Louis XIV était patronne du chapitre. Charmant édifice à l'allure aristocratique disposé en équerre dont un des côtés sert de façade à l'hôtel de ville. À l'entour du palais s'érigeaient les hôtels des chanoinesses. On peut encore en voir une douzaine avec leur portail monumental et leur jardin à fontaine dans le style du Grand Siècle.

Fêtes et manifestations

– *Carnaval vénitien :* en mars. Défilés costumés, spectacles les soirs du week-end, concert le mercredi de la semaine, en principe.
– *Semaine des Champs-Golot :* semaine de Pâques. On fête pendant cette semaine la fonte des neiges. Les enfants de la ville construisent des petits bateaux à partir d'emballages de récupération de produits laitiers. On met à leur disposition des bassins. Défilés, etc.
– *Les « très tôt » de mai :* rencontres théâtrales, troupes locales durant les 4 week-ends de mai au Centre culturel, dans le centre de la ville.
– *Nocturnes d'été :* tous les vendredis soir en été. Spectacles, folklore, chanson, etc.
– *Fête de la Saint-Nicolas :* le samedi précédant la Saint-Nicolas (6 décembre). Défilés, chars, etc.

Marché

– *Marché de Noël :* en décembre.

PLOMBIÈRES-LES-BAINS (88370) 1 940 hab.

Ville d'eau depuis l'Antiquité romaine, détruite par les Huns et reconstruite au XIIIe siècle seulement, Plombières eut les faveurs de Montaigne, Richelieu, Voltaire, Musset, Lamartine, Berlioz et Napoléon III. Le 21 juillet 1858, ce dernier signa avec Cavour un traité de portée internationale qui décida du sort de l'Italie, de Nice et de la Savoie. L'empereur remit également la station au goût du jour (colonnes en marbre et architecture haussmannienne). La station thermale est encore courue aujourd'hui par les curistes soucieux de soigner leurs intestins ou leurs rhumatismes. Plombières enfin évolue : création d'un centre de remise en forme, réaménagement de la ville, etc.

LA GLACE DE PLOMBIÈRES

Le hasard a bien servi la gastronomie de la ville. La reine Hortense venait prendre les eaux à Plombières avec son rejeton, le futur Napoléon III. Rien d'exceptionnel ! L'empereur vouait à la station un culte particulier qui le fit revenir chaque année. Par une chaude journée d'été, Louis-Napoléon, qui voulait rafraîchir sa suite, avait commandé une crème renversée pour le dessert. Le cuisinier rata la crème. Rassurez-vous, on ne le décapita pas, même si l'ordre fut ferme de proposer autre chose de même qualité. Au dessert, comme alternative à la crème ratée, une curieuse pâtisserie d'un jaune tendre incrustée de petits points rouges et verts fit le régal des invités. Le cuisinier italien avait créé une glace nouvelle où figuraient cerises confites, cédrat et kirsch du pays. Louis-Napoléon l'appela « plombières ».

Adresse utile

🛈 Office du tourisme : pl. Maurice-Janot. ☎ 03-29-66-01-30. Fax : 03-29-66-01-94. • www.plombieres-les-bains.com • otsi.plombieres@wanadoo.fr • D'avril à octobre, ouvert du lundi au samedi de 10 h à 12 h et de 14 h à 18 h 30, les dimanches et jours fériés de 10 h à 12 h et de 15 h à 18 h ; le reste de l'année, du lundi au vendredi de 10 h à 12 h et de 14 h à 17 h. Propose des forfaits séjour de remise en forme, manifestations. Organise des promenades pédestres, des soirées nature, etc. Également, sur réservation, des visites industrielles (galerie Jutier, Bains, etc.) le jeudi à 15 h.

Où dormir ? Où manger ?

🛏 Hôtel de la Poste : 14, rue de l'Hôtel-de-Ville. ☎ 03-29-66-01-10. Fax : 03-29-66-00-84. Fermé le mercredi et le dimanche soir. Chambres doubles de 16,77 à 24,39 € (110 à 160 F) selon le confort. Hôtel tout simple, à l'ambiance familiale. Chambres rénovées peu à peu.

🛏 ⦿ Hôtel-restaurant Le Strasbourgeois : pl. Beaumarchais. ☎ 03-29-66-00-70. Fax : 03-29-66-01-06. • www. lorrainehotels.com/strasbourgeois • Ouvert toute l'année. Chambres doubles de 28,96 à 33,54 € (190 à 220 F) avec douche. Plat du jour à 7,32 € (48 F) ; menus à 12,96 et 16,77 € (85 et 110 F). Chambres très correctes. Resto fréquenté par les jeunes et les moins jeunes. Il faut dire que le rapport qualité-prix est intéressant. Le premier menu sera très suffisant, avec sa salade franc-comtoise, son paleron de bœuf, fromage et dessert. Le suivant vous proposera, entre autres, la célèbre andouille du Val-d'Ajol. Salle claire et gaie.

Plus chic

🛏 ⦿ Hôtel-restaurant Beauséjour : 26, av. Louis-Français. ☎ 03-29-66-01-50. Fax : 03-29-66-09-45. • www.actif.fr/beausejour • Ouvert toute l'année. Chambres doubles de 38,87 à 54,12 € (250 à 355 F), selon le confort. Repas à partir de 12,20 € (80 F). Chambres un peu vieillottes mais spacieuses. Choisissez celles donnant sur la petite terrasse à l'arrière, bien agréable aux beaux jours. Au rez-de-chaussée, plusieurs petits salons pour s'isoler. Piano, billard.

Où dormir ? Où manger dans les environs ?

🛏 ⦿ Hôtel de la Fontaine Stanislas : Granges-de-Plombières. ☎ 03-29-66-01-53. Fax : 03-29-30-04-31. À 4 km au-dessus de Plombières, sur la route d'Épinal par Xertigny. Fermé du 15 octobre au 31 mars. Chambres doubles à 35,06 € (230 F) avec lavabo, 51,83 € (340 F) avec bains. Demi-pension à partir de 45 € (295 F) par personne (mais elle n'est jamais obligatoire). Menus de 15,24 à 35 € (100 à 230 F). Hôtel dans la forêt, surplombant la vallée. Nombreuses balades alentour (à pied ou à VTT) et, au retour, c'est un vrai plaisir de se poser avec un bon bouquin sur l'une des petites terrasses du jardin. Les chambres, qui n'étaient pas de prime jeunesse (l'hôtel est ouvert depuis 1912 !), ont dû être rénovées depuis notre dernier passage ; elles possèdent presque toutes une jolie vue. Les n°s 2, 3 et 11 disposent d'une terrasse, les n°s 15, 18 et 19 d'un petit coin salon. Au resto (panoramique), cuisine de tradition et de région : andouille du Val-d'Ajol, pintade sauce Crillon des Vosges à l'oseille, glaces (plombières, cela va de soi, et faites maison)... Accueil d'une extrême gentillesse (et excellent depuis quatre générations !).

I●I **Ferme-auberge La Chenevière :** 645, route des Bains, 88370 Plombières. ☎ 03-29-30-03-25. À 3 km de Plombières, par la D3 vers Épinal puis la D20 vers Ruaux et suivre le fléchage. Fermé le lundi soir en juillet et août ; le reste de l'année, fermé tous les soirs sauf le samedi. Sur réservation de préférence. Menus à partir de 9,91 € (65 F). Au milieu des prés, grande ferme avec trois petites salles de 10, 20 et 30 couverts. Décoration bois, ambiance chaleureuse. Chaque jour, un petit choix différent d'entrées, de plats et de desserts. Charcuteries paysannes, tourte vosgienne, volailles fermières, fricassée des Granges et tartes. Accueil souriant de la famille Cornu.

À voir

★ **Les thermes Napoléon :** construit en 1857, le hall intérieur rappelle les thermes de Caracalla. À cette époque, les stations thermales commencent à être à la mode, et l'empereur draine autour de lui une cour de hauts bourgeois qui se démarquent du bourg ancien en construisant leurs villas sur les versants. Juste en face des thermes, le *parc Tivoli*, riche de quelques belles essences.

★ **Le Bain national :** il fut édifié de 1811 à 1819, sur l'emplacement de l'ancien couvent des capucins, dans un style monumental accentué par le fronton et les colonnes. L'architecte Danis réalisa la déco intérieure en 1935. Il est impossible de rater la buvette lumineuse encore en service aujourd'hui et qui rappelle quelque peu les derricks des plates-formes pétrolières.

★ **Le pavillon des Princes :** jusqu'au Second Empire, les préfets des Vosges en ont fait leur résidence d'été. C'est dire si la ville devait être chic et animée. L'un d'eux y reçut Alfred de Musset en 1845 pendant quelques jours. Avant cela, il hébergea les membres de la famille royale : la duchesse d'Angoulême, fille de Louis XVI, la duchesse d'Orléans, belle-fille de Louis-Philippe... On aurait presque du mal à imaginer le faste de la ville dans les siècles passés.

À faire

– *Calodae :* pl. du Bain-Romain, BP 30. ☎ 03-29-30-07-30. Fax : 03-29-30-07-06. ● calodae@wanadoo.fr ● Centre de remise en forme à prix attractifs. Entrée : 13,57 € (89 F) avec durée illimitée aux 14 ateliers, de style piscine d'aquagym, douche hydro-massage, jacuzzis, etc. Une réussite.

Fêtes et manifestations

– *Journées gastronomiques :* le 1er week-end de mai. La fête de la gastronomie locale avec stands de dégustation. Certains établissements proposent même à l'occasion des menus spéciaux.
– *Bénédiction des Bains :* à l'Ascension. De 15 h à 18 h, visite du Bain romain et de la galerie Jutier.
– *Foire aux petits cochons :* à Ruaux, le 3e dimanche de juin. À quelques kilomètres de Plombières par la D20, puis à gauche. Le thème campagnard change chaque année.

Randonnée pédestre

➤ *La fontaine Stanislas* : circuit de 7 km, 2 h 30 aller et retour sans les arrêts. Départ de Plombières. Dénivelée moyenne. Balisage : cercle bleu. Voir *Balades entre Augronne et Combeauté* (éd. Montagne Évasion). Carte IGN au 1/25 000, 3419 E.

En souvenir de la première « feuillée », ou excursion sur un char à bœufs recouvert de feuillages, organisée par Stanislas, roi de Pologne, pour ses petites-filles. Un pique-nique sympa en perspective autour de la fontaine qui depuis porte son nom.

De la place Napoléon-III à Plombières, rejoindre l'ancienne gare transformée en casino après les thermes Napoléon. Dépassant la cascade du Parc impérial et le minigolf, traverser un arboretum intéressant. Monter alors à la fontaine Stanislas dont le site romantique inspira Hector Berlioz pour l'opéra *Les Troyens*. À gauche du restaurant, et toujours en montant, un chemin longe la vallée en sous-bois.

L'itinéraire se poursuit jusqu'au Gros-Chêne où vous pouvez vous restaurer face au panorama de la proche Franche-Comté. Continuer jusqu'au carrefour de la Sybille et prendre le chemin de gauche vers le hameau de Herbaux-Fontaine. Au milieu des maisons, descendre vers les Ruaux d'où l'on remonte la Grand-Rue. Sur le plateau, le village est environné de vergers de cerisiers. Face à la mairie, la rue du Mont vous permet de descendre vers la D20E. Le chemin de droite rejoint un camping à la ferme. Un remarquable grenier à grains en bois recouvert de grès, ou *chalot*, est surélevé pour le protéger de l'humidité. Un sentier sur la gauche mène à l'ermitage d'où l'on redescend sur Plombières.

LE VAL-D'AJOL   (88340)   4 580 hab.

À l'extrême sud du département, capitale de l'andouille et du gandoyau, Le Val-d'Ajol est un village essentiellement composé de forêts. C'est le paradis pour les marcheurs, les écolos, les amoureux de verdure et les amoureux tout court. Calme absolu et assurance de ne pas être dérangé.

Adresse utile

🛈 *Office du tourisme :* 17, rue de Plombières. ☎ et fax : 03-29-30-61-55. • www.otsi.valdajol@wanadoo.fr • En haute saison et pendant les vacances scolaires, ouvert du lundi au samedi de 9 h 30 à 12 h et de 14 h à 17 h 30, et le dimanche de 10 h à 12 h ; le reste de l'année, ouvert du lundi au samedi de 10 h à 12 h et de 14 h à 15 h 30, et le dimanche de 10 h à 12 h.

Où dormir ? Où manger ?

🏠 |●| *Hôtel-restaurant La Résidence :* 5, rue des Mousses. ☎ 03-29-30-68-52. Fax : 03-29-66-53-00. • www.la-residence.com • ✗ pour le restaurant. Fermé de fin novembre à fin décembre et pour le restaurant le dimanche soir et le lundi hors vacances scolaires. Réservation conseillée en saison. Chambres de 48,79 à 73,18 € (320 à 480 F) avec douche ou bains et w.-c. Menus de 13,57 à 46,50 € (89 à 305 F). Les deux premiers menus ne sont servis qu'en semaine ; compter autour de 27 € (177 F) pour un repas complet à la carte. Deux générations (la troisième est prête pour la relève) se sont succédé pour transformer cette maison de maître du XIXe siècle en une demeure conviviale. Coins et recoins pour parvenir dans des chambres confortables, pour la plupart rénovées récemment, cosy et d'un calme absolu. Piscine et tennis. La cuisine n'a rien à envier au reste. Goûtez, bien sûr, la fameuse andouillette du Val-d'Ajol servie dans son chaudron, ou le poulet de ferme au kirsch. Mais assurez-vous que le restaurant est bien ouvert : nous on s'est cassé le nez un samedi midi, les tables étaient toutes réservées pour un groupe. Apéritif maison offert sur présentation du *Guide du routard* de l'année.

Où acheter un bon munster ?

⊛ *Chez Claude Daval :* Les Faings-Potots, 88340 Le Girmont-Val-d'Ajol. ☎ 03-29-30-61-01. Claude vous proposera son munster ou ses quelques autres spécialités (fromage de raclette, etc.).

À faire

➢ *Balade des Feuillées :* au XIXe siècle, une « feuillée » était une excursion récréative à bord d'un char à bœufs recouvert de feuillage vert pour garder la fraîcheur. Fort appréciées des curistes de Plombières mais aussi de Napoléon III et de sa cour, ces balades à travers la campagne étaient l'occasion de bals en plein air au son grêle de l'épinette. Bucolique au possible ! Aujourd'hui, plus de bals mais un beau circuit balisé de 7 km au départ de la place de l'Hôtel-de-Ville du Val-d'Ajol. Il faut passer devant la mairie, prendre à droite la rue du Pont-Cherreau, franchir les ponts qui enjambent les deux bras de la Combeauté et remonter la rue de Plombières jusqu'au cimetière. Suivre le balisage matérialisé par un cercle rouge.

➢ Le Val-d'Ajol peut être le point de départ pour une excursion hors des frontières vosgiennes. L'occasion de découvrir *Fougerolles* et son musée de la Distillerie, ainsi que la fantastique *église Notre-Dame-du-Haut-de-Ronchamp,* construite par Le Corbusier. Bizarrement, on y rencontre énormément de Japonais ! Ils apprécient plus que les autres sans doute.

Fêtes et manifestations

– *Foire à l'Andouille :* le 3e lundi de février. Une tradition qui se perpétue depuis le début du XXe siècle. Il y a 70 sortes d'andouilles, mais celle du Val-d'Ajol est particulière. On s'en doutait ! Ici, on ajoute la panse du porc à la chair à saucisse et on met le tout dans le boyau. Un vrai régal, même si ça a vraiment un goût particulier. Le *gandoyau* est à l'andouille ce que le bras est au doigt ! Il mesure 20 à 30 cm de long. Mais quant à la manière dont on fabrique andouille et gandoyau, seuls les cochons du coin pourraient vous donner le secret. Mais ils n'aiment pas en parler !
– *La semaine du Goût :* à la mi-octobre. Dégustation de l'andouille, bien sûr, menus régionaux dans tous les restaurants, avec l'andouille et les desserts au kirsch, marché gourmand le dimanche, dégustation de produits du terroir, etc.

BAINS-LES-BAINS (88240) 1 600 hab.

Ville thermale bien agréable, nichée au cœur des Vosges boisées. Air pur, climat tonique et des sources (au nombre de onze) réputées pour soigner l'hypertension artérielle. Pas étonnant que la petite station blottie dans la verdure attire de plus en plus de cadres dynamiques surmenés.

UN PEU D'HISTOIRE

L'origine de la ville remonte de toute évidence à la découverte des sources d'eaux chaudes à l'époque gallo-romaine. On imagine les soldats romains batifolant dans les mares avant de construire les premiers établissements thermaux. L'endroit s'appelait tout simplement Balneum. Administré au XIIIe siècle par les chanoinesses de Remiremont, Bains devint une sorte de ville privée tout entière consacrée au thermalisme. La Révolution confisqua les établissements thermaux en 1789 et l'État les mit en vente trois ans plus tard. Les bains furent adjugés à huit citoyens de Bains. Le développement fut continu jusqu'au début de la Première Guerre mondiale.
Aujourd'hui, la station connaît un certain renouveau grâce à la Chaîne thermale du Soleil qui la gère.

Adresses utiles

Office du tourisme : 3, av. André-Demazure, BP 4. ☎ 03-29-36-31-75. Fax : 03-29-36-23-24. D'avril à fin octobre, ouvert du lundi au samedi de 9 h à 12 h et de 14 h à 17 h, et le dimanche de 10 h à 12 h; le reste de l'année, du lundi au vendredi de 9 h à 12 h et de 14 h à 17 h, et le samedi de 9 h à 12 h.

Gare ferroviaire : à 5 km du centre. ☎ 08-92-35-35-35 (0,33 €/mn, soit 2,21 F). 3 à 4 trains par jour pour Épinal ou Belfort, mais il n'y a pas de guichet à la gare.

Bus STAHV : ☎ 03-29-36-30-02. 4 à 5 liaisons par jour avec Épinal et d'autres villes du département.

Où dormir ? Où manger ?

Hôtel de la Poste : 11, rue de Verdun. ☎ 03-29-36-31-01. Fax : 03-29-30-44-22. Fermé de mi-décembre à mi-janvier et la dernière semaine d'octobre. Restaurant ouvert seulement le midi du 1er novembre au 31 mars, sauf les lundis et samedis. Chambres doubles de 35,82 € (235 F) avec douche et w.-c. à 38,87 € (255 F) avec bains ; quelques-unes plus modestes à 27,44 € (180 F) avec lavabo. Demi-pension à partir de 43,76 € (287 F) par personne. Au déjeuner seulement, formule à 10,82 € (71 F) ; menus à partir de 13,11 € (86 F). Derrière cette façade un peu sévère se cache la meilleure adresse du coin. 15 chambres agréables. Cuisine novatrice et pleine de saveurs : salade aux foies de volaille déglacés au vinaigre de framboise, tripes au gris de Toul, etc. Les menus changent (presque) tous les jours au gré du marché et... de l'humeur du chef. Remise de 10 % sur le prix de la chambre sur présentation du *Guide du routard* de l'année.

Où dormir ? Où manger dans les environs ?

Chambres d'hôte : chez Marie-Claire Chassard, Les Grands Prés, 88240 La Chapelle-aux-Bois. ☎ et fax : 03-29-36-31-00. À 2 km de Bains-les-Bains, direction Saint-Loup. Chambres doubles avec salle d'eau et w.-c. à 35,06 € (230 F), petit déjeuner compris. Table d'hôte à 12,20 € (80 F) le soir sur réservation. 3 chambres spacieuses dans une maison de maître rénovée. Lave-linge. Accueil convivial.

DARNEY 443

➤ *DANS LES ENVIRONS DE BAINS-LES-BAINS*

★ *FONTENOY-LE-CHÂTEAU* (88240)

Cité natale de Julie-Victoire Daubié, célèbre auprès des féministes invétérées (en reste-t-il encore ?). C'est tout simplement la première femme à avoir obtenu son baccalauréat ! L'heureux événement s'est déroulé à la faculté de Lyon en 1861, la jeune femme avait alors 35 ans. Hormis cette célébrité, Fontenoy reste un village pittoresque au passé méconnu. Qui peut imaginer que ce petit comté rivalisait de puissance avec celui d'Épinal (rien que cela !) au XVIIe siècle ? Carrières, scieries, clouteries, les industries étaient nombreuses.

Les femmes de Fontenoy (encore) contribuèrent à son développement avec la broderie. La ville devint vite un centre mondialement réputé. Une des descendantes de ces brodeuses a réalisé de nombreux motifs pour les grands de ce monde. Couronnes sur les caleçons du shah d'Iran et sur les dessous de la reine d'Angleterre (et paire de moustaches pour Saddam Hussein ?).

À voir

★ *Le musée de la Broderie :* ancienne école de Serocourt. ☎ 03-29-30-40-48. Ouvert de juillet à septembre, les samedis, dimanches et jours fériés de 15 h à 19 h. Entrée : 2,29 € (15 F) ; pour nos lecteurs, sur présentation du *Guide du routard* de l'année : 1,22 € (8 F). Hommage à ces dames aux doigts de fée à travers quelques superbes pièces. Une plongée dans le passé de la broderie qui n'est pas sans intérêt, même pour les néophytes.

★ *L'église Saint-Mansuy :* bel édifice du XVIe siècle. Portail superbe. À l'intérieur, intéressants fonts baptismaux de 1552.

★ *La tour des Lombards :* trônant sur la ville, cette tour doit son nom aux commerçants juifs venus d'Italie jusqu'ici. Longtemps, elle servit de prison au château attenant dont il ne reste aujourd'hui que quelques ruines.

À faire

– *Balades en bateau :* en bateau-mouche ou en péniche-restaurant, le Coney et le canal de l'Est s'offrent aux routards qui ont le pied marin. Pour les individuels, balades tous les jours (sauf le lundi) à 15 h en été ; hors saison, uniquement le dimanche à 15 h 30. Pour les groupes, sur réservation. Également croisières-repas. S'adresser au port à la société *Navig-Est.* ☎ 03-29-36-27-46.

■ *Location de bateaux :* Crown Blue Line, au port. ☎ 03-29-30-43-98.

DARNEY (88260) 1 430 hab.

Sur un éperon rocheux, Darney vit au rythme nonchalant des petits villages de province. Charme désuet de quelques belles maisons du XVIIIe siècle. La mairie, qui domine la ville, occupe l'emplacement de l'ancien château fort, détruit au XVIIe siècle. Darney est un peu la marraine de l'ex-Tchécoslovaquie puisque c'est ici que l'État français, par la voix de Raymond Poincaré, a reconnu le droit à l'indépendance des peuples tchèque et slovaque le 30 juin 1918. À la sortie de la ville, une grande flèche de fer évoque l'événement.

LES VOSGES

Où dormir ? Où manger ?

🏠 IOI **Hôtel-restaurant de la Gare :** quartier de la gare. ☎ 03-29-09-41-43. À 1,5 km du centre en direction de Bains-les-Bains. Ouvert toute l'année. Chambres doubles à 32 € (210 F) avec douche ou bains et w.-c. Large gamme de menus à partir de 9,15 € (60 F). Petit hôtel perdu sur la route qui pénètre dans la grande forêt de Darney, à proximité d'une gare qui n'existe plus. Quelques sculptures contemporaines abandonnées dans une clairière tout à côté pour parfaire l'ambiance. Tranquillité assurée. Chambres propres, simples mais confortables. Généreuse cuisine de ménage. La patronne ne fait pas dans l'ostracisme culinaire : à la carte, la choucroute voisine avec le couscous, paella et grand aïoli se rencontrent le jeudi... Pas très régime mais délicieux ! Les propriétaires, qui aimeraient prendre leur retraite, cherchent à vendre leur établissement. Donc l'adresse peut évoluer, mais d'ici-là, profitez-en !

À voir

★ **L'église :** construite au XVIIIe siècle, elle fut ouverte en 1789. Une des très rares églises qu'on connaisse (avec celle de Charenton) qui arbore fièrement sur son fronton la devise de la République : Liberté, Égalité, Fraternité. À l'intérieur, remarquables boiseries de chœur, stalles, chaire et lutrin, œuvre de Gerdol, un fils du pays.

★ **Le Musée historique de l'Indépendance tchécoslovaque :** à l'étage du château, pl. André-Barbier. ☎ 03-29-09-33-45. Ouvert en juillet et août seulement, tous les jours sauf les dimanches et mardis, de 14 h à 18 h (en dehors de cette période, appeler le numéro ci-dessus). Petit musée qui rappelle les liens unissant Darney et la Tchécoslovaquie. Par un hasard de l'histoire, de nombreux Tchèques et Slovaques se sont rassemblés à Darney pendant la Première Guerre mondiale pour combattre aux côtés des Alliés. Le 30 juin 1918, c'est à Darney, en hommage à ces combattants, que le président Poincaré proclamera la naissance de la République tchécoslovaque. C'est aussi Darney que, quelques mois plus tard, le premier président tchécoslovaque, Tomas Masaryk, honorera de sa première visite en France.

➤ *DANS LES ENVIRONS DE DARNEY*

★ **HENNEZEL** (88260)

Au temps du duc de Lorraine Charles II, au XVe siècle, des maîtres verriers venus de Bavière et de Bohême s'établirent dans la forêt de Darney, pour l'abondance du bois et de l'eau indispensables à leur art.

À voir

★ **Le musée du Verre, du Bois et du Fer :** ☎ 03-29-07-00-80. Ouvert du dimanche de Pâques au 30 octobre tous les jours de 14 h 30 à 18 h 30 ; toute l'année sur demande pour les groupes. Entrée : 3,05 € (20 F) ; pour nos lecteurs, sur présentation du *Guide du routard* de l'année : 2,29 € (15 F).
Musée offrant une belle évocation du passé industriel de la Vôge, petite région de Lorraine méridionale. Deux salles consacrées à l'histoire du verre,

à sa production et à l'outillage. L'une est consacrée à François-Théodore Legras, qui fonda les cristalleries de Saint-Denis : contemporain d'Émile Gallé, il a produit des vases actuellement très recherchés dans le monde entier. C'est lui aussi qui inonda l'Europe de « bouteilles à sujets » (bustes de Thiers, Gambetta, etc.) et de verres à liqueur ; beaucoup de belles pièces dans cette salle. Belles collections de « bousillage », objets soufflés et gravés par d'habiles artistes lors de leurs temps creux. Une grande partie du grenier contient nombre de souvenirs touchant au fer. Coup de projecteur sur les Tyroliens et les Suisses venus travailler dans la Vôge dès le XVIIIe siècle. Enfin, large évocation des sabotiers qui vinrent s'installer au cœur de la forêt pour travailler le bois. En marge, une salle rappelle le passé résistant de ce coin des Vosges où de nombreux maquis prirent racine. On n'a pas oublié les femmes : une salle est consacrée à leurs travaux de broderie. Également des expositions temporaires.

★ *VIOMÉNIL* (88260)

Non loin de la ligne de partage des eaux, la Saône prend sa source ici pour aller se jeter, à Lyon, dans les bras du Rhône. Tirant son nom de la déesse celtique Dea Sagona, la Saône génère de nombreuses légendes. Notamment celle qui prétend que le poisson Klupéa, remontant les eaux de la Méditerranée, avait rejoint la source bénie des dieux pour y prélever une pierre qu'il incrusta dans sa tête. Il retourna au delta du Rhône où le paludisme faisait des ravages. Les malades, touchés par la pierre, guérissaient immédiatement. Tel un menhir posé par l'Obélix local, un bloc de granit symbolise le lieu où apparaît la rivière. Et si vous voyez un poisson bizarre, il faut lui toucher la tête ! L'action est préventive.

★ *L'ÉGLISE SAINT-PIERRE DE RELANGES* (88260)

Église d'un prieuré clunisien fondé au XIe siècle par les sires de Darney. Le transept, les chapelles, le clocher et le chœur datent du XIIe siècle. Aspect extérieur assez saisissant et sobre à la fois. Très beau chevet. Après un incendie, la nef fut reconstruite au XVIe siècle dans le goût ogival. Le tympan de l'ancien portail roman représentant une Vierge à l'Enfant sert de soubassement à la grotte de Lourdes édifiée en bas de l'église. Entre le chœur et la petite chapelle du transept nord, un escalier permet d'accéder à la chapelle Saint-Michel. Celle-ci forme une salle carrée, basse et couverte d'une voûte en berceau.

CHÂTILLON-SUR-SAÔNE (88410) 180 hab.

Située sur une langue de terre entourée de deux rivières, la ville tire son nom du petit château qui se trouve à son extrémité. La première mention de Châtillon remonte au XIIIe siècle, lorsque l'évêque et le vicomte de Besançon reconnurent la vente du château au vicomte de Bar. La cité fut fortifiée en 1348. En 1431 : tout le comté du Barrois est intégré à la Lorraine. Après l'occupation de Charles le Téméraire, la cité dut subir la furie d'un prince d'origine lorraine. En 1484, le baron de Bauffremont leva une armée pour intimider le duc de Lorraine lors d'un problème de succession. La guerre fut brève mais Châtillon disparut purement et simplement. Et au début du XVIe siècle, on en parlait encore comme d'une ville maudite et irrémédiablement perdue. La Renaissance allait heureusement la relever de ses ruines en créant ce que nous connaissons aujourd'hui. En effet, la guerre de Trente

Ans laissa le patrimoine immobilier miraculeusement intact. Châtillon resta longtemps inhabitée, retrouvant un semblant de tissu social à la fin du XVII siècle. Après la Révolution, le vieux Châtillon se dépeuple. Un nouveau noyau se crée à côté de l'actuelle route nationale.

À voir

★ *La maison du Cordonnier :* ☎ 03-29-07-91-78. Ouvert du 1er mai au 1er octobre, tous les jours de 14 h 30 à 18 h (14 h à 18 h 30 en juillet et août). Visite guidée individuelle : 3,05 € (20 F) ; visite non guidée : 1,83 € (12 F). Reconstitution d'un atelier de cordonnier contemporain de l'époque de construction de la maison (XVIe siècle). On y découvre également plusieurs reconstitutions de scènes anciennes : veillée lorraine, officine d'un médecin quand la peste et la guerre de Trente Ans ravageaient la région, école de campagne du XVIIIe siècle...

★ *Le Grenier à Sel :* mêmes horaires d'ouverture que la maison du Cordonnier. Un des plus beaux bâtiments de Châtillon mais il ne faut pas s'y tromper, la façade d'apparence gothique est le produit de remaniements successifs. Les ouvertures du rez-de-chaussée ne remontent pas à plus d'un siècle. L'intérieur (qui abrite un salon de thé et une galerie d'art) est tout aussi complexe et disparate : poutraison à la française et cheminée du XVIe siècle, boiseries et fours à pain du XIXe siècle. À l'étage, superbe cheminée gothique qui prouve que tout n'a pas été détruit en 1484.

À noter : possibilité de *gîte d'étape et chambres d'hôte* dans cette superbe demeure. Un dortoir de 6 lits, 2 chambres de 2 lits, 3 chambres de 2 lits. Forfait randonneur avec hébergement, dîner et petit déjeuner : 24,39 € (160 F) par personne. Location de draps possible. Réservation : Saône-Lorraine, le Grenier à sel, 88410 Châtillon-sur-Saône. ☎ 03-29-07-91-78. Fax : 03-29-07-95-10.

★ *L'hôtel de Ligneville :* daté de 1554 par sa porte à fronton triangulaire, mais la façade a largement été modifiée depuis. L'intérieur garde un aspect très seigneurial et abrite depuis peu un restaurant : *La Rôtisserie des Comtes de Bar*. De quoi se prendre pour un seigneur en villégiature dans ses terres le temps d'un repas !

★ *L'hôtel de Sandrecourt :* magnifique demeure Renaissance avec une tourelle d'escalier pour moitié incluse dans l'édifice. Après d'importants travaux de restauration, l'hôtel accueille la *Maison de Pays*. Mêmes horaires d'ouverture que la maison du Cordonnier. Beaucoup de produits du terroir et d'artisanat vosgien.

★ *La maison du Pèlerin :* en face de la précédente. Cette maison d'apparence harmonieuse mais assez banale illustre parfaitement la complexité architecturale des bâtiments de Châtillon, où se juxtaposent les modifications successives, conséquences des événements historiques. Le rez-de-chaussée, avec son entrée de cave à trois berceaux et sa grange à porte arrondie, témoigne d'aménagements faits au XVIIIe siècle. Ne se visite malheureusement pas.

★ *La maison du Tanneur :* la seule située extra-muros. Elle domine l'Apance où les peaux étaient lavées. Impossible de la rater : une peau de bête est sculptée au-dessus de la porte. Ne se visite pas non plus.

★ *La grosse tour :* construite au XIVe siècle, munie de canonnières à la fin du Moyen Âge, cette tour était le principal ouvrage défensif de Châtillon face aux méchants Francs-Comtois.

★ **L'église :** assiégée en 1635 par les troupes suédoises et françaises qui la pillèrent, elle fut reconstruite en 1849. Des œuvres qui l'ornaient, il ne reste plus que deux volets peints sur bois au début du XVIIe siècle. Très beau christ en ivoire ciselé. Autel surmonté d'un grand retable en bois du XVIIIe siècle qui encadre une toile figurant la Nativité de la Vierge.

➤ *DANS LES ENVIRONS DE CHÂTILLON-SUR-SAÔNE*

★ LES THONS (88410)

L'histoire des Thons commence au XIIe siècle, lorsqu'une bulle du pape attribue la possession de l'église des Deux-Thons à l'abbaye de Luxeuil. La bourgade a l'originalité de posséder deux villages, séparés d'un kilomètre : Les Petits-Thons et Les Grands-Thons. Et à eux deux, ils possèdent trois églises et un patrimoine du XVe siècle impressionnant. Rien que ça !

Où manger ?

|●| *Restaurant du Couvent des Cordeliers :* à l'entrée des Petits-Thons. ☎ 03-29-07-90-84. Ouvert de mi-mars à mi-novembre. Fermé le lundi. Nombreux menus à partir de 11,43 € (75 F). Réservation souhaitée. Pour y accéder, on traverse ce qui fut le potager des frères. Les salles à manger ont conservé une belle cheminée dans laquelle le maître des lieux fait cuire des jambons entiers, de solides entrecôtes (la ferme élève des charolais) et autres spécialités du terroir : raquelot au kirsch, andouillette... Une cuisine toute simple. Goûtez par exemple à la poêlée du laboureur. Évitez le week-end en été, l'endroit est bondé, vraiment trop. Digestif offert à nos lecteurs sur présentation du *Guide du routard* de l'année.

À voir

★ *Le couvent des Cordeliers :* visite gratuite tous les jours du 15 mars au 15 novembre. On est frappé par l'architecture sobre et régulière de ce qui constitue l'un des seuls ensembles franciscains à être parvenus complets jusqu'à nous. L'ampleur des bâtiments de ce couvent rural s'explique par le fait qu'il connut une période faste où il servit de séminaire pour l'Ordre. Au XVIIe siècle, il n'abritait plus que six religieux et un ou deux prisonniers royaux. Ceux-ci disparaissaient ainsi totalement, et personne ne les retrouvait !
À l'intérieur, on remarque une grosse poutre moulurée du XVe siècle dans le vestibule. Escalier avec rampe et balustre du XVIIe siècle pour accéder à l'étage. Il donne sur une remarquable porte à claire-voie du XVIe siècle, qui donne accès au couloir desservant les cellules des moines. L'une d'entre elles a été reconstituée. Plus loin, une « chambre d'hôte » qui servait lors des visites du révérend père provincial qui venait contrôler les comptes. Même dans les congrégations religieuses, pas question de confiance quand on parle d'argent ! Une carte postale du couvent sera offerte à nos lecteurs sur présentation du *Guide du routard* de l'année.

★ *Le cloître :* la partie la plus secrète de l'ensemble. À l'est, arcades gothiques bouchées au XVIIe siècle pour abriter un grand escalier de pierre. Au centre du mur, remarquez une niche ouvragée surmontée d'un blason martelé entouré du cordon de saint-François.

★ *L'église Notre-Dame-des-Neiges :* long de 35 m, cet édifice du XVe siècle élancé comme une cathédrale vient d'être restauré de belle manière.

★ **L'église des Petits-Thons et l'ancienne cure :** maison forte du XVe siècle. La cure avec ses murs épais et sa tourelle centrale fait penser à une demeure guerrière plutôt qu'à la maison d'un prêtre. De l'autre côté de la rue, l'église Saint-Pancrace fut bénie en 1494 après sa reconstruction. Intérieur modeste et émouvant.
Dans chaque travée, statuaires d'un grand intérêt. Au-dessus des fonts baptismaux, un « arbre de vie » très rare, popularisé par saint Bonaventure. Par la vertu de son sang, l'arbre qui a servi à fabriquer la croix à laquelle le Christ avait été attaché redevient vivant. Il en jaillit 12 branches d'où se détachent feuilles et fruits, symbolisant les mystères de la vie de Jésus. Superbe statue de Notre-Dame des Anges, Vierge triomphante entourée d'une mandorle angélique. Datant de la fin du XVe siècle, elle est due à un sculpteur largement influencé par l'art flamand. L'union de la douceur à travers cet humble visage et de la terreur (sur le socle) touche à la perfection. La sacristie occupe l'ancienne chapelle seigneuriale où est inhumé le dernier seigneur des Thons : Jean Baptiste Marc Toustain de Viray. C'est un nom !

★ **Le château :** si l'on s'enfonce sur le chemin de terre qui part non loin de l'église, on accède à l'ancienne cour d'honneur du château. Il ne reste que quelques assises et vestiges du château de Guillaume de Saint-Loup. Le démontage systématique du bâtiment eut lieu entre 1925 et 1928. Les pierres traversèrent l'Atlantique et on assembla le puzzle du côté de Long Island. À côté du château, pigeonnier féodal qui échappa au déménagement et dont l'intérieur vaut le coup d'œil.

★ À l'entrée du village, on découvre un *égayoir,* source qui servait à nouer du chanvre. Au XIXe siècle, on la transforma en fontaine. Les saules qui l'abritent ont plus de 250 ans.

★ Dans la forêt communale se dresse le *chêne de la Vierge.* Magnifique arbre de plus de 5 siècles.

DE CHÂTILLON À CONTREXÉVILLE

Les routards curieux pourront s'attarder le long de quelques jolies routes aux paysages bucoliques que Ronsard aurait pu décrire dans l'une de ses églogues. Point besoin d'être poète pour apprécier l'endroit. Les villages sont nombreux et recèlent tous une histoire, une église ou un trésor à découvrir.

★ **ISCHES** (88320)

Où dormir ?

🏠 **Gîte rural chez Gisèle et Jean-Claude Garcin :** ☎ 03-29-35-50-34. Fax : 03-29-35-68-11 (coordonnées des *Gîtes de France*). Belle maison confortable et propre pouvant accueillir 5 personnes. À partir de 118,16 € (775 F) le week-end ; 329,32 € (2 160 F) la semaine en haute saison. Chambres plaisantes et typiques avec leurs lits installés dans des alcôves. TV, lave-vaisselle et lave-linge. Pour ceux qui aiment vraiment la campagne, de quoi faire un séjour 3 étoiles.

À voir

★ **L'église :** romane, du XIIe siècle, d'influence bourguignonne. Voûte en berceau brisé, arcs doubleaux retombant sur des consoles à chapiteaux ornés de feuilles lancéolées. Chœur du XIXe siècle qui n'est pas du meilleur goût.

★ *SAINT-JULIEN* (88410)

Quitter Isches par la D25 A; à Fauchecourt, prendre la D460 direction Monthureux; prendre à gauche la D15 A.

À voir

★ *L'église :* construite en un bel appareil de grès bigarré, elle trône au milieu du village, entourée de quelques belles maisons comme la *maison de Justice* avec des fenêtres à meneaux, des pilastres sculptés et des grilles en fer forgé du XVe siècle. Nef unique à travées éclairée par des fenêtres à arc trilobé.
Tout cela est joli mais l'intérêt essentiel de l'endroit réside dans les *vitraux*. Ils sont un des rares souvenirs de Louis XII laissés par le temps. Sur la 2e fenêtre : la partie inférieure du vitrail est consacrée à saint Julien accompagné d'un faucon. En dessous, scène de la flagellation du Christ frappé par deux bourreaux. Aux pieds de Jésus, un personnage prépare les verges. Un détail que l'on retrouve dans *La Grande Passion* de Dürer. Sur la fenêtre médiane, le Christ en croix entre la Vierge et saint Jean et la Descente de croix par Joseph d'Arimathie et Nicodème. À droite, saint Jean soutient la Vierge accablée de douleur. Le Christ au sépulcre (au premier plan, Marie-Madeleine baise la main du crucifié) et la Résurrection, où le Christ sort du tombeau en brandissant un étendard à croix rouge, sont les deux représentations de la 4e fenêtre. Sur la 5e, on trouve l'Ascension et la Pentecôte où les apôtres groupés autour de la Vierge reçoivent le Saint-Esprit symbolisé par un grand oiseau de feu.

★ *AUREIL-MAISON*

Revenir sur la D460 et tourner à gauche, direction Lamarche par la D15. Le site sur lequel s'élève la chapelle Notre-Dame reste mystérieux.

À voir

★ *La chapelle Notre-Dame :* construite sur un antique cimetière. Les squelettes découverts là portaient tous dans leurs mains, repliées sur les os du bassin, une dent d'animal. À la fin du XIIe siècle, cette chapelle romane remplace un sanctuaire plus ancien du Xe siècle. Somptueuse abside primitivement aveugle, voûtée en cul-de-four et entourée de 5 arcatures, surmontée d'une corniche de billettes. Ça paraît compliqué, mais face au chef-d'œuvre on comprend tout !
Le chœur est voûté d'ogives qui retombent sur de puissants doubleaux. Autel contemporain du chœur. Belle Vierge de pitié en calcaire du XVe siècle. Nef du XIIIe siècle. Porche surmonté d'une statue de la Vierge du XVIe siècle. Aux angles des murs extérieurs, deux consoles représentent une tête de loup à gauche et une tête de bélier à droite en référence aux anciens cultes païens. Ne pas oublier d'éteindre la lumière en sortant et de fermer la porte. Un bijou comme celui-là, il faut en prendre soin !

★ *LAMARCHE* (88320)

Paisible bourgade agricole et d'artisanat, où l'on trouve quelques beaux immeubles du XVIIIe siècle. La ville tire son nom d'origine (La Marche) de sa situation de « ville frontière » du Barrois et de la Champagne. Les frères Renard, installés ici en 1860, mirent au point les premiers dirigeables.

À voir

★ *L'église :* du XIIIe siècle ; la nef unique fut revoûtée au XVIe. L'alternance de colonnes et de piliers carrés est une tardive survivance romane. Décoration à feuillage des chapiteaux à la fois riche et pittoresque. Dans la première travée, les sculpteurs se sont amusés à tailler des personnages grotesques qui figurent les travaux de leur corporation.

★ *MORIZÉCOURT* (88320)

Prendre la D429 en direction de Martigny-les-Bains sur 2,5 km ; puis à droite la D21b sur 2 km et tourner à droite sur la petite route.
À l'entrée du village, beau mur percé d'un porche solennel. C'est l'entrée du prieuré bénédictin de Deuilly reconstruit ici en 1625.

À voir

★ *L'église :* avec une tour du XIIe siècle, une nef et un chœur du XVe siècle. Dans le bas-côté sud, Vierge à l'Enfant du XVe siècle et, au nord, saint Nicolas en pierre du XVIIIe siècle.

★ *FRAIN* (88320)

Où manger ?

I●I *Ferme-auberge Les Chevrettes :* 10, rue Haute. ☎ 03-29-09-72-02. À 200 m au nord de l'église. Ouvert toute l'année sur réservation. Fermé le mardi. Repas copieux à partir de 11,43 € (75 F). Adresse sympathique qui doit beaucoup à Philippe This. Gigot d'agneau, lapin chasseur, ragoût de mouton, terrine, quiche, tourte, fromage de chèvre... tout a le bon goût du fait maison. On ne s'en plaint pas, loin de là ! Digestif maison offert à nos lecteurs sur présentation du *Guide du routard* de l'année.

★ *MARTIGNY-LES-BAINS* (88320)

Réputée pour son climat continental des plus toniques, Martigny-les-Bains est une station thermale connue depuis 1860. À la fin du XIXe siècle, la station devint très à la mode dans la haute société, qui se retrouvait dans le pavillon des sources. Jusqu'en 1930, elle s'enrichit de bains d'hydrothérapie, de galeries marchandes et d'un casino. La situation financière ne fit que décroître à partir de la Seconde Guerre mondiale. Il ne reste rien des splendeurs passées, lorsque l'*Hôtel des Bains* accueillait en grande pompe le shah de Perse. Martigny vit désormais au ralenti dans la nonchalance d'un village tranquille.

À voir

★ *L'église Saint-Rémy :* construite au XIIIe siècle. Beaux chapiteaux aux angles ornés de feuilles d'eau recourbées en volutes. Chœur avec piscine et armoire eucharistique du XVIe siècle.

CONTREXÉVILLE

CONTREXÉVILLE (88140) 4 180 hab.

C'est le docteur Bagard, premier médecin ordinaire du roi de Pologne Stanislas, duc de Lorraine, qui a fait connaître l'efficacité des eaux minérales de Contrexéville, vers 1750. Depuis, pas de répit. La station s'est hissée au rang d'institution de la minceur et de la remise en forme, livrant une concurrence acharnée à sa proche voisine, Vittel. Désormais, les deux établissements thermaux travaillent main dans la main : ils appartiennent au même groupe industriel.

UN PEU D'HISTOIRE

Après la publication en 1760 par le fameux docteur Bagard d'un *Mémoire sur les eaux minérales de Contrexéville,* un premier bassin fut construit. Les résultats spectaculaires obtenus sur les malades contribuèrent à la renommée de la station naissante. Louis XVI dépêcha même son médecin personnel pour s'enquérir des bienfaits de cette eau médicinale. L'avis fut favorable, et la construction du premier établissement hydrothérapique commença.

Contrex devint la station à la mode, fréquentée par le comte d'Artois, le prince de Hénin ou la princesse de Noailles. Au XIXe siècle, on vit la reine Isabelle d'Espagne et le roi de Serbie en villégiature ici. L'écrivain Edmond de Haroncourt laissa même une phrase immortelle à la postérité. Il composa en effet le poème *Partir, c'est mourir un peu* en souvenir d'un amour connu en cure. Il devait s'en passer des choses dans les bains ! À la Belle Époque, le shah de Perse (un habitué des Vosges), la grande-duchesse Wladimir de Russie et bien d'autres encore, vinrent faire (beaucoup) la fête et prendre (un peu) les eaux.

Ayant bien résisté aux deux conflagrations mondiales, la station s'est engagée dans la voie du néo-thermalisme. Un peu de marketing bien envoyé, quelques slogans percutants, beaucoup de pub pour persuader les gens que la forme et les formes sont les deux mamelles du bien-être. La recette de la réussite !

Adresses utiles

- **Office du tourisme :** rue du Shah-de-Perse, BP 42, 88142 Contrexeville Cedex. ☎ 03-29-08-08-68. Fax : 03-29-08-25-40. • www.contrex-minceur.com • En saison, ouvert du lundi au vendredi de 8 h à 12 h et de 13 h à 18 h 30, le samedi et les jours fériés de 9 h à 12 h et de 14 h à 18 h, et le dimanche de 10 h à 12 h et de 14 h 30 à 18 h ; hors saison, du lundi au vendredi de 9 h à 12 h et de 14 h à 17 h.
- **Gare ferroviaire :** av. du Roi-Stanislas. ☎ 08-36-35-35-35 (0,3 €/mn, soit 2,21 F). 3 à 4 liaisons quotidiennes Nancy-Contrexéville. Liaisons en car pour Épinal via Méricourt.
- **Établissement thermal :** ☎ 03-29-08-03-24.
- **Location de vélos et VTT :** à l'office du tourisme. 4,57 € (30 F) la demi-journée, 7,62 € (50 F) la journée.

Où dormir ? Où manger ?

Tous les hôtels-restaurants de la ville ont signé une charte minceur. Ils garantissent ainsi une cuisine diététique contrôlée régulièrement. Ici, on ne rigole pas avec les kilos en trop !

De bon marché à prix moyens

Hôtel de Lorraine : 112, av. du Roi-Stanislas. ☎ 03-29-08-04-24. Juste à côté de la gare mais pas de train la nuit, ouf ! Fermé de mi-octobre à fin mars. Chambres doubles à 27,44 € (180 F) avec lavabo et w.-c., 32,02 € (210 F) avec douche ou bains et w.-c. Demi-pension de 42,68 à 46,49 € (280 à 305 F). Premier menu à 10,67 € (70 F), servi tous les jours sauf le dimanche midi ; beau menu « lorrain » à 20,58 € (135 F). Grande maison ancienne, avec un certain cachet. Une authentique atmosphère de pension de famille comme on ne pensait plus en trouver que dans les films de Chabrol ou dans une aventure de Maigret. Excellent accueil. Cuisine traditionnelle et diététique si besoin. Goûtez le composé de cuisse de grenouilles et d'escargots en feuilleté. Café offert sur présentation du *Guide du routard* de l'année.

Hôtel des Sources : rue Ziwer-Pacha. ☎ 03-29-08-04-48. Fax : 03-29-08-63-01. • hsources@club-internet.fr • Fermé d'octobre à avril. Chambres doubles de 28,96 € (190 F) avec lavabo, à 60,98 € (400 F) avec bains ; moins cher en basse saison. Premier menu à 14,48 € (95 F), sauf le dimanche. Élégante bâtisse au bord de la belle (mais controversée) esplanade et de son alignement de fontaines colorées. Patronne très gentille. Chambres confortables, fraîches et pimpantes ; au 3e étage, quelques-unes mansardées. Honnête cuisine traditionnelle (diététique sur demande). Ambiance typique des hôtels de ville de cure : les pensionnaires qui discutent de table à table, les parties de Scrabble acharnées...

Hôtel de France : 58, av. du Roi-Stanislas. ☎ 03-29-05-05-05. Fax : 03-29-08-69-96. Fermé de mi-décembre à mi-janvier. Chambres doubles à 38,11 € (250 F) avec cabinet de toilette, 45,73 € (300 F) avec douche et w.-c., 47,26 € (310 F) avec bains, w.-c. et TV. Menus de 12,96 à 30,49 € (85 à 200 F). Menu minceur à 12,96 € (85 F). Hôtel confortable et fonctionnel. Chambres propres. Restaurant un peu bourgeois servant une bonne cuisine, dans une salle à manger très claire.

Hôtel Campanile : lac de Contrexéville, route des Lacs de la Folie. ☎ 03-29-08-28-28. Fax : 03-29-08-46-98. Chambres doubles classiques à 44,97 € (295 F) ; autour de 49 € (321 F) en été. Au resto, formules à partir de 12,04 € (79 F), boisson non comprise. Il n'est pas dans nos habitudes de promouvoir les hôtels de chaîne, seulement, lorsque la situation est exceptionnelle, on en parle avec plaisir. Perdu au milieu des arbres, on a pratiquement les pieds dans l'eau en sortant de sa chambre. Pour un peu, on serait tenté de s'installer un petit moment...

Villa Beauséjour : 204, rue Ziwer-Pacha. ☎ 03-29-08-04-89. Fax : 03-29-08-62-28. • www.villa-beausejour.com • Chambres doubles à 45,73 € (300 F). Menu minceur à 19,05 € (125 F) ; autres menus de 15,24 à 32,01 € (100 à 210 F). Cet hôtel a beaucoup de charme : douillet salon à l'entrée, chambres à la jolie décoration personnalisée, meubles anciens, fauteuil Voltaire, commode Louis-Philippe, vieilles glaces... Préférez les chambres sur le jardinet à l'arrière, où l'on peut se reposer si le temps le permet. Bonne cuisine, minceur ou non, comme la cassolette de gésiers maison ou la rouelle de volaille fermière. Excellent accueil.

Plus chic

Hôtel de la Souveraine : parc thermal. ☎ 03-29-08-09-59. Chambres doubles autour de 55 € (361 F). Beau 3 étoiles au milieu des arbres.

Ancienne résidence du shah de Perse. Carrément! Ouvert sur le parc thermal, un élégant édifice qui a encore des airs de palace (et l'ambiance un rien guindée qui va avec). Joliment rénové et à des prix désormais très raisonnables. Pas de resto. Et le temps coule ici comme s'il n'avait jamais eu de prise.

Où dormir dans les environs ?

Chambres d'hôte Château de Vaudoncourt : chez Claudine et Daniel Pellerin, 3, rue Barbazan, 88140 Vaudoncourt. ☎ et. fax : 03-29-09-23-60. • www.pellerinda@aol.com • À 8 km au nord-est de Contrexéville par la D164 direction Neufchâteau. Fermé du 1ᵉʳ novembre au 31 mars. Compter 60,98 € (400 F) pour deux, petit déjeuner compris. Au cœur du village, dans une imposante maison de maître du XIXᵉ siècle (du genre effectivement que l'on a vite fait d'appeler château!). Ne vous arrêtez pas à la tristounette façade côté rue! L'intérieur dégage un charme incontestable : vaste salle à manger où trône une imposante cheminée, meubles de famille... Les trois chambres (une double au rez-de-chaussée et une suite de deux pièces à l'étage) sont dans le même ton. Toutes disposent de sanitaires complets. Les nouveaux propriétaires de cette belle demeure s'efforceront de rendre votre séjour agréable. Location de chevaux. Piscine avec balnéo cachée au fond d'un parc de 6 ha.

À voir. À faire

★ **Belle balade dans le centre-ville** avec ses fontaines en marbre de Carrare et lave émaillée, aux formes novatrices et aux couleurs éclatantes. Elles ne passent pas inaperçues et... sont loin de faire l'unanimité à Contrex... Si ces fontaines vous horripilent, reste le charme désuet mais réel du parc thermal : les mosaïques néo-byzantines de la galerie des Thermes, la chapelle orthodoxe où repose la grande duchesse Wladimir de Russie, le petit kiosque à musique et les bien tentants fauteuils d'osier blanc disséminés sous les frondaisons...

– **Casino :** parc thermal. ☎ 03-29-08-01-14. Ouvert tous les jours à partir de 11 h pour les machines à sous. Il faut attendre 19 h 30 pour jouer à la boule. Et à partir de 20 h, il vous sera difficile de tenter votre chance si vous n'avez qu'un jean dans votre sac à dos... Abrite également un théâtre à l'italienne aujourd'hui transformé en cinéma.

★ **L'usine d'embouteillage :** ☎ 03-29-08-80-20. Visite guidée tous les jours pendant la saison thermale, de fin mars à mi-octobre, à 9 h 30 et à 14 h ; à partir du 6 août, les visites ne sont pas assurées le lundi matin.

★ **Le lac de la Folie :** deux vastes étangs plutôt qu'un lac. On pourra s'y muscler les mollets le temps d'une balade sur un pédalo mais la baignade est interdite. On peut en revanche faire trempette dans une piscine qui flotte carrément sur l'un des étangs (on n'arrête pas le progrès!). 4 sentiers de randonnée balisés autour du lac.

VITTEL (88800) 6 270 hab.

> « C'est là, entre Meuse et Moselle, qu'il eut la révélation de la vraie campagne, du calme, du silence, d'une certaine abondance de temps.
> Il se prit à penser que la cure thermale est le meilleur moyen de se retrouver, de reprendre conscience de l'existence de son corps, de mettre de l'ordre dans ses pensées. »
>
> **Louisiane, par Maurice Denuzières.**

Les Romains donneront à la cité – d'origine celtique – ses premières lettres de noblesse en construisant un établissement thermal conséquent. Détruit par les invasions barbares, il faudra attendre le milieu du XIXe siècle pour que l'on redécouvre les eaux à Vittel.
En 1852, Louis Bouloumié, un Rodézien exilé en Espagne par suite de son attitude protestataire contre le coup d'État de Louis-Napoléon Bonaparte, fut autorisé à séjourner dans les Vosges pour soigner ses coliques néphrétiques. Il vint à Vittel, but l'eau de la fontaine de Gérémoy et décida d'abandonner la politique en achetant la source en 1854. Le père Riffard, propriétaire de la source, n'en serait pas revenu s'il avait su ce qu'il allait advenir de son eau. Un an plus tard et après quelques acquisitions, Louis Bouloumié est en possession de 13 sources. La station thermale put entamer son essor, tout étant à construire et à inventer. Autorisations d'exploitation des sources, construction du premier hôtel, l'année 1862 symbolise la première vraie saison d'exploitation. En 1869, Louis s'éteint, non sans avoir demandé à ses deux fils, Ambroise et Pierre, de prendre la suite. Avocat et médecin, ils ont néanmoins le sens des affaires. Ils investissent, prennent des risques, mais les profits sont au rendez-vous et l'exploitation des eaux de Vittel devient une affaire plus que juteuse. À partir de là, la famille Bouloumié se pose en bienfaitrice de la ville. La population leur est d'ailleurs reconnaissante du développement qu'ils apportent puisque, durant 75 ans, les Bouloumié se succéderont à la mairie de père en fils. À Vittel, on a très vite compris la notion de produit à vendre. L'approche du marché est continue et les réalisations des grands architectes vont donner à la ville son rang de station internationale. Charles Garnier, maître d'œuvre de l'Opéra de Paris, fut l'un des premiers à mettre son talent au service de Vittel et s'attacha à faire de chaque instant passé ici un moment rare. Ses créations de style mauresque comme l'établissement thermal, les galeries, le casino, les villas Nino et Saint-Pierre marquèrent la fin du XIXe siècle. Au début du XXe siècle, Vittel devint une station très british, luxueuse et verdoyante. Dans les années 1920, elle adopta un style résolument moderne. Bluysen reconstruisit le casino, ne conservant de l'époque Garnier que le foyer et la scène de théâtre. Juste avant la Seconde Guerre mondiale, César mit en harmonie les galeries avec la Grande Source. Le tout s'ouvre sur un jardin géométrique qui donna à la ville son visage actuel de « cité-jardin ».
La guerre de 1939-1945 mit la ville en hibernation. D'abord réquisitionnés par l'armée française en 1939 pour servir d'hôpitaux, les hôtels sont transformés en camps d'internement pour les femmes et les personnes âgées. L'usine d'embouteillage, fermée pendant ces longues années, retrouva toute sa vitalité à la Libération.

Vittel a su mieux que quiconque prévoir les changements de mentalité. La cure purement médicale ne fait plus recette, alors on invente des passeports pour la forme. Le Club Méditerranée s'installe en 1973 dans un hôtel somptueux à proximité d'un des plus vastes terrains de golf de France. Difficile de faire mieux !

Adresses utiles

■ *Maison du tourisme :* 136, av. Bouloumié. ☎ 03-29-08-08-88. Fax : 03-29-08-37-99. • www.vittel-tourisme@wanadoo.fr • D'avril à octobre, ouvert du lundi au samedi de 8 h 30 à 19 h, et le dimanche de 10 h à 18 h ; de novembre à mars, ouvert du lundi au samedi de 9 h à 12 h et de 13 h 30 à 18 h, fermé le dimanche. Propose des activités sportives (marche, gym, balades à vélo) et manuelles (décoration florale, par exemple).

✉ *Poste :* 135, rue de Verdun. ☎ 03-29-07-62-62.

🚆 *Gare ferroviaire :* pl. de la Marne. ☎ 08-36-35-35-35 (0,34 €/mn, soit 2,21 F).

■ *Les thermes :* ☎ 0803-373-800. Fax : 03-29-08-76-85.

■ *Location de vélos et VTT : Les Locations du Parc,* 129, av. Bouloumié (en face de la maison du tourisme). ☎ 03-29-08-14-80. Ouvert d'avril à la Toussaint. Le vélo s'avère un moyen de locomotion idéal à Vittel. Et les vélos jaunes qu'on trouve ici font quasiment partie du paysage ! 6,10 € (40 F) la journée pour un VTT, 4,57 € (30 F) pour un vélo classique. Forfait à la semaine, à la cure. Également *Locations Diné :* dans le parc. Ce sont les locations du Club. ☎ 03-29-08-03-54.

Où dormir ? Où manger ?

Camping

⛺ *Camping municipal :* 270, rue Claude-Bassot. ☎ 03-29-08-02-71 (en saison) ou 03-29-08-04-38 (mairie). Du centre, à 1 km par la D68 vers They-sous-Monfort. Ouvert du 1er avril au 30 septembre. Forfait journalier autour de 8 € (52 F) pour deux, électricité non comprise.

De bon marché à prix moyens

🏠 *Hôtel Les Oiseaux :* 54, rue de Sugène. ☎ 03-29-08-61-93. Fermé trois semaines en janvier. Chambres de 22 € (144 F) avec lavabo à 37 € (243 F) avec bains. Ces *Oiseaux* n'ont rien à voir avec le film d'Hitchcock ! Pas grand-chose à voir, non plus, avec un hôtel classique. Cette mignonne maison particulière désuète, tenue par une petite dame très gentille, a, en fait, des airs de *Bed & Breakfast* à l'anglaise. L'endroit est agréable avec son jardin de poche, le quartier est paisible, à deux pas du parc thermal. Bref, une adresse parfaite pour venir faire une cure peu ruineuse. Pas de resto. Sur présentation du *Guide du routard* de l'année, remise de 10 % sur le prix de la chambre.

🏠 ⚫ *Hôtel-Résidence Nice :* 166, av. de la Roseraie. ☎ 03-29-08-14-68. Fax : 03-29-08-18-11. À côté du précédent. Chambres doubles à 47,26 € (310 F) avec douche et w.-c. Studios loués à la semaine à 213,43 € (1 400 F), avec kitchenette. Pension complète : 88,42 € (580 F) pour deux. On apprécie cet hôtel surtout pour sa vaste pelouse, au calme, où l'on pourra s'étendre sur des chaises longues, pour sa petite salle à manger et son salon avec piano. Très simple. Ambiance familiale.

🏠 ⚫ *Hôtel de L'Orée du Bois :* L'Orée du Bois. ☎ 03-29-08-88-88. Fax : 03-29-08-01-61. ♿ pour le restaurant. Sortez de la ville par la D18, direction Contrexéville ; c'est à 4 km, au nord, face à l'hippodrome. Chambres doubles de 49,55 à 64,49 € (325 à 423 F) avec douche ou bains. Menus de 10,98 à 29,73 € (72 à 195 F). Hôtel moderne spécialisé dans la remise en forme (on y croise souvent des sportifs en stage, des cadres en séminaire...). Intéressant pour le calme du site, le confort des chambres et l'accueil amical. Les menus sont régulièrement renouvelés. Quelques constantes : grenadins de veau et de porc, truite à la vosgienne... Pour éliminer, salle de musculation, piscine couverte et chauffée, sauna.

🏠 |●| *Hôtel-restaurant La Chaumière :* 196, rue Jeanne-d'Arc. ☎ 03-29-08-02-87. Chambres doubles de 18,29 à 27,44 € (120 à 180 F) avec lavabo. Menus entre 9,15 et 15,24 € (60 et 100 F). Un minuscule hôtel-bar-resto qui ne paie vraiment pas de mine. Mais la patronne est charmante et l'atmosphère populaire change de l'ambiance « on est en cure » de la ville (et de son corollaire « je travaille mon swing au golf »). Chambres très modestes mais propres. 10 % de remise sur le prix de la chambre sur présentation du *Guide du routard* de l'année.

|●| *Le Rétro :* 158, rue Jeanne-d'Arc. ☎ 03-29-08-05-28. Fermé le samedi midi, le dimanche soir et le lundi. Menu à 10,37 € (68 F) le midi en semaine ; autres menus à 13,72 et 21,34 € (90 et 140 F) ; toute l'année, à la carte, grenouilles provençales, à l'andalouse ou à la poulette, à 11,74 € (77 F), ça mérite d'être mentionné quand on est dans la ville qui honore le batracien. Excellent rapport qualité-prix du premier menu. Cuisine classique bien pro. Décoration chaleureuse, avec sa grande cheminée où l'on grille la viande au feu de bois, très appréciée des autochtones. Ici, assez peu de curistes. Clientèle décontractée.

Chic

🏠 |●| *Hôtel-restaurant d'Angleterre :* rue de Charmey. ☎ 03-29-08-08-42. Fax : 03-29-08-07-48. ● www.abc-gesthotel.com ● ♿ Fermé de mi-décembre à mi-janvier. Chambres de 76,38 à 164,35 € (501 à 1 078 F) ; les derniers prix concernent les deux suites avec balnéo. Menus de 14,48 à 25,61 € (95 à 168 F). Le classique et imposant hôtel de ville thermale. Derrière la façade rose, on découvre une atmosphère où les souvenirs d'un passé glorieux le disputent à un chic un peu suranné. Mais l'ensemble (surtout les chambres) a été vigoureusement rénové. Demandez-en une sur l'arrière, la voie ferrée n'est pas loin, même si les trains ne sont pas fréquents... En projet, une piscine couverte et chauffée. Au resto, salade campagnarde au marcaire filets de rouget. Jardin. Apéritif maison offert sur présentation de votre *Guide du routard* de l'année.

Où dormir dans les environs ?

🏠 *Chambres d'hôte chez Michel Hubert :* 129, rue des Prés-Saint-Valère, 88260 Thuillières. ☎ et fax : 03-29-08-10-74. À 10 km au sud-est de Vittel par la D28 direction Épinal puis, à droite, la D18 direction Darney. Chambres doubles avec douche et w.-c. à 33,54 € (220 F), petit déjeuner compris. C'est dans ces lieux que se baladait le loup des Vosges (à ne pas confondre avec la célèbre bête !). Au centre d'un petit village et en bord de route, mais elle n'est pas trop passante. 2 chambres dans une petite maison, ancien relais de Saint-Jacques-de-Compostelle si l'on en croit la coquille sculptée en façade. Pas de table d'hôte mais une kitchenette à disposition et un petit resto juste à côté. Bon accueil.

À voir

★ *L'église Saint-Rémy :* construite au XIIe siècle, elle fut restaurée aux XVe et XVIe siècles. Deux chapelles latérales forment le transept : la chapelle Saint-Blaise contenant une pietà du XVIe siècle et la chapelle des Fonts. On y trouve un beau diptyque de Claude Bassot peint en 1600. Scènes de l'Annonciation, de l'Adoration des bergers, de la présentation de Jésus au Temple, précieuses pour l'étude du costume au début du XVIIe siècle.

★ *La chapelle Saint-Louis :* datant de 1913, elle est dédiée à Saint Louis en souvenir de Louis Bouloumié. Vitraux racontant la vie du saint. Deux belles statues en bois du XVIIe provenant de Florence.

★ *L'Eau et la Vie :* dans la galerie thermale. ☎ 03-29-08-75-85. Fax : 03-29-08-70-49. Ouvert de début avril à fin septembre, tous les jours sauf le mardi, de 10 h à 12 h 30 et de 13 h 30 à 18 h 30. Entrée : 3,05 € (20 F) ; gratuit pour les moins de 18 ans et les étudiants. Une sorte de musée de l'eau. À Vittel, cela semble couler de source, pourtant, jusqu'à présent, personne n'y avait pensé ! Ce vaste et récent espace conçu par le grand groupe propriétaire des eaux de la ville pourrait n'être qu'un bel outil de promotion. Bien sûr, il y a une salle consacrée aux sagas publicitaires des eaux de Contrexéville ou Vittel (toute l'histoire du fameux « buvez, éliminez »). Mais les différentes salles d'expo n'en font pas trop dans le genre « buvez notre eau, c'est la meilleure ».

On y découvre toutes les techniques d'embouteillage, de la gourde médiévale à la contemporaine bouteille en plastique (inventée à Vittel), on y apprend à déchiffrer ce qu'il y a écrit en tout petit sur une étiquette de bouteille d'eau minérale, on y prend un vrai cours de géologie, très technique, l'occasion de faire travailler un peu son cerveau constitué à 90 %... d'eau.

★ *L'usine d'embouteillage :* 1010, av. Georges-Clemenceau. ☎ 03-29-08-72-51 (service accueil). Ouvert du 1er avril au 30 septembre, du lundi midi au vendredi après-midi. Pour les individuels, visite à 14 h (en juillet et août, visites à 14 h et à 15 h 30) ; pour les groupes, visite à 9 h 30.

À faire

– *Casino :* parc thermal. ☎ 03-29-08-12-35. Pour les inconditionnels du jeu qui ne paient pas assez d'impôts, machines à sous tous les jours de 11 h à 2 h (3 h les week-ends et veilles de jours fériés) et jeux traditionnels à partir de 21 h sauf le mardi (le mercredi pour la boule).
– *Golf :* Golf Club de Vittel, ☎ 03-29-08-59-40 et 03-29-08-18-80 (intersaison). Ouvert de début avril à fin octobre. Un des plus importants complexes d'Europe. Prix en conséquence. Deux parcours de 18 trous (le Mont-Saint-Jean et le Peulin) et un de 9 trous (l'Île Verte) pour les débutants. Pour l'initiation toujours, practice, putting green... *Golf du Hazeau :* ☎ 03-29-08-20-85. Ouvert de mi-mars à fin octobre. Golf municipal, parcours de 6 trous avec practice pour l'initiation. Prix beaucoup plus démocratiques.
– *Randonnées du sentier thermal :* 132 km de circuits balisés pédestres ; 90 km de parcours balisés VTT.

Fête

– *Foire aux Grenouilles :* en principe, le dernier week-end d'avril. Depuis 1972, le batracien aquatique est à l'honneur dans la cité thermale. Normal, et tout le monde s'en réjouit sauf les grenouilles !

NEUFCHÂTEAU (88300) 8 040 hab.

Les Vosges, certes, mais plus tout à fait quand même. Les paysages changent, s'aplanissent. Les feuillus prennent la place des résineux sur les plateaux découpés de manière pittoresque par les lits de la Meuse, du Mouzon et de leurs affluents. La ville construite sur un monticule contourné par la rivière offre au voyageur un beau panorama sur cette région, point de jonction de la Haye au nord-est, du Xaintois à l'est, du Bassigny au sud et du rebord oriental du Bassin parisien à l'ouest.

UN PEU D'HISTOIRE

En 1094, la cité s'appelle encore Novum Castrum. Au début du XIIe siècle, elle est fortifiée avec un mur d'enceinte défendu par sept tours. De ce mur, il ne reste que la porte de France et la porte Saint-Pierre. Toujours partagée entre le comté de Champagne, le duché de Lorraine et la Bourgogne, au XVe siècle, la ville subit durement les innombrables maux de la guerre de Cent Ans.
Neufchâteau sera longtemps occupée par une garnison bourguignonne avant d'être récupérée par le duc de Lorraine. À cette époque, la cité était un centre commercial très prisé. Les marchands trouvaient là un point stratégique entre les fameuses foires de Champagne et la route reliant Lyon à Trèves. Au XVIIe siècle, Louis de Guise devient le seigneur de Neufchâteau. La ville paie à nouveau un lourd tribut lors de la guerre de Trente Ans. Richelieu décide de détruire le château et les remparts avant que la ville ne soit à nouveau rattachée au duché de Lorraine en 1661.
Ce n'est qu'à la mort de Stanislas, un siècle plus tard, que la ville, comme tout le duché, devient française. Sous la Révolution, la ville s'appela Mouzon-Meuse. Neufchâteau, ça faisait royaliste !

Adresses et infos utiles

Office du tourisme : 3, parking des Grandes-Écuries. ☎ 03-29-94-10-95. Fax : 03-29-94-10-89. • www.chez.com/otneufchâteau • En saison, ouvert de 9 h à 12 h et de 14 h à 19 h ; hors saison, de 10 h à 12 h et de 14 h à 18 h. Très compétent, agréable. Bonne documentation. Organise des visites guidées gratuites de la ville en juillet et août.

Gare SNCF : 1, pl. Gambetta. ☎ 08-36-35-35-35 (0,34 €/mn, soit 2,21 F). Plusieurs trains quotidiens pour Nancy. Sur la ligne Metz-Toulouse et Metz-Nice. Pour la petite histoire, Walt Disney, le papa de Mickey, alors militaire, a séjourné en gare de Neufchâteau en novembre 1918.
– Liaisons avec Mirecourt en bus.

Où dormir ? Où manger ?

Le Rialto : 67, rue de France. ☎ 03-29-06-09-40. Fax : 03-29-94-39-51. Fermé le dimanche hors saison. Chambres doubles de 33,54 € à 47,26 € (220 à 310 F) avec douche et w.-c. Demi-pension : 41,92 € (275 F) par personne. Menus de 8,84 € (58 F) le midi en semaine à 19,82 € (130 F). Dans une vieille maison, à l'orée du centre ancien, entièrement rénovée. Accueil avenant, ambiance plutôt jeune. Chambres correctes, très agréables quand elles donnent sur la rivière (mais les berges sont suffisamment loin pour ne pas entendre les concerts nocturnes des grenouilles et des canards !). Au resto, honnête cuisine traditionnelle. Belle terrasse en été. Apéritif maison offert sur présentation de votre *Guide du routard* de l'année.

NEUFCHÂTEAU

🏠 |●| **Eden Hôtel :** parking des Grandes-Écuries (face à l'office du tourisme). ☎ 03-29-95-61-30. Fax : 03-29-94-03-42. ● eden2@wanadoo.fr ● Ouvert toute l'année. Resto fermé le lundi midi. Chambres doubles à partir de 44,97 € (295 F). Menus de 18,29 à 38,11 € (120 à 250 F). Même proprio que *Le Rialto*. Un bâtiment résolument moderne et des chambres résolument... modernes, toutes avec bains. Géré par une jeune équipe. Bar sympa. La réception est là, d'ailleurs. Resto un peu cher mais cuisine de qualité comme cette excellente ballotine de rascasse et haddock au coulis de crustacés.

🏠 |●| **Le Saint-Christophe :** 1, av. de la Grande-Fontaine. ☎ 03-29-94-68-71. Fax : 03-29-06-02-09. ● saint.christophe@relais-sud-champagne.com ● Sur la route de Contrexéville. Chambres de 41,92 à 53,36 € (275 à 350 F). Deux restos : un « tradition » proposant un premier menu à 16,77 € (110 F) et une brasserie proposant en semaine un menu du jour à 11,43 € (75 F). Préférez bien sûr les chambres donnant sur le Mouzon, la rivière, et la plantureuse église Saint-Christophe, illuminée le soir. Elles sont un peu petites mais confortables. Excellent et copieux petit déjeuner. Au resto, partie classique, belles boiseries, comme il se doit dans cette région où le bois est roi. La cuisine y est très correcte. Bon accueil.

|●| **Le Romain :** 74, av. Kennedy (à la sortie de la ville direction Chaumont). ☎ 03-29-06-18-80. Fermé le dimanche soir, le lundi, pendant les vacances de février et de fin août à début septembre. Menu à 11,74 € (77 F) le midi en semaine ; autres menus entre 19,06 et 30,49 € (125 et 200 F). Avec une telle enseigne, on pouvait légitimement s'attendre à une pizzeria. Il n'en est rien : seule la déco fait un peu dans le genre gréco... romain (justement !). Le chef prépare avec brio une cuisine de tradition. Cuissons ad hoc, saveurs justes : on apprécie d'un autre palais des plats a priori très classiques (pieds de cochon aux pommes de terre et champignons, sandre poêlé à la crème d'ail, râble de lapin à la mirabelle...). Joli plateau de fromages et desserts de bonne tenue. Service et accueil charmants. Terrasse pour l'été mais un peu en bord de route malgré l'épaisse haie qui la masque. Belle carte des vins, avec petite sélection au verre. Café offert sur présentation du *Guide du routard* de l'année.

|●| **Aux Trappeurs :** 63, rue de France. ☎ 03-29-06-01-48. Ouvert tous les jours, le soir jusqu'à 22 h 30, voire 23 h 30 le week-end. Pizzas autour de 7 € (46 F) ; plats pour environ 14 € (92 F). Spécialités texmex. Pizza à l'américaine, steak de kangourou, etc. Bonne ambiance chaleureuse, très locale. Service efficace et speed.

Où boire un verre ?

🍷 **Le Village de Pierre Qui Mousse :** 23, rue de France. ☎ 03-29-06-16-92. Ouvert en principe jusqu'à 1 h les vendredis et samedis, plus tôt les autres soirs. Déco amusante et réussie : un vrai village avec sa place plantée d'arbres, ses pavés, ses réverbères... Appartient à une chaîne qui offre d'autres lieux dans les villes des environs. Bonne ambiance. Bar à bière avec un sérieux choix : de la Guinness à la bière tchèque, pilsen urquelle en passant par les trappistes belges ou la jamaïcaine Red Stripe. 4 bières à la pression en permanence. Une bière pression du mois à 2,13 € (14 F). Et les barmen comme les serveurs savent de quoi ils parlent quand ils vous conseillent. Également quelques bons whiskys.

À voir

★ **L'hôtel de ville :** bel édifice Renaissance de la seconde moitié du XVIe siècle. Son histoire se mêle à celle de la famille Mengin. Jean hérite

d'une maison en ruine, il décide de la reconstruire. Initiative qui n'est pas du goût de ses voisins. Procès. Il obtient gain de cause et c'est son fils, devenu receveur de la ville, qui achève la reconstruction de la maison familiale. Façade élégante et sobre avec une porte en plein cintre encadrée de deux colonnes cannelées surmontées de chapiteaux corinthiens supportant un entablement décoré de feuilles et de fruits. L'aile latérale sur la rue des Cordeliers ne vise pas à impressionner. Seule la porte en plein cintre donnant sur la rue a reçu une décoration soignée. Dans le bâtiment, superbe escalier italien, remarquable spécimen de l'art de la Renaissance en Lorraine.
Ne pas manquer de visiter les caves qui servent de cadre à des expositions temporaires.

★ *L'église Saint-Nicolas :* consacrée en 1097, elle fut agrandie au XIIe siècle. Elle a la particularité d'être composée de deux églises superposées, une romane et une gothique. Dans la 3e chapelle du bas-côté droit de la partie supérieure, intéressant ensemble de neuf statues polychromes du XVIe siècle reproduisant l'onction du Christ. De gauche à droite, on reconnaît Marie Jacobé, Marie Salomé, la Vierge soutenue par saint Jean, Nicodème, Joseph d'Arimathie, Marie Madeleine s'apprêtant à oindre le Christ et un garde armé.

★ *La place Jeanne-d'Arc :* ancienne place du Marché, place Royale puis place de la Liberté, une statue de la Pucelle de 1859 lui a donné son nom actuel. Quelques belles maisons du XVIIIe siècle. Au n° 2, la « maison des Goncourt », qui fut la propriété de Pierre-Antoine de Goncourt, oncle d'Edmond et de Jules, fondateurs de l'Académie.

★ *L'église Saint-Christophe :* on trouve dans cet édifice gothique quelques survivances romanes de l'ancien bâtiment. Au-dessus de la porte latérale, délicate Vierge à l'Enfant du XVIe siècle scellée au trumeau. Décoration intérieure particulièrement soignée. Chapiteaux figurant des chimères, un ange aux grandes ailes ou des feuillages. Nef couverte de croisées d'ogives barlongues, éclairée par d'étroites baies géminées à lancettes du XIIIe siècle. Superbe chapelle baptismale du XVIe siècle possédant une double voûte : la voûte supérieure en coiffe une autre ajourée comportant liernes et tiercerons et treize clés pendantes décorées de motifs floraux. Une vraie dentelle !

★ Jolie balade dans les rues du *vieux Neufchâteau* : rue Poincaré et rue Neuve, pour les amateurs d'architecture des XVIe, XVIIe et XVIIIe siècles.

➤ *DANS LES ENVIRONS DE NEUFCHÂTEAU*

Où danser ?

♪ *Le Pacha-Club :* à Aulnois, près de la gare désaffectée. Ouvert le week-end. On peut presque parler d'institution tant le *Pacha* draine de monde. Difficile d'imaginer l'ambiance survoltée qui y règne jusque tard dans la nuit. Beaucoup de lumières, musique variée (vive la province !), ambiance ado.

À faire

➤ *Le circuit de Saint-Jacques-au-Mont :* 9 km, 3 h aller et retour sans les arrêts. Départ du bois de Bourlémont. Topoguide : Club Vosgien, section de Neufchâteau, documentation à l'office du tourisme de Neufchâteau. Carte IGN au 1/25 000, 3217 E.
Des arbres et encore des arbres autour des ruines d'un prieuré pour bénédictins : ici abondent les essences très recherchées par les artisans et par les sculpteurs sur bois de la région de Neufchâteau, capitale du meuble à

l'ancienne. Merisiers, hêtres, chênes et sapins, les meubles sont presque sur pied !

De la sortie nord de Neufchâteau, suivre la D53 vers Frebécourt. Laisser la voiture à 3 km de Neufchâteau, près de l'entrée d'un chemin se dirigeant vers le bois de Bourlémont. L'itinéraire balisé en cercle bleu sur fond blanc par le Club Vosgien traverse le bois de Bourlémont. Le sentier croise l'ancienne ligne de chemin de fer avant de s'enfoncer sous les sapins. Il se dirige vers la Saônelle, en longeant la rive droite d'un ruisseau. Juste avant d'atteindre la rivière, le chemin bifurque sur la gauche vers le sud pour pénétrer dans les bois de Saint-Jacques. Une source marque l'entrée de l'ancien prieuré des bénédictins. Imaginer Ursus de Bénévent, leur fondateur, en prière sous ces arbres en l'an de grâce 1097... Continuer vers le sud, l'itinéraire rejoint le fort de Bourlémont et la tour hertzienne de Mont-lès-Neufchâteau. Il reprend plein est pour rejoindre le bois de Bourlémont et le parking. Une visite parmi les nombreux ateliers de bois de Neufchâteau et de Liffol-le-Grand, aux confins des plateaux vosgiens, vous permettra de choisir toute une salle à manger, garantie deux siècles ! Les chênes de la région sont réputés être les plus durs de France, à cause du sol calcaire...

★ *CHÂTENOIS* (88170)

La ville fut la première résidence des ducs héréditaires de Lorraine. Au début du XIe siècle, l'épouse du premier duc, la duchesse Hadwide de Namur, fonda un prieuré. Le prieur le plus fameux fut le cardinal Mazarin. Le bâtiment, incendié en 1741, fut reconstruit. Il est aujourd'hui accolé à l'église et forme un ensemble assez grandiose sur une butte qui domine la petite ville. Dans l'église, superbe vitrail, don du comte d'Alsace en souvenir de ses ancêtres.

Où dormir ? Où manger dans le coin ?

Hôtel-restaurant de la Frezelle : 1, rue du Chêne, 88170 Rouvres-la-Chétive. ☎ 03-29-94-51-51. Fax : 03-29-94-69-10. À 4 km au nord-ouest de Châtenois. Fermé deux semaines entre Noël et le Nouvel An ; restaurant fermé le samedi. Chambres doubles de 33,54 € (220 F) avec douche et w.-c., à 45,73 € (350 F) avec bains, w.-c. et TV. Menus à partir de 12,96 € (85 F) en semaine. Chambres simples, confortables, à la déco un peu ringarde. L'entretien extérieur laisse à désirer. Certaines donnent sur le jardin. Cuisine familiale.

LES RUINES ROMAINES DE GRAND (88350)

Monumental. Voilà le maître mot qui caractérise les découvertes faites à Grand dans les années 1960. Les vestiges grand...ioses, la richesse de la décoration et le nombre des objets de la vie quotidienne n'ont pas encore fini d'étonner les visiteurs. Avec un amphithéâtre de près de 18 000 places, classé au 4e rang des édifices de spectacle du monde romain, et une mosaïque de 224 m², Grand peut s'enorgueillir de posséder un patrimoine unique qui mérite le voyage.

LE SITE

Situé aux confins du département, à l'écart des grandes routes et sur un plateau au milieu des forêts, il faut vraiment avoir envie d'y aller pour trouver le village.

Le rempart qui ceinturait la ville ne correspond à aucun autre exemple dans le monde romain. Ceux des villes du Haut-Empire telle Nîmes traduisent souvent une libéralité impériale. Dans le Bas-Empire, ils matérialisent le resserrement du tissu urbain face aux invasions. Grand est l'unique exemple de rempart édifié en temps de paix. L'habitat ne répond pas non plus au schéma urbain traditionnel. Nombre d'habitations se trouvent réparties extra-muros.

Les monuments publics constituent les vestiges les plus remarquables. L'amphithéâtre fut construit au début des années 80... av. J.-C. Les similitudes architecturales communes aux différents bâtiments font penser qu'ils datent tous de la même époque. Cette édification synchrone prouve l'existence d'un projet d'urbanisation concerté voulant la création d'une ville et par là même d'un sanctuaire.

À Grand, on connaît depuis la découverte du site le nom de la divinité honorée ici. Elle transparaît dans le nom du village. Grand vient en effet de Grannus, connu sous le nom plus évocateur d'Apollon. Grannus avait le pouvoir de guérir tout comme Apollon dans la mythologie romaine, considéré comme un médecin qui « chasse les maladies ». En 310, dans son panégyrique, on rapporte que l'empereur Constantin revenant de Trèves se serait écarté de sa route pour se rendre au plus beau temple du monde et du dieu qui y habite.

Où dormir ?

🏠 **Chambres d'hôte Chez Monique Roth :** 4, rue du Cagnot. ☎ 03-29-06-68-34. En venant de Neufchâteau, il faut traverser la place du village, par la Grand-Rue, c'est la 2ᵉ à droite après l'église. Chambres doubles à 27,44 et 28,96 € (180 et 190 F). 3 belles chambres dont deux sont même carrément très spacieuses (avec deux grands lits). Sanitaires impeccables, quelques beaux meubles anciens et un accueil vosgien charmant. Entrée indépendante. L'endroit est assez connu. Réserver en saison.

À voir

★ **L'amphithéâtre :** ☎ 03-29-06-77-37. Du 1ᵉʳ avril au 30 septembre, ouvert de 9 h à 12 h et de 14 h à 19 h ; du 1ᵉʳ octobre au 14 décembre et du 15 janvier au 31 mars, ouvert du mercredi au lundi de 10 h à 12 h et de 14 h à 17 h. Fermé du 15 décembre au 14 janvier. Visite payante, billet simple ou groupé (amphithéâtre et mosaïque), à 2,29 ou 3,05 € (15 ou 20 F) ; réductions enfants et étudiants. Pour protéger le site des intempéries, les autorités ont décidé de le recouvrir d'une structure reconstituant des gradins. Ainsi on pourra donner des spectacles grandioses. À quand Pavarotti, Carreras et Domingo à Grand pour le concert du siècle ?
L'arène de forme elliptique mesure 50 m sur 34 et s'appuie sur le versant d'un vallon. Elle était entourée d'un podium qui servait de mur de protection. L'amphithéâtre semble avoir été abandonné définitivement à la fin du IVᵉ siècle.

★ **La mosaïque :** ☎ 03-29-06-77-37. Mêmes horaires que l'amphithéâtre. Un inestimable témoignage ! Datant du IIIᵉ siècle, d'une surface de 224 m², la mosaïque de Grand est considérée comme la plus... grande œuvre du genre connue en Europe. Cette mosaïque pavait la partie centrale d'un bâtiment de deux salles construit au Iᵉʳ siècle, édifice civil réservé à la vie administrative et baptisé Basilique. Aux quatre angles du tableau central, quatre animaux (panthère, tigre, ours et sanglier) qui pourraient figurer les saisons ou les différents jeux pratiqués dans l'amphithéâtre. La partie centrale, très abîmée, figure apparemment une scène de comédie latine. Nombreuses statues et trouvailles de la cité.

★ *Les galeries souterraines :* visite en juillet et août seulement, l'après-midi des dimanches et jours fériés, toutes les heures. Interdit aux enfants de moins de 10 ans et déconseillé aux claustrophobes ! Prévoyez des bottes en caoutchouc : on patauge dans 30 cm d'eau. Visite d'une section de 80 m de long sur la quinzaine de kilomètres de canalisations souterraines qui sillonnent le sous-sol de Grand. Les Romains les avaient creusées (jusqu'à 12 m de profondeur) pour alimenter en eau des bassins sacrés.

★ *L'église Saint-Libaire :* du XVe siècle, de style gothique champenois. Les gros blocs qui forment la base de la tour proviennent de l'amphithéâtre. L'église est désormais fermée aux visiteurs pour raisons de sécurité. Tant pis pour le collier reliquaire du XIIIe siècle...

DOMRÉMY-LA-PUCELLE   (88300)   170 hab.

Quoi que l'on en pense, Domrémy est l'un des berceaux de l'histoire de France. Connu dans le monde entier, le village accueille chaque année des dizaines de milliers de visiteurs. Et pourtant, rien de démesuré dans le village, une certaine quiétude continue à planer sur les quelques âmes qui peuplent l'endroit durant toute l'année. Le superbe Centre johannique nouvellement installé ne déparant pas l'harmonie du lieu. On pourrait juste regretter le concept architectural de la basilique du Bois-Chenu, devant laquelle on est obligé de penser à Lourdes et à tous ses excès.

Où dormir ?

Camping

⊠ *Camping municipal :* chemin de Santilles. ☎ 03-29-06-90-70. Fax : 03-29-06-90-70. Ouvert du 1er juin au 1er septembre. Emplacement : 1,37 € (9 F), plus 1,37 € (9 F) par adulte ; taxe de séjour : 1,37 € (9 F). Un camping très simple, mais dans la verdure, derrière les imposantes maisons de la rue principale. La plupart des arbres viennent seulement d'être plantés. Sanitaires suffisants.

Bon marché

▪ *Chambres d'hôte chez Mme Mathieu :* 25, rue Principale. ☎ 03-29-06-94-29. Compter 38,11 € (250 F) pour deux. Dans une maison neuve à la sortie de Domrémy, à gauche en venant de Neufchâteau. 2 chambres confortables, toutes récentes ; une rose avec un grand lit et un lit une personne, une bleue qui dispose d'une entrée indépendante, avec un grand lit. Déco sans histoire. Très clean. Accueil cordial de Mme Mathieu.

▪ *Hôtel Jeanne-d'Arc :* 1, rue Principale. ☎ 03-29-06-96-06. Juste à côté de l'église. Garage clos gratuit. Fermé de mi-novembre à début avril. Chambres doubles à 25,92 € (170 F) ; petit déjeuner à 3,96 € (26 F). Voilà un tout petit hôtel (7 chambres seulement) qui aurait pu spéculer sur la proximité immédiate de la maison de la sainte locale. Eh bien non, ici rien ne semble avoir bougé depuis des années. Chambres simples mais propres et tranquilles. Petit déjeuner servi automatiquement en chambre. Accueil tout gentil. Pas de resto.

LES VOSGES

Où dormir ? Où manger dans les environs ?

🛏️ 🍽️ *Le Relais Rose* : 24, rue de Neufchâteau, 88300 Autreville. ☎ 03-83-52-04-98 ou 03-83-52-82-37. Fax : 03-83-52-06-03. Parking clos. Ouvert toute l'année. Chambres de 39,63 à 53,86 € (260 à 350 F) avec douche et w.-c. ou bains. Menu à 10,67 € (70 F) le midi en semaine ; autres menus de 15,24 à 25,15 € (100 à 165 F). A priori, en bord de nationale, un endroit où l'on prendrait à peine le temps de s'arrêter. Et pourtant ! Il faut pousser la porte pour surprendre l'ambiance paisible d'une ancienne maison de famille avec du charme et des meubles anciens. Très belles chambres (pour les plus chères) avec, pour certaines, balcon ou terrasse ouvrant sur un jardin et la campagne à perte de vue. Au programme du restaurant, lapin au vin gris de Toul, et pas mal de plats du Sud-Ouest : foie gras, cassoulet, confit de canard. Dans la cave centenaire de la maison attendent quelques vins pas inintéressants... Au final, un endroit où l'on aurait bien posé quelque temps nos valises.

À voir

★ *La maison natale de Jeanne d'Arc et le Centre johannique* : ☎ 03-29-06-95-86. Fax : 03-29-06-82-50. Du 1er avril au 30 septembre, ouvert tous les jours de 9 h à 12 h et de 13 h 30 à 18 h 30 ; du 1er octobre au 31 mars, tous les jours sauf le mardi, de 9 h 30 à 12 h et de 14 h à 17 h. Fermé les 25 décembre et 1er janvier. Entrée : 3,05 € (20 F) ; réductions.

Authentique mais remaniée, achetée en 1818 par le département des Vosges à un vieux grenadier, Nicolas Gérardin, qui refusa de la vendre à un comte prussien qui lui en offrait le triple. La porte de la maison est surmontée d'un trilobe flamboyant qui entoure trois écussons : au milieu les armes de France, à droite celles de Jeanne, à gauche les trois socs de charrue des Thiesselin. Autant dire que cela a été ajouté au fil du temps, comme la niche où l'on aperçoit une statue de Jeanne agenouillée. La première pièce est assez spacieuse, avec une vieille cheminée. Dans cette pièce, notre bonne Jeanne travaillait et accueillait les pauvres en leur faisant l'aumône. Rien d'étonnant dans cette maison si ce n'est une certaine ambiance feutrée et recueillie. Il faut quand même y croire ! Les autres penseront que c'est une arnaque parce qu'il n'y a rien à voir.

Ouvert fin 1999, *le Centre johannique,* et son animation permanente « Visages de Jeanne », vous entraînent dans un univers d'images, de son et de lumière qui vous plongent magnifiquement en plein Moyen Âge. Nous avons beaucoup aimé ce lieu, auquel il faut consacrer presque 2 h, et dont vous ressortirez peut-être, comme nous, tout retourné.

D'abord un conseil, pour les non-érudits, les non-agrégés d'histoire, les non-khâgneux, les gens normaux quoi : si vous lisez ce texte quelques jours avant de visiter ce lieu, retrouvez un vieux livre d'histoire de France (un livre de classe de quatrième devrait faire l'affaire) et relisez rapidement les passages sur la guerre de Cent Ans, histoire de vous remémorer les grands noms et de mieux apprécier d'emblée la visite.

La visite du Centre johannique se divise en trois parties :
– *Le Livre d'or :* un audiovisuel de 20 mn retrace simplement la vie de Jeanne d'Arc.

La grande galerie

Ici, vous appréhenderez le contexte dans lequel a vécu Jeanne, pourquoi elle est partie de Domrémy, grâce à une animation particulièrement réussie. La Grande galerie est constituée elle-même de quatre sous-ensembles :

– *la galerie des portraits :* après avoir entendu la corne de brume, vous voilà pénétrant dans cette galerie où la lumière est parcimonieusement distribuée, ajoutant un peu de mystère pour découvrir le long du mur de la première rue l'album des portraits des grands du siècle passé. Cette disposition est rythmée par l'existence de cabinets dits « illuminés » car décorés de reproductions d'enluminures, chaque cabinet étant consacré à un thème précis : le mythe de la chevalerie, la foi et les croyances, la représentation de la mort, le royaume et le roi. Une façon d'expliquer la société médiévale d'alors, si simple et si complexe. Les jeux sonores et de lumière sont particulièrement bien réalisés ; vous ne pouvez échapper aux 15 mn nécessaires à cette visite en raison de ces jeux de lumière, il vous faut aller à son rythme, et c'est tant mieux. Les puristes diront même que c'est trop court, ces 15 mn accordées pour lire les textes accompagnant les illustrations. Ces textes proviennent des plus grands noms de l'histoire médiévale : Bourdieu, Le Goff, ou sont encore des citations de l'époque (*Chanson de Roland,* poésie de François Villon, etc.). La muséographie est vraiment particulièrement réussie.

– *La Chambre des rois, ou l'enjeu dynastique :* vous voici presque au théâtre, un théâtre immobile, assis sur un banc à écouter les invectives des personnages en costumes, Armagnacs et Bourguignons placés face à face et qui retracent les grands moments de l'histoire médiévale : Montereau, Azincourt, etc. Cette séance dure environ 25 mn.

– *La rue de la Chevauchée :* de nouveau sur un mur se déroule une histoire, celle de la chevauchée de Jeanne, cette fois, et toutes les villes où elle a séjourné, de Vaudoncourt à Rouen. Le parcours est ponctué de photos d'actrices ayant interprété le personnage de Jeanne au cinéma (c'est le personnage qui, après Napoléon, a donné lieu au plus grand nombre de films tournés) ; deux cabinets enluminés, reprenant la même présentation que les précédents, évoquent l'un les fléaux, l'autre la réalité de la chevalerie.

– *La Cour de justice :* les deux procès à 20 ans de distance sont ici évoqués ; on écoute avec émotion la supplique écrite par la mère de Jeanne pour demander la réhabilitation de sa fille, lors du deuxième procès.

– *L'Audiovisuel :* ici on est dans le temps après Jeanne ; les paysages lorrains, les textes des écrivains sur Jeanne, la méditation de Charles VII sur le parcours de l'héroïne, etc. Très réussi.

★ **L'église :** détruite par les Bourguignons en 1428, l'église a été reconstruite par la population de Domrémy. Elle se compose d'une nef à trois travées flanquées de bas-côtés. L'ensemble bas et sombre, éclairé seulement par les fenêtres ogivales des collatéraux, laisse à penser que l'on voulait se sentir en sécurité à l'intérieur. Les fonts baptismaux placés dans le transept ont servi pour le baptême de la sainte locale. Quelques belles statues de saint Rémy, saint Élophe et sainte Marguerite. Il y a pléthore ! Intéressants vitraux retraçant la vie de Jeanne.

★ **Le Musée johannique :** en face de l'église. ☎ 03-29-06-96-02. Ouvert les week-ends de mai de 10 h à 12 h 30 et de 14 h à 19 h, et tous les jours en juillet et août. Musée privé ouvert par un passionné de Jeanne d'Arc et surtout de tout ce qui s'y rattache. De l'image pieuse à la boîte de camembert, il collectionne tout, il a tout ce qu'il est possible d'avoir sur la star. Étonnant et amusant. Intéressante également la visite de l'atelier de céramique, car vous êtes aussi chez l'un des rares fabricants en France de fèves en faïence. Ici sont confectionnées des séries sur la Lorraine réservées aux pâtissiers de la région.

DANS LES ENVIRONS DE DOMRÉMY-LA-PUCELLE

★ *La basilique du Bois-Chenu* : à 2 km de Domrémy par la D53. Impossible de la rater, on ne voit que cela. Son architecture, à mi-chemin entre l'ossuaire de Douaumont et la basilique de Lourdes, ne passe pas vraiment inaperçue. On doit cette merveille de bon goût à l'initiative du curé de Domrémy et de Mgr Dunpanloup, évêque d'Orléans. Commencée en 1881, elle ne fut achevée et consacrée qu'en 1926. Nef supérieure couverte de charpente à caissons peints de fleurs de lys. Sur les murs, énormes fresques retraçant l'épopée de Jeanne.

MIRECOURT (88500) 7 000 hab.

Cette ville a tiré son nom (*Mercurii Curtis,* en latin dans le texte) du culte de Mercure, le fils de Jupiter, messager des dieux et lui-même dieu de l'Éloquence, du Commerce et des Voleurs. Longtemps après, la cité fut fortifiée par les ducs de Vaudémont. Le maréchal Créqui, sous Louis XIV, s'empara de la ville et fit raser ses remparts et son château. Pourquoi tant de haine ?

LA LUTHERIE

Mirecourt, ville sans histoire, s'est retrouvée un jour au violon. En effet, la ville peut s'enorgueillir d'être le berceau de la lutherie française, sans que l'on sache vraiment pourquoi. Est-ce l'influence des soirées musicales que donnaient les ducs de Lorraine lors de leurs week-ends à la campagne ?
En tout cas, le violon, inventé en Italie dans la première moitié du XVIe siècle, apparaît à Mirecourt dès la fin de ce même siècle. La présence des premiers « façonneurs » de violons est attestée pour la première fois en 1619. Le XIXe siècle permit à la ville d'atteindre son âge d'or. La renommée devint mondiale pour la qualité de la production. L'école de Mirecourt devint la grande rivale de l'école de Crémone. Avec le XXe siècle apparaissent les usines. La ville produit près de 40 000 violons par an entre les deux guerres. Aujourd'hui, l'activité renaît difficilement mais Mirecourt symbolise plus que jamais le savoir-faire français en matière de lutherie. Cocorico !

Comment y aller ?

➤ *En train :* à partir de Nancy. Renseignements SNCF : ☎ 08-36-35-35-35 (0,34 €/mn, soit 2,21 F).
➤ *En bus :* avec *Les Rapides de Lorraine.* Bus de la ligne Nancy-Contrexéville.

Adresse utile

i *Office du tourisme :* 40, rue du Général-Leclerc. ☎ 03-29-37-01-01. Fax : 03-29-37-52-24. Ouvert du lundi au samedi de 9 h à 12 h et de 14 h à 18 h, et le dimanche de 14 h à 18 h.

Où dormir ? Où manger ?

🛏 |◐| *Hôtel-restaurant Le Luth :* av. de Chamiec. ☎ 03-29-37-12-12. Fax : 03-29-37-23-44. • www.le-luth-fr • ♿ À la sortie de la ville, direction Neufchâteau. Fermé le vendredi soir et le samedi, ainsi que du 23 juillet à mi-août. Chambres doubles à partir de 48,03 € (315 F) avec douche ou bains, w.-c. et TV. Menus de 12,96 à 28,21 € (85 à 185 F). On ne pouvait rêver nom plus judicieux et poétique pour un hôtel situé dans la capitale de la lutherie. C'est mieux qu'un « Violon » de plus ! 30 chambres confortables, modernes, qui manquent peut-être un peu de chaleur. Accueil cordial. Côté resto, cuisine correcte. Sur présentation du *Guide du routard* de l'année, café et un petit déjeuner par chambre et par nuit offerts à nos lecteurs.

Où dormir ? Où manger dans les environs ?

Hôtel-restaurant Burnel : 88500 Rouvres-en-Xaintois. ☎ 03-29-65-64-10. Fax : 03-29-65-68-88. Fermé le samedi midi de fin novembre à Pâques et le dimanche soir hors saison ; congés annuels fin décembre. Chambres doubles de 28,97 à 64,03 € (190 à 420 F). Menus à 9,45 et 13,42 € (62 et 88 F) en semaine ; autres menus de 17,53 à 44,98 € (115 à 295 F). Une adresse de campagne appréciée par les notables des environs. Cuisine agréable, sans surprise mais de qualité. Quiche lorraine, écrevisses, grenouilles... Simple et un peu chicos à la fois. Accueil et service parfaits. Côté hôtel, on aime dormir dans les petites chambres un brin désuètes comme on irait chez sa grand-mère. Les chambres de l'annexe (*La Clé des Champs,* juste en face) sont plus spacieuses, franchement contemporaines et dotées de terrasses. Sauna et jardin. Sur présentation du *Guide du routard* de l'année, café et un petit déjeuner par chambre et par nuit offerts.

Hôtel Le Commerce : pl. du Général-Leclerc, 88270 Dompaire. ☎ 03-29-36-50-28. Fax : 03-29-36-66-12. À 15 km au sud-est de Mirecourt par la D166, direction Épinal. Fermé le lundi. Chambres doubles à 24,39 € (160 F) avec lavabo, 36,59 € (240 F) avec douche ou bains, w.-c. et TV. Menus à partir de 10,98 € (72 F) en semaine et jusqu'à 27,44 € (180 F). Le typique hôtel de bourg de campagne, réanimé par un jeune couple accueillant. À l'arrière, les fenêtres ouvrent sur un paysage doucement vallonné. Côté restaurant, pas mal de poisson et des spécialités maison comme le chausson d'escargots, la quiche lorraine ou l'émincé de canard au beurre de noix.

À voir

Flânerie intéressante dans les rues du centre à la recherche des maisons, des portes et des statues du XVe au XVIIIe siècle. L'office du tourisme organise (toute l'année mais sur réservation) des visites de la ville. Sinon, procurez-vous l'intéressante petite brochure : *Balade historique au pays de la lutherie et de la dentelle.*

★ *L'église :* commencée au XIVe siècle avec le clocher et les deux premières travées, continuée au XVe siècle avec le chœur, parachevée au XVIIe siècle par le transept et les bas-côtés, elle est dédiée à Notre-Dame de la Nativité. À l'intérieur, très beau retable du XVIIe siècle portant une toile de Claude Deruet, *L'Assomption de la Vierge.* Dans la chapelle de la Vierge, à droite, statue de pierre du XIVe siècle, *Vierge à l'oiseau.* Jolie piscine gothique trilobée aménagée en tabernacle. Sur le côté gauche, statue de saint Pierre Fourier, le saint du coin.

★ *Les halles :* leur construction s'est achevée en 1617 ; ce sont donc les plus anciennes du département. Rectangulaires, surmontées de deux tourelles, belles fenêtres à meneaux au 1er étage. Les salles intérieures étaient louées aux confréries des drapiers et des cordonniers. Elles accueillent désormais le musée de la Lutherie (voir ci-dessous). Autour des halles, quelques belles maisons du XVIIIe siècle.

★ **Le musée de la Lutherie :** hôtel de ville, 32, rue du Général-Leclerc. ☎ 03-29-37-49-58. Du 1er mai au 30 septembre, ouvert du lundi au samedi de 10 h à 12 h et de 14 h à 19 h, et le dimanche de 14 h à 19 h, fermé les 14 juillet et 15 août ; du 1er octobre au 30 avril, les mercredis, samedis et dimanches de 14 h à 18 h ; pendant les vacances scolaires, du lundi au samedi de 9 h à 12 h et de 14 h à 19 h, ainsi que le dimanche après-midi ; en janvier, ouvert les samedis et dimanches. Entrée : 2,29 € (15 F). Visite guidée : 3,05 € (20 F).
Exposition d'instruments en bois et à cordes (évidemment !), du classique violon à la guitare hawaïenne. On apprend qu'il faut laisser sécher de 7 à 10 ans le bois que l'on veut utiliser pour fabriquer un instrument. L'épicéa ou, mieux, l'érable sycomore (si toutefois l'arbre a poussé lentement) sont les deux essences les plus utilisées pour les violons. Un luthier travaille sur place, il répond à toutes les questions que l'on peut se poser.

★ **La maison de la Musique mécanique :** 24, rue Chanzy. ☎ 03-29-37-51-13. De mai à septembre, ouvert du lundi au samedi de 10 h à 12 h et de 14 h à 18 h, et les dimanches et jours fériés de 14 h à 18 h ; d'octobre à avril, pendant les périodes de vacances scolaires aux mêmes horaires, et en dehors des vacances les mercredis, week-ends et jours fériés de 14 h à 18 h. Entrée : 4,57 € (30 F). Visite guidée (et très bien) par des passionnés, et participation des visiteurs et des enfants au fonctionnement des instruments (compter 1 h).
Non content d'être au violon, Mirecourt est aussi entré dans les orgues ! Au XVIIIe siècle déjà, on fabriquait en ville des orgues mécaniques destinés à apprendre à chanter aux oiseaux ! Des « Serinettes » par exemple pour les serins nouvellement importés des îles Canaries. Une tradition qui, des orgues de foire à cylindre au célèbre orgue de Barbarie fonctionnant grâce à une bande de carton perforée, a perduré jusqu'en 1954. Tradition bien sûr évoquée dans les deux salles de cette vieille maison, grâce à une collection d'une centaine de pièces qui retrace l'évolution de ces instruments. Un musée forcément nostalgique, qui nous fait presque regretter l'invention de la radio et du phonographe ! On a adoré. Certains des instruments mécaniques présentés ici jouent encore dans certains endroits de France : témoin cet impressionnant orgue de danse dont quelques spécimens font toujours guincher dans les estaminets du Nord-Pas-de-Calais. À voir encore, entre autres, le Pianola 1900, New York, muni d'un adaptateur qui n'avait d'autre fonction que de faire croire qu'on savait jouer du piano, histoire d'épater son voisinage !

– Mirecourt organise en outre tous les deux ans (les années impaires), à la Pentecôte, une **fête de la Musique mécanique.**

★ **La maison de la Dentelle :** 1 *bis*, place Chantaine. ☎ et fax : 03-29-37-39-59. Juste derrière la maison de la Musique mécanique. De mai à septembre, ouvert du lundi au vendredi de 10 h à 12 h et de 14 h à 18 h, et le dimanche et les jours fériés de 14 h à 18 h, fermé le samedi ; d'octobre à avril, ouvert du lundi au vendredi de 10 h à 12 h et de 14 h à 17 h, et les samedis, dimanches et jours fériés de 14 h à 18 h. Entrée : 2,74 € (18 F) ; réductions.
De renommée moindre que la dentelle d'Alençon ou du Puy, la dentelle aux fuseaux de Mirecourt, dont les origines (comme celles de la lutherie) remontent au XVIe siècle, a pourtant connu une certaine prospérité. Au milieu du XIXe siècle, 10 000 dentellières travaillaient dans les environs, et Mirecourt damait le pion aux dentelles belges. Mais il ne restait que 4 dentellières à la fin des années 1970. Depuis, quelques passionnées essaient, en amateurs, de perpétuer la tradition : une démarche où s'inscrit l'ouverture de

ce petit musée. Expo de nappes, napperons, pièces d'habillement (mantille, robe...) confectionnés depuis le début du XXᵉ siècle. Et des dentellières vous expliqueront toutes les subtilités de leur travail : mouche de Poussay, points d'esprits, larmes de vierge...

★ **La chapelle de la Oultre :** sur l'autre rive de Mirecourt. Le site le plus attachant de la ville, où une modeste chapelle s'est blottie au milieu des arbres, des pelouses et des fleurs. Porte surmontée d'un tympan flamboyant orné d'une petite figure humaine, symbole de l'âme. À l'intérieur, toile de l'*Immaculée Conception* de Dominique Prot (1664). Pietà en pierre polychrome du XVIᵉ siècle. Dans le chœur, deux toiles de Nicolas Dubois, peintre, organiste et géomètre de la ville : *Saint Amable* et *Saint Pierre d'Alcantara* (XVIIᵉ siècle).

➤ *DANS LES ENVIRONS DE MIRECOURT*

★ **L'église de Vomécourt-sur-Madon** *(88500)* : à 8 km de Mirecourt par la D55 vers Charmes. Le seul édifice de la fin du XIIᵉ siècle aussi bien conservé dans les Vosges. La porte est disposée derrière une archivolte à trois voussures (vigne, torsade et cintre brisé). Très beau tympan naïf représentant les Saintes Femmes au tombeau et, plus à gauche, les symboles de la résurrection (le lion de Judas et trois cercles trinitaires dont un entourant un phénix). Un des rares tympans aussi bien conservés dans toute la Lorraine. À l'intérieur, quelques chapiteaux historiés. Sur l'un d'eux, on voit le diable qui danse la sarabande à côté de deux amoureux en train de s'embrasser. Presque érotique comme vision. Dans le croisillon sud, statue en pierre de saint Sébastien, du XVIIᵉ siècle. Dans le chœur, Vierge à l'Enfant en bois peint, du XVIᵉ siècle. Pour les fans d'art roman, une étape indispensable. Les autres auront tout de même du mal à résister au charme de ce vieux village au sommet d'une colline.

★ **Notre-Dame de Sion** *(54330)* : sur la fameuse colline inspirée. Avant l'ère chrétienne, les Gaulois Leuques y vénéraient Wothan, dieu du Ciel, et Rosmertha, déesse de la Fécondité. Les Romains, qui se devaient d'imposer leur manière de penser et de croire, introduisirent le culte de Mercure sur la colline. Dès le Vᵉ siècle, où l'on trouve les premiers indices d'une présence chrétienne, se développe la dévotion à la Vierge. Depuis tout cela n'a fait que s'amplifier. Basilique construite en 1749. À l'intérieur, statue de la Vierge à l'Alérion. Sion est surtout connue pour ses petites étoiles de pierre que les chanceux (s'ils cherchent un peu) trouveront dans la terre. Il paraît qu'elles ont le même effet qu'une botte de trèfles à quatre feuilles. Bonne chance quand même !

★ **Le château d'Haroué** *(54740)* : très « château de la Loire » comme ambiance. ● www.chateaudeharoue.com ● En juillet et août, ouvert tous les jours de 10 h à 12 h et de 14 h à 18 h 30 ; d'avril à juin et de septembre à mi-novembre, ouvert du mercredi au dimanche de 14 h à 18 h. Entrée : 5,79 € (38 F) ; réductions.
Beau bâtiment du XVIIIᵉ siècle élevé par Boffrand pour les Beauvau-Craon, et musée contenant du mobilier royal. Quelques chiffres : 365 fenêtres (une par jour à nettoyer), 52 cheminées (une par semaine à ramoner) et 12 ponts (un pour chaque mois de l'année).

CHARMES (88130) 4 820 hab.

Industrielle et commerçante, la patrie de Maurice Barrès a retrouvé un calme certain depuis que la route à quatre voies entre Épinal et Nancy a été inaugurée. Plus de camions à tout instant et une douceur de vivre retrouvée, au grand soulagement des autochtones. Une cité qui a donc gagné en calme à défaut de posséder beaucoup de... charme.

Adresse utile

Office du tourisme : 2, pl. Henri-Breton. ☎ 03-29-38-17-09. Fax : 03-29-38-17-08. • www.ville/charmes.fr • ville.charmes@wanadoo.fr • Ouvert le lundi (sauf en hiver) de 14 h 30 à 16 h 30 et du mardi au samedi de 9 h 30 à 12 h et de 14 h 30 à 17 h 30. Fermé le dimanche.

Où dormir ? Où manger ?

Hôtel les Remparts : 4, rue des Capucins. ☎ 03-29-38-02-40. Fax : 03-29-38-01-58. Fermé le dimanche soir et le lundi ; congés annuels non définis. Chambres doubles à environ 42 € (275 F). Chambres assez chic, bien tenues, toutes avec bains. Mais pour dormir au calme, demandez plutôt le côté cour.

Hôtel-restaurant Dancourt : 6, pl. de l'Hôtel-de-Ville. ☎ 03-29-38-80-80. Fax : 03-29-38-09-15. • www.hotel-dancourt.com • ♿ pour le resto. Fermé le vendredi, le samedi midi et le dimanche soir d'octobre à Pâques ; congés annuels de mi-décembre à mi-janvier. Chambres doubles de 38,11 € (250 F) avec douche à 48,78 € (320 F) avec bains. Premier menu à 9,49 € (62 F) en semaine ; autres menus de 18 à 42,34 € (118 à 223 F). Une des bonnes tables de la région, qui offre un large éventail de plats. Difficile de choisir entre les crêpes de saumon fumé gratinées, le marbré de lapereau en gelée et foie gras ou les copeaux de saint-pierre sauce aux moules. Aux beaux jours, on préférera la terrasse dans le jardin à la salle dont la déco style gréco-romain louche vers le péplum. Chambres classiques, récemment rénovées. Garage gratuit sur présentation du *Guide du routard* de l'année.

À voir

★ *L'église Saint-Nicolas :* du XVe siècle, avec des petites chapelles latérales du XVIe siècle. À l'intérieur, colossale statue de saint Christophe. Vitraux de 1493. Superbe chapelle des Savigny richement décorée.

★ *La maison seigneuriale :* en face du portail de l'église. On l'appelle maison des loups. Riche demeure de la Renaissance où fut signé en 1633, entre Richelieu et Charles IV de Lorraine, le traité qui livrait Nancy à la France.

★ *La maison de Maurice Barrès :* sur la route d'Épinal. L'écrivain a placé dans cette maison de magnifiques boiseries de Gerdolle provenant du couvent des Trinitaires de Lamarche. Pas la peine de fantasmer, on ne visite pas la bâtisse.

➤ DANS LES ENVIRONS DE CHARMES

★ **CHAMAGNE** (88130)

À 4 km au nord de Charmes par la D9.

Où manger ?

I●I *Restaurant Le Chamagnon :* rue du Pâtis. ☎ 03-29-38-14-74. Fermé le dimanche soir, le mercredi soir et le lundi ; congés annuels deux semaines fin juin-début juillet. Menu à 9,15 € (60 F) en semaine ; autres menus de 14,94 à 34,30 € (98 à 225 F). Belle maison de pierre dans un charmant village. La devise de cet établissement est « Être cuisinier, c'est d'abord avoir la passion des choses simples » (A. Ducasse). Effectivement, ce restaurant propose une bonne cuisine nourrissante et sans prétention. Bon foie gras maison et autres produits du terroir (feuilleté au munster...). Les salles ont été joliment redécorées ; poutres blanches, aquarelles sur les murs donnent une agréable impression de clarté. Clientèle de voisinage. Accueil souriant. Café offert sur présentation du *Guide du routard* de l'année.

À voir

★ *La maison natale de Claude Gellée, dit le Lorrain :* ☎ 03-29-38-86-07. Ouvert du 1ᵉʳ avril au 31 octobre, les mercredis, samedis, dimanches et jours fériés (plus le jeudi en période scolaire), de 14 h 30 à 18 h 30. Le peintre y naquit en 1600. Il mourra à Rome 82 ans plus tard, après une vie bien remplie par la peinture. Claude Gellée, dit le Lorrain, est reconnu aujourd'hui comme le plus grand peintre de paysages et de scènes mythologiques du XVIIᵉ siècle, avec Nicolas Poussin. En saison, la maison accueille de nombreuses expositions d'art.

★ *L'église :* avec son clocher à bulbe. À gauche en entrant, une pietà du XVIᵉ siècle.

★ VINCEY (88450)

À 4 km au sud de Charmes par la N57.

Où dormir ? Où manger ?

▲ I●I *Le Relais de Vincey :* ☎ 03-29-67-40-11. Fax : 03-29-67-36-66. ● relais.de.vincey@wanadoo.fr ● Fermé le samedi, 15 jours en août et fin décembre. Chambres doubles de 42,68 à 54,89 € (280 à 360 F). Menus à partir de 20,58 € (135 F). Sur le bord de la route, un établissement moderne qui propose d'une part des chambres confortables, un peu en retrait, et d'autre part un bon restaurant : cuisine classique bien maîtrisée, menus proposant un large choix et service attentionné. Décor aux couleurs vives et claires, clientèle de voisinage qui a repéré la bonne adresse.

★ PORTIEUX (88330)

À quelques kilomètres à l'est de Vincey par la D32 puis la D87.

À voir

★ *La cristallerie :* ☎ 03-29-67-42-22. Magasin ouvert le lundi de 14 h 30 à 17 h, du mardi au vendredi de 9 h à 12 h et de 14 h à 17 h, et les samedis et dimanches de 14 h 30 à 17 h. Visite d'usine le mardi à 10 h sur réservation. Le magasin propose de belles pièces pour un prix raisonnable par rapport à d'autres... Vous nous avez compris. Ainsi certains grands restaurants de notre douce France se fournissent ici. Cette verrerie fut fondée au tout début du XIX⁰ siècle. Certains objets étaient destinés à la famille ducale. Depuis toujours les maîtres verriers perpétuent la tradition. Mais les nombreux bâtiments désaffectés dégagent une certaine tristesse...

★ *CHÂTEL-SUR-MOSELLE* (88330)

À 11 km par la D157 vers Épinal. Prendre à gauche à Nomexy.

À voir

★ *Les ruines du château :* ☎ 03-29-67-14-18. Visites le samedi, le dimanche et les jours fériés à 15 h, 16 h et 17 h ; de juillet à septembre, tous les jours. Sur rendez-vous pour d'autres horaires. Entrée : 3,81 € (25 F). Les Romains y avaient déjà établi un solide camp fortifié, à l'emplacement duquel on construisit une grosse forteresse au Moyen Âge, propriété des comtes de Vaudémont puis des sires de Neufchâtel-Bourgogne. Des travaux très importants ont permis depuis 1972 de dégager une partie des murs d'enceinte, d'impressionnants réseaux de galeries conduisant aux ouvrages de défense, et des puits alimentés par des conduits souterrains, l'eau provenant de sources captées en profondeur sous le château. Tout cela illustre de manière exceptionnelle l'évolution de l'architecture militaire du XI⁰ au XV⁰ siècle.

INDEX GÉNÉRAL

– A –

ALBÉ	158
ALSACE (l')	15
ALSACE (ballon d')	433
ALSACE BOSSUE (l')	179
ALTENSTADT (église d')	205
ALTKIRCH	349
AMMERSCHWIHR	272
ANDLAU	118
ARGENT (le val d')	287
AUBURE	293
AUREIL-MAISON	449

– B –

BACCARAT (cristalleries de)	388
BAGENELLES (col des)	294, 301
BAINS-LES-BAINS	441
BALBRONN	164
BALLON D'ALSACE (le)	433
BAN-DE-LA-ROCHE (le)	151
BAN-DE-SAPT (jardins de Callunes)	402
BAN-SUR-MEURTHE-CLEFCY (scierie du Lançoir)	416
BARR	115
BAS-RHIN (le)	57
BATSBERG (le)	191
BEBLENHEIM	266
BENFELD	139
BENNWIHR	265
BERGBIETEN	164
BERGHEIM	245
BETSCHDORF	211
BIESHEIM (musée gallo-romain)	361
BIESHEIM (musée de l'Instrumentation optique)	361
BITCHE	184
BLANC (lac)	302
BLANCHEMER (lac de)	423
BLANCHERUPT	154
BLIENSCHWILLER	122
BOERSCH	111
BOIS-CHENU (basilique du)	466
BONHOMME (col du)	302
BONHOMME (Le)	294
BOUXWILLER	189
BREITENBACH	159
BRESSE (La)	418
BRUCHE (vallée de la)	144
BURE (camp celtique de la)	401
BUSSANG	427

Retrouvez les restaurants sélectionnés par le Guide du Routard sur votre mobile orange en composant le 711 puis code court # 27, ou prononcez "guide du routard".
Le futur, vous l'aimez comment ?

orange

INDEX GÉNÉRAL

– C –

CALLUNES (jardins de) 402
CALVAIRE (col du) 302
CHAMAGNE 470
CHAMP DU FEU (le) 159
CHARMES 469
CHÂTEL-SUR-MOSELLE 472
CHÂTENOIS (Bas-Rhin) 124
CHÂTENOIS (Vosges) 461
CHÂTILLON-SUR-SAÔNE 445
CLEEBOURG 207
CLIMBACH (route de) 205
COLMAR 220
CONTREXÉVILLE 451
CORBEAUX (lac des) 423
CORNIMONT (musée des Mille et une Racines) 424

– D –

DAMBACH-LA-VILLE 121
DARNEY 443
DIABLE (roche du) 415
DOLLER (vallée de la) 328
DOMRÉMY-LA-PUCELLE 463
DONON (col du) 394
DONON (massif du) 148
DOSSENHEIM-KOCHERS-BERG 181
DOUZE APÔTRES (pierre des) 184

– E –

EBERSMUNSTER 141
ÉCHERY (musée de l'École) .. 293
EGUISHEIM 280
EHNWIHR (maison de la Nature du Ried) 143
EPFIG 120
ÉPINAL 378
ERCKARTSWILLER 182
ERMITAGE DU FRÈRE JOSEPH (l') 427
ERSTEIN 136
ESCHAU (abbatiale d') 102
ESCHWILLER (moulin d') 186
ÉTIVAL-CLAIREFONTAINE ... 402

– F –

FANTASIALAND-DIDI'LAND (parc d'attractions de) 220
FERRETTE 353
FLECKENSTEIN (château de) 198
FLORIVAL (le) 315
FONTENOY-LE-CHÂTEAU ... 443
FOUDAY 152
FOUGEROLLES 441
FOUR À CHAUX (le) 205
FRAIN 450
FRAISPERTUIS-CITY 402
FRAMONT (musée de la 2CV; le) 148
FRÉLAND (musée du Pays welche) 297
FREUNDSTEIN (ruines du château du) 303
FROENINGEN 352
FROESCHWILLER (église de la Paix) 196

– G –

GASCHNEY (Le) 313
GÉRARDMER 402
GRAND (ruines romaines de) . 461
GRAND BALLON (le) 303

INDEX GÉNÉRAL

GRANDE VALLÉE (la) 311
GRANDFONTAINE (mine de) . 147
GRANGES-SUR-VOLOGNE
  (jardin de Berchigranges) ... 416
GRAUFTHAL 179
GRENDELBRUCH 164
GRENTZINGEN 352
GUEBERSCHWIHR 283
GUEBWILLER 315
GUIRBADEN (ruines du château de) 164
GUNSBACH (maison Albert Schweitzer) 310
GUNSBACH (musée d'Art africain) 311

– H –

HAGUENAU 214
HAGUENAU (forêt de) 213
HAHNENBRUNNEN (col du).. 303
HANAU (pins noirs de) 187
HANG (plateau du) 154
HANGENBIETEN 102
HAROUÉ (château d') 469
HATTEN 207
HAUT-BARR (château du) 175
HAUT-CHITELET (jardin d'altitude du) 302
HAUT-KŒNIGSBOURG (château du) 134
HAUT-RHIN (le) 219
HAUTES-CHAUMES (les) 302
HEILIGENSTEIN 109
HENNEZEL 444
HERRENBERG (col du) 303
HIRTZBACH 352
HOFFEN 211
HOHENSTEIN (ruines du château de) 165
HOHNECK (le) 302
HOHRODBERG (le).......... 315
HOHWALD (le) 159
HOHWILLER 211
HUNAWIHR 255
HUNSPACH 208
HUSSEREN-LES-CHÂTEAUX . 282
HUSSEREN-WESSERLING
  (musée du Textile et des Costumes de Haute-Alsace) 327

– I –

ILL (forêt de l') 143
ILLHAEUSERN 254
ISCHES 448
ITTERSWILLER 119

– J-K –

JOFFRE (route) 327
KAYSERSBERG 268
KIENTZHEIM 266
KINTZHEIM 133
KIRCHBERG (chapelle de) ... 180
KIRRWILLER 191
KLINGENTHAL 111
KRUTH-WILDENSTEIN (lac de) 327
KUHLENDORF 211

– L –

LABAROCHE 298
LAMARCHE 449
LAPOUTROIE 295
LAUTENBACH 319

LA BRESSE 418	LE TANET 315
LE BONHOMME............ 294	LE THILLOT 431
LE FRAMONT (musée de la 2CV) 148	LES THONS 447
	LICHTENBERG (château de) . 187
LE GASCHNEY 313	LINGE (musée-mémorial et champ de bataille du) 298
LE SCHNEPFENRIED 313	
LUCELLE (vallée de la) 357	LONGEMER (lac de)......... 415
LE SCHLUMPF.............. 331	LUCELLE 357

– M –

MAIX (lac de la) 394	MOLSHEIM 161
MARCKOLSHEIM 144	MORIZÉCOURT............. 450
MARKSTEIN (le) 303	MORSBRONN-LES-BAINS (parc d'attractions de Fanta-sialand-Didi'land) 220
MARLENHEIM 164	
MARMOUTIER 168	
MARTIGNY-LES-BAINS 450	MOYENMOUTIER (église de Saint-Hydulphe) 394
MASEVAUX................. 328	
MEISENTHAL (musée du Verre et du Cristal) 186	MUHLBACH-SUR-MUNSTER . 313
	MULHOUSE 331
MERKWILLER-PECHEL-BRONN 197	MUNSTER.................. 306
	MUNSTER (vallée de)........ 305
MIRECOURT................ 466	MURBACH (abbaye de) 320
MITTELBERGHEIM 117	MUTZIG 163
MITTELWIHR 266	MUTTERSHOLTZ 142

– N –

NATZWILLER (vallée de)..... 151	NEUWILLER-LÈS-SAVERNE . 180
NEUF-BRISACH............. 358	NIEDERBRONN-LES-BAINS.. 192
NEUFCHÂTEAU 458	NIEDERHASLACH........... 165
NEUVILLER-LA-ROCHE (musée des Traditions et du Patrimoine) 151	NIEDERMORSCHWIHR...... 273
	NOIR (lac) 302

– O –

OBERBRONN................ 194	ORBEY..................... 296
OBERHASLACH............. 165	ORBEY (val d') 294
OBERNAI................... 102	ORTENBOURG (forteresse de l') 124
OBERSTEINBACH........... 198	OTTROTT 110
OFFWILLER 188	OUTRE-FORÊT (l') 199
OLTINGUE 357	

– P –

PASSEURS (sentier des) 148, 393	PETERSBACH 180
PAYS WELCHE (le) 294	PETITE CAMARGUE (la)..... 357

INDEX GÉNÉRAL

PETITE-PIERRE (La) 176	PFULGRIESHEIM 102
PETITE VALLÉE (la) 313	PIERRE-PERCÉE (lac de) 389
PFAFFENHEIM. 284	PLOMBIÈRES-LES-BAINS. ... 437
PFAFFENHOFFEN 194	PORTIEUX 471

– R –

RANRUPT (vallée de) 154	RIMBACH (vallon du) 322
RAON-L'ÉTAPE 387	RINGELSTEIN (ruines du château de) 165
REICHSHOFFEN 195	
RELANGES (église Saint-Pierre de). 445	RIQUEWIHR 259
REMIREMONT 434	RONCHAMP (église Notre-Dame-du-Haut) 441
RETOURNEMER (lac de)..... 415	
RHINAU 138	ROSENWILLER 114
RIBEAUVILLÉ 248	ROSHEIM 112
RIED D'ALSACE (le grand) ... 136	ROTHENBACHKOPF (col du). 303
RIESPACH 353	ROUFFACH. 284

– S –

SAINT-AMARIN (musée Serret) 327	SCHAUENBERG (chapelle Notre-Dame de) 284
SAINT-DIÉ-DES-VOSGES 394	
SAINT-HIPPOLYTE 243	SCHERWILLER 123
SAINT-JACQUES-AU-MONT (circuit de) 460	SCHILTIGHEIM 102
	SCHIRMECK. 146
SAINT-JEAN-DE-SAVERNE .. 175	SCHLUMPF (le) 331
SAINT-JULIEN 449	SCHLUCHT (col de la) 302
SAINT-LÉONARD 112	SCHNEPFENRIED (le) 313
SAINT-LOUIS-LÈS-BITCHE (cristallerie de) 186	SCHOENENBOURG 207
	SEEBACH 209
SAINT-MAURICE 159	SÉLESTAT 125
SAINT-MAURICE-SUR-MOSELLE 431	SENONES 391
	SEWEN 330
SAINT-MICHEL (mont) 175	SEWEN (lac de) 268
SAINT-PIERRE-BOIS 159	SIGOLSHEIM 268
SAINT-PIERRE-SUR-L'HÂTE . 293	SIMSERHOF (ouvrage de).... 186
SAINTE-CROIX-AUX-MINES (scierie-Musée Vincent)..... 293	SION (Notre-Dame de) 469
	SOUFFLENHEIM 213
SAINTE-MARIE-AUX-MINES.. 288	SOULTZ 320
SAINTE-ODILE (mont) 106	SOULTZBACH-LES-BAINS ... 311
SALM (hameau et château de) . 148	SOULTZMATT 287
SARRE-UNION. 179	STEIGE 159
SAUT DES CUVES (Expo Faune lorraine ; le) 416	STRAITURE (défilé de)....... 415
	STRASBOURG 58
SAVERNE 169	STRUTHOF (camp du) 149
SAVERNE (jardin botanique du col de)................. 175	SUNDGAU (le) 347
	SURBOURG 213

– T –

TAENNCHEL (massif du) 247
TANET (le) 315
TENDON (cascade de) 417
THANN 322
THANNENKIRCH 246
THANVILLÉ 159
THILLOT (le ; les Hautes Mynes) 431
THONS (Les) 447
THUR (vallée de la) 322
TRAENHEIM 164
TROIS-FOURS (station des) .. 304
TROIS-ÉPIS 279
TURCKHEIM 274

– U-V –

UNGERSHEIM (écomusée d'Alsace d') 346
VAL-D'AJOL (le) 440
VAL D'ARGENT (le) 287
VAL D'ORBEY (le) 294
VENTRON 424
VIEIL-ARMAND (champ de bataille du) 303
VILLÉ 158
VILLÉ (val de) 156
VILLE-SUR-ILLON (Écomusée vosgien de la brasserie) 387
VINCEY 471
VINS D'ALSACE (route des) 102, 243, 327
VIOMÉNIL 445
VITTEL 454
VOMÉCOURT-SUR-MADON (église de) 469
VOSGES (les) 362
VOSGES DU NORD (parc naturel régional des) 176

– W –

WALBOURG 213
WALDERSBACH 152
WANGENBOURG-ENGENTHAL 165
WASSELONNE 166
WEITTERSWILLER 182
WERENTZHOUSE (musée des Amoureux et du Patrimoine sundgauvien) 356
WESTHALTEN 287
WETTOLSHEIM 279
WETTSTEIN (col du) 298
WINGEN-SUR-MODER 182
WINTZENHEIM 279
WISSEMBOURG 200
WOERTH 195
WOLXHEIM 164
WORMSA (vallée de la) 313

– X –

XONRUPT-LONGEMER (musée de la Moineaudière) 415
XONRUPT-LONGEMER (Pierres du Monde) 416

– Z –

ZELLENBERG 258
ZOTZENBERG (territoire du) .. 118

OÙ TROUVER LES CARTES ET LES PLANS ?

- Alsace (l')................. 33
- Alsace (l'écomusée d')..... 346
- Alsace : la route des vins... 55
- Bas-Rhin (le).............. 59
- Bruche (la vallée de la)..... 145
- Châteaux forts (le circuit des)...................... 197
- Colmar............... 226-227
- Épinal..................... 379
- Guebwiller................. 317
- Haguenau 215
- Haut-Rhin (le).............. 223
- Kaysersberg 269
- Mulhouse 332-333
- Munster 307
- Obernai 103
- Outre-Forêt (promenade en) 201
- Ribeauvillé 250-251
- Riquewihr.................. 261
- Rouffach................... 285
- Saverne 171
- Sélestat 127
- Strasbourg.............. 64-65
- Sundgau (le) : les vallées de l'Ill et de la Largue...... 349
- Thann..................... 323
- Unterlinden (musée) 235
- Val de Villé 157
- Vignoble (perles du) 265
- Vosges (les).......... 364-365
- Wissembourg 203

les **Routards** *parlent aux* **Routards**

Faites-nous part de vos expériences, de vos découvertes, de vos tuyaux pour que d'autres routards ne tombent pas dans les mêmes erreurs. Indiquez-nous les renseignements périmés. Aidez-nous à remettre l'ouvrage à jour. Faites profiter les autres de vos adresses nouvelles, combines géniales... On adresse un exemplaire gratuit de la prochaine édition à ceux qui nous envoient les lettres les meilleures, pour la qualité et la pertinence des informations. Quelques conseils cependant :
– Envoyez-nous votre courrier le plus tôt possible afin que l'on puisse insérer vos tuyaux sur la prochaine édition.
– N'oubliez pas de préciser sur votre lettre l'ouvrage que vous désirez recevoir.
– Vérifiez que vos remarques concernent l'édition en cours et notez les pages du guide concernées par vos observations.
– Quand vous indiquez des hôtels ou des restaurants, pensez à signaler leur adresse précise et, pour les grandes villes, les moyens de transport pour y aller. Si vous le pouvez, joignez la carte de visite de l'hôtel ou du resto décrit.
– À la demande de nos lecteurs, nous indiquons désormais les prix. Merci de les rajouter.
– N'écrivez si possible que d'un côté de la lettre (et non recto verso).
– Bien sûr, on s'arrache moins les yeux sur les lettres dactylographiées ou correctement écrites !

Le Guide du routard : 5, rue de l'Arrivée, 92190 Meudon

E-mail : guide@routard.com
Internet : www.routard.com

Routard Assistance *2002*

Vous, les voyageurs indépendants, vous êtes déjà des milliers entièrement satisfaits de Routard Assistance, l'Assurance Voyage Intégrale sans franchise que nous avons négociée avec les meilleures compagnies, Assistance complète avec rapatriement médical illimité. Dépenses de santé, frais d'hôpital, pris en charge directement sans franchise jusqu'à 300 000 € (2 000 000 F + caution + défense pénale + responsabilité civile + tous risques bagages et photos. Assurance personnelle accidents : 75 000 € (500 000 F). Très complet ! Le tarif à la semaine vous donne une grande souplesse. Chacun des *Guides du routard* pour l'étranger comprend, dans les dernières pages, un tableau des garanties et un bulletin d'inscription. Si votre départ est très proche, vous pouvez vous assurer par fax : 01-42-80-41-57, mais vous devez, dans ce cas, indiquer le numéro de votre carte bancaire. Pour en savoir plus : ☎ 01-44-63-51-00 ; ou, encore mieux, • www.routard.com •

Imprimé en France par Aubin n° L62886
Dépôt légal n° 18321-1/2002
Collection n° 13 - Édition n° 01
24/3528/7
I.S.B.N. 201/243528/9